華と夷の間＝明代儒教化と宗族

井上　徹著

研文出版

華と夷の間＝明代儒教化と宗族

目次

第二部　儒教化の動向

付篇

華と夷の間＝明代儒教化と宗族

序章

一九八六年、筆者は広東珠江デルタの黄佐という知識人が「修身・斉家・治国・平天下」という宋代以降の士大夫の共通の政治理念を前提として著した『泰泉郷礼』という礼書を考察したことがある。彼は、士大夫たる者が儒教的社会規範としての礼によって、自己一身を修め（修身）、その家を整える（斉家）とともに、それを起点として、郷里の社会を教化すること（化郷）を構想したが、その際、周代に行われた宗法に基づいて、同祖の族人を集合し、宗族の体制を構築すべきことを推奨し、それによって「斉家」は達成されると考えた(1)。この宗法主義は伝統社会における唯一の宗族理論というべきものであるが、それが究極、何を目的とするものであったのかを見極めるためには宋代に遡る必要があったことから、宋儒の宗法主義（宗法復活論）を分析し、宗法主義に基づく宗族の歴史的展開を見極める作業に着手した（一九八七年）(2)。『中国の宗族と国家の礼制』（研文出版、二〇〇〇年）は、この間に発表した論考を集大成し、宋代以降の宗族の特質と歴史的展開を探究したものである（以下、前著という）(3)。本書は前著での作業を踏まえて、広東珠江デルタ流域における明代の宗族の実態を解明することを目的とするので、最初にやや詳しく前著の検討内容を提示しておきたい。

前著では、宋代以降の宗族の特質を見極めるために、宋儒の議論に着目した。宗族とは広い意味では男系出自の親族であり、その歴史は中国社会が男系を軸とした社会の成立時にまで遡るが、宋儒は新たな宗族の形態を提起していた。周代の封建諸侯の家で行われたとされる宗法という親族統制の原理を復活し、宗法に基づく親族集団を組織しようとするものである。この宗法の特徴は、共同祖先嫡系の子孫（宗子）が同祖の親族を統合することにあり、この統合を実現するための装置として、祖先と親族の系譜を記した族譜、祖先を祭祀する場としての祠堂、宗族の集団を経済的に支える族田などが生み出された。かかる宗法を理想とする親族組織化は、宋代に確立した科挙官僚制度と表裏の関係にある。宋儒の考え方によるならば、科挙という試験によって官僚を任用する科挙官僚制度のもとでは、原則として官僚の身分は一代限りであり、かつ中国社会伝統の家産継承原則（家産均分）は確実に家産を均等に分割するものであったため、官僚の子孫が身分と家産をそのままの形で受け継ぐことはありえず、子孫による営為がたえずなされなければ彼らは没落せざるをえない宿命にあった。宗子によって統率される集団を作り上げるならば、その多数の族人のなかから、科挙を通じて官僚となる者が代々生み出される確率は高くなり、事実上世襲官僚（世臣）の家系が実現されると考えられた。宗法が確立されなければ、世襲官僚の家系も存在し得ない（「宗子の法立たざれば、則ち世臣無し」）という宋儒の命題が意味するところはこうした点にある。この考え方を宗法復活論もしくは宗法主義と呼ぶ。かかる宋儒の提言は言うまでもなく、科挙官僚制度の精神に背離するものであるが、言い換えれば、当時の士大夫が家系の存続と官界との連携をいかに重んじたかを如実に示している。北宋の著名な官僚・范仲淹が郷里の蘇州で創始したところの、義田という共有地（族産）を経済基盤とする義荘はかかる目標を達成するうえで最も完備された機能を有していた。族人の生活を最低限保証したうえで、族人に教育を施し、科挙応試を支援する体制を整備していたからである。元末明初の江南の儒者の記録を通じて、かかる宗法主義が後世の士大夫に継承されたことは確認される。では、国家はこの宗法主義に対してどのような姿勢で臨んだのか。焦点となるのは祠堂（家廟）である。祠堂は、宗子が祭祀を通じて族人を統合する場であり、どのように祠堂の制度に宗法原理を組み込むかが先決の問題とされた。宋儒の程頤、朱熹が祠堂制度を提唱して以降、士大夫側では、始祖嫡系の宗子（大宗）が始祖祭祀を通じて族人を集合する大宗復活か、それとも四代前の高祖以下の祭祀を受け継ぐ四小宗がそれぞれの祖先を祭って、族人を集合する小宗復活かという見解に相違は認められるものの、宗法を組み込んだ祠堂制度を支持した。これに対して、明朝の家廟制度は朱熹の祠堂制度（『家礼』）に準拠して制定されたが、『家礼』とは異なり、大宗による始祖祭祀は捨象された。また官僚にのみ設立が許された家廟は高祖以下四代の祖先を祭祀の対象とするものであったが、『家礼』との決定的な相違は宗法原理の欠如にあった。祠堂設立と祖先祭祀の主体は官僚個人であり、子孫にその権利が継承されることはないのである。

かかる明朝の家廟制度は宗法主義を理想とする士大夫にとって不満の残るものであり、十六世紀になると祖法を改革しようとする動きが登場した。礼部尚書・夏言が嘉靖帝に提出した上奏文のなかで提示された改革案であり、そこでは小宗の復活を可能にする提言が盛り込まれた。国家の家廟制度が改変された形跡はないものの、士大夫の側では、嘉靖帝が夏言の提案を認めたという見解が登場し、夏言の上奏を契機として宗祠を中心とする宗族組織が天下に普及したとも伝えられる。夏言による家廟制度改革案は十六世紀以降における宗族形成運動の展開の幕開けを告げるものであった。当時の江南では都市化・商業化の潮流を背景として成長した不在地主・商業資本を出身母体として士大夫が郷紳から処士に至るまで分厚い層をなし、それにともなって郷紳への上昇と彼らの死後における子孫の没落という現象（社会的流動性）が顕著な社会現象として表面化した。このことは、明初に中断していた宗族形成運動を飛躍的に発展させた。家系の興亡の激しさは常態的であり、家系存続に対する危機感が士大夫をして宗族形成へと向かわせた。范氏義荘の本拠地があった蘇州では、宗法主義の理念に基づいて義荘、族譜、祠堂により親族を組織化する宗族形成運動は都市化と士大夫の城居化の動向を反映して范氏義荘の本拠地があった府城や県城において顕著であり、さらに府下の郷村地帯にも広まっていった。

明朝は家廟制度で宗法主義の捨象を表明したが、清朝はどのような政策を採用したのか。雍正帝が発布した聖諭広訓第二条がこの問題に関係する。雍正帝は親族関係の調和のために家廟、義田、家塾、族譜といった一連の装置の設置を万民に勧諭し、和合的な親族関係のなかで孝弟の徳が浸透することを期待した。当該の一連の装置は宗法の実践の手段として活用されてきたものであり、宗法主義を公認することに繋がる可能性がある。宗法実践の模範とされる范氏を皇帝が厚遇したことも国家による宗法主義の公認という疑惑を深めるものである。加えて、乾隆年間には祀産・義田・宗祠を保護する条例が制定された。しかし、宗祠を保護の対象としたにもかかわらず、清朝が乾隆年間に制定した家廟制度は明朝の政策を踏襲するものであり、家廟制度に組み込まなかった。公式見解は宗法主義の否定にあり、宗法実現の象徴たる宗祠は公式の礼制の枠外にある。換言すれば、清朝は宗祠において宗子が祭祀を媒介として族人を統合し、族産を宗族の物的基盤とすることを礼制の枠外に置いて、実質的には容認する現実対応的な政策をとったと考えられる。

宗法主義を実質的に容認するという清朝の柔軟な政策のもとで、宗族を単位とする名門の家系の定着が地域社会で観察されるようになる。蘇州では明代に引き続き、范氏義荘に倣って義荘を設立する動きが活発化し、とくに乾隆年間における事例が多い。義荘設立の主体は郷紳、商業資本など政治的経済的に上昇を遂げた人々である。上昇と下降が常態的である社会にあって宗族形成によって家系の名門化を図る構想は依然として魅力的であった。また社会的流動性の宿命を克服するには宗法主義に依拠して父系親族を組織化し、宗族を形成することが有効であることは、蘇州府下の洞庭東山の商人とくに席氏と翁氏の事例で検証することができた。しかし、そうした宗族の量的比重を過大に評価すべきではない。蘇州の義荘の数量は決して多くはなく、宗族のなかの模範としてのステータスを占めるにとどまる。蘇州のような江南の先進地域では科挙による任官の道を万民に開放するという宋代以来の理念は健全に保持されたと考えるべきである。以上、前著では、宋代以降における宗族が宗法主義の理念に支えられるものであり、十六世紀以降に大きな発展を遂げ、江南の地域社会に定着していったことを示した。

しかしながら、筆者の研究の原点は広東研究にあり、その一環として珠江デルタの宗族の実像を捉えることが目的であった。そこで、前著では、宗法主義の考え方をもとに、明清時代の珠江デルタの宗族の発展のプロセスを描いた論考（一九八九年）(4)に加筆して収録した。(5)ここで筆者は、宗族という父系血縁の集団が華中・華南の広域に普及したことをどのような視点から説明するかという問題が当時の宗族研究ではなお十分に解決されていないとして、珠江デルタの事例を踏まえて仮説を立てた。すなわち、宗法主義に基づく宗族の形成は、元来、名門の家系の樹立を目的として唱えられた知識人（士大夫）の構想であり、その実現には、宗法を理解しうる高い儒学的教養と、義田などの共有地設置、族譜編纂、祠堂設立などを可能にする経済力が必要とされる。このため、宗族は、土地所有、商業活動によって富を蓄え、そして、官界入りを目指した士大夫を中心とする事業として、発展を遂げてきた。こうした宗族形成のパターンからして、宗族普及にはあらかじめ形成の主体であるところの士大夫階層が各地方に析出されている必要があるが、明清時代には、蘇州を始めとする江南という当時の最先進地域のみでなく、その他の地域でも士大夫階層が成長する環境が整い始めている。十六世紀以降は、移住・開発の前線の南進及び西進による漢族の領域の拡大とともに、いわゆる辺境地帯における都市化が進捗し、また各地域を結ぶ遠隔地商業、さらに海外貿易も急速な発展を遂げた中国史上の画期をなす時代である。こうした都市化・商業化は、各地域における士大夫階層の成長と彼らを中心とした宗族の普及を創出していったと推定される。その一つが華南の珠江デルタ流域である。珠江デルタ流域は、清代にかけて、国際貿易、国内遠隔地交易の発展を背景として商品経済が急速に進み、江南と肩をならべる経済地域へと成長している。この地域の手工業・商業の一大中心地であった仏山鎮を例にとるならば、手工業・商業によって富を集積した家族が郷紳へと上昇し、手工業・商業経営、土地経営などを通じて獲得した家産をもとに、祠堂、族田等を設置して、族人を組織化する動きが明代中期以降に登場し、清代には、特定の「官族」が継続的に官僚等を輩出し、その他の「雑姓」と区別される構造が成立している。各地域の状況によって宗族の実状には相違があったであろうが、総括的に言えば、明代中期以降における全国的な商品生産の展開のなかで出現した遠隔地交易、海外貿易の要衝、ないし流通過程から利益を抽出する商人グループの郷里、こうした地域において、科挙による任官を目指した士大夫が成長し、彼らがこぞって宗族形成を目指していったことが、宗族の広域的普及につながったと推定した。しかし、この段階では、実例の検証は仏山鎮という一都市を対象とするにとどまり、デルタ地帯全体の宗族形成がいかなる環境のもとでどのような動因を得て普及したのかを検証するに到っていなかった。また提示した仮説を論証するに足る全国的な事例の収集・分析も不十分であった。

前著の刊行前後から、宗族研究は大きく発展しており、宗族の歴史を再現するうえで有効な材料が整い始めている。吉原和男氏ら人類学の研究者が中心となって、シンポジウム「『血縁』の再構築―東アジアにおける父系出自と同姓結合」（慶応大学地域研究センター主催、一九九九年九月）[6]を開催した。このシンポジウムは当時の東アジア各地で高まっていた父系血縁関係を軸とする集団の復活に着眼し、各地の血縁集団の歴史を踏まえつつ現代の血縁関係の再構築を論じたものであった。このシンポジウムにおいて中国の宗族は一つの軸であり、東アジア全体のなかに位置づけることが可能となった。また筆者は前著の公刊後、遠藤隆俊氏らとともに、日本における研究を中心として宋代から明代までの宗族の歴史的展開を整理するために、関係者が一同に会して意見を交換する場をもつことを企画した。この企画は、中国史宗族シンポジウム「中国宋明の宗族」（宗族シンポジウム事務局主催、国民宿舎・海風荘、高知県夜須町、二〇〇三年八月九日）として実現することができた[7]。宋―明の時代に絞ったのは、宋代が新たな宗族の登場の時期であること、また宗族の大きな展開が明代半ばに出現したこと、この二つの見通しによる。宗族研究を整理する必要性は日本のみでなく、海外でも高まっていた。宗族への関心が高まった八十年代以降大量の研究が公表され、それぞれが宗族の概念、構造、社会的役割等に関して異なった見解をもち、整理する必要を感じていたためである。前著の刊行前後の時期から、日本、中国、韓国の宗族研究者の間で、それまでに蓄積された研究成果をとりまとめて、学術交流を行う機運が高まり、各国で宗族に関する討論会が開催された。中国史学会第四回国際学術大会「中国史上的宗族与社会」（慶熙大学主催、ソウル、二〇〇三年八月十五日）、国際シンポジウム「宋以後宗族形態的演進与社会変遷」（南開大学主催、天津、二〇〇七年八月二十九日～三十一日）、学術シンポジウム「日常生活視野下的中国宗族」（南開大学主催、天津、二〇一七年十一月十一日）などである。宗族に関して各国で議論が活発化したのを受けて、大量の研究を整理する作業も進捗した。とくに常建華氏は中文で発表された研究を中心として継続的に研究整理を行っている。宗族研究は特定の地域に絞って当該地域の宗族を多角的に追跡する地域史の手法がほぼ定着するに至っている。常建華氏は次のように地域を分けている。北方（山東、山西、河北、河南）、長江中流（湖北・湖南、四川、江西）、江南地区（徽州及び安徽、江蘇、浙江）、閩粤（福建、広東）。このうち北方地域は従前宗族研究が手薄であったが、九十年代後半以降、研究が大きく進展した。時間軸としては、宋代以降の組織化を特徴とした新たな宗族の形態（祠廟祭祖、宗族の郷約化）が明代とくに嘉靖・万暦期に発展を遂げることがほぼ共通認識となっている。また地域宗族の研究のなかから、里甲制度下の戸籍（爐戸、軍戸）、宗族の発展の要因（商業交易や士大夫の習俗との関係）、宗族組織化、宗族の自治性、祖先祭祀、医療問題など、多様な視点から宗族に迫る研究が発表されている。(8) それぞれの地域に関して、各自の研究成果を集約する作業も進捗している。(9) また、宗族の形成、構造、展開の全体史を再構成する作業も行われている（馮爾康、常建華、銭杭）。(10)

広東の宗族研究においても、明代半ば以降とくに嘉靖・万暦期以降における宗族の急成長が共通の認識となっている。デビット・フォール（中国名は科大衛）氏は二〇〇七年、広東のリニージ（宗族）を軸とした関連研究を整理して著書を刊行した。フォール氏は社会人類学のモーリス・フリードマン氏の研究を出発点として香港のリニージを考察した研究者であり、その後珠江デルタ流域に考察の場を移した。彼はリニージは国家の思想が地方社会に浸透した十六世紀～十八世紀の間に普及したという香港研究で導かれた見解が珠江デルタ全体に適用できるかどうかを検証しようとしている。この問題を検討する際のフォール氏の手法はデルタ地帯の文化の変化に着眼し、十六世紀を転換点とする戸籍登録の変化とリニージの成長を分析した点にある。氏によれば、秦朝のデルタ地帯への侵入以降、広州は中国の文明世界の一部となったものの、デルタ地帯には百越と総称される人々が土着の神々を信仰しており、宋代の新儒教（宋学）の伝播後も仏教が儒学よりも優勢であった。しかし、明代半ばになって、デルタ地帯で黄蕭養の反乱、ヤオ族の大規模な反乱が頻発する状況のなかで、明朝政府は儀礼によって地方を安定させる政策のもとで祖先祭祀を人々に認可する礼制改革を行い、それがデルタ社会に大きな影響を与えた。沙田開発で成功を収めた有力家族は資格保持者（郷紳）を送り出し、新儒教の儀礼に依拠して、祠堂を建設し、共有地を設け、リニージを組織した。リニージは実際の家族とは関係のない税金登録用の戸籍を里甲組織に開設し、税を納入した。戸籍登録は実質的にリニージを単位とするものになった。フォール氏はこれがデルタ地帯におけるリニージの基盤であると考えている。[11]

劉志偉氏はフォール氏と共同研究を進めている。劉志偉氏も嘉靖・万暦期以降における宗族の急成長が里甲制の変質に緊密に関わっていることを主張している。清代の図甲制（明代の里甲制）が宗族を社会的実体としていたことはつとに片山剛氏が指摘していた。[12]劉志偉氏は明初以来の里甲制の変質を問題とした。明初以来の里甲制は納税の主体である個別家族（「家庭」）が里甲の戸口登記の単位であり、居住地が隣り合っているいくつかの個別家族を一甲に編成した。これらの個別家族をつないでいるのは地縁の紐帯であった。ところが、里甲制が次第に解体し、その過程で宗族組織が普遍化し、機能が強化される形勢が生まれた。それにともない、一条鞭法を契機として、個別家族は課税客体の登記単位へと変わった。戸（総戸と子戸）を共同使用し、支配する主体は一般には宗族及びその支派、あるいはその他の形式の社会集団である。これにより清代図甲制の構造には根本的変化が決定された。一甲はもはやいくつかの個別家族によって構成される地縁性の社会組織ではなく、いくつかの田産・税粮の登記の単位―戸によって構成される集合体となった。こうした変化を導いたのは、明代中葉以降における宗族組織の普及と機能の強化であり、これが戸の変質の方向を決定づけた。図甲制の戸（総戸と子戸）は田産・税粮の登記単位であり、必ずしも現実の社会単位と対応していない(13)。

劉氏はその後、明代中期以降における宗族の発展とそれを背景とした徴税制度の改変（一条鞭法、里甲制から図甲制へ）を主張の軸としながら、沙湾などの現地調査を進め、宗族研究の範囲を広げていった(14)。「宗族与沙田開発―番禺沙湾何族的個案研究」（『中国農史』一九九二年第四期）は、番禺県沙湾における何氏宗族を対象とした現地調査を踏まえて、沙田形成、珠璣巷から沙湾への移住の伝説と祖先の起源、主要な宗族と沙田の農民（奴隷、蛋民）との間の不平等な社会関係、国家の儒教文化の地方社会への浸透、リニージを単位とした賦税徴収システム、祠堂を中心としたリニージの組織、沙湾のコミュニティーの諸姓を結びつける役割を果たした北帝崇拝などの諸問題を多角的に考察し、清代の珠江デルタの宗族の組織化が明代中期以降に発展した文化的な現象であると位置づける(15)。また「祖先譜系的重構及其意義―珠江三角洲一個宗族的個案分析」（『中国社会経済研究史』一九九二年第四期）は、沙湾何氏の祖先の系譜を論じている。何氏は南宋の何人鑑なる者を共同祖先＝始祖として祠堂（留耕堂）を設立し、清代に留耕堂は珠江デルタの著名な祠堂の一つとなったが、何氏はまた珠璣巷伝説を採用して始祖以前の遠祖（南雄始祖）に譜系を繋げる努力を行った。「付会、伝説与歴史事実―珠江三角洲族譜中宗族歴史的叙事結構及其意義」（『中国譜諜研究―全国譜諜開発与利用学術研討会論文集』上海図書館編、上海古籍出版社、一九九九年）は、珠江デルタの大族の族譜を用いて、珠璣巷伝説と各宗族の移住の歴史を論じている。「族譜与文化認同―広東族譜中的口述伝統」（『中国譜諜研究―邁入新世紀中国族譜国際学術研討会論文集―』上海図書館編、上海科学技術文献出版社、二〇〇〇年）は、広東の多くの家族が宋元時代における移住ののち、明代以後に定住したという歴史を反映して、広東の族譜の編纂が明代以後に発展したが、これらの族譜は祖先の口伝に基づくとともに、士大夫文化の影響を受けて、少数民族や「無籍の徒」などとを区別し、中原に出自する世家に属する者としてのアイデンティティーを確かなものとする手段となったとする。「歴史叙述与社会事実―

珠江三角洲族譜的歴史解読」（『東呉歴史学報』第一四期、二〇〇五年）は、族譜を史料として移住、定住、開発、戸籍（図甲への登録）、明代中期以降における宗族の形成を検証している。また関連する作業として、劉氏は「明清族譜中的遠代世系」（『学術研究』二〇一二年第一期）において、欧陽譜、蘇譜に始まる近世譜を考察し、宋—明の族譜が小宗の宗法を基礎とし、高祖を共同祖先としており、高祖以上の遠祖にまで遡る明清譜との間に相違があることを指摘している。

フォール氏や劉氏はともに宗族組織と里甲制との関係に注目しているが、それのみでなく、広東の多様な文化や民族問題、沙田開発に目を向けて、宗族の展開との連関を見出している。宗族の展開の全体像を再現するには多角的な視野からの考察が必要であり、両氏の研究は大変有用である。筆者もまた、前著で江南の宗族の歴史を追跡し、そこで得られた知見をもとに前掲の仮説を提示したが、宗族自体の活動のみでなく、多文化・多民族を特徴とする広東の宗族の実像に迫るには多面的な観点からの分析が必要とされることを認識している。多面的な観点から宗族に迫る作業を行ううえで各種の共同研究プロジェクトが筆者の研究にとって大変有益であったので、次にその一端を紹介しておきたい。

第一に、民族問題である。東京外国語大学アジア・アフリカ言語文化研究所の共同研究プロジェクト「西南中国非漢族の歴史に関する総合的研究」（一九九六〜二〇〇五年度）に参加させていただいたが、研究代表のクリスチャン・ダニエルス氏や武内房司氏、吉澤誠一郎氏らの研究、助言に刺激を受けて、広東の非漢族の歴史に関心をもつようになった。この共同研究の過程で、筆者は自らテーマを設定する必要があることから、広東関係の史料を見直しているうちに、偶然、嘉靖刊『徳慶州志』に収録された徳慶知州・陸舜臣の報告書を目にして、広東・広西省境地帯の羅旁地方で生起した猺族・獞族等の反乱の長期性と広域性を知り、驚き、広東社会の歴史を解析するには、非漢族と漢族との矛盾、対立、そして漢化を解明する必要があることを強く認識し、小論を発表した(16)。これが筆者が非漢族研究を行うきっかけとなった。以後、非漢族は言うまでもなく、海外貿易、遠隔地交易、宗族などの検討を行うに際してはかならず畬族等の問題を念頭に置くようになった。科学研究費補助金・基盤研究（A）「日本・中国・台湾の研究者による中国民衆運動の史実集積と動態分析」（研究代表：吉尾寛、二〇〇七～二〇一〇年度）の共同研究への参画は、筆者が畬族の研究を継続するうえで大きな力となった。羅旁地方が現在どのような状況にあり、旧羅旁地方に属す鬱南県及び羅定市を訪問し、調査した。この訪問調査では、中山大学歴史系の陳春声、劉志偉などの先生方に調査の手配をしていただいた。また第一回目の調査には、中山大学歴史系修士課程の黄壮釗君、第二回目の調査では、大阪市立大学文学研究科東洋史研究室に留学中であった申斌君（中山大学歴史系）に同行してもらった。現地では畬族の歴史に精通する羅定市博物館館長・沈灿明氏、同副館長・徐子明氏、同研究員・陳大遠氏（前博物館長）と連携して調査を進めた。とくに陳大遠氏は羅旁の畬族の歴史に精通した専門家であり、博物館や羅定市檔案館に所蔵されている史資料の閲覧・収集及び旧畬族居住地の調査に協力していただいた。(17)この地域では非漢族はほとんど姿を消していたが、畬族等の非漢族の住居跡や染色工房の遺跡は残されていた。それ以上に明代の畬族等が活動した山間地帯の景観、地勢を確認できたことが大きな収穫であった。

第二に、海外貿易に関する共同研究である。文部科学省特定領域研究「東アジアの海域交流と日本伝統文化の形成―寧波を焦点とする学際的創生」文献資料研究部門のうち、「前近代中国の中央・地方・海外を結ぶ官僚システム」班に参画した（研究代表：平田茂樹、二〇〇四～二〇〇六年度）。このプロジェクトでは、同班代表平田氏の他、特定領域研究代表の小島毅氏、故岡元司氏にとりわけお世話になった。このプロジェクトの一つの成果として、井上徹編・小島毅監修『海域交流と政治権力の対応』（汲古書院、二〇一一年）がある。本書の狙いは東アジア海域世界で展開した国際交流に対して、沿岸諸国の政治権力がどのように対応しようとしたのかを検討することにあった。本書の刊行に至る作業のなかで、民間の商業取引を実質的に承認する契機となった外国船の附搭貨物にたいする徴税制度（抽分制）及びそれ以降の明朝の施策の背景に両広における非漢族の反乱と軍事情勢とが緊密に関わっていたことを明らかにした。[18]

第三に、比較都市史の研究である。大阪市立大学文学研究科では、文部科学省の二十一世紀COEプログラム「都市文化創造のための人文科学的研究」（二〇〇二〜二〇〇七年度）に採択され、都市文化研究センターを拠点として世界各地の都市の歴史を比較考察する事業を推進した。[19]またCOEプログラム事業を支援する目的で学内の重点研究プロジェクト「都市文化創造のための比較史的研究」（研究代表：塚田孝、二〇〇三〜二〇〇七年度）が発足した。COEプログラム関連事業は人文社会科学の多様な専門によって推進されたが、歴史学では日本史の栄原永遠男氏（日本古代史）、仁木宏氏（日本中世史）、塚田孝氏（日本近世史）、中村圭爾氏（中国六朝史）、井上浩一氏（ビザンツ帝国史）が中心メンバーとして参画したが、のちに筆者も参加することになった。また、COEプログラム事業の終了後、学内の重点研究プロジェクトとして、「アジア海域世界における都市の文化力に関する学際的研究」（研究代表：井上徹、二〇〇八〜二〇一二年度）を推進し、比較都市史の研究を継続している。日本学術振興会「頭脳循環を加速する若手研究者戦略的海外派遣プログラム」（研究代表：仁木宏、二〇一一〜二〇一三年度）はこの重点研究を基にしたものである。このプログラムでは優秀な若手研究者を海外に派遣するとともに、担当研究者が中心となって海外の協力機関と国際共同研究を遂行することが目的である。研究課題としては、COEプログラム事業を引き継いで都市問題を掲げた。[20]

この間に東洋史だけでなく、日本史や西洋史の都市史研究者と交流し、比較都市史という新たな分野から学ぶことが多かった。また、二〇一三年、都市に関して分厚い研究成果を積み重ねてきた日本史、建築史を中心として西洋史、東洋史、考古学、美術史、地理学、社会学、土木史、都市計画史など諸分野の専門家が参加して設立された都市史学会には、都市文化研究センターも密接に関わり、都市史の検討を協働で行う場面も多い。吉田伸之、塚田孝（ともに日本近世史）、伊藤毅（建築史）、高村雅彦（建築史）等の諸氏がこれらの協働活動で中心的役割を担っている。[21]

比較都市史の研究に携わった間に、中国都市史に関しては、南京大学（范金民氏）、中国社会科学院（楊振紅氏）、上海師範大学（唐力行氏、銭杭氏）、ミネソタ大学（ワン・リーピン氏）、中央研究院（巫仁恕氏）、人民大学国学院（沈衛栄氏）とも学術交流を進めた。主な事業としては、都市をテーマとしたシンポジウム・研究会の開催、報告書等の刊行である。[22] 比較都市史というジャンルにおいて多くの研究者と交流したことにより、筆者が並行して進めていた広東の海外貿易、市場、宗族、非漢族に関する研究の諸方面において都市がそれぞれの研究課題といかなる関係にあるのかを考える端緒となった。[23]

なお、研究期間中に、平成16年度～平成18年度科学研究費補助金・基盤研究（C）（2）「明清時代の広東珠江デルタにおける儒教化の潮流と宗族」（研究代表者：井上 徹）、平成22年度～平成25年度科学研究費補助金・基盤研究（C）「珠江デルタの城郭都市に関する文化的考察」（研究代表者：井上徹）の二つの研究課題が採択され、これによって関連の研究を継続することができた。ここに謝意を表しておきたい。

以上のように、前著を刊行してから現在に至るまでの間に、明代の広東で最も重要な政治社会問題となった非漢族の反乱、珠江デルタの経済発展と大きく関わる海外貿易、都市の歴史などの研究に関わり、それらの研究作業を進めたが、そのプロセスにおいて常に念頭に置いていたのは前著で掲げた宗族に関わる課題であった。いかなる環境のもとで宗族が形成され、普及したのか、このことである。本書では、この間に発表した論考を集大成し、珠江デルタの宗族の実像に迫ることを目的としている。

本書の内容は三部に大別される。第一部は辺境としての珠江デルタが商業化・都市化の潮流のなかで漢族の一元的な儒教文化に組み込まれていく過程（儒教化）である。具体的には、海外貿易の問題を取り上げて、当時の広東が猺族・獞族等の非漢族による広汎な民族反乱が明朝に民間貿易を実質的に認める背景となったこととともに、当時の海外貿易に触発されたデルタ地帯の商業化・都市化の一端を紹介し、それを通じて士大夫の成長を指摘する。また広東西部の羅旁地方を中心とする非漢族の反乱の状況を考察し、反乱の終熄後に設置された兵備道の役割を検証し、さらに、民族反乱の鎮圧過程で進んだ儒教化の状況を探る。第二部は、明朝や広東の郷紳がどのように儒教文化の普及を推進したのかを検討する。広東提学副使・魏校による淫祠破壊と里社・社学の設立、地元の郷紳である黄佐が魏校の政策を受け継いで構想した郷礼の構想を分析することである。また、郷紳の家として上昇した霍氏等の一族に焦点を当てて、漢族としてのアイデンティティーの確立、宗法主義にもとづく祠堂設立、族譜編纂の事業などの問題を検討する。第三部では、第一部、第二部で論じてきた儒教化の流れが最終的にどのような局面をもって決着したのかを見極めるために、明朝末期に開始された宦官による商税等の徴収（榷税）が両広の軍事情勢、広東における商業活動といかなる関係にあったのかを検討したうえで、儒教化を主導した郷紳が地域を文化的に統合する役割を果たせたのかどうかを検証し、裁判資料『盟水斎存牘』を利用して、珠江デルタ社会における宗族の実態を描き出すことに努める。

次に、各章と既発表論文との対応関係を掲げておきたい。中文に翻訳された論考については、括弧内に掲載雑誌名等を記しておく。

序　章（書き下ろし）

第一部　「華」と「夷」の間

第一章　明朝の対外政策と両広社会

井上徹編・小島毅監修『海域交流と政治権力の対応』汲古書院、二〇一一年。

（「明朝的対外政策与両広社会」『都市繁華—千五百年来的東亜城市生活史』、中華書局、二〇一〇年）

第二章　民族反乱の勃発

「羅旁ヤオ族の長期反乱と征服戦争」(『アジア遊学』九、勉誠出版、二〇〇〇年)に、「華と夷の境界、そして漢族社会の成立―中国南部を対象として」(『歴史科学』一九八号、二〇〇九年)の内容を加えて、改訂。

第三章　「華」はどのように「夷」を包摂したか?

『歴史評論』七三三号、二〇一一年。

第四章　明朝の州県管理―広東羅定直隷州の創設―

『東洋学報』第九六巻第三号、二〇一四年。

第二部　儒教化の動向

第五章　魏校の淫祠破壊令―広東における民間信仰と儒教―

『東方宗教』第九九号、二〇〇二年。

(「魏校搗毀淫祠令研究―広東民間信仰与儒教」、『史林』二〇〇三年第二期、上海社会科学院歴史研究所)

第六章　中国近世の都市と礼の威力

『年報都市史研究一五〈分節構造と社会的結合〉』山川出版社、二〇〇七年。

第七章　石頭霍氏―広東の郷紳の家―

『名古屋大学東洋史研究報告』第二五号、二〇〇一年。

(「商業化・都市化・儒教化的潮流和家的上昇―以南海県深村堡的霍氏為例―」、『中国的現代性与城市知識分子』、上海古籍出版社、二〇〇四年)

第八章　霍韜と珠璣巷伝説

「珠璣巷伝説の成立と霍氏」(『アジア遊学』第六七号、二〇〇四年)が初出であり、これに加筆して「霍韜と珠璣巷伝説」(『山根幸夫教授追悼記念論叢　明代中国の歴史的位相』上巻、汲古書院、二〇〇七年)として発表したものを収録。

（「中国的系譜与伝説—以珠璣巷伝説為線索—」、『伝統中国研究中心集刊』第二輯、上海人民出版社、二〇〇六年）

第九章　霍韜による宗法システムの構築—商業化・都市化・儒教化の潮流と宗族—

『都市文化研究』（大阪市立大学）第三号、二〇〇四年。

（「商業化・都市化・儒教化的潮流和家的上昇—以南海県深村堡的霍氏為例—」、『中国的現代性与城市知識分子』上海古籍出版社、二〇〇四年）

第三部　郷紳と宗族

第十章　明末の商税徴収と広東社会

『〈年報都市史研究19〉伝統都市論』山川出版社、二〇一二年。

第十一章　明末の都市広州と搶米暴動

『大阪市立大学東洋史論叢』第一七号、二〇一〇年。

第十二章　明末広州の宗族—顔俊彦『盟水斎存牘』に見る実像—

『東アジア近世都市における社会的結合—諸身分・諸階層の存在形態』清文堂出版、二〇〇五年。

（「明末広州的宗族—従顔俊彦『盟水斎存牘』看実像」、『中国史研究』第二七輯、中国史学会、韓国、二〇〇三年）

第十三章　明末珠江デルタの郷紳と宗族

『明清史研究』第四輯、二〇〇八年。

（「明末珠江三角洲的郷紳与宗族」、『中国社会歴史評論』第一〇巻、南開大学中国社会史研究中心編、二〇〇九年）

終　章（書き下ろし）

なお、既発表論文を収録するに際しては本書全体として整合性をもたせるために、文字・数字の表記や文言、史料引用の方式の統一を行った。また、各論文の間での重複箇所を整理し、それにともなって各章の「はじめに」「おわりに」等の箇所を修正した。

引用史料は、本文では原則として、現代日本語の逐語訳もしくは書き下し文を掲載し、その後ろの括弧内に原文を収録する様式に揃えた。史料の字体は常用漢字を用いることを原則とした。

付篇では、次の論考を収録した。「中国の近世譜」（『歴史学研究』七四三、二〇〇〇年、本論は、『〈シリーズ　歴史学の現在〉系図が語る世界史』青木書店、二〇〇二年に再録された。また中文版は「中国之近世譜」として『情縁江南：唐力行教授七十年華誕慶寿論文集』上海書店出版社、二〇一四年、に収録）。「総論—元明の部」（井上徹・遠藤隆俊共編『宋—明宗族の研究』汲古書院、二〇〇五年）、「書評：臼井佐知子著『徽州商人の研究』」（『史学雑誌』第一一五編第八号、二〇〇六年）、「旧羅旁地方調査記録——ヤオ族の痕跡を求めて——」（吉尾寛編『民衆反乱と中華世界—新しい中国史像の構築に向けて』汲古書院、二〇一二年）。

注

（1）「黄佐「泰泉郷礼」の世界—郷約保甲制に関連して—」（『東洋学報』第六七巻第三・四号、一九八六年）、「郷約の理念について—郷官・士人層と郷里社会—」（『名古屋大学東洋史研究報告』第一一号、一九八六年）。

（2）「宋代以降における宗族の特質の再検討—仁井田陞の同族「共同体」論をめぐって—」（『名古屋大学東洋史研究報告』第一二号、一九八七年）。

（3）前著は、銭杭氏のご尽力により中国語版を刊行していただいた（井上徹著・銭杭訳『中国的宗族与国家礼制』上海書店出版社、二〇〇八年）。

（4）「宗族の形成とその構造—明清時代の珠江デルタを対象として—」（『史林』第七二巻第五号、一九八九年）。

（5）前著第九章。本章は、次の二篇の既発表論文を再構成した論考である。前掲「黄佐「泰泉郷礼」の世界―郷約保甲制に関連して―」、「宗族の形成とその構造―明清時代の珠江デルタを対象として―」（『史林』第七二巻第五号、一九八九年）。

（6）シンポジウムの成果は『〈血縁〉の再構築―東アジアにおける父系出自と同姓結合』（風響社、二〇〇〇年）として刊行された。

（7）シンポジウムの成果は井上徹・遠藤隆俊共編『宋―明宗族の研究』汲古書院、二〇〇五年）として刊行された。なお、シンポジウムの開催、報告書の刊行に際しては、岸本美緒氏の助力を得たことを特に記して、謝意を表しておきたい。

（8）常建華「二十世紀的中国宗族研究」（『歴史研究』一九九九年第五期）、同「近十年明清宗族研究综述」（『安徽史学』二〇一〇年第一期）、同「近年来明清宗族研究综述」（『安徽史学』二〇一六年第一期）。

（9）関連する研究はきわめて多い。宗族を中心テーマとし、もしくは宗族と主要な論点の一つとした著書を次に掲げておきたい。ただし、広東については後述するので、ここでは省略する。

江南：何淑宜『香火：江南士人与元明時期祭祖伝統的建構』（稲郷出版社、二〇〇九年）、徐茂明『明清以来蘇州文化世族与社会変遷』（中国社会科学出版社、二〇一一年）、鐘翀『北江盆地―宗族、聚落的形態与発生史研究』（商務印書館、北京、二〇一一年）。

徽州地区：中島楽章『明代郷村の紛争と秩序―徽州文書を史料として―』（汲古書院、二〇〇二年）、朴元熇『明清徽州宗族史研究』（知識産業社、二〇〇二年）、熊遠報『清代徽州地域社会史研究―境界・集団・ネットワークと社会秩序―』（汲古書院、二〇〇三年）、洪性鳩『明清時代徽州郷村組織与宗族関係研究』（博士学位論文、高麗大学校大学院、二〇〇三年）、趙華富『徽州宗族研究』（安徽大学出版社、二〇〇四年）、臼井佐知子『徽州商人の研究』（汲古書院、二〇〇五年）、趙華富『徽州宗族論集』（人民出版社、二〇一一年）等。

福建：阮星雲『中国の宗族と政治文化』（創文社、二〇〇五年）、鄭振満『郷族与国家―多元視野中的閩台伝統社会』（生活・読書・新知三聯書店、北京、二〇〇九年）、鄭振満『明清福建家族組織与社会変遷』（中国人民大学出版社、北京、二〇〇九年）、三木聰『伝統中国と福建社会』（汲古書院、二〇一五年）。

なお、日本の研究界において、上記の著書のほかに発表された宗族に関する個別論文を次に列挙しておきたい。中島楽章「清代徽州の山林経営・紛争・宗族形成：祁門凌氏文書の研究」（『社会経済史学』七二―一、二〇〇六年）、松原健太郎「「宗族」研究と中国法制史学」（『法制史研究』五七、二〇〇七年）、山根直生「宋元明の徽州における黄墩移住伝説」（『九州大学東洋史論集』三六号、二〇〇八年）、山根直生「程敏政の祖先史再編と明代の黄墩（篁墩）移住伝説」（『東洋史研究』六八―四、二〇〇九年）、佐々木愛「羅虞臣の族譜編纂と裁判」（『社会文化論集』七、二〇一一年）、濱島敦俊「明代江南は「宗族社会」なりしや」（『中国近世の規範と秩序』研文出版、二〇一四年）、魏郁欣「清代福建の宗族と墳樹」（『東洋学報』九七―一、二〇一五年）、亀岡敦子「明代の福建漳州府における宗族の形成―龍渓県の白石丁氏をめぐって―」（『東洋学報』第九八巻第三号、二〇一六年）等。

（10）馮爾康等著『中国宗族社会』（浙江人民出版社、一九九四年）、常建華撰『宗族史』（上海人民出版社、上海、一九九八年）、銭杭『中国宗族史研究入門』（復旦大学出版社、上海、二〇〇九年）、常建華『宋以後宗族的形成及地域比較』（人民出版社、北京、二〇一三年）、馮爾康『中国古代的宗族和祠堂』（商務印書館、北京、二〇一三年。本書の邦訳本は、二〇一七年、小林義廣訳『中国の宗族と祖先祭祀』として、風響社より刊行された）。

（11）David Faure, *Emperor and ancestor: state and lineage in South China*, Stanford: Stanford University Press, 2007.

（12）「清末広東省珠江デルタの図甲表とそれをめぐる諸問題」（『史学雑誌』第九一編第四号、一九八二年）。「清代広東省珠江デルタの図甲制について」（『東洋学報』第六三巻第三・四号、一九八二年）。片山氏の見解は、前者で紹介したので、参照していただきたい（二五〜二七頁）。

（13）「明清珠江三角洲地区里甲制中〝戸〟的衍変」（『中山大学学報』一九八八年第三期）、「清代広東地区図甲制中的〝総戸〟〝子戸〟」（『中国社会経済史研究』一九九一年第一期）、羅艶春・周鑫「走進郷村的制度史研究―劉志偉教授訪談録」（『中国社会歴史評論』第一四巻、二〇一三年）。

（14）「宗法、戸籍与宗族―大埔茶陽《饒氏族譜》為中心的討論」（『中山大学学報（社会科学版）』二〇〇四年第六期第四四巻）は広東大埔県の饒氏宗族を取り上げて、宗子が里甲戸役を担った事実を掘り起こし、里甲制度と宗族の構造との関係を論じている。

（15）Liu Zhiwei, "Lineage on the Sands: The Case of Shawan", *Down to earth: the territorial bond in South China*, edited by David Faure, Helen F.Siu, Stanford Univ. Press, 1995.

（16）「羅旁ヤオ族の長期反乱と征服戦争」（『アジア遊学』九号、二〇〇〇年）

（17）第一回の調査の記録は「旧羅旁地方調査記録――ヤオ族の痕跡を求めて――」（吉尾寛編『民衆反乱と中華世界―新しい中国史像の構築に向けて』汲古書院、二〇一二年）として発表した。

（18）前掲書所収「明朝の対外政策と両広社会」。

（19）COEプログラムの採択後、都市文化研究センターでは『都市文化研究』を定期的に刊行している。また比較都市史に関わるまとまった研究成果は大阪市立大学文学研究科叢書として発刊されている（清文堂出版、第一巻～第九巻）。同叢書のうち、筆者が関わった著作としては、第三巻『東アジア近世都市における社会的結合―諸身分・諸階層の存在形態』（井上徹・塚田孝編、二〇〇四年）、第五巻『都市文化理論の構築に向けて』大阪市立大学都市文化研究センター編、二〇〇七年）がある。

（20）この間の研究成果としては、前掲大阪市立大学文学研究科叢書第七巻『都市の歴史的形成と文化創造力』大阪市立大学都市文化研究センター編、二〇一一年）、第九巻『東アジアの都市構造と集団性―伝統都市から近代都市へ―』（井上徹・仁木宏・松浦恆雄共編、二〇一六年）がある。

（21）都市史学会の定期刊行物として『都市史研究』（山川出版社）が二〇一四年以降刊行されている。

（22）大阪市立大学・上海師範大学共同セミナー（大阪市立大学高原記念会館学友ホール、二〇〇九年）、上海師範大学・大阪市立大学共催国際シンポジウム「中日両国的伝統都市与市民生活」（上海師範大学、二〇一〇年）、第三回大阪市立大学・上海師範大学国際共同セミナー「東亜的都市文化与都市発展」（上海師範大学、二〇一一年）、大阪市立大学・ミネソタ大学共催頭脳循環プロジェクト研究会“On Urban Cultural Formation in East Asia: A Historical Perspective”（ミネソタ大学、二〇一二年）、「明清城市和明清歴史研究工作坊」（人民大学国学院、二〇一三年）。また、報告書等としては、前掲の報告書の他、次のようなものがある。井上徹監修『〈アジア遊学第七八号〉特集／中国都市の時空世界』（二〇〇五年）、井上徹・楊振紅共編『中日学者論中国古代城市』（三秦出版社、二〇〇七年）、井上徹・辻高広共編『大阪市立大学・上海師範大学共同セミナー成果報告書』大阪市立大学文学研究科・都市文化研究センター、二〇一〇年）、国際学術研討会・会議論文集「近代東亜城市的社会群体与社会網絡」（中央研究院近代史研究所編、二〇一二年）。

（23）拙論「中国近世の都市史研究―珠江デルタの都市分析のための一整理―」（大阪市立大学都市文化研究センター編『都市文化創造のための比較史的研究』、二〇〇八年）では比較都市史の刺激を受けて、珠江デルタの都市を考察する一助として中国近世の都市に関する若干の研究整理を行った。また、「明末の商税徴収と広東社会」（『〈年報都市史研究一九〉伝統都市論』山川出版社、二〇一二年）も比較都市史の研究のなかで行った作業の成果である。

第一部　「華」と「夷」の間

第一章　明朝の対外政策と両広社会

はじめに

広東北部には南嶺（五嶺ともいう）と総称される広東で最も主要な山脈があり、広東北部から湖南・江西両省の間、及び広西省の東北部にまたがっている。南嶺の大部分は低い山地及び丘陵で、標高は一、〇〇〇メートル以下である。南嶺は北緯二十五度と二十六度の間に位置し、この東西のラインより南側つまり両広（広東・広西）は歴史上、嶺南、嶺表、嶺外と称されてきた(1)。

明清時代の広東は、珠江デルタに注ぐ北江、東江、西江の三つの大河に沿った交通路によって外省と結ばれていたが、そのうちの一つは北江を利用する交通路（北路）である。広州を起点とする場合、珠江流域から三水県の付近で北江に入り、清遠、英徳、韶関と遡り（韶関より上流は湞江という）、その後、南雄を経て、梅嶺（大庾嶺のなかの一つの峰）を越えて、江西に入り、長江流域に出る。この梅嶺を越える北路は唐代に開鑿され、その後、歴代の王朝によって整備が行われている。明代半ばの成化十九年（一四八三）には、南雄知府・江璞が梅嶺に設けられた関（梅関）の名称を「嶺南第一関」と改めている(2)。この北路は嶺南と長江流域とを結ぶ主要な商業交通路である。明代半ば以降、海外貿易を背景として、デルタ地帯では域内交易活動、手工業生産、商業的農業、都市化が急速に発展したが、とりわけ、広州城は中国の商品と海外の銀等の交易の場として経済発展を遂げ、新たに勃興した商工業都市・仏山鎮とともに、珠江デルタの都市と市場網の発展をリードした。その結果、商業化・都市化はデルタ地帯全体に面として展開することになる。(3) 珠江デルタの域内で生産された手工業製品や加工農産物、海外からの輸入品などは梅嶺を越えて北方へと販出され、他方、北方からも、梅嶺を越えて様々な商品が広東に運び込まれた。(4) 明代において、北路が商品流通のうえでいかに重要であったかは嘉靖刊『南雄府志』が伝えている。南雄府城の東六十里に火逕という場所がある。天順以来、無籍の者が占拠して勝手に私税を抽き取り、商民が苦しんでいた。そこで、知府・江璞は、当地が北京と海外諸国を結ぶ要衝の地であり、朝貢使節や商人の往来にとって重要であることに鑑みて、無籍の者を追放し、火逕の施設を拡充して、名称を通済鎮に改めた。(5) 通済鎮の設置は北路の重要性が高まったことに対応する措置であったと考えられる。

珠江デルタの商業化・都市化は十六世紀以降大きく進展したが、その発展に大きな刺激を与えた海外貿易は明朝の対外政策と密接な関係にある。正徳三年（一五〇八）、両広の軍務を総括していた総督の陳金が朝貢船の附搭貨物に対して三割の抽分を行いたいと上奏し、これに対して中央政府の戸部が附搭貨物のうち貴細なものは京師に送り、粗重なものは広東で売却し、軍餉に充てるべきことを議覆し、裁可された。抽分の比率は正徳十二年（一五一七）、十分の二に改められ、常例としてその後に踏襲された。従来の研究はこの附搭貨物の抽分という出来事がもつ重要性に十分注意を払っている。(6) この問題に関して周到な考察を加えた岩井茂樹氏は、この抽分制の開始を、明初以来の朝貢一元体制が禁止してきた民間の商業取引を承認し、外国船の附搭貨物から関税収入を獲得するという極めて大きな変更を意味するものとして位置づけている。(7)

本論ではこのことを前提として、抽分制と広東社会との関係を改めて考えてみたい。陳金らが抽分を要請した時、その理由として掲げられたのは、両広（広東・広西）で反乱が頻発し、軍費が不足していることであった。抽分制が両広の軍事情勢を背景として開始されたことについて従来の研究はほとんど具体的な分析を行っていない。両広の側に視点を置いて、なぜ陳金らが抽分制を要請したのかという問題を検討するのが本論の第一の狙いである。抽分制が開始され、正徳十二年（一五一七）に二割の関税が確定したあと、広州では、ポルトガルの朝貢の要求をめぐる一連の騒擾事件を機として、広東市舶司を窓口とした貿易が断絶するという事態が発生し、これに対して、嘉靖八年（一五二九）、両広総督林富は貿易再開の上奏を行って、その要求が認められた。この林富の上奏を手がかりとして、抽分制を要請した両広の側の事情とくに貿易の舞台となった広州を抱える広東側の事情を窺うことが第二の狙いである。要するに、本論で目指すのは、明朝の対外政策の問題を通じて、広東が直面していた諸問題を検討することにある。

一　陳金の上奏

本節では抽分制度と両広の軍事情勢との関係を探りたい。まずは、陳金が附搭貨物の抽分を提案した時期の両広の軍事情勢を紹介しておこう。陳金は湖北応城の人である。成化八年（一四七二）、進士に及第し、婺源県知県に任じられた後、雲南左布政使、右副都御史、南京戸部右侍郎などの官職を経て、正徳元年（一五〇六）十二月、右都御史をもって総督の職に就任し、両広の軍務を提督した。同三年（一五〇八）十月、南京戸部尚書に転任しているから、広西に在職したのは二年弱である。(8)

両広の軍事情勢は広西側から始まっている。(9)広西では、明初以来、猺族の反乱が継続していたが、中期になって反乱活動は本格化した。(10)なかでも著名なのは大藤峡の反乱である。(11)大藤峡は現在の広西省金秀自治県を中心とする広大な山区を指しており、黔江がその中心を流れている。大藤峡の猺族は、正統七年（一四四二）、藍綬貳に率いられて反乱に立ち上がり、藍綬貳の死後は侯大苟が後を継いで反乱軍を統率した。正統十一年（一四四六）、侯大苟は数千の軍隊を率いて広東側の化州に侵入し、以来、雷州、廉州、高州、肇慶、韶州及び広西側の梧州で活動し、次々と諸府管轄下の州県城を落していった。広東最大規模の猺族・獞族の反乱が肇慶府の羅旁で開始されたのもこの時である。(12) 広東と広西の非漢族の反乱が互いに連携していたことは景泰三年（一四五二）に総督の職が新設された事情によく示されている。従来、巡撫、総兵が広東と広西それぞれに設けられていたが、軍事活動に際して両広の間の意見が異なり、統一した行動がとれなかったため、総督の職を設けて、両広の軍務を統括させるようにしたのである。初代の両広総督には都察院左都御史王翺《おうこう》が任じられた。(13)

成化元年（一四六五）、左僉都御史に任じられた韓雍は大藤峡の反乱軍に対して、まずはその羽翼となっていた修仁・荔浦の反乱軍を攻め、ついで諸方面から大藤峡を攻撃して鎮圧し、指導者の侯大苟を捕らえた。この時、韓雍は大藤峡の両岸を繋ぐ藤の吊り橋を断ち切り、大藤峡を断藤峡と改名したという。(14) 大藤峡（断藤峡）の反乱は明末まで長期にわたって継続されたが、広西の猺族らの反乱全体から見れば、主力となった反乱地域には変化が見られる。弘治十一年（一四九八）、南京浙江道監察御史万祥の上奏によれば、天順・成化以来、これらの猺族や獞族の被害がとりわけ甚だしい。広西側では、桂林府、柳慶（柳州・慶遠両府）、広東側では、広州、恵州、廉州、肇慶諸府の山間地帯である。桂林、柳慶は大藤峡を流れる黔江の上流地域であり、非漢族がより山間部へと後退したことになる。他方、広東省では、広西省側に隣接する広東西部・北部の山区、及び東部の山区で猺族等の反乱が活発化した。万祥はこの上奏文のなかで、両広各地の反乱拠点のうち最も集中しているのは広西側の柳慶地方だと報告している。(15) 広西の中央を西から東に流れる黔江（右江ともいう）は貴州の東南に源を発する三つの河川を上流とする。福祿江は貴州の古州長官司の西南から出て、柳州府懐遠県境に入り、柳城県の東で龍江に合流し、府城の西で柳江となる。貴州黄平州の西南から発した都匀江は慶遠府天河県に入り、府城の北を経て、龍江となる。都泥江は貴州定番州の西北から出て、慶遠府南丹州に入り、賓州の南で賓水となり、武宜県の西で柳江と合流する。(16) したがって、柳州・慶遠の両府は黔江の上流域に当たる。南寧とともに平野が広がり、田地が肥沃で人口も稠密である。水路によって西は広西の富州に、東は広東に通じ、また陸路で雲南・四川と結ばれており、各地の商品が集まってきた[17]。交通の要衝として発展した地域であったといってよい。他方、万祥の上奏の後の弘治十八年（一五〇五）には、慶州府の南の思恩・田州両府で土官岑濬の反乱が発生した。この反乱については、谷口房男氏が分析を加えている。思恩・田州両府は非漢族（猺族・獞族）の集居地域であり、土司制度が行われていた。岑濬の乱は、弘治六年（一四九三）に田州府土官知府の岑溥がその長子岑猇《シンコウ》によって暗殺され、その後嗣をめぐる兄弟の対立に、土目をも捲き込んだ内訌が発生した機に乗じて、思恩府土官知府の岑濬が土目と結んで干渉・介入したことにより混乱が一層拡大した事件を指す。岑濬は新たに田州府土官知府に就任した岑猛が拠る田州府などを攻撃したため、ついに明朝は一〇八、〇〇〇人という大部隊をもって岑濬の軍隊を討伐し、岑濬を殺して平定した。戦後、明朝は、岑濬攻撃からかろうじて逃れた岑猛を福建沿海衛千戸に貶するとともに、二府を流官に改めた。改土帰流である[18]。

陳金が広東に赴任してまず直面したのは、柳州・慶州両府で猛威を振るっていた猺族や獞族の反乱である。柳州・慶遠の両府の獞族数万が反乱を起こし、これに対して、陳金らは、正徳三年（一五〇八）、両広の漢人・モンゴル人から成る官軍及び土官の軍隊を出動させ、更に湖広の官軍にも派遣を依頼し、計一三〇、〇〇〇人を動員して、斬殺六、六〇〇余人、捕虜一、五〇〇余人という戦果を上げた[19]。反乱の規模の大きさがわかる。その後、陳金は広西の大藤峡の苗族が略奪行為に走った時には、苗族と交渉し、市場を開設して苗族が求める魚塩を与えられるようにしたという[20]。陳金が外国船舶の附搭貨物を抽分する上奏を行ったのはまさに、このように両広で猺族など非漢族の反乱を鎮圧するために軍費が必要とされた時期であった。その間の事情を次に紹介しておきたい。

明朝は、洪武年間、寧波、泉州、広州に浙江、福建、広東の各市舶提挙司（市舶司）を設けた。朝貢貿易の寄港先とその国として、寧波には日本、泉州には琉球、広州には越南、暹邏、西洋諸国が割り当てられた[21]。このうち広東市舶司は広州城外の珠江沿いの地区に置かれた。宋代以来、広州城は中央に子城（中城ともいう）、その東側に東城、西側に西城を配置する構造をもち、三城の間にはそれぞれ城壁と濠池がめぐらされていたが、明朝は三城の間の城壁を撤去し、連結して一城となした[22]。嘉靖四十年（一五六一）序刊『広東通志』（黄佐纂修）（以下、『黄通志』と略称する）によれば、広州城の南側は珠江に面し、西南方向にかけて低湿地（西関平原）が拡がっている。広東市舶司はこの広州城外の西南方向一里の場所に置かれた[23]。ちなみに、市舶司は、万暦の頃に城内の承宣街に移された[24]。また、永楽四年（一四〇六）には、西関平原の蜆子歩に、来貢使節に宿泊、接待の便宜を図る懐遠駅を建設している[25]。市舶提挙司には、元来、朝貢、市易の管理、使節や表文・勘合の真偽の弁別、密貿易の取り締まりなど、朝貢貿易に関わる幅広い権限が与えられた[26]。しかし、この年、重要な制度上の変更がなされた。朝廷は宦官を派遣して、その公館を広州城の南の岸辺に設け、市舶提挙司を監督させたのである[27]。この制度の変更により、朝貢船の貨物に関わる権限は宦官が掌握し、市舶提挙司の官吏の権限は著しく制限された[28]。

貢舶の載来する方物には、本国王の進貢物と貢使や随伴者の付載する貨物（附搭貨物）の二種類があった。このうち、進貢物に対して、明朝は代価を支払わないのが原則であり、「有貢則有賜」と言われるように、給賜が行われた。また、附搭貨物に対する明朝の取り扱いは一定していないが、使節の自進物に対して代価が支払われたことは共通している[29]。従来の研究において問題とされてきたのはこの附搭貨物に対して関税がかけられたかどうかである。『黄通志』巻六六、外志三、夷情上、番夷、「抽分則例」に、

布政司が調べ報告しますに、正統年間より弘治年間までの間、毎年、抽分は行っていませんでした。思いますに、正徳四年、当該の鎮巡官等の官吏である都御史陳金らが題奏し、暹邏国・満剌加国及び吉蘭国の外国船の貨物を対象として、貨物の十分の三を抽解しました。［この布政司の題奏をうけて］該戸部が審議し、貴細なる貨物を京師に送り、粗重なる貨物は現地に留めて軍餉の用に備えさせることとしました。（布政司案査得、正統年間以迄弘

治、節年倶無抽分。惟正徳四年、該鎮巡等官都御史陳金等題、要将暹邏満剌加国幷吉闌国夷船貨物、倶以十分抽三。該戸部議、将貴細解京、粗重変売、留備軍餉。）

とある。布政司は最初に、正統年間から弘治年間までの期間（一四三六〜一五〇五年）において、外国船の貨物の抽分を行っていなかったことを報告している。よく知られているように、丘濬『大学衍義補』巻二五、治国平天下之要、制国用、「市糴之令」は、「本朝の市舶司の名称は［歴代の王朝の］旧名を踏襲しているが、抽分の法はない」（「本朝市舶司之名雖沿其旧、而無抽分之法」）と述べて、明朝が「抽分の法」を採用しなかったことを指摘しており、従来の研究においてもこの丘濬の所説の妥当性は支持されている。(30) この問題に関連して注意が必要なのは、万暦刊『大明会典』巻一一三、礼部、「給賜番夷通例」に、「弘治年間、［次のように］定めた。すべて外国の進貢のうち、国王・王妃、及び使臣の人たちが附搭せる貨物は十分を割合として、そのうち五分の貨物を抽分して官府に納め、五分は［それに相当する］対価を給付する」（弘治間定。凡番国進貢内、国王・王妃及使臣人等附至貨物、以十分為率、五分抽分入官、五分給還価値）とある点である。この規定では、国王・王妃、使臣たちの附搭貨物に対して、十分の五は「抽分」して官に入れ、残りの五分は対価を給付して官が収買するとしている。佐久間氏は五割の貨物が「抽分」されたことから弘治年間に「抽分」制度が始まったと考える。(31) これに対して、岩井茂樹氏は「抽分」の内容を問題にする。つまり、抽分制は附搭貨物に一定の率の関税をかけて、それを官が引き取り、残りの貨物は、例えば牙行を介在させて、中国側の民間の商人に払い下げ、自由な売買に委ねる制度であるべきだが、十分の五を「抽分」した残りの五分の貨物に対しても対価を支払うというのでは、民間の貿易を前提とした関税の制度というに値しないと考えるのである。(32) 合理的な解釈であろう。

次に、布政使の調査は、正徳四年（一五〇九）のこととして、陳金らの題奏を掲げる。暹邏・満剌加国・吉闌国の「夷船貨物」に対して三割の関税をかけるというものである。これに対して、戸部は貨物のうち貴細なものは京師に送り、粗重なものは広東で売却し、軍餉に充てるべきことを指示した。「抽分則例」は、題請が行われた年分を正徳四年（一五〇九）とするが、李龍潜氏は正徳三年（一五〇八）が正しいとしている。[33]その論拠は、『明実録』正徳五年九月癸未条の記事である。両広の鎮巡官らの上奏に対する戸部の議覆に、正徳三年（一五〇八）、同四年（一五〇九）に抽分した外国の貨物に対する措置を述べており、抽分はすでに正徳三年（一五〇八）に始まっていたことがわかるのである。『明実録』正徳四年三月癸巳条を見ると、正徳四年（一五〇九）、暹羅国の船が大風に遭遇したのを理由として広東に入港した折り、鎮巡官たちはその貨物に税金を課して軍餉に充てるべきことを議した。これを知った市舶太監熊宣がこの問題に介入し、市舶司の収入としようと謀り、朝廷に上奏した。礼部が「妄りに事権を攬《と》る」を理由として、熊宣の上奏を阻み、皇帝も礼部の意見を認め、熊宣を南京に左遷し、畢真に代えたという。「抽分則例」で正徳四年（一五〇九）に陳金の上奏を受けて、抽分が認められたと記述されたのは、おそらくこの事件のことが関わっていたものと推定される。しかし、『明実録』は正徳三年における抽分を伝えているから、正徳四年は宦官の処分が発令された年であろう。すなわち、正徳四年三月癸巳条にいう鎮巡官の議論は正徳四年（一五〇九）以前のことであり、かつ、実際に抽分は正徳三年（一五〇八）に行われているから、この年に陳金らが十分の三の抽分を議し、認可されたと考えるべきである。そして、市舶太監熊宣は正徳四年（一五〇九）になって、すでに抽分された附搭貨物を狙って上奏を行い、礼部によって阻まれたことになる。

ところが、問題はこれで決着したわけではない。正徳五年（一五一〇）七月、熊宣の代わりに市舶太監に任命された畢真は、「旧例」では、「泛海諸船」のことは市舶司がもっぱら管轄するものとされていたが、最近、鎮巡官及び三司（布政司・都指揮使司・按察司）の兼管が許された、これを「旧例」に戻してほしいと上奏した。これに対して、礼部は、市舶の職は進貢の方物を扱うことにあり、海上の客商や風泊番船のことは勅旨には記載されていないので、関与すべきでないと主張したが、皇帝は熊宣の「旧例」にもとづき、民間の船舶の貨物に対する抽分を市舶司に認めてしまった。『明実録』の編者は、熊宣の上奏は却下されており、これを「旧例」とするのは過ちであるが、宦官の親玉の劉瑾が畢真と結んで、「旧例」を認めさせたのだという(34)。

しかし、『明実録』正徳五年九月癸未条によれば、両広の鎮巡官らの上奏に対する戸部の議覆は、両広では毎年「盗賊」が反乱を起こしており、その鎮圧に必要とされる軍餉が不足していることを理由として、象牙等の貴重な貨物は京師に送り、蘇木（紅色の染料）のような粗重の貨物は売却し、軍餉に充当すべきことを提案し、裁可を得た。上掲「抽分則例」に、「正徳五年になって、巡撫両広都御史林廷選が題奏し、各項の貨物は売却させ、［その代金を］現地に存留して、軍餉の経費に備えるよう提案した」（至正徳五年、巡撫両広都御史林廷選題議、各項貨物着変売、存留本処、以備軍餉之用）とあるように、この時上奏したのは、右都御史をもって両広の巡撫に任じられた林廷選であったことがわかる(35)。このように両広の当局の官僚と市舶太監の間で、抽分による利益をめぐって激しい綱引きが行われた。

ところで、抽分の制は、そもそも大風を避けて入港してきた船舶を対象とするものとして議論が始まった（前掲）。しかし、上掲「抽分則例」では、「夷船貨物」つまり外国船舶一般の附搭貨物を抽分の対象としている。この「夷船貨物」が意味するのは何か。佐久間重男氏は『明実録』正徳十二年五月辛丑条に、「外国の、貢物を進上し、また貨物を搭載する船舶に命じて、十分の二の税を科し、［それらの税物を］京師に送ること及び軍餉用に現地に存留することはともに、旧例の通りとする」（命番国進貢幷装貨船舶、権十之二、解京及存留軍餉者、俱如旧例）とある点を引用して、「商舶の民間船にも抽分を課し」たものと理解する(36)。つまり、朝貢船の附搭貨物と民間の船舶（商船）の貨物ともに、関税徴収の対象とされたということである。また岩井茂樹氏も、慎重ながら、朝貢船の附搭貨物だけでなく、非朝貢船の貨物も抽分の対象とされたという方向で考えている(37)。風泊の船舶のような非朝貢船から抽分するということは、明初以来の朝貢貿易の原則を破ることになる。しかし、畢真が、「旧例」では「汎海諸船」は市舶司の管轄に属すと主張し、これに対して、礼部は海上の客商や風泊の外国船は勅認されていないと応酬したこと（前掲）から窺われるように、他方において朝貢船のみでなく、民間の船舶の貨物をも抽分の対象とする意見があったことは確実である。また、正徳九年（一五一四）に行われた陳伯献の上奏は、抽分の開始が民間では貿易の全面的な解禁を意味するように受け取られ、数千人の奸民が巨船を建造し、外国勢力と結んで海上貿易に乗り出すという事態を引き起こしたことを示している。陳伯献の上奏を受けて、礼部は貢期ではないのに来航する外国船とこれに対する抽分を禁止する禁約を定め、皇帝の認可を得た。[38] このことも非朝貢船に対して抽分が行われてきたことを示すであろう。また、正徳十年（一五一五）に上呈された高公韶の上奏文は、「旧例」では、朝貢船の附搭貨物に対して、官が五割を抽分し、残りは代価を与えて引き取り、朝貢以外の貿易は許さないのが原則であったとする。この「旧例」とは、先に紹介した弘治年間に制定された「抽分」の制度のことである。高公韶はのちに宦官と鎮守官が貿易を利として、この原則を弛めたため、「権豪」が非朝貢船に停泊・居住の便宜を与え、外国人が沿海の居民と結んで略奪するようになったと嘆く。[39] これが抽分が開始された正徳三年（一五〇八）以降の状況である。宦官と鎮巡官らとの綱引きのなかで、弘治以来の禁令は破られ、非朝貢の船舶の貿易と抽分が行われたと考えられる。

では、そもそも両広の総督や鎮巡官が抽分を提案した動機はどこにあったのか。正徳五年（一五一〇）における林廷選の上奏に対する戸部の議覆に、「（両広では）盗賊が連年反乱を起こしており、軍餉を賄いきれません」（盗賊連年為乱。軍餉不支）とあるように、両広の「盗賊」の活発な反乱活動を鎮圧するための軍餉が必要とされることを抽分の措置の理由として挙げており、それが林廷選の題奏によることは間違いない。また、正徳三年（一五〇八）における陳金の要請に対して、現地に存留された貨物を売却した利益を軍餉に充てることが認められていることから、陳金の上奏も、そもそもが両広における軍事活動で必要とされる軍事費の確保に狙いがあったであろう。上掲のように、両広における非漢族の反乱はきわめて緊迫しており、軍事制圧には莫大な経費が必要とされた。中央政府も両広における軍事情勢の緊迫した状況を認識し、その軍事費を捻出するために抽分を承認したであろうことは確認しておいてもよいと考える。このことは、その後も揺れ動く政策にも影響を与えている。

　正徳三年（一五〇八）に始まった抽分の制は、正徳九年（一五一四）、広東布政使左参議陳伯献が現状を批判したことにより中断された(40)。しかし、正徳十二年（一五一七）、陳金が再び上奏して復活することになる。陳金は正徳三年（一五〇八）十月、任を離れたが、その後、正徳十年（一五一五）、再び両広総督に起用された(41)。陳金は赴任するや、府江流域の反乱制圧に乗り出した。府江は上は灕水に繋がり、下は蒼梧に達し、「広右の咽喉」という。その両岸は「猺獞」の支配地域である。東岸は富川、賀県に、北は恭城に、西岸は修仁、茘浦に、南は永安に、それぞれ連なっている。これらの地域の賊巣は互いに連絡し合い、府江を運航する商船があれば、ただちにこれを襲撃した。成化初め、都御史韓雍が大藤峡を討伐した際には、先に修仁・茘浦の反乱軍を破って羽翼をもぎとって、戦果を上げた。しかし、韓雍が軍を退くや、反乱軍は再び結集し、なかでも修仁・茘浦地方は最大の反乱地域となった。そこで、都御史朱英や参議謝綬の議を経て、この地域に永安州を新設し、彼らを招撫することに成功し、それをみて陽朔など隣県の諸峝も相継ぎ招撫に応じた。しかし、その後も反乱は収まらなかった。弘治、正徳年間、賊首韋力らが永安州を囲んで周辺地域を襲う状況が続いたのである。都御史の閔珪と陳金は相前後して討伐の軍隊を興した(42)。陳金が征伐に乗り出したのは正徳十二年（一五一七）である。この年の陳金は多忙であった。湖広の郴州・桂陽で猺族の龔福全らが反乱を起したため、同年五月、巡撫秦金らが征討を上奏し、これに対して、朝廷では陳金を征討軍の総制として派遣する命令を下した(43)。ついで、同年十一月、陳金は朝廷に上奏しているが、その報告によれば、陳金は総兵郭勛・太監寧誠とともに、江西の土兵及び湖広の官軍を動員して、府江の賊首王公响ら一〇〇余人、その他六、〇二四人を捕らえて処刑し、男女一、五〇〇余人を捕虜にするという戦果を上げた(44)。

　陳金が抽分制の再開を訴えたのはこのように非漢族との戦闘が激化していた正徳十二年（一五一七）のことである。『黄通志』巻六六、外志三、夷情上、蛮夷、「抽分則例」によれば、正徳十二年、陳金は呉廷挙とともに上奏して、宋朝の事例に倣って二割を抽分するか、もしくは最近の事例（正徳三年に始まった制度を指す）により三割を抽分し、以前のように、貴細の物資は京師に送り、粗重の貨物は現地で売却して軍餉に充てるべきことを要請した。その結果、抽分率をかつての十分の三から十分の二に引き下げることを条件に認可された[45]。このとき二割の関税の対象は朝貢船の附搭貨物だけでなく、民間の船舶の貨物も対象とされるとともに、以前と同じように、徴収した関税は京師に送る分と現地に留めて軍餉に充てる分とに分けられた[46]。この正徳十二年（一五一七）以降、十分の二の抽分率が常例とされた[47]。

岩井茂樹氏は右の陳金らの上奏が「広州や泉州で民間の海外貿易を認めていた宋代の制度に言及したこと」に注目したうえで、「附搭貨物のうち二割は抽分されて官の収入になったが、それ以外の貨物は『公為貿易』という。つまり中国側の商人に売却するということである」と述べる。すなわち、二割の抽分の対象が朝貢船の附搭貨物及び民間船舶の貨物となると同時に、残りの貨物は民間の売買に委ねられたと解析するのである。この措置が明初以来の朝貢貿易のシステムに照らしていかに大きな変化を意味しているかは明らかである。また檀上寛氏もこの正徳十二年（一五一七）の規定により、「民間貿易の禁止に裏づけられた海禁＝朝貢システムは、ここに至って実質的にその機能を失った」と位置づけている[48]。

陳金と呉廷挙が抽分の開始を要請した点について、『明実録』の編者は、抽分による利益を巧みに言い立てた呉廷挙の弁舌に撫按官や戸部も惑わされ、このことが後のポルトガルの騒擾を招いたのだとして厳しく批判している[49]。このことから、陳金と呉廷挙の連名で提出された上奏文がじつのところ呉廷挙の提案に係ることが窺われる[50]。これは、朝貢貿易以外に貿易は存在しないという立場からすれば、当然の批判ではある。しかし、なぜ陳金や呉廷挙があえて抽分の再開を訴えねばならなかったのかという問題はやはり考えておかねばならない。上述のように、正徳十二年（一五一七）は湖広、広西の猺族の反乱に対して大規模な征討が準備され、実行された時期であった。呉廷挙も、広東右布政使として、陳金を助けて府江の討伐に参加している[51]。討伐の功績により広東左布政使に昇任し、ついで都察院右副都御史に任じられた呉廷挙は抽分が認可された後の八月、水害の被害を受けた湖広に赴いて賑恤を行ったが、このとき、「広東の塩斤、番貨銀両」も救恤の資金として拠出することが認められた[52]。軍餉ではないが、抽分によって得られた利益が運用されたのであろう。一旦中断された抽分制が復活された機縁はやはり陳金が戻ってきて、非漢族に対する軍事行動が展開され、軍費が必要とされたことにあると考えられる。要するに、正徳年間において、陳金らが外国船舶の附搭貨物の抽分の実現を強く訴えたのは、両広の軍事情勢とくに広西の民族反乱が動機となっていた。長期化していた反乱を鎮圧するために動員される軍隊の経費をまかなうために、附搭貨物の抽分による利益が注目されたのである。中央政府もこうした両広の軍事情勢の重要性に鑑みて、祖法に反する抽分を認めざるをえないという判断に傾いたと考えられる。その限りにおいて、関税の徴収とその軍費への充当は国家の問題である。外国の貨物から関税を徴収し、その利益の一部は中央に送り、残りは軍費に回すだけのことである。しかし、抽分制を通じて知られる、両広における軍事活動のために軍餉の確保が必要であるという事情はじつのところ両広の間の財政関係、更に言えば広東の財政に深く関係する問題であった。そのことは、ポルトガルの騒擾事件を機として中断された貿易の再開を訴えた林富の上奏文を通じて知られる。以下、林富の上奏文を検討してみたい。

二　林富の上奏と軍事情勢

正徳十二年（一五一七）、陳金によって抽分制の復活は成功し、十分の二という抽分率も定まり、常例となった。ところが、その同じ年に事態は急変することになる。ポルトガルの騒擾事件をきっかけとして貿易が途絶したのである。貿易が再開されたのは嘉靖八年（一五二九）のことであり、林富の上奏を中央政府が認めたことによる[53]。林富は福建莆田の人で、弘治十五年（一五〇二）の進士である。[54] 大理寺評事を授けられたが、宦官の劉瑾と衝突し、詔獄に下され、潮陽知県に降格された。その後、嘉靖二年（一五二三）に広東右布政使に遷った。[55] 在任中の嘉靖五年（一五二六）、彼を誹る者があり、広西に調されたが、[56] 翌年、王守仁が両広の総督として赴任すると、そのもとで思恩・田州の反乱の鎮圧に活躍した。嘉靖八年（一五二九）正月、その功績を認められて、兵部右侍郎兼都察院右僉都御史をもって総督の任に就き、王守仁の任を引き継いだ（詳細は後述）。貿易再開の上奏文はその在任中のものである。林富の上奏文の全文は、「請通市舶疏〈嘉靖八年七月十五日〉」という題目で林富『両広疏略』（上下二巻、東洋文庫蔵）巻上に収録されている。また、嘉靖十四年（一五三五）序刊『広東通誌初藁』巻三〇、「番舶」、『黄通志』巻六六、外志三、「夷情」、厳従簡『殊域周咨録』巻九、「仏郎機」にも、林富の上奏文として収録する。しかし、李龍潜、戴裔煊、岩井茂樹各氏は、この時の林富の上奏文が黄佐によって書かれたものであることを指摘している。[57] つまり、黄佐の文集『泰泉集』巻二〇、奏疏に、「代巡撫通市舶疏」として収められており、黄佐が林富に代わって代筆したことが明らかである。黄佐は広州の人である（原籍は広州府香山県）。弘治三年（一四九〇）、広州城内の承宣里の家で生まれた。正徳五年（一五一〇）、郷試第一の成績で及第し、嘉靖元年（一五二二）、進士となり、翰林院編修を授けられたが、母親の病気見舞いを理由として一旦帰郷した。嘉靖七年（一五二八）、江西按察司僉事に任じられたものの、養親を理由として致仕を願い出た。中央政府は致仕を認めず、広西督学官に任じ、佐も赴任している。[58] 『明実録』嘉靖八年五月甲寅条に、江西僉事黄佐を広西に改め、学校を提調させる発令が記録されている。「請通市舶疏」の日付は嘉靖八年（一五二九）七月十五日と記されているから、広西督学僉事の時に、林富に代わって貿易再開を求める上奏文を書いたことになる。黄佐が代作し、林富によって上呈された上奏文は兵部で審議されたあと、世宗によってその貿易再開の要請が裁可されている。[59]

後に述べるように、貿易再開を求めた当該の上奏文には代作者の黄佐の意見が強く反映されていると考えるが、上奏文そのものは林富の名前で提出されているので、ここでは、「請通市舶疏〈嘉靖八年七月十五日〉」に拠って紹介してみよう。[60] 林富はまず次のように述べる。「巡撫の職は民のために利を興し、害を除くことにあります。利とは朝廷に利益をもたらし、人民にも利益をもたらすものでなければなりません。朝廷と人民を損なうものは害であります。いま害を除くを名目としてすべての利益の源を絶ち、軍隊と国家に寄与するところなく、祖宗の成憲を忘れさせ、かつ外国人の心を中国から離れさせているのは広東の市舶の問題です」、と。害を除くという名目で貿易の利を閉ざし、その結果として軍隊・国家に損害を与え、かつ祖宗の成憲の精神を忘れ、外国人の心を離れさせている今の政策こそが、林富から見れば、害に他ならない。では、林富はどのように貿易再開に向けての主張を展開したのであろうか。林富は『皇明祖訓』を引用する。『皇明祖訓』、「祖訓首章」には、不征国として、「西南」方面では安南国、真臘国、暹羅国、占城国、蘇門荅剌国、西洋国、爪哇国、彭亨国、白花国、三仏斉国、渤泥国を掲げる。これら諸国は明朝が朝貢を許した国々である。ただし、占城国の附注は、占城から渤泥までの諸国につき、朝貢使節が伴った行商の不正を理由として、洪武八年（一三七五）から同十二年（一三七九）に至る朝貢の禁止を述べているが、これらの一時的に朝貢を差し止められた諸国も後には朝貢を許された。林富は、市舶提挙司及び内臣がこれらの諸国の朝貢使節を接待し、貿易をよく管理しているとする。

問題はその後に発生した。林富は「正徳十二年になって、仏郎機人が東莞県域に突入した」（「至正徳拾貳年、有仏郎機夷人突入東莞県界」）という。このことは、前掲『広東通誌初藁』巻三五、「外夷」、『黄通志』巻六八、「雑蛮」も伝えており、ともに正徳十二年（一五一七）、東莞県にポルトガル船が入港したことを伝える。ただ、やや注意すべき点がある。『黄通志』はポルトガル船の東莞入港を言うが、その一方で、同書巻六六、外志三、番夷、「仏郎機国」には、「正徳十二年、「仏郎機国の人間は」大船に乗って広州の港に突入し、その銃声は雷のように鳴り響き、貢物を進上して封ぜられんことを名目とした。右布政使兼按察副使の呉廷挙は彼らの貢物進上を許した」（「仏郎機国」正徳十二年、駕大船突至広州澳口、銃声如雷、以進貢請封為名。右布政使兼按察副使呉廷挙、許其進貢）とあり、入港したのは広州だとする。このことはどのように理解すればよいのであろうか。ポルトガル側の史料によると、ポルトガル国王は特使トメ＝ペレス（Tomé Pires）に対して、中国を訪問して国書を中国皇帝に渡すように命じたが、この時、ペレスを護送する艦隊の艦長としてフェルナン（Fernão Peres d'Andrade）を任命した。ポルトガルの船団はマラッカ（満剌加）を出発して、一五一七年八月十五日、Tummên に到着した。ポルトガル人はしばしばこの島を商業島と呼んだという。(61) Tummên がどの島のことを指すのかは諸説があるが、中国側の上掲の史料で、ポルトガルの船団が東莞県に突入したと伝えられていることにまず注目したい。『黄通志』の「仏郎機国」は、ポルトガル人が後に「東莞南頭」に退いたとする。南頭は古来、海外の船舶が広東省城（広州城）に入る際の通り道にある海上交通の要衝であり、この南頭の東海岸に屯門澳がある。つとに藤田豊八氏はこの屯門澳こそが Tummên であると検証された。(62) 南頭は当時東莞県の南部に属していたが、万暦初め、東莞県を分割して新安県が新設された時、新安県属になっている。本論でも、ポルトガルの船団はマラッカから東莞県南頭の屯門澳に入港したと理解しておきたい。そうすると、『黄志』の「仏郎機国」にいう広州への入港はその後の出来事として理解される。これもポルトガル側の史料に記録されている。フェルナンの船団は一五一七年九月末、珠江を遡って広州に到達し、懐遠駅の前に錨を下ろしたのである。(63) 時に広東僉事の任にあった顧応祥の証言によれば、(64) ポルトガル人は二隻の艦船に乗って懐遠駅に至り、仏郎機国の朝貢だと称した。そこで、まず両広総督陳金に報告がなされた。当時、陳金は梧州に駐留していたが、報告を受けるや、彼は何人かの高級官僚とともに広州に戻った。(65)

従来の研究において、この事件に際して呉廷挙が果たした役割が問題となっている。『黄通志』巻六六、外志三、番夷、「仏郎機国」は、「右布政使兼按察副使」呉廷挙がポルトガルの貢物の納付を許したとする。(66) この呉廷挙に関する記録がポルトガル側の文献のなかに残されている。ポルトガルの歴史家 João de Barros の記録がそれである。ポルトガルの艦隊が懐遠駅に着いたとき、Puchanci が広州城の禁令に違反したことを叱責されたと伝えられる。このPuchanci は布政使の音訳である。中国側の上掲の史料にも示されるように、呉廷挙がポルトガルの進貢を許したとされることから、張天沢氏はこの叱責が呉廷挙に対してなされたと解釈した[67]。しかし、戴裔煊氏は、呉廷挙は正徳十一年（一五一六）に右布政使から左布政使に昇格していること、また正徳十二年（一五一七）には、飢饉対策のために湖南に赴いていることを指摘している[68]。張天沢氏はこの戴裔煊氏の論法に従えば、ポルトガルの使節団が来訪したとき、呉廷挙は広州にいなかったことになるとするが、この見解が正しいかどうかは保留している[69]。『明実録』正徳十一年十月乙卯条に「広東右布政使の呉廷挙を本司の左布政使に昇格させた」（陞広東右布政使呉廷挙為本司左布政使）とあり、正徳十一年（一五一六）十月に左布政使に昇格したことは確かである。したがって、正徳十二年（一五一七）の呉廷挙の身分は左布政使に改めるべきである。しかし、呉廷挙がポルトガル使節の来訪時に広州に不在であったかどうかは注意が必要である。前節で述べたように、正徳十二年（一五一七）は陳金が広西の府江の非漢族を討伐した年である。正徳十二年五月、府江の非漢族の征伐の命令が下り、同年十一月に陳金は朝廷に上奏文を提出した。この上奏文のなかで、陳金は「左布政呉廷挙」も攻撃に加わったことを明記している[70]。このことからすると、ポルトガルの使節が広州に入港した当時、呉廷挙は陳金とともに梧州に駐屯しており、陳金が報告を受けて広州に戻った時、呉廷挙も同行した可能性も考えられるであろう。

広東の鎮巡官らの報告を受けて朝廷は礼部に取り扱いを審議させ、正徳十三年（一五一八）正月、皇帝の認可を得て、ポルトガルに対して帰国と方物の返還を決定した[71]。ポルトガル側の史料と照合して分析した黄慶華氏の検証によれば、朝廷がポルトガルの朝貢を拒否したのは正徳十三年であったが、「朝廷はこれ（顧応祥の上奏）を認可し、「ポルトガル人を」送って礼部に赴かせる」（朝廷許之、起送赴礼部[72]）や「詔を下して、京師に来訪するを許す」（詔許来京[73]）といった記録はその二年後の正徳十五年（一五二〇）のことに係る[74]。

正徳十四年（一五一九）末または翌年正月に、ピレスの一行は広州を出発し、五月に南京に到着し、南巡していた皇帝と会見した[75]。中国側の史料では、宦官の江彬はポルトガルの賄賂を受け取って、通訳の火者亜三を武宗に謁見させたとされる[76]。ピレスの一行は南京を離れた後、大運河を北上して北京に到着し、会同館（四夷館）に宿泊した。武宗は正徳十六年（一五二一）一月中旬、朝廷に戻ったが、まもなく病を得て伏せった。朝廷に戻ったピレスの一行が北京に滞在していた時、火者亜三が江彬の勢力を恃んで、会同館を管掌する梁焯を軽んじて跪礼を行わなかったため、梁焯がこれに杖責を加えるという事件が発生している[77]。

ところで、武宗が帰朝する前の正徳十四年（一五一九）十二月、ポルトガルの使節に関する監察御史丘道隆と何鰲の意見を受けて、礼部は、ポルトガル船を防御できなかった関係各官僚の責任を問うとともに、懐遠駅に留まる夷人が中国人と通じて貿易を行うこと、朝貢の期間以外に来航した船舶は遠方に駆逐して抽分を行わないこと、ポルトガルの朝貢を許して事件の発端を作った呉廷挙は戸部に通知して事例を調査して停革することを取り決め、皇帝の認可を得た[78]。武宗は翌る一月に北京に戻ったものの、病気のため政務をとれない状態が続き、三月十四日に逝去した。武宗が逝去すると、皇太后の懿旨により江彬は誅され、また火者亜三も捕縛された後、誅されている。また、海道副使汪鋐の奮闘により、ポルトガルの船舶は追い払われた[79]。

以上が林富の上奏に関わるポルトガル使節の事件の概要である。林富は「時に布政使呉廷挙、其の朝貢を許し、之が為に奏聞す。此れ則ち成憲を考えざるの過ちなり」と述べて、広東布政使呉廷挙がポルトガルの朝貢を許し、朝廷に奏聞したことに対して、これを過ちだと判断している。これは、その後に生じた事態の原因が呉廷挙にあると考えるからである。すなわち、朝貢を拒まれたのはポルトガルであったが、その後、安南・満剌加など朝貢国の船舶も広州には来航せず、福建の漳州府に向かうようになり、このため、貿易の利益は福建に帰し、省城は寂れてしまったのである。林富はこのように経緯を説明したうえで、ポルトガルはもともと中国とは朝貢関係を結んでいないのだから駆逐すべきだが、東南アジア諸国は祖訓や会典にも掲載された朝貢国であるから、朝貢貿易を再開すべきだと提言する。彼は貿易再開のメリットとして次の四つを掲げる。

第一は、「旧規によれば、外国船舶の朝貢の他、［附搭貨物を］抽解するには則例が定められており、朝廷の御用に供することのできるものです。これがその第一の大きな利点です」という。抽分の制において、朝貢の貨物以外に、附搭貨物を抽分して一部を京師に送るという規則があった。これは朝廷の用に資するものであるとして、まずは中央政府に貿易再開の利点をアピールするのである。

ついで、林富は、「抽解の他は軍餉に充てます。いま両広では連年にわたって軍隊を出動させており、このために官府の倉の蓄えは日ごとに減っています。これ（貿易再開）によって倉を満たすことができれば、心配がなくなります。これが大きな利点の第二です」と述べて、両広における軍事活動により逼迫した財政を補うために貿易の利益を軍餉に充てられることを強調する。抽分制の開始以来、両広の鎮巡官が主張してきたものである。当時の両広の軍事情勢がどのようなものであったのかを紹介しておこう。

正徳十二年（一五一七）、府江の反乱は陳金によって制圧されたが、今度は、田州府の情勢が再び危うくなった。先に述べたように、岑猛は福建沿海衛千戸に貶される処分を受けたが、任地への赴任を拒んで田州に留まり、土官知府への復帰を図り、太監劉瑾に賄賂を贈って田州府知府となり、江西の華林洞賊の討伐などによって軍功を重ね、指揮同知へと転任して着々と足場を固めた。正徳十三年（一五一八）には龍州の土官趙源の死に伴う相続争いに介入して龍州を攻撃し、更に同十六年（一五二一）には泗城州を攻略して土官岑接などを殺害した。これに対して明朝はついに嘉靖五年（一五二六）四月、両広総督楊鏌に命じて岑猛を討伐し、改土帰流を徹底させる措置を講じさせた。これに対して、田州・思恩二州の土目盧蘇・王受らは岑猛の第四子岑邦相を擁して田州で反旗を翻した。この反乱は田州府のみでなく、思恩府城の攻撃へと拡大したため、明朝は楊鏌らの施策の失敗とみなして、王守仁を起用した。王守仁は嘉靖六年（一五二七）に梧州に至り、招撫・懐柔策をもって対処した。この時採用された措置は、田州を田寧府に改め流官知府を置くこと、田州府の八甲を割いて田州とし、岑猛の子の岑邦相を州判官に任じて州事を統べさせたこと、田寧府に十八の土巡検司を設けて、土目を土巡検に任命して統轄させること、思恩府には九つの土巡検司を設置し、土目を土巡検にあてることなどである。[80]田寧府に中央から派遣する流官を置いて要とし、他は非漢族の有力者に官職を与えて実質的にその支配を認めるという方法であったといえよう。王守仁は嘉靖七年（一五二八）、招撫した盧蘇・王受らを率いて八寨・大藤峡を掃討した。[81]同年五月、王守仁は田州・思恩両府の反乱鎮圧に関する報告を朝廷に送ったが、そのなかで、林富が王守仁のもとで反乱者の安揮の仕事に務めたことを記している。[82]王守仁は反乱の鎮圧後、病気の療養を理由として辞任を願い出たが、この時、後任として林富を推薦し、朝命を待たずに帰郷する途中、南安で逝去した。王守仁の死後、嘉靖八年（一五二九）正月、林富は兵部右侍郎兼右僉都御史を授けられ、王守仁に代わって、総督として両広地方を提督した。[83]就任後の林富は王守仁の政策を受け継いで、田州・思恩の統治策を提言して認められ、また嘉靖九年（一五三〇）には大藤峡や桂林一帯の反乱軍を鎮圧している。[84]

他方、広東西部山間地帯の反乱状況も切実であった。広東の反乱地域は広大であるが、林富はこのうち、広東西部山間地帯の状況を報告している。林富「処置会寧地方疏」（嘉靖十年六月六日、『両広疏略』巻上所収）を見てみよう。林富は、反乱軍の勢力範囲は新寧・新会・恩平三県の広範囲に及び、正統年間以来、何度も討伐と招撫を行ってきたが、根絶できないと嘆く。すなわち、林富の赴任当時、広西側に接する羅旁の西側地域から、珠江デルタにかけての山間地帯が最も反乱軍が集結した地域であった。林富は新寧県の安定こそ反乱鎮圧の鍵だと考える。新寧県の地域はもと新会県に属していたが、正統年間の黄蕭養の反乱に際して、白水・横峒等の村民が黄蕭養の軍隊に加わったことがあり、以来、その余党が抵抗を続けてきた。弘治年間、新会の文章など四都を分割して新寧県を設立したものの、反乱の勢いは衰えず、正徳末に活動は最高潮に達した。嘉靖二年（一五二三）、大規模な討伐が行われたが、依然として諸賊は近隣の無頼と結び、また山猺を引き入れるなどしている。この間、里甲制が承けた被害は甚大であった。新会・新寧二県で反乱軍に占拠されたり、放棄された田土は六、七〇〇頃を下らず、反乱の平定後に賦役の免除を申告したのはわずかに数百戸であった。もともと新寧県の額糧は八、〇〇〇石であるのに、嘉靖四年（一五二五）以来、毎年の納付税糧は三、〇〇〇余石まで落ち込んだと報告している。

このように林富みずから両広の広大な地域に拡大した非漢族の反乱を制圧する軍事活動に従事していた。林富が嘉靖八年（一五二九）に貿易の再開を提案した時、貿易の利益を軍餉に充てることができることを利点の一つとして掲げた背景には当時、依然として非漢族の反乱が収束せず、軍事費が必要とされる状況があったことに改めて注意しておきたい。

三　広東の事情

林富は貿易再開のメリットとして、貿易の利益を軍餉に充てることができる点を掲げていた。両広で非漢族の反乱が頻発し、軍事活動に巨額の経費が必要とされたことがその背景である。正徳年間に陳金らが抽分の法を行うことを求めた時にも、同じく軍餉への充当がその理由とされていたから、軍務に携わる官僚の側から見るとき、一貫した主張ということになるであろう。林富は抽分のことには触れていないが、貿易による利益を言うときに、彼が関税収入を念頭に置いていたことは間違いない。この軍費の調達の問題は、じつのところ、広東の財政事情にも深く関わる問題である。林富は貿易再開の利点の第三として、次のように述べている。

広西一省［の財政］はすべて広東を頼っています。いまわずかでも徴発がなされれば、たちまち［広東の財政は］行き詰まります。官僚の俸給を胡椒で支給しようとしても、［その胡椒は貿易途絶のために］長らく不足していますから、つまるところ民を煩わすことになるのは避けられないものと考えます。調査しましたところ、さきに番船が往来していた時は、公私ともに満ち足り、官の倉に貯蔵された外国の物貨［を売りさばくこと］によって一ヶ月で数万の銀両を得ることができました。これが［貿易再開の］大きな利点の第三です。

最初に林富は「広西一省［の財政］はすべて広東を頼っています」と述べているが、これは地方財政に関わる問題かと思われる。明代広東の地方財政を考察した岩見宏氏によれば、明代の地方行政費を財源即ち政府収入の点からいうならば、田賦をはじめとする諸種の租税が中心になる。これは中央の戸部に総括されているが、地方で徴収されると、戸部やその他戸部から指定された辺境の軍隊などへ送る起運と、その地方に留用する存留の二項に大別される。ところが存留もいろいろと使途とその額が指定されていて、多くは地方官の俸給と軍隊の給与に充てられ、使途の指定なしに留用されるものはごく僅かである。行政費とか事務費として指定されるものはないのが普通である。第二に、租税収入の他には贓罰収入があり、中央へ送られるほか、地方にも留用された。第三に、人民の提供する力役がある。明代の力役は通常里甲・均徭・駅伝・民壮の四者（四差）に分けられることが多いが、官設の交通通信機関（駅など）に対する労務などを提供する駅伝、警防団的な民壮を、やや特殊なものとして考慮の外に置くならば、直接に地方行政あるいは一般地方官庁に関係のあるのは里甲と均徭である。里甲（里長・甲首）の基本的な任務は「催辨銭糧、勾攝公事」にあり、均徭ははじめ雑泛差役と称され、のちに整理されて均徭といわれることになったもので、官庁における諸種の雑務（門番など）に労力を提供する。したがって、広東の地方財政収入は、第二の贓罰収入を除けば、その多くを里甲制を通じて徴収した田賦と徭役（後の均徭）に依存していた。しかし、里甲が負担したのはそれだけではない。地方財政支出のうち、事務上欠くべからざる紙筆朱墨などの消耗品や庁内の光熱費、官吏の出張旅費などの費用は、元来は官において支弁すべきものであったが、いつとはなしにこれが里甲の負担となった。しかるに、その過程の不明朗さの故に、これにともなう弊害も大きかったので、遂に公認の制度として明るみに出されたのが広東の均平銀であったという。(85) このように里甲人民の負担は賦役（賦税と徭役）だけでなく、官府が支弁すべき地方公費にまで及んだ。明朝が明代半ば以降、里甲の負担を是正するために、四差及び地方公費の制度を改革したことは、劉志偉氏が綿密な検証により明らかにされている。明代中期以降の賦役制度改革のプロセスで重要なのは白銀が賦役の納付に用いられるようになったことである。明代中期以前は銭幣が広東の主要な通貨であり、均平法の改革に際しても地方公費は銅銭で計算されたが、中期以降、銅銭の流通が停滞し、代わって主に対外貿易を通じて海外から流入した白銀が主要な貨幣としての地位を確立すると、賦役の銀納化（折銀）が進捗した。正統年間の金花銀の改革を機として、税糧の銀納化が成化・弘治年間（一四六五～一五〇五年）に急速に普及したほか、上供物料、農桑絲、塩鈔、魚課米などの折銀も実現していった。徭役の場合、銀納化が典型的に示されるのは均徭のなかに銀差と力差の区分が生まれたことである。納銀をもって力役に代える方法は弘治年間に次第に普及し、納銀に改められる差役の項目が増えていき、正徳年間には銀差と力差の区分が明確に成立した。均徭の折銀化の趨勢にともない、力差も銀をもってその軽重を計算するようになった。銀によって統一的に差役の負担を計測し、負担の公平化を狙ったのである。(86) 賦役負担を公平にするには賦役徴収を定額にすることが必要であり、折銀はその有力な手だてとなるはずであったが、里甲人民の過重負担は解決されなかった。その要点は賦役の非定額にある。均平法は里甲正役の額外の負担分を分離し、独立の徴収としたに過ぎず、里甲正役は依然として旧来通り順番に割り当てられ、見年里長は官府に赴いて事務を行なわねばならず、地方官府による恣意的な使役と収奪を免れなかったのに加えて、州県官僚は均平法の他にも見年の里甲に対して各種の費用を課した。均徭法も事情は同様である。(87)

林富が広西の財政はすべて広東に頼っているのだという時、銀納化されつつあった賦役の収入のうちのどの部分からどのように広西に経費が移されたのかを意図しているのかは審らかでないが、軍費がそのなかに重要な内容として含まれたことは間違いない。林富は別に、「広西の宗室の禄米や官軍の俸給の大半は広東に頼っている。最近の思恩・

田州の役で投じられた軍費の八、九割は広東が拠出している。ゆえに広東は広西の府蔵《くら》に他ならない」（凡宗室禄米、官軍俸糧、大半仰給于広東。近者思田之役、其取給又不止十之八九。故広東者広西之府蔵也）、と証言している。[88] また、『黄通志』巻二二、民物志三、「徭役」でも、編者は広東における賦役負担の不合理（この点については後述）を述べた後、賦税と徭役の他にも様々な誅求が行われること、そして広西の軍餉も「我」つまり広東に頼っていることを加え、これは「一人が耕して、その収穫物を十人が坐して食べること」だと嘆く。両広で広汎に軍事活動が展開されている状況のなかで、広東が広東のみでなく、隣の広西の軍費まで負担しなくてはならなかったとすれば、広東にとっての財政負担は極めて重かったといえる。したがって、貿易の利益を軍餉に充てるということは、じつは広東の財政負担を軽減することにも繋がることになる。このことが、広東の財政にとって重要な問題であったことは言うまでもない。

広西の財政が広東に依存しているのだという文言がつまりは、広東省が置かれている財政的苦境を意味するとして、では、これに続く「官僚の俸給を胡椒で支給しようとしても、［その胡椒は貿易途絶のために］長らく不足していますから、つまるところ民を煩わすことになるのは避けられないものと考えます」という文章とはいかなる関係にあるのか。この文章で林富が訴えているのは、胡椒を官僚の折俸として調達しようとしても、貿易が途絶している現状では、これを民に転嫁せざるをえない、つまり広東の人民の負担の増大が危惧されていることである。両広の財政とくに軍費は広東の財政に依存するものであり、その財政を支えるのは広東の人民から徴収する賦役に他ならない。そこには、ただでさえ重い賦役負担に悩む広東の人民に、たとえ折俸に用いる胡椒のような番貨の分を転嫁されただけでも、たちまち広東人民は困窮に陥るだろうという意味が込められていると考えられる。じつは、林富は別の問題でも同じ論理を用いている。それは真珠の問題である。嘉靖七年（一五二八）、真珠の採取（採珠）の詔勅が出されたのに対して、林富は翌年六月、つまり貿易再開の提案を行う直前のことであるが、真珠の採取の禁止を訴えた上奏文を提出した。現在の嶺東・嶺西両道は至る所飢饉が発生し、盗賊が盛んに活動しており、加えて広西の非漢族が動き出せば、広東から広西に補給しなければならず、ほとんど余裕がない。こうした危急の時に真珠の採取を再開し、広東の府県に対して、銀両、人夫、船を大量に科派すれば、不測の事態を生じかねないと危惧するのである[89]。この主張はあきらかに先の貿易再開のそれと同じ見地に立つものである。広東が広西の財政を担っている現在、これ以上に負担がかかる徴発がなされれば、それを措辨するのは難しいという観点である。

官僚の折俸のことも、採珠と同じく広東の賦役過重を訴える一例として出されたものであるが、折俸のことを持ち出したのは理由のないことではない。林富の上奏によって貿易が再開されたあと、嘉靖九年（一五三〇）、刑科給事中王希文は、正徳年間に、汪鋐の活躍によってポルトガルが駆逐された事件を述べてから、「折俸」の欠貨こそが、貿易再開の理由であったとみなす[90]。これはよく林富の狙いを洞察した意見ではなかろうか。明朝の官僚の俸給が歴代王朝に較べて極めて低水準であったことはよく知られている[91]。それを補ううえで、売却すれば高い利益を上げられる胡椒は貴重である。林富は折俸を貿易再開のメリットとして掲げることによって、貿易再開の議論を有利に運ぼうとしたのではないかと疑われるところである。

陳金らが抽分の制を行って、関税を軍餉に充当してほしいと要望し、林富が利点の第二でも同様のことを主張した時、そこには両広の治安回復に責任をもつ当事者としての立場が濃厚である。言ってみれば、非漢族の反乱鎮圧に軍隊が動員され、その軍事の経費を賄うために、関税収入が着目されたというだけである。もちろん関税収入を軍餉に充てれば、その分、広東の財政負担は軽くなることにはなるが、そこまで考慮して要求された形跡はない。これに対して、林富が掲げる利点の第三の箇所からは、以上のように広東が抱えた財政事情が浮かび上がってくる。それは、偶然ではなく、林富があえて注意を喚起するために前面に出したのではないか。広東の側に立つ視点がそこには窺えるのである。林富が利点の第四として掲げる箇所にはそうした広東に立脚する視点が更に明瞭に出されているように思う。

「貿易の旧例では、地方官が［朝貢品のうち］良質の品物を選んで、適正な価格に照らして対価を給付し、ついで［それらの民に品物を払い下げて］自由に売買させた。そのため、小民はわずかな価格の商品をもっていれば、［それを輸入した胡椒に交換し］転売することによって儲けることができた。広東が元来富庶を称せられたのは、まことにこのためである。これが大きな利点の第四である」。貿易の「旧例」では、有司が朝貢船の附搭貨物のうち、良質の貨物を選んで当時の相場に応じて対価を支払い、それらを民間に払い下げて自由に売買させていた。このため、小民はわずかな資金しかなくとも、胡椒を入手し、それを転売することにより富を得ることができた。広東が富庶と称されたのはこの制度のお陰に他ならないという。ここで林富がいう「旧例」は正徳三年（一五〇八）に開始された抽分制のことではない。前述のように、明初以来、附搭貨物に対する明朝の取り扱いは一定していないが、使節の自進物に対して代価が支払われたことは共通しているとされる（佐久間重男氏）。弘治年間になって、国王・王妃、使臣たちの附搭貨物に対して、十分の五は「抽分」して官に入れ、残りの五分は対価を給付して官が収買する制度が設けられた（弘治間定。凡番国進貢内、国王・王妃及使臣人等附至貨物、以十分為率、五分抽分入官、五分給還価値）。この規定が関税の名に値しないことは岩井茂樹氏が指摘するところであった（前掲）。「旧例」が明初以来の制度を指すのか、それとも、弘治の規定を指すのかよくわからないが、弘治の規定を指すとすれば、林富が「旧例」では良質の貨物に対して代価が支払われたというのは、弘治の規定にいう「五分給還価値」に当たることになる。これに関連する記述が、『黄通志』巻六六、外志三、夷情上、「番夷」に残されている。成化（一四六五〜一四八七年）・弘治（一四八八〜一五〇五年）の時代、外国の正使だけが広州城に入るを許され、他の随行者は懐遠駅に宿を取り、公式の接待の時だけ城内に入れた。当時、椒木・銅鼓・戒指・宝石などが庫市に溢れ、番貨は大変廉価であり、貧民は番貨を入手して、多く富裕になったと伝える。これは弘治の規定以前の状況も含んでおり、林富が掲げる利点の第四の描写に近い情景ではある。

林富は貿易途絶以前における広州城の貿易の盛んなことを強調するのであるが、では、当時の広州城が貿易によって潤い、経済的に問題がなかったかというと、そうではない。成化・弘治年間は広州城にとって一つの転換期であった。『黄通志』巻二〇、民物志一、「風俗」によれば、広州城では、成化年間（一四六五〜一四八七年）以前にはまだ富める者がいたが、弘治年間（一四八八〜一五〇五年）以降は、都市（城）が農村よりも困窮するようになった。編者はその原因として、都市の坊長・甲首に対する税役の過重負担を掲げる。また、『黄通志』は巻二二、民物志三、「徭役」の論にも、城壁内外の都市地域（城壁の内側の坊と城壁の外に出来た町の廂）に対する徭役の負担が農村の里甲に匹敵するほどに増大したことをいう。すでに長江下流デルタや北京などを主な対象とした従来の研究はこうした都市に対する賦役過重の問題が明代半ば以降顕著になったものであることを明らかにしている。(92) 広東でも、農村の里甲制と同じく、賦役制度改革の過程で同様にこの問題が浮上したと考えられる。前者の「風俗」条は庫子や解戸の役をとくに掲げる。「四差」のうち、均徭法は均平法とともに、官僚の誅求、額外の徴収がはなはだしかったとされる（前掲）。本来、徭役の軽重は均徭冊に明確に規定されている。銀差の徴収額と力差の編銀数も定額である。ところが、官吏や里胥は実際に徴収する段に、定額に上乗せして徴収した。とりわけ解戸、庫子、斗級などの差役では、力役を提供しただけではなく、その他に経費が要求された。(93) 霍韜が両広総督陶諧に与えた書簡「与陶南川都憲」は嘉靖十三年（一五三四）に書かれたものであるが、(94) これによれば、正徳年間（一五〇六〜一五二一年）には巡司の弓兵は折銀五両であったものが現在では銀一五両に、南海県の禁子の役は七両が四〇余両に激増した。また、府県の門子・庫子の場合、巡撫・巡按の門子が年に銀四両であるのに対して、六両と榜註してあるにもかかわらず、応役に際しては一〇〇両、二〇〇両を納めても足らないほどである。ために、この役に充てられて、破産し、妻女を売り飛ばし、乞食となり、盗賊になりはてる者が続出したと証言している。(95) 要するに、『黄通志』は明代半ば以降、農村だけでなく、都市もまた窮乏しているのだと訴えるのである。

このように広東が賦役過重に苦しんでいた状況のなかで貿易が途絶するという事態が発生したのである。林富「請通市舶疏〈嘉靖八年七月十五日〉」は、ポルトガルの騒擾事件を機として、安南・満剌加諸国の番船が入港を阻まれ、福建の漳州府へ向かったため、貿易の利益は福建に帰し、「広の市井蕭然たり」と観察する。また、『黄通志』は林富の上奏文をもとに事件を紹介するに際して、「広之市井」を「広城市貿」と言い換え、広州城の商業活動の停滞こそが問題であったことを鮮明にしている（自是海舶悉行禁止、例応入貢諸番亦鮮有至者。貢舶乃往漳・泉、広城市貿蕭然）[96]。林富はそのうえで、ポルトガルは駆逐すべきであるが、明朝が朝貢を許してきた東南アジア諸国との貿易は復活すべきだとする。この主張について、岩井茂樹氏は、黄佐が上奏文を代作したことを踏まえて、上奏が行われた背景には、地方の人士の働きかけがあったのではないかと推測している[97]。氏の指摘は妥当なものであろう。ここでは、霍韜という当時の広東で最も影響力をもった士大夫に注目しておきたい。上奏文の代作者の黄佐は正徳十六年（一五二一）に進士に及第しており、その七年前の正徳九年（一五一四）に進士に及第した霍韜の同郷の後輩に当たる[98]。霍韜は広州城と並ぶ商工業都市として成長していた仏山鎮に隣接する広州府南海県深村堡の人であるが、広州城にも拠点をもっていた[99]。彼は子供の教育に熱心であり、京師で郷里出身の人士（莫氏兄弟、黄弘宇）に諸子の教育を任せ、また黄佐に頼んで試験をしてもらったりしている[100]。黄佐と霍韜は親しい関係にあったことがわかる。また、霍韜は呉廷挙がポルトガルの要求を受けいれて朝廷に上奏した一件につき、「中国の大体」を壊すものだとして批判したとされる[101]。さらに、霍韜『霍文敏公全集』巻一〇下に収録される「両広事宜」は林富の上奏の前後に書かれたものであるが、そのなかで、霍韜は、東南アジア諸国との貿易は許し、ポルトガルとの通交は断固として排除すべきだと主張する。これが林富の主張の骨格をなしていることは明かである。ポルトガルに対する霍韜の厳しい姿勢に関連して想起されるのは、ポルトガルの使節が北京に滞在したとき、梁焯が火者亜三に杖責を加えた事件である（前掲）。『黄通志』巻六二、列伝一九、「霍韜」伝は、「［霍韜］平生厚くする所の者」の一人として梁焯の名前を挙げて、事件の概要を伝えている。

梁焯は霍韜と同じく南海県の人で、かつ同年及第の進士（正徳九年）[102]であった。この事件は広く知られたものであり、梁焯と親しかった霍韜も熟知していたであろう。ポルトガル使節の来朝にともなう一連の騒動が、ポルトガルに対する霍韜の印象を悪くさせたことは十分ありうる。それはともかくとして、林富が提出した貿易再開の見解が代作者の黄佐はもちろんのこと、霍韜のような広東に大きな影響力をもった広州の士大夫の意見とも合致することに留意しておきたい。上奏文が広州出身の士大夫の間の世論を受けたものであることを示唆するであろう。

以上、林富の上奏を検討してきたが、それを通じて、貿易途絶が意味する問題の大きさが理解される。第一節で見たように、正徳年間に抽分の制を陳金ら鎮巡官が要請した背景は、非漢族を初めとする広範囲にわたる反乱の勃発を起点とする。これらの反乱を鎮圧するために大規模な軍事活動が展開された。この軍事活動を維持するには巨額の軍費が必要とされる。陳金らは軍事費の一部を抽分制によって得られる関税収入に求めようとした。その後、ポルトガルの騒擾事件を機として貿易が途絶し、これに対して林富が貿易再開の上奏文を提出したことにより、両広の財政的関係の構造が明らかになった。両広の軍事活動に要される経費はその多くを広東の財政収入に依存していたことである。広東の財政収入の多くは賦役制度を通じて得られるものであるが、明代半ば以降、賦役負担は過重なものとなっていた。こうした状況は広州城という対外貿易の窓口となった沿海都市にとっても同じく直面していた苦況であった。かかる状況のなかで貿易が途絶したことは、広東とくに貿易に依存してきた広州という都市にとっては大きな打撃となったことが予想される。貿易の途絶は、ただでさえ賦役過重に苦しんできた都市居民の家計を破綻させかねない出来事であったと考えられるのである。林富の上奏文が意味するものがこのような事態であったとするならば、貿易の再開という要請はつまるところ、とりわけ都市広州を中心とする人々の世論をくみ取ったものと言うことができるであろう。

本論では明朝の対外政策そのものではなく、当時、対外政策の問題を通じて、広東が直面していた諸問題を検討することに力点を置いた。

おわりに

本論の内容を改めて要約することはしないが、最後に、両広もしくは広東という中央から見れば辺境でしかない地方から国策を大きく変える動きが登場した点を強調しておきたい。抽分制の開始は直接的には非漢族と明朝との軍事衝突を背景として実現したものである。中央政府はその要請を受けて受動的に抽分制を容認したような印象がもたれる。しかも、貿易の再開の背景に士大夫の世論があったことに留意すべきである。本書で後述するように、明代半ば以降の広東ではそれまで明朝の支配下に従属していた猺族、獞族、峒獠、黎族など多くの非漢族の反乱が鎮圧される過程で非漢族が漢族の文化を受容し、同化する現象が進捗し、漢族の文化が優勢となるなかで、珠江デルタを中心として儒教化の動きが顕著になっていった。その核心をなすのは科挙官僚制であり、科挙を通じて任官するという漢族の至高の到達目標が次第にデルタ社会にも浸透していった。その顕著な証は明朝から官僚身分を付与された士大夫（郷紳）が登場し、地域社会の政治・経済に大きな影響力を振るった。貿易の再開は台頭してきた士大夫の世論に突き動かされて実現したものであるとすれば、それは言い換えれば、地方が中央の政策を揺すぶるという局面が登場してきたということでもある。そのことが注目されるのである。なお、非漢族と漢族との対立の詳細、儒教化の動向については、次章以下で改めて検討することとしたい。

注

(1) 蔣祖縁・方志欽『簡明広東史』(広東人民出版社、一九九三年)六頁。
(2) 嘉靖刊『南雄府志』上巻、志一、提封、「関」。
(3) 『明清広東社会経済形態研究』(広東人民出版社、一九八五年)、『明清広東社会経済研究』(広東人民出版社、一九八七年)、羅一星『明清仏山経済発展与社会変遷』(広東人民出版社、一九九四年)、葉顕恩『珠江三角洲社会経済史研究』(稲郷出版社、台北、二〇〇一年)などを参照。
(4) 前掲蔣祖縁・方志欽主編『簡明広東史』二五三頁。
(5) 嘉靖刊『南雄府志』上巻、志一、提封、「鎮」。
(6) 佐久間重男『日明関係史の研究』(吉川弘文館、一九九二年)、李龍潜「明代広東対外貿易及其対社会経済的影響」(『明清広東社会経済形態研究』広東人民出版社、一九八五年)、檀上寛「明代「海禁」の実像─海禁＝朝貢システムの創設とその展開」(『〈シリーズ　港町の世界史①〉港町と海域世界』青木書店、二〇〇五年)など。
(7) 「十六世紀中国における交易秩序の模索─互市の現実とその認識」(『中国近世社会の秩序形成』京都大学人文科学研究所、二〇〇四年)、「明代中国の礼制覇権主義と東アジアの秩序」(『東洋文化』第八五号、二〇〇五年)、「帝国と互市：一六～一八世紀東アジアの通交」(籠谷直人・脇村孝平編『帝国とアジア・ネットワーク─長期の十九世紀』世界思想社、二〇〇九年)。
(8) 『明史』巻一八七、列伝七五、「陳金」。及び『武宗実録』正徳元年十二月戊申条。
(9) 呉永章『中南民族関係史』(民族出版社、一九九二年)。
(10) 現代中国の非漢族研究では、公式名称として、「瑶族」が用いられているが、明代の史料では、「猺」の他、「傜」とも表記される。「猺」字が最も多用されていることを踏まえ、「猺族」「猺人」と表記する。また「壮族」についても、同じ理由により、「獞族」と表記する。
(11) 『〈中国少数民族簡史叢書〉瑶族簡史』(広西民族出版社、一九八三年)、呉永章前掲『中南民族関係史』三四九～三五七頁。
(12) 拙稿「羅旁ヤオ族の長期反乱と征服戦争」(『アジア遊学』九、二〇〇〇年)。本書第二章参照。

(13) 万暦二十七年刊・蘇濬纂修『広西通志』巻七、建官志、「総督都御史」。
(14) 『明史』巻一七八、「韓雍」。
(15) 『明実録』弘治十一年七月壬戌条。
(16) 『読史方輿紀要』広川、「大川」。
(17) 広西兵備副使姜綰の報告（『明実録』弘治十八年十二月丁巳条）。
(18) 谷口房男『華南民族史研究』（緑蔭書房、一九九七年）第二編第一章「思恩田州叛乱始末記」による。
(19) 『武宗実録』正徳三年七月己亥条、『明史』巻一八七、列伝七五、「陳金」。
(20) 『明史』巻一八七、列伝七五、「陳金」。
(21) 『明史』巻八一、食貨五、「市舶」。
(22) 曾昭璇『広州歴史地理』（広東人民出版社、一九九一年）二七五～二九五頁、三四五～三四七頁。
(23) 『黄通志』巻二八、政事志一、「公署上」。
(24) 万暦三十年序刊『広東通志』巻七、藩省志七、「公署」。
(25) 『明実録』永楽三年九月庚午条、『黄通志』巻六六、夷情上、「番夷」。
(26) 『明史』巻七五、「職官四」。
(27) 『黄通志』巻六六、外志三、「番夷」、及び同書巻七、事紀五、永楽元年条。
(28) 『黄通志』巻六六、夷情下、「番夷」。
(29) 佐久間重男前掲『日明関係史の研究』八～一二頁。
(30) 李龍潜前掲「明代広東対外貿易及其対社会経済的影響」。岩井茂樹前掲「十六世紀中国における交易秩序の模索―互市の現実とその認識―」、同前掲「明代中国の礼制覇権主義と東アジアの秩序」。
(31) 佐久間重男前掲『日明関係史の研究』一二三頁。
(32) 岩井茂樹前掲「十六世紀中国における交易秩序の模索―互市の現実とその認識―」。
(33) 李龍潜前掲「明代広東対外貿易及其対社会経済的影響」。また、岩井茂樹氏もこの見解に賛同している（前掲「十六世紀中国における交易秩序の模索―互市の現実とその認識―」）。

(34)『明実録』正徳五年七月壬午条。
(35)嘉靖刊『広西通志』（林富修・黄佐等纂）巻六、秩官、「総督」。
(36)佐久間重男前掲『日明関係史の研究』一四～一五頁。
(37)岩井茂樹前掲「十六世紀中国における交易秩序の模索―互市の現実とその認識―」。
(38)『明実録』正徳九年六月丁酉条。
(39)『明実録』正徳十年四月丙午条。
(40)陳伯献の上奏文は岩井茂樹前掲「十六世紀中国における交易秩序の模索―互市の現実とその認識―」で詳しく分析されている。
(41)『明史』巻一八七、「陳金」。
(42)万暦二十七年刊『広西通志』（蘇濬纂修）巻三三、外夷志三、「諸夷種類」。
(43)『明実録』正徳十二年五月乙酉条。
(44)『明実録』正徳十二年十一月丙戌条。
(45)『黄通志』巻六六、外志三、夷情上、番夷、「抽分則例」。
正徳十二年、巡撫両広都御史陳金会勘副使呉廷挙奏、欲或倣宋朝十分抽二、或依近日事例十分抽三、貴細解京、粗重変売、収備軍餉。題議、只許十分抽二。本年内、占城国進貢、将附搭貨物照依前例抽分。
(46)『明実録』正徳十二年五月辛丑の条に、「命番国進貢幷装貨船舶、榷十之二、解京及存留軍餉者、倶如旧例、勿執近例阻遏」とある。
(47)万暦三十年序刊『広東通志』巻六九、番夷、「抽分」は、『黄通志』巻六六、外志三、夷情上、番夷、「抽分則例」を紹介した後、「部議覈定十分抽二為常」とする。
(48)前掲「明代「海禁」の実像―海禁＝朝貢システムの創設とその展開」一六八～一六九頁。
(49)『明実録』正徳十二年五月辛丑条。
(50)この前後の詳しい事情は、岩井茂樹前掲「十六世紀中国における交易秩序の模索―互市の現実とその認識―」一〇八～一一〇頁を参照していただきたい。

(51)　『明史』巻二〇一、「呉廷挙」。
(52)　『明実録』正徳十二年八月癸亥条。
(53)　『明実録』嘉靖八年十月己巳条。
(54)　林富の伝記は、『黄通志』巻五〇、名宦七、道光二年刊『広東通志』巻二四二、宦績録一二、に収録されている。
(55)　『明実録』嘉靖二年五月甲戌条、嘉靖十四年序刊『広東通誌初藁』巻七、秩官、「右布政使」。
(56)　道光二年刊『広東通志』巻二四二、宦績録一二、「林富」。
(57)　李龍潜前掲「明代広東対外貿易及其対社会経済的影響」。戴裔煊『《明史・仏郎機伝》箋正』(中国社会科学出版社、一九八四年)。岩井茂樹前掲「十六世紀中国における交易秩序の模索―互市の現実とその認識―」。
(58)　黎民表「泰泉先生黄公行状」(『泰泉集』巻頭に収録)。
(59)　『明実録』嘉靖八年十月己巳条。
(60)　林富の上奏の原文は次の通りである。

題為遵成憲通市舶以興利便民事。臣惟巡撫之職、莫先於為民興利而除害。凡上有益於朝廷、下有益於生人者、利也。上有損於朝廷、下有損於生人者、害也。今以除害為名、併一切之利禁絶之、使軍国無所於資、忘祖宗成憲、且失遠人之心、則広東之市舶是也。謹按皇明祖訓、安南・真臘・暹邏・占城・蘇門荅剌・西洋・瓜哇・彭亨・百花・三仏斉・浡泥諸国、倶許朝貢。惟内帯行商多行譎詐、則暫却之、其後輒通。又按大明会典、凡安南・満剌加諸国来朝貢者使回、倶令於広東布政司管待。見今設有市舶提挙司及勅内臣一員以督之、所以送迎往来、懋遷有無、柔遠人、而宣威徳也。至正徳拾貳年、有仏郎機夷人突入東莞県界。時布政使呉廷挙許其朝貢、為之奏聞。此則不考成憲之過也。厥後狡猾章聞朝廷、准御史丘道隆等奏、即行撫巡令海道官軍駆之出境、誅其首悪火者亜三等。余党聞風懾遯。有司自是将安南・満剌加諸番船尽行阻絶、皆往漳州府海面地方、私自駐箚。於是利帰於閩、而広之市井蕭然矣。夫仏郎機素不通中国者也、駆而絶之宜也。祖訓会典所載諸国、素恭順、与中国通者也。朝貢貿易尽阻絶之、則是因噎而廃食也。况市舶官吏公設於広東者、反不如漳州私通之無禁、則国家成憲果安在哉。以臣籌之、中国之利塩鉄為大、山封水熩、仡仡終歳僅充常額。一有水旱、勧民納粟、猶懼不莬。旧規、番船朝貢之外抽解、倶有則例、足供御用。此其利之大者一也。除抽解外、即充軍餉。今両広用兵連年、庫蔵日耗、藉此可以充羨而補不虞。此其利之大者二也。広西一省全仰給於広東。

今小有徴発、即措辨不前。雖折俸椒木久已欠乏、科擾於民、計所不免。査得、旧番舶通時、公私饒給、在庫番貨旬月可得銀両数万。此其為利之大者三也。貿易旧例、有司択其良者、如価給之。其次恣民売買。故小民持一銭之貨、即得握椒展転交易、可以自肥、広東旧称富庶、良以此耳。此為利之大者四也。助国給軍、既有頼焉。而在官在民、又無不給。是因民之所利、而利之者也。非所謂開利孔為民罪梯也。

(61) ポルトガル側の記録については、下記の研究の検証による。T.ien-Tsê Chang（張天沢）, *Sino-Portuguese Trade from 1514 to 1644: A Synthesis of Portuguese and Chinese sources*, E.J.Brill ltd. Leyden, 1934. 黄慶華『中葡関係史（一五一三―一九九九）』上冊（黄山書社、二〇〇六年）。

(62) 藤田豊八「葡萄牙人澳門占拠に至るまでの諸問題」（故藤田豊八著・池内宏編『東西交渉史の研究・南海篇』萩原星文館、一九四三年）。また、内田直作「十六世紀代に於ける広州附近の海港の所在に就いて」（『支那研究』第四一号、一九三六年）も藤田説を支持している。

(63) T.ien-Tsê Chang 前掲書四二頁。

(64) 『籌海図編』巻一三、経略三、兵器、「仏狼機図説」。

(65) T.ien-Tsê Chang 前掲書四三頁。

(66) この他、何喬遠『名山蔵』巻一〇六、「東南夷」、『天下郡国利病書』巻一一九、「海外諸番」、『殊域周咨録』巻九、「仏郎機」なども、呉廷挙が朝廷にポルトガルの朝貢の希望を上奏したとする。

(67) T.ien-Tsê Chang 前掲書四二頁。

(68) 戴裔煊前掲『《明史・仏郎機伝》箋正』一二頁。

(69) T.ien-Tsê Chang 前掲書九六頁の注①。

(70) 『明実録』正徳十二年十一月丙戌条。

(71) 『明実録』正徳十三年正月壬寅条。

(72) 『籌海図編』巻一三、経略三、兵器、「仏狼機図説」。

(73) 『明実録』正徳十五年十二月己丑条。

(74) 黄慶華前掲『中葡関係史（一五一三―一九九九）』上冊一〇二頁。

(75)　黄慶華前掲『中葡関係史（一五一三―一九九九）』上冊一〇三～一〇四頁。
(76)　『明史』巻三二五、「仏郎機」、黄佐『泰泉集』巻四九、「承徳郎兵部主事象峰梁公墓志表」、厳従簡『殊域周咨録』巻九、「仏郎機」。
(77)　『黄通志』巻六二、「霍韜」伝に付す梁焯伝。
(78)　『明実録』正徳十五年十二月己丑条。
(79)　厳従簡『殊域周咨録』巻九、「仏郎機」。
(80)　谷口房男前掲「思恩田州叛乱始末記」。
(81)　嘉靖刊『廣西通志』（林富修・黄佐等纂）巻五六、外志七、「夷情」。
(82)　『明実録』嘉靖七年五月壬午条。
(83)　『明実録』嘉靖八年正月乙巳条。
(84)　嘉靖刊『広西通志』巻五六、外志七、「夷情」、『明実録』嘉靖八年十月乙亥条。
(85)　岩見宏「明代地方財政の一考察―広東の均平銀について―」（『研究』三号、一九五三年）。同論文はのちに、『明代徭役制度の研究』同朋舎、一九八六年）に収録された。
(86)　劉志偉『在国家与社会之間―明清広東里甲賦役制度研究』（中山大学出版社、一九九七年）一三六～一五九頁。
(87)　劉志偉前掲『在国家与社会之間―明清広東里甲賦役制度研究』一六二～一七二頁。
(88)　『両広疏略』巻上、「乞罷採珠疏〈嘉靖八年六月初一日〉」。
(89)　林富『両広疏略』巻上、「乞罷採珠疏〈嘉靖八年六月初一日〉」。
(90)　崇禎『東莞県志』巻六、芸文志、「章奏」。
(91)　清代の趙翼が『二十二史劄記』巻三二、明史で、「明官俸最薄」という項目を立てて、明朝の官僚の薄給を論じたことは有名である。また俸禄に関する最近の研究として、黄恵賢・陳鋒主編『中国俸禄制度史』（武漢大学出版社、二〇〇五年）があり、同書第八章「明朝俸禄制度」で明朝の俸給制度の詳細が分析されている。
(92)　韓大成『明代城市研究』（中国人民大学出版社、一九九一年）は坊廂に対する各種の雑役（舗行、火夫、巡夜など）や商税の全般的状況について解説していて、便利である。また、関連する日本の研究として、いくつか掲げておきたい。夫馬進「明末の都市改革と杭州民変」（『東方学報』京都四九冊、一九七七年、同「明代南京の都市行政」（中村賢二郎編『前近代における都市と社会層』京都大学人文科学研究所、一九八〇年）、佐藤（新宮）学「明代北京における鋪戸の役とその銀納化―都市商工業者の実態と把握をめぐって―」（『歴史』六二輯、一九八四年）、同「明代南京における鋪戸の役とその改革―『行』をめぐる諸問題―」（国士舘大学『人文学会紀要』一七号、一九八五年）、同「明代後半期江南諸都市の商税改革と門攤銀」（『集刊東洋学』第六〇号、一九八八年）、山本進『明清時代の商人と国家』第七章「明清時代の坊廂里役」（研文出版、二〇〇二年）など。

(93) 劉志偉前掲『在国家与社会之間―明清広東里甲賦役制度研究』一六七頁。

(94) 劉志偉前掲『在国家与社会之間―明清広東里甲賦役制度研究』一八七頁。

(95) 霍韜『霍文敏公全集』巻」六下、「与陶南川都憲」。

(96) 『黄通志』巻六六、外志三、「夷情」。

(97) 岩井茂樹前掲「十六世紀中国における交易秩序の模索―互市の現実とその認識―」。

(98) 『黄通志』巻一一、選挙表下、「進士」。

(99) 拙稿「明末広州の宗族―顔俊彦『盟水斎存牘』に見る実像―」（『東アジア近世都市における社会的結合―諸身分・諸階層の存在形態』清文堂出版、二〇〇五年）。

(100) 『黄通志』巻六一、列伝一九、「霍韜」。

(101) 『黄通志』巻六一、列伝一九、「霍韜」。

(102) 『黄通志』巻一一、選挙表下、「進士」。

第二章　民族反乱の勃発

はじめに

珠江デルタの商業化・都市化は十六世紀以降大きく進展したが、その反面、デルタ地帯を取り巻く治安情勢は緊迫している。明朝は他の地域と同じく広東でも、人々の戸籍を把握し、里甲制を通じて支配する政策を実施したが、広東に特徴的であるのは非漢族（蛮夷）が多数分布していたことである。戸籍を登録し里甲制に組み込まれた人々は斉民（「編戸斉民」）となるが、非漢族の多くは戸籍に登録されず、「化外の民」と呼ばれていた。明前半期において、非漢族と明朝との関係は比較的安定しており、広東各地の猺、畲、黎、苗等の非漢族が朝貢し、斉民となる者もあった。ところが、明初以来の王朝と非漢族との関係は明中葉以降大きく変化することになる。獠、猺、獞、黎等の非漢族が反抗に立ち上がり、それのみでなく、明朝の統治の基礎をなした里甲制下の斉民も次々に逃亡した結果、正統・天順年間の広東は動乱状態に陥った。なかでも正統十四年（一四四九）、珠江デルタで立ち上がり、広州城を包囲するにまで至った黄蕭養の反乱は最大規模である(1)。

明代中期に始まった反乱の形勢はその後も長期にわたって持続されることになる。仏山鎮に隣接する深村堡の石頭郷に生まれた官僚霍韜《かくとう》（成化二十三―一四八七年～嘉靖十八―一五三九年）(2)は、嘉靖十年（一五三一）前後における広東の反乱情勢を分析しているが、それによれば、湖南、江西との省境から広州府にかけての北部山間地域、珠江デルタから広西にかけての西部山間地域、福建との省境山間地域において無数の反乱が頻発し、しかも珠江デルタの沿岸地域では、海寇の活動が日常的であった(3)。先進地域として経済発展の中心にあった珠江デルタは、山間地帯の反乱軍や沿海部の海寇に取り囲まれるような形勢にあったのである。

霍韜は、周辺地域の諸反乱のなかでも、西部山間地域の羅旁《らぼう》の反乱軍はすでに七、八十年も強力な抵抗を続け、国家も討伐を諦めていると述べて、注意を喚起している(4)。この地域の反乱の主体こそ、猺族であった(5)。羅旁は、珠江デルタの西側に広がる山間地帯から、広西との省境にかけての、西江南岸の山間部を指し、行政上は肇慶《ちょうけい》府《ふ》徳慶州《とくけいしゅう》の南部に所属する。現在、広東の猺族は、九五、八〇〇余人、全国の猺族総人口のうち、六・八%を占めるに過ぎず、分布地域も広東北部山間地帯の連南、乳源等に限られるが、猺族が最も隆盛を誇った明代嘉靖年間には、猺族の居住地（猺山《ようざん》）は、広東全域で六八一カ所を数え、とりわけ広東北部から西部にかけて集中していた(6)。羅旁の猺族の反乱は、広東西部一帯の猺族反乱の中心に位置し、同じ時期に発生した広西大藤峡《だいとうきょう》などの反乱とともに、非漢族の歴史上まれにみる大反乱として知られる(7)。そこで、本文では、羅旁の猺族等の反乱がどのような状況のもとに生起し、どのように闘争が持続されたのかを考察したい。また広東のその他の民族反乱の状況をうかがう事例として広州北部の諸反乱の形勢もあわせて紹介しておきたい。

一　羅旁猺族

最初に、明初以来の徳慶州の猺族の状況を概観しておこう。

元末以来、広東は、元朝の江西行省左丞何真の支配のもとに置かれていたが、明朝を樹立した太祖朱元璋は、洪武

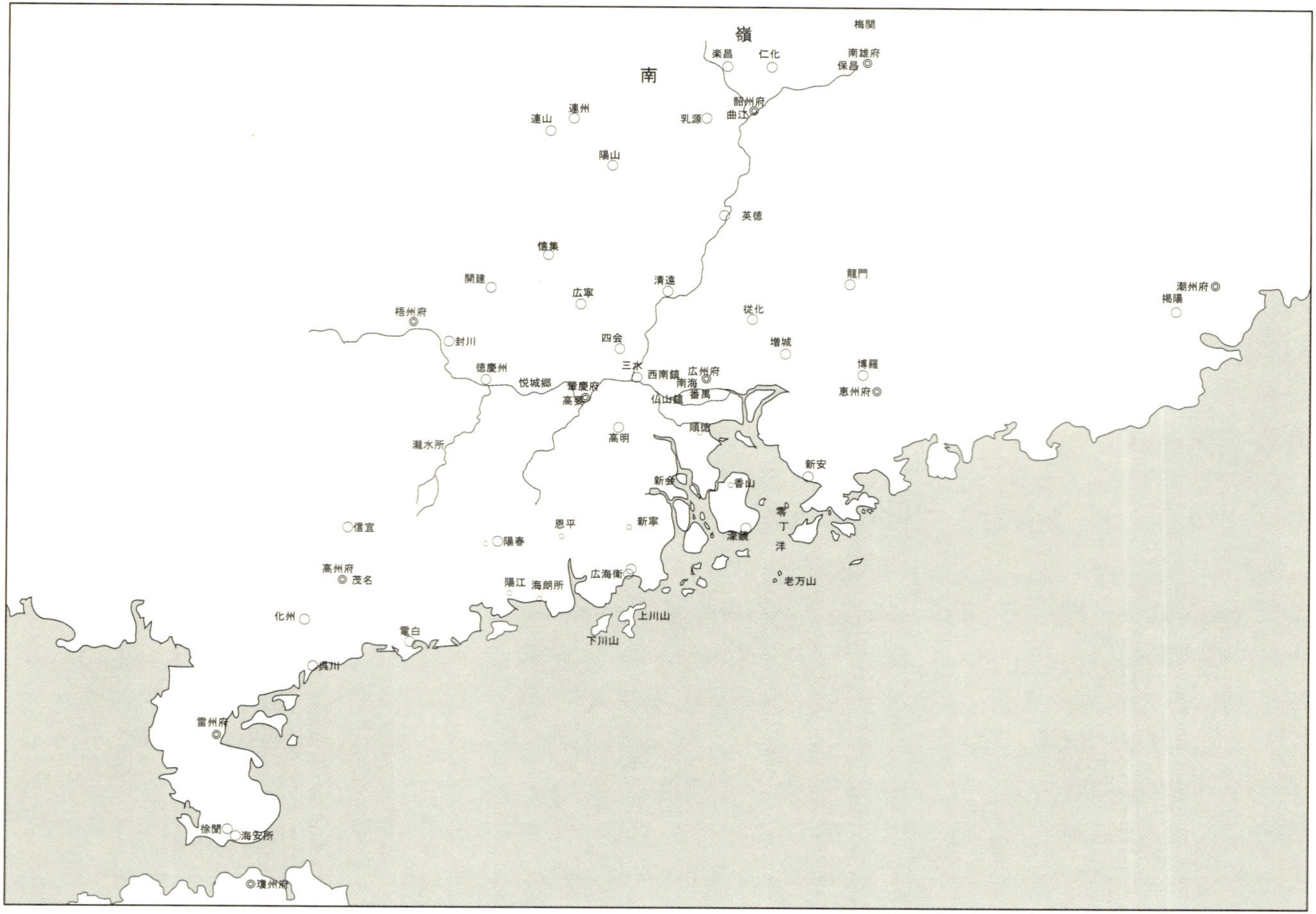

「明代の広東」（『中国歴史地図集　元・明時期』（地図出版社）に拠って作成）

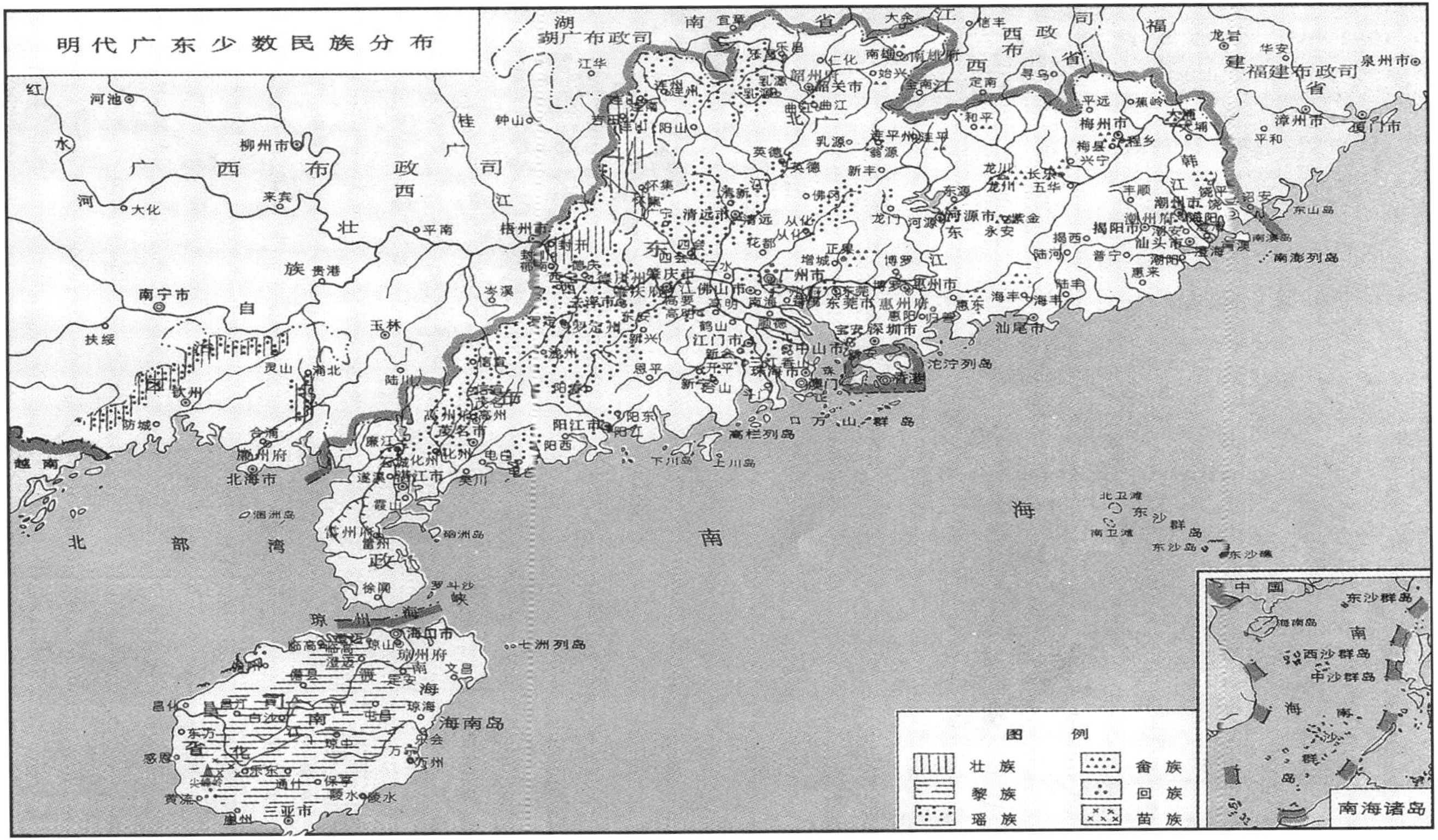

『広東歴史地図集』(広東地図出版社、一九九五年より転載)

元年（一三六八）二月、征南将軍廖永忠らを派遣して、広東の制圧に乗り出した。廖永忠は、進攻の途中、福州より、何真に帰属を勧める書簡を送り、何真もこれに応じて降伏し、廖永忠が東莞に進軍すると、これを何真が迎えた。また、贛州衛指揮使の陸仲亨は、英徳、清遠、連州及び肇慶路を攻略して、更に徳慶路に進み、元の守官を逃亡させた。ここに、廖永忠と陸仲亨の軍隊は、同年四月、広州城郊外に布陣し、ついで広州を守っていた元の邵宗愚と戦ってうち破り、広州を平定した。十一月には、元朝の江西員外郎として封川を守っていた李質が帰属し、徳慶、封川を明朝に献上した。(8) 徳慶は、明朝の支配下に入り、路から府に改められたが、洪武九年（一三七六）には、州に降格され、肇慶府に所属し、瀧水、封川、開建の三県を管轄した。(9)

徳慶州城は、西江の北岸に設置されている。西江は、徳慶では大江と呼ばれているが、その源は、広源（安南の涼山の北）であり、広西の潯州府で黔江と合流した後、東に向かって流れ、梧州府に至って、灕水と合流し、広東の領域に入ってからは、徳慶州城の南を通り、肇慶府城の南を経て、珠江デルタ地帯を南下し、海に注ぎ込んでいる。(10) 西江は、広西方面と広東方面を結ぶ交通路としての役割を果たしており、両地域の商品が西江を利用して運ばれた。したがって、その途中に位置する徳慶は、商品流通上も、重要な位置にあった。

現在の地図を見ると、徳慶北部つまり西江の北岸では、標高千メートル前後の山並みと低い丘陵地帯が連なり、山脈や丘陵の間を流れる河川に沿って、河谷平野が形成されている。徳慶の南部（西江の南岸）は、西南部に比較的高い山々（標高千数百メートル）が連なり、東北部にかけて低くなる地勢が特徴であり、その間の中部地域には、瀧江（瀧水とも言う）に沿って羅定盆地が広がっている。(11) 行政区画のうえでは、西江北岸には、金林郷と悦城郷（徳慶州直轄）、及び封川県、開建県、南岸には、都城、晋康両郷（徳慶州直轄）、及び瀧水県が設置された。この西江南岸の地域一帯が羅旁であり、東は広州府新興県、南は肇慶府陽春県、西は広西鬱林州、梧州府岑渓県、北は西江に至るまでの広大な地域にまたがっている。(12)

嘉靖刊『徳慶州志』に、「徳慶の州県の領域は、山間部が全体の九割を占めている。山々には木々が生い茂り、開墾されていない。また、瘴気が集まり、猺人が巣窟とする所でもあり、これらを除くことができないでいる」(13)（州県山居十之九。叢林喬木蔽焉莫開。瘴所由積、猺所由窟、莫之能除也）と伝えられるように、徳慶州の領域の九割は、漢族の手が入らない未開拓の山間地帯であり、猺族の居住地（猺山）となっていた。西江北岸では、徳慶州直轄領の金林郷と悦城郷に、それぞれ三七山、一二山、開建県は計三五山、また、大江の南岸では、同州直轄領の都城郷と晋康郷に、それぞれ二八山、七五山、その南側に位置する瀧水県の猺山は計一一八山である。徳慶州山間部の全域にわたって、猺族が分布していたが、北岸の猺山が計八四山であるのに対して、南岸の猺山は計二二一山を数えるから、徳慶の猺族は南岸の羅旁地域に集中していたことがわかる(14)。

徳慶州の山間地帯の猺族は、西江の北岸と南岸とでは、性格を異にするといわれる。西江北岸の金林、悦城二郷に居住する猺族は、熟猺ないし平猺と称されている。「平猺なるものは、徳慶州北部の金林、悦城の二郷の山峒に住んでいる。彼らは、山地の樹木を伐って焼き払い、その跡に種を蒔いて、生計を立てている。また、約束事をきちんと守り、盗みを働かない」(一種平猺居州北金悦二郷山峒、刀耕火種。聴約束而不為盗)(15)。北岸二郷の平猺は明朝に帰順した猺族であり、焼畑農業を営み、不穏な活動を行わない従順な種族として捉えられている。羅旁の山地（東山、西山）に広く分布する南岸のヤオ族も、焼畑農業を営み、また、砂仁（香辛料）、紅豆（工芸品、漢方薬として利用）、黄藤（薬草）、及び楠、漆などの山産の利益を得、移動生活を常とする。しかし、「彼らは、喜んでいる時には人であるが、怒った時には野獣のようである。一旦もめ事が起これば、近い親戚であっても、互いに刃を交えてあだを報い、死を恐れない。出入に際しては、常にいしゆみと矢を携え、暇があれば、集まって狩りをする。また、つつみを打って歌い踊るのを楽しみにしている。しかし、その性格は荒々しく、少しでも感情が激すれば、反乱を起こす」と述べられるように、南岸の猺族は、漢族の支配に従順でなく、憤激すればすぐに反乱に立ち上がるような獰猛な種族とみなされていたのである。[16]

西江南岸の羅旁の猺族は、すでに元朝の時代から、反乱行為を繰り返してきたとされる。明代における猺族の最初の反乱は、瀧水県の劉弟三なる者が起こしたものであり、[17]ついで、洪武三十一年（一三九八）には、盤窮腸をリーダーとする徳慶州西山の猺族が蜂起した。[18]注目されるのは、盤窮腸の反乱が鎮圧された時、猺首を通して、猺族を統治する制度が創設されたことである。[19]これ以降、明朝は、永楽年間にかけて、猺族に対する積極的な招撫政策を採用して、肇慶府、高州府各地の猺族に朝貢を促し、彼らが朝廷にやってくると、鈔幣、襲衣を賜った。[20]また、永楽四年（一四〇六）には、猺族を来朝させるのに功績のあった馮原泰と陳志寛の両名を、猺族の招撫を職務とする官職（瀧水県丞、高州府信宜県県丞）に任命した。[21]この撫猺官の制度も、後に継承されている。更に、永楽十年（一四一二）、明朝は、馮原泰の功績を認めて、徳慶州判官に昇格させ、徳慶州の猺族を招撫し、毎年、楠、漆などの特産品を貢納させることにしたが、この時、永楽帝は、徳慶州の猺族に勅諭を下した。永楽帝は、猺族に対する広東の地方官や軍官の態度に問題があったことを認めたうえで、一切の傜役の免除を約束し、また、将来、地方官、軍官が問題を起こすようなら、この勅諭をもって朝廷に直訴することを許可した。[22]

これらの一連の施策から理解されるように、明朝は、第一に、猺族に対して、山産の貢納を義務づけたが、傜役は免除した。第二に、猺族の招撫を職務とする地方官職（撫猺官）を設けて、猺族を統治させた。第三に、猺族内部では、猺首が猺族を統率する組織を編成した。[23]こうして、猺族は、ほぼ明朝の支配下に組み込まれることになった。明代半ばまで、猺族の反乱が発生していないのは、こうした明朝の統治策がうまく機能していたことを示しているであろう。

明朝の支配のもとに組み込まれるなかで、猺族の生活には、重大な変化が生じつつあった。例えば、徳慶州の都城、晋康両郷の猺族の場合である。徳慶知州陸舜臣（在任期間は嘉靖十一—一五三二年～嘉靖十六—一五三七年）[24]は、永楽年間における猺族の招撫の後のことととして、次のように述べる。

これより、猺族は皆、民田を小作して、小作米を納めるようになった。それ故、洪武・永楽以降、都城・晋康の両郷では、田んぼはみな人民の所有であり、山はみな人民の利益であり、猺人はみな人民の召使いである。旅人の往来、きこりや牧夫の出入りは全く安全になり、しかも、本州の土地は、猺族に占取されることはなくなった。そこで、当時、人民は土地の購買先として、必ず、都城・晋康の両郷の名前を挙げるようになった。思うに、両郷の土地は他の土地に較べて、とりわけ地味が肥えているからである。（自是、皆佃耕民田、而輸納租米。故在洪武永楽以後、都晋二郷、一田皆百姓之有、一山皆百姓之利、一猺皆百姓之役、使行旅之往来、樵牧之出入、無慮無虞、而本州土地無乾没之患。当是時、百姓之買田者必曰都晋二郷。蓋以其膏腴尤勝他処也。）(25)

元来、猺族は、焼き畑農業、山産の採取、狩猟によって生計を立てており、居住する山の利益がなくなれば、他の山へと移る移動の民である。ところが、明朝に招撫された後、両郷の猺族は、漢族農民の小作人となって、水田耕作に従事するようになった。両郷の土地は肥沃で、水田耕作に適しており、しかも、労働力として猺族を確保できたから、漢族地主はこぞって両郷の土地を購入したのである。

こうして、西江南岸の猺族も、明朝支配のもとで進められた漢族農民の入植にともなって、隷属的地位に落とされ、漢族に従属し始めたかに見える。ところが、明代中期から、猺族の大反乱が勃発することになる。次に見てみよう。

羅旁の猺族は、十五世紀中葉以降、蜂起を繰り返したが、彼らの反乱は、広西東部大藤峡における非漢族（主体は猺族と獞族）の反乱と密接な関係にあった。大藤峡の非漢族は、正統七年（一四四二）以降、藍受弐や侯大苟の指導のもとに立ち上がり、成化元年（一四六五）、一旦は鎮圧されたものの、正徳十一年（一五一六）、再び反旗を翻し、王陽明によって鎮圧される嘉靖七年（一五二八）まで抵抗を続けた。(26)この間、大藤峡の反乱軍はしばしば羅旁など広東西部地域に侵略し、当地の猺族とも連携したのである。

明代中期における羅旁猺族の反乱は、瀧水県の趙音旺による蜂起を嚆矢とする。正統十一年（一四四六）、趙音旺は、天賢将軍と名乗って、晋康郷の猺族鳳広山とともに、各地の猺山の猺族を糾合して蜂起した。この時の戦闘では、撫猺判官の馮述（馮原泰の子）が戦死している。その後、猺族は、正統十三年（一四四八）三月と四月の二度にわたって、瀧水県城を襲撃した後、広西大藤峡の非漢族反乱軍を引き込んで、再び猺山に立てこもり、更に、肇慶、高州両府の各地の猺族も、趙音旺らの猺族の反乱に加わったため、反乱勢力は広域化した。(27) そこで、広東清軍監察御史の劉訓は、猺人を招撫した猺首に官職を授けるべきことを提案した（五〇〇〇戸以上を招撫すれば、副巡検、一、〇〇〇戸以上の場合は典史、二、〇〇〇戸以上の場合には主簿）。英宗はこの上奏に対して、「劉訓の提案を即座に実行しなさい」と指示を下した。(28) 英宗はその後も、繰り返し趙音旺等の猺族の反乱軍の調査と撲滅を勅諭している。朝廷も、重大な関心を寄せていたことがわかる。(29) 趙音旺の反乱軍が鎮圧されたのは、景泰五年（一四五四）である。明朝は、参将都指揮の范信らを派遣して、反乱軍の拠点に攻撃を加え、首領の趙音旺及び一、六〇〇余人を斬殺し、また、周鉄成らの猺族を捕えて、京師に送った。(30)

趙音旺の反乱は鎮圧されたが、以後、百数十年に及ぶ猺族の反乱活動が展開されることになる。主な猺族の反乱を紹介してみよう。(31) 天順元年（一四五七）四月、猺人鳳弟吉（鳳広山の子）や盤観が、都城、晋康両郷及び瀧水県の猺族を率いて反乱を起こした。彼らは、広西の流賊を引き入れ、諸山の猺族を糾合し、郷村を襲い、また県城を包囲した。天順二年（一四五八）から同三年（一四五九）にかけては、陽江県、高要県などの猺族の猺首が次々に京師に赴いて朝貢したが、その一方で、羅旁の猺族は健在であり、抵抗活動を続行した。成化元年（一四六五）、左僉都御史韓雍は、広西大藤峡の反乱を鎮圧したが、この時、広東東部各地の反乱も次々に討伐した。肇慶府では、彼が要害の地に軍の駐屯所を設け、猺族の出没に備える体制を整えてから、猺族は鳴りをひそめたが、彼の離任とともに、その政策は行われなくなり、弘治以降、反乱は常態化し、かつ激しさを増した。

〔徳慶州南部猺山略図〕　＊嘉靖14年序刊『広東通誌初藁』巻35、「猺獞」により作成

弘治四年（一四九一）、両広総督秦紘は、湖広左布政使兼広東按察副使の陶魯に命じて、瀧水県の反乱軍を討伐させ、勝利を収めた。しかし、正徳元年（一五〇六）には、猺族は、都城郷を襲撃し、千戸の林熙、高謙、巡検牟智らを殺害した。更に、正徳十四年（一五一九）、都城郷の鄺公厚は通天通地大王、また、封川県帰仁郷の蒙公高は剷平王、とそれぞれ名乗って蜂起した。都城郷と帰仁郷の二つの反乱軍は、正徳十五年（一五二〇）、協力して封川県城を襲撃し、また、その翌年には大江北岸の金林郷と悦城郷を襲い、農民一、〇〇〇余人を殺害し、あるいは捕虜にした。

明朝は、羅旁の猺族の反乱に対して、繰り返し討伐軍を送り込んだが、猺族の激しい攻撃に恐れをなして、深追いせず、彼らが必要とする日常物資（牛、酒、魚、塩）などの提供を条件として招撫することが多かったため、猺族の勢力を弱めることはできなかった(32)。そこで、陳天華という徳慶の国子監生は、「招撫を行えば行うほど、猺族による殺人の被害も増す」として、猺族に対する徹底的な討伐を朝廷に上奏したが、責任の追求を恐れた官僚の讒言により、貴州の永寧衛に流されたばかりか、さらに、戍所にて殺害される事件も起こった(33)。

嘉靖十一年（一五三二）、徳慶知州として赴任した陸舜臣の頃、西江南岸の都城、晋康の猺族は、東山と西山の山間地帯に散居していたが、その南には、瀧水県が接壌し、同県の猺族は、西山と東山の猺族と結びながら、反乱勢力を維持していた。そこで、陸舜臣は、この三地域に対して同時に攻撃しなければ、効果を上げることはできないとしている(34)。羅旁各地の猺族が相互に連携して強力な地盤を築いていたことが窺われる。しかも、羅旁の反乱軍には、各地から流入してきた漢族の反乱分子や広西の流賊などさまざまな勢力が加わっていた。とくに獞族との関係は深い。獞族はもともと徳慶には居住していなかったが、猺族による反乱が恒常化すると、漢族地主は、広西の獞族を招いて、小作人として耕作させ、また猺族の攻撃から農村を防御させた。ところが、獞族は次第に猺族と交流し、彼らと手を結ぶようになったとされる(35)。また、獞族のなかには、明朝が猺族制圧のために動員した狼兵（狼人）も含まれた。狼兵とは、広西の土司支配地域に居住する獞族のことであり、非土司支配地域の獞族と区別したものである(36)。明朝は、猺族の制圧のために、しばしば獞族の武力を活用した。とくに、韓雍が防衛体制を整えた時、各地の駐屯所で防衛の任についたのは、狼兵であった。ところが、正徳年間に入ってからは、狼兵も明朝の命令を聞かず、猺族と連携するようになったのである。(37)

明朝は、嘉靖十二年（一五三三）、大がかりな討伐を実施した。この頃、猺族の反乱拠点が集中していたのは、徳慶州、陽春県、新興県の三州県交界地帯の山間部である。陽春県の趙林花は徳慶の鳳二全らとともに、すでに数十年にわたり、山間部の険しい地形に拠って、仲間を集め、郷村を襲っていた。そこで、提督都御史陶諧は七万人の軍隊を動員して、三州県交界地帯の山間部に対する大規模な掃討作戦を展開した。(38)しかし、この討伐によっても、羅旁の反乱情勢は沈静化しなかった。嘉靖二十一年（一五四二）から、嘉靖三十三年（一五五四）にかけて、猺族による郷村襲撃が行われるとともに、新たに都城郷の獞族の首領鄭公音らが反旗を翻した。嘉靖四十四年（一五六五）、提督両広軍務侍郎呉桂芳の上奏によれば、羅旁一帯は、「竹や木が生い茂り、徭族のすみかとなっている。羅旁西山の徭人は、先年、都御史・韓雍が［徭族の出撃の拠点となっていた瀧水に］堤防を築いてより、おとなしくなった。ただ、東山の徭人は、奥深い竹林を恃んで居住し、時に［拠点を］出ては掠奪している」と報告している。(39)嘉靖年間の終わりまでに、とりわけ羅旁東山における猺族の反乱活動が恒常化していたことが知られる。

長期にわたる猺族の反乱の結果、徳慶州の里甲組織は大きな打撃を受けた。例えば、同州直轄領の場合である。明朝は、一一〇戸をもって編成される里甲組織（一里一〇甲）を通して、税糧と徭役を徴収する財政システムを全国に施行した。徳慶州直轄領における里の原額は、六三里である。ところが、趙音旺の蜂起以来、成化年間の初めまでの間に、猺族の手に落ちた徳慶州の田畝は全体の半数、また、里数は三分の一が喪失し、残った里は四四里にとどまる。(40)成化十九年（一四八三）になって、同知の賀恕なる者が、反乱のために放棄され、荒れ果てた田地の調査を命じられたが、猺族を恐れて、実際には調査を行わず、税額の不足分として、三、〇〇〇余石を供出するように、残存した里甲の農民に強要した。このため、父子ともに自殺したり、妻子を売る者が続出し、しかも、虚糧（田土が荒廃したにもかかわらず、課せられる税糧）のみ残り、農民に転嫁されたため、逃亡する者が続出し、村ごと農民がいなくなったケースもある。都城、晋康両郷では、一里わずかに三、四戸、あるいは一、二戸、さらに、里の区画のみ存して、組織の実体がない状況も出現した。徳慶知州陸舜臣の在任中、徳慶州直轄領の里の半数以上が失われ、残存したのはわずかに三〇里のみであった(41)。

陸舜臣は当時の同州の状況について次のように述べている。「本州の領域は、上は、都城に至るまで七十里、下は楊柳に至るまで百五十里である。大江（西江）の北側には民が、また、大江の南側には猺が、それぞれ住んでいる。一つの河を隔てて、民と猺とが分かれる境に、州の衙門を設けたのである。州城から、南を望んで、地元の人に、あの山は何というのかと聞けば、それは山に聞いてくださいと答え、また、南の山々には何があるのかと聞けば、猺がいます、と答えるだけである。樵夫や牧民も、猺が住む南の山々を通ろうとはしないし、漁民や蛋民も、南岸には近づこうとはしない。本州を人間に譬えてみれば、半身不随の人のようなものである。形は完全であるかにみえながら、実際には、その半分は、自分のものではないのである(42)」。先に紹介したように、明初以来、徳慶州南部の都城、晋康の両郷には、漢族農民が入植し、猺族を小作人として田地を耕作させていたが、長期にわたる反乱の間に、南部地域はほぼ完全に猺族の支配領域となっていたのである。

では、漢族から土地を取り戻した猺族は、どのようにして、その生活を維持したのであろうか。成化二年（一四六六）、徳慶知州李瑛《りえい》は、興味深い報告書を提出している。李瑛によれば、晋康、都城両郷の猺族が広西の流賊と連合して、郷村や町を攻撃したため、もともとこの地域で開墾していた漢族の農民は殺害され、田土は荒廃した。猺族に対する討伐が行われたあと、一、二割程度の農民が復帰して、荒れ地を耕すようになったが、大半の村落の田土は、すべて猺族の拠点になっている。猺族は、漢族農民から田土を奪った後、その田土を活用せず、そのまま放置したために、樹木が生い茂り、林をなしている。なかには、猺族が占有して、穀物を植え付けている田地もあるが、税糧を徴収することはできないでいるという。(43)この報告からすると、漢族農民の小作人として従属を強いられた猺族は、反乱によって自分たちの土地を取り戻し、森林生活に戻るとともに、漢族農民から奪った土地で水田耕作を営むケースもあったと考えられる。

森林生活に戻った猺族に大きな収益をもたらしたのは、山産である。猺族反乱地域には、明朝の支配は及ばず、樵夫や牧民さえも猺山には立ち入らないといわれたが、そうした危険地域に入って、猺族と商取引を行う漢族の冒険商人が存在した。彼らは、猺族の必要とする魚や塩を仕入れて、猺族に売り渡し、代わりに、楠、漆、黄蠟（ミツバチの巣で作った蠟）、毛皮などの産品を買い取り、更に、禁制品の武器、武具なども売り渡した。また、貿易商人とヤオ族との関係は、交易のみではなかった。「猺人を誘って、各地の河埠に潜伏し、客商の船がやってくると、小型のジャンクを操って、客商の財物を略奪し、人命を殺傷する場合もある。」というから、貿易商人と猺族は協力して客商の商船を襲撃し、略奪を行っていたのである。(44)とりわけ、西江流域、及び羅旁地区から西江に流れ込む瀧水の流域は、「両省（広東、広西）の咽喉」と言われ、広西と広東を結ぶ河川交通の要衝として重要な場所であったが、猺族の出撃拠点となっていた。このうち、瀧水における被害がひどく、通過する官民の船舶が多く襲われていた。(45)

要するに、猺族は、漢族冒険商人との交易、あるいは略奪という手段によって、日常必需品や武器を入手し、長期の反乱活動を可能にしていたのである。明朝側では、嘉靖三十八年（一五五九）、都御史鄭絅、巡按御史潘季馴が、往来する船舶の臨検と課税を実施した。また、嘉靖四十四年（一五六五）には、西江、瀧水の要衝に、一〇カ所の軍営を設け、各営に一〇〇名ないし二〇〇名の兵士を配置し、猺族による船舶襲撃を防いだ。(46)これらの政策はともに効果を上げ、反乱軍に大きな経済的打撃を与えたと思われる。

長期化する猺族の反乱を終結させるために、明朝は大規模な討伐軍を派遣した。時に、両広総督殷正茂は、猺族の討伐を上奏したが、まもなく戸部尚書に転任した。そこで、彼に代わって総督の任についた凌雲翼は、万暦四年（一五七六）八月、広東と広西の軍隊十万を発動し、羅旁猺族の根拠地五六四カ所を襲って、斬首した者一六、一〇〇人余り、降伏した者四九三人、捕縛した猺族の家族（妻子）二三、〇〇〇余人、という大勝利を収めた。この征服戦争の結果、趙音旺が蜂起してより、じつに百三十年余りの長期にわたって展開された猺族の反乱はここにようやく終結した。この大勝利を記念して、各地に勝利記念碑が建てられたが、『明史』は、その最大の功績者である凌雲翼に対して、次のように論評を加えている。「凌雲翼には、国家から与えられた使命をやり遂げる優れた才能がある。羅旁の役は、殷正茂の後を継いで功績をあげたものである。しかし、紛争を喜び殺戮を好む彼の性格は、当時においても批判された」と（同書巻二二二、「凌雲翼」）。確かに凌雲翼の功績は賞賛に値する。征服戦争以降、広東西部山間地帯では、猺族の大規模な反乱が再び発生することはなかった。(47) しかし、猺族の鎮圧は、大量虐殺によって実現されたものであり、漢族にとってもあまり後味のよいものではなかったのである。

猺族平定の大作戦の後、羅旁には新たな州県が設置された。明朝は、徳慶の晋康郷、高要県の楊柳、都騎、思労、思辨の四都、新興県の芙蓉の第十二図、及び瀧水県の一部をあわせて、東安県を、徳慶州の都城郷、瀧水県の一部などを割譲して、西寧県を新設し、また、瀧水県を羅定州と改めて、東安県と西寧県を統括させた。(48) 明朝は、新たに州県を設定することによって、猺族に対する行政、軍事体制の管理を強化したといえよう。

明朝が建国されると、広東の猺族は次々と、明朝に従属し、朝貢を行ったが、明代中ば頃から、各地の猺族は広西の猺族とも連絡しながら、反乱を続発させた。その要因としてしばしば指摘されるのは、地方官などの収奪である。例えば、趙音旺らが蜂起した際、広東では、賄賂によって鎮守広東の役職を得た宦官阮能が、猺族の貢納に借りて、多くの産品を収奪したため、反乱が多発するようになったのだと噂された。(49) 更に、その後も、広東に赴任した地方官の収奪はしばしば指摘されるところである。(50) しかし、猺族の民族的抵抗は、そうした官僚の不法収奪にのみ起因するものではない。羅旁の反乱はそれをよく示している。明前半期において、漢族は次々と羅旁に入植し、猺族を小作人として隷属させた。猺族は、一旦はその地位に甘んじ、明朝にも朝貢を行ったが、反乱によって、土地を取り戻し、焼畑農業、山産の利用、狩猟に依存する伝統的な生態を取り戻した。この羅旁のケースからすると、漢族の進出こそが、猺族の民族的抵抗を惹起する背景をなしていたと考えられる。

二　デルタ地帯の諸反乱

次に、広州北部の猺族の反乱の動向を紹介しておきたい。

広州から長江流域に出るには、西江から北江に入り、北上して、梅嶺を越えるが、この主要な交通路の途中に清遠県がある。『黄通志』巻六七、外志四、「猺獞」によれば、清遠県を流れる北江の西側に広がる山間地帯を中心として、猺山が一〇六カ所あり、また清遠の猺山から東南方向、従化県の白水坑にかけての地域、つまり北江の東側には、猺山三三カ所、従化県内では三五カ所を数える。広州城から見れば、北側の地域である。また、『明実録』によれば、猺族が反乱を起こしたのは、清遠、四会といった広州北部山間地帯から、その南の南海県、番禺県にまで及んでいた[51]。南海、番禺両県は広州城に県治をもつ付郭県であり、漢族居住地の中心である。これらのデルタ中枢部にも当時、猺族の居住地域が広がっていたのである。更に、弘治十一年（一四九八）、南京浙江道監察御史万祥は「山峒」の非漢族の活動の活発化を報告している。高山の猺が平野部に下って活動し、また獞も加わって、反乱情勢は緊迫した。反乱地域の一つは広州であり、十三村、後山、藍糞、流溪の四処と伝える[52]。南海県十三村は省城に近接する地域であり、この土地で反乱が発生したことに兵部も驚きを隠せなかった[53]。

南海県十三村は、「峒獠」が拠点とした地域として知られており、この点についてはやや説明が必要である。『黄通志』巻六七、外志四、「峒獠」条によれば、番禺県東北の山谿は増城と清遠との間に跨って連なっている。上山諸峒や下山諸峒はこの地域の北部の山区、丘陵地帯に位置していたと考えられる。また、この地域の西側は南海県の北部に接しているが、同県の渓峒の西南には十三村と称される村々があった。これらの地域の蛮獠は劫掠に際して、この地域を流れる盧包水（蘆包水）の利用を近道としているという[54]。これは次のような状況を意味する。大庾嶺に源を発した湞水は南下して、南雄府を経て、韶州府治の東北で武水と合流した後、英徳県界で湟水を合わせて、北江となる。北江は広州府清遠県の領域に入り、鴨浦水を過ぎりて三水県城の北四〇里の地点で、本流から分かれて東方に流れる支流を生じる。この支流が蘆包水である。蘆包水は東方に流れて鹹魚嘴まで至り、肄水の流れに合流して、南海県の霊洲、官窯に至る[55]。春と夏の増水期には、三江や巴由の水が盧包水に流れ込み、盧包水の水位が上がり、船の利用によって行程を短縮できるので、頻繁に根拠地と清遠との間を行き来して劫掠を繰り返したのであろう。しかし、冬に水量が少なくなると、盧包水の利用が難しくなるので、十三村の村民は番禺県の横譚の諸峒と連繫して活動したという。横潭は横潭水のほとりに所在した。『黄通志』巻二五、民物志六、「墟市」の番禺県の条に、「墟」（市場）の一つとして、横潭の名前が見える。横潭は交通の要衝である。横潭水は南正溪を水源として、横潭を経て、巴由都の付近で巴由水と合流しているが、この巴由水から蘆包水に入って、北江に出ることができる。また、巴由水は南流して、西江にも繫がっているから、省城にも出やすい[56]。横潭に市場が成立したのも、こうした交通の便の良さがあったからであろう。

「峒獠」条はこれに続けて、弘治初め、峒獠の蛮首の譚観福なる者がこの横潭の地で反乱を起こしたことを伝える[57]。明朝は、譚観福の反乱を鎮圧した後、弘治二年（一四八九）、番禺県の獅子嶺と南海県の慕徳里の二巡検司の管轄地域を割いて、従化県を新設し、広州府の管轄とした。その県治（県の治所）は、当初は横潭に置いたが、後に馬場田に移した。下山諸峒に近い場所である[58]。

峒獠の反乱は鎮圧されたが、その後も猺族の反乱は継続している。南海県の豊湖、楽塘堡の諸村、清遠県の池水郷、黄華峒、四会県の馬山都、番禺県の石馬村の猺人がそれぞれに集団を作って、略奪を行った。これに対して、郷老の要請を受けた明朝は、正徳元年（一五〇六）、軍隊を派遣して、討伐し、大きな戦果を上げた(59)。また翌年には、十三村の平定に功績があったとして、軍人に対して論功行賞が行われた(60)。この時の大規模な討伐が広州城周辺の猺族等の反乱を制圧するのに効果を発揮したようであり、以後においては、南海、番禺といった付郭県の領域では極端に反乱が減少した。

おわりに

猺族等の反乱が鎮圧されるなかで、彼らはどのような命運をたどったのか。そのことがよくわかるのは、羅旁のケースである。万暦の討伐戦争の後に新設された西寧県の地方志である道光十年（一八三〇）刊『西寧県志』巻首、「図経」は鎮圧後の猺族の動向を記録している。それによれば、太平都や永安都では、猺族は万暦の討伐の後、姿を消した。裕寧都では、討伐の時に動員された広西の狼兵が定住し、県志編纂時点においても、いくつかの村にその子孫が残留していた。鎮南都では、各処の「猺峒之穴」は、西寧県を新設して後も残ったが、康熙三十七年（一六九八）になって完全に制圧され、現在では、「今皆、馴れ服《したが》い化に向う」（今皆馴服向化）という。また、同書巻一、「雑志」は、「按ずらく、猺・獞二種、明より以て国朝に迄《およ》び、節次《しだいに》剿除さる。間ま孑遺有るも、皆馴れ服い向化し、徳を食み疇《たんぼ》に服し、斉民に儕《ひと》し」（按、猺・獞二種、自明以迄国朝、節次剿除。間有孑遺、皆馴服向化、食徳服疇、儕斉民）、農業に従事する彼らの生活は漢族と変わるところがないまでに同化されていた。また、清初に編まれた『広東新語』巻七、「猺人」によれば、「羅旁の猺、其れ稍や馴れる者は約束を聴き、斉民と異なるなし」（羅旁猺、其稍馴者聴約束、与斉民無異）

といい、羅旁の猺族が次第に漢族化していたことが窺われる。解放前には、この地域から猺族は姿を消している。民国二十四年（一九三五）刊『羅定県志』巻六、地理志、「風俗」に、「今則ち猺獞跡を絶ち、居する所は悉く漢人に属す。生歯日ごとに繁く、文明も亦日ごとに進む」（今則猺獞絶跡、所居悉属漢人。生歯日繁、文明亦日進）という。

この羅旁のケースは、猺族が漢族に同化され、ついには姿を消してしまう過程がよく窺われるものである。ここで、明代に戻り、猺族の運命を示す一つの事例を紹介しておきたい。『明実録』によれば、南海県の民の譚観福なる者は田一〇〇余頃を所有していたが、ある事件に座して誅された。この時、富家の楊端等は機に乗じてその田を占奪しようとした。そこで、観福の子の振は、時の有力者・梁儲の子の次擄、故工部尚書戴縉の子の仲明及び豪民の欧陽元、李問成に投献して田を保全したが、この時楊端の土地も混在させて投献し、それぞれ猺人を招いて佃甲と為し、経営させた。これに憤った楊端は仲間を率いて譚氏を攻め、譚振等四人を殺害した。これに対して、投献を受け入れた者や猺人の佃甲は次擄の勢力に借りて、楊氏一族を殺して決着をつけようとして、猺人林閏等に助けを求めた。次擄の許しを得て、猺人林閏等はその仲間や佃甲を率いて楊端を襲撃し、その居住地の住民三〇〇人を殺害し、家屋を焼き払い、財産を奪ったという。[62]土地をめぐる紛争であるが、注目されるのは、猺人が漢族地主に雇われて、佃甲として農業経営をしたり、武力として期待されていることである。広東西部の羅旁では、猺族が漢族の佃戸とされる状況が一般化していた。おそらく広州周辺でも、猺族が隷属民として漢族に従属する事態が進行していたものと考えられる。

注

（1）劉志偉『在国家与社会之間—明清広東里甲賦役制度研究』（中山大学出版社、一九九七年）、九二〜九七頁。
（2）嘉靖四十年序刊『広東通志』（黄佐纂修）（以下、『黄通志』と略称する）巻六二、列伝一九、「霍韜」。
（3）『霍文敏公全集』巻一〇下、「両広時宜」。「両広時宜」の執筆年次は明記されていないが、文中、「嘉靖辛卯」つまり嘉靖十年の記事が含まれているので、その前後に著されたものと考えられる。

(4) 前掲「両広事宜」に、「羅旁緑水之賊七八十年矣。為害深矣。有司不肯議征、非不能征也。……」とある。

(5) 現代中国のヤオ族研究では、公式名称として「瑶族」が用いられているが、明代においては、「猺人」、「猺」、「傜」などと表記されている。本論では、史料で最も多く使用されている「猺」字を用いる（「猺人」「猺族」）。ただし、引用史料においては、原文の表記に従う。なお、ヤオ族の生態を理解するうえで、竹村卓二『ヤオ族の歴史と文化―華南・東南アジア山地民族の社会人類学的研究―』（弘文堂、一九八一年）を参考にした。

(6) 劉耀荃・胡起望「一九四九―一九八四年我国瑶族研究綜述」（『瑶族研究論文集―一九八六年瑶族研究国際研討会』、民族出版社出版、新華書店発行、一九八八年）。

(7) 羅旁猺族の反乱に関しては、中国のいくつかの研究が言及している。『広東少数民族』（広東人民出版社、一九八二年）五二～五三頁、中国少数民族簡史叢書『瑶族簡史』（広西民族出版社、一九八三年）五九～六一頁、呉永章主編『中南民族関係史』（民族出版社、一九九二年）二九七～三一二頁。

(8) 『黄通志』巻六、「事紀四」、同書巻七、「事紀五」。

(9) 嘉靖十四年序刊『広東通誌初藁』巻六、「沿革」。

(10) 嘉靖刊『徳慶州志』巻六、提封志上、「山」。

(11) 『広東省県図集』（広東省地図出版社、一九九〇年）。

(12) 康熙刊『徳慶州志』巻一、事紀、万暦四年条。

羅旁東界新興、南連陽春、西抵鬱林岑渓、北盡長江。与肇慶徳慶封川梧州、僅隔一水、延袤千里、万山聯絡、皆猺盤踞其間、世称盤瓠氏遺裔。租賦不入、生歯日繁、蚕食旁近諸村、州県賦税因而益縮。性頑獷嗜殺、多伏毒弩、以急榜横江中、奪舟越貨、即制師大吏、過之不為憚。又多萃四方亡命、名曰浪賊、為之羽翼。嘗曰、官有万兵、我有万山、兵来我去、兵去我還。其狡悍如此。

(13) 嘉靖刊『徳慶州志』巻六、提封志上、「山」。

(14) 『黄通志』巻六七、外志四、「猺獞」。

(15) 嘉靖刊『徳慶州志』巻一六、「夷情外伝」。

(16) 嘉靖刊『徳慶州志』巻一六、「夷情外伝」。
東西二山猺人、種類不一。負山阻谷、依木為居、刀耕火種、呰窳偸生。有砂仁・紅豆・楠・漆・黄藤之利、無甚積畜、居亦無定、食盡一方、輒復移去。其配合多因賽神、男女聚会唱歌、適意而成、卉衣椎髻、環耳跣足、登走岩険、如履平地。言語侏离、喜則人、怒則獣、或忿争、雖至親、亦必相刃、復讎報怨、視死如帰。出入常挟弩腰箭、暇則相聚捕獵、沉湎酒食、撃長鼓歌舞以為樂。然其性多獷鷙、小有所激、輒復為乱。其所居巣穴、万山聯絡、東連清遠、西接蒼岑、南通高・雷・電白。自前代往往嘯聚刼掠、未能平服。

(17) 劉弟三の反乱の時期については、いくつかの説がある。嘉靖十四年序刊『広東通誌初稾』巻三五、「猺獞」及び『黄通志』巻六七、外志四、「猺獞」はともに、洪武十二年発生説である。これに対して、嘉靖刊『徳慶州志』巻一六、「夷情外伝」は、洪武二十六年説であるが、他方、同書巻二、「事紀」及び崇禎刊『肇慶府志』巻二、「郡紀二」は、洪武二十二年に発生したとしており、同じ地方志のなかでも一致していない。発生年次を確定する決め手に欠けるが、劉弟三の反乱が明朝で始めての徳慶猺族の反乱である点では諸志は一致している。なお、劉弟三は「劉第三」と表記される場合もある。

(18) 嘉靖刊『徳慶州志』巻一六、「夷情外伝」。

(19) 『黄通志』巻六七、外志四、「猺獞」。
〔洪武〕三十一年、西山猺人盤窮腸為暴、官兵擣其巣穴。設立猺首、統領撫猺・甲総。毎歳来朝、賜之鈔幣。自是、回面向化。

(20) 『黄通志』巻六七、外志四、「猺獞」。
永楽四年春三月、高州府信宜県六毫峒下水三山猺首盤貴等朝貢方物。上嘉其慕義、賜齎遣還、仍勅有司、免其賦役。自後、猺首・猺総来朝貢者、皆如之。

このほか、猺族の朝貢の事例は以下の通りである。永楽四年、徳慶州の猺首・盤永用（州民・陳朶朶なる者の招撫による）、同八年、徳慶州新落山の猺目・駱二弟（瀧水県丞馮原泰の招撫による）、同十年、高州府信宜県根竹峒の猺首・陸仲八ら、同十一年二月、新興県の猺首・梁福寿（肇慶府学生の廖謙の招撫による）、同一三年八月、徳慶州の猺首・周八十、同十四年一一月、高要県猺首の周四哥、十五年四月、信宜県の猺首・盤龍福ら、同年十月、化州の猺首・黄応広、十七年五月、高州府電白県仏子等の猺山の猺首・黄蒲三ら六〇人である。こうして次々と来朝した猺族に対して、明朝は、鈔幣と襲衣を賜与した（同上「猺獞」）。

(21)『黄通志』巻六七、外志四、「猺獞」。
（永楽四年）六月、高州・肇慶二府猺首趙第二・盤貴來朝。〈先是化州吏馮原泰・陳志寛言、天黄・大帽・曹連・茶峒・石栗諸山猺人素未帰順。今有嚮化之心。遂遣人賚勅同原泰等往撫諭之。至是第二等籍其属二千五百余戸凡七千五百余口來朝、賜鈔幣襲衣、命原泰為瀧水県丞、志寛為信宜主薄、専撫諸猺〉。

(22) 嘉靖刊『徳慶州志』巻一六、夷情外伝、「猺獞」に、
皇帝勅諭広東肇慶府徳慶州古蓬・下台等山猺頭周八十・劉大恁、毎都是好百姓、比先只為軍衛有司官不才苦害恁、上頭恁毎害怕了不肯出来。如今聴得朝廷差人来招諭、便都一心向化、出来朝見、都賞賜回去。今後恁村峒人民都不要供応差発、従便安生楽業、享太平的福。但是軍衛有司官吏・軍民人等非法生事擾害恁的、便将着這勅諭直到京城来奏。我将大法度治他。故諭。

とある。また、崇禎刊『肇慶府志』巻二四、外志、「猺獞」にも同文を収録する。

(23) 前掲『中南民族関係史』によれば、広東では、瑶族招撫を職務とする下級官職、瑶首（あるいは瑶老、瑶頭、瑶長ともいう）の制度が、広く採用された（同書三〇二頁）。

(24) 嘉靖刊『徳慶州志』巻四、「秩官表」。

(25) 嘉靖刊『徳慶州志』巻一六、「夷情外伝」。

(26) 莫世祥「明代広西大藤峡瑤族人民的反孔闘争」（『歴史研究』一九七五年第二期）、楊宗鑾「大藤峡瑶族農民起義」（『思想解放』一九八〇年第三期）、前掲『瑶族簡史』五三〜五九頁、谷口房男『華南民族史研究』（緑蔭書房、一九九七年）など。

(27) 嘉靖十四年序刊『広東通誌初稾』巻三五、「猺獞」。崇禎刊『肇慶府志』巻二一、「郡紀二」、嘉靖刊『徳慶州志』巻一六、「夷情外伝」、康熙刊『徳慶州志』巻一、「事紀」。

(28)『明実録』正統十三年十一月壬戌条。

(29)『明実録』正統十三年十二月庚午条、正統十四年正月辛卯条、正統十四年二月乙丑条。

(30)『明実録』景泰五年三月甲子条。

(31) 以下、次の史料により紹介する。嘉靖十四年序刊『広東通誌初藁』巻三五、「猺獞」、『黄通志』巻六七、「猺獞」。崇禎刊『肇慶府志』巻二、「郡紀二」、嘉靖刊『徳慶州志』巻一六、「夷情外伝」、康熙刊『徳慶州志』巻一、「事紀」。

(32) 嘉靖刊『徳慶州志』巻一六、夷情外伝、「知州陸舜臣議地方事略」。

(33) 嘉靖刊『徳慶州志』巻一五、人物伝、「陳天華」、康熙刊『徳慶州志』巻八、人物、「陳天華」。

(34) 前掲「知州陸舜臣議地方事略」。

(35) 嘉靖刊『徳慶州志』巻一六、「夷情外伝」。

一種獞類、古未有之、後因猺賊刼擄郷村、各田主招集前來伴民耕種、納租聽調、而無差、与猺不相合、道路相遇必敵殺。近年漸漬、猺山日久、多有与猺交通結党激変、減半田租者矣。

(36) 谷口房男前掲『華南民族史研究』二五六頁。

(37) 『黄通志』巻六七、「猺獞」。

(38) 崇禎刊『肇慶府志』巻二、郡紀二、嘉靖十年条による。また、康熙刊『徳慶州志』巻一、「事紀」も、同文を収録する。

(39) 『世宗実録』嘉靖四十四年六月庚辰条に、「広東肇慶府徳慶州上下江一帯地名羅旁、瀧水介東西二山之間、竹林叢翳、素為徭族淵藪。其羅旁西山徭人先年都御史韓雍経略隄防、頗就安輯。惟東山諸徭阻深箐而居、時出剽掠」とある。

(40) 前掲「知州陸舜臣議地方事略」。

……而猺益滋蔓、侵占我土地、割拠我山場処、劉我百姓。田畝陥入者幾二千頃、税粮荒敗者過六千石。本州土地失去者中分之半、而里分減耗者三分之一。其所存者僅四十四里而已。

(41) 前掲「知州陸舜臣議地方事略」。

於是、都・晋二郷、一里三四戸者有之、一二戸者有之、空存里分、而無里甲者有之、戸有田粮一二百石、而一貧徹骨者有之。循名責実、又僅可三十里而已。以原額計之、不啻減去大半。

(42) 前掲「知州陸舜臣議地方事略」。

然本州彊界、上至都城七十里、下至楊柳一百五十里、江以北為民、江以南為猺。一水之間、而民猺攸判、立州廳。而南望問其山、則曰案山也。問其有、則曰猺有也。樵夫・牧児莫敢過其地、魚人・蛋子莫敢近其岸。故嘗譬本州、如半身不遂之人。其形雖全、而実則一半不属於我。豈不可為於邑也哉。

(43) 嘉靖刊『徳慶州志』巻二、事紀、成化三年条に節録された李瑛の上奏文。
本州晋康・都城二郷田土、原係居民佃種。正統十四年以来節彼二郷猺族糾合広西流賊攻刼郷廂、殺擄男婦八千六百余口、佃民殺絶迯移、田土抛荒。先年大征、招撫佃民、十回一二、止於金悦・西岸・儒林・富禄等村、立圍開耕付近荒田。尚有逍遙・下城・力峒・双坡・振峒・譚蒙・葵峒・永信・大㟁・新楽等処田土、俱係猺賊巣穴。田段抛荒年久、樹木成林。間有猺賊占種、無徴田粮六千四百一十八石八合三勺、無従措納。

(44) 前掲『広東通誌初藁』巻三五、猺獞、「禁通猺」。
巡按御史戴璟曰、訪得、各処有等奸徒、不務本等営生、専一収買魚塩、指以通山為名、往来猺山、交結接済、収買楠・漆・黄蠟・皮張等物、甚至私買違禁軍器・盔甲、入山貨売。或引誘猺人越出、蔵伏各処河埠、窺伺客商船隻到来、撑駕桐槽船隻、攔江勾劫財物、殺傷人命、或探聴人村富庶、則又与之作眼、却坐地分贓、啓釁招尤、無所紀極。已将徳慶等州県通山賊脚龔貴・張馬児等拿問外、但此弊在在有之。通合禁革、今後軍民人等不許指以通山為由、私蔵違禁軍器等物、交結猺人、私通接済、引惹釁端為患。地方如違、許諸人首告擒拿、従重問擬典刑。

(45) 康熙刊『徳慶州志』巻一、「事紀」、嘉靖四十四年条。

(46) 康熙刊『徳慶州志』巻一、「事紀」、嘉靖三十八年条及び嘉靖四十四年条。

(47) 崇禎刊『肇慶府志』巻二四、外志、「猺獞」。

(48) 康熙刊『徳慶州志』巻一、「事紀」、万暦四年条。

(49) 崇禎刊『肇慶府志』巻二四、外志、「猺獞」に、「其乱則始阮能始。阮能者、正統間鎮守内官也。因猺朝貢、多索方物。於是、寇賊四起」という。また、『黄通志』巻六七、外志四、「猺獞」に、「宣徳間、賜諸猺勅諭、数十年間、稍得休息。其乱則始自正統間、鎮守内官阮能因其朝貢多索方物。…於是、寇賊四起」とある。

(50) 前掲『中南民族関係史』三〇六～三〇七頁。

(51) 『明実録』正徳元年四月庚午条。

(52) 南京浙江道監察御史・万祥の上奏文に、
両広地自景泰初年調広西官軍、従征広東、各山峒賊乗機竊発、高山之猺日下平地、深洞之獞時近近村、天順・成化以来、大肆猖獗。……在広州者十三村・後山・藍糞・流溪四処。

とある（『明実録』弘治十一年七月壬戌条）。

(53) 『明実録』弘治十八年三月辛亥条に、

広東南海県十三村遺賊五百余人、復肆劫掠。有司莫能禁、巡按監察御史聶賢請兵討之。兵部議謂、観聶賢所奏、則是近省之地、無処無賊矣。両広師府職専兵民之寄、而乃無一言及此。今雖有事思恩、然内郡地里豈可委置不顧。且清遠等処賊勢漸熾。

とある。また、『明実録』弘治十八年四月戊寅条にも、「又南海県十三村等処盗賊縦横」とある。

(54) 『黄通志』巻六七、外志四、「峒獠」条。

東北山谿綿亘、介乎増城・清遠之間。其上山諸峒〈赤薯峒・咄溪……〉、下山諸峒〈松子□・冬瓜田……〉、南海県溪峒、西南有十三村〈有緑榭浦・尖角遠等名。余不能悉記〉。蛮獠出入行劫、有盧包水為捷径、遇春夏則三江水・巴由水皆汎入其中、漲溢可行、舟至清遠減一日之程。冬則乾涸難渡。村民連結横潭諸峒。弘治初、蛮首譚観福作乱。既討平後、立従化県治于上游〈始在横潭、後徙馬場田。近下山諸峒〉。

(55) 光緒五年刊『広州府志』巻一三、輿地略五、「山川」。

(56) 道光二年刊『広東通志』巻一〇一、山川略二、「花県」。

(57) 『黄通志』巻六七、外志四、「峒獠」条参照。なお、『黄通志』巻七、事紀五、本朝弘治元年条に、「番禺県盗譚観福作乱。僉事陶魯等平之〈横潭峒獠恃険作乱〉」とあり、また、『粤大記』巻三、事紀類、「山箐聚嘯」に、「（成化）二十三年、番禺県盗譚観作乱。僉事陶魯討平之。観福者横潭峒獠也」とある。反乱の発生が成化二三年か翌年の弘治元年か違いがあるが、譚観福が番禺県横潭の峒獠を率いて反乱を主導したことが確認できる。

(58) 『黄通志』巻六七、外志四、「峒獠」条参照。また、『明実録』弘治二年二月甲申条に、「開設広東従化県、属広州府、割番禺県之獅子嶺・南海県之慕徳里二巡検司隷之」とあり、番禺県の獅子嶺と南海県の慕徳里の二巡検司を管轄下に置いた。同書弘治二年三月己巳条には、太監韋眷の上奏に基づいて、横潭村に従化県治、儒学、守禦千戸所を設けたことを記録する。また、『黄通志』巻一五、輿地志、「城池」に、「従化県城〈弘治七年、自横潭改徙今寧楽都馬場田〉」とあり、また同書巻一、図経上、従化県の条に、「本朝弘治元年、析番禺、県治横潭、後徙于寧楽。編戸十有八里」とある。

(59) 『明実録』巻一一、正徳元年四月庚午条。

（60）『明実録』正徳二年二月庚寅条に、「広東十三村等村、池水等郷平賊功、升賞漢達官軍都指揮王永等六千八百六十九人有差。……」とある。

（61）譚観福という名前は、前掲の峒獠の首領と同姓同名であるが、言うまでもなく別人である。

（62）『明実録』正徳八年十一月辛巳条。

南海県民譚観福者有田百余頃、後坐事誅、其田為富家楊端等所侵占。観福之子振、遂以献之大学士梁儲之子百戸次攄・故工部尚書戴縉之子仲明、及豪民欧陽元・李問成、為業。幷以端田混献之。各招猺人為佃甲承種。端遂率衆攻譚氏殺譚振等四人。自是讐殺無已。而他受献者及佃甲皆藉次攄勢、欲謀殺諸楊以絶其害、招猺人林閏等同行、次攄許之。閏等率其党及佃甲攻端、尽殺其居民各姓幾三百人、又焚其室廬、擄其財畜。

第三章　「華」はどのように「夷」を包摂したか？

はじめに

本論は、明清時代とくに明代の広東を対象として、「華」がどのように「夷」を包摂したのかを考察することを目的としている。

中心地理論を提唱した人類学者のG.W.スキナーは河川系の集水域が作り出す自然的・人文的空間を有機的な地域と定義し、中国全土を九つ（伝統社会では八つ）のマクロリージョンに分類したが、嶺南（広東・広西）はその一つである。(1) 嶺南の中心河川は南海に注ぐ珠江であり、珠江とその上流の西江、北江、東江の河川網が広東・広西両省をカバーしている。嶺南地域の漢族王朝との接触はつとに秦代にまで遡り、中心都市広州が中国の貿易の窓口と定位された歴史は古いが、在来、多くの宗教や文化、多くの民族が混在する多元的な構造を保持してきたと考えられる。(2) 明代においてもそうした多元的構造は保持されていた。そのことをよく示すのは伝統的な華夷概念のなかでの広東の位置づけである。十五世紀を生きた広東出身の文人である丘濬は、中国最古の地理書として知られる「禹貢」（『書経』、夏書の篇名）に定める五服（甸服、侯服、綏服、要服、荒服）を取り上げて、侯服は「華夏の地」、要服、荒服は「夷狄の区」、綏服は両者の間にあって華夷を仲介する役割を与えられていると解釈する。つまり、綏服を境として、天下は内と外が区切られ、その内側（華）は文の教えが輝く世界、外側（夷）は武力が必要な野蛮な世界である。後者の「夷」は「華」以外のすべての族類を指す。「華」と「夷」はそれぞれに住み分けており、後者には政教は及ばない。「蛮」は南方の「夷」を指称した言葉であり、四川、湖南、湖北、嶺南、雲南、貴州の山間部に住まう「犵、狑、獠、猺、獞」等の十数種の族類がすべて「蛮」の範疇に入る。(3) 丘濬は「華」の領域の拡大を段階的に考えている。当時、黄河流域に勃興した「華」の世界が浙江や福建などをすでに包摂していたのに対して、湖南・湖北、広東・広西（嶺南）では、漢族とそれ以外の非漢族（「蛮」）とが混在していると認識する。(4) これらの土地は華夷の間の中間地帯（綏服）であり、丘濬が生きた頃の嶺南（広東・広西）もそうした中間地帯として位置づけられる。この丘濬の考え方によれば、華夷混在の地域はいずれは華に包摂されるべきものである。

文の教えが輝く世界を華とすることに示されるように、華と夷の区分は文化的なものである。これまでの研究においても、華は漢族、夷は非漢族（少数民族）と分けるに際して、華＝漢族かどうかを決定づけるのは漢字を基礎とする洗練された文化を受容しているかどうかにあると考えられてきた。したがって、漢化という研究上の概念が意味するのも、非漢族が文化的に漢族に包摂されることを主な指標とし、最終的には国家の版籍に登録することが想定されている。前近代において漢族が創り上げてきた文化とは儒教文化に他ならないから、漢化はまた儒教化と言い換えることもできよう。(5)

広東の非漢族に関する研究は明代半ば以降、漢化が急速に進展することを明らかにしてきた（デビット・フォール、劉志偉、片山剛、菊池秀明諸氏(6)）。デビット・フォール氏は儒教の儀礼に注目し、土着の神々や仏教、道教の影響が根強い広東において、リニージの祠堂に象徴される儒教文化が浸透する過程を描いた。筆者の問題関心も、フォール氏のそれに近いが、とりわけ科挙官僚制を重視してきた。科挙を通じて、皇帝に代わって国家の運営を担当する官僚を選抜する道が官僚任用の主要なルートとなったのは宋朝の時であり、それ以降、明代に至るまで、中国の最先進地域であり、最も儒教文化の水準が高い長江下流デルタ流域（江南）が最も多くの科挙及第者を官界に送り込んできた。明朝はこの事態に遭遇して、南北のバランスをとるために、南人と北人の科挙合格比を定め（南北巻）、江南出身者の比率を抑えざるをえなかった。[7] 科挙及第者を送り出すことは各地域の儒教文化の水準を反映するものであるとも言える。科挙官僚制に組み込まれることが先進地域の証であるならば、科挙官僚制に支えられる儒教文化がいかに広東に浸透したかがポイントとなる。筆者は、十六世紀以降、科挙官僚制を軸とする漢族の単一的な儒教文化に包摂される一連のプロセスを儒教化と呼んできた。それをよく示すのは、郷紳である。郷紳とは、科挙及第を通じて国家から官僚身分を付与された人々であり、研究上、挙人、生員などの科挙及第者も郷紳のなかに含めている。彼らが郷里で身分と特権を拠り所として、影響力を及ぼすのが明代後半以降の形勢である。かかる形勢が珠江デルタを中心として広東でも登場したところに、広東の儒教化の進行を窺うことができる。[8]

しかしながら、明代後半において、こうした儒教化が定着していったのは広州城や仏山鎮などの都市を中心とした珠江デルタの中核に限定されており、その周辺では、漢族と非漢族（猺族・獞族など）[9] との対立が進行していた。この対立の局面についてはすでに、広東西部山間地帯の羅旁及び広州北部の山間地帯を対象として検討を加えたことがある。[10] 本稿では、それらの従前の作業を踏まえつつ、広東・広西両省交界地帯の広東側とくに羅旁と珠江デルタの間の地域（広州・肇慶両府交境地帯）を取り上げて、儒教化のプロセスを検討し、最後に甘氏という宗族を取り上げて、猺族から漢族への転身のあり方を考えてみたい。

一 漢化＝儒教化の形勢

広東西部山間地帯全体を巻き込んだ猺族等の大反乱の中心は羅旁の反乱であった。羅旁は、明初以来の行政区画のなかで、肇慶府徳慶州が管轄する瀧水、封川、開建三県のうち、瀧水県つまり徳慶州のうち西江南岸の山間地域を指す[11]。西南部に比較的高い山々（標高千数百メートル）が連なり、東北部にかけて低くなる地勢が特徴であり、その間の中部地域には、瀧水（瀧江）に沿って羅定盆地が広がっている[12]。瀧水を挟んで、西側の山間部は西山、東側の山間部は東山、南郷と呼ばれる[13]。羅旁は東は広州府新興県、南は肇慶府陽春県、西は広西鬱林州、梧州府岑渓県、北は西江に接している[14]。

明朝は建国当初、羅旁を中心とする広東西部山間地帯の猺族を統治するに際して、第一に、猺族に貢納を義務づけたが、徭役は免除した。第二に、猺族の招撫を職務とする官職（撫猺官）を設けて、猺族を統治させた。第三に、猺族内部では、猺首が猺族を統率する組織を編成した。猺族はこの統治方針のもとほぼ明朝の支配下に組み込まれた[15]。宣徳年間（一四二六〜一四三五年）にも、皇帝は猺族に勅諭を賜い、平穏であったが、正統年間から、猺族の反乱が開始された。その直接の原因は、宦官（鎮守内官）阮能が朝貢に借りて方物を収奪したことにあるといわれる。最初の反乱は正統十一年（一四四六）、瀧水県の猺族趙音旺が徳慶州晋康の猺人鳳広山と結んで起こしたものである。その後、羅旁等の広東西部の猺族はしばしば広西の猺族等と連携し、反乱地域を拡大させていった。広州府から広東・広西省境地帯に至る広大な山間地帯（行政区画で言えば、広州府、肇慶府、高州府、雷州府、廉州府等）である。この間、猺族は獞族、漢族の亡命者なども引き入れたため、反乱の性格は多民族的な様相を帯びるようになった。反乱の中心に位置した羅旁の反乱が鎮圧されたのは万暦四年（一五七六）のことである。広東西部山間地帯におけるその他の猺族の反乱もおおむねこの時期の前後に終息している[16]。明朝は猺族等を制圧した後、明朝の支配に服属する「民」を猺族等の旧根拠地に送り込み、彼らに土地を開墾させる政策を実施した。本節では、猺族の漢化=儒教化のプロセスを理解するために、最初にこの問題について検討してみたい。

（1）移住・開墾政策

広東西部山間地帯において、移住・開墾政策が最初に大規模に行われたのは、高州府の猺族等が鎮圧された時である。嘉靖十年（一五三一）、陽春県西山の趙林花・黎広雄らが高州府を攻撃し、府城を陥落させるという事件が起こり、徳慶州東山南郷の賊首鳳二全らと連携して反乱を維持したが、嘉靖十二年（一五三三）、提督都御史陶諧らはその根拠地を襲撃し、成果を上げた。(17) この事件に関して、嘉靖四十年（一五六一）序刊『広東通志』巻六七、外志四、「猺獞」は、掃討後、「また良民一千余家をもって［その地を］満たし、田賦一百三十九頃九十一畝余りを得た」と伝える。同「猺獞」条は続けて、割注を付し、「猺田」として、「雲廉山田、税米十石一斗五升」から「石橋峒田、税米四石二斗」までを掲げ、「猺田」の名称と税米を掲げる。(18) 猺田とは何か。康熙二十六年（一六八七）序刊『重修陽春県志』巻一八、猺獞、「猺田」を見ると、「雲廉山田、税米十石一斗五升」から「石橋峒田　税米四石二斗」までの「猺田」の名称と税米を列挙するが、これらは同上『広東通志』の「猺獞」にいうところの、嘉靖十二年（一五三三）の反乱鎮圧後に設置されたものとほぼ同じである。つまり、趙林花らの反乱軍の本拠地は陽春県にあり、鎮圧後に没収された猺族等の土地は陽春県の土地として登録されたことになる。同「猺田」に、「田んぼに猺の名前を付けるのは、［猺人が］もと占拠していたところだからである」とあるように、「猺田」とは猺族等が占有した田を指したものである。猺族等を一掃した後、明朝は彼らの土地を「猺田」と呼び、「良民」を招いて耕作させた。ここにいう「良民」とは、明朝に帰属した新民(19)や狼兵（西狼、狼目・狼甲）つまり広西土司地域から呼び寄せられた獞族などであり、彼らに農耕と防衛を行わせた。こうして彼らはみな土着の農民となり、もはや猺獞の弊害はなくなったというのである。(20)

こうした移住・開墾政策は、広州府の新会・新寧両県でも進められた。嘉靖九年（一五三〇）、両広総督林富は総鎮太監張賜、総兵仇鸞等と協力し、広西から広東の肇慶・広州両府にわたる省境地帯に対して大規模な掃討作戦を実施した[21]。前掲『広東通志』巻六七、外志四、「峒獠」は、この地域のうち、新会・新寧両県の反乱を伝えている。それによれば、蓼塘・旱塘・長塘等の民である雷骨干、林湖祥らが各地を荒らし回っていた。嘉靖二年（一五二三）に大征が行われたものの鎮圧できず、嘉靖六年（一五二七）、これらの「民賊」に対して、都御史姚鏌、総鎮太監鄭潤、総兵朱麒が討伐を加えた。しかし、曾友富、丘区長、廖悌奴、林仲貴らは再び乱を起こした。そこで、嘉靖九年（一五三〇）、林富らに率いられた明朝軍が討伐を加えた。前掲『広東通志』の「峒獠」はこの「民賊」を峒獠に分類する。同書によれば、峒獠は、古の山越である。明代において、峒獠は猺族・獞族とともに広東各地で反乱を展開し、その活動範囲は重なるところが多い[22]。ただし、新会・新寧の「民賊」が峒獠に等置できるかどうかはよくわからない。同書も、これを峒獠の項目に入れたものの、反乱関係の記事のなかでは「民賊」というのみである。また、討伐を行った林富は鎮圧後に、当該地方（新寧・新会・恩平三県）の安定を図るために朝廷に上奏文「処置会寧地方疏」（嘉靖十年六月六日[23]）を上呈し、そのなかで「諸賊」「賊」という言葉を多用するが、また別に広東の山間部は「猺賊」「民賊」が拠り所とするところであると認識している（広東布政司所属地方、深山窮谷、旧為猺賊民賊所拠者）。林富がこれらの反乱のなかでとくに問題視するのは、新会・新寧・恩平の接壌地帯のそれである。林富は、新寧等の地域の「諸賊」を討伐した後も、その残党が隣県の無頼を糾合したり、付近の猺人（「山猺」）を引き入れたり、もともと「良村」であったものが後には「賊巣」となることを危惧する。このことからすると、「民賊」には峒獠だけでなく漢族の良民や猺族なども加わっていたと考えられる。

ところで、林富は前掲「処置会寧地方疏」のなかで、反乱の一掃を目的として、流亡を余儀なくされた元の住民を呼び戻し、兵士とともに耕作と防衛をさせることを提案している。①新寧・新会両県で反乱軍に占拠されていた土地の総面積は六、七百頃を下らない。それらの土地を所有していた税戸は反乱軍に殺されたり、逃亡せざるをえなかった。鎮圧後、官府に税役の免除を申し立てたのはわずかに数百戸にとどまる。そこで、以前の賦役黄冊を回収して官府で清査し、田地と税戸の現状を把握したうえで、地主をして人を招いて佃種させる。また、人戸が逃絶したり、土賊に占拠された土地には民屯を設け、付近の各州県の貧民を召募して耕作させる。彼らに一人当たり一五畝の土地を与え、三年の間は税役を免除し、三年後も徭役は免除する。民屯には義長を立てて監督させ、官府が武器を与えて農事の合間に軍事演習を行なわせる。②新寧県の税糧の原額は八、〇〇〇余石であるが、嘉靖四年（一五二五）以降、滞納により、毎年の納入額は三、〇〇〇余石しかない。各都の税戸のなかには税役の忌避を目論むものもいるが、大半は賊軍によって逃亡を余儀なくされたものである。彼らを呼び戻して耕作させ、滞納分は免除する。税の滞納の罪を許し、赦免後に納入すべき税糧については、一石当たり銀三銭に換算して納入させ、軍餉に充てる。この措置は新会、恩平両県にも適用するものとする。以上の林富の上奏は戸部の支持を受け、世宗に承認された(24)。

広東西部山間地帯の猺族等の反乱の中心に位置した羅旁においても、嘉靖十一年（一五三二）、徳慶知州に任じられた陸舜臣が移住・開墾政策を提唱した。陸舜臣の計画はこうである。征服後、羅旁等の諸峒に駐屯する軍隊に農機具、種籾及び数ヶ月分の食糧を給付して耕作と守備に当たらせ、秋の収穫時期には食糧の配布をやめる。山々の竹木の伐採、漆などの産物の採取を許して販売させ、収入の一割を税として徴収する。次の年の春になれば、兵士の食糧が足らなくなるので、再び食糧を与え、また農民を呼び寄せて兵士とともに耕作に従事させる。このように軍隊の屯田と農民の開墾、特産物の販売とを組み合わせて、土地開発を進めれば、反乱軍は弱り、入植者は日ごとに増えるというものである(25)。

嘉靖四十四年（一五六五）、兵部右侍郎呉桂芳は、羅旁における防衛体制の整備を朝廷に上奏した。羅旁の西山の猺人の反乱は、都御史韓雍の討伐により収まったが、東山の猺人の掠奪は続いている。呉桂芳は、これを防ぐ効果的な方策として、兵士を集め商人を招き、山の伐採を行って営堡を設け、田地を兵士に与えて耕作させる屯田制を提唱した。この提案は、兵部の覆議を経て、世宗に認められた(26)。そこで、南江口以南の瀧水沿いの一二〇里の間に一〇営を設け、各営には一〇〇から二〇〇の兵を駐屯させた。この駐屯政策により、数年間は反乱軍の動きを抑えることができたが、その後流賊がこの地域に盤踞して荒らし回るようになり、営兵はこれを阻止できなかったという[27]。また、兵備僉事李材は羅旁の賊を破り、屯田を設けた。当時、賊軍は新会県境に三つの根拠地を有していたが、李材は副総兵梁守愚、遊撃王瑞を、それぞれ恩平、徳慶より進軍させ、自らは肇慶方面より入り、五〇〇人の賊を斬り、一、〇〇〇余の廬舎を焼き払った。そのあとに、「人を募り之を田せしむ」という[28]。これも、開墾政策である。

羅旁における移住・開墾政策の仕上げは、万暦の大征の後のそれである。龐尚鵬「建羅定兵備道碑」（万暦五年―一五七七年）[29]は、「募民占籍」政策の実施を伝えるとともに、現在の緊急の課題は「聚民」であり、徴税を少なくし、土兵として訓練し、屯田を広めるべきだとする。

以上のように、明朝は、軍隊の屯田と移民、流民による開墾を常套手段として、次々に猺族等から土地を奪っていった。流民、移民が耕作した土地は民田として登録されることになるが、前掲の陽春県の事例は、民田となるまでに過渡的段階があったことを示している。

（2）陽　春　県

康熙二十六年（一六八七）序刊『重修陽春県志』巻一八、猺獞、「猺田」条は、「猺田」の名称と税米を列挙（前掲）したあと、万暦四年（一五七六）に東安県を新設した折り、上下西山・雲廉・北河・参峒の税米は東安県に移し、残りの猺田はすべて「民業」として「民戸」に編入されたことを伝える[30]。県志編纂時点では陽春県の猺田の名目は消滅していたのである。これよりすれば、猺田から民田への転換がスムーズに行われたかに見えるが、注意しておきたいのは、猺族等の土地を引き継いだ「良民」が明朝に帰属した新民や西狼、狼目・狼甲などであったことである（前掲）。

「猺田」条は、これに続けて、「当初、猺戸を狼戸に変えたが、今や狼戸は民戸に変わった。ひそかに猺人や狼人の弊害を消し去り、国餉を少しも費やさないのは、最も理想的な方法である」と述べる。[31] 康熙年間には、狼戸も民戸として登録されるようになった。これにより、陽春県の人々はすべて民戸としての戸籍をもち、少なくとも戸籍上は漢族となったのである。また、清朝に入って、猺田・狼田は自由に売買できるようになり、そのなかで猺田・狼田の区分はなくなり、すべて「民田」として登録されるようになった。[32]

この陽春県の事例に見られるように、良民として戸籍に登録していても、その土地が漢族の民戸、民田とは別の扱いを受ける場合があったが、最終的には漢族の民戸、民田に統一されていった。しかし、すべての土地が漢族によって所有されたわけではない。なお猺族などが残存した山間部も多い。次に彼らの漢化＝儒教化過程を検討してみたい。

二 科挙官僚体制への包摂

これまでに述べたように、猺族の反乱は、十五世紀中葉の羅旁の反乱から始まり、万暦四年（一五七六）における羅旁鎮圧の前後まで続いた。この間、猺族等の反乱は広東西部山間地帯一帯の、広州、肇慶、高州、廉州、雷州諸府に拡大したが、羅旁の反乱軍の制圧とともに、広域にわたった猺族の反乱もほぼ終息した。また、明朝は鎮圧した猺族等の居住地に軍隊や移民、流民を定住させ、土地開発と防衛を受け持たせた。これらの地域のなかには、明朝に服属した人々（新民、狼兵）などに猺族の土地（猺田）を与えた場合もあるが、それらも最終的には王朝の戸籍に民戸として登録し、その土地も漢族のそれと同じく民田となった。このように戸籍や田地が漢族のそれへと統一されるなかで、残存した猺族はどのような命運を辿ったのであろうか。かつて羅旁地区と珠江デルタの間にあって要衝とされた新寧県の事例を紹介してみたい。

万暦三十四年（一六〇四）刊『新寧県志』（沈文系纂修）巻七、人事考、「撫猺」によれば、新寧県で猺族、苗族が反乱に立ち上がった時、城歩峒の熟猺（招撫された猺族）に討伐を助けさせ、彼らに麻林・大絹等の田地を給付して税糧・猺役を徴収した。これらを管束する者として、千長・隘長・峒長・寨長がおり、報償を与えて招撫してきたという。[33]また、明初以来、苗族の反乱が相次いだため、官軍では、楊昌富等を派遣して、猺頭の雷・藍等姓を懐柔し、五峒一八寨を征伐させた。その報酬として、麻林・大絹等の軍民田糧八四石の土地を猺人に給付し、居住・耕作させた。楊昌富は冠帯隘長に任命し、その子孫は代々石門隘口を守り、猺人の出入を管理したという。[34]石門隘は県城の西三〇里にある要害の地である。[35]要するに、明朝は楊昌富等を派遣して、猺頭を招撫し、懐柔した熟猺に猺賊・苗賊を討伐させて反乱を終息させた。熟猺に田地を給付して、漢人と同じく税糧・徭役を徴収するとともに、功績を上げた楊昌富を冠帯隘長に任命して、石門隘を守り、猺人・苗人を監督させた。隘長の身分は楊昌富の子孫に代々引き継がれたものであり、上掲の峒長・寨長は、隘長のもとに従属した猺族の頭目であったと考えられる。

以上に伝える記事について注目されるのは、城歩の熟猺を招撫して、麻林等の田地を与え、税糧（猺糧）を徴収したことである。同上『新寧県志』巻五、人事考、「田賦志」を見ると、万暦十一年（一五八三）の項目のなかに、「猺糧五十四石三斗三勺を丈過し、本色を徴す」とあり、「猺糧」徴収の記事が登場する。その後、万暦二十一年（一五九三）、万暦三十一年（一六〇三）にも、ほぼ五〇石前後の「猺糧」が徴収された。同書巻七、人事考、「附猺俗」は、この猺糧徴収に関連して、猺族の漢化に関する興味深い証言を記載している。これによれば、かつて、猺族や苗族は、習俗も言葉も漢族とは異質であった。しかし、現在では、衣服や言動も居民と類似している。毎年、「猺糧」を納めて滞納がない。最近では、優秀な子弟に書籍や文房具を与えて三年間学業を修めさせ、彼らも中土の教えを楽しむようになっているという。[36]猺族・苗族は田地を与えられて定住し、農民となり、税糧を納入した。彼らに対して、教育が施され、上流階級の文明化は著しく進んだことがわかる。

道光刊『新寧県志』巻一五、武功志、「苗猺」はまた次のように伝える。景泰二年（一四五一）、知県の唐榮が県治の移設を上奏した時、城歩の「猺人」を招撫し、土地を給付して定住させ、麻林等の八つの峒に分けて、猺人往来の道を守らせ、「熟猺」と称した。また、峒丁のうち才幹ある者を八峒の峒長に任命した。この八峒の峒長の制度が施行されてから、清朝に入っても、平安で、毎年、峒長は本色の税糧を納め、差徭や編銀は賦課されていない。猺人のなかで、読書に優れた者は科挙に応試するが、そのうち毎年二名を採用し、猺生と名付けている。雍正十年（一七三二）には、猺生を新生に改めた。また義学二箇所を設け、教師を招いて教育し、毎年廩餼銀三二両を給付した。のち、新生の枠は三名に増加し、応試する者も数百人に増えた。近頃では、猺人と目された者は新生の名称を恥じている。彼らの人情風俗はすべて県城と同じで、いわゆる「民猺」とはこれをいうのだとする。(37)

以上より、猺族（及び苗族）の漢化のプロセスがよくわかる。武力鎮圧と招撫、千長・隘長・峒長等による管理制度、税糧納入と差徭・編銀の免除、こうした一連のプロセスを経て、猺人は王朝の支配のなかに組み込まれ、言語、習俗も漢化していった。最終段階は科挙である。義学での教育、科挙応試、これにより、猺人の最終目標は漢人と同じく科挙及第、任官となり、もはや漢族の士人となんら変わることがないのである。

三　現実と伝説の間

猺族が科挙官僚制度に組み込まれ、限りなく漢族の生活、精神性に近接するならば、その行き着くところは、猺族としてのアイデンティティーを自ら否定し、漢族として生きることであったのではないか。旧稿で検討したように、珠江デルタで流布した珠璣巷伝説は、それぞれの家系の祖先が漢族文明発祥の地である中原に出身し、五嶺を越えて広東北部の珠璣巷に移り住んだ後、珠江デルタに来訪し、定住したと主張するものである。(38)猺族が漢族として生きていこうとするならば、珠璣巷伝説の採用はこの目的に最も合致している。一般的に言って、猺族であったものが漢族に転身したとしても、そのことをみずから表明するとは考えがたい。しかし、新寧県上川の甘氏が編んだ民国二十四年（一九三五）刊『（台山）甘氏族譜』（甘暢謀総修、不分巻、中山図書館蔵）に収録する「甘氏上川房族事沿革常変回溯紀略」（民国二十四年五月、甘銘新彙編。以下、「甘氏沿革」と略称）はそうした事情を垣間見ることのできる貴重な史料である(39)。

甘氏は殷王朝の甘盤公なる者より始まり、秦漢時代には王侯、官僚を送り出し、高官の家系として栄え、各地に族人が広がった。五嶺以南では有霖公が嶺南甘氏の開祖であり、雷霆、雷震、雷雨の三子は珠璣巷に住んだ。南宋の寧宗（一一九五〜一二二四年）の頃、后妃の蘇氏が皇帝の寵愛を失って宮中を逃亡して潜み隠れていたところ、たまたま税糧を京師に運搬していた黄貯万なる者が蘇氏と出会い、彼女を連れて珠璣巷に戻ったが、追求の手が及ぶのを恐れて、南方に下った。この時、甘雷震も有霖公の位牌を抱いて古岡州新会県白石郷に南遷した。その後、明代の隆慶年間（一五六七〜一五七二年）に至り、有霖公から数えて第十一世の福寿（諱。号は南山）つまり台山甘氏の始遷祖は、白石郷より新寧県那扶区甘坑に移り住んだ。しかし、甘坑が火災に遭ったため、家族を引き連れて、上川島茅湾の西辺壠に再遷した。福寿は万松、万闡、万聰の三子をもうけたが、西辺壠も居すべき土地にあらずとして、家族を連れて上川島に移住し、石筍村に家を構えた。当時、馮、范、何等の姓が該村北辺の高原に先住していたため、南山公は南辺の沼沢地を切り開いて居住地となした。しかし、上川島は絶海の孤島で、交通が不便であり、また「猺地」に属すため、なお心安んぜず、第三子万聰を引き連れて、高州・雷州・瓊州・崖州へと赴き、台山甘氏の三房を開いた（万聰はのちに三房祖となる）。この時、万聰は、祖母の李氏と二人の子供（国克、国才）を石筍村に残した。国克と国才は、叔父の万松（台山長房の開祖）、万闡（台山二房の開祖）とともに石筍に住み、農業と製塩を生業とした。また、茶湾の村場の形勢が大変麗しく、かつ土地が広く人が少ないのをみて、三房の兄弟は協議して茶湾への移住を計画し、三房の子孫が分かれて茶湾と石筍の両村に住むことを決めた。この取り決めにもとづき、万暦年間（一五七三〜一六一九年）、法隆、広、雲喬、国才らは家族を連れて茶湾に移った。

以上が上川島の茶湾に定居するまでの経緯である。珠璣巷伝説の採用は、「猺地」とみなされる上川島にあって、自らの家系が漢族であることを証拠立てるのに有効である。そのまま系譜を綴っていけば、甘氏は問題なく漢族の家系たることを内外に知らしめることができたであろう。しかし、ここで問題となるのは、乾隆刊『新寧県志』巻一、民俗冊、「山傜」に、甘氏を猺人とする記録が収録されたことである。

傜なる者は髷を結い、裸足で歩き、焼き畑農業を行って暮らしている。一つの山を使い尽くせば、他の山に移る。葬式には音楽を用い、これを暖喪という。いま、上川には多くの傜人が住み、天子の徳化の恩沢を蒙り、次第に内地のものと互いに学び合い、互いの音声も通じ合うようになっている。また、田畑を耕して食べ、井戸を掘って水を飲み、森林で薪をとり、それぞれちゃんとした生業をもっている。その農業で生活する者がまた戸籍を開いて税金を納めるのを願っている。そこで、王暠は懇ろに上官に咨文を送って、何五福・麦先春等の戸の税畝を取り除いて、傜人甘大振の新戸のなかに組み込んで納税されることとした。これにより、民も傜もともに便利を称した。（傜者椎髪跣足、刀耕火種、食尽一山、則徙他山居焉。喪葬用楽、謂之暖喪。今上川多傜、沐浴聖化、漸与内地相習、声音可通、耕鑿樵林、各有恆業。其食土者又願開立戸籍以便供輸。王暠鑒其誠、懇為請上憲咨達、将何五福・麦先春等戸税畝開除、帰入傜人甘大振新戸内輸納、民傜両便焉。）

この一文がそれである。これによれば、猺人（傜人）は元来、焼畑耕作により生活する移動の民である。上川には猺人が多く暮らし、言語、習慣、生産形態（農耕）において漢族の農民と変わらなくなってきている。彼等のなかで農業をもって生活しているものが新たに戸籍を開いて、納税することを願った。そこで、知県王暠は上官の許可を得て、「何五福・麦先春等の戸の税畝」を解除して、新たに設けた「傜人」甘大振の戸内に帰入して賦税を納入させるようにしたと伝える。王暠は昆明の人で、進士出身、雍正九年（一七三一）、和平知県より本県に異動してきた。新寧県に在官すること八年である。[40]

県志が記載するところの、「何五福・麦先春等の戸の税畝」を猺人甘大振戸に組み込んだという事件について、「甘氏沿革」は次のように伝える。上掲のように、甘氏は、何度かの移住を経て、茶湾に入植したが、茶湾は「猺籍」に属していたため、開墾田地には税糧の義務がなかった。しかし、しばしば豪強の侵奪の被害を受けたため、やむなく、万暦十年（一五八二）、開墾田地六頃一〇余畝を何五福・李五同等の豪戸の戸籍に投寄し、糧米を納め、豪悪の侵奪を防いだ。[41] 清代になって、遷界令のために強制的に内地に移住させられていたが、その解除後、甘氏は茶湾に戻り、土地を開墾し、登録した。これらの新たに開墾した田地もすべて何五福・李五同等豪戸に寄せて、納糧したが、豪戸の何氏らに収奪されたため、祖先は迫られて、戸籍を開き、みずから税糧を納入することを請願し、この請願は知県王暠を経て広州府、両広総督鄂爾泰にまで上呈された。その結果、乾隆二年（一七三六）、新寧県文章都第十図（上川図）に八戸を開いた。一甲・甘大振、二甲・黄聖広、三甲・梁聚唐、四甲・梁周鄭、五甲・陳顔利、六甲・関勤友、七甲・馮范何、八甲・盤高盧である。何五福・李五同等豪戸に投寄した田地税畝はすべて甘大振戸に帰して税糧を納入したという。[42] つまり、「何五福・麦先春等の戸の税畝」を「傜人」甘大振戸に組み込んだという県志の記録は、何五福等の戸内に登録していた甘氏の土地を抜き出して、新たに設けた甘大振戸のなかに組み入れたということである。甘氏の側から見るとき、問題となるのは県志という公式の地方志に甘氏が「傜人」と記録されたことである。甘氏も、猺地に寄居したため、周りから「猺民」と目されるようになったことは認めている。[43] しかし、甘氏は珠璣巷伝説を採用し、漢族の出身であることを主張しており、みずからは猺族の家系であることを認めていない。新寧県志の記録はそれを否定するものである。

ここで注意したいのは、甘氏が万暦十年（一五八二）に田地を何五福等の豪戸の戸籍に投寄した事件である。甘氏は豪強の侵奪を受けたため、やむなく投寄したと述べていた。参考までに、崇禎刊『肇慶府志』巻二四、外志、「猺獞」に掲載される新興県の猺山の項目を紹介するならば、同県の猺丁は計二二一名であり、ともに戸籍を登録していない。そのうち新墾田地に対する税糧（「畬田糧」）を各都の里甲の戸内に寄せて納入する者がおり、当該の田地に対する徴収は大変重いので、税役は免除されているという(44)。このように猺人が里甲人戸に付籍して税糧を納入することはしばしば行われたようである。甘氏のケースもこれに合致する可能性はある。

つまるところ、甘氏の出自が猺族の家系であるのか、漢族の家系であるのかは結論を出すことはできないが、県志の記録が正しいとすれば、甘氏は、珠璣巷伝説を用いて猺族たることを自ら否定し、漢族たることを証拠立てようとしたことになる。光緒刊『新寧県志』はまた、海晏都の大隆峝が「猺籍」に属し、文教が振るわなかったが、王暠が鄧振翼なる者を県試第一位の成績で及第させてより、大隆峝の民も学問に取り組むようになったことを伝える。鄧振翼は生員から貢生となり、後に信宜県教諭に任じられた(45)。猺族が漢族に同化し、そのなかから科挙及第者が現れ、猺族のなかに学問に励む風潮が生まれたことは、島嶼にも科挙官僚制に支えられる儒教化の波が押し寄せてきたことを示している。猺族が漢族に敗北して以来、科挙官僚制に非漢族も組み込まれ、漢化＝儒教化つまり儒教文化への一元化が進捗するなかで、猺族たることが否定的価値しか持ち得なくなる状況が確実に猺族のなかに進行したことを、甘氏の事例は示しているように思う。

おわりに

本論では、華＝漢族がいかに夷＝非漢族を同化したかという問題を検討してきた。華と夷の境界は漢族の洗練された文化を受け入れて、王朝の戸籍に登録するかどうかにある。この華に至るプロセスを本論では漢化＝儒教化と呼んでいる。明代における儒教化の主要な指標は科挙官僚制にこそあり、科挙官僚制を軸とする漢族の単一な儒教文化に包摂されることによって漢化＝儒教化は最終的に達成される。

本論で検討してきた広東西部山間地帯における一連の出来事もこうした儒教化の一環として理解できる。第一節で検討を加えたように、明朝は鎮圧した猺族等の居住地に軍隊や移民、流民を定住させ、土地開発と防衛を受け持たせた。陽春県の事例に示されるように、これらの地域のなかには、明朝に服属した人々（新民、狼兵）などに猺族の土地（猺田）を与えた場合もあるが、それらも最終的には王朝の戸籍に民戸として登録し、その土地も漢族のそれと同じく民田となった。このように戸籍や田地が漢族のそれへと統一されるなかで、残存した猺族はどのような命運を辿ったのであろうか。第二節では、この問題を扱い、猺族が漢族の慣習を受け入れ、そのなかから科挙を通じて上昇していく人々や家が生まれたことを論じた。第三節で取り上げた上川島の甘氏の事例は、漢化＝儒教化つまり儒教文化への一元化が進捗するなかで、猺族たることが否定的価値しか持ち得なくなる状況が確実に猺族のなかに進行したことを示唆していた。

注

（1）G.W.Skinner, "*Marketing and Social Structure in Rural China*", Association for Asian Studies, Inc., 1973. 'Regional urbanization in Nineteenth-Century China", *The City in Late Imperial China*, part2, Stanford Univ. Press, 1977.

（2）嶺南の多民族・多文化に関する研究は多いが、ここでは次の研究を掲げておきたい。河原正博『漢民族華南発展史研究』吉川弘文館、一九八四年）、岡田宏二『中国華南民族社会史研究』汲古書院、一九九三年）、谷口房男『華南民族史研究』（緑蔭書房、一九九七年）、谷口房男『続華南民族史研究』（緑蔭書房、二〇〇六年）、練銘志・馬建釗・朱洪『広東民族関係史』（広東人民出版社、二〇〇四年）、David Faure, *Emperor and Ancestor: state and lineage in South China*, Stanford University Press, 2007.

（3）『大学衍義補』巻一四三、治国平天下之要、馭夷狄、「内夏外夷之限」に、臣按、禹貢五服之制、曰甸服、曰侯服、曰綏服、曰要服、曰荒服。内而甸侯二服為華夏之地、外而要荒二服為夷狄之区、而綏服居乎其中、則介乎華夷之間也。就此一服而言、其地凡五百里内三百里、以揆文教、由此而至于王城千里之内、声明文物之所萃。故於此揆其文之教、必燦然明備、度之而皆同也。由此而極于荒服千里之外、障塞険阻之所限。故于此奮其武之衛、必居然振作、修之而不弛也。先儒謂、文以治内、武以治外、聖人所以厳華夏之辨者如此。

とあり、また、同書巻一五三、治国平天下之要、馭夷狄、「四方夷落之情上」に、

臣按、夷者夷類之総名、而経史所謂蛮則多指南方之夷也。……天生人類有二焉。華也、夷也。華華、夷夷、各止其所。然後生人安、而世道清。若夷有以乱乎華、則人生為之不寧矣。雖有政教、何自而施。……今自巴蜀以東、歴湖南北・桂嶺・雲・貴数千里、渓峒山箐之中、有曰犵、曰狑、曰獠、曰猺、曰獞之類、凡十数種。皆所謂蛮也。

とある。

（4）『大学衍義補』巻一五三、治国平天下之要、馭夷狄、「四方夷落之情上」に、

然自秦漢以来、所謂於越・東越・甌閩之類、皆已久入中国、与斉・魯・宋・衛無異。惟所謂南越者、其地西連湖・湘、直抵滇・貴・牂牁・越巂之境、山深而地険、猶有不尽帰王化者、時時為郡邑居民害。蓋今日湖南北・広東西、其郡邑皆錯列山嶺之間、与蛮夷雑居。

とある。

（5）拙稿「華と夷の境界、そして漢族社会の成立—中国南部を対象として」（『歴史科学』一九八号、二〇〇九年）。

（6）劉志偉『在国家与社会之間—明清広東里甲賦役制度研究』（中山大学出版社、一九九七年）。片山剛「〝広東人〟誕生・成立史の謎をめぐって」（『大阪大学大学院文学研究科紀要』第四四冊、二〇〇四年）、同「中国史における明代珠江デルタ史の位置—〝漢族〟の登場とその歴史的刻印」（『大阪大学大学院文学研究科紀要』第四六冊、二〇〇六年）。David Faure、前掲書。菊池秀明『清代中国南部の社会変容と太平天国』（汲古書院、二〇〇八年）。

（7）檀上寛『明朝専制支配の史的構造』第四章「明代科挙改革の政治的背景—南北巻の創設をめぐって—」（汲古書院、一九九五年）。

（8）拙稿「霍韜による宗法システムの構築—商業化・都市化・儒教化の潮流と宗族—」（『都市文化研究』第三号、二〇〇四年）、同「霍韜と珠璣巷伝説」（『山根幸夫教授追悼記念論叢　明代中国の歴史的位相　上巻』汲古書院、二〇〇七年）、同

「中国近世の都市と礼の威力」（『〈年報都市史研究一五〉分節構造と社会的結合』山川出版社、二〇〇七年）、『〈平成16年度～平成18年度科学研究費補助金〈基盤研究C⑵〉研究成果報告書〉明清時代の広東珠江デルタにおける儒教化の潮流と宗族』（研究代表者・井上 徹、大阪市立大学文学研究科、二〇〇七年）。

(9) 現代中国の非漢族研究では、公式名称として、「瑶族」が用いられているが、本論では、明清時代の史料のなかで「猺」字が最も多用されていることを踏まえ、「猺族」「猺人」と表記する。また「壮族」についても、同じ理由により、「獞族」と表記する。

(10) 「羅旁ヤオ族の長期反乱と征服戦争」（『アジア遊学』九、二〇〇〇年）、前掲「華と夷の境界、そして漢族社会の成立―中国南部を対象として」。

(11) 嘉靖四十年序刊『広東通志』巻六、「事紀四」、同書巻七、「事紀五」。

(12) 『広東省県図集』（広東省地図出版社、一九九〇年）。

(13) 嘉靖十四年序刊『広東通誌初稾』巻三五、「猺獞」。

(14) 万暦三十年序刊『広東通志』巻七〇、外志四、「猺獞」。

(15) 呉永章主編『中南民族関係史』（民族出版社、一九九二年）三〇二頁。

(16) この間の事情については、前掲拙稿「羅旁ヤオ族の長期反乱と征服戦争」を参照していただきたい。また、最近では、劉勇「李材与万暦四年（一五七六）大征羅旁之役」（『台大歴史学報』第四〇期、二〇〇七年）、陳大遠「両広総督府、羅定直隷州和瀧水〝瑶乱〟」（『広東史志・視窓』二〇〇八年第六期）が羅旁の反乱に詳細な考察を加えている。

(17) 『明実録』嘉靖十一年二月丙午条に、「広東陽春西山賊趙林花・黎広深等攻陥高州府、大掠而去」とあり、また、『明実録』嘉靖十二年九月庚戌条に、「広東高州府陽春西山諸処巣賊趙林花等糾衆攻城、劫庫殺人、与徳慶州東山南郷諸巣賊首鳳二全等相倚煽乱有年。提督侍郎陶諧奉詔、調兵定画、分道克日同進、破巣寨一百二十五、擒斬三千人、俘獲男女三千七百余人、以捷聞、且叙御史周煦以下諸臣之功」とある。

(18) 嘉靖四十年序刊『広東通志』巻六七、外志四、「猺獞」に、

提督都御史陶諧同総兵仇鸞請兵七万、分部督進、誓師於正月十五日、奏凱於四月十五日、巣穴迅掃、種類無遺、而又実以良民一千余家、田賦一百三十九頃九十一畝余〈猺田。雲廉山田、税米一十石一斗五升、参峒山田、税米二十石七

斗………石橋峒田、税米四石二斗〉。

とある。万暦三十年序刊『広東通志』巻七〇、外志四、「猺獞」にもほぼ同じ記事を収録する。

(19) 片山剛前掲「中国史における明代珠江デルタ史の位置―〝漢族〟の登場とその歴史的刻印」は、明朝の招撫策に帰順する者（元峒獠および元土人）が「新民」と呼ばれたとする（四九頁）。嘉靖四十年序刊『広東通志』巻六七、外志四、「峒獠」に、「嘉靖中、布政使徐乾檄所属州県、挙行所定保甲之法、使郷村相為声援、亦防禦之一端也。而諸山新民則督撫猺里長、令其旬朔一至県庭、稟受法令、俾其児相約束、無得侵犯」とあり、また、『明実録』隆慶二年正月丁丑条に、「両広督撫等官譚綸等言、……一編立党正・保甲。謂岑岡上下陵地近高沙諸巣。勢成犄角。遂為逋逃藪。宜将近撫新民、厳立保甲、以消意外之変。従之」とある。これらからすると、片山氏の見解のように、新民は、「峒獠」などのうち、明朝に帰順した者を指しているかに見える。

(20) 康熙二十六年序刊『重修陽春県志』巻一八、猺獞、「猺田」。

天下桑麻之区、往往輸税於官、而差辦之費亦従出焉。田而名之以猺者、其素所占拠也。維時潜出劫剽、歳無寧日、即生霊且以不穀矣。奚責之輸糧役也。厥後続征継勦、猺獞死徙、税米定額、田段可拠。故或招新民、或招西狼、或狼目・狼甲不等、各承耕種、防守汎地、過之、皆土著耕民、無復猺狼之害矣。当其始也、変猺戸為狼戸、今則変狼戸為民戸。潜消猺狼之害、不費国餉、分文法至善也。

(21) 嘉靖四十年序刊『広東通志』巻六七、外志四、「猺獞」。

(22) 峒獠に関する研究として、片山剛前掲「〝広東人〟誕生・成立史の謎をめぐって」、同「中国史における明代珠江デルタ史の位置―〝漢族〟の登場とその歴史的刻印」がある。

(23) 林富『両広疏略』上に収録。

(24) 『明実録』嘉靖十年九月丙子条には、

提督両広軍務右侍郎林富等議、以新寧巣賊既靖、増立営堡、諸雇募哨守之兵、所費不貲。請以会寧二県田為賊所拠及抛荒無主者凡数百頃、籍之官、以為民屯、募貧民驍健者、使各佃種、人十五畝、三年之後乃輸正糧、免其雑徭。仍設義長約束、俾以時習武、度田百五十頃、可練民兵千人。此因賦得兵可省供億之費。又謂、新寧遭寇奔徙之余、積逋税糧無可徴者、請悉除以予民、招還流移、使復其業、即詭称被賊以逃逋税者、亦宜寛除其罪、及赦後当輸者、仍許石折銀三銭、及新会・恩平諸県皆如令。戸部議以為便。従之。
とある。

(25) 嘉靖刊『徳慶州志』巻一六、夷情外伝、「知州陸舜臣地方事略」。
為今之計、既征之後、羅旁等峒当留兵五千、永信等峒亦留兵五千、東山等峒当留兵三千、給以牛具・種子、資以数月之粮、使其且耕且守、及至秋収、罷給粮餉。凡江道各堡・南郷各営、雇募之打手・調戍之旗軍、一切撤而不用、省其工食・粮餉、移以資給所留之兵。凡山之竹木縦其得伐、而売山之漆貨、縦其得採而売。凡山之材木、招四方之人而尽伐之、毎十分而税其一分、一得以資軍餉之用、二得以撤猺夷之険、及至次年春耕、兵食不継、復照名給以粮餉、大招百姓而塡実其中、与兵同耕。羅旁等処撤去兵二千、止留兵三千、永信等処撤去兵二千、止留三千、東山等処撤去兵一千、止留二千。凡有賊竊入、則追逐截殺、使無還路。如此守之五年、則賊之逃竄者衣食無依、輾轉餓死、日積月累、減耗大半。雖有存者、寄食于人、勢孤援寡、力無能為我民入耕者集聚日多、基脚日固、道路日熟、膽気日壮、可以自耕自守。

(26) 『明実録』嘉靖四十四年六月庚辰条。
提督両広軍務侍郎呉桂芳言、………其羅旁西山徭人、先年都御史韓雍経略隄防、頗就安輯。惟東山諸徭阻深箐而居、時出剽掠。有司毎歳発戍卒之費広力疲、無益実効。今一労永逸之計、莫如聚兵召商随山刊木、設立営堡。将就近田地給与、戍兵耕種、以省給餉諸費、庶可扼其従出之塗絶、其潜伺之計、耕守既定、控制斯厳、北岸営兵以次漸減。此足食兵治以不治之上策也。兵部議覆、詔従之。

(27) 万暦三十年序刊『広東通志』巻六、藩省志、「事紀五」。

(28) 『明史』巻二一七、「李材」。

(29) 雍正刊『広東通志』巻六〇、芸文志二に収録。

(30) 康熙二十六年序刊『重修陽春県志』巻一八、猺獞、「猺田」。
以上、猺田計税米四百三十二石三斗。後万暦四年新立東安県、割去上下西山・雲廉・北河・参峒税米、所存者、今皆為民業、入民戸。

(31) 前注(20)参照。

（32）康熙二十六年序刊『重修陽春県志』巻一八、猺獞、「猺田」。
自天朝定鼎以来、陽春設有経制官兵、一切狼田・猺田計民間置買為業、随割随収、尽化民田、而狼猺衰微矣。少有反側、里排・招主可立制之、無煩官兵也。……猺狼之害永息矣。
（33）万暦三十四年刊『新寧県志』巻七、人事考、「撫猺」に、
寧邑居楚辺隅、猺苗叛乱。招撫城歩熟苗助討、撥給地名麻林・大絹・深冲・羅遠・圳源・□盆・花渓等田地耕種、納糧充差。有千隘長・峒長・寨長、以為約束、例有犒賞、以示招撫。

とある。文中に「招撫城歩熟苗助討」とあり、城歩峒の「熟苗」を招撫したとされる。しかし、同書巻七、人事考、「議裁減冗員冗費」には、「招撫猺頭雷・藍等姓」とあり、猺人の頭目の雷・藍等の姓のものを招撫したと記載する。また、道光刊『新寧県志』巻一五、武功志、「苗猺」には、「景泰辛未、知県唐榮奏徙県治、招撫城歩猺人、給田世住、分為八峒、把守各隘猺路、号熟猺」とあり、城歩峒の「猺人」（熟猺）の招撫を言う。猺人と苗人は、「猺苗椎髻跣足、語言侏離」（同書巻七、人事、「付猺俗」）とあるように、一括して扱われることが多い。奉恒高主編『瑶族通志』上巻（民族出版社、二〇〇七年）によれば、両者の起源、言語、形質、習俗は極めて近似している（四六～六一頁）。同上「撫猺」は、猺人と苗人の近似性から両者を混同したのではないかと推測される。本論では「熟猺」として理解しておきたい。
（34）万暦三十四年刊『新寧県志』巻七、人事考、「議裁減冗員冗費」。
（35）万暦三十四年刊『新寧県志』巻四、地理考、「関隘」。
（36）万暦三十四年刊『新寧県志』巻七、人事考、「附猺俗」。
旧記、猺苗椎髻跣足、語言侏離。今観其衣冠言動、頗与居民相類。毎年納猺糧、升合不欠、□被里長侵匿罵言猺欠、則誠信之風、漢民且勿若之。奈何不羅而収之、大化中哉。近申請欲選其俊秀子弟、給以書籍・筆墨、肄業三年、能通文理者、即賞衣□与進、彼亦知習俗之非、而楽中土之教。
（37）道光刊『新寧県志』巻一五、武功志、「苗猺」。
新寧峒猺属寧者為熟猺、属他邑者為生猺。……景泰辛未、知県唐榮奏徙県治、招撫城歩猺人、給田世住、分為八峒、把守各隘猺路、号為熟猺、択峒丁有能幹者、県給帖命為峒長、俾自約束、沿至皇清、相安無事。毎年納本色糧、無差徭・編銀、読書通文理者応試、歳科取進二名、名猺生。雍正十年、更名新生、設義学二所。一在地名中沙洲、一在地

名□帰嶺、延師教訓、毎年赴司領廩餼銀参拾貳両。声教日開、学額近増三名、応試者幾百人、向之日為猺者群恥其号。人情風俗悉与県同。所謂民猺是也。

(38) 前掲拙稿「霍韜と珠璣巷伝説」。

(39) 譚棣華「従珠璣巷史事聯想到的問題」（譚棣華『広東歴史問題論文集』稲禾出版社、一九九三年）はつとに甘氏の系譜と珠璣巷伝説の関係に注目している。

(40) 光緒刊『新寧県志』巻一八、列伝一、宦績伝、「王暠」。

(41) 前掲「甘氏沿革」に、

時各昆仲陸続従事開墾、縁以隷居猺籍、墾開田地、無戸輸糧、屢被豪強欺佔。祖上無奈、於万暦十年、将各処墾開田地六頃一十余畝、投寄於何五福・李五同等豪戸、貼納糧米、権以杜豪悪之覬覦。

とある。

(42) 前掲「甘氏沿革」。

拠上旧管新墾田地悉寄於何五福・李五同等豪戸、始則毎畝貼納糧銀七分、継収至一銭三分、視祖上為几上之魚肉、難堪剥削、迫得開具田畝清冊、報増丁口冊、呈請開立戸籍、自弁税糧、経県主王暠詳請広州府、転詳督憲鄂爾達、転詳内部。於乾隆二年批准、上川開立八戸、以示一視同仁之至意。查、新寧県文章都十図、可以編立乂甲、所以在県編立文章都上川図。一甲甘大振、二甲黄聖広、三甲梁聚唐、四甲梁周鄧、五甲陳顔利、六甲関勤友、七甲馮范何、八甲盤高廬。我祖上即将前投寄於何五福・李五同等豪戸之田地税畝、尽収帰甘大振戸輸糧、又在場編立一冊、附列㛗峒尾以納丁課。王暠県主親詣上川、将田勘明、発給青苗冊、以資執管、永為世業。恩不陞科。

(43) 前掲「甘氏沿革」に、「回溯我南山公、原由新会県白石郷遷来、本非猺民、不過寄居猺地、遂以猺民目之」とある。

(44) 崇禎刊『肇慶府志』巻二四、外志、「猺獞」に、「（新興県）県報、猺丁共二百二十一名。無冊籍。間有畬田糧、寄各都排年戸内貼納。其田科米太重、准免糧差、無田者以刀耕火種為生」とある。

(45) 光緒刊『新寧県志』巻一八、列伝一、宦績伝、「王暠」に、「海晏大隆峝猺籍也。文教未振。暠考取鄧振翼為首、卒為醇士。峝民由是向学」とある。また、同書巻二〇、列伝三に、「鄧振翼」の人物伝が立てられている。これによれば、鄧振翼は大隆峝の僻壌に生まれ、郷人か学問の関心を持たないなかで、苦学して十七歳で県試でトップの成績を上げ、後に貢生となり、信宜県教諭に任じられた。

第四章　明朝の州県管理
――広東羅定直隷州の創設――

はじめに

広西との交界地帯に位置する広東の羅旁地方（行政管理の中心は徳慶州瀧水県）では、十五世紀から一世紀以上にわたり、猺族・獞族を主として漢族なども加わった複合的な民族反乱勢力が明朝との対抗関係を維持したが、万暦五年（一五七七）、明朝が派遣した大規模な軍隊の掃討作戦（以下、万暦の大征という）によって鎮圧された。明朝は、瀧水県を羅定直隷州に昇格し、新設の西寧、東安両県を管轄させた[1]。前章では、この羅旁を中心とする地域（広州・肇慶両府）を取り上げて、科挙官僚制を軸とする漢族の単一的な儒教文化に包摂される過程（儒教化）のなかに当該の地域がどのように組み込まれたのかを検討したが、王朝政府が占領地域でどのような統治の枠組みを作ったのかという問題は十分に検討できなかった[2]。本論では、民族反乱の中心となった羅旁地方に焦点を当てて、万暦の大征後に羅定直隷州を新設した明朝の統治策を検証したい。漢族の側に視点を据えれば、多民族が混在した辺境の地では、科挙官僚制度に組み込むことが儒教化の最終目標となるが、その前提として、国家が儒教化を有効ならしめるためにいかなる環境を整備したかが重要な課題となるからである。

明朝の統治の枠組みを考えるうえで主要な課題となるのは、国家の領域管理のあり方である。この問題に関して注目すべき見解を提示したのは顧誠氏である。氏は、衛所制度の研究から、明朝が全国の領土（疆域）を二大系統に分けて管理したことを示している。一つは六部―布政使司（直隷府・州）―府（直隷布政司の州）―県（府属の州）という行政系統である。もう一つは五軍都督府―都指揮使司（行都指揮使司、直隷五軍都督府の衛）―衛（直隷都司の守禦千戸所）―千戸所という軍事系統である。明代の領土の基礎となる地理区分は前者の行政系統の基層組織である州県の管轄地であるが、軍事系統の衛所は州県の版図のなかに設けられ、それ自体も管轄地を有する地理単位であり、行政系統の領土の管理には属していない。この行政、軍事の両体系に対して都察院とその管理下にある提刑按察司は監察を行うのが職務である。(3) 顧誠氏の研究は衛所も独自の管轄地をもつ単位であり、州県の領域を考察するには軍事系統の衛所の管轄地も視野に収めるべきことを指摘した点で注目される。

しかしながら、こうした明朝の領域管理の政策の考え方はその後の地域史研究のなかで十分に生かされているとはいえない。明代半ば以降、中国各地とりわけ北辺、東南沿海、西南地域で多くの反乱が生起するようになり、明朝は諸反乱に対して軍事制圧の姿勢で臨んだが、その際新たに州県を設置するという政策を採用した。鎮圧した地域をいかに領土のなかに組み込み、統治するかという領域管理の問題はこうした地域において最も切実な課題となったと考えられる。明代の新州県設立に関する研究では、設立運動の背景に、反乱鎮圧後の治安の回復を求める地元の有力者の推進・協力があったことに注目し、主に行政系統の領域管理を中心として検討している。しかし、巡検、営・兵の設置、軍屯・民屯の設置、郷約保甲制による秩序維持などにも目を向けているものの、軍事系統の衛所制度等の問題は十分に議論されていない。(4) 他方、明代の軍政史の側からの研究では、唐立宗氏は、福建・広東・江西・湖南四省交界地区に設置された南贛巡撫による軍隊（衛所、営兵）の統率、軍餉の確保や新州県設立を論じているが、州県レベルでの軍事と行政の関係には考察は及んでいない。(5) また、于志嘉氏は、顧誠氏の提言を踏まえつつ、江西の衛所、軍戸、軍役の沿革、機能、衛所制度の崩壊にともなう問題の発生などに関して考察を加えたなかで、衛所の屯田が民産と錯雑し、管理が容易でないこと、軍屯の改革が府州県官の手で進められたことなどを検証したうえで、軍事系統の衛所制と州県行政との関係の解明を今後の検討課題としている(6)。

以上のように州県の領域管理に関する従来の研究では行政系統、軍事系統のいずれかに重点を置いて州県の領域管理にアプローチする傾向が強く、両者を総合的に分析する視点が弱い。後述するように、羅旁地方の民族反乱を鎮圧した両広総督凌雲翼は羅定州創設にともなう地方管理の総合的なプランを提出した。この凌雲翼のプランを手掛かりとして、行政系統と軍事系統の機構が羅定州でどのように構築されたのかを考えてみたい。また、羅定州では兵備道という元来が按察司の監察機構に由来する官職が設けられ、羅定州の統治のうえで重要な役割を果たしている。この監察系統の機構が行政・軍事機構といかなる関係にあったのかも検討の課題とする。すなわち、本稿の狙いは、明朝が行政・軍事・監察の三系統によって領域管理の末端をどのように統治しようとしたのかを検討することにある。

なお、本論で用いる地方志のうち、嘉靖四十年（一五六一）序刊『広東通志』（黄佐纂修）、万暦三十年（一六〇二）序刊『広東通志』（郭棐纂修）、嘉靖十六年（一五三七）序刊『徳慶志』（陸舜臣纂修）、康熙二十六年（一六八七）序刊『羅定州志』（劉元禄纂修）、雍正九年（一七三一）刊『羅定州志』（王植纂修）に関しては、それぞれ『黄通志』、『郭通志』、『陸州志』、『劉州志』、『王州志』と略称することとしたい。

一　州城への昇格と両県城の建設

最初に羅旁地方の地勢を紹介しておきたい。羅旁地方は、西側は広西、北側は西江、東側は肇慶府新興県、南側は同府陽春県に境界を接する高大な山区を総称している(7)。羅旁地方の中央を流れる瀧水（瀧江、南江、羅定江ともいう）

は、この地域の河川網の中軸をなし、羅定州の西南の高州府信宜県に水源をもつ。瀧水は信宜県から羅旁地方の西南に入って北流し、羅定州城（万暦五年以前は瀧水県城）の西側を過ぎてから、東北方向に向かい、この中流域に盆地（現在の羅定盆地）を形成し、南江口で西江（大江、錦水ともいう）に流れ込む。(8) この瀧水の東西両側の山地を東山、西山という。(9)

明初以来、羅旁地方を管理したのは広東布政司下の肇慶府に属す徳慶州の管轄区域に置かれた三つの県の一つ瀧水県である。(10) 瀧水県を羅定州に昇格した経緯を見ておきたい。

万暦の大征を指揮したのは両広総督凌雲翼である。凌雲翼（太倉州の人）は、万暦三年（一五七五）、提督両広軍務（両広総督）として赴任し、万暦四年十一月十二日、征討の軍隊を発動し、翌春までの間に、六、七割の反乱拠点を打ち破り、ほぼ羅旁の反乱軍を鎮圧した。(11) この万暦の大征後、「命を奉じて大征し、功業成るになんなんとし、併せて善後の策を預計し、以て久安を保たんとするの疏」(12)（以下、「羅旁善後事宜」と略称）と題する上奏文を中央政府に送付した。これは、大征後の羅旁地方を制圧するための総合的な方策を論じたものであり、万暦五年五月、兵部の覆奏を経て皇帝に認可された。(13)

「羅旁善後事宜」は冒頭の序文及び九条の提案から成る。第一条「建設州県」（以下、引用に際しては、「建設州県」条と略称する。他の条目も同じ）によれば、羅旁地方は平野部（羅定盆地）の田地が肥沃であり、東山、西山の山区では砂仁（漢方薬の原料）等の山産が採取できる良好な環境を備える。将来を見据えて統治するには州県を設けるべきであるという。また、布政司の管轄のもとに一州両県を設けるほか、四つの千戸所（南郷・富霖・封門・函口の各千戸所）を置くことを提案する。(14) 羅旁地方には明初以来、瀧水県と瀧水千戸所が置かれていたが、この行政軍事機構を広東布政司に直隷する一州とその管轄下の二つの県、及び五つの千戸所に拡張強化しようとするものである。この提言は承認され、直隷州は羅定州、二つの県は東安県、西寧県と命名された。(15)

（1）羅定州の新設

羅定州における一州両県の行政を紹介してみよう。明代の地方行政区画では、十三布政司のもとに府、府の下に県が設けられたが、州は府と県との間に位置する。州には直隷州と属州とがあり、前者は布政司、後者は府の管轄であり、それぞれの地位は府、県に相当する。[16] 清代の地方行政区画において、直隷州では、長官である直隷知州が州内を管轄するに際して州城のある行政区画を専轄した。[17]『郭通志』巻六二、郡県志、羅定州、「図経」は羅定州直轄地、東安県、西寧県それぞれの領域の広さを記し、坊都、賦役も直轄地、両県ごとに記載している。このことから、明代に新設された羅定州の場合にも、知州直轄の行政区画が設けられていたことがわかる。領域の広さは、羅定州の直轄地が東西二〇〇里・南北一六〇里、東安県が東西三二〇里・南北二二〇里、西寧県が東西一二〇里・南北五五〇里。戸口は、直轄地が二、五一九戸、八、六二〇口、東安県二、一七八戸、四、七二六口、西寧県二、五九〇戸、一〇、〇七九口で、計七、二八七戸、二三、四二五口。賦役科派の対象となる田地山塘は、直轄地が三、〇一一頃強、東安県が二、〇一二頃強、西寧県が二、二三〇頃強である。広さからすれば、直轄地は東安・西寧両県の半分に満たないが、戸数は両県とほぼ同等であり、口数では西寧県のそれを下回るものの、総じて戸口の密度は両県に比べて高い。また、その田地山塘は三つの区域のなかで最大面積を占める。直轄地は瀧水沿岸の羅定盆地を中心とし、早くから開発が進められた地域であり、山間部にある東安、西寧両県よりも開発・定住の条件が整っていたことが戸口の密度、田地山塘の面積の違いに現れているように思われる。

羅定州の行政の中心は州城であるが、これは瀧水県城の城郭を受け継いでいる。瀧水県城は元朝まで、瀧水の水路の要衝である南平墟の域内に置かれ、当時は城池（城壁とそれを取り巻く濠）がなかった。[18] 明代に入って、その北三里のところに州城を移転したが、なお城壁はない。正統十三年（一四四八）、長期にわたる民族反乱の幕開けを告げる瀧水の猺族趙音旺の反乱が勃発した時、始めて土を積み重ねて城壁とした城（土城）を設けた。その後、反乱鎮圧のために派遣された都御史馬昂が広東都指揮使徐寧らに命じて、煉瓦の城壁で囲まれた磚城を建築させたが、これは城壁と城門、守護の濠を備えた堅固な城郭都市であった[19]。当時の瀧水県は県城内の街市であっても居民少なく、周辺の農村、山村には猺人、獞人が入り交じって住み、広大な山間部はすべて彼らの住処であったという[20]。馬昂が築いた磚城は猺族、獞族が周囲を取り囲む環境のなかで屹然とそびえ立つような存在として誇示されたであろう。凌雲翼によれば、瀧水県城は、徳慶州城の大江（西江）口から小江（瀧水）に入れば、四日程度で県城に達するという交通の利便さを備えている。県城はかつて賊軍のなかに孤立してはいたものの、瀧水千戸所が併設され、募兵が城を防衛する体制が整っており、瀧水と西江を結ぶ水運を利用して、官員や公文書が瀧水県城と徳慶州城などとの間を往来し、兵船十隻が逓送を守ってもいた。こうした交通運輸、情報伝達のうえでの戦略的な価値を認めて、凌雲翼は瀧水県城を「適中総会の地」と評し、州城とするにふさわしいと判断したのである（第一条「建設州県」）。

州城への昇格後、羅定兵備道徐榜により、小南門と西門が新たに設けられた[21]。その後、清初までに、城壁等の修築が何度か行われたが、基本的な配置に変化はない[22]。州城内には、羅定州を統治するための行政衙門が設置された。羅定州署は旧瀧水県署を用い、知州、州同、州判、吏目、儒学学正、訓導それぞれ一員が駐在した。布政分司・按察分司の行署、羅定州学、書院、社学、預備倉などの施設はともに旧瀧水県の時代のものを踏襲している。また、祭祀・宗教施設としては、州学内の先師廟、風雲雷雨山川壇、社稷壇、城隍廟、邑厲壇、関公廟などがある[23]。

州城を行政中心とした羅定州の領域の沿革の大要は『王州志』巻一、輿地志、「沿革」で詳細に述べられている。これによれば、羅定州の領域の一部はもと徳慶州の直轄地域であった。徳慶州の直轄地のうち、西江の北側には金林・越城二郷、南側には晋康・都城二郷があった。その更に南側が徳慶州管轄下の瀧水県である。瀧水県は元来、六つの郷（開陽、順仁等）から成っていた。徳慶州のうちの西江以南の二郷及び旧瀧水県の六郷は瀧水の沿岸に位置し、新設の羅定州の主要部分である。このうち旧瀧水県の六郷の里数は計二十四里であったが、景泰年間、猺族の反乱軍に占拠されて減少したため、十三里に再編された。この十三里が羅定州の直轄地として都図制に再編された（計五都十三図）。万暦九年（一五八一）、土地の測量を実施し、州地のうち東安、西寧両県に分入した土地、及び広西岑渓県に移管した土地を除いて、知州胡相は三図を増設した。また、万暦十九年（一五九一）には知州潘士紳が二図を、天啓三年（一六二三）には知州周賀が一図を増設した。これにより明末までに新旧あわせて五都十九図（里）となった。

（2）東安・西寧両県の設置

凌雲翼は東山の黄姜峒、西山の大峒が瀧水県城（後の羅定州城）や西江から水路が通じ、地勢も平地で、それぞれに県城を新設するにふさわしいと判断する。[24] このうち、羅定州直轄地の東側に位置する黄姜峒に設置された新県城が東安県城である。東安県城建設の指揮を執ったのは最初の知県蕭元岡である。県城は城壁、濠、東門・西門・南門及び北側の鎮遠楼を備え、城内には、東安県署（官制は、知県、県丞、主簿、典吏各一員）、東安県学、預備倉、社稷壇、城隍廟、長春寺、関帝廟などが設けられた。[25]

県の領域は旧徳慶州の晋康郷に、高要県の楊柳・都騎・思労・思弁四都、新興県の芙蓉一都、同二都を加えて成立したものである（各一図）。この計七都七図が「旧図」とされる。後に、新豊、永禄等の九都九図（一都ごとに一図）を増設したので、東安県は十六都十六図をもって構成されることになった。[26]

羅定州の直轄領域の西側（西山大峒）に設けられたのが西寧県城である。知県朱寛は北側の城壁は山地を利用し、他の三方に東門、西門、南門を設け、城外の東南には塘を利用して濠を作った。[27] 西寧県城内外の施設は多く東安県城のそれに共通する。県署（官制は、知県、県丞、主簿、典吏各一員）、県学、書院、社学、祭祀・宗教施設（社稷壇・城隍廟・長春寺・関帝廟など）である。[28]

西寧県の都図制は次の通りである。西寧県城を中心とする同県の領域のうち、旧徳慶州の都城郷の十三都の一図・二図、十四都の一図・三図・六図、十五都の一図・三図・四図・五図、計三都九図は「旧図」と呼ばれた。また、旧瀧水県の太平都、永安都、裕寧都、常靖都、保和都、建康都の各一図、計六都六図は「新図」とされる。また、定康都、信豊都、感化都、従善都、鎮南都の各一図（計五都五図）は、茂明県、信宜県から割譲された。このほか、獞人が耕作する土地（獞田）に対する税糧の銀納分を民糧とする措置が施され、これをもって鎮南都の半図を構成させたが、清初までに一図に改められた(29)。以上、西寧県の都図は計十四都二十一図である。

かつて旧羅旁には瀧水県が設けられていたが、非漢族が取り囲む状況のなかで県城はほとんど孤立していた。明朝は瀧水県城を州城に昇格し、両県城を新たに建設し、一州両県の行政衙門を設けることにより、州城周辺のみならず、猺族、獞族らが支配した東山、西山にも楔を打ち込み、統治を山間地域にも及ぼす行政拠点とした。一州両県の行政機構の要となる州城、県城は城壁で囲まれ、周りに濠をめぐらせ、城壁の内外には州県衙門の他、学校や教化の機関、各種祭祀・宗教施設が配置された。ほぼ画一的な漢族の城郭都市の誕生である。知州は州城にあって直轄地を専轄するとともに、各県の都図を管理する東安、西寧両県の知県を指揮して、州全体の行政を統轄する体制が成立したことになる。

二 軍事機構

(1) 千戸所

「はじめに」で述べたように、明朝がどのように羅旁地方の領域を管理したのかを理解するには、一州両県の行政系統だけでなく、軍事系統の衛所制度にも目を向ける必要がある。明朝は五軍（中軍・左軍・右軍・前軍・後軍）都督府を設けて、都指揮使司（都司）とその下の衛所を管轄させた。このうち広東都司は前軍都督府に所属する。(30) 広東都司は、省城に左・右・前・後の四衛を設けて、中央から地方に睨みを利かせるとともに、周辺の地方では南海、清遠、恵州、肇慶、潮州等の諸衛が外側から省城を防衛する体制をとった。(31) 瀧水千戸所は、肇慶衛所属の千戸所の一つである。弘治十二年（一四九八）、巡撫右都御史鄧廷瓚が瀧水県城内に建設し、千戸一人、百戸五人、吏目一人を配置した。(32) この瀧水千戸所が万暦の大征以前における羅旁の軍制の中核に位置したものである。

凌雲翼は、第一条「建設州県」において、両県設置後も余裕のある土地を活用して、南郷、富霖、封門、函口の四千戸所を新設するべきことを提案する。千戸所に関する具体的提案は、省城の四衛から千戸・百戸等の官員と兵士（旗軍）を新設の四所に移動させること、また、官員と兵士の毎月の糧食（月糧）は元の諸衛から支給されていたが、田地の丈量が終わるのを待って官軍に土地を分配し、その収穫物を月糧とすることである（第五条「充実官軍」）。兵部の覆奏はこの提言を了承するとともに、加えて、付近の衛の人員を調撥し、なお足らなければ、流罪の者をもって新軍に充てるとともに、士民や狼兵（猺族の討伐に用いられた獞人の兵士）、獞人のうち、田地の給付を条件として各千戸所への所属を希望するものも軍隊に補充せよと指示している。(33) 両県設立後に余裕のある土地を利用して千戸所を新設するという凌雲翼の提案は、彼が新州の管轄区域のなかに、千戸所の管轄地を設定することを想定するものであり、土地丈量の後、官軍に土地を分配し、その収穫物を月糧とするという提言も、千戸所の管轄地として屯田を設けることを意味するであろう。顧炎武『肇域志』（不分巻）、広東、「羅定州」を見ると、瀧水千戸所、南郷・富霖千戸所、函口・封門千戸所はそれぞれ、羅定州直轄地、東安県、西寧県に所在しており、それぞれの領域のなかに千戸所の管理地が錯雑して設けられていたものと考えられる。

凌雲翼の提案は、兵部の覆議を経て、そのまま実施された。各千戸所の官員と兵士の原額を確認しておくと、瀧水千戸所（官員三名、旗軍三三三名）、南郷千戸所（官員四名、旗軍一四七名）、富霖千戸所（官員三名、旗軍一七四名）、封門千戸所（官員四名、旗軍二八一名）、函口千戸所（官員四名、旗軍二四二名）。五所の合計は官員一八名、旗軍一、二七七名であり、羅旁制圧の体制は羅定州設立以前に比べて大幅に強化された(34)。

五つの千戸所のうち、瀧水千戸所は州城内に設けられたが、南郷・富霖両千戸所は東安県域内、封門・函口両千戸所は西寧県域内に設けられた。四つの千戸所はともに城壁で囲まれた城郭都市であり、千戸所署、教場（城外）、関帝廟、城隍廟などの施設を設置している。また、新設の千戸所のうち封門千戸所はのちに西寧県城内に移されたが、元の城郭はその後も残された。また函口千戸所は、莿溝駅ついで羅鏡に移駐している(35)。

（2）参将・守備

広東の衛所制度のもとで増強された千戸所の体制が羅定州の軍事体制の要となるべきものであるが、凌雲翼は、千戸所にのみ軍事防衛の役割をもっぱら担わせることをしていない。参将・守備の配備がそれである。第三条「更置将領」によれば、県と千戸所という行政軍事の軸を設定しても、なお不穏分子を制圧するには将と兵士が必要である（「照得、開拓疆土、固在建県与所、而制遏奸宄、不可無将与兵」）。そこで、東山に参将を設けて東山分守とし、三、〇〇〇名の兵士を指揮させ、富霖千戸所に駐箚させる。新州の東側の境界に属す南郷・黄姜峒一帯がその守備範囲である。西山には封門・大峒を守備する参将を設けて分守西山とし、東山と同じく三、〇〇〇名の兵士を率いさせ、函口千戸所に駐箚させる。このほか、広東都司下の徳慶州江道守備（徳慶守備）を瀧水城内に移して二、〇〇〇名の兵士を統率させ、西江沿岸の徳慶州から羅旁地方の南方の高州府までの間の河川を兵備させるというものである。この提案に対して、兵部の覆奏では、凌雲翼の提案のように、東山と西山に参将を設けて黄姜峒と西山大峒を分守させるとともに、徳慶守備を瀧水県城（羅定州城）に移した。このうち、徳慶守備は守備羅定中路（中路守備）と名称を変えている(36)。その後、万暦十八年（一五九〇）になって、駐箚に係る変更がなされた。東山参将は黄姜峒から東安県城に、西山参将は西山大峒から西寧県城にそれぞれ移された。また中路守備は、掘峒が羅定の要地であることから、春と夏には州城に駐箚し、秋冬には掘峒に駐屯することとなった[37]。

また、第四条「議処戍兵」によれば、東山、西山の両参将、守備はそれぞれ三、〇〇〇名、二、〇〇〇名の兵士を統括し（計八、〇〇〇名）、十三営を構成されるものとされた。では、実際には参将・守備が率いる軍隊の構成はいかなるものであったのか。『郭通志』によれば、東山参将一員は四営を統括し、官員と兵士の合計は一、九四〇名（官員二四員、兵数一、九一六名）。西山参将一員も四営を統括、官員と兵士の合計は二、〇一〇名（官員二四員、兵数一、九八六名）。中路守備一員は二営を統括、官員と兵士の合計は一、一〇四名（官員一二員、兵数一、〇九二名）。通算すると、一〇営の体制で、官員と兵士の合計は五、〇五四名となる[38]。先に述べたように、千戸所の官員と兵士の合計は、官員一八名、旗軍一、二七七名であったから、参将、守備が統轄する軍隊は千戸所より四倍弱の規模をもったことになる。

凌雲翼の計画よりも実際には規模が縮小されたものの、明朝は千戸所をはるかに上回る規模の軍隊をもって防衛の不備を補おうとしたと考えられる。東山参将、西山参将、中路守備が統括する上記営制のもとに、州内には、計五十二の営堡が設けられた。羅定州直轄では十三カ所、東安県十七カ所、西寧県二十一カ所である[39]。羅定州創設以前つまり旧瀧水県の時代に設けられたのは十二営堡であった[40]。羅定州新設後、大幅に営堡が増強されたことがわかる。州内に王朝の楔を確実に打ち込むうえで、各地に多数設けられた営堡が果たした役割は大きかったと考えられる。

ところで、羅定州全体の土地のなかに占める軍事系統の管理地の割合は不明であるが、直隷州直轄地、東安・西寧両県の戸口数は計七、二八七戸、二三、四二五口であるのに対して、千戸所と参将・守備の軍隊の合計は六、三四九名であり、民戸の口数の四分の一弱に相当する。またそれぞれの官員、兵士が家族を持ち、戸を形成すれば、民戸に迫る数となる。この戸口数から類推すれば、屯田の開発にともない、軍事系統の管理地の土地面積は羅定州全体のなかで相当に高い割合を占めるようになったものと考えられる。

三　兵備道

以上、行政系統の羅定州と東安・西寧両県の行政機構、及び軍事系統の千戸所、参将・守備の組織を見てきたが、羅定州では整飭兵備道という元来が按察司の監察機構に由来する官職が設けられ、州の統治のうえで重要な役割を果たした。明代半ば以降、複数の布政使司にまたがる広域に置かれた総督・巡撫（督撫）が地方軍事体制に介入するにともない、明初以来、それぞれに独立していた軍事系統と行政系統、監察系統が督撫のもとに管理される傾向が強まった(41)。明代半ば以降、全国的に配置されるようになった兵備道も、督撫と同じく文官による武官の統制を特徴とし、その職務は元来の監察に加えて、各種の軍務、さらに地方の行政系統にも広く及び、管轄区域（道）の地方を管理するうえで重要な役割を果たしたことが指摘されているが、地域によって運用の仕方は様々である(42)。とくに兵備道がそれぞれの管轄区域において末端の行政機構である府州県や衛所等の軍事機構と具体的にいかなる関係にあったのかに関しては従来の研究においても十分に検討されていないところである。本節では、羅定兵備道が行政、軍事両系統といかなる関係にあったのかを検証してみたい。

広東における兵備道は、成化四年（一四六八）、巡撫都御史掲稽の上奏により、分巡嶺西道兼兵備を設けたのが最初である。万暦年間までに、何回かの改制を経て、嶺西道の他、広州道、南韶道、恵潮道、羅定道、海北道、海南道に兵備道を設置したが、ともに按察司副使、僉事が充当されるとともに、羅定の兵備僉事を除いて、他はすべて、分巡道を兼ねていた(43)。羅定兵備道が創設された経緯は次のようなものである。第二条「専設憲臣」によれば、羅旁地方には、反乱軍の拠点となった東山と西山が羅定盆地を挟んで鼎立しており、域内には新州城、新設の東安、西寧両県城、及び新設の四つの千戸所、計七つの「城」が配置されたが、州県官がこれらの城郭都市を互いに連携させるのは難しいので、憲臣（監察官）を設けて、羅旁地方を制圧すべきであるという（「照得、各山鼎峙共計七城。有司勢難聯属、必須設有憲臣、乃便弾圧」）。具体的には次のように羅定州に兵備道を配備させる。すなわち、広東按察司は恵州の伸威道副使一員を廃止して、恵潮兵備兼分巡道に海防兵備を兼任させ、潮州府に駐劄させる。廃止した伸威道の副使は嶺西道に移して嶺西兵巡道（嶺西兵備兼分巡道）となし、それまでの嶺西兵巡道僉事は兵備道となして、「瀧水州治」（後の羅定州治）に駐劄させ、皇帝より勅書と関防印を与え、新設の一州両県及び四つの千戸所を「専管」させる。その際、嶺西兵巡道僉事は兵備と分巡を兼ねているが、分巡の職務は高州・肇慶両府の兵備の職務とともに嶺西兵巡道副使の管理に帰属し、「瀧水州治」の兵備道僉事は羅旁の兵備のみに専念させる。この提案を受けて兵部は当該の僉事を「瀧水兵備」に改めることを指示した。この「瀧水兵備」は新州設立後に「羅定兵備」に改称された(44)。羅定兵備道は州城に駐劄し、その衙門は城内の南街にあった旧府館の跡地に建設された(45)。このように羅定兵備道は分巡を兼ねず、州城に駐劄して兵備に専念する職として設けられた。広東通志により、明一代の羅定兵備道の経歴を調べてみると、第一代の兵備道である徐汝陽から第十七代の張大猷までは、未詳の者を除くと、すべて按察司下の僉事・副使であるが、第十八代の蔡善継（天啓四年赴任）以降は同じく布政司下の参政・参議である(46)。ただし、蔡善継の異動を審議した兵部の上奏文を見ると、羅定兵備道は広東布政司右参政と按察司僉事を兼ねている(47)。この事例からすると、蔡善継以降、布政司参政・参議が兵備道に当てられたものの、按察司僉事・副使が兼職として加えられた可能性がある。

では、羅定兵備道の職務はどのようなものであったのだろうか。羅定兵備道を創設した凌雲翼は兵備道に新設の一州両県及び四つの千戸所を「専管」させると述べており（前掲）、羅定兵備道もその管理権限が州県と千戸所という行政組織と軍事組織の両系統に及んだことがわかる。ここにいう「専管」が具体的にどのような職分であるのかを次に見てみよう。

龐尚鵬（広州府南海県の人）が、知州胡相の求めに応じて、初代の羅定兵備道徐汝陽の後を継いだ侯応爵に寄せた

「建羅定兵備道碑」（万暦六年記）は羅定州創設直後に書かれた碑文であるが、兵備道の職務を次のように語っている。歴代の王朝は文官をもって太平の世を安んじ、武官をもって戦乱を収める方策をとってきたが、沿海地域等の防衛の要所に文官である憲臣を設けて「兵事」を管轄させれば非常の事態に対応しやすいとして、憲臣による「兵事」の掌握を治安の重要な考え方として評価する。龐尚鵬は続けて羅定における猺族等の平定に言及した後、富霖・函口・南郷・封門及び瀧水の五箇所の千戸所が互いに支援し合い、憲臣の兵備道に千戸所を東西（東山と西山）より督察させれば万全となるという。(48) 兵備道の主要な職務は文官である監察官（憲臣）として千戸所を督察することにあったことがわかる。

兵備道が「兵事」を司る職であるならば、千戸所を補完するものとして配備された参将・守備に対しても監察の役割を果たしたはずである。この両者の関係に関して、陳万言「羅定道陳公去思碑」には興味深い記録が残されている。(49) これは、万暦十六年（一五八八）、進士出身で、按察司副使より羅定兵備道に任じられた陳文衡の離任に際して書かれた碑文であるが、その文章のなかで、皇帝が両広総督凌雲翼の報告に接した際のこととして、「皇帝は喜色を浮かべ、ついに瀧水県を羅定州となし、二つの県と四つの所（千戸所）を設け、参将・守備三員を配置し、軍隊を監督して駐屯させ、また憲臣一員を設けて彼らを統治させた」と記す。(50) また、『劉州志』、『王州志』ともに、羅定兵備道は参将・守備を管轄して東山と西山を防衛する職務を負うものとして位置づけている。(51) こうした記録から、兵備道は千戸所に対する督察のみでなく、参将・守備を配下に従えて独自の指揮権をもったと考えられる。

さらに、兵備道の職務は軍事関係だけではない。凌雲翼は、千戸所とともに、新設の一州両県も「専管」の範囲のなかに入れていた。羅定兵備道の各伝記等を見ると、軍事の他、河川の浚渫、城・営の整備、道路の開鑿、土地丈量、開発、城堡の建設、学校の設立、移民の募集と戸籍登録、官僚の創設、社学設立による猺族の子弟の教育など、州の行政体制の整備に必要な様々な事業を行っている。(52) こうした行政事業において、知州・知県は兵備道の指揮下に置かれた。たとえば、西寧県の道路建設の事業では、羅定兵備道陳文衡が西寧知県林致礼らに命じて西山大路を建設させた(53)。また東安県でも東安知県の郭濂の請願を受けて、羅定兵備道の陳文衡の命令により東安県城から羅定州城に至る道路が建設された(54)。州内の各種開発事業の実施に際しては、知州や知県ではなく、兵備道が最終の権限をもっていたものと考えられる。

行政系統の州県や軍事系統の千戸所と兵備道との間の関係について、万暦七年(一五七九)、按察司僉事として南韶兵備道(南韶兵備兼分巡僉事)に任じられた管志道(55)が興味深い発言を行っている。『従先維俗議』巻二、「総核中外変態以遡先進礼法議」によれば、管志道は、南韶兵備に任じられた際、皇帝から与えられた勅書のなかで、五品以下の文官、三品以下の武官に対して、量情責罰、參奏拏問の処分を加えることができると記されていたことを述べている(56)。南韶兵備道は按察司僉事の兼職であり、官品は正五品。地方官との関係でいうと、官品のうえでは、兵備道は知州(従五品)、知県(正七品)より上である。また、武官の三品以下は、都指揮僉事(正三品)、衛指揮使(正三品)、正千戸(正五品)である(57)。管志道に与えられた勅書の内容が羅定道のそれにも適用できるとすれば、羅定道は知州、知県、衛所官(千戸以下)を督察できることになる。

凌雲翼は羅定州とその管轄下の東安・西寧両県を設けて、知州―知県という行政系統の管理のもとに図甲制を設定し、領域を確定していった。その領域の範囲は旧羅旁地方の中心部分に相当する。すなわち、高州府との境界の山間部から流れ出て、西江に注ぐ瀧水を中軸として、その両側に東山と西山が広がる地域である。羅定州城と東安・西寧両県城を拠点とした行政機構はこの地域の非漢族を制圧するうえで有効に機能したと考えられる。他方、千戸所と参将・守備を中心とした軍事機構は領域支配において行政と並ぶ重要な側面である。監察系統の按察司に由来する兵備道は知州・知県の上位にあって行政権力を保持するとともに、参将・守備を管轄下に置いて直接の軍事力を保持し、千戸所を監察した。要するに、明初以来の布政使司、按察司、都司という三司の系統による州県管理は、兵備道が三権を掌握し、一元的に州県の領域を管理できるように改変されたといえる。

広東・広西の領域管理の最高長官である両広総督との関係はどのようなものであったのだろうか。管志道は、中央・地方の各衙門の長官（堂上官）とその配下の官僚（司官）との間の統属関係を論じたなかで、総督と兵備道の関係について言及している。

彼は、按察司僉事に任じられて都察院に立ち寄った折、都察院の司務廳が堂上官に報じるに際して「属」という呼称を用いているのを見て疑念を抱いたが、統属関係のなかでも、堂上官である総督を分守道、分巡道が送迎するに際して臣下が君主を尊ぶかのような儀礼をとっていることを最も不可解なこととする(58)。分守道、分巡道には兵備道と同じく按察司の副使、僉事、布政司の参政、参議が充てられており、兵備道を兼職する場合も多いから、兵備道と総督との関係は分守道、分巡道のそれと同じであったと考えられる。また、管志道は、両広総督に賜与された勅書では、司府等の五品以下の文官を拏問できると述べられていることを批判的に紹介し、わざわざ五品司官とは布政司・按察司の場合、僉事を指すと注釈している(59)。こうした管志道の不満は彼が監察を事とする按察司僉事として総督から自立的な存在であるべきであるという持論によるものであろうが、実際には総督に従属せざるをえない現実があったのである。残念ながら、羅定兵備道と総督との関係を示す史料を発掘できなかったが、こうした統属関係の実際の状況は羅定兵備道と総督との関係に適用しうるものとして理解すべきであろう。すなわち、兵備道は管内の行政、軍事、監察の三権を掌握する権限を与えられたが、それはあくまで省級の領域を管理する総督の指揮系統に組み込まれたものであったと判断される。しかも、彼らの在任期間は極めて短い。羅定兵備道が創設された万暦五年（一五七七）から明朝滅亡（一六四四）までの六十七年間に任じられた兵備道は計三〇名。その任期の平均は二年強ということになる。そのなかにはわずか一年に満たずして任を去った者もある(60)。陳万言によれば、知府とか知県とかは民に親しむ官吏であって、両者の距離は近く、任を去るに際しては碑を建てて顕彰するが、憲司や廉察は法をもって軍民を統べる職であり、どんなに実績を残しても、碑を建てて顕彰することはほとんどない。兵備道も高位廉地にあって民からは遠い。その巡歴するや、風雨や雷霆のようなものであり、民もこれを顕彰しないのが道理であるという。(61) ここには、兵備道の地位の高さとともに、個別の兵備道は地元民とほとんど接触がなく関わりをもつことがむしろ希少であったことが示されている。兵備道の役割は州県官と異なり、管轄区域の民の人心を掌握するというよりは、道（＝州）内の行政、軍事、監察の三系統を総攬し、両広総督に統轄される省級の領域管理のなかでこれを維持することにあったと考えるべきであろう。

おわりに

本論の狙いは、羅旁地方の民族反乱鎮圧後、明朝が新設した羅定直隷州という行政区画の末端においてどのように領域を管理しようとしたのかを探ることにあった。羅定の領域は直隷州直轄地、東安・西寧両県の県域からなり、この三つの区画に都図制を施行し、非漢族等の旧反乱勢力の支配地域を国家の支配領域のなかにほぼ組み込んだ。直隷知州は州城にあって直轄地を専轄するとともに、東安・西寧両県城に駐在する両知県を指揮して、州全体の行政を統轄した。軍事面では、瀧水及び新設の四つの千戸所に加えて、東山参将、西山参将、中路守備を設けて、軍事組織を大幅に強化した。軍事組織が管轄する土地（屯田）は州県の管理地に錯雑する形で設けられたと考えられる。こうした行政、軍事両系統の組織を統轄する官職として設けられたのが按察司下の羅定兵備道であり、按察司下の僉事・副使が当てられたが、他の道と異なって分巡道を兼ねず、もっぱら羅定の兵備に専念した。一州両県、千戸所を専管するものとして位置づけられた羅定兵備道の職務の範囲は広く、行政・軍事の両系統にわたって監察・指揮権をもった。とりわけ軍事系統の参将・守備をその管轄下に置いて、軍事に関しても指揮権を得たことは兵備道の権限の重さを示するものである。このように明初以来の布政司、按察司、都司という三司の系統による州県管理は、兵備道が三権を掌握し、一元的に州県を管理できるように改変されたが、言うまでもなく兵備道が羅定道を独占的に支配できたわけではない。兵備道は省級の領域を管理する両広総督の指揮系統に組み込まれ、短期間で交代し、また地元民との関係も希薄である。両広総督による省級の領域管理体制の一翼を担い、これを末端から支える役割を果たしたのが兵備道であったと考えられる。

最後に注意しておきたいのは、こうした領域管理のもとで羅定州県の都図が大きく増設されたことである（前述）。凌雲翼は「羅旁善後事宜」のなかで、移民の招来による民田の拡大と屯田の開墾を軸とした羅定州の開発の計画を打ち出している（第一条「建設州縣」条、第五条「充実官軍」条）。筆者は、前章において、万暦の大征以前の段階で、明朝が猺族等の旧居住地に軍隊や移民、流民を定住させ、土地開発と防衛を受け持たせたことを指摘したが、凌雲翼の提言による一連の政策は、羅定の移民の定住と農業開発を本格的に推進する重要な役割を担ったと考えられる。その後の土地開発の状況とともに、今後の課題としたい。(62)

注

（1）拙稿「羅旁ヤオ族の長期反乱と征服戦争」（『アジア遊学』九、二〇〇〇年）。また、最近では、羅旁ヤオ族に関する以下の研究が発表されている。劉勇「李材与万暦四年（一五七六）大征羅旁之役」（『台大歴史学報』四〇、二〇〇七年）、陳大遠「両広総督府、羅定直隷州和瀧水〝瑶乱〟」（『広東史志・視窓』二〇〇八年第六期）、朱鴻林「明隆慶年間李材所述広東西部地方乱状」（『新亜学報』三〇、二〇一二年）。

（2）原載論文は「「華」はどのように「夷」を包摂したか?」（『歴史評論』七三三、二〇一一年）。

（3）顧誠「明帝国的疆土管理体制」（『歴史研究』一九八九年第三期）。同論文は、顧誠『隠匿的疆土―衛所制度与明帝国』（光明日報出版社、二〇一二年）に再録された。また顧誠氏の研究の意義とそれをめぐる議論に関しては、新宮学「明清社会経済史研究の新しい視点―顧誠教授の衛所研究をめぐって―」（『中国―社会と文化』一三、一九九八年）が詳しく紹介している。

（4）青山一郎「明代の新県設置と地域社会―福建漳州府寧洋県の場合―」（『史学雑誌』第一〇一編第二号、一九九二年）、甘利弘樹「嘉応州の成立―雍正期における直隷州政策の一齣―」（『史境』四四、二〇〇二年）、同「明末における新行政区画の設置―広東鎮平県・連平州の事例―」（明代史研究会編『明代史研究会創立三十五年記念論集』汲古書院、二〇〇三年）、同「明末広東における連平州の成立―雍正『連平州志』の分析を通して―」（『中央大学・アジア史研究』三〇、二〇〇六年）、小川快之「明代江西における開発と法秩序」（大島立子編『宋―清代の法と地域社会』財団法人東洋文庫、二〇〇六年）、李俊敏・胡祖信「試論明清地方行政建置」（『寧夏社会科学』二〇一二年第三期）、拙稿「華と夷の境界、そして漢族社会の成立―中国南部を対象として」（『歴史科学』一九八、二〇〇九年）。

（5）唐立宗『在「盜区」与「政区」之間―明代閩粵贛湘交界的秩序変動与地方行政演化』（国立台湾大学文学院、二〇〇二年）。

（6）于志嘉『衛所、軍戸与軍役―以明清江西地区為中心的研究』北京大学出版社、二〇一〇年、一四九～一五一頁、三四二頁。

（7）『郭通志』巻七〇、外志、「猺獞」。

（8）『陸州志』巻六、提封志上、「川」、『郭通志』巻六一、郡県志、羅定州、「山川」、『王州志』巻一、輿地志、「山川」。

（9）『明史』巻二一二、列伝、「凌雲翼」、顧炎武撰『肇域志』（不分巻）広東、「羅定州」。

（10）『黄通志』巻二、図経志、「肇慶府図経」、『明史』巻二一、地理志、「広東」。

（11）『明史』巻二二二、「凌雲翼」、道光刊『広東通志』巻二四一、「凌雲翼」。

（12）『蒼梧総督軍門志』（全三十四巻、明・応檟輯、明・劉尭誨重輯、北京全国図書館縮微複製中心、万暦九年刊本、中国辺疆史地資料叢刊滇桂巻之一）巻二六所収。

（13）『明実録』万暦五年五月丙申条、万暦五年五月丙午条。

（14）照得、羅旁東西山界計算周遭約一千五百余里。其中田地沃饒、且産有砂仁・藤・蠟蜜・漆諸利、可耕可採、欲為久安長治之策、必須添設州県。看得、瀧水県治原居東西山之中、由徳慶州大江口而入、有小江一帯、計程四日乃達該県。

昔以其孤懸賊中、雖有瀧水千戸所同城、又設募兵千余列営環守。凡公差文移往来、復設兵船十隻、専司遞送。今賊既蕩平、此県乃適中総会之地、似応陞而為州、再於山之東西各先立一県以属之。夫以一州統両県治、幅員千里、其勢已壮、相応徑隷布政司管轄、不必更属府以滋牽制。設県之外、其地尚広、仍須再設四千戸所、乃足控禦、且更為将来設県之基。

(15)『明実録』万暦五年十一月戊寅条。

(16)『明史』巻七五、職官四、「州」。直隷州と属州に関しては、柏樺『明清州県官群体』(天津人民出版社、二〇〇三年)、同『明代州県政治体制研究』(中国社会科学出版社、二〇〇三年)、司徒尚紀『広東政区体系：歴史・現実・改革』(中山大学出版社、一九九八年)などを参照した。

(17)甘利弘樹前掲「嘉応州の成立—雍正期における直隷州政策の一齣—」。また、真水康樹「明代〝直隷州〟攷」(『中央大学大学院研究年報』二一、一九九二年)を参照した。

(18)『陸州志』巻八、「創設上」、『劉州志』巻二、建置志、「城池」。

(19)『陸州志』巻八、「創設上」。

(20)尹鳳岐「瀧水県新城碑記」(『劉州志』巻八、芸文志)に、「肇慶之属邑瀧水去郡西南隅三百余里。東接信宜、西連岑渓、山深而険、地僻而陋。雖県市中、居民甚少、窮郷遠村、猺獞錯雑以居、而長山大谷之中、悉為其窟穴。自古為民患」とある。

(21)趙士際「拡修羅定州城記」(『劉州志』巻八、芸文志)。

(22)『劉州志』巻二、建置志、「城池」、『王州志』巻二、建置志、「城池」。

(23)『陸州志』巻九、「創設下」、『郭通志』巻六二、郡県志、羅定州、「公署」。

(24)第一条「建設州県」に、「今拠委官踏勘得、東山之地名曰黄姜峒、離徳慶大江三十余里、西山之地名曰大峒、離徳慶大江二十五里、倶小江一帯可通舟楫、且地勢寛平、風気環聚、各堪立県城。真若天造地設以待今日者」とある。

(25)『郭通志』巻六二、郡県志、羅定州、「城地」、『王州志』巻二、建置志、「城池」、陳紹儒「開置東安県城碑」(康熙十一年刊『東安県志』巻一〇、芸文志)。

(26)『王州志』巻一、輿地志、「沿革」。

(27)『郭通志』巻六一、郡県志、羅定州、「城池」、『王州志』巻二、建置志、「城池」。何維柏「建県治碑」（康熙六年刊『西寧県志』巻一〇、芸文志）。
(28)万暦二十年刊『西寧県志』巻二、「建置志」、康熙六年刊『西寧県志』巻二、「建置志」、康熙二十六年刊『西寧県志』巻二、「建置志」。
(29)万暦二十年刊『西寧県志』巻一、輿地志、「都里」、『王州志』巻一、輿地志、「沿革」、『劉州志』巻一、輿地志、「沿革」。
(30)正徳刊『大明会典』巻一〇八、兵部三、「城隍一」、万暦刊『大明会典』巻一二四、兵部七、「城隍一」。
(31)『黄通志』巻三一、政事志四、「広東都指揮使司」。
(32)『陸州志』巻一三、兵戎、「瀧水守禦千戸所」、『黄通志』巻三〇、政事志四、兵署、肇慶衛条。
(33)『明実録』万暦五年五月丙申条に、「一、充実官軍。就近省衛抽撥、不足以問遣新軍充之。若土民狼獞願受田隷所者、即以補伍」とある。
(34)川越泰博氏によれば、衛所制度に関しては、衛所軍の大量逃亡の現象をもって明代中期には崩壊したという所説もあるが、この制度そのものは明朝滅亡まで歴として存在し続けた（『明代中国の軍制と政治』国書刊行会、二〇〇一年）。羅定州における千戸所の増設は反乱鎮圧後の領域支配を軍事的に確かなものとするという非常時の措置ではあるが、明朝が依然として衛所制度を活用しようとしていたことがわかる。
(35)康熙二十六年刊『東安県志』巻一、図考志、康熙二十六年刊『西寧県志』巻首、「図考」、民国二十六年刊『西寧県志』巻三、輿地志、「封門所」。
(36)『郭通志』巻八、藩省志八、兵防総上、「兵職」。
(37)『明実録』万暦十八年四月己丑条。
(38)『郭通志』巻八、藩省志八、兵防総上、「兵職」。
(39)『郭通志』巻六一、郡県志四九、羅定州、「兵防」。
(40)『黄通志』巻三三、政事志六・兵防三、営堡、「瀧水県」。
(41)奥山憲夫「明代巡撫制度の変遷」（『東洋史研究』四五巻第二号、一九八六年）、松本隆晴「明代中期の文官重視と巡撫・総督軍務」（『國學院大学漢文学会会報』三二、一九八六年）、本橋大介「明代成化年間における総督軍務の地方常設―常

設の嚆矢としての総督両広軍務を中心に―」（『立正大学東洋史論集』一七、二〇〇五年）、辻原明穂「明末の経略と督師―督撫制度との関わりから見た―」（『洛北史学』一三、二〇一一年）など。

(42) 羅冬陽「明代兵備初探」（『東北師範大学報（哲学社会科学版）』一九九四年第一期）、小川尚『明代地方監察制度の研究』（汲古書院、一九九九年）第五章「明代の守巡道」、謝忠志『明史研究叢刊五・明代兵備道制度―以文駁武的国策与文人知兵的実錬』（明史研究小組、二〇〇二年）、周勇進「明末兵備道的職銜与選任―以明末檔案為基本史料的考察」（『歴史檔案』二〇一〇年第二期）、「明末兵備道職掌述論―以明末兵部請勅稿為基本史料的考察」（『歴史教学』二〇〇九年第二四期）、肖立軍『明代省鎮営兵制与地方秩序』（天津古籍出版社、二〇一〇年）、阿風「明代〝兵備道契尾〟考」（『明史研究論叢』第一二輯、二〇一四年）。この他、各地の兵備道に焦点を当てた研究は次に示すようにいくつかあるが、おおむね当該の兵備道の設置、職掌などが検討されており、領域管理のなかでの位置づけは議論されていない。呉冠玉「王弘誨《請改海南兵備道兼提学疏》」（『海南広播電視大学学報』二〇〇八年第二期）、趙樹国「明代遼東苑馬寺卿兼金復海蓋兵備道考論」（『蘭台世界』二〇一一年一期）、鄭暁文「明代河南兵備道設置概述」（『蘭台世界』二〇一二年三六期）など。

(43) 『黄通志』巻三一、政事志四、「兵署」、『郭通志』巻八、藩省志八、兵防総上、「兵職」。

(44) 『明実録』万暦五年五月丙申条に、「一、専設憲臣。改恵州伸威道副使爲嶺西兵巡、嶺西兵巡道僉事爲瀧水兵備。其潮州海防兵備兼管恵潮両府兵巡」とある。また『郭通志』巻八、藩省志、兵防総上、「兵職」に、「羅定兵備、僉事一員」とある。

(45) 『王州志』巻二、建置志、「公署」及び「壇廟」。

(46) 雍正刊『広東通志』巻二七、職官志二、布政司条、按察司条、道光刊『広東通志』巻一九、職官表、布政司条、按察司条。

(47) 『中国明朝檔案総匯』（広西師範大学出版社、二〇〇一年）（一）、「一二七　兵部為陳元卿等員頂補広東恵潮等処兵備員欠請写勅書事行稿」（四三〇〜四三四頁）。

(48) 龐尚鵬「建羅定兵備道碑」（『劉州志』巻八、「芸文志」）に、「今以天兵臨之、勢若燎原、始無噍類。既改州県復設富霖・函口・南郷・封門与瀧水共五千戸所、更相犄角、軍声如雷、自参備以至副将軍、彼此責成、臂指之相使、復以羅定道従東西指顧而督察之、益無遺策矣」という。

(49) 『劉州志』巻六、人物志、名宦、「陳文衡」。

(50) 陳万言「羅定道陳公去思碑」（『千州志』巻六、芸文志）に、「皇帝色喜、遂命陞瀧水県為羅定州、建県二・所四、置参備三員、督兵屯守、設憲臣一、以統治之」とある。

(51) 『劉州志』巻七、兵防志、「官制」に、「羅定自萬曆五年陞州、設両縣、設兵備道、轄参将二員」とある。また、『王州志』巻四、兵防志、「営制」条に、「（萬暦五年）本州駐兵備道轄参将二員、分防東山西山、中設中路守備一員、即徳慶守備改駐州境」とあり、同上東安県の項目では、「万暦五年、設参将一員、分防東山、統於兵備道」、西寧県の項目に「万暦五年設参将一員、分防西山統於兵備道」とある。

(52) 『劉州志』巻六、人物志、「名宦」、及び『王州志』巻三、「宦績」に収録された侯応爵伝、陳文衡伝、張国経伝、前掲龐尚鵬「建羅定兵備道碑」、前掲『中国明朝檔案総匯』（一）、「一三七　兵部為陳元卿等員頂補広東恵潮等処兵備員欠請写勅書事行稿」など参照。

(53) 万暦刊『西寧県志』巻二、建置志、「路」。道光刊『西寧県志』巻五、建置下、道路、「開西山大路記」。

(54) 『王州志』巻四、兵防志。

(55) 『明儒学案』巻三一、泰州学案、『郭通志』巻十、秩官、「按察司僉事」。

(56) 即余親領備兵南韶道、勅書中載、文官五品以下、武官三品以下、軽則量情責罰、重則参奏拏問、而総督両広軍門勅書中又載、拏問司府等衙門五品以下不職官。其所謂五品司官何指哉。若指藩臬二司則僉事正五品之官也。既以専勅參拏五品文官、而身復入督臣拏問中、謂之何哉。督権雖重、必無径拏風憲官之理。

(57) 『明史』巻七五、職官四、同書巻七六、職官五。

(58) 前掲「総核中外変態以遡先進礼法議」に、「其最不可解者莫如総督之回顧守巡諸道、道官不従甬道送迎、而従属吏出入之階送迎。此近於臣子尊君之体矣」という。

(59) 前注（56）参照。実例としては、恵潮兵備道右参政の朱東光が官印を盗まれた時、総督戴耀がこの事件を上奏して、朱を貴州分守新鎮道に降格させたケースがある（『明実録』万暦三十三年八月丁巳条）。

(60) 『劉州志』巻五、秩官志、「欽差整飭兵備道」。広東の兵備道の頻繁な交替は『明実録』隆慶四年四月乙巳条でも指摘されている。

（61）前掲陳万言「羅定道陳公去思碑」。
上之於民、其孚感捷於影響。然郡守県令凡有功徳於民者、民必思之去、則為之勒貞珉頌功徳、以紀遐思。蓋多見矣。至於憲司廉察之職、提三尺以統軍民。雖有豊功偉績以施於民、而民不敢輒竪碑以頌徳。若羊公峴山之碑、殆僅僅焉。蓋守令与民親、故既去而思者情也。兵憲居高位廉地、去民稍遠。其巡歴也、若風雨若雷霆至、故民不敢效郡県之親、亦勢也。

（62）前掲拙稿「「華」はどのように「夷」を包摂したか?」。また、塚田誠之「「屯軍の末裔」たち—貴州における移住と民族の生成—」（『流動する民族—中国南部の移住とエスニシティ』平凡社、二〇〇一年）は明清時代の貴州への漢族の移民とくに軍事機構「衛—所—屯・堡」に由来する屯堡人に焦点を当てており、軍事移民を考察するうえで参考になる。

第二部　儒教化の動向

第五章　魏校の淫祠破壊令

――広東における民間信仰と儒教――

はじめに

明代における広東社会は辺境とみなされてきた。華と夷の境界にある地域こそ広東であった。明朝が広州を朝貢貿易の窓口に指定し、市舶司を設けてより、この地域は朝貢貿易の恩恵を受けてきた。しかし、正徳年間における附搭貨物の抽分の問題の背後に、両広地区で巻き起こった猺族・獞族そして漢族などの、非漢族を中心とする諸反乱が存在したことから理解されるように、当時の広東は広西とともに多民族が雑居する辺境であった。非漢族を中心とする諸反乱のなかでも珠江デルタ西部、つまり広西との境界地域の羅旁で巻き起こった反乱は一世紀にわたって展開された。こうした多民族の反乱情勢は広東北部、省城周辺でも確認される（本書第一章～第三章参照）。明朝にとって解決すべき問題はこれらの諸反乱をいかに鎮圧し、政治社会状況を安定させるかにあった。諸反乱に参加していったのは、猺族・獞族などは言うまでもなく、漢族の参加者も、いわば化外の民であり、これら化外の民を統制することが肝要であった。

明朝は反乱情勢を沈静化するために、軍事制圧とともに、新たに州県を設置するという政策を採用している[1]。たとえば、黄蕭養の反乱の鎮圧後には、南海県の一部を割譲して順徳県を設置し、番禺県北部の山間地帯で峒獠の譚観福の反乱を鎮圧した際には、番禺県の一部をもって従化県を新設した(2)。さらに、広東西部羅旁の猺族の反乱を鎮圧した時には、東安と西寧の両県を新設し、羅定州に統括させた(3)。新たに州県を設定することによって、行政、軍事体制の管理を強化する政策を採用したと考えられる。こうした新たな州県の設置には、城郭都市が帝国にとって政治・軍事の拠点であるという性格が最も顕著に表れている。しかし、広東の治安は軍事制圧と新州県の設立のみで回復されるものではないことを統治者の側も十分に認識していた。広東の治安を安定させるには、なによりも反乱サイドへと吸収される化外の民を儒教秩序のなかに組み込むことが必要とされる。そうした施策として注目されるのは魏校が行った教化策である。

魏校、字は子材、蘇州府崑山県の人である。彼は弘治十八年（一五〇五）の進士で、南京刑部郎中、兵部郎中を経て、正徳十六年（一五二一）、欽差提督学校広東等処提刑按察司副使（以下、広東提学副使と略す）として広東に赴任した(4)。魏校は、翌る嘉靖元年には、親の喪に服すため任を離れているから、その在任期間はわずかに一年ほどであった(5)。しかし、この短い期間に魏校は広東史上に名を残す事業を行った。淫祠の破壊である(6)。淫祠とは、朝廷によって編纂された祭祀の典籍（祀典）に記載された祠廟が正祠といわれるのに対して、祀典に載せざる祠廟をいう(7)。明朝は洪武三年（一三七〇）六月、淫祠を禁止する布告（「禁淫祠制」）を発布した(8)。濱島敦俊氏によれば、この禁令では、全ての祭祀の頂上に天子による天の祭祀を置き、以下各行政レヴェルごとに祭祀対象を定め、里レヴェルの里社壇・郷厲壇を経て、各戸の祖先及び竈神に到るヒエラルヒーを有し、僧道の祭祀への関与は禁止された。厳密に言えば、ここに定める以外の神の祭祀・信仰は、たとえ当の神には怪しげな所無くとも、所謂「淫祠」の理念的範疇に含まれることになるという(9)。一元的体系的に正祠を認定し、それ以外の祀典に載せざる祠廟はすべて淫祠として扱う厳格な宗教統制策である。

魏校による淫祠の破壊が実施された前後の時期、官界では、そうした動きが一つの風潮をなしていたかに見える。例えば、濱島敦俊氏によれば、明代半ばになって、異常なまでにファンダメンタルな正統教学復興の動きが見られ、極端な場合には、天下の寺院・道観の全ての禁毀を提案する上奏文まで現れたという(10)。また、小島毅氏は、十六世紀の福建において、地方官が淫祠破壊と社学設立を実施したことを紹介している(11)。魏校の淫祠破壊も、こうした動きとの関連が推測されるところであるが、本論では、魏校の政策に絞り、以下の点に留意して論を進めたい。第一に、魏校の政策の実施内容である。デビット・フォール（中国名は科大衛）氏は、魏校の淫祠破壊に関する研究を発表しているが、魏校の政策の周辺やその後の民間信仰の状況を押さえることに力点が置かれており、魏校の政策の内容にまで立ち入っていない(12)。魏校の文集『荘渠遺書』（四庫全書本）には、魏校が提学副使在任中に発令した各種の公文書が収録されており、これを利用することにより、淫祠破壊がどのように実施され、またその目的がどこにあったのかが明らかになると考える。第二に、魏校の政策に対する広東社会の反応である。魏校による淫祠破壊の前後から、広東では、家や郷に関する朱熹の礼論を拠り所として、広東社会に儒教的世界を醸成しようとする動きが地元の知識人（士大夫）の間で高揚しつつあった(13)。魏校による淫祠破壊はそうした知識人の側の動向とどのように関わるのかという問題を今ひとつの課題として掲げておきたい。

一　淫祠破壊

魏校が赴任した当時の広東では珠江デルタを中心として急速に商業化・都市化が進捗しつつあった(14)。しかし、魏校の眼から見ると、漢族と少数民族とが混住し、清めるべき「淫邪」なるものがなお多く存在する辺境が広東の地であった(15)。魏校が辺境としての広東に赴任して行おうとしたのが、「淫邪」つまり淫祠の排除である。

はじめに魏校の政策の内容を紹介しておこう。魏校は、師巫邪術の禁止は朝廷が法律に明記するところであるにもかかわらず、広東では人々の生活のなかに深く入り込んでいる現状を目撃した。「今、もろもろの愚民は師長、火居道士、師公師婆、聖子などと称し、盛んに壇場を開いて、偽りの地獄を描き、勝手に法律を作り、仏教の音曲を伝えて、人々を惑わし、また、婦女に通じて、香を焚き、お茶を供し、あるいは神を迎え、鬼に扮装する。物忌みして神に祈る時には多額の銀銭を費やし、祭壇を設けて神を祭るに際しては、ちまたを騒がせている。ひそかに民の財を損ない、明らかに国法に違反するものだ。ひどい場合には、妖言怪術を操り、毒を盛り人の肝をとるようなことまで行っている」(16)。魏校はそうした邪術の拠点となっている祠廟を淫祠とみなし、破壊しようとしたのである。

魏校が最初に取り組んだのは、広東省、広州府及び付郭の南海・番禺両県の行政官廳が集中した広州城である。正徳十六年（一五二一）十一月、魏校は、広州城内の淫祠の破壊と淫祠に代わる社学の設立を布告した。広州城には淫祠が建ち並び、民俗を惑わし、人々の財産を食い物にしている。こうした淫祠を一掃して人々を教化するには何よりも社学を設けることが必要である。そこで、広州府属の地方官に城内の坊巷を実地調査させて、祀典に載せられておらず、教化にも関わりがなく、また朝廷より勅額を賜与されていない神祠、仏寺は全て破壊した。それらのうち、比較的大きな淫祠は七社学に改建し、また武社学を復活させた。すなわち、石頭廟巷の中隅社学（もと定林寺）、番禺県衙門の西の東隅社学（もと真武廟）、城西の西市街の西隅社学（もと五顕廟）、南門外の褥子巷の南隅社学（もと西来堂）、城北順天門街の北隅社学（もと大雲寺と小府君廟）、南城外永安橋西の東南隅社学（もと大王廟）、西城外蜆子歩の西隅社学（もと小天妃宮）、以上の七社学はともに仏教寺院や各種の道教系の祠廟を改建したものである。また、李指揮なる者の居宅（城北二牌楼街）を武社学に改めた。各社学にはそれぞれ学舎を設け、学田を付設した(17)。

社学設立と併せて行われたのは、書院の建設である。魏校は「一城の鎮」とされる広州城内の粤秀山を対象として、次のような淫祠破壊を実行した。観音閣、迎真観、悟性寺、仁孝廃寺をそれぞれ濂溪・明道・伊川・晦庵の四書院となし、また、迎真観の左の天竺寺は崇正書院に改め、広州府の生員を書院に分属させた。さらに、魏校は、広州右衛指揮・李松の監督のもとに、仏寺の銅像を溶かして売り払い、そのお金をもとに先賢の遺像をつくらせ、あるいは「淫祠の神位・座案・炉瓶・鐘鼓などで、なお今後も使用に耐えるもの」は没収するとともに、僧侶・道士のうち度牒なき者は還俗させ、度牒を給付されたものは、城内の光孝、玄妙等の寺院・道観（寺観）に帰属させた。[18] これは明初の政策の復活である。明朝は、建国当初より、仏教、道教に対する統制を強め、度牒を考試のうえで発給し、また天下の僧侶、道士を掌握する衙門として僧録司、道録司を中央に置いて、府州県に至る下部組織（各府の僧綱司・道紀司など）を統括させる一元的体制を作り上げた。更に、洪武二十四年（一三九一）には、各府州県の寺観を一ヵ所に併合させた。[19] 光孝寺は東晋の隆和元年（三六二）に創建された由緒ある寺院であるが、明朝が寺観を一ヵ所に集めた時、ここに僧綱司を設け、僧官を置いた。玄妙観は唐代に開元といい、宋代になって今の名前に改称され、洪武十五年（一三八二）、同じく道紀司が設置された。[20] 要するに、魏校は、明初の政策に倣い、度牒をもたない僧侶、道士を光孝寺、玄妙観などの寺観に所属させ、僧綱司、道紀司の管理のもとに置こうとしたのである。

魏校は、広州城を対象として、祀典に載せざる仏道の寺観などを淫祠と見なして破壊し、社学と書院を設立したが、このことは、彼がまずは広州城を広東における儒学普及の拠点としようとしたことを示すであろう。魏校はさらに、こうした政策を広州城周辺の農村にも実施していった。広州城及び番禺・南海両県の農村には淫祠が多数存在しており、社学はまったく設けられていない（省城番南二県各郷淫祠数多、原無社学）。そこで、近隣六県（高明、四会、増城、新会、従化、新寧）の教諭・訓導の協力を仰ぎ、両県の農村を調査し、全ての淫祠を廃絶し、社学を設立する通達を発令した。[21] また、広東西部の雷州府の教諭に通達した公文書のなかで、魏校は「自分が思うに、広東の習俗は、おおむね鬼神の教えを尊崇しており、随所に淫祠が所在し、巫覡が活発に活動している」（切惟、広東之俗人抵崇尚鬼教、所在淫祠布列、巫覡盛行）といい、広東全体に淫祠が浸透していることを指摘したうえで、とりわけ淫祠の活動が甚だしいとされる雷州の淫祠の破壊を命じた他、同様に破壊を指示した公文書を雷州の西隣の廉州府、広東北部の南雄府などにも送り、地域の実状に応じて詳細に破壊の方法と淫祠に代わる社学の設置を指示した[22]。

二　魏校の政策意図

魏校は、珠江デルタを中心として、淫祠の破壊と社学の建設を進めていったが、広東の人々が正祠のみならず、淫祠とみなされた寺観などを崇拝したのは、それらが人々の生活と密着しているからである。人々は何事につけ、身近に問題が発生すれば、民間の神々を頼んだ[23]。淫祠を破壊したとしても、人々の心に深く入り込んだ民間の信仰を根絶やしにすることは容易ではない。魏校もまた、このことを熟知していた（淫祠既毀、邪術難除）。そこで、魏校は次のように説諭する。「お前たち愚かな小民は、死生命有り、富貴天に在りという言葉[24]を知らないのだ。しかも、師巫の家でも、災いに遭遇し、あるいは病死したりするものだ。鬼神を信仰しているのに、どうして、それらの災厄から守ってくれないのか。士大夫の家では、外鬼邪神を祭っていないのに、多くのものが富も身分も幸福も長寿も享受しているぞ[25]」。魏校はこのように儒教を拠り所として、繁栄を享受した士大夫の家に対比させて、邪神の霊力に効能がないことを論理的に指摘したうえで、祖先祭祀の挙行を求める。それぞれの家では祖先祭祀のみを許容し、諸々の神々の信仰は邪悪なものとして厳禁するのが魏校の方針である[26]。また、南雄府を対象とした禁令では、次のように命じている。「万物は天を拠り所とし、人は祖先を拠り所としている。例えば、樹木に根っこがあり、河の流れに源があるようなものである。いま、南雄の民はみな祖先を祭っていないが、これは、祖先の祭祀を絶やし、祖先に寄る辺なきを忍ばせるものだ。大きな不孝といえよう。地方官は禁約を厳しくし、外神はすべて破壊し、祖先を祭らせるようにせよ[27]」、と。後述するように、この頃、珠江デルタの中心部（広州府）では、士大夫の間に祖先祭祀が挙行され始めていたが、南雄府のように、祖先祭祀が行われず、民間の神々を祭る習俗が根付いていた地域がむしろ多かったことを推測しうるであろう。

魏校はまた、淫祠への対抗手段として、祖先祭祀とともに、淫祠に代えて設立した里社、社学及び郷約を活用しようとした。番禺県、南海県の周辺農村の淫祠を取り壊して社学を建設する際に、併せて里社と郷約の施行を指示し（仍除地立社以行郷約）、また東莞県に通達した文書のなかでも、社学を設け、また里社を立てて郷約を施行すべきことをいう（興社学、以教子弟、立社以行郷約）[28]。里社や社学は明朝が建国時に実施した制度である。明朝は一一〇戸を基本とする里の組織を全国に設立し、里ごとに、五土五穀の神を祭る里社を設けて、民間の信仰を統制し、また社学を新設して教化と教育の場としようとした[29]。広東でも里社と社学の制度は実施されたが、その後多くは廃弛する傾向にあった[30]。魏校は五土五穀の神を祭る里社を復興し、淫祠に対抗させようとしたと考えられる。しかし、彼が目指したのは単に信仰の統制のみではない。人々に教化を施し、儒教的な人格を作り上げることが目指された。その拠り所になったのが郷約と社学である。郷約とは、郷里の約という意味であり、また約に集う人々の組織を指す。郷約の模範とされる朱熹「増損呂氏郷約」によれば、郷里の人々が自主的に郷約の組織を作り、地域の秩序維持に必要な儒教倫理を践み行うことが基本である。明代半ば頃から、中国の各地で、郷約及び保甲、社学、里社、社倉を組み合わせた秩序維持策が施行されるようになっている[31]。里社を復活し、郷約を行え、と魏校がいう時、そこには、人々が里社の神々を信仰し、自主的に郷約の教えを実践することが期待されているのであろうが、魏校が更に努力を払ったのは社学の設立である。淫祠を廃絶するには、何よりも子供のうちから儒教倫理を教え導くのが効果的である。社学はまさにそうした儒教的人格を養い育てる根本の施設である（興復民間社学、訓教蒙童、以為育才之本）[32]。魏校は、文武貧富を問わず、全ての民に対して、六・七歳から一十歳までの子弟を社学に送るように命じている。社学における教育の目的は念書、対句のような科挙受験の準備といったものではなく、少年期より儒教の倫理を学び、行動を規制することを学ばせることにある。また、禁約では、賤民の家を除き、全ての民は子弟を社学に入学させる義務をもち、これに違えれば処罰されると規定した[33]。

要するに、魏校の政策の目的は、祖先祭祀や里社の神をもって、淫祠の信仰に対抗させつつ、郷約・社学を通じて儒教的な人格を養成することにあった。では、こうした政策はどれほどの効果を上げたのであろうか。嘉靖十四年（一五三五）序刊『広東通誌初藁』巻一六、「社学」は、魏校の時に設立された社学を記録に残している。社学はおおむね広東全域で設立されたが、なかでも社学が集中したのは、広州府下の地域であり、南海県一〇五所、番禺県四八所、順徳県三六所を数える。こうして珠江デルタを中心として多数の社学が設立されたが、これらの社学の多くは魏校の離任後まもなくして廃れることになる。次にその事情を探ってみよう。

三　郷紳による占奪

魏校の政策は彼の在任中は効果を上げたようであるが、その後少なからざる社学において、これを維持できず、廃止のやむなきに至った場合も多かった。その原因は、社学の経済基礎である学地が「勢家」によって侵奪されたことにある[34]。この頃、勢家、勢豪などと称され、地方官吏からその活動を非難されたのは、郷里出身の官僚（郷官、郷紳）である。当時急速に進捗しつつあった商業化・都市化の潮流のなかで、商業活動、手工業生産に関与した有産階層は莫大な富を築き、その富をもとにして子弟を教育し、科挙を通じて任官させていった。その結果、広東でも、多くの知識人が生み出されたが、なかでも官僚身分を獲得した郷紳は地方の政治・経済に大きな影響力を及ぼすようになっていた[35]。社学の土地を奪ったとされる勢家も郷紳を中心とする有力な家であったと考えられる。具体例を挙げてみよう。

嘉靖十一年（一五三二）、広東按察司僉事の龔大稔は、ともに南海県の出身で、世宗の信任が厚かった吏部尚書・方献夫と詹事府詹事・霍韜を弾劾した。この時、方献夫と霍韜の罪として掲げられたのは、塩の密売、市場の占拠、官衙の破壊と移転、寺産の強奪、投献をめぐる紛争に際して行われた裁判への介入などである(36)。これらのうち、寺産の強奪とは、魏校の淫祠破壊令の対象とされた仁和寺（広州城内西南隅西濠街）をめぐる事件である。龔大稔は、仁王寺はすでに朱熹を奉じる書院に改建されているのに、方献夫はこれを奪って自分の邸宅を拡張した（甚者若仁王寺基、已改先儒朱熹書院、而献夫奪之、以広其居）と告発した。これに対して、方献夫は、正徳九年（一五一四）、淫祠破壊令が公布されたが、この頃、自分は家居していた。仁王寺は自分の邸宅に近接していたので、きちんと代価を支払って買い取り、また仁王寺付属の土地も購入したものである。したがって、不法な行為ではないと弁明した（惟正徳九年有詔、毀鬻淫祠。臣時為郎、家居。而仁王寺寔近臣宅。臣因輸直告請為業、并買寺田若干(37)）。正徳九年の淫祠破壊令の詳細は不明であるが、魏校の政策よりも八年ほど前のことである。地方志の記載によれば、当該の晦庵書院（また晦翁書院ともいう）は、嘉靖二年（一五二三）魏校が仁王寺の跡地に建設したものだという(38)。こうしたことからすると、方献夫は、正徳九年の淫祠破壊令の時に、仁王寺を購入ないし強奪したが、魏校による淫祠破壊に際して没収して晦庵書院となすという処分を受けたことになる。龔大稔は方献夫の旧事を暴露して告発したものであろう。霍韜の場合にも、方献夫に共通する罪として、「禅林を奪い、寺産を盗んだ」と告発されたが、その上奏文には詳細は述べられていない。霍氏側の史料によれば、魏校が淫祠破壊令を公布した時、広州城の西南に位置し、名勝の地として知られる西樵山の宝峯寺も壊された。南海県人の黄少卿なる者(39)がこの寺を承買したが、霍韜は父親の墓が寺に隣接していたため、兄弟と共にこの土地を買収して、自分の邸宅を建設した。また、郷里の深村堡石頭（南海県）の霍氏の大宗祠も、霍韜が淫祠を承買して建設したものであるが、西樵山の宝峯寺が破壊された際、その寺田三百畝を買い受けて大宗祠を維持するための祭田（蒸嘗）としたという(40)。龔大稔の告発と方献夫や霍韜の側の弁明のどちらが真実であるかはわからないが、世宗は、龔大稔の告発を認めず、それのみか彼を投獄し、官籍を削るという厳しい処分を出した[41]。

以上の事例から窺うに、魏校が民間の信仰を抑制し、儒学を普及するために、淫祠を壊し、社学・書院を建設しようとしたのに対して、地元の広東の郷紳など有力者は、承買したのかそれとも占奪したのかは別にして、自己の家のために淫祠（ないし社学・書院）とその土地を獲得していった。このことが、非難を浴びる結果を招いたといえよう。

しかし、広東の郷紳にも、言い分はある。例えば、霍韜である。魏校が広東を去った嘉靖二年（一五二三）、広東右布政使として赴任した林富に宛てた彼の書簡[42]には、淫祠破壊と郷紳との関係が生々しく語られている。「伝え聞くところによりますと、あなたの執事は、公費を用いて（官に没収した）僧田を買い戻し、僧侶に与えたそうですね。それは本当のことですか。こうした措置をとられた貴兄の議論には、適正さに欠けるところはなかったでしょうか。また、執事も貴兄の命令を受けて実行するに勇み足に過ぎることはなかったでしょうか。その結果、国の経費を用いて僧侶を庇護し、正しい礼教を妨げるという弊害を生じているのです」。魏校がとった措置は、淫祠を壊して社学・書院を設立するというものであったが、上述のように、そのうちの少なからざる部分が郷紳を初めとする勢豪の家に帰した。そこで、林富は、その属官に命じて、郷紳の手に渡った僧田を公金で買い戻し、僧侶に給付する措置をとらせたのである。霍韜はこの措置に強く反発するが、林富の施策の真意も理解していた。つまり、林富が僧田を僧侶に給付したのは、僧田が郷紳の所有に帰して、税糧・徭役の負担が庶民に転嫁されることになることを恐れたために他ならない。霍韜も、郷紳の勢力を抑えて、公法を助けようとする姿勢には賛同する。しかし、郷紳を抑えるために、公金を拠出して、僧田を僧侶に与えるのは、「衣冠の士族」が僧侶にも及ばないということだ。一人で数頃の土地を所有する僧侶や、光孝寺のように、数県にまたがる数十頃の土地を所有している寺院があるが、こうした寺院に対して、国費を拠出して寺田を発給することはとても容認できることでない。士大夫を軽んじて、「異端の禽獣」に厚くするものだと憤る[43]。光孝寺は、洪武年間の宗教統制策の際に僧綱司が置かれた寺院である（前掲）。林富は、淫祠と判定された寺院の僧田をもとの寺院に返還するのではなく、正祠としての寺院に帰属させる措置をとったものと考えられる。

霍韜の抗議を受けた林富はどのようにこの問題を解決したのであろうか。後世の地方志は、魏校が寺を破壊し、寺田を籍没した時、巨室が争ってこれを獲得したので、林富は、寺田からの収益を軍餉ないし学膳（学生への給付金）に充当し、また、寺の跡地は書院、社学、医学としたことを伝える[44]。この記述からすると、郷紳の手に落ちた寺院・僧田を官府が買い取り、特定の寺院に給付するという林富の政策は取りやめになったようである。

四　儒教普及への取り組み

広東の郷紳は、淫祠ないし社学を占奪したと批判されたが、彼らにしても、儒学によって立身したものである以上、郷里が淫祠に満ちあふれたままでよいと考えたわけではない。霍韜は、上掲のように、正祠か否かに関係なく、寺院の僧侶を「異端の禽獣」と極言し、罵倒ともいってよいほどの痛烈な批判を行った。彼が林富の政策に反対したのは、郷紳に帰した土地を国家がわざわざ国費を用いて買い戻し、寺院に給付することが、つまりは仏教の勢力拡大を手助けする結果になるからである。その反面には儒学を擁護する立場があると考えるべきであろう。こうした霍韜の姿勢はその官僚としての活動からも裏付けられる。彼は、江西督学副使・徐一鳴が淫祠・額外の寺観を勝手に取り壊したことによって詔獄に下された際、方献夫と協力して、世宗に嘆願し、彼を救い出したが、その際、霍韜は「仏教や道教が盛んになるのは、王政の衰えの兆候である」として、仏教・道教の発展を抑制すべきことを強く求めている[45]。また南京礼部尚書に任じられた時には、風俗の是正を掲げ、淫祠破壊と社学設立を実施した[46]。仏教、道教の抑制と各種の淫祠の破壊を実施し、儒学の普及を日指す点において、魏校の基本姿勢に共通するといってよい。冼桂奇という仏山鎮（広州府南海県）の郷紳の伝記には、この問題に関連する興味深いエピソードが伝えられている。冼桂奇は、湛若水の教えを受けて心性の学を探求したと言われる。嘉靖十四年（一五三五）進士となり、工部主事を授けられ、更に南京刑部に移ったあと、まもなく致仕した。(47) 冼桂奇の母の陳孺人は、魏校による淫祠破壊を聞くと、祖先が崇拝してきた仏像を水火に投げ入れ、神の祟りがあれば、自分が引き受けると明言した。人々は、桂奇が理学によって頭角を現したのは母親の教えによるところが大きいと言い合ったという。(48) 士大夫の家たるものは、魏校の政策を遵守し、一切の民間の宗教を捨てて、儒学の教えにつくべきであるという厳格な考え方の一端が窺われる。

では、広東の郷紳は民間信仰に対抗しつつ、どのように儒教を普及しようとしたのであろうか。魏校は、儒教普及の方策として祖先祭祀を掲げたが、広東の郷紳もまた同様である。嘉靖六年（一五二七）刊『広州志』（黄佐編纂）巻三五、「礼楽」によれば、士大夫の家では最近になって、大宗、小宗の祠堂を建設し、朱熹『家礼』に依拠して、高祖、曾祖、祖、父を祀る四廟を設けるようになったという（士大夫家多建大宗小宗祠堂、最為近古。四廟以右為上、一遵家礼）。例えば、先に紹介したように、霍韜は郷里の石頭で淫祠を買い取って大宗祠を建設したが、この大宗祠には、始祖及び高祖・曾祖・祖・考の四世が祭られた。(49) 霍韜による淫祠の買収は、淫祠の破壊と社学建設を通達した魏校の布告の趣旨に違うものであるが、霍韜側から見れば、大宗祠を建設して、祖先を祭ることは、まさしく民間信仰に対抗する手だてとなる正統な方策であるという認識があったであろう。また、冼桂奇の家の場合、彼はすでに進士及第後から、大宗の祠堂を建設して、冼氏嫡系の宗信を宗子となして始祖を祭らせ、族人を統合しようという構想をもっており、退官後の嘉靖二十九年（一五五〇）、これを実行した。こうして設立された大宗祠堂は、始遷祖の顕祐を祭り、冼氏家廟と命名された。(50)

当時、科挙官僚制に組み込まれつつあった広東において、この制度のもとで成長した郷紳などの知識人が、宗祠における祖先祭祀を導入し、儒教秩序の醸成を希求する方向へと動き出したことは注目すべき動きであるように思われる。

おわりに

本稿の狙いは、魏校が行った淫祠破壊の具体的状況とその目的がどのようなものであり、またその政策に対して地元の広東ではどのように反応したのかを探ることにあった。淫祠を破壊し、儒教の教化・教育を普及しようとする魏校の政策は、皮肉なことに、同じ知識人である郷紳によって淫祠、社学が奪われることによって頓挫する結果に終わった。また、デビット・フォール氏は、魏校の淫祠破壊後も、淫祠と見なされたものも含めて、寺観、その他諸々の祠廟が依然として広東の人々の信仰を集めたことを指摘している(51)。しかし、広東の郷紳が、魏校によって民間信仰に対抗する有力な方策として位置づけられた祖先祭祀を挙行し始めたことは注目すべきである。こうした祖先の祭祀は、当時郷紳へと上昇したような知識人の家でこそ挙行され始めたものの、庶民においては宗祠を設立するような財力も知識もない。彼らを教化するには、魏校が掲げたように、里社や社学を活用することが必要となる。魏校の政策を受けて、更に推し進めるプランを示した地元の郷紳が黄佐である。次章において検討を加えてみたい。

注

（1）新県の設置については、従来の研究が注目するところである。G.William Skinner,ed. *The City in Late Imperial China*, Stanford University Press, 1977, pp.17～23。斯波義信「社会と経済の環境」（橋本萬太郎編『漢民族と中国社会』山川出版社、一九八三年）、青山一郎「明代の新県設置と地域社会—福建漳州府寧洋県の場合—」（『史学雑誌』第一〇一編第二号、一九九二年）、甘利弘樹「明末清初期、広東・福建・江西交界地域における広東の山寇—特に五総賊・鐘凌秀を中心として―」(『社会文化史学』第三八号、一九九八年)、同「明末清初期、広東東北部地域における行政区域の変化について」(富士ゼロックス小林節太郎記念基金、一九九八年)、同「明末における新行政区画の設置―広東鎮平県・連平州の事例―」(明代史研究会編『明代史研究会創立三十五年記念論集』汲古書院、二〇〇三年)、同「明末広東における連平州の成立―雍正『連平州志』の分析を通して―」(『中央大学・アジア史研究』第三〇号、二〇〇六年)。また、斯波義信『中国都市史』(東京大学出版会、二〇〇二年)、唐立宗『在「盗区」与「政区」之間―明代閩粤贛湘交界的秩序変動与地方行政演化』(国立台湾大学文学院、二〇〇二年)も重要である。

(2) 嘉靖四十年序刊『広東通志』巻七、事紀五、「本朝」、及び同書巻六七、外志四、「峒獠」。

(3) 康熙刊『徳慶州志』巻一、「事紀」、万暦四年条。

(4) 魏校の人物伝には、『明史』巻二八二、「魏校」、『明儒学案』巻三、崇仁学案三、「恭簡魏荘渠先生校」、『粤大記』巻六、「魏校」、『国朝献徴録』巻七〇、「太常寺卿魏公校伝」などがある。

(5) 嘉靖十四年序刊『広東通誌初藁』巻七、秩官上、「魏校」。

(6) 嘉靖四十年序刊『広東通志』巻二〇、民物志一、「風俗」に、

習尚、俗素尚鬼、三家之里必有淫祠・庵観。毎有所事、輒求珓祈籤、以卜休咎、信之惟謹。有疾病、不肯服薬、而問香設鬼、聴命於師巫・僧道、如恐不及。嘉靖初、提学副使魏校始尽毀、而痛懲之、今乃漸革。

という。また、『粤大記』巻六、宦績類、性学淵源、「魏校」にも、「首禁火葬、令民興孝、乃大毀寺観・淫祠、或改公署及書院、余尽建社学」という。

(7) 小島毅「正祠と淫祠―福建の地方志における記述と論理」(『東洋文化研究所紀要』第一一四冊、一九九一年)は正祠と淫祠の区別を論じている。また、宋代史において、正祠と淫祠の問題に関する研究が進んでいる。金井徳幸「南宋の祠廟と賜額について―釈文珦と劉克荘の視点―」(『〈宋代史研究会研究報告第四集〉宋代の知識人―思想・制度・地域社会』汲古書院、一九九三年)、松本浩一「中国村落における祠廟とその変遷―中国の祠廟に関する研究動向と問題点1―」(『社会文化史学』第三十一号、一九九三年)、須江隆「唐宋期における祠廟の廟額・封号の下賜について」(『中国―社会と文化』第九号、一九九四年)など。

(8) 『太祖実録』洪武三年六月甲子条。

（9）「明清江南城隍考」（『〈唐代史研究会報告第Ⅵ集〉中国都市の歴史的研究』刀水書房、一九八八年）。また、濱島敦俊『総管信仰―近世江南農村社会と民間信仰』（研文出版、二〇〇一年）、一一三～一四二頁参照。

（10）濱島敦俊「明清時代、江南農村の『社』と土地廟」（『山根幸夫教授退休記念明代史論叢』（下）汲古書院、一九九〇年）、及び前掲濱島著書一五八頁。

（11）小島毅前掲「正祠と淫祠―福建の地方志における記述と論理」、及び小島毅『中国近世における礼の言説』（東京大学出版会、一九九六年）、一二四～一二九頁。

（12）科大衛「明嘉靖初年広東提学魏校毀〝淫祠〟之前因後果及其対珠江三角州的影響」（『地域社会与伝統中国』西北大学出版社、一九九五年）。

（13）拙稿「黄佐『泰泉郷礼』の世界―郷約保甲制に関連して―」（『東洋学報』第六七巻第三・四号、一九八六年）。

（14）『明清広東社会経済形態研究』（広東人民出版社、一九八五年）、『明清広東社会経済研究』（広東人民出版社、一九八七年）、Robert B. Marks, *Tigers, rice, silk, and silt: environment and economy in late imperial south China*, Cambridge Univ. press, 1998.

（15）魏校『荘渠遺書』巻九、公移、嶺南学政、「諭民文」に、「広東一省係古南越地、称鄒魯、民雑華夷、文献固有源流、淫邪尚当洗滌」という。

（16）『荘渠遺書』巻九、公移、嶺南学政、諭民文、「闢異端以崇正道」条に、

禁止師巫邪術、国有明条。今有等愚民自称師長・火居道士及師公・師婆・聖子之類、大開壇場、仮画地獄、私造科書、偽伝仏曲、揺惑四民、交通婦女、或焼香而施茶、或降神而跳鬼。修斎則動費銀銭、設醮必喧騰閭巷。暗損民財、明違国法。甚至妖言怪術、蠱毒採生、興鬼道、以乱皇風、奪民心、以妨正教。

とある。なお、上文中に「禁止師巫邪術、国有明条」とあるが、これは『明律』、礼律、祭祀、「禁止師巫邪術」条を指している。

（17）『荘渠遺書』巻九、公移、嶺南学政、「為毀淫祠以興社学事」に、

照得、広城淫祠所在布列、扇惑民俗、耗蠹民財、莫斯為盛。社学教化首務也。久廃不修、無以培養人材、表正風俗、当職怵然於衷、擬合就行仰広州府抄案、委官親詣各坊巷。凡神祠仏宇不載於祀典、不関風教、及原無勅額者尽数折除、

択其寛廠者改建東西南北中東南西南社学七区、復旧武社学一区。

とある。また、旧祠廟と七社学との関係、各社学の位置、施設については、「為毀淫祠以興社学事」の後ろに記載されている。

(18)『荘渠遺書』巻九、諭教読、「為崇正学以闢異端事」。

(19)間野潜龍『明代文化史研究』(同朋舎、一九七九年)、二四三〜二六一頁。

(20)嘉靖十四年序刊『広東通誌初藁』巻三六、「仙釈」及び同書巻一〇、「公署」。

(21)『荘渠遺書』巻九、公移、嶺南学政、諭教読、「為淫祠以興社学事」。

(22)『荘渠遺書』巻九、公移、嶺南学政、諭教読、「為毀淫祠以正風化事」。

(23)前注(6)参照。

(24)『論語』、「顔淵」に、「死生有命、富貴在天」という。人間の生死や富貴の獲得は天が定めた運命であり、人間の努力を超えた問題であるという意味。

(25)『荘渠遺書』巻九、諭民文、「闢異端以正道」。

爾等愚昧小民不知死生有命、富貴在天。且如師巫之家、亦有災禍病死。既是敬奉鬼神、何以不能救護。士夫家不祀外鬼邪神、多有富貴福寿。

(26)『荘渠遺書』巻九、諭民文、「闢異端以正道」に、「民家只許奉祀祖宗神主。如有私自奉祀外神隠蔵邪術者、訪出問罪、決不軽恕」とある。

(27)『荘渠遺書』巻九、公移、嶺南学政、諭教読、「為風化事」に、

万物本乎天、人本乎祖。譬則木之有根、水之有源也。今南雄之民皆不祀先祖、是絶祖考血食、而忍其無所依帰。不孝之大者也。有司宜厳加禁約、悉毀外神、責令専祀先祖。

とある。

(28)『荘渠遺書』巻九、嶺南学政、諭教読、「為淫祠以興社学事」及び「為風化事」。

(29)里社・社学については、栗林宣夫『里甲制の研究』(文理書院、一九七一年)第一章「里甲制の施行」、和田博徳「里甲制と里社壇・郷厲壇―明代の郷村支配と祭祀」(『西と東と―前嶋信次先生追悼論文集』汲古書院、一九八五年)、酒井忠

夫『〈酒井忠夫著作集1〉増補中国善書の研究上』（国書刊行会、一九九九年）第一章「明朝の教化策とその影響」、濱島敦俊前掲書第四章「明朝の祭祀政策と郷村社会」など参照。
(30) 嘉靖刊『広州府志』巻二八、「学校下」に、「州閭郷党社学之設所以養童蒙端化基也。廃墜已久」という。里社についても、魏校が里社の設立を指示したということは、逆に、それまでに里社が廃れていたことを示すであろう。
(31) 酒井忠夫前掲書第一章「明朝の教化策とその影響」、寺田浩明「明清法秩序における『約』の性格」（『〈アジアから考える4〉社会と国家』（東京大学出版会、一九九四年）、拙稿前掲「黄佐『泰泉郷礼』の世界―郷約保甲制に関連して―」など。
(32) 『荘渠遺書』巻九、公移、嶺南学政、諭民文、「為興社学以正風俗事」。
(33) 『荘渠遺書』巻九、公移、嶺南学政、諭民文、「教子弟以興礼儀」
(34) 前掲『広東通誌初藁』巻一六、「社学」に、
故当是時童蒙之習咸知揖譲、閭巷里閈藹然、絃歌礼教之風嗣是、而後莫克修挙、寖以廃墜、其学地帰於勢家之所侵没者多矣。

とある。
(35) 拙稿「石頭霍氏―広東の郷紳の家―」（『名古屋大学東洋史研究報告』二五、二〇〇一年）。
(36) 拙稿前掲「石頭霍氏―広東の郷紳の家―」。
(37) 『世宗実録』嘉靖十一年七月辛酉条。
(38) 前掲『広東通誌初藁』巻一六、「書院」、康熙三十年刊『南海県志』巻八、学校、「書院」。
(39) 霍韜と同じ時代を生きた南海県出身の官僚として、太常寺少卿に上った黄重がいる（康熙刊『南海県志』巻一一、人物列伝、「黄重」）。おそらく黄少卿とは彼のことであろう。
(40) 霍韜『石頭録』（霍与瑕補訂。『霍文敏公全集』所収）巻二。及び光緒刊『石頭霍氏族譜』巻一、「祠記」。
(41) 『世宗実録』嘉靖十一年七月辛酉条。
(42) 道光二年刊『広東通志』巻二四二、官績録一二、「林富」、同書巻一九、職官表一〇、「林富」。
(43) 『霍文敏公全集』巻六下、書、「与林汝桓」。

伝聞、執事凡僧田尽用公解贖回給僧、果否。此事於令兄方伯先生所議、不無欠当、而執事又復承行過勇、故流弊遂至費官銀以庇髡者、頗為名教之累耳。方伯公原意、蓋憤寺田尽帰権要、又慮僧田既為権要之利、則糧差必重為平民之殃。又曰、官司廃寺斥僧、本以闢邪崇正。豈曰反為権要而已乎。夫抑権要以扶公法、可也。因抑権要、而出官銭贖、以給髡僧、是衣冠士族反禿子不如也。僧有一人而兼腴田数頃者矣。有兼管数県田業而至数十頃、如光孝崇報者矣。有司者不覈其遊手坐食削小民以自肥、乃於士夫之家、則屑屑然、較其錙銖之人。是待吾類不如異端禽獣也。是於禽獣反厚、視士夫反薄也。

(44)　道光二年刊『広東通志』巻二四二、宦績録一二、「林富」伝に、「先是、魏督学毀寺藉其田、巨室争利之。富定議以田充軍餉、給学膳、以地為書院、社学、医学有差」とある。

(45)　『世宗実録』嘉靖六年十二月壬子条。また、霍韜の上奏文「乞宥憲臣疏」が、『渭厓文集』巻二、「疏」、に収録されている。

(46)　『明史』巻一九七、「霍韜」、康熙刊『南海県志』巻一一、「霍韜」。

(47)　道光十年刊『仏山忠義郷志』巻九、人物志、循吏、「冼桂奇」。

(48)　『粤中見聞』巻一五、人部三、孝義、「冼奕倩」。
…聞魏督学毀淫祠、亟取先人旧所崇奉仏像投於水火、妯娌中有怵以禍、曰、倘能降禍、吾自当之。人謂、公以理学顕、皆得母訓之力焉。

(49)　『石頭録』巻一、「嘉靖四年正月一日」条。

(50)　『嶺南冼氏宗譜』巻三之二〇、分房譜・練園房、祠堂、「家廟照帖」。この他、明代中期以降の珠江デルタにおける宗祠普及の事例については、拙著『中国の宗族と国家の礼制』（研文出版、二〇〇〇年）第九章を参照していただきたい。

(51)　科大衛前掲「明嘉靖初年広東提学魏校毀〝淫祠〟之前因後果及其対珠江三角州的影響」。

第六章　中国近世の都市と礼の威力

はじめに

かつて筆者は黄佐（一四九〇～一五六六年）という儒教知識人（士大夫）が嘉靖十年（一五三一）前後に著した『泰泉郷礼』という礼書を分析したことがある。著者の黄佐は弘治三（一四九〇）年、府学生員の幾を父として、広東珠江デルタの中心都市・広州城の承宣里で生まれ、嘉靖四十五年（一五六六）に死去した。その官僚経験は、嘉靖元年（一五二二）の進士及第後、翰林院庶吉士を振り出しに、同編修、広西督学官、南京国学祭酒を歴任し、退任する時は、少詹事兼翰林院侍読学士の位にあった。[1] 彼は朱子学の信奉者であるが、各種の広東の地方志を編纂した他、広州城の防衛、広州府内の紛争及び税役問題の解決など、地方政治にも強い関心を抱いていた。『泰泉郷礼』のなかで、黄佐は郷礼という秩序構想を提示し、城郭都市を中心とする領域を対象として、礼（儒教的社会規範）による秩序醸成を目指した。[2]『泰泉郷礼』に注目した時は、宋代以降の中国社会で社会的結合の理想的なかたちを示した理念としての郷約の意義とその普及（郷約保甲制）に主な関心があり、そうした観点から本書のごく一部を紹介するにとどまっていた。また、当時は明代の広東に関する研究が始まったばかりで研究の蓄積が著しく少なかったことから、本書が生まれた広東の時代状況全般のなかで郷礼の構想を十分に位置づけることができなかった。現在に至るまでの間に、とりわけ中国の側の研究が目覚ましい進展を遂げており、また筆者自身もいくつかの関連の作業を進めてきて、ようやく郷礼をめぐる状況を多角的に議論できるのではないかと思うようになった。そこで、もう一度『泰泉郷礼』に向かい合ってみようと考えた。(3)

郷礼の構想のなかで核となるのは「城」と呼ばれる城郭都市である。よく知られているように、中国の都市は城郭都市としてスタートした。夏王朝の後期の頃、黄河流域の洛陽盆地（中原）に誕生した「邑」という「城郭をもつ都市」がそのルーツだと言われている。城郭都市の基本的性格は最後の王朝清朝に至るまで政治・軍事の拠点であることに求められるが、長い都市の歴史のなかで唐宋変革期は大きな転換点であった。唐代半ばを分岐点として、それまで中央政府の統制下にあった商業が都市（「城」）から外に向かってこぼれでて、交通路や地方農村部をまきこんだ規模のものにその形態を広げた結果、末端の行政首府＝県城の外に市鎮（商業町）が次々に登場した。この市鎮こそ社会全体の商業化・都市化の証拠であり、都市の新たなかたちとなった。(4) 明代半ば（十五世紀後半）以降は、こうした商業化・都市化の大きな発展の時期であった。当時の中国の最先進地域であった長江下流デルタでは、絹織物業、棉織物業、商業拠点などが城郭都市に集中し、本来政治軍事拠点である城郭都市が商業・手工業都市の性格を強くもつようになるとともに、おびただしい数の市鎮が農村に発生し、その規模は宋代を遙かに凌駕し、一〇キロ内外の間隔で鎮が点在する状態が出現した。(5) 宋代を起点とする商業化・都市化は明代後期以降の江南を中心として急速に、密度を色濃くしながら社会全体に浸透したと考えられる。長江下流デルタという最先進地域についていえば、人々がどんな辺鄙な農村、山村、漁村に暮らしていても、その生活・生産は市場ネットワークと無縁ではありえない時代が到来したという点で近世社会の商業化・都市化の到達点と言ってもよい。(6)

しかしながら、本稿で取り上げる広東珠江デルタは当時なお中国の辺境であった。中国という現在の地理空間は漢族の辺境における移住・開発によって作り出されたと言われている。(7) 唐宋時代における長江下流デルタの開発と都市化はその大きなエポックであるが、辺境の開発前線は明代になると、更に南下し、珠江デルタ地帯を中心とする広東へと及んだ。『泰泉郷礼』はまさにその頃に書かれた礼書である。中国都市史を専門とする斯波義信氏から、辺境に関する興味深い問題が提起されている。中国都市の生成や発展をトータルに語ろうとする時、まだヴェールの闇につつまれて定かに見えていない別の大きな話題は、中央から見た辺地、つまり移住前線の都市化のプロセスの問題だというものである。斯波氏は辺境運動と都市化の歩みを分析したなかで、建て前としての儒教化（「儒化」＝中国的な文明化）に傾いていく明清時代の社会にあって、「城」は防備によって人民を保護する施設であるにとどまらず、儒教文化や科挙文化というてこでもって社会をまとめ、統制していく砦という色彩をますますはっきりさせたと指摘している。(8)明清史研究の立場から見る時、儒教化に関する斯波氏の指摘は興味深いように思われる。商業化・都市化が急速に進展した明代半ば以降こそ、大陸本土で儒教化が大きく進展した時代だと考えられるからである。宗法を理想として男系血縁の親族を組織化しようとする宗族形成運動や地域社会の秩序の醸成を目的とした郷約など、宋代に生み出された礼の構想がこの時代に広く実践された。その中心には科挙官僚制を存立の前提とする士大夫の存在があり、彼らがこうした一連の儒教化の運動を推し進めていったのである。(9)本稿では、明代の移住・開発の最前線にあった広東でどのように都市を中心として儒教化が進められていったのかを検討したい。

一　都市の儒教化構想

移住と開発の最前線において、歴代の王朝は新県設置によってフロンティアを国家体制に組み込む政策を採用した。辺境の最前線は明代中期（十六世紀）以降、嶺南に到達している。当時の広東は多民族雑居の状況が支配的であったが、漢族とその王朝（明朝）は非漢族地帯に移住・開発の楔を打ち込んだ。このことは非漢族と漢族の対立を激化させ、前者を中心として、重い賦役を逃れて里甲制体制から逃亡した漢族の人々を加えた多様な反乱が広東全域を席巻する結果を招いた。これらの反乱は明朝の度重なる軍事討伐によって次第に鎮圧されたが、その過程で大きな問題となったのは非漢族をどのように王朝体制に取り込むかという問題である。その最も有力な方途は非漢族を含む「化外の民」を教化によって漢族へと変身させることつまり漢化＝儒教化である。儒教化を象徴するのは魏校の淫祠破壊と社学及び郷約、里社の設立の政策であり、その目指すところは、社学という教育施設を利用して儒教的人格に仕上げることであった。[10] 黄佐が構想した郷礼はこの魏校の政策を受け継ぎ、体系化したものである。

『泰泉郷礼』という礼書のなかで示された黄佐の郷礼の構想は、宋代以来の士大夫の政治理念のなかで次のように位置づけられている。宋学を担った士大夫の政治理念は、『大学』、〈経〉で述べられた「格物」・「致知」・「誠意」・「正心」・「修身」・「斉家」・「治国」・「平天下」という八条目に示されている。八条目のうち、五倫の道を実践し、自己を修養する「修身」は、八条目全体をつなぐ結節点である。「格物」・「致知」・「誠意」・「正心」の四者は「修身」の基礎であり、「斉家」・「治国」・「平天下」は、「修身」をもとに実現されるものだからである。士大夫が目指すところは、「平天下」すなわち儒教的世界の確立に他ならない。『大学』〈経〉で「明徳を天下に明らかにする」と言われるように、自ら自己の輝かしき徳を輝かし、ついでそれを推し及ぼして天下の人をして皆その輝かしき徳を輝かせる、こうして天下の人がそれぞれ自己の明徳を輝かしている状態が「平天下」であり、儒教的世界の完結なのである。黄佐の郷礼の構想全体はこの政治理念を受け継いだものであるが、注目されるのは、「斉家」に次ぐ段階として、「化郷」を構想したことである。つまり、士大夫が自主的に郷里の秩序を醸成すべきだというのがその本旨であり、それは明朝成立期に皇帝権力が主導して全国一律に実施された里甲制と決定的に異なる点である。黄佐の『泰泉郷礼』は、その精神を最も完備された形で表現していると考えられる。[11] 次にその概要を紹介しておきたい。

黄佐が「城」として想定していたのはどの範囲であろうか。彼は「城」を具体的に定義していないが、後述するように、「在城四隅社学」つまり城郭都市（「城」）の内部の東西南北に設けられた社学が、四つの領域に区画された郷村地帯の社学（郷校）を統制し、この四隅社学と郷校を軸にして、郷約保甲制が編成されていることから、黄佐が設定した「城」は国家の行政区画の末端である県の衙門が置かれた県城であったと考えられる。たとえば、広州府の行政区画は次のようなものである。広州府は、南海、番禺、順徳、東莞、新安、三水、増城、龍門、香山、新会、新寧、従化、清遠の計一三県と一州（連州）を領している。このうち、順徳県は景泰三年（一四五二）に南海県から、龍門県は弘治六年（一四九三）に増城県から、新寧県は弘治十二年（一四九九）に新会県から、従化県は弘治二年（一四八九）に番禺県から、それぞれ析置された新県である。新安県は万暦元年（一五七三）、東莞守禦千戸所から県に昇格し、また連州は陽山と連山の二県を管轄下に置いている[12]。したがって、県の数でいえば、明代の県は計一五となる。しかし、新安県は万暦元年の設置であるから、郷礼の施行当時でいえば、一州一四県という体制である[13]。広州府の行政区画の最小単位となる一四県のうち、南海、番禺両県は広州府の付郭県であるから、衙門は広州城のなかに設けられた。南海県の衙門は広州城内の西側、番禺県のそれは東側に位置する（図1）。その他は独自の城郭をもつ都市である。

県の領域に礼の秩序を醸成しようとする郷礼の構想は二つの段階に分かたれる。郷礼の挙行は、士大夫が、その親族や郷里の人々を率いて、都市では城隍廟、農村では里社において、同じ志をもつ者とともに、「正本三事」と「四礼条件」を神の前で誓い合うことから始まる。順序としては、最初に「正本三事」（立教、明倫、敬身）を挙げる。これは自己一身を修養するために必要とされる徳目であり、同書はこれを「郷礼の本原」と表現している。ついで、四礼の挙行である。郷里の家（人戸）を、田産の多寡を基準として、上戸、中戸、下戸の三等に分かち、商人の家もこれに準じる。上戸、中戸、下戸それぞれの家が各等級に応じて定められた四礼（冠婚喪祭）の品節を遵守するようにさせるが、その際、士大夫が自ら四礼を行って、親族や郷里の人々に模範を示さなくてはならない。この「正本」と「四礼」が郷里の民を教化するうえで基礎となる。士大夫がこの二つの要件に示される修身・斉家の規範を郷里の人々

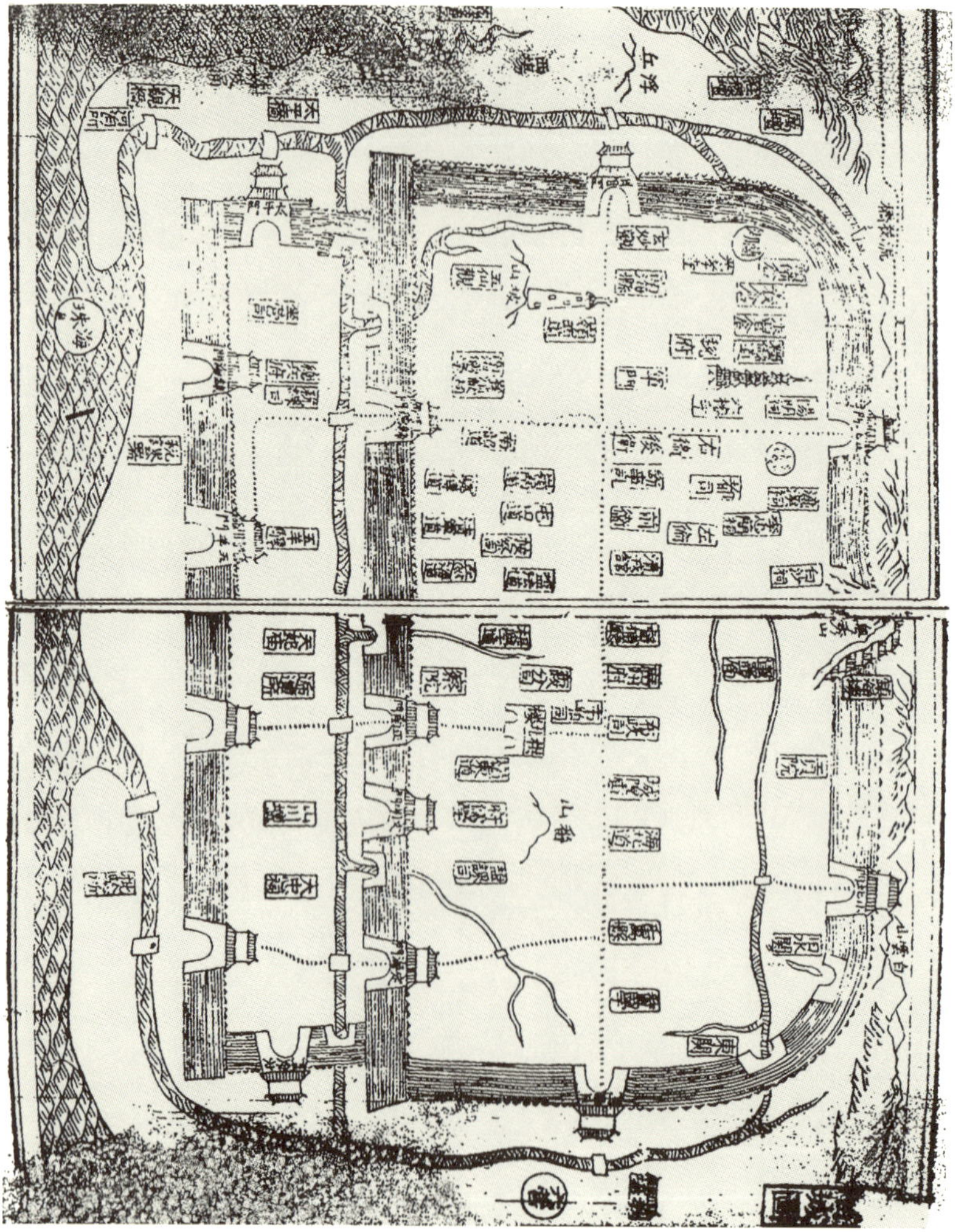

図1　万暦刊『南海県志』巻頭、「省城図」

に提示することにより、郷里の人々が自主的に自己一身を修養し、それぞれの家を整序することが期待されるのである。(14)

次の段階は、それぞれ教化、教育、救恤、祭祀、防衛の機能をもつ、郷約、郷校、社倉、郷社、保甲の各組織を相互連携的に編成することである（以下、郷約保甲組織という）。(15)まず県の領域を東西南北の四つの領域に区分し、各領域の農村では、百戸を単位として自主的に郷約保甲組織を編成する。この一体的な組織の中心は郷約の組織であり、構成員のなかから選ばれた約正が約副とともに指導的役割を果たし、郷約の理念を人々に説諭する。郷社は、城郭の坊廂、郷村で百家ごとに一社を設け、五十五穀の神を祭る。この郷社の組織を単位として、保甲の組織が作られる。一家を一牌となし、一〇牌をもって一甲、一〇甲をもって一保とするものである。保の責任者である保長は、甲の責任者の甲総を指導して防衛の任を果たす。郷校の制度では一社ごとに一社学（郷校）を設け、郷約の人々が学問と人格の優れた人物を選んで教読となし、地方官に報告する。教読は郷里の子弟に対する教育とともに、教化の責務（「一郷の風化」）を持ち、約正らとともに、郷老、衆郷老を選任して、紛争解決と社倉の管理、教化の普及に当たらせる。郷校の後ろには社倉が置かれ、郷老を責任者として、倉穀の収貯と貸し出し、救済などが行われる。

各郷の教読は、在城四隅社学の統率のもとに置かれる。在城四隅社学とは、城郭都市の東西南北に設立される四つの社学を指す。在城四隅社学は各郷の郷校の監督を主な職務とし、教読には致仕した郷官（郷紳）、監生、生員の学行に優れた者を充てる。四隅社学は、各偶の社学ごとに一人の教読が責任をもつ。たとえば、東偶社学であれば、各郷の東路から入ってきた郷校教読の善悪や変事を掌握する。他も同じである。各郷の教読は約正・約副が四礼を申明し、五事を挙げるのを待って、最も優れた実績を収めた者を選んで、在城四隅社学に赴いて、姓名を地方官に報告する。また、毎月初め、各郷の郷校教読は約正と約副の賢者を率いて城に赴き、地方官に各郷の状況を報告する。(16)

以上から理解されるように、郷礼の体制の要となるのは、在城四隅社学と郷校という学校であり、学校を軸として、秩序の再建が図られたといえよう。

郷礼の計画が当時の広東の治安情勢の不安定さを反映していることは、同書の内容から窺われる。人々を郷約保甲組織に所属させる場合にまず必要なのは戸籍の把握である。約正、約副は保長らとともに、各家の戸籍を集めて、戸口冊を作成する[17]。その主な構成員（「民」）として想定されているのは田主、佃戸、傭工であるが、それのみでなく、自力では生活できない窮民、大量の流民もまた対象とされていた[18]。その背景には、戦乱による人々の流動的状況が存在したと考えられる。郷約保甲組織の編成に際しては、領域内に居住するあらゆる人びとが戸籍に登録されるべきである。しかし、里甲を逃亡して盗賊になった元良民や峒俚、猺獞の蛮夷など、戸籍に登録されない「化外の民」が多いのが当時の実情である。そこで、郷礼はこうした「化外の民」に対する教化活動も視野に収めている[19]。蛮夷を対象に含めたのは、彼らに漢化を促す目的があったからである。出自がどうであれ、漢族の文明に帰化させることが肝要である。礼による教化策の重要な目的の一つが「良民」を作り出すことにあったことは間違いないであろう。

最後に二つの問題に注目しておきたい。第一に儒教知識人（士大夫）の役割である。在城四隅社学の教読は科挙に及第して官僚身分を獲得した郷紳、及び科挙の各階梯の及第者であり、要するに科挙官僚制に繋がる知識人である。郷校の教読は科挙官僚制との関係を条件としないが、学問と徳行に優れた者であり、やはり知識人が想定されている。郷約保甲制全体がこの在城四隅社学と郷校の統属関係に規定される仕組みになっていることから、黄佐が何よりも知識人の役割を重んじたことがわかる。第二に、しかしながら、黄佐は地元の士大夫のみによって、郷里に儒教秩序を醸成できるとは考えていない。そもそも郷礼は、県という国家の行政区画の末端を核とする構想である。都市の社学（在城四隅社学）が地方官と協力して、その末端の行政組織の秩序を領導することが大筋である。このように黄佐が郷礼を構想するに際して行政区画を利用したのは、その現実的姿勢を示している。広東の民衆反乱は全国の民衆反乱のなかでもずば抜けて際だっており、しかも、この反乱情勢には民族問題が密接に関わっていた。かかる複雑で混沌とした状況のなかで儒教による礼の秩序を醸成するには、地方官の権威に依拠せざるをえなかったであろう。

二　「化郷」の行方

『泰泉郷礼』の完成後、広東右布政使の邵鋭等は同書を読んで感動し、それぞれの俸給を出し合って版木に彫り、原版を官府に保管し、書坊に刊行させようとしたが、まもなく任を去ったため、頒布するには至らなかった。その後、広州府所属の番禺、南海、新会等諸県の耆民らは風俗を正すうえで同書が有益であることを官に訴え、これを承けた広東右布政使・李中は、嘉靖十四年（一五三五）正月、同書を刊行し、広州府の所属州県に送り、里ごとに一部づつ備え付けて、四礼を挙行し、郷約保甲制を組織させるべきことを通達した[20]。では、郷礼構想はどのように各地で実施されたのであろうか。残念ながら、それを窺うに足る史料が残されていないため、実施の状況を具体的に紹介することはできない。そこで、本節では、社学に注目して、黄佐が郷礼で目指した「化郷」の理念の行方を探ってみようと思う。社学は郷礼による秩序醸成策の要を占める文化装置であるから、社学の状況を見ることによって、儒教文化の普及の度合いを捉えることができると考える。

社学の問題を考えるうえで重要なのは、黄佐の郷礼構想に先立って実施された魏校の淫祠破壊と社学設立の政策である。正徳十六年（一五二一）、広東提学副使として広州城に赴任した魏校は、国家が公式に承認していない民間の宗教施設（祠廟）を淫祠とみなし、大規模に破壊した。当時、広東一省の行政・軍事の衙門や付郭県である番禺・南海両県の衙門などが置かれた広州城や付郭県の番禺・南海両県の郷村地帯には、儒学の教化の拠点となる社学はほとんど存在せず、淫祠が林立していた。広東の経済・文化の中心である珠江デルタ地帯の中核でさえこのような有様であったから、他の地域は言うに及ばない。当時の広東の人々の間でいかに民間信仰が根強かったかがわかる。そこで、魏校はまず広州城内外の淫祠を取り壊して、教化の拠点としての社学を設立し、ついで、番禺・南海両県の農村、更に広東の他の諸府に対しても淫祠破壊と社学設立及び里社の復興、郷約の編成を示達した[21]。これが正徳末から嘉靖初めにかけての状況である。『泰泉郷礼』はこの魏校の政策の後、嘉靖十年（一五三一）前後に編纂されたが、郷礼の構想の中心となる社学は実は魏校の政策の時に設立された社学を利用しようとするものであった。

表1「広州府の社学」を見ていただきたい。使用した史料は、黄佐纂修・嘉靖六年（一五二七）序刊『広州志』（天一閣蔵本）巻二八、「学校下」、嘉靖十四年（一五三五）序刊『広東通誌初藁』巻一六、「社学」、嘉靖四十年（一五六一）序刊『広東通志』巻三七、礼楽志二、「社学」、万暦三十年（一六〇二）序刊『広東通志』巻一六、郡県志、広州府、学校、「社学」である。三種の史料のうち、嘉靖六年序刊『広州志』巻二八、「学校下」は魏校の政策によって設けられた社学を記録しており、貴重である。府城には、中隅社学、東隅社学、西隅社学、南隅社学、北隅社学、東南隅社学、西南隅社学、武社学があったが、この八社学は、魏校が淫祠を破壊して改建した学校である（図2）。広州城以外ではどうであろうか。まず注目されるのは、付郭両県（南海、番禺）の郷村地帯における社学設置である。わずか数年の間に付郭両県の郷村では高い密度で社学が建設されている（南海県一〇六、番禺県四八）。この両県に次いで、順徳県も県城、郷村ともに社学が相当数建設された（県城五、郷村三一）。しかし、他県の場合には、せいぜい県城に一～三の社学があるのみで、郷村部にはほとんど設けられていない。

嘉靖十四年（一五六一）、嘉靖四十年（一五六一）の統計でもあまり変化はない[22]。郷礼編纂から七〇年余り経過した万暦三十年（一六〇二）の時期になると、若干の変化が現れる。まず広州城内の八社学がすべて消えた。しかし、郷村部では、南海県が一二〇に増え、番禺県は四八社学を維持している。順徳県は三六（県城三一、郷村五）から七四（県城一〇、郷村六四）に倍増し、また東莞、新会、三水の三県も、一〇カ所を越える社学を有するに至っている。ただし、他の諸県は、県城、郷村部ともに社学の設置数はきわめて低い水準にあった[23]。

表１　「広州府の社学」(県城、郷村の区別が判明しない場合には、合計数のみを記す)

出典

嘉靖６年序刊『広州志』巻28、「学校下」

嘉靖14年序刊『広東通誌初藁』巻16、「社学」

嘉靖40年序刊『広東通志』巻37、礼楽志二、「社学」

万暦30年序刊『広東通志』巻16、郡県志、広州府、学校、「社学」

地　　域	嘉靖６年	嘉靖14年	嘉靖40年	万暦30年
府城（南海、番禺両県）	8	8	8	記載なし
南海県郷村	106	105	105	120
番禺県郷村	48	48	48	48
順徳県	36	36	42	74
県城	5	5	6	10
郷村	31	31	36	64
従化県	1	1	1	1
県城	1	1	1	1
郷村	0	0	0	0
香山県	3	3	3	3
県城	3	3	3	3
郷村	0	0	0	0
増城県	2	2	2	3
県城	2	2	2	1
郷村	0	0	0	2
清遠県	8	8	8	2
県城	3	3	3	2
郷村	5	5	5	0
新寧県	1	1	1	1
県城	1	1	1	1
郷村	0	0	0	0
龍門県	3	3	3	3
県城	1	1	1	1
郷村	2	2	2	2
東莞県	欠	記載なし	記載なし	14
県城				
郷村				
新会県	欠	記載なし	15	15
県城			7	7
郷村			8	8
三水県	欠	記載なし	欠	11
県城				
郷村				
新安県	欠	記載なし	記載なし	6
県城				
郷村				
連州	欠	記載なし	3	3
州城			3	3
郷村			0	0
連山県	欠	記載なし	欠	1
県城				1
郷村				0
陽山県	欠	記載なし	2	3
県城			2	3
郷村				

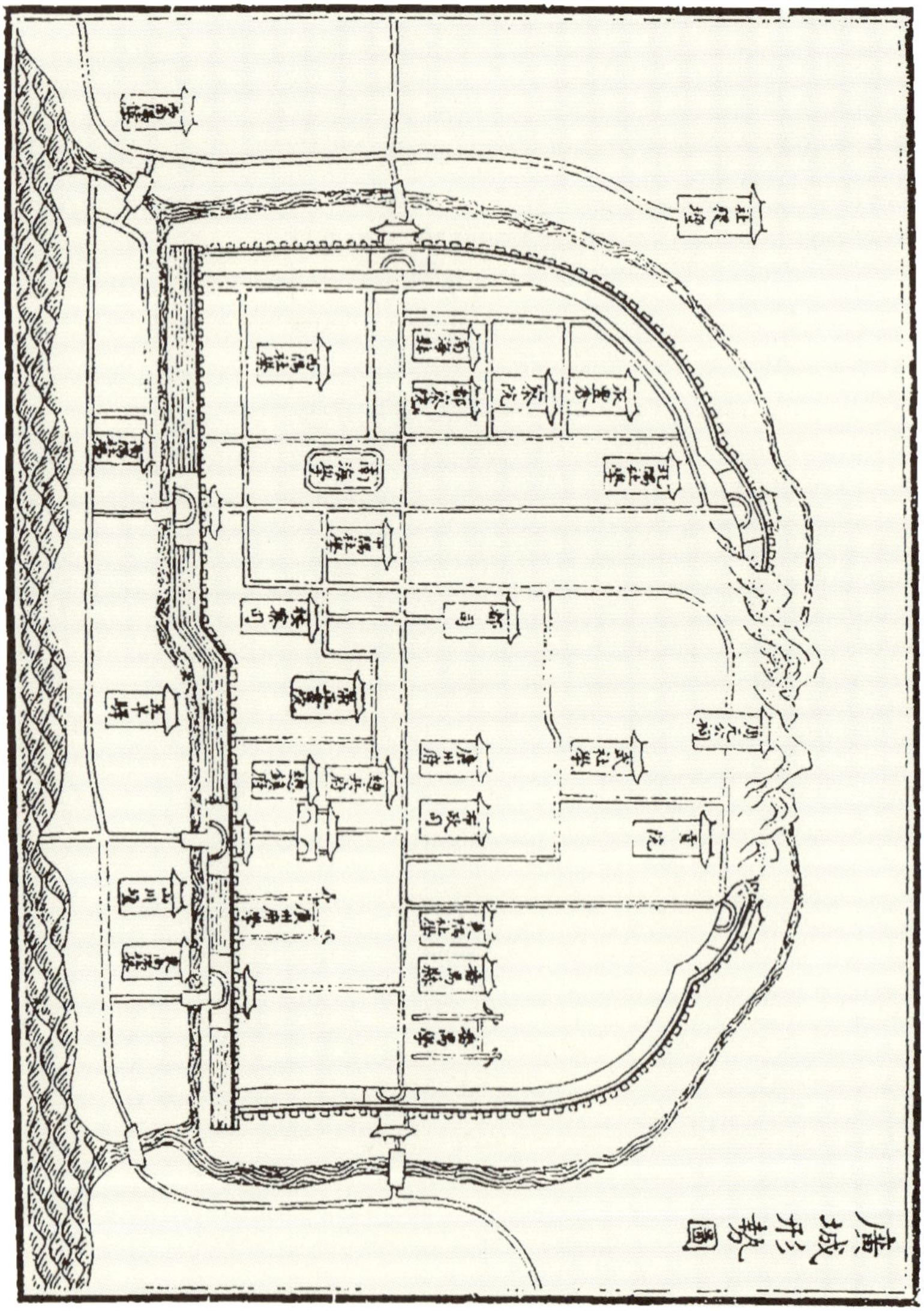

図2 『荘渠遺書』巻九、公移、嶺南学政、「広城形勢図」

南海、番禺、順徳、東莞、新会など広州府諸県は、珠江デルタのなかで最も早くに開発が進み、経済の中心となっていた先進地域である。黄佐の郷礼のような秩序プランがどの程度実現したかどうかは別にして、これらの地域では、社学を中心とした儒教秩序を醸成しうる客観的条件を備えていたと考えてよい。しかし、問題は内実である。黄佐の郷礼構想から読み取れた最大の特徴は、士大夫という科挙官僚層（郷紳）こそが儒教秩序の醸成を主導すべきだという点であった。その理念は社学の設立と維持のプロセスにおいて実現していったのであろうか。

注目したいのは、万暦年間までに、元来、教化を目的とした広州城の官設社学がすべて廃れたことである（前述）。このことは、とりもなおさず社学を拠点とした教化の目論見が失敗に帰したことを物語る。しかし、その反面において注目しておきたいのは、社学に代わって書院が隆盛に向かったことである。表2「広州城内外の書院」を参照していただきたい。本表は（1）嘉靖十四年（一五三五）序刊『広東通誌初稾』巻一六、「書院」、（2）嘉靖四十年（一五六一）序刊『広東通志』巻三八、礼楽志二、「書院」、（3）万暦三十年（一六〇二）序刊『広東通志』巻一六、郡県志、広州府、「学校」、以上三種の通志の書院に関する記載に拠って、広州城内及び城外周辺に設けられた書院を集計したものである。（1）の「書院」条は広州城内外の書院として、崇正、濂渓、明道、伊川、晦翁の五書院、及び迂岡書院を掲げる。このうち迂岡書院を除く五書院は、魏校が広州城で社学を設立した際、同時に、淫祠を書院に転用して設立したものである。（2）の「書院」条では、魏校の設立に係る五書院のうち濂渓書院を除く四書院は記されておらず、廃止されたと考えられる。代わって、新たに六書院（粤洲、迂岡、白山、泰泉、矩洲、天游）が登場している。このうち、粤洲書院は、もと粤洲草堂といい、黄佐の父の黄畿が読書の場として作り、黄佐の再建を経て、嘉靖十四年（一五三五）に巡按御史戴璟が書院に改称した。また迂岡、白山、泰泉、矩洲、天游の五書院も郷紳によって設立されたものである。[24]（3）の「学校」条では、白山書院と天游書院が消えているが、矩洲、濂渓、粤洲、迂岡、泰泉の五書院が存続していたのに加えて、天関、慎徳、営道、龍徳の四書院が新たに記載されている。このうち天関書院、慎

表2　「広州城内外の書院」

出典

（1）嘉靖14年序刊『広東通誌初藁』巻一六、「書院」

（2）嘉靖40年序刊『広東通志』巻三八、礼楽志三、「書院」

（3）万暦30年序刊『広東通志』巻一六、郡県志、広州府、「学校」

＊（1）（2）（3）の欄：○×はそれぞれ記載の有無を示す。

名称	設立者	創設年代	場所	(1)	(2)	(3)	備　考
崇正書院	提学副使・林廷玉	正徳2年	省城西南の按察司の東。宋代の漕運司の故址。	○	×	×	
濂渓書院	広東都指揮僉事・張玉ら	正統2年	薬洲の西に再建。提学副使・魏校が、粤秀山麓に移す（元観音閣）。	○	○	○	
明道書院	提学副使・魏校	嘉靖2年	府城の北（粤秀山）。迎真観の故址。	○	×	×	
伊川書院	提学副使・魏校	嘉靖2年	府城の北（粤秀山）。悟性寺の故址。	○	×	×	
晦翁書院	提学副使・魏校	嘉靖2年	府城西南隅の西濠街。仁王寺の故址。	○	×	×	
粤洲書院	黄畿（黄佐の父）	成化21年	越井岡の麓	×	○	○	もと草堂という。嘉靖7年、黄佐が再建。嘉靖12年、巡按御史・周煦が逸士坊を草堂の南に設立。嘉靖14年、巡按御史戴璟が逸士坊を粤洲書院と改称。
迂岡書院	倫文叙、倫諒の親子	未詳	粤秀山麓	○	○	○	倫以訓のために建設。
白山書院	巡按御史・陳儲秀	嘉靖24年	府城北	×	○	×	倫以訓のために建設。
泰泉書院	黄佐	嘉靖2年	府城北の栖霞山	×	○	○	
矩洲書院	黄衷	未詳	府城西門外	×	○	○	
天游書院	陳錫	未詳	府城内浮丘の南	×	○	×	
天関書院	湛若水	未詳	城東	×	×	○	出典（3）の編纂時、子孫の居宅。
慎徳書院	霍韜	未詳	粤秀山麓	×	×	○	祠堂に転用。霍韜の子孫が聚居。
営道書院	按察司・徐用検	万暦18年	城東の濠賢街	×	×	○	
龍徳書院	知県馮渠	万暦18年	承恩里	×	×	○	

徳書院は郷紳により創設された[25]。創設年代や設立者から見ると、天関書院、慎徳書院はすでに（1）の「書院」条の時点で存在していたはずであるが、同条にも、（2）の「書院」条にも記録されなかった。万暦三一年の通志が編纂された時に新たに調査された結果として追記されたのか、それとも創設年代や設立者に誤りがあるか、どちらかであろうが、確定できない。

以上の書院の変遷について注目されるのは、地元の郷紳の設立に係る書院が増大する傾向が読み取れることである。書院は士大夫の講学の場として設けられたが、その主な目的は科挙応試の準備にあり、科挙官僚制に直結する側面が濃厚であった[26]。このことから、広州城内外では、教化を目的とした社学が廃れ、科挙官僚制につながる教育施設が有力になるという変化が生じたことが理解される。

こうした広州城の検討結果からすると、郷村地帯に密に分布した社学も、教化という本来の目的と異なり、科挙官僚制との連結という性格を強めたのではないかと推測されるところである。広州城と並ぶデルタ地帯最大の商工業都市（鎮）へと成長した南海県仏山堡（図3）のケースを紹介してみたい。

魏校の政策が施行された時、仏山鎮においても、社学が設立された。択善、主善、明善、養善の四社学である[27]。しかし、魏校の離任後、四社学は廃弛したため、嘉靖十九年（一五四〇）、巡按御史の洪垣は四社学を復興し、蒙養、敦本、崇正、厚俗と命名した[28]。仏山の郷紳・冼桂奇はこの復興された四社学が魏校の教えを受け継ぎ、人格的修養を優先し、科挙を通じて任官し、栄達と利益を図るものとは一線を画したと述べている[29]。その後、蒙養、敦本、厚俗の三社学は清代までに荒廃し、崇正社学のみが存続することとなった[30]。なぜ崇正社学のみは存続しえたのであろうか。その鍵は地元出身の士大夫つまり郷紳の支援にある。

仏山堡に祖廟という宗教施設がある。祖廟は宋代の元豊年間に創設されたと言われている[31]。当初は、龍翥祠といい[32]、後に諸々の廟の筆頭として影響力をもつ廟であるために、祖廟と呼ばれるようになり、また祖堂とも称された[33]。祖廟

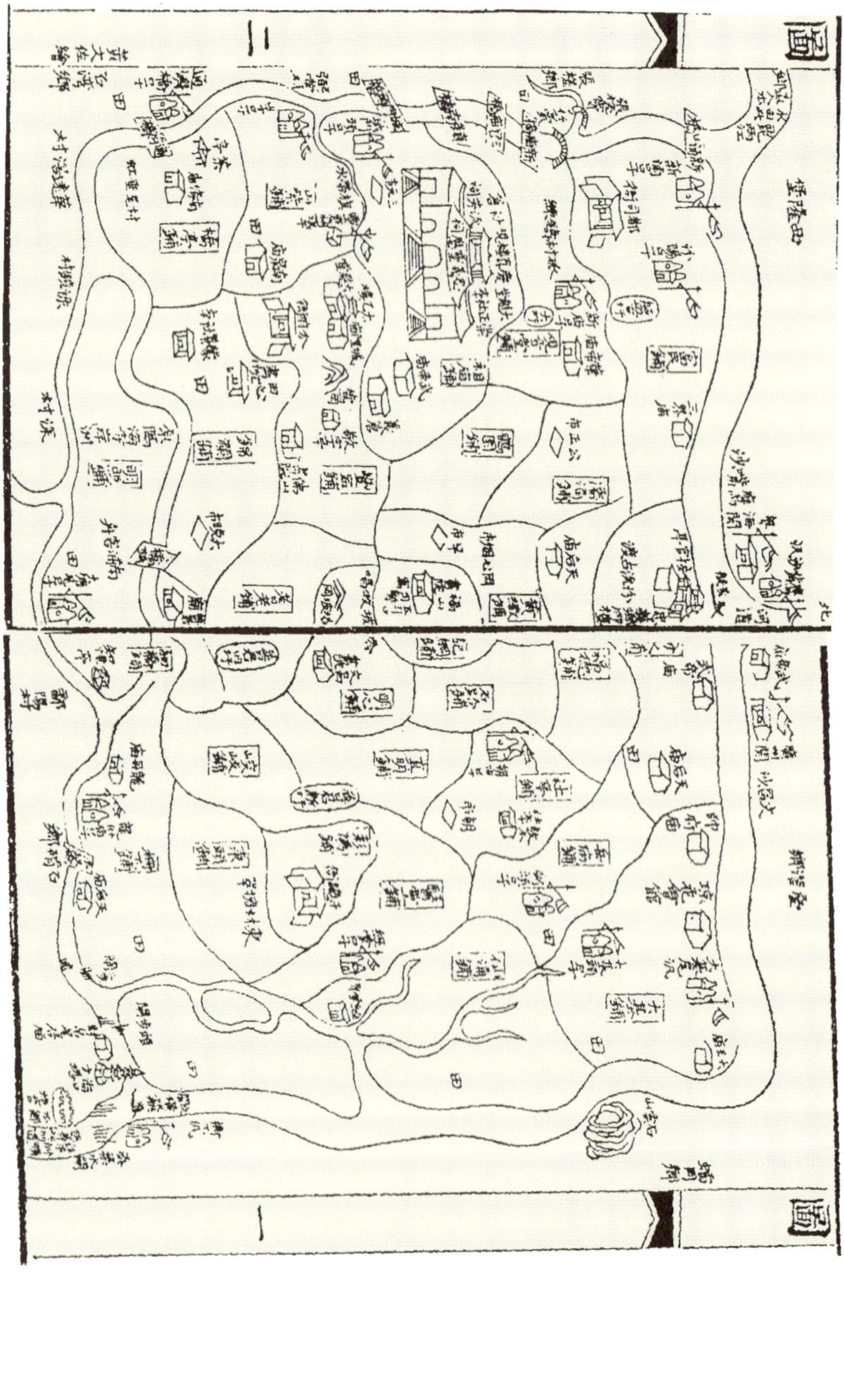

図3　道光11年刊『仏山忠義郷志』巻首、「忠義郷域図」

には、北方の守護神として知られる真武神、及び観世音菩薩、龍樹（提婆菩薩の師）などの神々が祭られ、水害、干害、諸々の災厄に直面した人々が祖廟に祈れば、たちどころに霊験があったと伝えられる。(34) 祖廟の諸神のなかでも、真武神は最も霊力が強いと言われるが、その真価が発揮されたのは、正統十四年（一四四九）に勃発した黄蕭養の反乱に際してである。黄蕭養の反乱軍が広州城を襲撃した時、別働隊は、仏山の鉄製の武器を狙って襲撃した。この時、仏山の二二人の「父老」「耆民」は、地域の民衆を組織して防衛体制を整え、占いにより真武神の指示に従い、見事、反乱軍を撃退した。(35) この功績をもって、朝廷は祖廟を霊応祠として勅封し、その後、祖廟は仏山に多数存在した祠廟のトップとしての地位を確立した。明前半期に祖廟を維持し、また仏山の防衛の中心となった人々は「郷耆」、「郷判」、「父老」、「耆民」など様々な名称で呼ばれたが、彼らは製鉄業や商業活動で富を築いた在地の有力者だと考えられる。(36)

崇正社学は、この祖廟の左に隣接していた。崇正社学の前身は仏寺で、その後座は観音殿であった。明初の洪武八年（一三七五）、社学に改建し、文昌神を中座に祭って、文昌堂と命名している。魏校はこの文昌堂を社学として復興したのである。(37) しかし、その後、損壊が甚だしくなり、時に中央政府で実権を掌握した魏忠賢の権力を避けて帰郷していた李陞問（刑部員外郎）が、天啓七年（一六二七）、自ら資金を出し、また生員に寄付を求めて、従前の社学を修復した。これが崇正社学である。この時、観音大士の像を霊応祠の右側に移し、空いた後座に文昌神の像を安置した。完成後、李待問、龐景忠、霍得之らの郷紳も運営の資金を寄付した。(38) 郷紳たちが崇正社学に期待したのは、科挙（科甲）及第者の輩出である。(39) 崇正社学は山長を招いて生徒に教授し、(40) また士人たちの「会課」（文章を作ること）の場として栄えた。(41) こうした教育や会課も、科挙を主な目標とするものであったと考えられる。崇正社学が存続しえたのは、仏山の郷紳が官界へと人材を送り出す文化装置として崇正社学を重視し、財政的に支えたからである。それは「良民」を養成するという魏校の社学設立の趣旨とは異なるが、時代が科挙官僚制への対応を迫った結果といえるであろう。

それとともに、注目されるのは、祖廟が仏山の文化装置の中心となっていることである。仏山の公会は従来、専館がなかったため、霊応祠に集まって開き、終われば解散するといった風で、特段の規則も設けられていなかった。明末の天啓初め、李舜儒、梁完素らが退官して郷里に戻ってくると、霊応祠の右側の空き地を広げて、嘉会堂を建設した。嘉会堂では毎年会議を開き、規則を定めて、徳業を進め、過ちをただし、秩序を保つべきことなどが取り決められている(42)。嘉会堂は、公会を開いて、仏山の公事を話し合い、秩序を是正する場とされたと考えられる。その後、清代になると、大魁堂が設置され、地域の公益に関わる問題を解決する役割を担うことになる。祖廟（霊応祠）は大魁堂の基金を管理する場所であり、社学、書院の運営費用を祖廟から拠出し、大魁堂の郷紳がこれを管理していた(43)。要するに、祖廟の区画は、霊応祠という宗教施設を中心として、民間信仰の他、教育・教化、そして鎮の運営など複合的な機能を保持するに至ったのである。

里社、社学、保甲などの諸機能を備えた組織を編成するという黄佐の理念は、仏山で具現化されているかに見える。そして、その指導者は士大夫（郷紳）であるべきだという黄佐の考えも、正鵠を得ていたことが理解されるであろう。仏山では、明らかに指導者はかつての耆老などから、郷紳へと移っているのである。その点で、黄佐の郷礼は先験的な目をもった計画であったといえる。

おわりに

本論で述べてきたように、黄佐が構想した郷礼は、個人と家を儒教的規範（礼）によって整序し、それらの家を郷約保甲組織に組み込もうとする計画であった。その中心は県級の城郭都市（県城）に設けられた四隅社学であり、この社学の教読（郷紳等の士大夫）が郷校の教読を通じて、郷約保甲組織を統制する仕組みであった。実際のところで言えば、黄佐の構想はその計画通りに定着したとは言えない。しかし、広州城や仏山鎮の事例に見られるように、明代後半期以降、都市の書院や社学は士大夫の教育の拠点として国家の官吏任用制度（科挙官僚制）と連携する道を辿る。儒教化は、広東が科挙官僚制に組み込まれ、人々が科挙による任官という最高目標を目指すなかで実現していったと考えられる。

最後に注意しておきたいのは、家の動向である。「家」は元来、同居共財を条件とする家庭（個別家族）を基礎とするが、士大夫が主導する宗族形成運動のなかで、これらの家族は大規模な宗族集団のなかに包摂されていった。地域の教育拠点としての書院や社学に集合した科挙を目指す人々はそうした宗族集団の一員であり、郷約保甲といった地縁的な組織よりも宗族への帰属が優先される傾向がある。例えば、清代の郷約保甲組織では、往々にして有力宗族（官族）が弱小宗族、家族を従属させる関係がその実質的内容であることが観察される(44)。こうしたことから、広東における教化・教育による儒教化は、宗族が主導する特異な形態をとったと推測される。

注

（1）謝廷挙「明故文林郎知長楽県事雙槐黄公行状」（『広東文徴』改編本、巻七）、黎民表「泰泉黄先生黄公行状」（黄佐『泰泉集』所収）。

（2）拙稿「黄佐『泰泉郷礼』の世界—郷約保甲制に関連して—」（『東洋学報』第六七巻第三・四号、一九八六年）。その後、郷礼の構想については、「中国近世の地域社会に関する覚書」（『歴史科学』一七〇、二〇〇二年）でも若干言及したので、参照していただきたい。

（3）本論の元になったのは、都市史研究会ぐるーぷ・とらっど3主催のシンポジウム「分節構造と社会的結合」（東京大学工学部、二〇〇六年十一月十一日・十二日）での報告である。この時の報告は、「中国近世の都市と礼の威力」（『年報都市史研究一五　分節構造と社会的結合』（山川出版社、二〇〇七年）に収録された。その後、平成十六年度～平成十八年度科学研究補助金（基盤研究(c)(2)研究成果報告書）『明清時代の広東珠江デルタにおける儒教化の潮流と宗族』（研究代表者・井上徹、大阪市立大学文学研究科、二〇〇七年）に収録した後、更に手を加えて本書に再録した。
（4）斯波義信『中国都市史』（東京大学出版会、二〇〇二年）。
（5）関連する研究は多数に上る。とりあえず下記の研究を挙げておきたい。梅原郁「宋代の地方都市」（『歴史教育』一四巻一二号、特集「中国の都市」、一九六六年）、劉石吉『明清時代江南市鎮研究』（中国社会科学院出版社、一九八七年）、樊樹志『明清江南市鎮探微』（復旦大学出版社、一九九〇年）、森正夫編『江南デルタ市鎮研究―歴史学と地理学からの接近―』（名古屋大学出版会、一九九二年）、陳学文『明清時期、杭嘉湖市鎮史研究』（北京群言出版社、一九九三年）、范金民『明清江南商業的発展』（南京大学出版社、一九九八年）、川勝守『明清江南市鎮社会史研究―空間と社会形成の歴史学―』（汲古書院、一九九九年）、川勝守『中国城郭都市社会史研究』（汲古書院、二〇〇四年）。
（6）拙稿「范金民氏の研究の紹介―中国明清時代の都市化の構造を中心として―」（『都市文化研究』一号、大阪市立大学大学院都市文化研究センター、二〇〇三年）。
（7）斯波義信前掲『中国都市史』二二五～二二六頁。
（8）斯波義信前掲『中国都市史』三〇〇頁。
（9）前掲拙稿「黄佐『泰泉郷礼』の世界―郷約保甲制に関連して―」、拙著『中国の宗族と国家の礼制―宗法主義の視点からの分析―』（研文出版、二〇〇〇年）などを参照していただきたい。
（10）拙稿「魏校の淫祠破壊令―広東における民間信仰と儒教」（『東方宗教』第九九号、二〇〇二年）。
（11）前掲拙稿「黄佐『泰泉郷礼』の世界―郷約保甲制に関連して―」。
（12）『明史』巻四五、「地理志」。
（13）嘉靖四十年序刊『広東通志』巻一、図経上、「広州府図経」。
（14）『泰泉郷礼』巻一、「郷礼綱領」。
（15）以下、『泰泉郷礼』巻一、「郷礼綱領」及び同書巻二、「郷約」、同書巻三「郷校」、同書巻四、「社倉」、同書巻五、「郷社」、同書巻六、「保甲」による。
（16）『泰泉郷礼』巻一、「郷礼綱領」。
（17）『泰泉郷礼』巻六、「保甲」。

(18)『泰泉郷礼』巻一、「郷礼綱領」、同書巻四、社倉、「審借貸」。
(19)『泰泉郷礼』巻三、郷校、諭俗文、「化愚頑以息盗賊」および「勧孝文」。
(20)嘉靖四十年序刊『広東通志』巻四〇、礼楽志五、「郷礼」。
(21)拙稿「魏校の淫祠破壊令―広東における民間信仰と儒教」(『東方宗教』第九九号、二〇〇二年)。
(22)嘉靖十四年序刊『広東通誌初藁』巻一六、「社学」、嘉靖四十年序刊『広東通志』巻三七、礼楽志二、「社学」。
(23)万暦三十年序刊『広東通志』巻一六、郡県志、広州府、学校、「社学」。
(24)嘉靖四十年序刊『広東通志』巻三八、礼楽志三、「書院」。
(25)万暦三十年序刊『広東通志』巻一六、郡県志、広州府、「学校」。
(26)劉伯驥『広東書院制度』(国立編訳館中華叢書編審委員会、一九五八年)三〇一～三〇四頁。
(27)嘉靖四十年序刊『広東通志』巻三七、「社学」。
(28)道光十一年刊『仏山忠義郷志』巻一二、金石上、冼桂奇「四社学記」。
(29)前掲冼桂奇「四社学記」。
(30)乾隆十八年刊『仏山忠義郷志』巻七、「郷学志」。
(31)民国十五年刊『仏山忠義郷志』巻八、「祀祠志一」。
(32)『咸陟堂集』巻五、「龍翥祠重浚錦香池水道記」。
(33)唐壁「重建祖廟碑記」(明宣徳四年記)、正統三年「慶真堂重修記」(ともに道光十一年刊『仏山忠義郷志』巻一二、「金石上」収録)。
(34)陳贄「仏山真武祖廟霊応記」(景泰二年記。『明清仏山碑刻文献経済資料』広東人民出版社、一九八七年、に収録)。また、道光十一年刊『仏山忠義郷志』巻一二、「金石」にも、ほぼ同文を収録する。
(35)前掲陳贄「仏山真武祖廟霊応記」。
(36)羅一星『明清仏山経済発展与社会変遷』(広東人民出版社、一九九四年)四六～六八頁。
(37)民国十五年刊『仏山忠義郷志』巻五、教育志二、社学、「崇正社学沿革記」。
(38)道光十一年刊『仏山忠義郷志』巻一二、金石上、霍従龍「修崇正社学記」、及び民国十五年刊『仏山忠義郷志』巻五、教育志二、社学、「崇正社学沿革記」。

(39) 前掲霍従龍「修崇正社学記」。

(40) 道光十一年刊『仏山忠義郷志』巻一二、金石下、黄興礼「汾江義学記」。

(41) 李紹祖「崇正社月課碑記」（康熙四十二年）、沈生遴「崇正社文会規費碑記」（乾隆二十七年）、「撥祠租給会課碑記」（乾隆二十六年）。ともに、道光十一年刊『仏山忠義郷志』巻一二、「金石下」に収録。

(42) 道光十一年刊『仏山忠義郷志』巻一二、金石上、龐景忠「郷仕会館記」（天啓七年）。

(43) 前掲羅一星『明清仏山経済発展与社会変遷』三五五〜三七七頁。

(44) 拙著『中国の宗族と国家の礼制—宗法主義の視点からの分析—』（研文出版、二〇〇〇年）。

第七章　石頭霍氏
――広東の郷紳の家――

はじめに

一九八一年、「地域社会の視点―地域社会とリーダー」（名古屋大学文学部東洋史学研究室主催）を共通テーマとするシンポジウムが開催された。このシンポジウムの開催を提唱されたのは、森正夫氏であった。当時、森氏は、地域社会という枠組みを設定することにより、中国社会像を再構成しようとする意欲的な作業に取り組んでおられ、このシンポジウムでも、表記のテーマのもとに、地域社会の概念、国家と地域社会、地域社会の指導者（士大夫）など多岐にわたる観点から議論がなされた。筆者も、このシンポジウムにおいて、「広東珠江右岸デルタにおける秩序再編と郷紳の役割について」と題する報告を行う機会を与えられた。この報告では、士大夫という中国固有の知識人が地域社会の秩序維持にどのような役割を果たしたのかという森氏が提起された問題に触発され、明代後半の広東珠江デルタにおける郷里出身の知識人（郷紳）の活動を発表した。その際関心を寄せたのは、霍韜という広州府南海県出身の郷紳である。霍韜が官界入りしてから、郷里の家族は沙田・寄荘地の設置を主体とした土地集積、市場の専有、塩の密売など様々な分野で私益追求に奔走し、巨大な富を蓄えた。これに対して、郷里との共存共栄を願う霍韜は、必要限度以上の利益追求については批判的であり、繰り返しその兄弟を叱責している。[1]この報告では霍韜自身と家族の志向性の相違を事実として指摘したにとどまり、霍韜がなぜ家族の私益追求に対して過敏と思えるほどの反応を示したのかを明らかにするに至らなかった。そこで、小論では、広東研究の一環として、霍氏の経済活動の実態を振り返りながら、私益追求をめぐる霍韜の姿勢を検討してみようと思う。[2]

霍氏に関する主な史料として、『渭厓文集』、『霍文敏公全集』がある。『渭厓文集』には、嘉靖三十一年（一五五二）刊本（全一〇巻）と万暦四年（一五七六）刊本（全一五巻付録一巻）がある。本稿では後者を使用する（内閣文庫蔵）。また、『霍文敏公全集』（東洋文庫蔵）は同治元年（一八六二）重刊で、全一〇巻及び付録『石頭録』から成る。この両史料のうち、『渭厓文集』巻一〇には、『家訓前編』と『家訓続編』が収録されている。『家訓前編』、「序」によれば、家の存続の難しさを痛感した霍韜は科挙及第前の正徳二年（一五〇七）、「保家」を目的として『家訓』二〇篇を編んだというが、この『家訓』は現存していない。また、霍韜はこの正徳編『家訓』に手を加えて、一四篇付録三篇の体裁をもつ新たな『家訓』を作成したと述べる。[3]この新編の『家訓』が『家訓前編』に収録されたものであるが、原本と同一ではない。すなわち、『家訓前編』に収録されるのは「田圃第一」から「彙訓第十三」までの一三篇であり、一篇及び附録三篇が欠けている。このうち「蒙規第十二」は「全録」とされ、原文をそのまま収録したが、他は「只だ其の綱を列ぬるのみ。目は詳しくは家訓を見よ」とあり、各篇の大綱のみを掲げ、細目は収めず、「家訓」を見よというにとどまる。では、原本はどのようなものかというと、『涵芬楼秘笈』に収録された嘉靖九年（一五三〇）序『家訓』（景汲古閣抄本）がそれである。同書をみると、最初に「家訓提綱」と「合爨男女異路図説」を掲げ、ついで二つの序文が記載される。この二つの序文は残欠が多く、一部の内容しか判読できないが、それぞれの末尾に「庚寅春正月九日、韜再識」、「嘉靖八年巳丑仲冬朔八日、韜題」とあり、嘉靖九年（一五三〇）と嘉靖八年（一五二九）に記されたものである。『家訓前編』に掲げる「序」はこのうち、嘉靖八年のものであり、嘉靖九年の序は収められていない。『家訓続編』、「序」をみると、「是に先んじて、庚寅の歳、家訓一編を著す」とあり、この『家訓』が嘉靖九年に完成したものであることが確認される。この嘉靖九年序『家訓』の本文を見ると、大綱と細目の双方を収録しているが、これを『家訓前編』の大綱と照合すると、「田圃第一」から「蒙規第十二」までの配列は同じであるが、「彙訓」は「上第十三」と「下第十四」に分かれている。『家訓前編』は「彙訓」を一篇として扱ったため、全一三篇の体裁になったのである。また、「下第十四」の後ろに、「附録」として、「祠堂事例第一」「社学事例第二」「四峯書院事例第三」を収める。したがって、『涵芬楼秘笈』に収録される嘉靖九年序『家訓』が一四篇附録三篇の体裁をもつ原本であり、『家訓前編』はこの『家訓』を抄録したものであるといえよう。また、『家訓続編』一六篇は浦江の義門鄭氏など過去に大家族制度（合爨）を実施した家に関する規則、箴言や篤行の事例を集めたものである。その成立年次は記載されていないが、「序」によれば、彼が嘉靖十五年（一五三六）南京に赴任した際、当時大家族生活を維持していた卞氏から嘉靖九年序『家訓』の上梓を求められ、同書を授けたが、後に、それとは別に、戒諭を主とする「続訓十六編」を編んだと述べている。したがって、同書は嘉靖十五年（一五三六）から、彼が亡くなった嘉靖十九年（一五四〇）までの間に著されたことになる。

また、『霍文敏公全集』に付録として収録されている『石頭録』はもともと霍韜自身が著した日記の名称であり、正徳十六年（一五二一）正月一日から嘉靖十九年（一五四〇）六月十一日までの事績が記入されていた。韜の次子である与瑕（号は勉斎）は正徳十五年（一五二一）以前の霍韜の履歴が欠けているため、韜の『家訓』のなかから関係の事績を集めて補ない、かつ嘉靖十九年（一五三六）六月十一日以降の事績を収録し、霍韜自身の『石頭録』と合わせ、合計八巻からなる『文敏公年譜』とした。その後、同書の重刻本、三刻本が刊行された。同治元年（一八六二）、霍氏第十六世の子孫霍適楷が『霍文敏公全集』の重刊を企画した時、『文敏公年譜』も『石頭録』として全集に収録することになり、徐佩韋の提案に従って、その体例を決めた。すなわち、第一巻は成化二十三年（一四八七）から正徳十五年（一五二〇）までの記事を収録して「補石頭録前編」（霍与瑕輯、霍尚守添註）となし、第二巻〜第七巻には霍韜の『石頭録』を収めて「石頭録原編」（沈応乾注釈、何世守参訂）とする。第八巻は嘉靖十九年（一五四〇）八月一日から同二十一年（一五四二）までの記録を「続石頭録後編」（霍与瑕輯、霍尚守添註）として収録した。(4) この『石頭録』が霍韜の生涯に関する最も詳細な記録である。(5) また、霍氏一族に関する史料としては、光緒二十八年（一九〇二）序刊『石頭霍氏族譜』（霍紹遠等修）が残されている。(6)

一　霍氏の私益追求

霍韜の郷里である広州府南海県は珠江デルタの中心に位置している。明代における南海県の行政区画は、都市地域（坊一五、廂一）と農村地域（七つの郷）に大別される。農村地域では、郷の下に六都（このうち一都は二つの郷にまたがる）が置かれ、六都の下に合計六四堡が設置されている。この六四堡のうち、広州城の西南三五里に位置する深村堡は季華郷西淋都に所属し、都市的発展を遂げた仏山鎮（行政区画上は仏山堡）に隣接する。(7) 霍氏が代々居住してきたのは、この深村堡の管轄下にある石頭という村である。

霍氏の祖先は、宋朝の靖康年間、山西の太原から南雄の珠璣巷に移住し、その後、三人の兄弟が珠璣巷から南海県に移り住んだが、兄弟のうちの一人が石頭に定住したという。ただし、これらの祖先の移住史を裏付ける史料はなく、伝聞の域に止まる。霍韜が自己の祖先として確認できた最初の者は、元末の剛可なる人であり、霍韜の五代前の祖先に当たる（行論の都合により、剛可までの祖先については、次章でその詳細を検討する）。第二世は、諱を義、号は椿林という。義は、明朝の洪武初めに生まれ、微賤な焼き鴨売りにより、苦労して家を興した人物である。義には、元珍、元安、元智の三子があり、長子の元珍は霍韜の曾祖である。元珍の子は厚深、厚徳、厚一の三人、第三子の厚一が霍韜の祖父である。厚一の代に、霍氏は、広州一帯を席巻した黄蕭養の反乱に遭遇した。黄蕭養は、正統十四年（一四四九）、東陽王という王号を僭称し、広州城を包囲したが、翌年の景泰元年（一四五〇）、明朝の軍隊によって討伐された。(8) この反乱の時、霍氏の同郷の人々も続々と反乱軍に加わったが、厚一は兄の厚徳らと協議して、反乱軍に参加せず、一旦七星岡に逃れた後、仏山に移り、反乱平定後帰郷した。帰郷後の霍氏は牛と豚の養殖、あるいは布、扇子の販売を行って、家業を開始した。厚一には、光、栄、華、富、瑜の五子があった。第三子の華（字は文挙、号は西庄）が霍韜の父であり、生没年は天順四年（一四六〇）～正徳十二年（一五一七）。夫人の梁氏の伝記によれば、彼女は農繁期には夜半に、また農閑期にも夜明け前に起床し、自ら水を汲み、家畜（鶏、豚）に餌を与えた。その生活は質素で、ほとんど肉を食べず、粗末な服装で通し、子供も美服を着たことがないという。厚一と華の時代、霍氏は農業に従事し、副業として小商売などを行っていたと考えられる。華の男子は、隆、韜、佑、任、傑の五人である。(9) 霍氏の五人の兄弟のうち、官界入りして、栄達を極めたのが霍韜である。

霍韜、字は渭先、号は初め兀厓を称し、後に渭厓に改めた。(10) 成化二十三年（一四八七）、南海県深村堡石頭に生まれた。正徳七年（一五一二）、広州府学生員となり、翌年郷試に及第し、更に正徳九年（一四八九）、会試の第一名に選ばれた。時に中央の政界は魏彬等の宦官が掌握し、また各地で反乱が続発するなど不穏な政治社会情勢が続いていたため、すぐには出仕せず、ほぼ七年の間、郷里にとどまった。この間、正徳十一年（一五一六）、霍韜は初めて西樵山に入った。(11) 西樵山は広州城から西南一〇〇余里のところにあり、東樵山、南樵山とともに、三樵と言われた名勝の地である。(12) 深村堡は、広州城と西樵山を結ぶラインの中間に位置する。西樵山に入った霍韜は方献夫、湛若水らと講学に努めた。湛若水は広州府増城県の人であり、弘治十八年（一五〇五）進士に及第し、翰林院編修を授けられた時、王陽明とも議論を交わしたことがある。母の喪に服すため、帰郷した際、西樵山に西樵講舎を築き、広東の士子に教授した。嘉靖初め、翰林院侍講学士、礼部侍郎に進み、南京の吏部、礼部、兵部の尚書を歴任した後、致仕した。彼は明学の成立に大きな影響を残した陳献章に従学したことがあり、各地に書院を作って陳献章を祭り、後には、陽明学と並び称される独自の学風を形作った[13]。方献夫は霍韜と同じく南海県の人であり、正徳年間、吏部員外郎に任じられた頃、王陽明の弟子となり、ついで病気を理由として帰郷し、西樵山で読書すること十年に及んだ。嘉靖に改元された年、朝廷に戻って、時に中央政界を揺すぶった大礼の議（後述）が起ると、霍韜と同じく世宗の主張を擁護して皇帝の厚遇を得、礼部尚書に昇った[14]。正徳末の西樵山には、霍韜、湛若水、方献夫など、後に官界、思想界で活躍することになる広東の知識人が集い、学問に励んだのである[15]。霍韜の官歴は、正徳十六年（一五二一）、兵部職方司主事に任命された時点から始まり、詹事府詹事、翰林学士、吏部の左右侍郎を経た後、南京礼部尚書に任じられたため、北京を離れたが、嘉靖十八年（一五三九）には、礼部尚書として北京に戻り、翌年十月、病死した[16]。

さて、上述のように、霍氏は、韜の父の時代まで、農業に従事し、ないしは小商いに精を出す勤労家庭であり、官界との関係は全くない。弘治十八年（一五〇五）、霍韜は十九歳にして初めて郷塾に入り、学問を開始したが、入塾が遅れたのは家が貧しかったためだという[17]。その後会試に及第した頃になっても、貧しい経済状態は改善されず、五人兄弟の合計の田土は四〇畝に過ぎない[18]。ところが、会試に及第し、官界に足を踏み入れてから、霍氏は莫大な富を蓄積することになる。霍韜は、嘉靖五年（一五二六）、石頭において、兄弟と家産を共有する大家族の制度を開始したが、この時、家族の共有財とされたのは、小作料収入のある土地、仏山の製鉄業、石湾の陶磁器業、登州の林業などの産業、また新設の祠堂、西樵山の四峯書院であった[19]。嘉靖五年（一五二六）というと、兵部職方司主事の職をやめて、帰郷していた頃であり、会試及第から数えて十二年、官界に入ってからはわずかに五年ほどである。この間に、霍氏は飛躍的にその家産を増殖したことになる。その後も、霍氏は、鉱山開発、塩の密売、寄庄地経営など、様々な分野に乗り出していった（後掲）。では、そうした富の増殖はどのようにして実現されたのであろうか。江南の郷紳研究がすでに指摘するように、明代後半の郷紳は、優免特権の活用や地方官府との癒着により、詭寄の受け入れ、土地価格を低くして土地を購入するなどの手段によって家産を増殖した[20]。そうした特権、権力を行使した富の増殖は、霍氏においても同様である。

霍韜が官界入りした嘉靖年間は、珠江デルタの開発が本格化した時期であり、霍氏による富の増殖はそうした開発の状況と密接に関わっている。松田吉郎氏は珠江デルタにおける沙田開発の歴史的推移を分析している。第一期は明初（洪武～永楽）で南海県に特徴的に見られ、第二期は明代中～末期（成化～万暦）で番禺・東莞・新会等の諸県に顕著であり、第三期は清代初～中期（順治～乾隆）で順徳・香山の両県に顕著である。六県全体のレベルでは明中期～清中期が増加期であり、特に香山県の開発が後発的でその規模も大きかった。沙田の所有権獲得方法には二形態がある。第一は、非合法な「影佔」と呼ばれる手段であり、明末には「占沙」、「搶割」とよばれる不正行為を郷紳の家族、奴僕が中心となって行った。第二に合法的な手段によるものである。開発の初期段階には沙坦に水生植物を植え、泥沙の堆積を促進した。この段階では、零細農民が多く参加したが、沙田は「浮生」を生じやすく、不断に土地が拡大した。こうした土地に関する法的規定は不明確で、官吏の監視も十分に及ばず、所有権が奪われる可能性も大きかった。また、一般業戸にとっては直接納税戸となるよりは、郷紳に沙田を投献して、賦役を免れ、業戸自身は経営・耕作権を確保しようとした。郷紳はこうして沙田の投献を受容し、十分な資力や労働力を投下して堤防等の水利施設を建造し、熟田として仕上げ、事実上私有化した。なかでも後発地である香山県は、沙田獲得の余地が大きく残されていたため、こぞって五県の郷紳が沙田経営に乗り出した[21]。

霍韜は、所有権が不明な沙田をめぐる紛争を取り上げ、訴訟の対象となった沙田はすべて国家が没収し、官田とすべきであるという提案を行っている[22]。しかし、霍氏自身がこうした沙田獲得競争に乗り出していたことも明らかである。霍韜は、郷里に宛てた書簡のなかで、沙田の占有、家業の増殖を禁じた戒諭にもかかわらず、その家族が香山県で沙田を取得していたことを叱責している[23]。霍韜は、この沙田獲得がどのような手段で行われたのかを述べていないが、書簡のなかで他人と一緒に沙田を獲得しているような言い方をしているから、おそらくは、投献の受容ではなかったかと推察される。また、郷紳がその権力に借りて、不当に安い価格で土地を購入することは、江南地域で社会問題化し、それが原因となって、民衆の暴動に発展する事態が指摘されているが[24]、こうした手段による土地集積も、霍氏において行われた形跡がある。霍韜は、正当の価格より低い価格で土地を購入する「減価買田」について、訴訟を起こされた結果家産を失った他家の事例を挙げつつ、減価買田が行われていれば、即刻原主に原価を支払うべきことを指示している[25]。おそらく霍氏の家族も、不当な価格による土地買収を行っていたからこそ、こうした指示がなされたと考えられる。

珠江デルタでは、土地開発が香山県のような後発地域でも大規模に行われるようになり、利用可能な土地が増大するプロセスと並行して、海外貿易の発展を契機とする商業化と都市化が急速に進んだ（本書第一章参照）。その結果、明代半ば以降、商品流通の結節点としての市場が珠江デルタ各地に無数に成立することになった。広東では、こうした市場を「墟」、「市」、「埠」などと称した[26]。広東布政使司分守嶺南道左参政の項喬が嘉靖二十八年（一五四九）に発令した布告は、郷紳の家族が、広東の墟市・埠頭等の市場において地方官府の黙認のもとに、市場の管理権を独占し、それのみか、私税を商品に科すといった市場壟断の有様を生々しく語っている[27]。霍氏はその最先鋒であり、仏山鎮の北方を流れる汾水の沿岸の汾水頭に権益を有した。西江と北江の水流は、仏山の西北二〇里に位置する王借岡で二つに分かれる。西南の支流は石湾、瀾石から海に注ぎ、西北の支流は黄鼎、街辺から仏山に流れ下ってくる。この河流が仏山の北を流れる汾水となる。汾水頭は汾水のなかでも最も水深が深くなる場所である[28]。それ故、船着き場として最適であり、西江、北江から商品を運搬してくる船は汾水頭に集まり、商品を荷揚げした。ここに成立した市場を汾水正埠という。雍正九年（一七三一）に立てられた碑記によれば、仏山は各省の商人が商品を集積し、各種の交易が行なわれる地域であるが、なかでも汾水は「広東の重鎮」であり、汾水正埠は「仏山の咽喉」であるという[29]。要するに、水運の要衝に位置する汾水正埠には全国の商人が集まり交易活動を展開したのである。霍韜の時代にも、すでに仏山は製鉄業を中心とした手工業、商業の中心地として発展を遂げつつあったから、市場としての重要性は変わらなかったであろう。霍韜は、汾水頭（汾水正埠）では家屋を賃貸するにとどめて、私税の徴収、商品売買を行うことを戒めている(30)。項喬の布告文に示されるように、当時の広東では、郷紳が家族や奴僕などに市場（墟市）を管理させ、私税を徴収することに批判が集中していたから、そうした批判を考慮したものと考えられる。

以上に紹介した土地集積、市場占有の他にも、霍氏は、霍韜の在世中に、鉱山開発、塩の密売など様々な分野に手を伸ばしていった(31)。とくにその活動が顕著であったのは、霍韜が嘉靖十二年（一五三三）官界に復帰し、吏部の左右侍郎の要職を占めていた時である。この時、世宗は久しく吏部尚書を置かず、吏部のことは霍韜に一任したという(32)。霍韜の子の霍与瑕によれば、霍韜が吏部に在籍した時には、その勢力盛んで、仏山の製鉄業、蒼梧の林業、諸県の塩業などは、彼が口を開けば、たちどころに富を得ることができたとされる(33)。霍氏は、郷紳の家としての特権を最大限に生かして、あらゆる利権の獲得に奔走していったといっても過言ではないであろう。

二　紛争と対応

霍氏の家は、霍韜の進士及第後、急速に富を増殖したが、霍韜が郷里の家族に送った書簡を見ると、霍韜自身が家産増殖の事業を推進したというよりは、むしろ彼の兄弟など家族が経営の中心にいたことがわかる。霍韜はそうした家族の私益追求の活動に対して、何度も厳しく戒めている(34)。江南における郷紳研究において指摘されているように、郷紳の家の急激な富の増殖とくに非合法の経済活動は、訴訟の対象となり、更に民衆の抵抗運動へと発展しかねない（前述）。霍韜が家族に対して戒諭を行ったのは、彼がそうした危険性をよく知っていたからであろう。とりわけ霍韜が恐れたのは、家族による私益追求にともなう紛争が、官界における政争に利用されることであったと考えられる。次にいくつかの事例を掲げてみよう。

正徳十六年（一五二一）、霍韜は兵部職方司主事に任命されたが、在任中、霍韜は大礼の議に巻き込まれている。大礼の議とは中央政界を大きく揺すぶった次のような議論である。武宗正徳帝は正徳十六年（一五二一）三月に崩御し、かわって武宗の父・孝宗の弟である興献王の長子の厚熜が皇帝として迎えられた。世宗嘉靖帝である。即位と同時に大礼の議が持ち上がった。世宗は慣習上、従兄弟である武宗の後を嗣ぐことができず、孝宗を嗣ぐことになる。当時、内閣首輔の楊廷和は、世宗を孝宗の養子とし、孝宗を皇考、実父の興献王を皇叔父とすべきであると主張し、礼部尚書毛澄らの廷臣もその見解に賛同したが、孝道を重視する世宗は廷臣の見解に満足しなかった。そうしたなかで、進士の張璁、方献夫（吏部考功司員外郎）、桂萼（南京刑部主事）、霍韜らは、興献王を皇考、孝宗を皇伯考、武宗を皇兄と称すべきことを上奏し、皇帝は彼らの意見を喜んだ。しかし、こうした意見は皇帝に迎合するものとして廷臣の非難が集中したため、やむなく世宗も楊廷和らの建議により孝宗を皇考、興献王を「本生父」とした。この後、張璁は南京刑部主事に任じられて北京を去り、霍韜も、嘉靖二年三月、病を称して帰郷した。霍韜が政界に復帰するのは嘉靖六年であるが、その背景にも大礼の議の問題が絡んでいた。嘉靖三年（一五二四）正月、首輔の楊廷和が辞職願いを差し出して朝廷を去ると、世宗は、これを待ちかまえていたように、前年十一月に桂萼が上疏した旧説を持ち出して、廷議に下し、大礼の議が再燃したが、今回は桂萼らが勝利を収めた。世宗は南京から桂萼、張璁を呼び戻し、反対する廷臣達を詔獄に下すなどの処分を行ったうえで、興献王に「本生皇考」という尊称をおくることに決定したのである。(35) この時、霍韜も、郷里から上奏を行って世宗から忠義を称えられ、翌年、少詹事兼侍講学士に抜擢されたが、これを固辞した。嘉靖六年（一五二七）になって、霍韜はようやく朝廷に戻り、詹事府詹事兼翰林学士に任じられた。

大礼の議の後、世宗は礼制改革に積極的に取り組み始めた。例えば天地の祭祀の問題である。明朝は洪武十一年

（一三七九）以来、天地を合祭する方式を採用していたが、世宗は嘉靖九年（一五三〇）、天地合祀は非礼であるから、分けて祀るべきだという考えを示した。この提案に応えて、吏科都給事中の夏言は天地分祀を請願したが、大学士張孚敬らは賛同しなかった。なかでも霍韜は夏言の請願を厳しく指弾したが、逆に夏言によって皇帝誹謗の罪で弾劾され、都察院の獄に下された[36]。その後、世宗は大礼の議における霍韜の功績を考えて復職させたが、時に母の梁氏が北京に向かう途上病死したため、喪に服すため、同年のうちに郷里に戻った。霍韜が郷里に滞在していた嘉靖十一年（一五三二）、広東按察司僉事の龔大稔が、方献夫と霍韜を弾劾する事件が発生した。

龔大稔はまず、両名に共通の罪を指摘する。方献夫と霍韜は、それぞれ親族に委ねて、塩の利益を奪い、市場の交易商品を籠絡し、重要な渡し場を占拠し、更に、自己の利益のために、地方の官衙を勝手に取り壊して移転させたり、寺やその寺産を強奪させていると述べて、両名がそれぞれの親族の不法な活動を指揮していると指弾する。そのうえで、龔大稔は、方氏と霍氏の個別の罪を掲げる。すなわち、方氏については、官府の命令により、仁王寺という寺を朱熹の書院として改めたのに、勝手にその敷地を奪って自分の邸宅を広げたこと、また、姦僧梁鰲なる者の田土投献を受け入れ、罪を犯して裁かれるべき梁鰲を匿ったことなどである。霍氏については、高要県の民の投献を受け入れた時に、民と沙塘を争い、人命を傷つける事件を引き起こした。龔大稔はこの事件を自ら裁き、沙塘を原主に返還させ、殺人の罪を犯した者には処罰を決定した、ところが、霍韜は、判決文を取り上げて、「俗毒牘解」と命名し、大稔に送りつけて、判決のやり直しをさせようとした。また、父母に三年の喪に服した後に行う除服の祭り（禫）を行っておらず、本来、門を閉ざして礼を読む生活を送るべきであるのに、奴僕を派遣して、利益をあさり、民とわずかな利益を争っているという。ここに指摘されるのは、塩の密売、市場の占拠、官衙の破壊と移転、寺産の強奪、投献をめぐる紛争に際して行われた裁判への介入などである。この弾劾に対して、方献夫は直ちに反論を加え、それぞれの事件について論駁するとともに、龔大稔が弾劾を行ったのは、彼がかつて龔大稔の判決を諌めたのに対して恨みを抱いており、今回自分が吏部尚書として任用されたことから、龔大稔は、報復を受けるのではないかと疑念を生じたこと、また、龔大稔が、職務上の失態により免職が決まっていたため、今回の上奏によって失地回復を図ろうとしたことなどの理由によるものであると述べた。いわば私怨から告訴を行ったのだとするのである。世宗はこの方献夫の主張を受け入れ、巡按御史に命じて、龔大稔を逮捕して投獄し、彼の官籍を削り、民となすという処分を出した。この時は、方献夫の主張が通り、霍韜も事なきを得た(37)。

しかし、霍韜は官界にある時、常にこの種の告発に神経を尖らせざるをえなかったかに見える。吏部在任中、霍韜は、家族に対して、地方官から軽々しく礼物を受け取ることを戒める書簡を書き送ったが、これは、彼が官僚の考課冊を調べていて、不正の官吏が多くその家人の賄賂を受納したことによって破滅しているのを見たためだという(38)。霍韜はまた、吏部の「時政議」のなかで、「広東権横の弊」が取り上げられたことを重視し、その公文の写し数通を作って、郷里の兄弟に送り、家に掲示させるとともに、広東の有力官僚にも送付し、「本家、禁を犯すに遇えば、之を理に置くべし」として、霍家が罪を犯せば、取り締まるべきことを要請した(39)。霍韜が吏部に在籍していた頃は、最も華々しく霍氏が郷里で富を獲得した時期であったが（前述）、それはまた、とりもなおさず、最も家族の行動に用心しなければならないということでもある。

霍韜が吏部を離れて、南京礼部尚書として赴任した時期、霍韜は再び、郷里における横暴を告発された。この頃、夏言のグループと霍韜の間の関係は極めて悪化しており、お互いに弾劾を繰り返していたが、嘉靖十六年（一五三七）九月、霍韜は、給事中の李鶴鳴が、官吏の考察により謫官されたのに、まもなく原職に復帰できたのは、賄賂を送ったからだと弾劾した。霍韜は賄賂を受け取ったのが夏言であると考えており、この時の弾劾の真の相手は夏言であったといわれる。これに対して、李鶴鳴は、南京に移された恨みから、自分を弾劾したのだと反論するとともに、併せて、霍韜の、「郷に居りて不法なる」幾つかの事件を告発した。両者の言い分はともに、吏部で審議された。吏部は、李鶴鳴の復任は、皇帝の特旨によるものであり、賄賂を送ったというのは、官界のなかでの風聞に過ぎない、また、李鶴鳴による弾劾も事実に基づくものではない、つまるところ、今回の事件は、両者の私憤によるものであり、これ以上追求する必要はないとし、皇帝もそれを妥当とした(40)。この事件の背景には、夏言との確執があり、ほとんど私怨を晴らすために互いに弾劾を繰り返すような感がある。

大礼の議以来、北京の中央政府では、激しい政治闘争が繰り広げられた。李鶴鳴による弾劾は、大礼の議以降、中央政府で繰り広げられた激しい政治闘争のなかで、郷里における霍氏の私益追求の行動が、失脚を狙う夏言一派に利用され、告発の対象となることを如実に示した事例である。また、龔大稔による弾劾は、そうした政治闘争を背景にするものではなかったかにみえるが、郷里における紛争の発生そのものが、官僚を失脚さらに破滅へと追い込む要因になりかねないことを窺わせる。

霍韜は、仏山鎮の郷紳冼桂奇からも、その家族の横暴に対して忠告を受けたことがある。冼桂奇、字は奕倩、号は少汾という。嘉靖十四年（一五三五）の進士で、工部主事を授けられたが、時に権勢を誇った夏言と意見が合わず、疎まれた。たまたま吏部に空きのポストができたため、霍韜は彼をこのポストに充てようとしたが、冼桂奇は固持し、自ら求めて南京刑部に移った。ついで休暇を願い出て、仏山に帰郷したが、そのまま官界には戻らず、致仕した。この頃、湛若水の教えを受けて心性の学を探求したという。この経歴に示されるように、冼桂奇は、夏言と対立し、霍韜とも親しい間柄にある。彼はまた、霍韜の娘を妻として迎えており、霍氏と姻戚関係を結んでもいる。しかし、冼桂奇は、当時の官僚が富を蓄えて子孫のために計るような風潮に対して批判的であり、後に郷里のために救恤を行っている。また、郷紳による市場占拠を批判した広東布政使司分守嶺南道左参政の項喬とも、終日食物談義をするような間柄であった(41)。そうした彼の信条からすれば、霍韜と親密ではあっても、霍氏による私益追求は許すことができなかったものとみえる。霍韜が冼桂奇に送った書簡によれば、冼桂奇は、霍韜の家族に対して、たびたびその横暴な行動を戒める忠告を行ったが、全く聞き入れる様子はなかった。それに対して、霍韜は、彼の兄弟が、勢力を頼んで、罪悪をなすような行為を行っており、また親族、朋友もそれに追従していることを自ら認め、かつ忠告を行った冼桂奇に感謝している(42)。

では、広東の地方官吏は、霍氏の所業に対して、どのような態度で臨んだのであろうか。例えば、先に紹介した市場占拠の問題を振り返ってみると、項喬は、郷紳による私税科派の現状を述べた後、「夫れ勢豪の恃む所は、官府之が蔽蓋を為すのみ」として、地方官府が摘発に乗り出すべきことを強く望んでいる(43)。このことから、郷紳の家による私税徴収等の活動が、官府の黙認のもとに行われたことは明かである。こうした地方官府と郷紳との癒着は市場だけの問題に限らなかったであろう。また、当時絶大な権力を振るい、短期間に莫大な富を形成した霍氏がその例外であったとは考えにくい。では、地方官府が、霍氏の所業を全く放置していたかというと、そうでもない。なかには、厳正な姿勢をもって霍氏を取り締まった黄正色のような地方官もいた。黄正色は、嘉靖八年（一五二九）の進士であり、霍韜の推挙により香山知県を拝命した。香山知県としての在任中、香山の沙田の獲得に奔走した他県の寄庄戸を取り締まり、寄庄戸がそれぞれの居住地で、賦役を納入するようにしたことによって、寄庄戸の問題を解決し、その政績を称えられ、南海知県に栄転した(44)。彼が南海県でとくに力を注いだのが、「霍韜の宗人の横甚し」のことである(45)。黄正色は霍韜の推挙により香山知県に任じられたものであったから、彼の南海知県就任を聞いた霍氏の族人は庇護を期待して大喜びした。ところがあにはからんや、黄正色は赴任するや、違法行為を行った霍氏の族人に対して、全く容赦しなかった。これに怒った族人が霍韜に訴えたが、霍韜は黄正色を賢として、「長官たる者は必ずやあなたのようにすべきです」と、書簡を送った。このため、霍氏の族人も為すすべなく、従ったというものである。しかも、郷紳の家に対する厳正な政治姿勢は、南海県の人々にも大きな影響を与えた。南海県のある貴人の家は絶大な権勢を振るっており、人々はこぞってその勢力下に入ろうとしたが、黄正色は、貴人の家の豪奴を捕らえて、法に正した。このことから、人々は、「挙主（推薦された者が推挙した者を称する言葉）は霍家のごとく、貴人は某氏のごとく、黄侯は決して不法行為を許されません。我々も法を犯すことを慎まなくてはいけない」と言い合い、それが歌にも唱われたという[46]。

霍韜は、家族に対して繰り返し戒諭し、また地方官にも取り締まりを要請したが、おそらく富の集積そのものを罪悪視していたわけではない。彼が恐れたのは、不法行為をともなう家産増殖にともなって紛争が発生し、そのことが、例えば、龔大稔や李鶴鳴の弾劾に見られるように、当時の政争のなかで、相手方の党派に利用され、自己の失脚につながることであった。それはひいては自己の家の破滅へと帰結しかねない危険性を孕んでいるのである。

おわりに

霍韜が家族による私益追求を戒めたのは、つまるところ、自己の家が直面するかもしれない破滅を回避することに最大の眼目があったといえよう。霍韜は冼桂奇に送った書簡のなかで、「家中の兄弟は皆農人なれば、理を識らず。小しく勢い有れば、便ち妄りに自ら恃み、妄りに過悪を作す。此れ庸態なり」と述べているが[47]、これは霍韜にとって切実な思いであったであろう。霍氏はもともと小農の家族にすぎず、霍韜自身は儒学の教養を身につけ、政治情勢にも明るい士大夫であったが、彼の家族は、私益追求にともなう危険をわきまえず、自己抑制を行おうともしない。そうした家族への苛立ちが読みとれる。では、霍韜はどのようにして家族の私益追求を正そうとしたのであろうか。霍韜は嘉靖二年（一五二三）以降、書院、社学の設立、宗祠の設立、大家族制度（合爨）の挙行など一連の事業を行っている。これらの事業を通じて霍韜が目指したのは、家族や親族に教化・教育を施して、士大夫の家系にふさわしい人格を養成し、更に官界へと人材を送り出すことであった[48]。彼の期待にもかかわらず、家族や親族による私益追求はやむことはなかったが、教化・教育によって、人格を養成することが、私益追求の防止、郷里との和合的な関係の安定にとって最大の鍵となると考えていたといえよう。

当時の広東はなお開発途上の辺境であり、儒学の文化は普及しているとは言い難い。霍韜と同じ頃を生きた広州の郷紳黄佐は、郷約の理念に基づいて郷礼の構想を発表したが、これは、辺境たる広東に儒教文化を醸成しようとする目的をもつものであり、その基本は、郷紳が儒教的規範によって自己の家を教化し、それを更に郷里に推及していくという点にある。(49) 霍韜が行ったところの、自己の家を対象とした教化・教育は、そうした士大夫の政治理念の原点において共通している。こうした試みが開始され始めたのが嘉靖年間であった。霍氏は、珠江デルタが次第に儒教文化の圏域のなかに包摂されていくことを象徴する典型的な家であったと言えよう。

注

（1）筆者の報告は、『地域社会の視点—地域社会とリーダー—』（名古屋大学文学部東洋史学研究室編、一九八二年）に収録された。

（2）拙稿「宗族の形成とその構造—明清時代の珠江デルタを対象として—」（『史林』第七二巻第五号、一九八九年）において、霍氏の経済活動の一端を紹介したことがある。この論文は改稿のうえ、拙著『中国の宗族と国家の礼制—宗法主義の視点からの分析—』（研文出版、二〇〇〇年）に第九章として収録した。

（3）『家訓前編』、序。

先是正徳丁卯嘗著訓凡二十篇。将以保家也。今删潤凡十四篇。兄弟子孫世慎守焉、将永保家也。付録三篇家之推也。於戯、立家極難、敗家極易。祖考嘗為其難矣。兄弟子孫毋為其易也哉。念哉、念哉。保爾家哉。嘉靖八年己丑仲冬朔八日、韜題。

（4）『石頭録』巻一、「補石頭録前編」。

（5）『石頭録』の他、霍韜の伝記は、『明史』巻一九七、『粤大記』巻一六、献徴類、「相垣勲業」、康熙刊『南海県志』巻一一、人物列伝などにも収録されている。
（6）本稿では東京大学東洋文化研究所所蔵本を使用する。
（7）萬暦刊『南海県志』巻一、輿地志、「都里」。
（8）嘉靖十四年序刊『広東通誌初藁』巻三、「政紀」。また、専論として、山根幸夫「広東黄蕭養の乱」（『東方学会創立四十周年記念東方学論集』、一九八七年）がある。
（9）以上、霍氏の系譜は、霍韜『渭厓文集』巻一〇、家訓続編、「先徳第十六」及び光緒刊『石頭霍氏族譜』巻一による。
（10）以下、霍韜の事績は、主に『石頭録』、『明史』巻一九七、「霍韜」による。
（11）『石頭録』巻一、正徳十一年条。
（12）『広東新語』巻三、山語、「西樵」。
（13）『明史』巻二八三、「湛若水」、『粤大記』巻一四、「湛若水」。
（14）『明史』巻一九〇、「方献夫」、『粤大記』巻一六、「方献夫」。
（15）羅一星前掲『明清仏山経済発展与社会変遷』は、彼らを「南海士大夫集団」と呼んで、中央政界における活動、彼ら相互の関係を紹介している（八一～九六頁）。
（16）『明史』巻一九七、「霍韜」。
（17）『石頭録』巻一、弘治十八年条に、「公十九歳始入郷塾〈公始以家貧、未能就学。至是始入郷塾〉」とある。
（18）『石頭録』巻一、正徳十年条に、「公素貧、兄弟五人田不満四十畝」とある。
（19）霍韜『家訓』（『涵芬楼秘笈』所収）「田圃第一」に、「凡家中計男女口凡幾何、大口種田二畝、小口種田一畝」とあり、成人、未成年の族人に対する一律的な耕作を、「凡子姪、人耕田三十畝、夏冬両季、效報所耕獲、以考功」とあり、子姪に対する三〇畝の農田の耕作を義務付けており、直接農業経営の田地を所有していた。また、「佃人租入、儲之一倉、以供賦役」とあるように、佃人（佃戸）からの小作料収入を見込んでいることから、租佃地を経営していたことがわかる。また、「凡石湾窯冶、仏山炭鉄、登州木植、可以便民同利者」とある。同書「付録」には、「祠堂事例」「社学事例」「四峯書院事例」を収録し、それぞれの運営規則を細かに定めている。

(20) 佐伯有一「明末董氏の変―所謂『奴変』の性格に関連して―」(『東洋史研究』一六―一、一九五七年)、重田徳「郷紳支配の成立と構造」(岩波講座『世界歴史』一二、岩波書店、一九七一年)、濱島敦俊「明末江南郷紳の具体像―南潯・荘氏について―」(『明末清初期の研究』京都大学人文科学研究所、一九八九年)、岸本美緒『明清交替と江南社会』第二章「明清時代の郷紳」(東京大学出版会、一九九九年)など。

(21) 松田吉郎「明末清初広東珠江デルタの沙田開発と郷紳支配の形成過程」(『社会経済史学』第四六巻第六号、一九八一年)。傅同欽「明清時期的広東沙田」(『明清広東社会経済形態研究』広東人民出版社、一九八五年、に収録)も、沙田の兼併や経営の方法を分析する。また、西川喜久子氏は清代の沙田開発に関して詳細な検討を加えている(「清代珠江下流域の沙田について」、『東洋学報』第六三巻第一・二号、一九八一年、「珠江デルタの地域社会」、『東洋文化研究所紀要』第一二四冊、一九九四年)。

(22) 『霍文敏公全集』巻一〇下、公行、「両広事宜」。
東莞・順徳・香山之訟、惟争沙田。蓋沙田皆海中浮漲之土也。頑民利沙田交争焉。訟所由棼也。善断者凡訟沙田皆没入之官、則訟端永息矣。何也、沙田者海中之洲島也。先年五嶺以南皆大海耳、故吾邑曰南海。漸為洲島、漸成郷井、民亦蕃焉。南海闔邑皆富饒沃土矣。今也香山・順徳又南海之南洲島、日凝与気倶積亦勢也。頑民利洲島、交利互争、訟所由棼。有司所不能断者也。如遇沙田之訟、即按其籍、曰、爾田何年報税。如果増報税額、有益国賦也。按籍給之永業、無籍者没之官。若曰吾所承之業従某戸某田塌陥、代之承補者也、則姦民之尤也。宜勿聴、仍断其田没之官、則姦固難售而訟亦可省矣。是固聴沙田之訟之策也。又曰、凡訟沙田皆没之官、則沙田之訟自息耳。蓋沙田皆海中浮土、原無税業、是民所由争也。語曰、一兎在野、衆共逐焉、無主故也。積兎在市、過而不問、有主也。海中沙田、野兎之類也。其争也逐兎也。没之官、召民承買而取其価、以供公需、絶訟之術也。

(23) 『霍文敏公全集』巻七下、書、「家書」。
予累有戒諭。今後田土不許再経営了、沙田不許再做了、家業不許再増了。如何又与人做香山沙。可是不遵戒諭。爾兄弟只在外幹閑事、推罪名我身上。我只一身、豈能為爾兄弟担受許多罪名。豈不傷心哉。爾兄弟如能講明家訓、共勉力遵守、使子孫皆敦勤倹、只如此家足矣。如不守家訓、子孫不守礼法、将覆敗不暇、田業愈多、罪悪愈大、取笑於人愈衆。前車覆後車復、不知戒、謂之何哉。

(24)佐伯有一前掲「明末董氏の変—所謂『奴変』の性格に関連して—」。
(25)『渭厓文集』巻七、書、「家書」。
如減価買田、他日身後有訟。楊閣老家所買田倶被告称減価。官司尽為断田還主、就将毎年所収租利、准還半価。自楊閣老中進士後六十年、田業尽数退給小民、家業一空。近日潮州陳世傑亦被人告占田半価。官司見告占田、即追契退田、見告半価、即責退田給主、算遞年所収租利、准還半価。今家産尽絶。児子来京奏辯。但官司皆以此為公道、以此立声名。雖奏、本無能為也。我家買田凡減価者与璞皆与訪実、召原主給領原価、勿貽後患、就無後患。亦折子孫承受、不得為補欠価。只査山中書院遞年所収租銀、将両年所積就可補足。如兄弟不聴我言、聴爾所収租銀自利自保、我決不肯為此。
(26)林和生「明清時代、広東の墟と市—伝統的市場の形態と機能に関する一考察—」(『史林』第六三巻第一号、一九八〇年)、葉顕恩・譚棣華「明清珠江三角州農業商業化与圩市的発展」(『明清広東社会経済研究』広東人民出版社、一九八七年)。
(27)項喬「禁墟主以便市民」(嘉靖四十年序刊『広東通志』巻二五、民物志六、「墟市」所収)。
(28)道光刊『仏山忠義郷志』巻一、郷域、山川、「汾水」、及び民国刊『仏山忠義郷志』巻一、輿地志、川、「汾水」。
(29)『仏鎮義倉総録』巻一、「南海県正堂劉太斧永禁堆積築占搭蓋抽剝碑記」に、「切仏山正埠為広東重鎮、忠義郷正埠為仏山咽喉、官府商民、車馬船只往来、難容狭窄」とある。文中の「忠義郷正埠」は汾水正埠のことを指している(『明清仏山碑刻文献経済資料』広東人民出版社、一九八七年、三六頁~三七頁、より転引)。
(30)『霍文敏公全集』巻七之下、「家書」に、「汾水頭地只可做房与人賃住。本家却不可在此抽地頭銭物、及假借人声勢、做各項売買、必招大禍」とある。
(31)『渭厓文集』巻七、書、与冢山書、「十一」。
予毎戒家人、勿生事、勿求官司、勿得罪郷里過人口舌。何為又去売塩、又開銀鉱、又去做沙、皆不知足也。売塩做鉱必置之法不許解救、愈解此処、行之愈急、是速致之死也。
(32)『明史』巻一九七、「霍韜」。
(33)『霍勉斎集』巻二一、碑銘、「寿官石屏梁公偕配安人何氏墓碑銘」に、「先文敏尚書、当為吏部時、気焔焔赫。若仏山鉄炭、若蒼梧木植、若諸県塩鹺、稍一啓口、立致富羨」とある。

（34）『渭厓文集』巻七、書、「家書」、『渭厓文集』巻七、書、与冢山書、「十一」。

（35）『明史』巻一九〇、「楊廷和」、同書巻一九六、「張璁」、「桂萼」、「方献夫」、同書巻一九七、「霍韜」。大礼の議に関する専論としては、中山八郎「明の嘉靖朝の大礼問題の発端」（『人文研究』第八巻第九号、一九五七年）、同「再び『嘉靖朝の大礼問題の発端』に就いて」（『清水博士追悼記念明代史論叢』大安、一九六二年）がある。

（36）『明史』巻一九六、「夏言」、『明史』巻一九七、「霍韜」。天地の祭祀の問題は、小島毅「郊祀制度の変遷」（『東洋文化研究所紀要』第一〇八冊、一九八九年）に詳しい。

（37）『世宗実録』嘉靖十一年七月辛酉条に、

広東按察司僉事龔大稔劾奏吏部尚書方献夫及守制詹事霍韜言、献夫以陰騺之資、縦谿壑之欲、而韜又以剛狼翼之、各任親族盤結党与、侵奪塩利、籠絡貨権、分拠要津、並為壟断、毀官署移巡司、以便其私、奪禅林、攘寺産、而擅其利。在二臣猶為細事。甚者若仁王寺基已改先儒朱熹書院、而献夫奪之、以広其居。又受姦僧梁鰲投献田土、奴畜之。鰲有罪当逮、匿護不以就鞫。献夫夙以気岸自高。毎三司礼謁輒称病不拝。今春応召北上、時顧独再拝。臣属免逮奴保養姦、回沮撓法守。其無大臣之節明矣。韜居南海、乃受高要県民投献、而争過沙塘、致傷人命。臣理官也。拠法以塘帰主、以殺人者抵罪。韜乃取獄詞標榜名曰、俗毒牘解。送臣脅使翻案。夫韜居喪未禫、方閉門読礼、之不暇顧、乃縦奴罔利、日与細民競刀錐。已非大臣体、而又註解刑書、飾姦掩詐、而謂仁人孝子、忍為之耶。韜又嘗以書致撫臣林富謂、献夫直欲上聞。韜曰、且無然、恐再起大獄、延衣冠禍。夫大獄出自朝廷、非大臣可以行威福。誠如韜言、是天下衣冠死生禍福皆懸二臣之手。臣為陛下守法、一死何憾。誠不忍以朝廷之法資姦人口実。

とある。

（38）『渭厓文集』巻七、書、「家書」に、

前後累書已詳尽矣。不須多贅。只近閲天下官司送到賢否冊来、逐一検閲、見贓官害民、考語脚色、皆註曾送金銀若干与吏部某官、或送段帛、或送酒器、或送金玉帯、到京与権要官。此様考語到部、則此官必退了、而京官遂受汚玷。幸我家無被人送者、各官考語亦無送礼物及本家者、此可喜也。今後各処官司交際、決要謹慎、勿軽受渠礼物為我累也。……不知我家中兄弟体此意、否有人餽礼物否、曾受納否。又本家有事干擾官司否。如本家少有此事干及官司、彼則卑視我矣。

という。また、『石頭録』巻六、嘉靖十二年十二月条に、「公在部、見百官考課冊、贓官多以家人行賄敗。因為書戒兄弟」とある。

(39)『渭厓文集』巻七、「与洗奕倩」。
承示感感、家中兄弟皆農人、不識理、小有勢、便妄自恃、妄作過悪、此庸態也。况親戚朋友又従䛕諞幾何、不自造罪罟、納身其中也。如吾奕倩恒示規言、彼初雖或以為病、已久之自悟、必深感徳古人薬石実生我之説也。去年吏部時政議内、一段説広東権横之弊、已謄数幅寄回、俾兄弟粘之戸牖、又送数幅于当路、祝曰、遇本家犯禁、置之于理。不知有司近行如何也。蓋庸人無知、遇勢則恃、遇禍則悔、遇懲則警、恒徳小懲、以謹小悪、福之大也。如或無懲以自造福、雖悔何及。吾奕倩恒示之規警、彼或外雖不順、内必自省、為益多矣。感甚感甚如也。

(40)『世宗実録』嘉靖十六年九月巳丑条。
鶴鳴亦上章、自理因言、韜近南遷不如意、輒生怨懟、并摘其居郷不法数事。章並下吏部。覆言、鶴鳴之召、復出自特旨、韜所発姦利、或出風聞、而鶴鳴劾韜之言亦無事実。皆用私忿相排撃、不足深究。得旨、李鶴鳴已召復原官、霍韜宜遵前旨、尽心供職、不得互相辯訐致傷国体。

(41)道光刊『仏山忠義郷志』巻九、人物志、循吏、「洗桂奇」。

(42)『渭厓文集』巻七、「与洗奕倩」。原文は注(39)参照。

(43)前掲項喬「禁墟主以便市民」。

(44)『粤大記』巻一一、宦績類、循良芳躅下、「黄正色」。

(45)『明史』巻二八七、「黄正色」。

(46)道光刊『広東通志』(阮元修)巻一〇七、宦績四、「黄正色」。
正色之選香也、実座主南海霍文敏韜薦之。迄令南海諸霍氏喜以為必庇。已而正色秉正不阿。霍氏有違禁者、一縄以法、無少縦。諸霍氏愬於韜、冀激其怒。韜顧賢正色、致書曰、令宜如是。於是、正色得以督察霍氏。諸霍氏知自戢、卒底於善。正色喜曰、吾可以報矣。邑有権貴人過氏者、勢張甚。人争下之。正色独捕其豪奴、寘于理。民相戒曰、挙主如霍家、貴人如某氏、黄侯皆不貸。吾儕其敢犯乎。在南海二年、教化大行、咸歌誦之。

(47)前注(39)参照。

(48) 拙稿前掲「宗族の形成とその構造─明清時代の珠江デルタを対象として─」。

(49) 拙稿「黄佐『泰泉郷礼』の世界─郷約保甲制に関連して─」(『東洋学報』第六七巻第三・四号、一九八六年)。

第八章　霍韜と珠璣巷伝説

はじめに

本論は移住伝説の一つとして知られる珠璣巷伝説を取り上げる。(1) 移住伝説とは何か。牧野巽氏は「その祖先が元来、同一の地方から移住して来たという伝説」を移住伝説（もしくは祖先同郷伝説）と呼び、これを単に「特異で奇妙な現象」として片づけるのではなく、学問研究の対象として取り上げた。珠璣巷伝説は移住伝説の一つであり、珠江デルタの住民及びデルタから国内外に移住していった人々の祖先が広東北部の南雄の珠璣巷から移住してきたという伝承を指している。(2) なぜこの伝説を本論で取り上げるのかを述べておきたい。

移住伝説が中国で広く見出されるのは明清時代以降のことであるが、言うまでもなく祖先のルーツに対する関心は中国人が古代より抱きつづけてきたところである。中国では、父系血縁の人間関係を中心とした記録として、族譜が編まれてきた。族譜は通常、唐代までの古譜と宋代以降の近世譜とに大別される。古譜の特徴を述べる上でしばしば取り上げられるのは、魏晋南北朝の時代である。門閥貴族によって国家の政治運営が実質的に独占されていた時代においては、自己の家系の系譜が名門たることを証拠立てることが求められ、かつ国家もまた、族譜によって貴族の家系を序列化した。そうした族譜の特徴は隋唐時代にも受け継がれている。これに対して、宋代以降においては、国家が族譜を蒐集し、家系を序列化することは行われなくなり、族譜は民間において編纂されるものとなった。この近世譜の問題点の一つは祖先の系譜の確定にある。例えば、近世譜が普及した明清時代の江南では、十六世紀以降、経済的政治的成功を収めて台頭した人々が続々と族譜の編纂に取り組んだが、彼らが関心を抱いたのも、自己の祖先がそもそもどこからやってきたのかという問題である。近世譜のモデルとされる欧陽脩と蘇洵の譜（歐陽譜、蘇譜）はつとに、黄河流域の中原の地に建国した太古の帝王の系譜に遠祖を求めていたが、そうした中原意識は、明清の族譜においても強烈である。明清譜の多くは、中原に祖先のルーツを求め、そして可能な限り遠くまで祖先を遡及して、始祖以来の系譜を延々と書き連ねる大宗譜を志向する傾向がある。ただし、族譜編纂に際して、中原の時代の人物を始祖として公認する例は少なく、また、始祖とはいっても、漠然としているため、最初にその土地に移住した祖先（始遷祖）ないし最初に任官した祖先を始祖として設定することが一般化した。いずれにせよ、始祖以来の系譜を記録する大宗譜の採用は、祖先の偽造の流行という社会問題を引き起こした。新たに上昇を遂げた人々が把握可能な祖先は三、四世代であるため、遠い祖先の名を作ったり、また著名人を祖先に加えるなどの作為が施されたのである。それは批判される行為ではあるが、本質的な問題ではない。官僚任用のために族譜が重視された貴族制の時代と異なり、近世譜の最大の目的は父系親族を組織化すること（収族）にあり、そうした収族という目的が達成されるのであれば、祖先の偽造は暗黙のうちに了承されるべきものであろう(3)。

珠璣巷伝説も、族譜作製の風潮のなかで問題となった祖先の偽造と深い関わりがあると考える。広東の族譜に伝えられる、珠璣巷から珠江デルタへという祖先の移住に関わる説話が客観的な史料の裏付けをもって検証されたことはなく、移住に関わる祖先を作り出したと判断せざるを得ないからである。では、なぜ珠璣巷伝説なるものが生み出されたのであろうか。本論では、珠江デルタの文人・霍韜（経歴は本書第七章参照）の記録を手がかりにして、この問題を考えてみたい。

本論で紹介するように、霍韜は祖先の系譜を再現するなかで珠璣巷伝説を採用したが、これはこの伝説に関する最も早期の記録の一つである。

一　霍韜の記録

明代半ば以降、珠江デルタ地帯では、域内交易活動、手工業生産、商業的農業、都市化が急速に発展した。こうした商業化・都市化の進展を背景として、儒教文化が広東社会にもたらされた。その鍵となるのは科挙官僚制である。正徳十六年（一五二一）、提学副使として広東に赴任した魏校なる官僚は辺境の地である広東に儒教文化を普及させることを自らの使命とし、民間信仰の撲滅と儒教の拠点（書院、社学）の設立を大規模に実施した。これは中央政府から派遣された官僚による儒教文化普及の試みであるが、地域の側においても対応する動きが現れた。南海県を始めとしてデルタ地帯で多くの儒教知識人（士大夫）が誕生し、科挙を通じて中央官界へと乗りだしていった。その母胎となったのは、商工業の発展のなかで富を築いた商人や手工業者、不在地主である。彼らは地元では郷紳と呼ばれ、地域の経済・政治・文化に大きな影響を及ぼしたが、そのなかから、魏校の政策を受け継いで、郷約や社学などを設け、儒教によって地域社会の秩序を構築しようとする動きが現れた。黄佐の郷礼である。郷礼は理想的な儒教秩序の醸成の実現を目的として、科挙官僚層が主導して、個人、家、郷里の規範を定め、実践する方法を詳細に提示した。科挙官僚制に組み込まれ、域内に儒教文化が普及する形勢（儒教化）が生み出されたのである（本書第五章、第六章参照）。この儒教文化普及の動きのなかで注目したいのは、宗族の形成である。郷礼において、理想的な儒教社会の実現は個人と家を基礎とした。家は同居共財の個別家族を単位とするが、個別家族を包摂する宗族の形成が目指された。宗法の理想に従って、共同祖先の嫡系の子孫が同祖の親族を統合するかたちを理想とする宗族を形成する動きは当時の最先進地域である江南において開始されていたが、ほぼ同じ時期に珠江デルタにおいても、上昇を遂げた士大夫の家のなかから、宗法の復活を理想として、朱熹『家礼』の規範に従い、宗祠を設立して祖先祭祀を実践する動きが登場してきた。こうした動きは、仏山鎮や広州城などの都市を中心として多く実践された。宗祠は宗子が祖先祭祀を媒介として共同祖先から分かれた親族を統制する場であり、宗祠を設立し、同祖の男系親族を集合することにより、宗族の集団を形成しようとしたのである。(4)郷礼の構想もそうした現実の動きを踏まえて制定されたものであろう。しかし、「はじめに」で述べたように、宗法による族譜編纂には、当初より、祖先の系譜を確定できないという問題点が孕まれていた。霍氏も同様の問題に直面している。

霍氏も士大夫へと上昇した家の一つであった。霍氏が代々住んできた深村堡石頭は商工業都市・仏山鎮に隣接している。石頭霍氏は韜の父の代までは農業や商売に従事する庶民の家系であったが、韜の時代にはじめて官界に進出した。(5)霍氏でも、宗祠設立の事業を行っている。韜は、嘉靖四年（一五二五）一月一日を期して大宗祠を設立し、祖先祭祀を開始したが、この祠堂には、元末の人で、韜の五代前の祖先に当たる剛可を始祖として祭り、以下、高祖・義（剛可の子）、曾祖・元珍、祖父・厚一、父・華及びそれぞれの配偶者の神位を安置した。(6)ここで注意したいのは、韜が剛可を始祖としたことである。『渭厓文集』巻一〇、家訓続編、「先徳第十六」に、

祖、諱は剛可。元末の時、糧運に長じ、舟、白蛇漩に至るや、漩水起るに値り、舟覆りて溺死す。今、奉じて大宗始祖と為し、号して石龍府君と曰う。祖の妣の梁氏は隔坑の梁族なり。梁族は今、後無し。〈韜、拝首して曰く、我が子孫、我が祖の、糧役に供して身を没えるを念え。尚わくは我が祖の艱難を思わんか。〉（祖諱剛可。元末時長糧運。舟至白蛇漩、値漩水起、舟覆溺死焉。今奉為大宗始祖、号曰石龍府君。祖妣梁氏隔坑梁族也。梁族今無後。〈韜拝首曰、我子孫念我祖供糧役没身、尚思我祖艱難乎〉。）

とあり、「大宗始祖」として設定された剛可は税糧を運搬していた時に溺死したというエピソードが伝えられる。始

祖とはその家系の最初の祖先であるが、記録をもたない庶民の家では数世代前までしか祖先を遡及できないのが普通である。更にルーツを遡ろうとすれば、史書などを調べて関係のありそうな者を系譜につなげるしかない、そこに偽譜の問題が生じることになる（前述）。霍韜は祖先の系譜を再現するうえで、「今、惟だ知る所の祖を述ぶるのみ」として、剛可以下の祖先の事績を記すにとどめた。それは、系譜を偽る危険を避けるためであったであろう(7)。では、霍韜は剛可より前の祖先をまったく切り捨てたかというと、そうではない。霍韜は始祖・剛可より前の祖先について、

我が祖、姓を得たるは寔に霍叔、霍邑に食封せらるる自りす。漢、春秋より而上は太原の人為り。故に今、子孫の著姓は猶お太原郡と曰う。云えらく、宋の靖康の時、狄難を避け、広の南雄郡朱杞巷に遷る、と。或るもの曰く、秦の時、中国の民五十万を徙して南粤に塡実す。我が祖も従い徙り、遂に世よ南雄の人と為る、と。二説未だ孰れが是なるかを知らず。宋の季年、南雄由り再び南海に謫さる。或るもの曰く、皇姑を嬉笑するの罪により謫遷せらる、と。或るもの曰く、皇妃を匿すの罪により謫遷せらる、と。語亦稽うる所無し。南雄由り遷る者に兄弟三人あり、皆負担し来り、一は石頭に居し、二人は居する所を知らず、或るもの曰く、一は㮟州に居し、一は梁滘に居す、と。又云う、一は瀾石に居し、一は仏山に居す、と。亦稽うる無し。今、惟だ知る所の祖を述ぶるのみと云う。（我祖得姓寔自霍叔食封於霍邑。漢春秋而上為太原人。故今子孫著姓猶曰太原郡。云、宋靖康時避狄難、遷于広之南雄郡朱杞巷、或曰、秦時徙中国民五十万塡実南粤、我祖従徙、遂世為南雄人。二説未知孰是。宋季年由南雄再謫南海、或曰嬉笑皇姑罪謫遷、或曰匿皇妃罪謫遷。語亦無所於稽。由南雄遷者兄弟三人、皆負担来、一居石頭、二人不知所居、或曰一居㮟州、一居梁滘。又云、一居瀾石、一居仏山、亦無於稽。今惟述所知祖云。）

という(8)。石頭霍氏の祖先が最初に姓を得たのは、周の武王の弟の霍叔（霍叔処）が霍邑（山西省）に封ぜられたことに始まるという。その子孫は代々太原に住んだので、今の子孫も太原郡の名称を用いている。石頭霍氏との関係については、二つの説を紹介する。第一に、北宋末靖康の時、霍氏の祖先が狄つまり女真人の金の侵略を避けて、「朱杞巷」

に南遷したというものである。霍韜は「朱杞巷」と記すが、清代以降には「珠璣巷」と表現されることが多い（以下、「珠璣巷」の名称を用いる）。この珠璣巷は、北路の要衝の地であった通済鎮の南側に位置している。つまり、南雄府城を出て、珠璣巷、通済鎮を経て、梅嶺の嶺南第一関へと向かうことになる（本書第一章参照）。第二に、秦が嶺南を攻略し、「中国の民五十万」を強制移住させた時、霍氏の祖先も嶺南に移り、以後子孫は代々南雄に居住したというものである。秦は、始皇帝の三十三年（紀元前二一四）に嶺南の地を攻略して、三郡（桂林・象・南海）を設置した。(9)強制移住のことは『史記』巻六、秦始皇本紀に伝えられるが、「民五十万人」という文言はない。(10)霍韜の記述に近いのは、司馬光『資治通鑑』である。司馬光は三郡設置後、「民五十万人」を移住させたことを伝える。(11)

霍韜は以上の二説つまり祖先が宋朝の南遷に際して太原から南雄の珠璣巷にきたという説と秦の嶺南制圧の時に南雄に移住してきたという説のどちらが正しいかはわからないと述べる。つまりはともに、未確認情報であるが、いずれにしろ、霍韜は、霍氏の祖先が中原から南雄（珠璣巷）に移住してきたことを強調するのである。

次に続く一文は、珠璣巷と石頭を結ぶ所説である。南宋末の「皇姑」「皇妃」の事件を機として、霍氏の兄弟三人が罪を問われて、南雄から広州に移住した。その一人が石頭に定住した彼の祖先であり、他の二人の移住先は諸説あり、確かでないという。

霍韜自身、祖先の移住に関する伝承の信憑性については懐疑的である。系譜を再現するに際して、剛可以下の祖先を系譜に書き込み、それ以前については、伝説として処理した。しかし、他面、上掲の記述により、霍氏の祖先が中原から珠璣巷、珠璣巷からデルタ地帯の石頭へという移住と系譜の道筋がひとまずつけられたことになる。

この霍韜の記録は次の点で注目される。珠璣巷伝説の成立時期については従来の研究がいくつかの所説を提示している。牧野巽氏は、おそくとも明中葉には珠璣巷伝説がすでに存在していたと推定し、片山剛氏も牧野説を支持している。(12)また、陳楽素氏も、明中葉以降、珠璣巷伝説が次第に盛んになったという。(13)これに対して、譚棣華氏は里甲制が施行された明初を伝説成立の時期とする。(14)論者によって若干の意見の相違があるが、正確に伝説成立の時期を確定するのは難しいかもしれない。明中葉以前から民間の伝承として流布していたものが明中葉以降に文集や族譜などに記録され、普及したものと理解しておきたい。霍韜が記録したのは嘉靖年間に入ってからであるから、最も早期に伝説を伝えたものとはいえない。しかし、注目されるのはその内容である。この伝説は、清代、民国年間の広東の族譜などで広く採用されており、当該の事件についても様々なバリエーションがあったが、共通するのはともに、中原出自を前提として珠璣巷からデルタ地帯への移住を主張していることである。(15)管見の限りでは、この霍韜の記事は最も早い時期に、中原、珠璣巷、そしてデルタ地帯を結びつけた史料である。

では、なぜ霍韜は信憑性に疑問を抱きつつも、珠璣巷伝説を記録に残し、霍氏の中原出自に拘ったのか。伝説に関する従来の研究が出発点としてきたのは梁啓超の指摘である。珠江デルタ地帯の一角を占める新会県の人で、康有為の門に学んだ梁啓超は、民国十一年（一九二二）、「中国歴史上民族之研究」という一文を発表した。(16)梁啓超は民族成立の要件として他者に対する自己認識つまりアイデンティティーを重視したが、中華民族のアイデンティティーは、自らを「諸夏」と名付けて「夷狄」と区別したところに表象されていると考えた。中華民族は黄河流域の中原の地に発祥し、その後、南下していく過程で数千年の間に「夷狄」と融合しつつ、拡大していった。「夷狄」の一つは「苗蛮」であり、「苗蛮」を構成する三つのグループのなかに「擺夷」がいる。(17)梁啓超は広東土着の民が「擺夷」であることを示しつつ、他方において、歴代、北方から漢族の移住者が少なくなかったことを指摘する。梁啓超がとくに重要な事件として掲げるのは、秦の始皇帝が嶺南制圧に際して大量の移民を送り込んだ戦役であり、これを計画的な殖民政策と捉える。こうしたことから、歴史を振り返ってみれば、「諸夏」と「擺夷」との混血の結果として広東人が形成されたことは疑いないというのが梁啓超の結論である。ところが、現在の広東人は誰も土着であることを認めず、各家で編まれる族譜の多くは始遷祖が南雄珠璣巷に住んでいたことを主張しているという。広東人が土着であることを認めようとしないのは、土着＝非漢族（擺夷）という観念が行き渡っていたからに他ならない。もちろん梁啓超も述べるように、秦の遠征以来、北方の漢族は歴代嶺南に移住してきたのであるから、土着であることがすぐさま非漢族ということにはならないはずであるが、漢族であることを証明できない以上、土着であることを認めれば、非漢族の家系と見なされる恐れは十分すぎるほどある。その背景にあるのは広東の複雑な民族状況であるが、珠璣巷伝説との関係を考慮する時、注目されるのは、霍韜が生きた明代半ば以降の時代である。従前の研究はおおむね伝説が明代半ば以降に流布したとする点で一致していたが、この時代には、非漢族と漢族との間で大規模な対立と漢化の状況が出現している（本書第一章～第三章参照）。このことが伝説の流布に関係しているのではないかと推定される。[18]

劉志偉氏は漢化を二つの側面から捉えている。一つの側面は、蛮夷が漢族の文化の影響により、生産技術、生活方式、言語、服飾から教育水準に至るまで変化していったことであり、もう一つの側面は、「編戸斉民」の身分をもつかどうかであり、この身分は戸籍への登録（入籍）と賦役負担を通じて確認される。公式の戸籍に登録されれば、その身分は「良民」と同じであり、科挙応試の資格を得られた。[19] つまり、蛮夷の漢化は戸籍への登録と賦役の負担によって完成されるのである。また、片山剛氏は、王朝によって戸籍に登録され、かつ徭役・税糧等を正規に負担する斉民と王朝との関係をまったくもたない化外の民との間に、王朝との関係はもつが、斉民ではない「中間的存在」を設定し、正徳年間に広州府北部で反乱に立ち上がった峒獠の動きは、強制的に斉民化されたことを不服とし、「中間的存在」への回帰を求めて起こしたものと理解する。[20] この斉民化も広くは漢化の潮流のなかに位置づけられるであろう。要するに、明中葉以降の珠江デルタ周辺では、非漢族と漢族及び明朝との間に激しい対立関係が生まれ、そのプロセスにおいて漢化が進捗していったといってよいであろう。

珠江デルタでは、海外貿易と連動して、商業化・都市化が進捗し、そのなかから官界へと進出する士大夫の家が生み出されたが、その一つが霍氏であった。霍韜は宗法を導入して親族を組織化しようとしたが、祖先の系譜を確定できないという問題を抱えていた。彼は五代前の剛可を始祖と定め、それより先の遠祖を祭祀の対象とすることはしなかったが、漢族の進出による民族対立の激化と漢化が進むなかで、蛮夷出身と受け取られる可能性はできる限り避けたい意識が働いたであろう。言い換えれば、科挙官僚制を軸とする儒教文化に珠江デルタが組み込まれるなかで、官界入りして士大夫のステータスを獲得した霍韜のような知識人にとって、漢族としての家系の正統性を内外に知らしめるために、珠璣巷伝説を採用して中原出自を主張する必要があったのではないかと推測される。

二　消えた秦移住説と生き残った珠璣巷伝説

霍韜は中原出自の系譜を模索するなかで、二つの説を紹介していた。一つは珠璣巷伝説であったが、もう一つは秦移住説である。ともに中原出自を唱えているが、梁啓超の観察に従えば、後者は危険を孕んでいる。土着を認めれば、非漢族であるとみなされる危険性を回避できないからである。しかし、秦移住説を採用せざるをえなかった姓もある。梁啓超は、「広東は漢代に南越と称し、その土着には擺夷をまじえていた。六朝時代に冼氏は巨閥をもって粤に覇を唱えること二百年に及んだが、この冼氏は擺夷の著姓である」と述べるように、六朝時代に粤を支配した擺夷の著姓として冼氏の名を掲げた(21)。冼氏は、六朝時代に勢力を誇った冼氏夫人の一族として著名である。『隋書』巻八〇、列伝四五、列女、「譙国夫人」によれば、高涼（広東西南沿海部）の冼氏は代々「南越の首領」で、山峒を占拠し、十数万家を支配した。羅州刺史の馮融は冼氏の娘が賢明で知略に富んでいることを知って、その子の高涼太守・馮宝の妻として迎えたという(22)。ここにいう冼氏の娘が冼氏夫人である。また、『資治通鑑』も冼氏夫人の事績を伝えたなかで、高涼冼氏は「世々、蛮酋為り」と伝える(23)。その後、冼氏夫人が馮宝の妻となると、訴訟の裁定や一族の首領の取り締まりがよく行われ、馮氏の勢力増強に寄与した。南朝梁が侯景の乱により混乱し、陳覇先が梁に代わり陳朝を樹立すると、冼氏夫人はその子の馮僕に命じて諸首領を率いて陳覇先のもとに入朝させ、これによって僕は陽春郡の太守に任じられたが、至徳年間に死去した。その後、陳朝は滅亡し、隋が天下統一を成し遂げると、冼夫人は孫の馮魂を派遣して、その支配下に入らせた。馮氏の勢力範囲は高涼を中心として、珠崖郡（海南島）に及び、更に、番禺にも勢力を伸ばした。(24)

このように冼氏は史書に「南越の首領」「蛮酋」として伝えられており、梁啓超が冼氏を「擺夷の著姓」としたのも、冼氏を土着の非漢族とみなす通念に拠っているであろう。では、冼氏はどのようにその祖先の系譜を描いたのであろうか。現存する冼氏の族譜である宣統二年（一九一〇）刊『嶺南冼氏宗譜』（以下、『宣統譜』と略称）に基づいて、その事情を紹介しておこう。

明末の天啓二年（一六二二）、冼氏一族の父老は省城の賢蔵街に、大宗祠（清・乾隆年間に「郷賢曲江侯書院」と改称）を鼎建した。始祖の晉の冼勁を祭り、諸房の始遷祖を配享したものであった。(25)この明末の事業を継承したのは冼国幹（三山公）という人物である。冼国幹は康熙二十一年（一六八二）の進士で、直隷武強県知県から、刑部主政陝西司員外郎、礼部儀制司郎中を経て、湖州府知府に任じられた。(26)康熙二十九年（一六九〇）、冼国幹は、合族祠が創建から七〇年近くを経て老朽化したため、族人に重修をはかり、房ごとに二、三〇金を集めて、資金となし、事業を完成させた。(27)また、合族祠の修築とともに、康熙四十八年（一七〇九）、宗譜の編纂を行った。この『康熙譜』は、国幹が「旧牒」その他の資料を集めて編纂したものである。(28)この「旧牒」とは国幹の族伯の楽吾公なる者が編纂した冼氏の最初の族譜（初譜）であったと考えられる。(29)

『宣統譜』は『康熙譜』を継いで編まれたが、系譜に関する冼氏の公式見解は同書巻一之一、宗支譜、「氏族源流」に示されている。冼氏の祖先は沈子の国から出ており、周王室の子孫でもある。秦の時、真定郡に住んでいた。時に汭なる者あり。義侠をもって聞こえていたが、かたきに怨まれることがあり、秦朝の厳しい刑罰を逃れるため、冼の姓に改めた。秦の始皇帝が趙佗を派遣した折り、汭は趙佗と郷里を同じくし、また往来があったので、趙佗に従って嶺南に赴いて家を構えた。これが冼姓が粤に入った始まりであるという。(30) 汭を入粤の祖とする見解はつとに初譜に記されており、また国幹の『康熙譜』でも採用された。(31) しかし、汭の入粤の故事には史料の裏付けがまったく欠如しており、さすがに冼氏でも汭を公式の始祖とするには躊躇があったようである。ここに、始祖とされたのは、天啓二年（一六二二）設立の大宗祠で祀られた勁なる者である。すなわち、汭の子孫のうち、広西に居住する者は世に顕れず、広東の冼氏を大宗とする。広東の冼氏は広州に居住する南海冼氏と高州の高涼冼氏とに分かれた。その後、冼勁が広州中兵参軍に任用され、東晉の安帝の元興三年（四〇四）、盧循が広州を攻略した時に捕らわれたが、屈せずして殺された。義熙年間、始興太守・曲江県侯、謚忠義を追贈されたという。冼氏はこの勁を共通の始祖とした。(32)

冼氏は勁を始祖としたが、史書に明記された冼氏夫人の一族との関係にも言及せざるをえなかった。冼氏では、高州の冼氏が冼氏夫人の一族であり、夫人の兄の挺は涼州刺史となった。しかし、その後、この系譜の一族からはほとんど世に顕れる者がなく、広州冼氏（南海冼氏）のみが称えられるようになったという。(33) つまり、南海冼氏の側からすれば、自分たちの系譜とは異なるという見解である。広州冼氏としては、同じ姓である以上、冼氏夫人の事蹟に触れざるをえないが、同宗であることを認めれば、自分たちも「南越の首領」「蛮酋」の子孫ということになる。そこで、冼氏夫人の一族（高州冼氏）とは異なる系譜に属すのだと表明せざるをえなかったのではないだろうか。いずれにしろ、土着の一族として知られた冼氏が中原出自を証拠立てるためにいかに苦労したかが窺われる。

では、霍氏の場合にはどうか。霍韜は珠璣巷伝説と秦移住説とを併記したが、その子孫はどのような選択を行ったのかという問題である。族譜の序文から窺ってみよう。石頭霍氏は五次にわたって族譜を編纂している。万暦年間、霍尚守によって編まれた初修譜、康熙二十九年（一六九〇）の再修譜（霍際斯編）、乾隆三十三年（一七六八）の三修譜（霍瑞編）、咸豊七年（一八五七）の四修譜（霍佩纕編）、そして光緒二十八年（一九〇二）序の五修譜であり、書名を

『石頭霍氏族譜』という（霍紹遠等修）。現存しているのはこの五修譜である。韜が伝えた祖先の系譜はこれらの族譜のなかに組み込まれたが、興味深いのは、最初の族譜である万暦譜を編纂した霍尚守の序である。霍韜は遠祖について、「我が祖、姓を得たるは、寔に霍叔の霍邑に食封さるる自りす。漢、春秋より而上は太原の人為り。故に今、子孫著姓は、猶お太原郡と曰う」と簡潔に記した（前掲）。尚守は韜の記載を踏まえて、これに詳細を加えている。

霍氏の系譜はそもそも黄帝の系譜に遡る。周の姫処（叔処）が河東の霍山の麓に、山名に因んだ国を建てたが、襄王（周第一八代の王）の時代に晉に入り、その子孫は故封の霍を氏となし、趙や魏の領域に住むようになり、秦漢時代にも同様である。そこで、現在でも、霍氏の著姓は太原郡の名を冠しているという。霍韜の叙述では、この太原の時代から、入粤までの時代の霍氏の系譜が記されていないが、尚守はまず、漢代の霍去病、霍光、霍諝、唐代の霍総といった史書に伝のある著名人を掲げて、彼らを同宗とみなす。そのうえで、霍氏が宋元時代に、南宗と北宗に分かれたと考える。北宗からは、宋の霍端友（状元）、元の霍孫（丞相）や科挙及第者も輩出したが、これに対して南宗は、南海県の出身で、太学に入り篤行に挙げられた宋の霍暐の名前を挙げる程度である。明朝になっても、北宗は盛んであり、山西、山東を中心として、科挙及第者が十数人に及び、霍瑄、霍冀、霍恩、霍鵬といった官僚も出ている。南宗は一〇派に分かれたが、族譜がなく、支派の関係も錯綜し、一つにまとめることは難しい。そのなかで、石頭霍氏は他の諸宗に較べて著名であり、これは霍韜の力によるところが大きい。石頭に霍氏が移ってきたのは元末だと伝えられる(34)。

この尚守の記述により、霍氏は叔処以降、明代に至るまでの間の系譜をひとまず備えたかに見えるが、依然として霍氏の入粤の事情は明かではない。宋元時代に南北宗に分かれ、南宗に一〇派が成立したという点からすると、この時代に北方から霍氏が南遷してきたと解釈することもできるが、著名人が現れていないだけで、宋以前から霍氏が広東に住んでいた可能性（つまり秦移住説）もありうるのである。結論から言えば、つまるところ、この問題はついに不明なままに終わるのであるが、少なくとも石頭霍氏の系譜に関する見解は珠璣巷南遷説に落ち着くことになる。

そのポイントとなるのは、尚守の記述で、石頭への霍氏の移住が元末とされたことである。霍韜は始祖剛可を元末の人としていた。したがって、尚守はこの剛可を、珠璣巷から石頭に移ってきた当人とみなしたものと推定される。このことは、清代に書かれた族譜序でより明確になる。まず再修譜の序文・霍際斯「重修霍氏族譜序」を見ると、

吾が家系は、周、霍叔を霍邑に封じて自りし、而うして太原に家す。今、晉の太原霍邑は、則ち吾が宗の最も始めと云う。……今の平陽の趙城は古、霍邑に名づく。今の平陽霍州は古、霍山に名づく。漢唐宋元を歴て、太原の派多く、其の地に散処し、代わるがわる伝うる人有り、則ち太原自り一たび遷り、而うして南雄珠璣巷なり、再び遷り、而うして南海石頭里なり。（吾家系自周封霍叔於霍邑、而家太原。今晋之太原霍邑、則吾宗最始云。……今平陽趙城古名霍邑、今平陽霍州古名霍山。歴漢唐宋元、多太原之派、散処其地、代有伝人、則自太原一遷而南雄珠璣巷、再遷而南海石頭里。）

とあり、霍氏の祖先は太原から珠璣巷へ、更に珠璣巷から石頭に移住したとする。また、三修譜の霍時茂「重修霍氏族譜序」に、「我が霍氏は、南海の旧族為り。元季に遷り、明代に盛んにして、而うして国朝に蔓延す」（我霍氏為南海旧族。遷於元季、盛於明代、而蔓延於国朝）として、元末の移住を言い、四修譜の霍佩纕「重修霍氏族譜序」には、「始祖石龍公に遡り、元季、石頭里に遷居してより、今に至るまで五百有余年、生歯日ごとに繁く、営謀日ごとに衆し」（遡始祖石龍公、自元季遷居石頭里、至今五百有余年、生歯日繁、営謀日衆）とあり、元末の移住が剛可によってなされたとする。したがって、剛可が元末に珠璣巷から石頭に移住してきたことはほぼ清代の間に確定した事実となったと考えられる。加えて、五修譜の霍熙「重修霍氏族譜序」には、「我が石頭霍氏は石龍公を以て鼻祖と為す、南雄沙水村自り而うして来る。是に由りて、継継縄縄として世ごとに清徳有り、六世文敏公に至り、始めて之を昌大にす」（我石頭霍氏以石龍公為鼻祖、自南雄沙水村而来。由是、継継縄縄世有清徳、至六世文敏公、始昌大之）とあり、元末の石龍公

（剛可）は南雄の沙水村から移住したのだとする。沙水は、北路の交通の要衝であった通済鎮の南側に位置する。[35]つまり、南雄府城を出て、沙水、通済を経て、梅嶺の嶺南第一関へと向かうことになる。また、雍正九年（一七三一）刊『広東通志』は、珠璣巷が沙水寺の前にあったと記している。[36]沙水寺は沙水鎮のなかの寺廟であろう。したがって、沙水村から移住してきたということは、珠璣巷から移住してきたということと同じである。

以上より、剛可が珠璣巷南遷の当事者かどうかは別にして、霍氏の子孫のなかでは、霍氏が中原の太原から珠璣巷を経て石頭に移住してきた漢族の名門であることは定説化したといえよう。このことは、言い換えれば、かつて霍韜が提示したもう一つの移住伝説つまり秦移住説は消去されたということである。梁啓超の指摘から窺えるように、土着であることを認めれば、非漢族出身の系譜である可能性が生じるため、子孫はあえて削除したと見るべきであろう。冼氏と異なり、史書に土着の氏族として記録されなかった霍氏の場合には、よりスムーズに珠璣巷伝説を採用して、中原出自を主張できたといえる。

珠璣巷伝説の採用が中原出自の系譜であることを証拠立てることになるという論理は、清初までに珠江デルタの人々の間に受け入れられた。屈大均（明崇禎三―一六三〇年～清康熙三十五―一六九六年）『広東新語』巻二、「地語」に、

広州の故家望族の祖先の多くは南雄府珠璣巷から移住してきた。思うに、河南省祥符県に珠璣巷という土地がある。宋の朝廷が長江を渡った時、官僚たちも皇帝の行幸に従って嶺南に入り、南雄に足を止めた。この時、彼らは郷里を忘れず、その土地を珠璣巷と称した。漢の高祖が、父の望郷の心を慰めるために、郷里・豊の社（枌楡）を帝都に移し、豊に似せた新県（新豊）を築いた故事に倣い、珠璣巷という地名に故郷への思いを込めたのである。（吾広故家望族、其先多従南雄珠璣巷而来。蓋祥符有珠璣巷、宋南渡時諸朝臣従駕入嶺、至止南雄、不忘枌楡所自、亦号其地為珠璣巷。如漢之新豊、以志故郷之思也。）

という。この文章から察せられるように、広州の名門の宗族（故家望族）の条件として珠璣巷伝説が支持されること

になったのである。明末清初までの時代に、中原から南雄の珠璣巷を経てデルタ地帯へと移住したという伝説がほぼ整序され、『広東新語』に示されるような標準型が成立するとともに、各族譜にさまざまなパターンが書き込まれたと考えられる。その結果、梁啓超が指摘したように、広東の族譜の多くが珠璣巷伝説を採用し、中原に出自する漢族の系譜であることが主張されるに至ったものであろう。

おわりに

本論では、近世譜の研究の一環として、霍氏に伝わる珠璣巷伝説を取り上げた。近世譜には祖先の系譜の偽造という問題が指摘される。庶民から士大夫へと上昇した家系において把握できる祖先は数世代前までであり、それ以上遠くまで祖先を遡及しようとすれば、祖先を作り出すしかないのである。珠璣巷伝説は明清時代に広まった移住伝説の一つであるが、こうした祖先の系譜の偽造と密接な関わりがあった。明代中期以降の珠江デルタにおいて、商業化・都市化を背景として登場した富裕層が科挙官僚制度へと進出し、士大夫層が誕生したが、霍氏も十大夫の家の一つである。霍韜は宗祠を中心として親族を組織化するに際して、自己の祖先の系譜を探求した。確定できたのは元末の始祖までであったが、秦移住説と珠璣巷伝説を記録し、北方からの移民の家系であることを主張しようとした。

当時の広東では漢族と非漢族の民族対立の激化のプロセスで非漢族の漢族への同化（漢化）が進捗しており、そうした状況のなかで、祖先の出自を確定できない霍氏には、非漢族（蛮夷）出身と受け取られる可能性はできる限り避けたい意識が働いたと考えられる。科挙官僚制を軸とする儒教文化に珠江デルタが組み込まれるなかで、官界入りして士大夫のステータスを獲得した霍韜のような知識人にとって、その家系の正統性を内外に知らしめるには中原出自が必須の要件となったのである。しかし、二つの移住説のうち、秦移住説は非漢族の可能性を払拭しきれない。土着＝

非漢族とみなす観念があったからである。たとえば、冼氏である。史書に越人の「南越の酋長」「蛮酋」として記載された冼氏の場合には、土着であることを認めざるをえなかったが、族譜を編纂した広州冼氏は、趙佗の嶺南経略に随行した汭なる者を入粤の祖とし、かつ「南越の酋長」の一族である高州冼氏とは別の系譜に属するとすることによって、蛮夷とみなされることを回避しようとした。これに対して、史書に記録のない霍氏の場合には、霍韜の子孫は、非漢族とみなされる恐れのある秦移住説を捨て去り、珠璣巷伝説を採用した。

珠璣巷伝説にしろ、秦移住説にしろ、移住をめぐる祖先の伝承を検証することはできない。その点において、移住伝説は近世譜にしばしば見られる系譜の偽造と同じく、遠祖の記録を偽造したことになると判断せざるを得ない。しかし、珠璣巷伝説は広州の名門の宗族の条件として広く支持されるに至っており、単なる系譜の偽造の問題として片付けるわけにはいかない。明代中期以降の複雑な民族状況のなかで、珠江デルタが科挙官僚制を軸とする儒教文化の潮流に巻き込まれたことが、広東の人々の間に中原出自への強い願望を生み出した背景となったと考える。

注

（1）本論は「珠璣巷伝説の成立と霍氏」（『アジア遊学』第六七号、二〇〇四年）に加筆した「霍韜と珠璣巷伝説」（『山根幸夫教授追悼記念論叢　明代中国の歴史的位相』上巻、汲古書院、二〇〇七年）を更に改稿したものである。

（2）牧野巽「中国の移住伝説」（『牧野巽著作集』第五巻、御茶の水書房、一九八五年）。珠璣巷伝説に関しては、牧野氏の他、多くの研究者が注目している。黄仏頤『珠璣巷民族南遷記』（広東省中山図書館、一九五七年）、陳楽素「珠璣巷史事」（『学術研究』一九八二年六期）、譚棣華「従珠璣巷史実聯想到的問題」（『広東歴史問題論文集』稲禾出版社、台湾、一九九三年）、瀬川昌久『族譜——華南漢族の宗族・風水・移住——』（風響社、一九九六年）、片山剛「〝広東人〟誕生・成立史の謎をめぐって」（『大阪大学大学院文学研究科紀要』第四四冊、二〇〇四年）。また、劉志偉氏は沙湾何氏を初めとする珠江デルタの宗族と珠璣巷伝説との関係に関する一連の論考を発表している。"Lineage on the Sands: The Case of

Shawan", *Down to earth: the territorial bond in South China*, edited by David Faure, Helen F. Siu, Stanford Univ. Press, 1995.「祖先譜系的重構及其意義―珠江三角洲一個宗族的個案分析」（『中国社会経済研究史』一九九二年第四期）、「付会、伝説与歴史事実―珠江三角洲族譜中宗族歴史的叙事結構及其意義」（『中国譜諜研究―全国譜諜開発与利用学術研討会論文集』上海図書館編、上海古籍出版社、一九九九年）、「族譜与文化認同―広東族譜中的口述伝統」（『中国譜諜研究―邁入新世紀中国族譜国際学術研討会論文集―』上海図書館編、上海科学技術文献出版社、二〇〇〇年）。

（3）　拙稿「中国の近世譜」（『歴史学研究』七四三、二〇〇〇年）。本論文は改稿のうえ、『〈シリーズ　歴史学の現在〉系図が語る世界史』（青木書店、二〇〇二年）に再録した。また、族譜の偽造に関連した研究としては、宮崎市定「明代蘇松地方の士大夫と民衆」（『史林』第三七巻第三号、一九五四年）、遠藤隆俊「作為された系譜」（『集刊東洋学』第七五号、一九九六年）、熊遠報『清代徽州地域社会史研究』（汲古書院、二〇〇三年）八五～一一〇頁、臼井佐知子『徽州商人の研究』（汲古書院、二〇〇五年）第六章「宗族の拡大組織化の様相―「拡大系統化型」族譜の編纂―」などがある。

（4）　拙稿「宗族の形成とその構造―明清時代の珠江デルタを対象として―」（『史林』第七二巻第五号、一九八九年）。同論文は改稿して、拙著『中国の宗族と国家の礼制―宗法主義の観点からの分析―』（研文出版、二〇〇〇年）に、第九章「珠江デルタにおける宗族の普及」として収録した。拙稿「明末広州の宗族―顔俊彦『盟水斎存牘』に見る実像―」（『東アジア近世都市における社会的結合―諸身分・諸階層の存在形態』清文堂出版、二〇〇五年）、同論文の中文版は、「明末広州的宗族―従顔俊彦『盟水斎存牘』看実像―」というタイトルで『中国社会歴史評論』第六巻、二〇〇六年、に収録された。

（5）　拙稿「石頭霍氏―広東の郷紳の家―」（『名古屋大学東洋史研究報告』第二五号、二〇〇一年）。

（6）　『石頭録』巻一、嘉靖四年一月一日条に、「大宗祠を刱め、始高曾祖考と妣の主を奉ず」とある。詳細は、拙稿「霍韜による宗法システムの構築―商業化・都市化・儒教化の潮流と宗族―」（『都市文化研究』〈大阪市立大学人学院文学研究科都市文化センター〉3、二〇〇四年）を参照していただきたい。

（7）　五代前の祖先を始祖とする方式は、礼部尚書・夏言も朝廷に上呈した家廟制度改革案のなかで提示している（前掲拙著『中国の宗族と国家の礼制―宗法主義の観点からの分析―』、一八八～一九〇頁）。

（8）　『渭厓文集』巻一〇、家訓続編、「先徳第十六」。

（9）始皇帝による嶺南制圧については、河原正博『漢民族華南発展史研究』（吉川弘文館、一九八四年）第一章「秦漢時代の嶺南経略」、蔣祖縁・方志欽主編『簡明広東史』（広東人民出版社、一九九三年）など参照。

（10）『史記』巻六、秦始皇本紀に、「（三十三年）、発諸嘗逋亡人贅壻賈人、略取陸梁地、為桂林象郡南海、以適遣戍」とある。

（11）『資治通鑑』巻七、始皇帝三十三年条に、

発諸嘗逋亡人贅壻賈人為兵、略取南越陸梁地、置桂林南海象郡、以謫徙民五十万人戍五嶺、与越雑処。

という。

（12）牧野巽「広東原住民族考」（『牧野巽著作集』第五巻、御茶の水書房、一九八五年。原載は、『民族学研究』第一七巻第三・四号、一九五一年）二六二頁、片山剛前掲「〝広東人〟誕生・成立史の謎をめぐって」。

（13）陳楽素前掲「珠璣巷史事」七五頁。

（14）譚棣華前掲「従珠璣巷史実聯想到的問題」三一二頁。

（15）牧野巽前掲「中国の移住伝説」、陳楽素前掲「珠璣巷史事」、譚棣華前掲「従珠璣巷史事聯想到的問題」、黄仏頤前掲『珠璣巷民族南遷記』。

（16）『飲冰室合集』（中華書局、一九八九年）所収『飲冰室専集』巻四二に収録。

（17）長谷川清「中華の理念とエスニシティ―雲南省徳宏地区、タイ・ヌーの事例から―」（『流動する民族―中国南部の移住とエスニシティ』、平凡社、二〇〇一年）によれば、擺夷とは、漢族がタイ族を総称して呼んだ言葉である。タイ系諸族を表す族称として、明代には「百夷」が用いられたが、清代になって擺夷という用法が一般的となった。中華民国期には人類学的な民族誌記述でも使われたという。

（18）従来の研究は、ほぼ共通して漢化と珠璣巷伝説との間に因果関係を認めている。前掲の梁啓超の見解を起点とした次の諸研究である。牧野巽前掲「広東原住民族考」、譚棣華前掲「従珠璣巷史実聯想到的問題」、瀬川昌久前掲『族譜―華南漢族の宗族・風水・移住―』二三七～二四一頁、劉志偉前掲「族譜与文化認同―広東族譜中的口述伝統」、片山剛前掲「〝広東人〟誕生・成立史の謎をめぐって」など。

（19）劉志偉前掲『在国家与社会之間―明清広東里甲賦役制度研究』、一〇二頁。

（20）「中国史における明代珠江デルタ史の位置―〝漢族〟の登場とその歴史的刻印」（『大阪大学大学院文学研究科紀要』第

四六冊、二〇〇六年）。

（21）梁啓超が用いた「冼」姓の「冼」の字は、「洗」とも表記される。宣統二年刊『嶺南冼氏宗譜』巻一之一、宗支譜、「冼字考」は、「冼」字と「洗」字の由来を検証したうえで、「冼」字を妥当とする。とりあえず本稿でも、「冼」字を採用するが、暫定的なものである。提示する史料のなかで「洗」字が使用されている時には、史料中ではそちらに従う。

（22）『隋書』巻八〇、列伝四五、列女、「譙国夫人」に、

譙国夫人者、高涼洗氏之女也。世為南越首領、跨拠山洞部落十余万家。夫人幼賢明、多籌略、在父母家、撫循部衆、能行軍用師、圧服諸越、毎勧親族為善。由是、信義結於本郷。越人之俗、好相攻撃、夫人兄南梁州刺史挺恃其富強、侵掠傍郡、嶺表苦之。夫人多所規諫。由是、怨隙止息。海南儋耳帰附者千余洞。梁大同初、羅州刺史馮融聞夫人有志行、為其子高涼太守宝、聘以為妻。

とある。

（23）『資治通鑑』巻一六三、梁記一九、簡文帝大宝元年六月庚子条に、「高涼冼氏、世為蛮酋。部落十余万家。有女多籌略、善用兵、諸洞皆服其信義。融聘以為宝婦」とある。

（24）河原正博前掲『漢民族華南発展史研究』第三章「隋唐時代の嶺南酋領」。

（25）『宣統譜』巻二之三、宗廟譜三、碑記、冼国幹「重修冼氏大宗祠序文」、及び冼文煥「重修曲江書院碑記」。

（26）『宣統譜』巻四之一、列伝譜一、国朝、「中憲大夫三山公伝」。

（27）『宣統譜』巻二之三、宗廟譜三、碑記、冼国幹「重修冼氏大宗祠序文」。

（28）『宣統譜』巻九、旧序譜、冼国幹自序「康熙己丑譜序二」、及び蔡升元撰「康熙己丑譜序」。

（29）国幹の前掲自序「康熙己丑譜序二」に、「雖然、譜之修、族伯楽吾公、已先我同心」とある。おそらくは天啓年間に大宗祠が設立されたのと同じ頃に族譜も編まれたのであろう。

（30）『宣統譜』巻一之一、宗支譜、「氏族源流」に、

冼氏之先、蓋出沈子国、亦周之苗裔。在秦居真定郡〈今直隷正定府〉。有名汭者、以義侠聞、為仇家所持。因秦法厳、改今姓。始皇三十三年、遣趙佗、将謫卒五十万人、戍五嶺。汭与佗同里、且有旧往、投其帳、至嶺南、遂家焉。是為冼姓入粤之始。

とある。冼氏入粤に関する記事は「世本」及び「備徴譜」を典拠としている。「備徴譜」は『宣統譜』巻七、「備徴譜」を指す。「備徴譜」に収録するのは、「逸伝」、「遺献」、「名蹟」、「軼事」の四篇である。また、「世本」は、冼国幹が著した「世本」を指し、『宣統譜』の「備徴録」に「三山公冼氏世本」として収録されている。

(31) 前掲「三山公冼氏世本」に付された按語に、

而汭祖故事載在初譜。文既雅馴、核與当日史志並相符合。即三山公譜序亦称当。漢通中国時、我先人已与真定之尉佗共守茲土、顕然有汭祖在。

とある。

(32)『宣統譜』巻一之一、宗支譜、「氏族源流」。及び同書巻一之二、宗支譜二、「宗図」。

(33)『宣統譜』巻一之一、宗支譜、「氏族源流」。

(34)『石頭霍氏族譜』巻一、霍尚守「霍氏族譜序」。

吾宗之始蓋出黄帝系云。河東霍山為冀州之鎮、周初姫処邑其下、国名霍、則山之以也。襄王之世、霍入於晉、其子孫遂氏故封、散処趙魏間、歴秦漢皆然。今著姓猶太原郡云。漢有冠軍侯去病・博陸侯光・鄴都亭侯諝、著名於唐者、刺史総而已。宋元之際、宗分南北、宋状元端友、元丞相孫、皆北宗也。南宗見志記者、惟挙八行之暐云。開国以来、北宗彌熾、延燕曁斉、擢第者十余人。若少司寇瑄、若大司馬冀、若少卿恩、若中丞鵬。其表表者、南宗萃於南海、拆為十宗、世遠譜欠、支派絲棼、聯而一之、難矣。吾石頭宗視諸宗為著、宮保文敏公実昌大之。石頭之遷、蓋以元季云。

(35) 嘉靖刊『南雄府志』上巻、志一、提封、「鎮」に、「府東三十里曰沙水、六十里曰通済」とある。また、沙水の位置は同書上巻、図一、「南雄府地理総図」によって確認できる。

(36) 雍正九年刊『広東通志』巻五三、古蹟志、「保昌縣」に、「珠璣巷在沙水寺前。相伝、広州梁儲・霍韜、諸望族発源於此」とある。

第九章　霍韜による宗法システムの構築

――商業化・都市化・儒教化の潮流と宗族――

はじめに

宋代以降の中国社会では、科挙官僚制度を通じて生み出された知識人（士大夫）が周代の宗法を理想として同祖の男系親族を集合すること（宗族の形成）によって、官界と永続的な関係を結ぶような名門の家系を樹立しようとする動きが浮上した。こうした考え方を宗法主義（ないし宗法復活論）という。宗法主義に基づいて宗族を形成しようとする動きが広く普及するようになったのはおおむね十六世紀前後からである。そうした宗族形成運動の潮流のなかで、当時の中国の経済的文化的な最先進地域である蘇州では、北宋における創始以来、長期にわたって存続し、天下の宗族の模範としてのステータスを確かなものとした蘇州府城の范氏義荘を抱え、范氏義荘を模範として宗族を形成する動きが都市（蘇州府城及びその管轄下の県城、市鎮など）を中心として広がった。蘇州が宗族普及運動を先導してきた地域の一つであることは疑いない。筆者はかかる宗族普及の運動が最先進地域のみでなく、その他の周辺地域にも広がったと考えている。宗法主義に基づく宗族の形成は、元来、士大夫の構想であり、その実現には、宗法を理解しうる高い儒学の教養、そして宗族の物的装置―祖先祭祀の場としての祠堂、共通祖先から始まる男系血統の系譜の記録（族譜）、集団を支えるための経済基礎（族田など）――を設置するに足る経済力が必要とされる。この時代、移住・開発の前線の南進及び西進による漢族の領域の拡大とともに、辺境地帯における商業化・都市化が進捗した。商業化・都市化は、各地域における士大夫階層の成長と彼らを中心とした宗族普及の状況を創出していったと考えられる。宗族普及には地域偏差があるが、総括的に言えば、全国的な商品生産の展開のなかで出現した遠隔地交易、海外貿易の要衝、流通過程から利益を抽出する商人グループの郷里、こうした地域において、科挙による任官を目指した士大夫が成長を遂げ、彼らが宗族形成を目指していったことが宗族の広域的普及につながったと推定される。(1) 筆者はこの仮説を検証する場として、広東珠江デルタ地域を選択している。

珠江デルタでは、明代半ば以降、商業化・都市化の発展とともに儒教化の潮流が浮上した。広東における儒教化とはどのようなものか。魏校という地方官僚が行った淫祠破壊の政策を手がかりとして説明しておきたい。魏校は蘇州府崑山県の人である。正徳十六年（一五二一）、魏校は提学副使として広東に赴任すると、当時の広東を辺境とみなし、儒教文化の普及を自らの使命とした。広東の人々は国家によって公認された正祠のみならず、正祠として認定されなかった寺観や各種の祠廟などを崇拝し、何事につけ、身近に問題が発生すれば、民間の神々を頼んだ。魏校は民間信仰（邪術）の拠点となっている祠廟を淫祠とみなし、広州城内や付郭県である番禺・南海二県の農村などデルタ地帯を中心として広東全域で淫祠を破壊するとともに、淫祠に代えて設立した社学・書院を拠点として儒教文化を扶植しようとしたのである。魏校はまた、単に淫祠を破壊するだけでは、邪教を根絶することは難しいことを熟知していた。そこで、淫祠の神々を撲滅するために、祖先神を対置させ、祖先祭祀の挙行を命じた。魏校の政策は中央政府から派遣された官僚による儒教文化普及の試みであるが、地域の側においても対応する動きが現れた。当時、南海県を始めとしてデルタ地帯で多くの知識人が誕生し、科挙を通じて中央官界へと乗りだしていった。彼らは地元では郷紳と呼ばれ、地域の経済・政治・文化に大きな影響を及ぼした。魏校は祖先祭祀をもって民間信仰に対抗させようとしたが、これに呼応するかのように、上昇を遂げた郷紳の家のなかから、宗祠を設立して祖先祭祀を実践し、同祖の男系親族を集合することにより、宗族の集団を形成する動きが登場してきたのである。(2) 珠江デルタにおける宗族形成運動の潮流を体現するのは、商工業都市として発展した仏山鎮である。仏山鎮では、明代中期以降、郷紳や商人、手工業者などが中心となって、宗法のもとでの族人結集、族田・祠堂などの共有財の設置を進め、宗族組織を樹立した。これらの宗族組織では、科挙及第による任官を目標とする教育事業（社学・書院の設立）が重視され、その結果、明末清初の時代を経て、清代には、特定の「官族」が継続的に官僚等を輩出し、その他の「雑姓」とは区別されるような構造が成立した。(3) こうした郷紳の台頭と宗族形成運動の潮流は、古来辺境の地とみなされた広東なかでも商業化・都市化が進捗した珠江デルタが科挙官僚制を軸とする儒教文化の圏域に組み込まれつつあったことを示すものである。以上により、本稿では、儒教化という用語は、科挙官僚制にくみこまれるなかで、地域社会に宗族などの儒教文化が浸透していくプロセス全体を指すものとして用いたい。

本稿は、一連の儒教化のプロセスのなかで展開した宗族形成運動の実態を検証する作業の一つとして、霍韜（成化二十一―一四八七年～嘉靖十九―一五四〇年）という郷紳が行った宗族形成の事業に焦点を当てる。霍韜による宗族形成の事業については、仏山鎮の宗族を考察した際に傍証の一つとして取り上げたことがあるが、事業の具体的な内容に関する検討は十分なものではなかった。その後、羅一星氏も仏山鎮の都市構造を総合的に解析した大著のなかで、霍韜の宗族形成事業を分析されたが、氏の研究は、霍韜の宗族形成事業の内容を更に詳細に検証しており、筆者に大きな刺激を与えるものであった。(4) また筆者は、これとは別に、霍韜の在任中に霍氏が郷里で展開した経済活動とそれをめぐる紛争を考察している。(5) 本稿では、筆者が進めてきた霍氏に関する従前の分析の作業と羅一星氏の研究成果を踏まえて霍韜の事業を再検討し、それによって、宗法を理想として構築される宗族のシステム（宗法システム）が広東独自のものとしてどのように形成されたのかという問題を明らかにする端緒としたい。

一　大宗祠の設立

霍韜は、最初の祖先（始祖）として五世前の剛可を掲げ、それ以前の遠祖については、伝承を記すに止めた。こうした祖先の系譜に対する霍韜の姿勢は重要である。研究史のうえで近世譜と総称される宋代以降の族譜を編纂する事業は、十六世紀以降、全国的に展開した商業化・都市化の潮流のなかで大量に生み出された士大夫が続々と譜の編纂に取り組んだことにより、普及の時代に入ったが、系譜の再現という観点から見たとき、族譜編纂には大きな問題が孕まれている。祖先の遡及が困難なことである。それまで祖先に関する文字記録をもたなかった庶民の家系に出身する彼らが祖先の系譜を再現しようとする時、せいぜい三、四代前まで遡るのが限界ではないかと認識されていた。しかし、実際には、譜の編纂者は、高祖を越えて可能な限り遠くまで祖先を遡及して、名門の家系として長い伝統をもつことを内外に誇る傾向がある。ここに、祖先の偽造という問題が浮上した。こうした祖先の偽造は、近世譜のモルと言われる宋代の蘇譜、欧陽譜にすでに指摘されるところであるが、明清時代にはより一般化した(6)。霍韜自身の証言から明かなように、韜の父の世代までの霍氏は、農業や小商いによって多少の富は蓄えていたであろうが、官僚や科挙及第者を送り出したことはなく、庶民の家系であったといってよい。したがって、霍韜の場合にも、祖先遡及の限界という問題に直面したと考えるべきであろう。霍韜は、珠璣巷南遷説に関わる祖先の伝説は採用せず、五代前の剛可まで祖先を遡った。このうち、高祖までの四代の祖先に関する記述は具体性に富み、典拠は挙げられていないものの、おそらくは父や祖父に伝えられた口伝の事績をもとにしたものと推察される。五代前の剛可については、死去の際のエピソードが伝えられるのみであり、やや問題が残るかも知れないが、真偽は不明である。いずれにしろ、霍韜は祖先の遡及を五世前の剛可までにとどめ、彼を始祖とみなした。その点で彼による系譜の再現は節度を保ったものであり、祖先を偽造する弊害から免れることに留意していたといえる（本書第八章参照）。

霍韜が祖先の系譜を記録したのは晩年のことであるが、剛可を始祖とする祖先の系譜はすでに早い段階で認識されていた。それを示すのは、大宗祠の建設である。霍韜は嘉靖二年（一五二三）三月、北京から帰郷し、以後、嘉靖六年（一五二七）まで郷里に滞在した。この間、広州城、西樵山、石頭を頻繁に往来する生活を送っているが、彼が宗族の基礎を固めたのはこの時期においてである。(7)

霍韜は帰郷後、六月五日には西樵山に赴き、しばらくここに滞在した後、広州城（羊城）に出向き、六月二十一日、家を西樵山に移した。魏校が淫祠破壊の政策を実施した際、広州城の西南に位置し、名勝の地として知られる西樵山の宝峯寺も壊された。南海県人の黄少卿なる者がこの寺を承買したが、霍韜は父親の墓が寺に隣接していたため、兄弟と共に寺の跡地を買収し、この土地に居宅を建設したのである。(9)後掲のように、霍韜は嘉靖四年（一五二五）に石頭で大宗祠の運用を開始することになるが、光緒二十八年（一九〇二）序刊『石頭霍氏族譜』巻一、「祠記」によれば、大宗祠を設けた土地は元来淫祠のものであり、嘉靖初年における淫祠破壊の時、霍韜が購入して、祠堂を建てたという。運用以前において、すでに大宗祠の土地を確保し、大宗祠の建物を作るといった準備を進めていたのであろう。この大宗祠は祭田を付随しているが、これも、淫祠破壊に際して手に入れたものである。簡村堡の里甲が西樵山宝峯寺の僧侶を訴えるという事件があり、官府は寺の破壊と寺田の売却を許可した。そこで、霍韜は寺田三百畝を承買して、大宗蒸嘗となしたという。(10)

西樵山で居宅を建設した後、霍韜は、七月十二日に広州城に入り、一旦西樵山に戻ってから、八月一日、石頭に赴き、ここでも家を建てた（「回石頭築室」）。西樵山と石頭の双方に生活の拠点をもったのである。その後、嘉靖三年（一五二四）十二月まで西樵山にとどまった後、久しぶりに石頭に戻った。これは、大宗祠の運用を開始するためであった。『石頭録』巻二、嘉靖四年正月一日条に言う、

仏山市石頭の霍氏宗祠（井上　徹　2003年２月18日撮影）

大宗祠を掰め、始高曾祖考と妣の主を奉ず。（掰大宗祠、奉始高曾祖考妣主。）

と。『石頭霍氏族譜』巻一、「祠記」を見ると、

一　霍氏家廟は前街の北東向に坐し、嘉靖四年乙酉正月初一庚申の日建つるに係る。始祖を奉祀し、二世・三世・四世の祖を以て之に配す。（一　霍氏家廟坐前街之北東向、係嘉靖四年乙酉正月初一庚申日建、奉祀始祖、以二世・三世・四世之祖配之。）

一　石頭書院は家廟の左に東向す。嘉靖四年乙酉十月□日建つるに係る〈文敏公年譜に載せて云う、本書院は一連三進にして、後堂にて宿儒を延きて師と為し、郷族の子弟十八歳以上の者を合め、程朱の訓えを講じ四礼を習うを聴す。前堂にては小学の師を延き、郷族の童子を聚めて之に教え、蒙規を遵守せしむ〉。（一　石頭書院坐家廟之左東向、係嘉靖四年乙酉十月□日建〈文敏公年譜載云、本書院一連三進、後堂延宿儒為師、合郷族子弟十八歳以上者聴講程朱訓習四礼、前堂延小学師、聚郷族童子教之遵守蒙規〉。）

とある。これによれば、霍氏家廟は石頭の前街の北東方向

に位置し、嘉靖四年（一五二五）十月に設立された石頭書院は「家廟」の左側に隣接したとされる。他方、後者の文章にいう「文敏公年譜」とは、『石頭録』巻二に収録された「石頭録原編」を指し、その嘉靖四年十月条に、

石頭書院を建つ〈院は大宗祠の左に在り。後堂にては郷族の子弟十八歳以上の者に教え、前堂にては郷族の童子を聚め、之に教う〉。（建石頭書院〈院在大宗祠左。後堂教郷族子弟十八歳以上者、前堂聚郷族童子教之〉。）

とある。これには「家廟」は「大宗祠」と表記されている。したがって、大宗祠の名称が霍氏家廟であることがわかる。

嘉靖四年（一五二五）年一月一日を期して、霍韜は大宗祠における祖先祭祀を開始し、祠堂内部に始祖・剛可、高祖・義、曾祖・元珍、祖父・厚一、父・華及びそれぞれの配偶者の神位を安置した。このことから、大宗祠設立の時点において、始祖以下の系譜は確定していたと考えられる。また、大宗祠には、各房の祖先も附祀された。附祀をめぐる興味深い対話が残されている。すなわち、各房の祖先を同じ祠堂で祭るのは礼にかなわないのではないかという質問に対して、霍韜はこう答えている。高祖と曾祖の世代とは父子の関係にあり、生存している時に一人の父親と数人の子供が同じ家に住み食事を共にすることは礼であるのに、亡くなったからといって、同じ祠堂で一緒に祭祀を享けてはいけないというのはおかしい。もし宗子と嫡孫のみが祠堂に入ることになれば、数世代後には他の房の人々はそれぞれの祖先を捨てて、嫡子の祖先を拝することになる。それでは、生きている者も安心できないだろう、と(11)。各房の祖先を大宗祠に附祀することによって、各房の子孫は宗子の祖先だけでなく、それぞれの房の祖先も祀ることができるというのである。霍韜は、こうした祭祀の方法をとることにより、始祖から分かれた各房の族人の、大宗祠への帰属心を強めようとしたと考えられる。

二　合爨の体制

嘉靖四年（一五二五）一月一日に大宗祠の運用を開始した霍韜は、西樵山に戻って同年八月まで滞在した後、家産分割を禁じて生計を共にする大家族の生活（聚爨、合爨）を開始する準備を始めた。『石頭録』巻二、嘉靖四年十月条に、

十月、石頭に回り、聚爨を議す〈公、未だ第せざる時、志有りて、己が分の爨を合せ、家訓を著し、程式を定め、子弟に教え、農桑を課し、貯蓄を公のものとし、財産を均しくせんとす。是に至りて、議して、之を挙行せんとす〉。（十月、回石頭議聚爨〈公未第時有志、合己分之爨、著家訓、定程式、教子弟、課農桑、公貯蓄、均財産。至是議挙行之〉。）

とあり、霍韜は科挙及第前に、すでに『家訓』を著して合爨の具体的方法を定めており、この『家訓』に基づいて、同年十月、「聚爨」の実施を議論したという。正徳二年（一五〇七）編『家訓』二〇篇である。この時、石頭書院を設立し（前掲）、ついで、閏十二月十日には合爨の生活を送るための家屋を建設した。年が明けて、朝廷から霍韜を詹事府僉事兼翰林院侍講学士に任命する恩命が届いたが、その同じ一月二十九日に、合爨のための厨房が完成した。

霍韜が合爨の実施に踏み切ったのは、翌年二月六日のことである。『石頭録』巻二、嘉靖五年二月六日条に、「合爨」という。その割注には、

公、是の日、爨を合わすを以て、家廟に告ぐ。祭文有り、集内を見よ。公、合爨より後、置く所の産業は悉く同祖の兄弟子孫と之を共にす。家長を立て、家事を総攝せしめ、宗子は惟だ祭祀を主るのみ。宗子賢なれば、則ち宗子を以て家長を兼ぬと云う。家衆は口を計りて穀を支し、自爨せしむ。惟だ朔望には会膳す。会膳の日、三十以下なれば、飲酒精食するを得ず、四十以下なれば、肉食は一品を過えず。旌善と紀悪の両簿を立て、子姓の善

悪は、六歳以上、六十以下、皆之を書すべし。其の家に教うる矩度は詳しくは家訓を見よ。（公以是日合爨、告于家廟。有祭文見集内。公自合爨後、所置産業悉与同祖兄弟子孫共之。立家長、総攝家事、宗子惟主祭祀。宗子賢、則以宗子兼家長云。家衆計口支穀自爨。惟朔望会膳、会膳之日、三十以下不得飲酒精食、四十以下肉食不過一品。立旌善・紀悪両簿、子姓善悪、六歳以上六十以下、皆書之。其教家矩度詳見家訓。）

とある。この日をもって合爨を開始し、以後、家産は全て同祖の兄弟やその子孫の共有財とされたのである。この時、霍韜が家廟（大宗祠）の祖先に合爨の開始を告げた祭文は、『霍文敏公全集』巻六下に収録されている。「合爨祭告家廟文」である。霍韜は後に嘉靖九年（一五三〇）序『家訓』、「彙訓下十四」に、「告廟文」として収録した。この祭文は、韜が父（考）と祖父（祖）に対して、家産分割（分爨）後、半世紀を経て、一〇〇人の男女の家衆が同居共財の生活（合爨）を実現できたことを告げている。[12] 合爨に参加した家衆の範囲は「小宗」である。[13] 小宗の具体的内容は何か。始祖剛可の一子は義、義には元珍、元安、元智の三子（第三世）があり、このうち元智には子孫がいないので、元珍と元安の血統が受け継がれた。元珍の子は厚深、厚徳、厚一であり、始祖の嫡系の血統は厚深の子孫に受け継がれ、厚徳と厚一は傍系の子孫となる。霍韜から見て、厚一は始祖嫡系から、傍系として初めて分かれた祖父である。したがって、小宗とは、厚一を共同祖先（房祖）とする支派（霍氏三房）を指すものと考えられる。[14] 後に、霍氏はそれぞれ南谷公（厚一）と西庄公（華）を祀る祠堂として、小宗祠と西宗祠を石頭前街に建設した。[15]

嘉靖九年（一五三〇）序『家訓』巻頭、「合爨之図」を見ると、霍氏が同居共財生活を送った家屋内部の配置が描かれている。これによれば、中央に寝堂、中堂が位置し、その両側に、それぞれ独立した多数の小部屋が配置されている。この小部屋が各家族の居住空間である。同書、「膳食第七」に、

凡そ家衆は倶に月を按じて穀を支し、自爨せしむ。惟だ、朔一に膳を会し、望一にも膳を会し、以て敬譲を教う。（凡家衆倶按月支穀、俾自爨。惟朔一会膳、望一会膳、以教敬譲。）

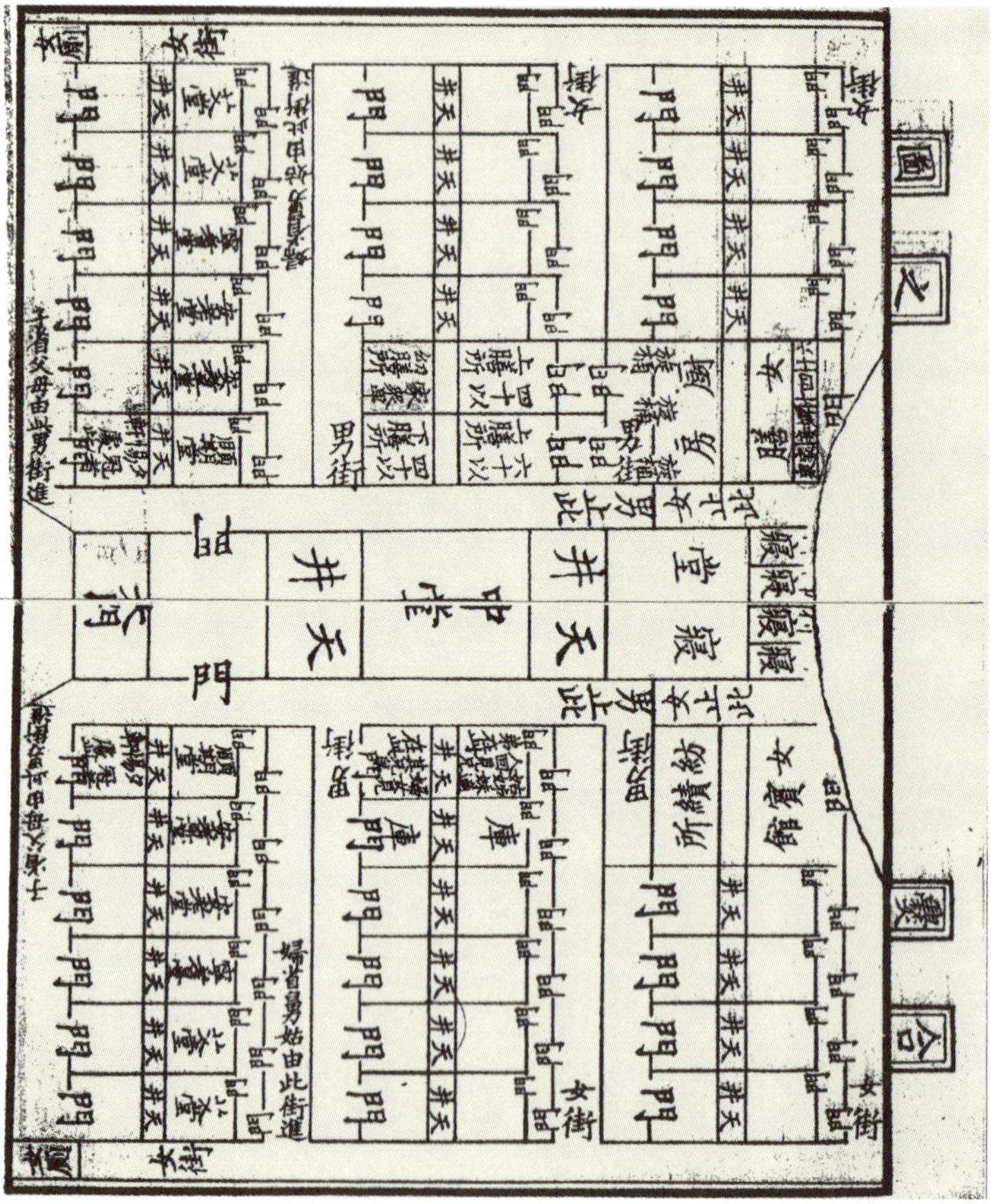

霍氏合爨の図（嘉靖九年序『家訓』、巻首、「合爨之図」）

とあるように、各家族は毎月支給される食料で自炊するが、毎月一日と十五日には家衆全員が集まって食事を共にした。この会膳では、食事の機会を利用して、家衆の行動の善悪や家内の序列を確認し、その儀式を通じて儒教倫理を浸透させ、かつ家衆間の結束を固めるのが目的である。(16)

　この合爨の生活を率いるのは宗子と家長である。宗子の本来の任務は祖先の祭祀であり、家長は大家族運営の実質的総括者である。もし宗子が優れていれば、家長を兼務させても差し支えなく、宗子の能力がふさわしくなければ、別に家長を立て、宗子は祭祀に専念するものとした。(17) では、宗子は誰であったのか。『石頭録』巻六、嘉靖十三年五月十九日条の割註を見ると、

　公の家中、合爨より以来、田土布票は皆、伯兄の振先、之を主る。是に至りて蔭を択ばんとす。公曰く、祖宗の福沢、敢えて吾が子を私せず、吾が子は預る勿れ。与重は宗子なり。当に之を官して以て祭祀を奉ぜしめよ。第《た》だ重の材、官に堪えざれば、乃ち重の弟与球より以下の諸姪十数人、名を書して筒中に至り、祖考に告げて之を卜え、と。（公家中自合爨以来、田土布粟皆伯兄振先主之。至是、択蔭。公曰、祖宗福沢不敢私吾子、吾子勿預。与重宗子也。当官之以奉祭祀。第重材不堪官、乃自重弟与球以下諸姪十数人、書名至筒中、告于祖考卜之。）

とあり、与重なる者が宗子として立てられたことがわかる。霍氏三房の房祖は厚一であり（前述）、厚一の長子は光、光の長子は徳、徳の長子が与重である。(18) つまり、与重は厚一の嫡長の曾孫ということになる。霍氏が宗法の理念に従い、共同祖先の嫡長子孫を宗子として立てたことがわかる。上掲の記事はまた、合爨の開始以来、振先が家産を管理したという。『家訓』にいう家長である。振先は、韜の長兄・隆の字であり、老洞と号す。成化二十年（一四八四）に生まれ、隆慶三年（一五六九）に亡くなった。時に八六歳、広州城大北門外の横橋に葬られた。(19) したがって、霍氏の合爨の生活は、与重を宗子とし、隆を家長とする体制であったといえよう。以下、嘉靖九年（一五三〇）序『家訓』に基づいて、宗子・家長に統率される合爨の体制の具体的内容を紹介してみよう。

宗子と家長のもとには、田事を綱領する者と貨を司る者が一人づつ置かれた[20]。『家訓』、「田圃第一」によれば、

凡そ家中、男女の口凡て幾何なるかを計り、大口は田二畝を種え、小口は田一畝を種えしむ。大口百口なれば、田二百畝を種え、小口百口なれば、田百畝を種えしむ。歳入は別に一倉に儲え、家衆の口食に資す。力むるに非ざれば、入る所食するを得ず。（凡家中計男女口凡幾何、大口種田二畝、小口種田一畝。大口百口、種田二百畝、小口百口、種田百畝。歳入別一倉儲、資家衆口食。非力所入不得食。）

とあるように、霍氏では、家衆を対象として、成人には二畝、未成年者には一畝の田畝をそれぞれ給付して耕作させ、毎年その収穫物を倉に蓄え、改めて家衆の食糧として給付した。食糧自給を目指したのである。また、自給用の田地とは別に、田事を綱領する者と貨を司る者を例外として、家衆の子弟（子姪）に三〇畝の田を耕作させた[21]。子姪が土地を受領するのは二十五歳になってからであり、五十歳になれば、宗族に返還させた[22]。この他、「倉廂第二」に、

凡そ佃人の租入は之を一倉に儲え、以て賦役に供す。又一倉に儲え、以て凶荒の賑給に備う。又一倉に儲え、以て糴糶に供し、祭祀に供す。（凡佃人租入儲之一倉、以供賦役。又儲一倉、以備凶荒賑給。又儲一倉、以供糴糶、供祭祀。）

凡そ佃人の租入は、百石ごとに別に二十石を儲えて凶荒に備え、八十石は糴糶に供し、余は是を以て差と為す。（凡佃人租入、百石別儲二十石、備凶荒、八十石供糴糶、余以是為差。）

という規定があり、霍氏が租佃地を経営していたことがわかる。

田事を綱領する者の職務としては、家衆に対する糧食の分配、夏冬両季に子姪がどれだけの収穫を上げたかを調べて格付けし、家長に報告すること、耕牛と畜糞（肥料）の管理と分配、田畝の分配と収穫物の管理、更に倉儲を管理して、年末に支出入を家長に報告することなどが挙げられている[23]。また、貨を司る者の職務は、小作料収入や歳費の残額を管理するとともに、石湾の陶磁器業、仏山の製鉄業、登州の木材業を経営することである[24]。

ところで、霍韜は子姪に対して農業労働を課したが、なぜであろうか。その理由の一つは、霍氏の食糧自給に寄与

させるためであったが、それのみではない。以上の内容から知られるように、霍氏の経営は多角的である。直営地の他に、小作料収入を得られる租佃地をもち、また、陶磁器業、製鉄業、材木業も経営していた。子姪が直接農業に従事しなくても、生活に困るということはなかったはずである。にもかかわらず、霍韜が耕作を義務づけたのは、浮薄な風俗に流れ、農業に務めなければ、それが家の衰退につながるという考えによる[25]。また、子姪の多くは農作を嫌っているが、年少の頃に農業につとめれば心が正されることを知らないのだともいう[26]。霍韜はとりわけ、自らは仕事に励まず他人に苦労させて食らうあり方を嫌う。今の富家は農民に土地を佃作させ、その小作料収入に依存して生活しているが、いずれ土地を失い、奴僕へと転落するだろうと警告する[27]。霍韜はかかる事態を避けるために、子姪に農業労働を課し、勤労精神を発揚しようとしたのである。

彼がこの合爨の生活において最も意を尽くしたのは彼ら子姪の教育である。「子姪第十一」の序にいう、

家の興は子姪に賢なるもの多きに由る。家の敗は子姪に不肖なるもの多きに由る。子姪の賢不肖は勤惰奢倹より大なる莫し。其の教え、則ち父兄に由る。世の不肖なる父兄、禽犢を以て子姪を視、多く姑息に事え、子姪多く不肖にして以て其の家を敗るを致す。戒めざるべからず。（家之興由子姪多賢、家之敗由子姪多不肖。子姪賢不肖莫大於勤惰奢倹。其教則由父兄。世之不肖父兄以禽犢視子姪、多事姑息、致子姪多不肖、以敗其家。不可不戒。）

と。家の興亡は子姪が賢であるか不肖であるかにより、賢なる子弟を育てるには、勤勉と倹約を勧めることが肝要である。この一文に霍韜が子姪の教育にかける意気込みが込められている。「子姪第十一」は全二〇項目から成るが、その第一項に、

凡そ子姪、七歳以上にして社学に入り、十歳以上にして読み、暇あれば則ち耕し或いは耘す。十五以上は挙業を習い耕す勿れ、二十五以上にして挙業成らざれば、帰耕せよ。挙業已に成り、府県学に入るに及びては、耕を免ず。四十五以上にして猶お学に付し、兼ねて家業を考うるは功最たり。（凡子姪七歳以上入社学、十歳以上読、暇則

耕或耘。十五以上習挙業勿耕、二十五以上挙業不成、帰耕。挙業已成、及入府県学、免耕。四十五以上猶付学、兼考家業功最。）

とあり、子姪を教育する機関として社学を挙げる。羅一星氏によれば、この社学は、嘉靖四年（一五二五）十月、石頭の大宗祠に隣接して建設された石頭書院のことを指すという。(28) 前掲のように、『石頭録』巻二、嘉靖四年十月条は、石頭書院の設立を記していたが、嘉靖九年（一五三〇）序『家訓』には全く関連の記事が出てこない。他方、社学について は、同『家訓』で子姪を教育するメインの機関として詳細な規則が残されたものの、関連の史料には社学設立に関する記事が見あたらない。こうしたことから、羅一星氏は両者が同一のものであるという判断を下されたものと考えられる。氏の判断のように、石頭書院が社学のことである可能性が高いであろう。(29)

上文によれば、霍氏では、七歳以上の子姪を社学に入学させた。子姪が十歳になれば、読書の傍ら農業にも従事させるが、十五歳以上の子姪は科挙のための学問（挙業）に専念させ、農業は課さない。二十五歳を越えても科挙に及第できなければ、挙業を諦めて帰農させる。また科挙に及第し、府学、県学に入学すれば、農業を免除するという。前述のように、子姪は二十五歳になってから三〇畝の田の給付を受けるものとされていた。したがって、子姪は二十五歳に到達した時、科挙に及第して、進学するか、それとも、以後の人生を農業に従事して過ごすかという選択を迫られたことになる。なかなか厳しい現実である。

第二項以下は子姪に対する様々な禁則である。飲酒、未冠にして靴を履くこと、酒店や婆婦の家に出入りすること、娶らざるうちに外泊すること、華美な衣服を着ること、郷里の人々に傲慢であること、家長に無断で賓客を接待したり、酒席に出席し、また各種の財物や食糧を個人として蓄えることは禁止された。尊長の命令に反抗し、尊長に出会った時に起立せず、あるいは尊長を罵ったりすれば、それぞれ二〇杖を加えられる。家族のなかでの尊長と卑幼の序列を厳格にし、秩序を保とうとするものである。これらの過ちを犯した時には毎月朔望の日に祠堂に報告し、処罰することとし、私家で罰を加えることは許さない。「蒙規第十二」の序に、家の興は子弟に賢なるもの多きに由る。子弟の賢は蒙養に由り、蒙養して以て正すべし。豈に家を保つは亦、作聖を以てすと曰わんや。蒙規三篇を第十二に叙す。（家之興由子弟多賢、子弟之賢由乎蒙養、蒙養以正。豈曰保家亦以作聖。叙蒙規三篇第十二。）

とあり、霍韜は賢なる子姪を育成するにはなによりも教育を施すべきだとする。「蒙規」は三篇からなり、第一篇は心を養うことを第一とし、第二篇は親に対する孝行、年少者が尊長に礼儀を尽くすこと、師を尊敬し、友を敬うことなどであり、第三篇は、誦読、習字、詠歌、習礼である。

『家訓』、付録、「社学事例第二」は、社学付随の田地から毎年両季に小作料を徴収し、その用途として、教師の束修、責任者（「掌事者」）への穀物支給、修繕費、貧しい郷民に対する援助、税糧支払いなどを挙げている。また、この社学には、霍氏の子姪のみでなく、その他の同郷の子弟も入学している(30)。

『家訓』は子姪の教育機関として社学を掲げているが、霍韜はこれとは別に、西樵山に四峯書院を設立している。『家訓』、付録に、「四峯書院事例第三」が収録されているが、これによれば、四峯書院も社学と同じく、独自の財源として租佃地を所有し、教師の生活費、修繕費など各種の必要経費の他に、僧侶の還俗した者に対して穀物を支給し、また僧侶の墓の祭祀も行っている(31)。僧侶に対する援助が盛り込まれたのは、設立時の経緯が関わっている。四峯書院は嘉靖初めに霍韜が郷里に戻ったときに設立されたものだと伝えられる(32)。『石頭録』巻二、嘉靖二年六月条の割注を見ると、嘉靖初め、魏校が淫祠を破壊した際、西樵山の宝峯寺も毀されたが、その跡地を承買した黄少卿から霍韜が買い受けて居宅を建設した（前掲）。したがって、四峯書院もこの時に併せて設立されたものと考えられる。僧侶に対する援助は寺の跡地を購入した時の条件となっていたのであろう。

『家訓』には、四峯書院における教育体制に関する特別の規定はないが、『石頭録』巻五、嘉靖十一年条によれば、この年の正月十八日、霍氏の子姪が西樵山に入ると、霍韜は、郭肇乾、羅一中、劉模、梁大畜らを教師として招いて、彼らに教育を施したという。その教育は韜の手に係る「蒙規」に準拠し、子姪は十日に一度科挙のための試験を受けると共に、読書の傍ら、農作に従っている。[33] つまりは、『家訓』による教育である。

四峯書院における子姪の教育については、韜の弟の任（字は尹先、号は宙山）の存在が重要である。霍任は華の第四子で、広州府学附生の資格をもつ。[34] 嘉靖十二年（一五三三）、霍韜は、召命を受けて官界に復帰したが、西樵山を降りるとき、子弟教育の責任を任に付託し、以後、任は「四峰精舎」に居すること三十余年に及んだという。[35] また、霍韜の書簡集のなかに、「与冢山書」十四通が収められている。これは郭肇乾に宛てた書簡集である。[36] 彼に対する韜の信頼は厚く、韜が不在の折には、郭肇乾に、韜の兄弟の行動を正しい方向に導くよう望んだ。[37] この郭肇乾に宛てた書簡のなかで、霍韜は任のことに言及している。たとえば、西樵山の書院の童生に対する衣服や飲食の待遇が平等でないこと、婦人が山に入り、祭器を盗み出したり、あるいは奴僕が書籍を焼いてしまった事件を起こしたことについて、韜は任の責任を問い、郭肇乾が任を石頭の祠堂に引き連れ、罰棍を加えんことを求めている。[38] また、家族による不法な経済活動（塩の密売、銀鉱山の開発、沙田の設置など）を戒めた書簡を送った時には、その書簡で述べられた戒めを石頭の祠堂にまず送って周知させた後、ついで四峯書院に転送し、任が郭肇乾に依頼して書院の諸生に知らしめるべきことを命じている。[39] 霍任は四峯書院の責任者であったと考えられる。また、霍韜が家族に宛てた書簡のなかに、一種の規則集が収められている。それによれば、霍氏の子弟が各自、小廝・跟随を雇うことを禁じ、石頭では祠堂で、西樵山では書院で、それぞれその出入りをチェックする。四峯書院で新たに雇用するに際しては、すべて石頭に送って調べ、収用を許すかどうか決めるという。[40] これらの点から、霍任が四峯書院の責任者の役割を果たすと共に、四峯書院が石頭の祠堂（大宗祠）とともに、霍氏の宗族体制のなかで重要な役割を果たしていたことが窺われる。この他、大宗祠と社学の会計で余剰が生じれば、四峯書院に余剰部分を蓄え、飢饉に備えた。[41]

以上のように、嘉靖五年に開始された合爨を中心とする宗法システムにおいて、体制維持の核となったのは宗子と家長である。宗子は祖先祭祀の継承、後者は合爨の生活の運営を、それぞれの主な役割とし、彼らの指導のもとで、厚一の子孫（家衆）が同居共財の生活を送った。霍韜がこうした体制を作り上げたのは家の維持（「保家」）のためであったが、それは同時に霍韜の代に獲得した士大夫（郷紳）の家としての家格を次の世代にも受け渡していくことを意味している。その鍵を握るのは子姪である。霍氏が強大な影響力と莫大な富を蓄えられたのはひとえに韜が科挙に及第し、官界入りしたことによっている。そのことは韜自身が最も熟知するところであったはずである。築き上げた霍氏という士大夫の家を破綻させず、名門の家として維持していくためには、合爨を中心とする宗法システムのなかで子姪を教育し、科挙を媒介として国家との連携を保たねばならない。その点において、霍韜による事業は名門の家系樹立の手段として宗族の形成を重視した近世の宗法主義の趣旨に合致するものである。

おわりに

本稿で紹介した霍韜の事業は、明代における宗族形成の事例の一つに過ぎないが、いくつかの点で注目される。まず何よりも注目すべきは、霍韜の事業が当時なお辺境であった広東で行われたことである。本稿の冒頭で述べたように、明代半ば以降に商業化・都市化が展開した珠江デルタは、同時に科挙官僚制を軸とする儒教文化の圏域に組み込まれ、儒教文化が地域社会に浸透する儒教化のプロセスが進行していた。儒教化の一つの表れが宗族形成運動の潮流であり、仏山鎮はそうした潮流がまとまって確認できる都市であった。仏山鎮に隣接して居住していた石頭霍氏の合爨を中心とする宗法システムの構築もデルタ地帯に進行した宗族形成運動の一画を占めるものであろう。宗族形成運動をリードしてきた江南社会を念頭に置くならば、霍氏のように実施の状況と宗族の構造の詳細を生々しく伝える事例は希少であるが、宗法を理想として男系親族を集合し、宗族集団を形成するという構想は宋代以来のものであり、また、大家族生活を統制するために宗法を導入する霍氏の方式には、たとえば義門鄭氏に先例がある。[42] しかし、逆に考えれば、そうした類似性は、辺境社会が先進社会の儒教文化を受容したことの証ともなろう。問題は広東独自の宗法システムがどのようなものとして定立されたかである。注目されるのは、霍氏の宗法システムにおいて、古宗法のように、宗子が立てられたことである。宗法を理想として宗族を形成するのであるから、宗子が立てられるのは当たり前のように思われるかもしれないが、そうではない。さすがに天下の宗族の模範とされた蘇州城の范氏義荘は北宋における創設以来、范氏独自の方法で宗子による親族統制を保ってきたが、共同祖先の嫡系の系譜が断絶することも多く、また嫡系子孫が宗族の統合者としてふさわしい資質を備えているとは限らないため、優れた能力と人望のある人物を族内で選出して統率者とするケースがむしろ一般的であるように思う。[43] これに対して、霍氏の合爨の場合、嫡系子孫が実際に宗子に就任していることが確かめられた。このことが重要である。広州府番禺県の文人屈大均（明崇禎三―一六三〇年〜清康熙三十五―一六九六年）が康熙十七年（一六七八）に完成した『広東新語』は、広州において、大宗、小宗の壮麗な祠堂を建設することが流行し、千人の族人をもつ大族では数十に上る祠堂を所有し、弱小の小姓単家でも、数所の祠堂を所有していたこととともに、宗法の実施状況を報告している。すなわち、今、天下では宗子の制度をもはや回復することはできず、大抵は族はあっても族を統合すべき宗子はいない、これが天下の大勢であるなかで、広東は古礼の世界に近い。広東では、宗子あるいは支子が祭祀を主宰し、族長が族内の秩序を保つ役割を担い、祭祀を維持するための祭田も設定しているという。[44] 周代の宗法のままではないものの、宗子を尊び、族長が体制を維持し、宗祠を中心として宗族の結合を守る体制を作り上げていることを伝えるのである。霍韜が大宗祠を創始したのは嘉靖四年（一五二五）であり、それから一世紀半の時間を経て、宗子と族長を統率者とする宗族統合のシステムが珠江デルタに定着した。これを広東独自の宗法システムとするならば、霍韜の事業はまさにその先駆的事例であったといえよう。

注

（1）拙著『中国の宗族と国家の礼制—宗法主義の観点からの分析—』（研文出版、二〇〇〇年）。関連する研究については拙著で紹介した文献を参照していただきたい。

（2）拙稿「石頭霍氏—広東の郷紳の家—」（『名古屋大学東洋史研究報告』第二五号、二〇〇一年）。また、郷紳に関する総合的な考察は岸本美緒氏が行っている。岸本美緒『明清交替と江南社会』（東京大学出版会、一九九九年）第二章「明清時代の郷紳」。

（3）拙稿「宗族の形成とその構造—明清時代の珠江デルタを対象として—」（『史林』第七二巻第五号、一九八九年）。本論文は後に手を加えて、前掲拙著『中国の宗族と国家の礼制』に再録した。

（4）羅一星『明清仏山経済発展與社会変遷』（広東人民出版社、一九九四年）九六〜一〇二頁。

（5）拙稿「広東珠江右岸デルタにおける秩序再編と郷紳の役割について」（『地域社会の視点—地域社会とリーダー—』（名古屋大学文学部東洋史学研究室編、一九八二年）、前掲拙稿「石頭霍氏—広東の郷紳の家—」。

（6）拙稿「中国の近世譜」（『歴史学研究』七四三、二〇〇〇年）、後に改稿して、『〈シリーズ　歴史学の現在〉系図が語る世界史』（青木書店、二〇〇二年）に収録。また、熊遠報氏は、徽州の族譜を素材として、族譜の偽作と再構成の問題を検討している。熊遠報『清代徽州地域社会史研究—境界・集団・ネットワークと社会秩序—』（汲古書院、二〇〇三年）第一部第二章「帰属と自主の間」。

（7）以下、この時期の霍韜の行動は、『石頭録』（同治元年重刊『霍文敏公全集』所収）巻二、巻三による。

（8）霍韜と同じ時代を生きた南海県出身の官僚として、太常寺少卿に上った黄重がいる（康熙刊『南海県志』巻一一、人物列伝、黄重伝）。おそらく黄少卿とは彼のことであろう。

（9）『石頭録』巻二、嘉靖二年六月条の割注に、

嘉靖初督学魏公校大毀淫祠。西樵山宝峯僧以姦情追牒、寺在毀中、邑人黄少卿承買。公以寺在西庄公墓左、与兄弟備価求得之。至是移家居焉。

という。

（10）『石頭霍氏族譜』巻一、「祠記」。

一　大宗祠地原係淫祠。嘉靖初年、奉勘合折毀発売、時文敏公承買建祠。嘉靖初年又奉勘合、折毀寺観。簡村堡排年呈首西樵宝峯寺僧奸淫不法事、准拆寺売田。時文敏公家居、承買寺田三百畝、作大宗蒸嘗。嘉靖十九年、文敏公薨。二十一年、寺田復奉勘合、発売増価。僉事与瑕分宜与瑺増価買回。内将二頃入祠堂、将五十畝入社学、五十畝贍族。嘉靖三十九年、復奉勘合増価。瑕瑺兄弟哀訴于両広鄭軍門、行府県議減納餉、乃得為祭祀、計田二頃、餉米十石七斗。又加虚税糧二石七斗、所入甚薄、而糧差甚重。毎歳春秋祭祀外、存積不多。与瑕慮寺田終有更変、乃樽縮前租、買到簡村堡田数十畝、永作大宗蒸嘗。

（11）『石頭録』巻二、嘉靖四年正月一日条の割注に、

時公無居室、与兄振先謀曰、君子将営宮室、宗廟為先。乃剏大宗祠、中為始高曾祖神位、而以各房伯叔之祖付之。或問、各房之祖同祠、礼乎。公曰、高祖於曾祖父子也。一父数子同居共食、礼也。生可共食、没独不可共享乎。若只宗子嫡孫入祠、則三四世後、各房皆舎其祖拝嫡子之祖。生者安乎。礼非従天設地産、因人情耳。況家礼有附食之文乎。霍氏之合祀各祖于宗祠、自公始也。

とある。

（12）『霍文敏公全集』巻六下、「合爨祭告家廟文」。

惟是今日実我孫子女婦百口聚食於此。嗚呼、祖考生我孫子。分爨迄我余五十祀、幸今復合、実祖之賜。凡我孫子暨我婦女仰我考祖、如木同根、如水同源。昔年分異、女婦哇喧、底方蓋員、割戸分門。始自今茲、百千子孫、居則同堂、出則同門、食則同飧、男無二心、女無間言、帑無異帛、橐無私銭。保此敦雍、庶尚永年。……

（13）『石頭霍氏族譜』巻一、祠記、「両公祠碑記」（万暦元年）に、「不特惟是鄭有義門、張称九世。公備載之。故合爨止於小宗」という。公とは霍韜のことである。

（14）『石頭霍氏族譜』巻一。

（15）『石頭霍氏族譜』巻一、祠記、「両公祠碑記」。

（16）羅一星前掲『明清仏山経済発展与社会変遷』は会膳の意味を詳しく論じている（同書一〇七～一一一頁）。

（17）『家訓』、「家訓提綱」に、
凡居家、卑幼須統于尊、故立宗子一人家長一人。

凡立家長、惟視材賢、不拘年歯。若宗子賢、即立宗子為家長、宗子不賢、別立家長、宗子只主祭祀。

凡宗子不為家長、只祭祀時、宗子主之、余則聴家長命。

とある。
（18）『石頭霍氏族譜』巻一、「六世三房」。
（19）『石頭霍氏族譜』巻一、「六世三房」。
（20）『家訓』、「家訓提綱」。
凡居家、事必有統、乃不紊。故立田綱領一人・司貨一人。

凡田綱領者・司貨者、年輪老成公当者。
（21）『家訓』、「田圃第一」。
凡子姪年輪一人綱領田事者、輪一人司貨、綱領田事者司貨者不力耕。非綱領者司貨者、人耕田三十畝〈子弟未娶者一人、童子一人、大僕一人、相牛一具〉。
（22）『家訓』、「田圃第一」に、「凡子姪年二十五受田、五十出田」という。
（23）『家訓』巻一、「田圃第一」、「倉廂第二」。
（24）『家訓』巻一、「貨殖第三」。
凡年終租入歳費贏余、別儲一庫、司貨者掌之、会計之、以知家之虚実。

凡石湾窯冶、仏山炭鉄、登州木殖、可以便民同利者、司貨者掌之。年一人司窯冶、一人司炭鉄、一人司木殖。歳入利市報于司貨者、司貨者歳終咨稟家長、以知功最。
（25）『家訓』、「田圃第一」の序に、
人家養生、農圃為重、末俗尚浮、不力田、不治圃、坐与衰期。述田圃第一。

という。
（26）『家訓』、「彙訓上第十三」。

凡子姪多忌農作。不知、幼事農業、則知粟入艱難不生侈心、幼事農業、則習恒敦実、不生邪心、幼事農業、力渉勤苦、能興起善心、以免於罪戻。故子姪不可不力農作。

(27)『家訓』、「彙訓上第十三」。

凡富家久、則衰傾。由無功而食人之食。夫無功食人之食、是謂厲民自養。凡厲民自養、則有天殃。故久享富佚、則致衰傾、甚則為奴僕、為牛馬。是故子姪不可不力農作〈今之富家佃田于人、而坐食租入、久則田業消乏、求為人奴不可得、由其厲民自養故也〉。

(28) 羅一星前掲『明清仏山経済発展与社会変遷』一一一頁。

(29) 康熙三十年刊『南海県志』巻八、学校、「書院」には、

石頭書院在石頭里。霍韜建。今改為社学。

とある。ここにいう「今」がいつの時点であるのかが問題であるが、霍韜の在世中において、最初は石頭書院として設立されたものが後に社学に転用されたと推定することもできる。

(30) 嘉靖九年序『家訓』、「彙訓上第十三」に、

凡社学師須考社学生務農力本、居家孝弟、以紀行実。郷間驕貴子弟恥力田、勿強。本家子姪兄弟入社学、恥力田、恥本分生理、初犯責二十、再犯責三十。三犯斥出、不許入社学、及陪祠堂祀事。

とある。

(31) 嘉靖九年序『家訓』、付録、「四峯書院事例第三」。

一　支僧人還俗者穀〈五。毎人二十石、満五年即止〉。

一　僧墓歳祭〈立数査〉。

(32) 郭棐著・陳蘭芝増輯『嶺南名勝記』巻六、形勝、「西樵山記」に、

四峯書院在宝村洞。霍文敏公嘉靖初謝病、始建精舎、中有崇礼堂、前為環翠楼、後為臥雲楼、総名曰四峯書院、以合外四峯環列也。

とある。

(33)『石頭録』巻五、嘉靖十一年条。

正月朔一日在樵。十八日童生入樵〈時諸子姪入樵。公延郭公肇乾・羅公一中・劉公模・梁公大畜、相継為之師。朔望師生粛揖、考訂疑義、為剖析大略。毎日考徳問業、一遵公所作蒙規学習、晩集外堂、諸生皆立、復為剖析疑義、十日一試。挙業諸子書暇、則令耘菜灌園〉。

(34)『石頭霍氏族譜』巻一、「六世三房」。
(35)『石頭録』巻五、嘉靖十二年十月二十八日条。
(36)『渭厓文集』、「目録」は、「冢山」とは「名は肇乾、字は体剛」のことであると説明している。「冢山」は号であろう。
(37)『渭厓文集』巻七、与冢山書、「一四」。
(38)『渭厓文集』巻七、与冢山書、「一三」。
(39)『渭厓文集』巻七、与冢山書、「十一」。
(40)『霍文敏公全集』巻七下、「家書」。
(41)『家訓』付録、「祠堂事例第一」に、「一　収貯羨余〈置一櫃、在四峯書楼。毎年立数、備凶年賑済〉」とあり、同「社学事例第二」に、「一　剰余〈置一櫃、在四峯書院収貯。年終査報備荒〉」とある。
(42)拙著『中国の宗族と国家の礼制―宗法主義の観点からの分析―』。とくに義門鄭氏については、同書第二章参照。
(43)前掲拙著『中国の宗族と国家の礼制―宗法主義の観点からの分析―』第七章「清代における蘇州社会と宗族」、前掲拙稿「中国の近世譜」。
(44)『広東新語』巻一七、「祖祠」。

嶺南之著姓右族於広州為盛。広之世、於郷為盛。其土沃而人繁、或一郷一姓、或一郷二三姓、自唐宋以来蟬連而居、安其土、楽其謡俗、鮮有遷徙他邦者。其大小宗祖禰皆有祠、代為堂構、以壮麗相高。毎千人之族祠数十所、小姓単家族人不満百者亦有祠数所。其曰大宗祠者、始祖之廟也。庶人而有始祖之廟、追遠也、収族也。追遠、孝也。収族、仁也。匪譖也、匪諂也。歳冬至挙宗行礼、主鬯者必推宗子、或支子祭告、則其祝文必云、裔孫某謹因宗子某、敢昭告于某祖某考、不敢専也。其族長以朔望読祖訓於祠、養老尊賢・賞善罰悪之典一出於祠、祭田之入有羨、則以均分。其子姪貴富、則又為祖禰増置祭田、名曰蒸嘗、世世相守。惟士無田不祭、未盡然也。今天下宗子之制不可復。大率有族而無宗、宗廃故宜重族、族乱故重祠、有祠而子姓以帰。一家以為根本、仁孝之道由之而生。吾粤其庶幾近古者也。

第三部　郷紳と宗族

第十章　明末の商税徴収と広東社会

はじめに

明朝末期の万暦二十七年（一五九九）、李鳳なる宦官が広州に派遣され、商税等の徴収（榷税）を開始し、この徴税は万暦末年まで続いた。商税とは何か。商税は、狭い意味では商人の貨物に対する課税を指し、明代では、外来商人（客商）のもたらす貨物に対して課せられた通行税（過税）と客商及び坐商（一定の土地に定住して貨物を販売する商人）の販売する貨物に対する課税（住税）がこれに該当する。こうした狭義の商税のほか、これに類するものとして、ともに商人を対象とした鈔関税、工関税、門攤税等があり、広義の商税とみなすことができる(1)。

佐久間重男氏は明代の商税徴収の沿革をおおむね次のように描いている。明初は、商業の復興を目指して、一般に低率の課税を行った他、市場で販売されない貨物の免税はいうまでもなく、市場販売品のなかでも書籍や農具、日常零細の物品は原則的に免税の対象とされた。商税は、貨幣収入を基本とし、明初に鈔法が制定されると、主に鈔をもって徴収し、永楽以降、鈔法の維持が困難になると、旧鈔の回収による財政政策を打ち出し、宣徳年間の商税は初期の五倍に達した。しかし、鈔法の崩壊は阻止できず、その政策は断念され、明初の方針に戻ったが、北方のモンゴルの侵攻による軍備・撫賞等の経費が増大したため、国家的財源を増加させる必要に迫られ、正徳・嘉靖期には商税は増

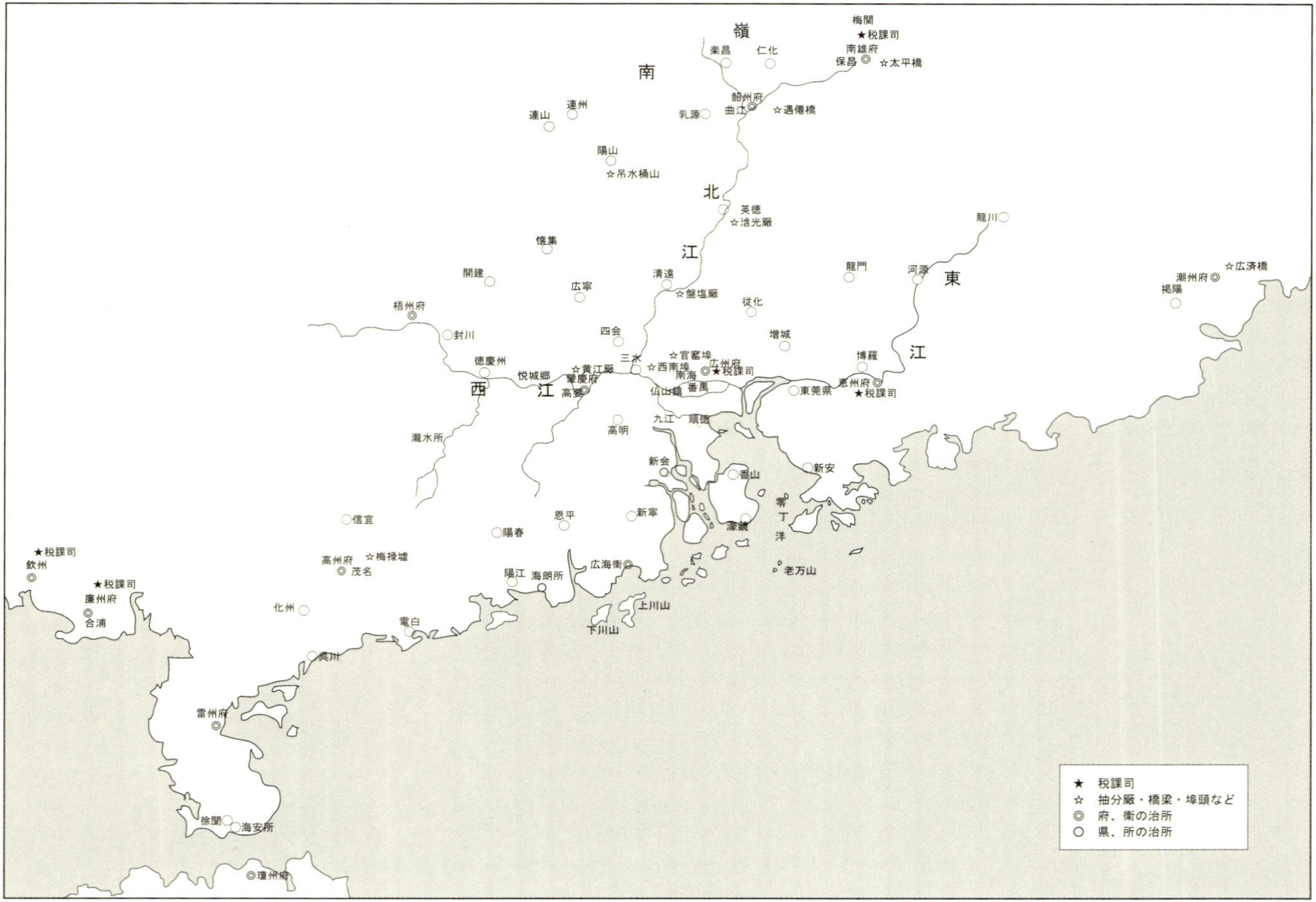
梅関
★税課司
南雄府
保昌
☆太平橋
楽昌
仁化
南
嶺
韶州府
曲江
☆遇僊橋
乳源
連山
連州
陽山
☆吊水桶山
北
英徳
☆洽光廠
江
懐集
開建
清遠
☆盤塩廠
広寧
梧州府
封川
四会
三水
☆官窯埠
広州府
☆西南埠
南海
★税課司
番禺
仏山鎮
徳慶州
悦城郷
☆黄江廠
肇慶府
高要
西
江
高明
九江
順徳
瀧水所
新会
香山
新安
東莞県
恵州府
★税課司
博羅
増城
従化
龍門
河源
東
江
龍川
潮州府
☆広済橋
揭陽
信宜
陽春
恩平
新寧
零
丁
洋
濠鏡
老万山
高州府
☆梅禄墟
茂名
陽江
海朗所
広海衛
上川山
下川山
★税課司
欽州
★税課司
廉州府
合浦
化州
電白
呉川
雷州府
徐聞
海安所
瓊州府
★ 税課司
☆ 抽分厰・橋梁・埠頭など
◎ 府、衛の治所
○ 県、所の治所

図 「明代広東の抽税地点」

税の方向に転じた。かかる形勢は万暦中葉以降、更に強まり、榷税使の派遣や鈔関税の増額が行われた。(2)その後、川勝守氏や新宮学氏が佐久間氏の研究を出発点として、江南の商税に関して分析した。(3)とくに新宮氏は、税課司局の削減・合併をめぐる問題に関して、川勝氏の見解を批判した夫馬進氏の見解に賛同しつつ、(4)税課司局の廃止・合併、商税鈔の銀納化、門攤科派方式を検討している。(5)中国では、李龍潜氏が鈔関、税課司局における商税徴収に関して、佐久間重男氏の研究を踏まえて、包括的な考察を加えている。(6)またレイ・ファン氏は明代の財政構造を議論するなかで、鈔関税、商税、門攤税などを考察している。(7)

本稿で扱う宦官による榷税は、軍事情勢の緊迫化にともなう中央政府の財源確保の必要から行われた増税政策の一局面である。従来、万暦年間の榷税については、宦官の収奪に対する都市の抗議運動＝民変が注目される傾向にあり、(8)実際のところ、榷税使の課税が各地で実際にどのような内実をもつものであるのかは、門攤課鈔、門攤銀について詳しく論じた新宮学氏等の研究を除き、十分に明らかにされていない。(9)とくに地域の財政構造との関係についてはほとんど議論されてこなかった。本稿は、広東における榷税の実態を考察し、地方の財政構造との関係を検討するとともに、広東社会とくに広州を中心とする珠江デルタの社会の仕組みとの関係に注目したい。

考察するに際してとくに注意しなければならないのは、軍事情勢との関係である。上掲のように、明朝中央は、北辺等の軍事防衛の緊迫化にともなう莫大な軍事費をまかなうための財源を必要としたが、広東も同様の問題を抱えていた。明代半ば以降、猺族、獞族等、更に明朝の人民支配制度（里甲制）から逃れた漢族下層などより成る複合的な民族反乱が両広を席巻した。これに対応して、軍餉の捻出が課題となったが、広東の財政は広西の財政、なかでも広西の軍餉を多く支えており、その負担はとくに重かった。明朝は、正徳年間、明初以来の朝貢貿易を改革し、関税を徴収して商業貿易を認める方向に転じたが、その契機となったのも、両広の軍餉捻出の問題であった。(10)万暦年間には反乱情勢はかなり緩和されていたが、宦官による榷税は軍餉の問題と密接に繋がっていた。その関係を解き明かすことが第一の課題である。第二に、広東社会の商業活動との関係である。珠江デルタは海外貿易の発展に触発されて、商品生産・流通が域内に広く展開し、商人の勢力が台頭しつつあった。商税科派は商人の活動にどのような影響を及ぼしたのか、また商業利潤を抽出するいかなる仕組みができたのかを議論したい。

一　榷税の仕組み

本節では、明代半ば以降の広東が抱えてきた軍餉捻出の問題と宦官（榷税使）による商税徴収との関係を検討してみたい。

（1）商税の徴収

明朝は商税の徴収機関として、税課司局・鈔関・竹木抽分局などを設けた。税課司局は狭義の商税、門攤税など、鈔関は船料、商税、竹木抽分局は竹木・柴薪等の課税を徴収する官署である[11]。広東で明前半期にどのような商税徴収機関が設けられたのかは、史料の欠如のため、不明である。嘉靖四十年（一五六一）序刊『広東通志』（以下、『黄志』と略称する）巻二五、民物志六、「墟市」は、広州府、南雄府、恵州府、廉州府、欽州に置かれた五税課司を掲げている。このうち、広州府税課司（省城帰徳門外の市舶司内に所在）は毎年四季で商税・課鈔二項の合計税銀六六七両五銭を徴収した。また、恵州府税課司は、毎年四季で、門攤・商税銀一八両二銭を収めた。他の三税課司の徴収額は記載されていない。しかし、万暦三十年（一六〇二）序刊『広東通志』（以下、『郭志』と略称）巻七、藩省志七、「税課」は広州府税課司一所（税銀一、〇〇〇余両）を記録するのみである。これは、万暦刊『大明会典』巻三五、戸部、課程四、「商税」でも同様である。新宮学氏によれば、税課司局の裁革は全国的に正徳・嘉靖期に集中し、嘉靖年間になると府の税課司も裁革され、従来の県城・鎮市レヴェルの税課局廃止による府税課司への合併から新たな段階に進んだという。[12] 広東における五つの府の税課司が一税課司に削減されたのも、こうした全国的な政策の一環として理解される。

明朝は宣徳四年（一四二九）、鈔関税を創設した。鈔関の性質はおおむね税課司局のそれと同じであるが、税課司局の収入は地方経費に使用されることが多かったため、中央政府の独自の財源を確保するために、天津から長江に至る大運河の要衝に鈔関を設けて、中国内地間を往来する貨物船に課税したものである。[13] 鈔関は後に、長江の西港や江南の要地にも置かれたが、両広には設置されなかった。広東では、鈔関の代わりに、橋梁や交通の要地に設けられた建物（廠）で往来する商品に課税した。南雄府太平橋、潮州府広済橋、広州府清遠県の盤塩廠などである。[14] 橋梁や廠での課税は、税課司、鈔関といった既存の商税徴収体系の枠外に設けられた新たな徴収方法である。[15]『郭志』巻七、藩省志七、「税課」によれば、南雄府太平橋の商税は、正徳四年（一五〇九）、巡撫周南が橋のたもとに廠を設けんことを具奏してから開始された。当初は、胡椒一〇〇斤（税銀五銭）、蘇木一〇〇斤（税銀二銭五分）、雑課毎担一〇〇斤（税銀五厘）、土木一〇〇斤（税銀五分）。その後、抽鉄税を追加し、梧州府に送って軍餉用に備えた。隆慶二年（一五六八）、御史王同道の上奏により、橋税のうち、南から北へ輸送される商品（南貨）の抽税は毎年三〇、〇〇〇余両で、これを広西へ送った。これも軍餉に充てるためであろう。北から南への輸送商品（北貨）への抽税は、増銀一二、〇〇〇両を併せて徴収し、これは広東に留め軍餉に充てた。潮州府広済橋では、以前の商税はわずかに六一両二分であったが、万暦十年（一五八二）には五、二二〇両を徴収している。清遠県の盤塩廠での商税の額は記載されていない。

広州府税課司の徴収額が一、〇〇〇両であるのに比べると、廠・橋梁で往来する商品に課された税餉は巨額である。また、鈔関の商税は中央に送られたが、廠・橋梁の商税は、太平橋に見られるように、広東に存留するか、広西に送付している。別稿[16]で述べたように、両広の財政は一体的であり、とくに広東が広西の財政を多く支えていた。万暦頃までは、両広全般に猺族、獞族、漢族等の複合的反乱が頻発しており、それに対応するための軍事費も莫大であった。

廠・橋梁の商税徴収が急増したのも、そうした軍事費を必要とする状況に対応するためであったと考えられる。

（２）税監による榷税

では、広東における榷税使による増税はどのように行われたのか。万暦二十七年（一五九九）二月、陳保の上奏により、内官李鳳が広東に派遣され、雷州等の珠池の採弁と市舶司の税課の徴収を兼任することになった[17]。李鳳が税課太監として広州に実際に赴任したのは、同年四月のことである。この時、李鳳の属僚は、広東の税課・方物は毎年二〇万両を徴収することが可能であると述べたという[18]。この毎年二〇万両という税額は関連の史料がほぼ共通して掲げるものであるが、それはどのようにして決められ、内容はどのようなものであったのか。『明実録』を見ると、万暦二十七年十月壬申条に、「広東税監李鳳に命じて、もと戴君恩らが上奏して徴収していた方物及び税課毎年二十万両を監督させた」とあり、広洋衛鎮撫戴君恩の上奏を承けて、朝廷は、税監李鳳に命じ、戴君恩等の徴税を監督して毎年二〇万両を徴収すべきことを通達したことがわかる。ここに、広東から毎年二〇万両を徴収することが正式に決定された。問題は二〇万両をどのように徴税するかである。それを具体的に伝えるのは、『郭志』巻七、藩省志七、「税課」条である。本条は、広東布政使の王泮（浙江山陰の人）[19]が税監と課税を論議したものを拠り所として、以下、広州府の税課銀を列挙する。また、税課銀一覧の後には、「近年撥解税監銀数附載」（以下、「附載」という）を収録する。「附載」は、税監李鳳が万暦二十七年（一五九九）閏四月から万暦二十八年（一六〇〇）六月までの間に徴収して、朝廷に撥解した税銀を記録したものである。以下、「附載」に基づいて、撥解の餉銀を掲げておきたい。

万暦二十七年（一五九九）閏四月に、計四〇、〇〇八両を撥解。その内訳は、市舶司税銀二六、〇〇〇両、広州府税課司税銀一、〇〇〇両、省下紙船税銀二〇両、東莞下関魚税銀五五〇両、三水県西南埠商税銀四三八両、韶州府英徳県浛光廠商税六、〇〇〇両、潮州府広済橋商税銀六、〇〇〇両。以上の合計が四〇、〇〇八両である。その他に官窯埠

の商税銀一〇〇両を追徴した。したがって、万暦二十七年（一五九九）閏四月の撥解の合計は四〇、一〇八両となる。万暦二十七年（一五九九）八月に、陽山県吊水桶山の礦砒石の税銀八〇〇両、同年十月には、順徳県の龍山・龍江二堡の土絲税銀二五両が徴収された。同じく十月、三項税銀（太平橋税銀、肇慶府黄江廠と清遠県の余塩銀）七、五〇〇両、鋪墊銀六〇〇両が徴収されている。鋪墊銀とは、鋪墊銭と同様で、各種の商税を徴収するに際して、手数料などの名目で上乗せられた銀両であろう(20)。

また、同年十二月には、通省牛判額銀七、九九一両九銭二分が徴収された。このうち、三五〇両は鉄鍋税（額銀は五〇〇両）の不足分三〇〇両と鋪墊銀五〇両を補塡するために回されたものである。鉄鍋税への補塡を除く銀七、六四一両九銭二分は、そのうち六、〇〇〇両を判銀正額となし、六〇〇両は鋪墊とした。また、一、〇四一両九銭二分は市舶提挙司の舶税の不足を補塡するものとされた。

以上、万暦二十七年（一五九九）内に徴収された税額は五七、二二四両九銭二分である。

万暦二十八年（一六〇〇）六月、正課銀一〇〇、〇〇〇両、方物銀三〇、〇〇〇両、鋪墊銀一三、〇〇〇両、加重銀一、八二〇両を撥解。合計十四四、八二〇両。内訳は次の通り。南雄太平橋の税銀三五、〇〇〇両、高州府梅禄墟の額税銀四七二両及び加増銀五〇〇両。肇慶府黄江廠の税額銀四、三五〇両及び加増銀三、〇〇〇両。潮州府の稲穀税銀四、〇〇〇両。韶州府遇僊橋の商税銀四、〇八〇両。布政使庫料価鋪墊銀のうち、四、三二〇両。これらの合計は五五、七二二両となり、その他、塩利等の銀八九、〇九八両が加えられた。

以上、万暦二十七年（一五九九）閏四月から万暦二十八年（一六〇〇）六月までの間に徴収された銀数を総計すると、計二〇一、八四四両九銭二分となる。この二〇万余両がその後の毎年の徴税額となったと考えられる。

さて、「附載」は、以上の徴収の経緯を述べた後、按語を付している。按語は、榷税の総額二〇万余両のうち、新復・新増の銀（新たに復活したり、新規に増した銀両）を四六、〇〇〇余両とするが、このうち、新復・新増の税目が、上掲の「附載」のうちどれに当たるかは述べられていない。いずれにしろ、「他はみな章程額餉である」と述べられているように、およそ一五万余両が「章程額餉」から抽出された。「章程額餉」は別に「広東軍務章程」、「全粤税餉章程」ともいう[21]。広東全省の軍事経費（軍餉）に関する規定であり、一五万余両はこの軍事経費から抽出されたものということになる。

しかし、一五万余両もの軍餉が上供に回されれば、広東の軍事活動に支障が出るのは避けられない。そこで、考えられたのが、軍餉を京師に上供し、不足分を加派して軍餉に充てる方法である（近聞、扣原額以解京、加派以充餉[22]）。万暦二十九年（一六〇一）、広東左布政使として赴任した陳性学（諸曁の人[23]）によれば、税監は、各属に命じて、餉銀一〇三、〇〇〇両を補わせようとした。その科派の対象は家畜や野菜・果物にまで及び、賦役の銀納に際しては毎丁毎石ごとに一銭が加えられた。しかし、そのうち二五、〇〇〇両は広西梧鎮に送られるため、実際には七八、〇〇〇両が補われたに止まったという[24]。要するに、毎年二〇万余両の税監への撥解分のうち、じつに一五万余両は軍餉から回された税銀であり、税源を奪われた軍隊に対しては、代替措置として、一〇万両余りを州県から徴収する方法を採用した。徴収の対象は家畜や野菜、果物、賦役の税銀にまで及んだ。本来は商人から徴収するという名目で始まり、それゆえしばしば一括して「商税」と呼ばれた課税が、交通の要衝、市場、塩などにとどまらず、農民の賦役の税餉などからも徴収することになり、また従来は課税対象でなかった日常物資にまで課税されたことにより、広く人々の生活が影響を蒙ることになった。

こうした榷税の影響の広がりを、地元南海県出身の山西道御史潘濬は神宗万暦帝に差し出した上奏文のなかで、的確に指摘している。商税という名称であれば、商人から徴収すべきであるが、広東では貿易は広州城などいくつかで行われているに過ぎず、商税に値する徴収はたかがしれているため、当事者は軍餉のうちから商税を補塡したが、そうすると、軍餉が不足するので、丁糧を増税して、軍餉を補塡し、さらには、鶏肉、豚肉の日用品にまで課税したこ

とを批判するのである。(25)

二　その後の榷税

万暦二十七年（一五九九）に開始された税監（宦官）による榷税は万暦四十八年＝泰昌元年（一六二〇）まで二十一年間にわたる。この間における榷税の実態を次に紹介してみよう。

（1）榷税の方式の継続

万暦二十八年（一六〇〇）、広東に対する榷税定額は二〇万余両と定められたが、万暦三十五年（一六〇七）、二万両余りを減額する措置がとられ、一八万両前後が定額となった。(26)しかし、広東の地方官や地元出身の官僚からは、さらなる減税、または榷税そのものの停止を求める訴えが相継いだ。いくつか紹介してみよう。

万暦三十七年（一六〇九）六月には、広東巡撫李応魁は税監李鳳を京師に撤回し、また非漢族の反乱が依然として収まらず、治安が不安定であることを理由として、一八万両の税額の徴収をやめるように請願している。(27)また、万暦三十七年（一六〇九）六月、広西巡撫蔡応科は、広西の軍餉確保の観点から榷税を批判した。蔡応科によれば、広西が直面する課題は二つある。第一に、靖江王府の宗室の人員三、〇〇〇余人の俸禄が支給できないこと、第二に、四五、〇〇〇の兵士の軍餉の問題である。広西の軍餉は広東の他、湖広の二府も拠出していたが、税監（榷使）が商税を割いて、国税に充ててより、軍餉の額は減らされ、兵士は食事にも困るようになった。国税の徴収を停止して、軍餉をもとに戻せば、宗室の俸禄も給付でき、そうすれば、細民の負担も軽減できると主張する。(28)つまり、軍餉も元を正せば、商税の収入から回していたから、軍餉に充てられていた商税が税監によって奪われれば、軍隊が困窮することになるのである。

万暦三十八年（一六一〇）には、広東監察御史王以寧も朝廷に上奏した。他省の税額が多くても六、七万であるのに、広東は二〇万有奇を負担している。そのうち、塩税、廠税、墟税、穀税、鉄鍋、牛判等税は四八、七〇〇余両であるという。前掲のように、「附載」の按語は、新復・新増の銀は四六、〇〇〇余両、他はすべて、章程額餉だとしていた。王以寧はそれに比べて一、〇〇〇両ほど上乗せしており、この間に増額されたのかもしれない。いずれにしろ、これらの監税のために直接徴収された税額を除いて、一五一、〇〇〇余両は軍餉から撥充された。続けて、彼は、軍餉が不足すれば、丁糧に加派し、城郷・市鎮の魚鰕・蔬果の類より抽税せざるをえない。毎年の丁糧への加派は五九、四〇〇両余り、魚鰕・蔬果の類は従来、税額のなかに入っていなかったが、四三、五〇〇両余りを徴収。章程兵餉はなお足りないため、四八、〇〇〇余両を別の税目から移した。万暦三十五年（一六〇七）になって、一一〇、〇〇〇余両を削減されたが、なお一七七、七〇〇余両を課せられている。そこで、加派丁糧四三、八〇〇両、加抽市鎮墟場銀四三、〇〇〇余両を免除されんことを要望した(29)。万暦四十年（一六一二）十一月には、潘濬も、王以寧等の請願を受けて、同様の趣旨で減税を要請した(30)。

それらに継いで、潘濬と同じく南海県の出身である刑科給事中郭尚賓(31)も減税を願い出ている。郭尚賓は、万暦四十一年（一六一三）三月、万暦二十七年（一五九九）から現在に至るまでの十四年間に広東で撥解された税銀が二六〇万に上ることを言い、同じく軽減を願った(32)。その後、同年十月、翌年（万暦四十二年）二月にも題奏している。この二回の上奏文は『郭給諫疏稿』（中山図書館蔵）に収録されている(33)。

『郭給諫疏稿』に収録された万暦四十一年（一六一三）十月の上奏文に基づいて、彼の見解を紹介してみよう。当時、李鳳は病床にあったが、神宗はそのまま在任させる一方、内臣の阮昇に命じて榷税を監督させた。これに対して、郭尚賓は反駁する。両粤のことは一体である。先年、粤西の税監が病故した折り、皇帝は四川の税監に管理させるにとどめた。それなのに、どうして粤西の事例に倣わず、阮昇に李鳳の職務を行わせるのか。このように詰問したうえで、阮昇の派遣の停止と減税を請願した。他省では銭糧を該省の経費として支用できるが、広東は毎年四、五万両を広西の軍餉のために拠出しなければならない。しかもマカオ居住の外国人勢力、海南島の黎族の不穏な動きに対処するために、軍餉、軍船の経費四〇万両を徴してもなお足りない。税監の課する税（監税）は他省の三、四倍の一八万両、商税のみでは充たせず、賦役、稲穀、屠殺、諸々の日用品にまで課税し、この他、マカオの海外貿易に対する関税から二〇、〇〇〇両を抽取している。王以寧や潘濬らは、二〇万両のうち、一五一、〇〇〇余両が軍餉（兵餉）から撥充されたこと、軍餉補塡を目的とした丁糧の増税、城郷・市鎮で交易される日用物資への課税を指摘していた。郭尚賓が軍隊の維持費のことを持ち出してきたのは、一八万両に減額されてからも、依然として万暦二十七、二十八年（一五九九、一六〇〇）以来の収税の構造が続いていたからであろう。つまり、軍餉から監税に餉銀を回し、不足分を、商税、賦役銀などから徴収するという方式である。

（2）李鳳の死去

　万暦四十二年（一六一四）、ついに李鳳が病死した。神宗は、李鳳が病気の間、阮昇にその任を引き継がせたが（前掲）、李鳳の死後、阮昇が赴任するや、省城の城西地区の民が騒ぎを起こして阮昇を追い出した。このため、福建税監の高寀に広東の税監を兼任させた[34]。城西地区は貿易商人などが店を列べた繁華街である。おそらく騒ぎを起こしたのは貿易などに関わる商人などであったであろう[35]。

　しかし、阮昇の後を引き継いだ高寀も広東入りは果たせなかった。『東西洋考』巻八、「税璫考」に掲げられた高寀の伝記によれば、福建の父老は高寀が福建を棄てて広東に赴任するだろうと予測して、喜んだという。高寀は福建において悪評を極めていたから、福建の側からすれば、広東に出て行ってほしいという願望が強かったことがわかる。

これに対して、広東の人々は互いに盟約を結んで、断固として高寀の広東入りを阻もうとした。この間、逡巡した高寀は二本マストの巨艦を建造し、広東に航海すると称して、じつは倭寇に通じようとしたという[36]。その後、高寀は福建に戻ったが、多額の負債を返済するよう求めて押しかけた数百人の商人と争いを生じ、京師に呼び戻された[37]。

このことは、郭尚賓も伝えており、高寀は広東への赴任を希望し、それを福建巡撫袁一驥も支持したという[38]。袁一驥が高寀の希望を支持したのは、高寀と結託していたからではない。吏科給事中解経雅は、枢臣涂宗濬、督臣呉崇礼とともに、袁一驥を弾劾したが、そのなかで、高寀の広東への移駐をバックアップした袁一驥について、隣国の広東のことを考えず、みずからのために計略した官僚として批判している[39]。つまるところ、福建巡撫としての自己保身を優先させたことが非難されたのである。

ところで、郭尚賓は、万暦四十二年（一六一四）二月の上奏文のなかで、次のように述べている。「粤東の民は他省より多いということはなく、土地も他省より広いわけではありません。ところが、粤東が納める一年間の税額は他省の三年分に相当します。江西では七万両の税額のうち四万両は贛州の関から、また福建は六万両の税額のうち三万両を東西二洋の貿易より徴収しています。しかるに、粤東はマカオのポルトガル貿易から二万両を徴収しても税額に足らず、毎年集めて送っている十六万両はすべて民の膏血に他なりません。最近、聖恩を蒙り、二万両を減額され、粤民は狂うがごとくに喜んでいます[40]」。万暦四十二年（一六一四）に入ってから、神宗は、生母である孝定李太后の遺命にもとづき、天下の税額のうち三分の一を減じた[41]。この時、広東の商税については税額一八万両から二万両を減額され、定額一六万両となった。

その後、万暦四十八年（一六二〇）、神宗は逝去に際して、遺詔を公布したが、そのなかで、榷税の停止を指示した[42]。この遺詔を受けて、新たに即位した光宗は大赦の詔を天下に発し、榷税の停止を公布した[43]。つまり、榷税の停止は神宗が決め、それを光宗も継承したものである。

榷税は万暦四十八年（一六二〇）をもってひとまず停止された。この間、広東に割り当てられた商税等の定額は二〇万余両から一八万両、更に一六万両へと減額された。しかし、王以寧、郭尚賓の請願に示されるように、一貫して、徴税の方式は変わらなかったと思われる。榷税の定額を満たすために、独自に科派した商税を除き、軍餉から撥解し、その撥解分を補塡するために、城郷・市鎮で交易される日用物資にまで課税したことである。

では、商税等の徴収はその後どうなったのか。明末における軍事情勢の緊張の高まりと財政難にともない、榷税の復活がしばしば議論されたようである。天啓元年（一六二一）、戸部左侍郎蔵爾勧は、遼左の軍隊が二〇万人にも上り、多額の軍餉が必要とされることから、十項目の財源を検討しているが、その一つは上供であり、そのなかで榷税の問題が言及された。しかし、この時は、皇帝がすでに停止したものを再び議論することはないと退けた(44)。戸部としては、地方官や胥吏の中間搾取、攬頭の介入、付加税の勝手な徴収など危惧すべきことは多いものの、商税を徴収して軍餉に充てざるを得ないと判断したかに見える。

榷税の復活が決定されたのは天啓五年（一六二五）のことである。各省の水陸の要衝で徴税を行い、万暦二十七年（一五九九）、二十八年（一六〇〇）の例に照らして、十分の一の税率とした(45)。また、戸部は榷税の復活に際して各種の搾取が行われるのではないかと危惧していたが、早くも同年十二月、潮州府の王家である樊家が、榷税停止の命に反して、ひそかに広済橋の商税を三年間にわたって徴収しており、総額一〇万余両に上ることが摘発された(46)。この事件は、榷税停止の期間にあっても、私抽が各地で行われた可能性を示している。

その後、崇禎の初め、関税銀一両につき羨余銀一銭を増し、同三年（一六三〇）には同二銭を増した。崇禎十三年（一六四〇）には関税二〇万両を増したため、商民は苦しんだという(47)。復活後の商税は交通の要衝に設けられた鈔関で主に徴収するように限定されたようであるが、いずれにしろ、商税は明朝倒壊まで徴収されつづけたと考えられる。次に検討したいのは、商税等の監税がどのように地方で徴収されたかである。

三　牙人

（1）徴税請負

これまでに述べてきたように、中央政府は税監を派遣して他省に数倍する税額を徴収したが、このことは、広東が税源として有望だとみなされたからだと考えられる。しかし、広東もしくは広東に財政を依存していた広西の立場からすれば、商税等は、両広の軍事費（軍餉）として充当してきたものであり、それを奪われることは軍事活動に支障を来すことになる。そこに編み出されたのが、軍餉を監税に充てるが、軍餉の不足分を増税によってまかなうアイデアであった。この増税は、賦役銀両に割り当てられるとともに、従来は免税とされていた日常物資にまで及んだ。

では、商税等の徴収はどのようにして行われたのであろうか。従来の研究は、商税の徴収には牙人、牙行、牙儈などと呼ばれる仲買商人などが介在したことを明らかにしている。(48) 広東でも嘉靖年間には牙行による商税の請負が行われていたことを確認できる。『黄志』巻二五、民物志六、「墟市」条は、「嶺南には客商が群がり集まっているが、市場（墟市）で売買の取引を行うに際して、官府の権力を頼んで牙行を設け、表面は法令を守っているように見せて、裏では恣に自己の利益を追求するのを許さない。これは天下に広く発せられた禁令である」と述べたうえで、客商は直接、商税を衙門に納め、貨物を売り出すべきであり、官牙も私牙も許さないとした太祖の『御製大誥続編』（洪武一九年序）の規定を引用している。(49) しかし、この『御製大誥続編』の規定は後に緩和されている。洪武三十年（一三九七）に頒行された『大明律』では、官府の許可なく営業する私牙の存在は否定され、官府から印信文簿を支給された官牙のみが許され、この規定がその後に受け継がれた。(50)『黄志』の編者が非常時の大法ともいうべき『御製大誥続編』の規定を引用したのは当時広く見られた勝手に牙行を設立する風潮に警鐘を鳴らす意味合いが強かったと考えられる。

広州府南海県出身の官僚霍韜は、同上「墟市」条で問題とされた牙行による商税徴収の事例として、抽分廠における徴税を掲げる。従来、南雄府、梧州府に抽分廠が設けられていたが、後に広州府清遠県、肇慶府に抽分廠が増設され、竹木、魚塩、草束、柴薪にまで課税され、屠殺を禁止された耕牛の皮革も課税対象となっているが、これらは額外の税目であり、巡撫・巡按も把握していない。南雄を例にとれば、塩や椒木に課税することは許されていたが、最近では、雑貨、牛・羊、魚苗、家畜、鶏や犬からも税をとっている。牙人が徴税を行うものである。椒木の課税はもっとも重い。商人は過重に堪えられず、やむなく権豪や牙人に賄賂を送り、使司には税を納めない。このため、南雄における椒木の課税額は莫大なのに、軍餉で使司に入るのは一、二割にも満たないといい、その背後には「権豪」の存在が指摘されている(51)。「墟市」条で官府の権力を頼んで牙行を設立することが一般的状況として述べられていることから、新宮学氏が指摘するように、こうした牙行の設立と徴税は地方官府の諒解をえて徴税を請け負い、地方官が請負額部分を地方財政や官吏の私的費用に充てていたと考えるべきであろう(52)。

こうした徴税請負は、税監による権税においても活用された。潘濬は「万暦十八年から今に至るまで、撥解した商税銀、鉱銀、助大工等銀両は合計二六七万両にも上る。この二六七万両はただ朝廷に送った分について言うに過ぎない。中間の爪牙が奪い取るところ、ずるがしこい胥吏や市猾が強奪し誅求するところは莫大である(53)」という。省庫に送る商税等の税銀の他に、税監の手先（中間爪牙）、胥吏や仲買商人（市猾＝牙人）による膨大な中間収奪が指摘されるのである。また郭尚賓は「李鳳は初めて広東に入るや、棍徒を放って郷民から掠奪したので、至る所で騒いで乱を起こそうとする動きが広まった(54)」と述べて、李鳳が着任早々、「棍徒」を放って人々を収奪したことを指摘する。

また、広東省城（広州城）の付郭県である南海県では、万暦二十七年（一五九九）以降、豚、布、花、麻の墟場や鴨埠などで毎年銀二五〇両が徴収されていたが、これは、税監（権使）が割り当てたものであった。この徴税は地元の有力者（豪右）によって操作され、一の名目に借りて十倍の税を徴収することが行われた。万暦三十六年（一六〇八）、知県劉廷元は、巡撫・巡按・布政使に請願して、徴税を取りやめてもらった。また、仏山の新増鉄鍋銀二〇〇両はもともと税監（権使）によって設けられたものであるが、これに苦しむ仏山の民の窮状を見かねて、劉廷元は俸金二〇〇両を寄付し、仏山の民に代わって不足分を納めた。その後新増鉄鍋銀二〇〇両は廃止された。ただ、官窰埠の長麻税一〇〇両、崇正書院・広仁観の地租銀一二両六銭六分は広東布政司の賦税原額のなかに組み込んだ。その他の果物・家畜・鴨埠の税額はおおむね名目なくして、その実を私物化するものである。また、薪炭や穀物などの日常生活物資のうち七割は広東西部の羅定で産出されたものであり、運搬船が黄江廠を通過するに際して、官府が一割を抽分し、胥役がその十倍を奪い取っている。各地から人々が集まる省城は恒常的に米穀や薪炭の価格高騰の問題を抱えているが、かの不埒な輩は物価の高騰を操ろうとしているという。その後、崇禎年間に、王世徳（浙江永康の人、崇禎四年赴任）と姜一洪（浙江会稽の人、崇禎十年赴任）の両布政使が相継いで、「一切の承税承餉」を禁止した。巡按御史柳寅東（四川の人、崇禎十五年赴任）も、「一税餉額を革除し、廠棍を治め、横抽を禁じ」たという(55)。

以上より、税監の榷税を利益獲得の良い機会とみて、仏山や広州といった大都市、抽分廠では、牙人、棍徒、地元の有力者（豪右、権豪）、胥吏などが様々に暗躍し、税餉の徴収を請け負って中間マージンを得ていたことがわかる。このうち、棍徒は無頼などと同じく、統治者の側から見て、政府の統制に従わず、秩序を乱す輩を指した用語である(56)。呼び方は異なるものの、徴税請負を業務とする点でその実態は牙行と同じである。

また、上掲の諸史料は牙人のみでなく、豪右、権豪と呼ばれる地元の有力者が徴税に深く関わっていたことを示唆していた。新宮学氏は、活発な商品流通が展開していた江南や大運河沿いの地域では、牙行や鋪戸による徴収請負が見られたが、これに対し商業組織が未だ十分に発達していない周辺地域では、在地の有力者である郷紳層とくに生員などによって請負が行われたことを指摘している(57)。広東では、両者が混在し、しかも、郷紳が主導している場合が多いように思われる。前掲のように、『黄志』巻二五、民物志六、「墟市」は、各地の墟市における牙行の徴税行為を祖法に違えるものとして非難していた。その実態は、「墟市」に引用する広東布政使司分守嶺南道左参政の項喬が出した行文「禁墟主以便市民」に伝えられている。このなかで、項喬は次のように述べる。広東の墟市・埠頭等の市場において、「勢官郷豪」（「勢豪」、「郷官」ともいう）の「家人子姪」らが中心となって店舗等を開き、墟主を設けて管理させ、地方官府への「納銀」を条件として、店舗賃貸料を一般商人から取ることを許可する「帖」を発給してもらい、一旦、給付されると、「柴米鶏豚の常資」から「油塩醤醋の末品」に至るまで、商品に私税を科する、あるいは、「帖」の給付を待たずに、自ら墟主となり、「某都堂、某公卿、某科道、某部属」など主人の官名を名乗り、「小民の貨物を抽取」するという。(58)ここに指摘されるのは、郷紳などの有力者の奴僕（家人）や親戚が店舗等の施設を整備して墟主に管理させ、地方官府への納税を条件に店舗賃貸料徴収の許可状を発行してもらい、さらに商人から私税を徴収したり、彼らみずからが墟主となって徴税する状況である。ここに登場する墟主こそが、牙行に相当するものであり、彼らは、郷紳の権力を背景として、私税を徴収し、それを地方官に上納した。こうした状況は万暦年間にも続いていた。万暦刊『粤剣編』（王臨亨撰）巻二、「志時事」は次のように述べている。嶺南の徴税は、橋で徴収される税や外国商品に対する税など国家の税と私家の税とに分かれる。抽分廠での課税は言うまでもなく前者に属し、牙行が徴税を請け負っていたが、その他の橋梁などでも同様の事態が見られたであろう。後者は、地元の有力者が徴収する私税である。埠・墟は郷紳、進士、監生、生員などそれぞれが所有しており、下位の身分の者は上位の身分が所有する埠・墟の領分を侵さないという。(59)

郷紳は新たに勃興した新興の市場の施設を整備し、墟主を通じて、集散する商品から私税を徴収していた。この墟主こそ請負人であり、実態は牙行もしくは郷紳の奴僕、近親者である。権税に際して登場する権豪、豪右は、こうした従前、広東の市場（墟市）で支配権を確立していた郷紳と見て間違いないであろう。

（2）福建商人との関係

商税等の抽分が牙人や郷紳などによって請け負われていた仕組みのなかで、注意しておきたいのは、広東人と福建人との間の確執である。郭尚賓の上奏文を見てみよう。かれは、「臣の郷里は粤東であり、各省の棍徒がこれ（税銀）を徴収し、税監が税銀を納めて用いていいます。思うに、悪辣な者どもの欲するところが原因となって、税監を広東に導き入れようとする多くの棍徒が相継いでいます」とあるように、「各省の棍徒」が商税等を徴収し、税監に税銀を納める関係が成立していたとする。[60] 郭尚賓がこのことを強調したのは、税監の交替にともなう混乱と関係がある。李鳳亡き後、阮昇を後任とすることは取りやめ、福建税監高寀に兼管させる処置が下された。ところが、高寀はさらに福建から広東に移住することを希望するようになり、福建巡撫袁一驥も彼のために皇帝に請願した（前述）。郭尚賓は、税監を広東入りさせようと策動したものこそ、広東で暗躍していた棍徒たちであったと考える。なぜ棍徒は福建の税監を広東に移駐させるような企みを設けることができたのか。そこには、棍徒と福建商人との関わりが示唆されている。

珠江デルタの中心都市広州城には各地から様々な人々が集まり、利権を争った。たとえば、嘉靖三十五年（一五五六）、客綱・客紀の制度が始まり、かれらが海外貿易を請け負い、国家に関税を納め、莫大な利益を掌中に収めた。その権利を獲得したのは、地元広東の他、福建泉州、安徽出身の商人であった。[61] これらのなかで福建商人は明末清初の時代に、広州城の西部地区（城西）を根拠地として、経済活動を展開した。[62] 福建商人は明代の海上貿易において圧倒的な力を誇っており、ポルトガルとの貿易においても福建商人が暗躍した。[63] これに対して、珠江デルタはなお発展途上であり、福建商人の活動を許した。たとえば、万暦二十一年（一五九三）と天啓四年（一六二四）に、広州城では、搶米暴動が発生している。前者の事件では、福建商人の白艚が牙戸と結託して、広州で米穀を買い付けたために米価が高騰したことに憤った市民が城西の米欄（米穀市場）を襲撃したものである。また後者においては、米価高騰の責任が福建商人による不法な米穀の購入にあるとして、市民が福建商人を多数襲撃した。こうした事件は、福建商人が牙戸と結託して、広州の米市場を支配していたことを示すものである。(64)『盟水斎存牘』は、明末の当時において、福建人と広東人との間には、様々な紛争が生じていたことを伝えている。(65)福建商人の棍徒の活動、彼らに対する広東人の攻撃などである。

おそらく商税徴収を請け負った「各省の棍徒」の中心にいたのは福建商人であったとみて間違いない。彼らは徴税請負による利益を見込んで、税監を広東に引き入れようとしたものであろう。

おわりに

本論では、宦官による榷税が両広の軍事情勢（とくに軍餉）、広東における商業活動といかなる関係にあったのかを検討しようとした。検討内容を要約しておきたい。

第一に、広東における榷税は宦官李鳳が派遣された万暦二十七年（一五九九）に開始され、毎年およそ二〇万両という税額が定められた。この税額は、万暦二十七年（一五九九）閏四月から万暦二十八年（一六〇〇）六月までの間に徴収された銀数を基準として定められたと考えられる。このうち五万両前後は狭義の商税、鈔関税などでまかなわれたが、残りの一五万両前後は軍餉から回された税餉であり、税源を奪われた軍隊に対しては、代替措置として、一〇万両を州県から徴収した。その結果、本来は商人から徴収するという名目で始まり、それゆえしばしば一括して「商税」と呼ばれた課税が、交通の要衝、市場、塩などにとどまらず、農民の賦役の税餉などからも徴収することになり、また従来は課税対象でなかった日常物資にまで課税されることとなった。

第二に、税監（宦官）による榷税は、万暦二十七年（一五九九）から万暦四十八年（一六二〇）までの二十一年間にわたる。この間、両広の地方官や地元の広州出身の官僚を中心として、減税、徴税停止を求める訴えが相継ぎ、二〇万両から一八万両、さらに一六万両に減額された。この間に確認できる榷税の方式は万暦二十七、八年（一五九九、一六〇〇）に定められたそれを踏襲するものである。つまり、軍餉から監税に餉銀を回し、不足分を、商税、賦役銀などから徴収するという方式である。

第三に、商税等の徴収の構造である。仏山や広州といった大都市、抽分廠では、税監の榷税を利益獲得の良い機会とみて、牙人、棍徒、豪右、権豪、胥吏などが様々に暗躍し、税餉の徴収を請け負って中間マージンを得ていた。棍徒の実態は徴税請負を業務とする点で牙行に等しい。また、豪右、権豪は明代後期の広東で台頭した郷紳であり、新興の市場の施設を整備し、牙行や奴僕、近親者を通じて市場で支配権を確立していた。

こうした徴税請負の仕組みのなかで、広東人と福建人との間の確執が注目される。広東の郷紳などによる徴税請負の仕組みの一方で、外省の棍徒が商税等を徴収し、税監に税銀を納める関係が指摘されるが、そのなかで特筆すべきは福建商人であり、徴税請負による利益を見込んで、税監を広東に引き入れようとした事件を起こしている。明末の広州では、福建商人の活動と彼らに対する広東人の攻撃がしばしば記録に残されている。徴税請負においても両者の間の確執が頻発したかに思われる。

最後に、こうした福建商人と広東人との間の衝突の根柢には、市場をめぐる争奪戦があったことに注意しておきたい。榷税以前において、地元の郷紳が周辺の親戚や奴僕などを使って私税を徴収する慣行がすでに出来上がっており、榷税の時期にも郷紳が大きな影響力をもっていたのであれば、税監が福建など外省の牙行を使って商税を徴収することとは、こうした郷紳の利益に抵触するものであったと考えられる。官僚たちが宦官による榷税を批判することは全国的な状況であったが、そのなかで広東出身の郭尚賓らがとりわけ批判者のなかに名前を連ねるのは、広州や仏山を中心として形成されつつあった市場網とそれをめぐる権益関係を、中央からの収奪者や外省の商人グループから守るためであったと推定することができるのではないか。他方、中央政府から見れば、辺境に育った新たな経済市場をいかに国家の統制のもとに置くかが最大の問題であったはずである。それが実現するのは清代に入ってからである。

注

（1）佐久間重男「明代の商税制度」（『社会経済史学』三〇―三、一九四三年）。
（2）佐久間重男「明代における商税と財政との関係（一）（二）」（『史学雑誌』第六五編第一・二号、一九五六年）。
（3）川勝守「中国近世都市の社会構造―明末清初、江南都市について―」（『史潮』新六、一九七九年）、新宮学「明代後半期江南諸都市の商税改革と門攤銀」（『集刊東洋学』第六〇号、一九八八年）。
（4）夫馬進「『中国近世の社会構造』に関する三つの検討」（『史潮』新六、一九七九年）。
（5）新宮学前掲「明代後半期江南諸都市の商税改革と門攤銀」。
（6）李龍潜「明代鈔関制度述評―明代商税研究之一―」、同「明代税課司、局和商税―明代商税研究之二―」、ともに『明清経済探微初編』（稲郷出版社、二〇〇二年）に収録する。
（7）Ray Huang, *Taxation and Governmental Finance in Sixteenth-Century Ming China*, Cambridge University Press, 1974.
（8）田中正俊「民変・抗租奴変」（『〈世界の歴史一一〉ゆらぐ中華帝国』筑摩書房、一九七九年）。同論文はのちに『田中正俊歴史論集』（汲古書院、二〇〇四年）に再録された。
（9）新宮学前掲論文の他、和田正広「福建税監高寀の海外私貿易」（川勝守編『東アジアにおける生産と流通の歴史社会学的研究』中国書店、一九九三年）は、福州の民変を誘発した福建税監高寀による礦課・商税の徴税過程に注目している。
（10）拙稿「明朝の対外政策と両広社会」（井上徹編・小島毅監修『海域交流と政治権力の対応』清文堂、二〇一一年）。
（11）佐久間重男前掲「明代の商税制度」。
（12）新宮学前掲「明代後半期江南諸都市の商税改革と門攤銀」。新宮氏の研究の前提となった税課司局の削減に関する先行研究としては、佐久間重男前掲「明代の商税制度」、川勝守前掲「中国近世の社会構造―明末清初、江南都市について―」及び同論文に対する夫馬進氏のコメント（前掲「『中国近世の社会構造』に関する三つの検討」）がある。

(13) 佐久間重男前掲「明代の商税制度」、李龍潜前掲「明代鈔関制度述評—明代商税研究之一—」。
(14) 『黄志』巻二五、民物志六、「墟市」。
(15) Ray Huang 前掲書、一三二頁。
(16) 前掲拙稿「明朝の対外政策と両広社会」。
(17) 『明実録』万暦二十七年二月戊午条に、「以千戸陳保奏、遣内官李鳳開采雷州等処珠池、兼徴市舶司税課」とある。
(18) 万暦刊『南海県志』巻三、政事志、事紀、万暦二十七年四月条。
(19) 道光二年刊『広東通志』巻十九、職官表二、『明実録』万暦二十八年丁丑条。
(20) 鋪墊とは、床墊、卓布、椅墊の類の総称であり、元来、上供品を安全に保護するための敷物や蔽いものをいう。鋪墊銭というものがあり、それらの用具を備えるための費用を意味したが、転じて、上供品が宮中に入る中間において、事に当たるものがこのような名目を立て、商人から心付けまたは手数料を取り、それが上供の陋規となった（和田清編『明史食貨志訳注』東洋文庫、一九五七年、九五八頁）。
(21) 『郭志』巻八、藩省志、兵防総上、「軍餉」。
(22) 『郭志』巻八、藩省志、兵防総上、「軍餉」の按語。
(23) 道光二年刊『広東通志』巻二四三、「陳性学」。陳性学は、万暦二十八年、福建按察使に就任し、福建税監高寀が課した礦課・商税の税額の達成に苦心し、税監と民との紛争を調停し、高寀からその功績を評価された人物である（和田正広前掲「福建税監高寀の海外私貿易」）。
(24) 前掲「附載」の「按語」に収録する広東左布政使陳性学の上奏文。
(25) 潘濬「題減粤東税銀疏」（『広東文徴』第四冊）。また、王以寧も同じ趣旨のことを述べている（『東粤疏草』巻三、「請蠲税疏」）。
(26) 王以寧『東粤疏草』巻三、「請蠲税疏」（万暦三十八年十二月二十日）に、「万暦参拾伍年、即蒙欽減貳万余両、少寛加派之数計。今分解税銀与方物等項、猶不下壹拾柒万柒千柒百有奇」とある。
(27) 『明実録』万暦三十七年六月庚申条。
(28) 『明実録』万暦三十七年六月戊午条。

(29) 王以寧『東粤疏草』巻三、「請蠲税疏」(万暦三十八年十二月二十日)。
(30) 『明実録』万暦四十年十一月辛亥条、及び前掲潘濬「題減粤東税銀疏」。
(31) 康熙三十年刊『南海県志』巻十一、人物志、「郭尚賓」、『明史』巻二四二、「翟鳳翀」に付す郭尚賓伝。
(32) 『明実録』万暦四十一年三月戊寅条。
(33) 万暦四十一年十月の上奏文は『明実録』万暦四十一年十月壬辰条に抄録されている。『郭給諫疏稿』に収録されたものの表題は「題為粤邦独苦税金、内臣接差可駭、懇乞、即即賜裁処、以甦多難極窮之民、以樹東南一隅障蔽事」である。また、万暦四十二年二月の上奏文は「題為税監可撤不可移、懇乞聖明憐粤東信詔旨、急止税監営求移住、以安孑遺以彰公平之治事」である。
(34) 康熙刊『南海県志』巻三、編年志、事紀、万暦四十二年条。
(35) 明末の城西地区では、この他、搶米暴動も発生している。堀地明「明末城市の搶米と平糶改革」(『社会経済史学』第五七巻第五号、一九九二年)、拙稿「明末の都市広州と搶米暴動」(『大阪市立大学東洋史論叢』第一七号、二〇一〇年)。
(36) 『東西洋考』巻八、税璫考、高寀伝。
(37) 高寀をめぐる福建の暴動については、奈良修一「明末福建省の高寀に対する民変について」(『山根幸夫教授退休記念明代史論叢(上)』汲古書院、一九九〇年)が考察している。また、和田正広前掲「福建税監高寀の海外私貿易」は、高寀が関与した海外貿易を中心にして検討を行っている。
(38) 郭尚賓『郭給諫疏稿』上、「題為税監可撤不可移、懇乞聖明憐粤東信詔旨、急止税監営求移住、以安孑遺以彰公平之治事」。
(39) 『明実録』万暦四十三年三月乙卯条。
(40) 郭尚賓『郭給諫疏稿』上、「題為税監可撤不可移、懇乞聖明憐粤東信詔旨、急止税監営求移住、以安孑遺以彰公平之治事」。
(41) 『明史』巻八十一、食貨志、「商税」に、「至〔万暦〕四十二年、李太后遺命減天下税額三分之一」とある。『明実録』万暦四十二年八月癸巳条に収録された戸科給事中姚宗文等の上疏のなかでも、このことに言及している(「戸科給事中姚宗文等疏称、皇上追頌慈恩、特頒遺詔、明開天下税額倶減三分之一」)。

(42)『明実録』万暦四十八年七月戊戌条に、「及鉱税詿誤、諸臣酌量起用、一切榷税幷新増織造・焼造等項、悉皆停止」とある。
(43)『明実録』泰昌元年九月庚辰条に、「今税監盡撤各処原因税監添派供応夫馬站銀都着一幷蠲豁、不許仍前混徴貽累小民。違者指名参処」という。また、『明史』巻八一、食貨志、「商税」に、「光宗立、始盡蠲天下額外税、撤回税監。其派入地畝・行戸・人丁・間架者、概免之」とある。
(44)『明実録』天啓三年六月辛酉条。
(45)『明実録』天啓五年十月甲申条。
(46)『明実録』天啓五年十二月乙亥条。
(47)『明史』巻八一、食貨志、「商税」。
(48)新宮学「明代の牙行について」(『山根幸夫教授退休記念明代史論叢(下)』(汲古書院、一九九〇年)。その他、明清時代の牙行に関する研究を列挙しておきたい。山本進「清代江南の牙行」(『東洋学報』七四巻一・二号、一九九三年)、同「明末清初江南における牙行と国家」(『〈名古屋大学〉東洋史研究報告』二一号、一九九七年)。両論文はともに、『明清時代の商人と国家』(研文出版、二〇〇二年)に、第五章、第六章として再録された。陳麗娟・王光成「明清時期山東農村集市中的牙行」(『安徽史学』二〇〇二年第四期)、高葉華「明代〝牙人〞〝牙行〞考略」(『重慶師範大学学報・哲学社会科学版』二〇〇七年第二期)、林紅状「清代前期牙行制度的演変」(『蘭州学刊』二〇〇八年第九期)など。
(49)『御製大誥続編』、「牙行第八十二」。
(50)新宮学前掲「明代の牙行について」。
(51)霍韜『渭厓文集』巻二、疏、「嘉靖三劄疏」。
(52)新宮学前掲「明代の牙行について」。
(53)潘濬前掲「題減粤東税銀疏」。
(54)郭尚賓『郭給諫疏稿』上、「題為粤邦独苦税金、内臣接差可駭、懇乞即即賜裁處、以甦多難極窮之民、以樹東南一隅障蔽事」。
(55)康熙三十年刊『南海県志』巻七、食貨志、「課程」。

(56) 前掲拙稿「明末の都市広州と搶米暴動」。
(57) 新宮学前掲「明代の牙行について」。
(58) 『黄志』巻二五、民物志六、「墟市」。
(59) 万暦刊『粤剣編』(王臨亨撰) 巻二、「志時事」。
(60) 『郭給諫疏稿』上、万暦四十二年二月二十九日の上奏文。
(61) 客綱・客紀の制度内容は、李龍潜「明代広東三十六行考釈」(前掲李龍潜『明清経済探微初編』所収) に詳しい。
(62) 前掲拙稿「明末の都市広州と搶米暴動」。
(63) 張海鵬・張海瀛主編『中国十大商幇』(黄山書社、一九九三年)、李龍潜「明代広東対外貿易及其対社会経済的影響」、同「明代広東三十六行考釈」(両論文はともに、李龍潜前掲『明清経済探微初編』に収録) など。
(64) 前掲拙稿「明末の都市広州と搶米暴動」。
(65) 顔俊彦『盟水斎存牘』一刻、讞略二巻、「閩商闌入郭玉興等」、同書一刻、公移巻一、「禁棍攬接済」、同書一刻、讞略二巻、「走澳奸徒王懐東等」、同書一刻、讞略三巻、「閩商劉合興　一杖」など。

第十一章　明末の都市広州と搶米暴動

はじめに

十六世紀は辺境としての広東にとって社会の構造が大きく変質する転換点であった。その一つの指標は儒教化である。ヤオ族などの非漢族と漢族との対立の局面が広東・広西省境地帯を中心として広域にわたって出現したが、非漢族は軍事的敗北を経て、漢化の途をたどった(1)。漢化は広くは文化的に漢族に同化することに他ならないから、それは同時に漢族の象徴的な文化つまり儒教文化が普及する動き（儒教化）の開始を告げるものでもあった。儒教化の核心をなすのは科挙官僚制である。その顕著な証は、郷紳が地域社会の政治・経済に大きな影響力を振るう時代が到来したことにある。郷紳は国家から官僚身分を付与された者であり、研究上、科挙及第者も含めて郷紳の範疇に含めている。岸本美緒氏はかつて従来の郷紳に関する研究を集約したことがある。郷紳は地方社会の有力者として地方官と並び立つような勢力をしばしばもっているが、現任官僚でないにもかかわらずどうしてそうした勢力をもてるのかといえば、それは、人格の陶冶を課題とする儒学を中心にすえた教養試験である科挙試験に受かったということ自体が、彼の偉さの証明だからである。それゆえに、現役官僚も退官後の紳士もともに、徭役の免除などの特権を与えられ、また交際の儀礼においても一般庶民と異なる一段高い身分の者と見なされた。真の道徳的能力をもつ人物こそが人々の上に立って統治すべきだ、という確信自体は中国の帝政時代を通じてゆらぐことはなかった(2)。岸本氏の理解に示されるように、郷紳は高等文官試験である科挙に及第するような卓越した儒教知識を獲得したものであり、それを根拠として各種の特権を付与されるとともに、地域においても官僚と並ぶステータスを認知されたのである。そうした郷紳がまとまって生み出され、階層として成立するには、地域の側に相当の経済的余力と文化的環境が必要である。十六世紀の珠江デルタ地域は郷紳を生み出すに十分な経済的文化的条件を備えつつあった。つまり、郷紳の登場は、辺境としての珠江デルタ地域が科挙官僚制を軸とする漢族の儒教文化の中に包摂されていくことを象徴しており、それはとりもなおさず辺境からの脱却を意味したのである(3)。

郷紳の主な活躍の舞台の一つは広東省城（広州城）である。正徳末・嘉靖初めの頃、提学副使魏校は、省城を中心として、淫祠破壊、社学・書院などの儒教施設の設立や里社の復興、郷約の編成などの事業を実施した。広州城の郷紳黄佐は嘉靖十年（一五三一）前後に編纂した『泰泉郷礼』のなかで、魏校の一連の事業を踏まえつつ、城郭都市を中心として、儒教の理念に依拠した一体的な自治組織（郷約・社学・社倉・郷社・保甲）を編成し、郷紳がこの組織を統轄する計画を提出した。それは、郷紳に対して文化的指導力を発揮し、帝国の地方支配のもとで、都市を中心として地域を文化的に統合することを期待したものであった。その後、省城など都市の書院や社学が郷紳の教育の拠点として国家の官吏任用制度（科挙官僚制）と連携する道を辿ったことは確認される(4)。では、郷紳は地域を文化的に統合する役割を果たせ得たのであろうか。文化的統合が実現するには、いうまでもなく地域の人びとの支持が不可欠となる。人びとは郷紳を地域の指導者として認知し、承認したのであろうか(5)。本稿では、黎遂球という明末の一郷紳に焦点を当てて関連する諸問題を考えてみたい。

広州の黎氏の始祖は広東北部の南雄より番禺の板橋郷に移住した楽耕公なる者だとされる。板橋は、南海神廟（現在の広州黄埔区南崗鎮廟頭に所在）の南に位置する。南海神廟は隋の文帝によって祝融を祭る神廟として建設され、歴代の王朝が官員を派遣して祭った重要な廟宇である。神廟付近の扶胥は東江と珠江が合流する地点に当たり、中国や外国の船舶が広州の港に出入りする際かならず停泊した良港として発展した。(6) 板橋もこの南海神廟の恩恵を受けており、南海神廟とは別に南海神を祭る祠宇を設けて参詣者に利便を提供し、黎氏の先祖の園居もこの祠宇の隣にあった。遂球の高祖は黎氏第十一世の約斎公（諱は麒）で生員となり、麒の三子のうちの末子は遂球の曾祖の前峰公（諱は瞻）である。嘉靖元年（一五二二）の挙人で、順天府尹、南昌府判を経て官を退き、板橋に戻った。(7) その長子は遂球の祖父蓼洲公（諱大同）で、県学生員。彼の四子のうちの末子は遂球の父柱流公（諱は密）である。黎密は嘉靖四十五年（一五六六）に生まれ、没年は崇禎二年（一六二九）、弟子員に補せられた。(8) 黎氏は密の時代に初めて省城内に移住し、城内東部の豪賢街に家を構えた。万暦二十八年（一六〇〇）前後のことである。遂球は黎氏の城居後二年ほどして生まれた。(9) 天啓六年（一六二六）、番禺知県の張国維によって童子科に抜擢され、翌年には、郷試に及第して挙人となった。崇禎九年（一六三六）には、北上して、全国を遊歴し、詩才を示したという。崇禎十七年（一六四四）明朝が滅亡すると、南明王朝に加わり、六、〇〇〇人の軍隊を率いて清軍に立ち向かったが、戦死した。(10)

黎遂球は、明末の省城で都市下層民による搶米暴動が発生したのに対処するために、賑恤の有力な方策として平糶策を企画・実施し、官府にも方策を提案した。(11) 平糶策に関連する史料は彼の文集『蓮鬚閣集』（粤十三家集本）に収録されている。黎遂球が行った平糶策についは、すでに堀地明氏が行き届いた分析を行っており、米穀流通と搶米暴動との関係、都市下層民に対する賑済策（平糶）の内容はほぼ解明されているので、関連の問題に関する詳細は氏の研究を参照していただきたい。(12) 本稿では、上記の筆者の問題関心から、いくつかの点を補強するにとどめたい。第一に、平糶策の舞台となった広東省城の行政はどのように行われたのか。とくに明初に組織された坊廂制とその後に登場する保甲制との関係である。第二に、都市下層民が都市行政のなかでどのように位置づけられたのかという問題を、搶米暴動や無頼などの下層民の動向を考察するなかで確認したい。第三に、都市下層民にとって、郷紳という儒教化を象徴するエリートは頼るべき存在であったのかどうか。搶米暴動という場面に焦点を当てて、都市またはデルタ社会のなかでの郷紳の位置を探ってみたい。

一　格差の構造

明代の都市行政の根幹は坊廂の創設と維持にある。[13] 明朝は洪武十四年（一三八一）正月、全国の府県に命じて賦役黄冊を編ませた。一一〇戸を一里となし、これを一一のユニットに分ける。一ユニットは一里長と一〇甲首戸から成り、一〇年に一度徭役に当たるものとされた。都市の城内の坊、城外の廂（「城中曰坊、近城曰廂」）も里と同じ編成である。[14] 黄冊は一〇年に一度編集することとされたから、[15] 次は洪武二十四年（一三九一）であるが、その前年の洪武二十三年七月、戸部が黄冊編纂の様式を上奏している。[16] 嘉靖四十年（一五六一）序刊『広東通志』（以下、『黄通志』と略称）巻二一、民物志二、「田賦」は、この上奏を受けて、農村の里甲と同じく、都市の坊廂にも賦役黄冊格式を坊長・廂長に給付するとともに、各甲首に各甲所属の人戸の人丁・事産を報告させ、坊長・廂長がそれらをとりまとめて県に報告するものと記載している。[17] この黄冊制度が実施されている限りにおいては、里長に相当する都市の坊長・廂長は正確に管下の人戸の人丁・事産を掌握したことになる。

省城の場合はどうか。省城内外の領域は付郭の番禺・南海両県が管轄した。嘉靖十四年（一五三五）序刊『広東通誌初藁』巻六、「坊都」によれば、南海県の坊は一五（徳星・貴徳・徳新・新仁・中和・鎮寧・通済・繍衣・叢桂・仙桂・青紫・陽仁・陽春・太平・弦歌）、番禺県の坊は一一（東北・桂華・興賢・聯桂・青雲・高桂・城南・状元・泰通・寿寧・鎮文）、また廂が一つ（東城）である。『黄通志』巻一五、輿地志三、「坊都」の記載するところも同じである。ただし、番禺県坊のうち「鎮文」は「振文」という。万暦三十年（一六〇二）序刊『広東通志』巻一六、郡県志、広州府、「坊都」

に記載する南海県の坊も同じく一五だが、新たに城西廂が加えられている。また番禺県の坊も同じく一一で、廂は東城廂に城南廂を加えている。明朝は「城中は坊と曰い、城に近きを廂と曰う」(前掲)と規定したが、省城の場合、これとは異なる点がある。万暦刊『南海県志』巻一、輿地志、「都里」は、上掲一五の坊のうち、徳星から通済までを「倶に城内」、繡衣から弦歌までを「倶に城外」とし、その後ろに城西廂を付している。これによれば、坊を城中のものとした明朝の規定とは異なり、坊であっても城壁の外側におかれたものがあったことになる。

省城における明初以来の坊廂制の具体的内容はほとんどわからないが、かろうじて、『黄通志』巻二九、政事志二、「論」に坊廂制に関わる記事がある。正徳・弘治年間前後は、省城が朝貢貿易によって潤った時期である。当時、外国の正使だけが省城に入るを許され、他の随行者は懐遠駅(後掲)に宿を取り、公式の接待の時だけ城内に入れた。椒木・銅鼓・戒指・宝石などが庫市に溢れ、番貨は大変廉価であり、貧民は官府から払い下げられた番貨を入手して、多く富裕になったという。[18]同上「論」の記録によれば、明初に設けられた老人は申明亭で訴訟を裁いたが、それのみではなく、民間の市場における物貨を評定し、皂卒に交易させ、官府による和買も見られなかった。また、「坊長は紅牌を伝え、人丁がまっとうな生業につくようにし、賢者がおれば、姓名を旌善亭に記録した〈紅牌は今でも伝わっている〉」という。[19]坊長の管理に係る紅牌がどのようなものか詳らかでないが、おそらくは坊に属する住民の戸籍登録票のようなものであったのではないかと推測される。『黄通志』が言いたいのは、省城の秩序が老人、坊長の指導のもとに維持されたことであり、そのおかげで都市下層民もまた交易の利益を得て、生活を維持することができたという点にあるであろう。

その後、明朝倒壊までの時代に海外貿易は紆余曲折を経ているが、嘉靖年間に民間貿易が公認されると、広州を舞台とした貿易も発展を続けたと考えられる。[20]張瀚『松窗夢語』は貿易の利益を求めて全国から商人が広東に集まったことを伝える。[21]省城のうち、城南は宋代以来、海外貿易の取引の中心として繁栄してきた地域であり、明代に入っても貿易の中心となっている。(22) 正南門・帰徳門等の城壁の外側には、濠畔街の高第が立ち並び、売麻等の繁華な街路が通じており、商人や商品が集まる商業区として栄えた。しかし、海寇や倭寇の襲来などが危惧されるようになり、嘉靖四十五年（一五六六）、これらの繁華街を防衛するために、珠江側に新城を建設した。(23) 城南のうち、濠畔街はとりわけ貿易の中心として繁栄したことで知られる。たとえば、霍与瑕は澳門のポルトガル人との貿易（接済）が流行したことに関して、次のように伝えている。広州近辺に游魚洲という村があり、その郷民は船を操って接済を行っている。番貨が到着すると、濠畔街の外省富商とぐるになって、磁器、生糸や綿、私銭、火薬など違禁の中国商品を番船まで運び、それらを対価として番貨と取引した。このため、徴税官が到着した頃には、番船の商品はほとんどなくなっている有様であったという。(24) また、屈大均は、濠畔街を舞台として、外国商人と中国商人の貿易が行われ、莫大なお金が落とされたため、世に知られた南京の秦淮河の繁華街に勝る繁栄がもたらされた情景を描写している。(25) こうした貿易による経済活動の発展のなかで内外の商人は莫大な利益を上げたと考えられる。とりわけ注目されるのは客綱・客紀と呼ばれる商人である。客綱・客紀の制度が開始されたのは嘉靖三十五年（一五五六）のことである。客綱とは牙行（仲買人）の組織であり、綱ごとに一綱首を設け、牙行の事宜を綜理し、対外貿易の責任を負った。客紀は牙行の代理人、仲買人である。客綱、客紀には、広東、安徽、福建泉州等の地方の商人が充当された。(26) 顔俊彦『盟水斎存牘』(27)（崇禎四―一六三一年自序）は海外貿易の仲買商人が一般の商人と比較して、格段の利益を得たことを伝えている。(28)

貿易によって潤った商人などは繁栄を謳歌したであろうが、その一方で確実に進んだのは、都市民の下降である。『黄通志』は、弘治年間以降、都市は農村よりも苦しむようになったとし、その原因が坊廂に課せられる庫子や解戸などの税役が日増しに増大したことにあり、そのために商店（鋪戸）は破産し、貧民が居民の九割にも上るようになったと伝えている。(29) 都市住民を困窮に陥れたのは、税役の過重負担だけではない。『黄通志』巻二〇、民物志一、「風俗」によれば、税役過重、はりめぐらされる法網、継起する軍事活動、各種の収奪、豪門への塩・貿易の利益の集中、こうした国家の収奪の増大と富の偏在が強まるなかで小民の生活が困窮する一方、「衣冠の盗」のみが富を享受する結果となっており、かつて参政の項喬がこの問題について二事を建白したことがあるという。[30] 小民の困窮は万暦三十年（一六〇二）序刊『広東通志』巻一四、郡県志、広州府、「風俗」にも伝える。「広州の民は豊かだと言われているが、実際はそうではない。家に十分な蓄えはないものの、なんとか生計が支えられるのは魚や米などの日常食料品が安いからだ。それ故、荷物担ぎの者が一銭を携えて市場に赴けば、（交易の利益により）飢えることがなく、他の地方に行って生活の糧を求める必要がない。しかし、最近では、民の生計は日ごとに苦しく、資本は枯渇し、商人の活動は廃れ、盗賊が横行している。熙和の化はむかしと異なる。」と。[31] これは『黄通志』巻二〇、民物志一、「風俗」に伝えるところをほぼ踏襲するものであり、状況が変わっていないことを窺わせる。[32]

上掲「風俗」条にいうところの、「衣冠の盗」に関する項喬の建白の一つは官僚の和買である。和買とは、地方官府が必要とする物資を民間の行戸から買い上げる制度である。本来は、官府が票を行戸（商家）に発給し、それにもとづいて行戸は商品を用意し、官府はその対価を支払うことになる。ところが、不当に安く値段をつけたり、一つの票で何軒もの行戸から商品を徴収したり、さまざまな不正が行われた。[33] また、項喬が他方の「衣冠の盗」として掲げるのは郷紳である。郷紳は各地の市場（墟市や埠頭）を占有し、非合法に商品から私税を徴収した。[34] 後者に見られるような郷紳の利権争奪は明朝滅亡の時期にかけてより甚だしくなり、塩の密売、海外貿易、沙田の拡大など、デルタ地帯のあらゆる経済分野に及んだ。広州城内仙湖里出身の陳子壮は、デルタの郷紳の悪行として、鉱山開発、墟市や沙田の経営、牛の屠殺、鴨の養殖、高利貸、日常生活物資に対する私税の徴収とともに、マカオのポルトガル人など夷狄との貿易（接済）を掲げている。[35] 上掲のように、海外貿易は省城で活動する商人に大きな利益をもたらしたであろうが、なかでも郷紳は各種の特権を駆使して貿易活動に関与していったであろうと推測される。

格差の構造はどの社会でも生じたものであるが、中国に特有なのは、官僚システムが格差を増幅させたことにある。

国家権力をバックとして特権をもつ官僚、郷紳が各種の特権を活かして、利益を集めていくという事態が進んでいったのである。官界と連携した者が利益を一身に集めるという全国的な傾向が珠江デルタでも相当に顕著に現れたといえる。つまるところ、富は郷紳のもとに集まり、都市の居民は税役過重、官僚の和買のもとに生活が困窮するという構造が定着したといってよい。

二　都市下層民

先に紹介したように、『黄通志』は、明初以来、省城の秩序が老人、坊長の指導のもとで維持されたと伝えていたが、この記録の反面には、郷紳と下層民への階層分化が進むなかで、坊廂制が解体しつつある事態が想定されるところである(36)。省城における坊廂制解体の具体的状況は不明であるが、結論から言えば、坊廂制に代わって保・約が都市の基層組織となった。そのことが、搶米暴動と平糶策を通じて理解される。堀地明氏の研究成果を踏まえながら、この問題を検討してみよう(37)。

(1)　搶米暴動

万暦二十一年(一五九三)、搶米暴動が発生した。事件の概要はこうである。福建商人の白糟が牙戸と結託して、広州に米を買い付けにきたため、米価が高騰し、これに憤った省城の市民(省民)数千人が城西地区の米欄(米穀市場)を襲撃し、巡按御史の衙門に押し寄せたのである(38)。前述したように、省城のうち城南は宋代以来、海外貿易の取引の中心として繁栄してきた地域であるが、これに対して、省城の西側の城壁の外に広がる城西は新興の地域である。明朝は、永楽四年(一四〇六)八月、懐遠駅を城西地区の蜆子歩《けんしほ》に設立したが、この懐遠駅は房屋一二〇間の規模を備え、外国の朝貢使節や番商を宿泊させる施設であった。[39] 城西地区は懐遠駅が置かれたことにより、城南とともに、海外貿易の場として次第に発展を遂げた。明末清初における城西地区には外省商人が集住していたが、なかでも福建出身者の占める割合がずば抜けて多かった。[40] 万暦の暴動で、城西地区が襲撃されたのは、当地に福建商人とこれと結託する牙行が多かったためだと考えられる。しかし、この時の暴動では、福建商人が直接攻撃の対象とされることはなかったようである。

天啓四年（一六二四）、再び省城で搶米暴動が発生した。省城の「飢民」「貧民」が干ばつに端を発した穀物価格の高騰の責任は福建商人の不法な販糴にあるとして、この問題への対策を巡按御史陳葆泰に訴えた。この時、群衆は広州知府にも談判した。しかし、福建出身の知府は貧民の訴えを聞き入れなかったため、人々は暴動を起こして知府に迫り、巡按御史をも辱めた。この場面において、人望の厚い番禺知県張国維が暴動を収拾することが期待されたが、貧民はついに福建商人を多数襲撃するに至った。[41] この天啓四年の搶米暴動が発生した地点について、関連の史料はとくに言及していないが、福建商人が襲撃されたことから見て、彼らが集住していた城西地区を中心としたものであった可能性が高い。この事件では五人の者が斬首という厳しい処分を受けており、首謀者とみなされたと考えられる。[42]

黎遂球は、天啓四年の暴動に関して、記録を残している。『蓮鬚閣集』巻一三、書に収録された書簡「畬汪父母論平糶賑済書」がそれである。この書簡を差し出した相手は番禺知県汪游龍である。汪知県は江南懐寧の人で、崇禎四年（一六三一）の進士、翌五年に番禺知県として赴任し、七年まで在任した。この書簡のなかで、黎遂球は搶米暴動の参加者のうち、とくに注意を要する者として、「肩販無頼の徒」を掲げている。端午の節句の時、富貴の家は多額の資金を投じて競渡（ボートレース）を催し、この祭事には、轎かき、酒宴、龍船などの仕事に数百人、数千人が動員されたが、無頼の徒はそうした仕事にありついて生活の糧とし、そのほか、果実や野菜を販売して利益を上げていたという。[43] 長江流域の研究は、無頼や棍徒が明代後期の都市化・商業化を背景として活躍し、しばしば郷紳と結託したこと、また彼ら独自の組織をもっていたことを指摘している。[44] こうした無頼の集団の結成は広東省城でも同様である。省城では、無頼は、「亡頼」、「棍徒」、「土宄」、「悪少」など、様々な言葉で呼ばれた。[45] 顔俊彦『盟水斎存牘』には、こうした無頼・棍徒の輩に関わる事件を多く収録している。顔俊彦は、都市の棍徒（市棍）は郷紳の奴僕（宦僕）と結託して活動し、一種の仲間集団を結成していたという。[46] 官側の史料はおおむね無頼の徒を危険な存在として描くが、まじめな生業をもつ者がこの類に入れられることがある。たとえば、霍聡らの事件である。当事者のうち、霍聡は船大工で、陳平らは木材商人である。木材商人が船大工から付加金を徴収しているということがあり、これは道理の通らない話なので、顔俊彦は厳禁した。しかし、船大工はときに自分で船に乗り込んで木材を販売しており、これは船大工が木材商人の利益を損なうことだ判定する。両者の間に起こされた紛争について、顔俊彦は喧嘩両成敗の裁きを下したが、その際、双方ともに「無頼の市棍」と呼ぶ。[47] この事件の背景には船大工と木材商人それぞれの同業組合（ギルド）の間の対立があったと考えられるが、名前を挙げられた霍聡、陳平がちゃんとした仕事をもつ者であることは顔俊彦も認めているところであり、彼らを他方で「無頼の市棍」だと決めつけるのは言い過ぎではないかと思わせるところである。無頼と良民との間に線引きするのは難しい。

こうした事例から見て、搶米暴動に参加した「肩販無頼の徒」のなかにも、様々な都市下層民が含まれていたことが想定される。ただ、注意すべきは、市棍と宦僕の結託、集団形成に見られるように、下層民が相互に連携し、関係を結ぶ状況が生まれていた点である。官府や郷紳の側から見れば、彼らの存在は都市の治安維持にとって少なからぬ脅威となっていたはずである。

（2）保・約

では、搶米暴動に参加した下層民は、広東省城という都市のなかでどのように位置づけられていたのであろうか。

「上署藩晏公平糶賑済条議」（『蓮鬚閣集』巻一四）は、黎遂球が巡按御史晏春鳴（在任期間は天啓三―一六二三年〜同五―一六二五年）に上呈した平糶策である。この賑済策で鍵となるのは、「各街の貧戸」をどのように掌握するかである。黎遂球は貧戸を確実に掌握するために、「統領者」を設定している。統領者の選出は、尊卑貴賤を問わず、平生、隣里の人々の信頼を集めているかどうかを基準とし、統領者は、短街では一人が両街を兼任し、長街では二・三人が分担する。また、統領者は担当街内の全ての貧戸の男女の数を調査し、米を支給すべき丁口を総計することとされた(48)。賑済の基本単位とされた街区とは、一般に道路を軸に向かい合う家屋の集合単位を指し、広州では、同業同職者が集住する空間について用いられた(49)。

貧戸を対象とした賑済は平糶による。戸口調査によって登録した貧戸に対して小票を配布し、一戸の男女の数、一日当たりの米の購入量、支払うべき銀・銅銭の数量を記入させる。統領者はこれを図に記し、それぞれの小票に押印し、貧戸に与える。貧戸は小票をもって銅銭・銀を収め米を購入する（第二条(50)）。倉に所蔵される穀米（倉穀）のうち平糶に充てる部分を計算し、五日に一度各街の保・約に発給し、統領者とともに、磨米（精米）を受け取り、各街で販売する。五日の間に得た銅銭・銀はすべて官に納め、各地に送って米を買い入れ倉に入れるようにする（第三条、第四条(51)）。倉米が不足すれば、富戸に頼らざるを得ない。統領者が富戸に銀や米穀を提供するように勧め、官の帳簿に記録する（第五条(52)）。

黎遂球は街区をひとつのまとまりのある居民の空間とし、統領者を街区ごとに選出して、小票を配布し、これに基づいて銅銭・銀と引き替えに米を配給するという制度を実施すべきことを提案している。ここにいう街区の組織は老人、坊長などによって統合された坊廂ではない。保・約が基本であり、穀米の支給はこの保・約に対してなされた。

保・約とは何か。明初以来、広東では、農村では里甲制、都市では坊廂制が施行されていたが、明代中期以降、これらの組織が弛緩すると、郷約保甲制の編成が盛んになった。保・約は防衛、教化をそれぞれ機能とする保甲と郷約という組織のことを言うのであろうが、文脈から、保甲、郷約の責任者を指してもいることがわかる。万暦三十年（一六〇二）序刊『広東通志』によれば、当時、保甲制度は実施されていたものの、輪番で編成されるものなので、善悪入り交じり、防衛の役割を果たせていなかった。そこで、対策として、「保約長」には、殷実忠誠なる者つまり人格者を慎重に選ぶようにすることが提案されている。(53)「保約長」は、保長・約長（または約正）のことであろう。

黎遂球は、天啓四年の搶米暴動を紹介したあと、各街坊の貧戸の姓名を保甲に登録するのに時間がかかったり、不正が予測されること、そして胥吏による経費誅求の弊害があることを指摘している。(54)遂球が保・約を十分に信じていないことは明かである。そこで、遂球が期待を寄せたのが人格性を基準として新たに選出する統領者である。搶米暴動のような事態を防ぐには、なによりも、身分に関係なく、都市下層民をも統合しうるような人格者が必要であるという認識を示したものである。しかし、現実には、在来の組織に依存せざるをえない。問題はありつつも、保・約を活用せざるをえなかったのである。

明末の広州城の治安維持にとって最大の問題は、各街に保甲もしくは保・約の組織が編成されていたものの、都市下層民が登録されていないことである。「省城は様々な地域の人々が集まり住んでいる。」（省下五方雑処）(55)。各地から人びとが流入し、居宅をもてない遊民は城壁のうえにまで仮住まいを勝手に作る有様であった。(56)省城には多くの流動人口があり、保・約で把握できたのは、かれらのうちでも財産や生業をもつ人々に限られたのではないか。米騒動に参加した無頼など貧下層の人々は保甲の戸籍把握から漏れた可能性が高い。

要するに、省城で大量に生み出された貧民は、保・約のもとで十分に把握されていなかったと考えられる。だからこそ、平糶策を実施するに際して鍵とされたのは貧戸の把握であったのである。黎遂球が平糶策を立案し、把握につとめた貧戸が、天啓四年の暴動に参加した人びとを念頭に置いたことは言うまでもない。暴動を起こし、参加していく都市下層の人びとは保・約の登録から漏れており、援助の手をさしのべなければ再び暴動を起こしかねない。彼らの把握こそが最大の課題だと認識するのである。

三　依るべき者は誰か

搶米暴動に参加した都市下層民は保・約という都市の基層組織から漏れた人々であり、その行動を官府の側が統制するということも困難であったにちがいない。これに対して、天啓における平糶策のなかで、黎遂球は統領者なる者が保・約と協力して、下層民を戸籍に登録し、平糶を実施することを提案したのであるが、おそらくこの官府主導の計画は十分な効果を上げなかったのではないか。崇禎に入ってから遂球が提案した平糶策では、この統領者は姿を消している。彼が期待したのは郷紳である。

同じく省城の郷紳黄佐はかつて郷礼を著し、城郭都市を中心とした郷約保甲制の提案を行ったことがある。郷紳自らが率先して、郷礼の基本を実践して、人々に模範を示したうえで、それぞれ教化、教育、救恤、祭祀、防衛の機能をもつ、郷約、郷校、社倉、郷社、保甲の各組織を相互連携的に編成した組織（郷約保甲制）を編成する。この制度では、都市の四隅社学の教読として郷紳を充当し、四隅社学の教読が都市の坊廂、農村の里甲の秩序を維持する役割を重んじている。郷紳に儒教秩序醸成の役割を期待した新たな試みであった。この試みにおいては、都市・農村を問わず、彼らの生産・生活の再生産の維持が目指されたから、民衆にとって郷紳は頼るべき存在たることが望まれたものと考えてよい(57)。こうした郷約保甲制の理念は、黎遂球が城内豪賢里で行った平糶策にも受け継がれている。豪賢里は父の黎密が始めて邸宅を構えた場所であり、遂球とその弟の遂璧、遂琪もここで生まれた。遂球は崇禎四年（一六三一）冬、この邸宅のなかに蓮須閣を設けて読書の場所としたが、その後、全国遊歴の旅に出かけ、戻ってくると、子供の教育のために、豪賢里の北の族子が所有する家屋を買い取り、修繕して二間の閣となし、晴眉閣と名付けた(58)。

この豪賢里を対象とした平糶策の要点は、戸ごとに私記小票を配って家族の男女の人数を記録させ、その小票をもとに、商人に委託して、米の支給と代価の徴収を行わせたことにある。下層民の戸籍をきちんと把握し、商人に請け負わせて平糶を実施する方法は下層民から絶賛されたものだという(59)。これは、郷紳みずからが下層民の救済に乗り出したという点で、黄佐が期待した郷紳の姿にかなっているといってよい。

黎遂球は豪賢里で平糶策を行った後、番禺知県汪游龍に前掲書簡「畣汪父母論平糶賑済書」を送った。この書簡のなかで、次のような出来事を紹介している。広東左布政使王世徳（在任期間は崇禎四年〜崇禎六年）は貧戸に対して官の倉へ行くように呼びかけたが、豪賢里のものは誰も赴かなかった。すでに黎遂球が救恤の法を実施し、成果を上げたことを知った王世徳は各処の士紳が遂球の法に習って実施するよう指示したという(60)。そのうえで、黎遂球は汪游龍に対して、郷紳や郷老を集めて協議し、遂球の平糶の策に倣い、それぞれの家がその付近で平糶するように促している(61)。この提案が郷紳を中心としたものであることは明かである。天啓の提案では統領者と保・約に期待したが、この崇禎の提案では郷紳と郷老の積極的な行動を期待したのである。

明末において、郷紳が省城の公共事業に果たす役割は明朝の地方支配体制が脆弱になるのに対応するかのように大きくなっている。明朝滅亡直前、省城周辺の治安はきわめて悪化していた。ポルトガル人や海賊が省城侵略を窺う形勢に対して、明朝は城壁の修築、郷兵の編成、掃討作戦、警備体制の強化などさまざま施策を実施した。これらの省城防衛事業についても郷紳に依るところが大きい(62)。崇禎十三年（一六四〇）、北城の増築は、郷紳李侍問（南海県仏山の郷紳）の献策による(63)。崇禎十五年（一六四二）、海賊、盗賊が省城を狙う情勢のなかで、遊民の流入も省城の治安にとって重大問題となったが、そのとき、郷紳が協議して、遊民による城壁の占拠を禁止させた(64)。また、賭博の流行、盗賊の蔓延により治安が悪化、そこで、城内の治安の責任が郷紳に委ねられた。城内を各区に分かちて戸口を調査し、寺菴も保甲に編入され、游僧は駆逐し、婦女の薙髪せる者は還俗させた(65)。郷紳の主導のもとに保甲を編成するなどの点に、郷紳の力が期待されたことがわかる。

黎遂球がその救済策においても郷紳に期待したことは当然である。しかし、郷紳を全体として見た場合、その期待に応えたといえるだろうか。嘉靖以来、郷紳は市場、貿易、沙田獲得競争などに積極的に参入した。郷紳の利権争奪は、その権力に群がる人々に利益を与える一方で、その他の人々の生活圏も侵害している。郷紳に対する怨嗟が充ち満ちていたのが明末の状況であった(66)。こうした当時の状況を鑑みるとき、黎遂球が郷紳に賑恤を期待したのは現実から乖離していると評するのは言い過ぎであろうか。郷紳の権力は地域社会で地域の人々を指導しうるに足る権威を確立できていないように思われる。郷紳は科挙を媒介として官界入りし、身分を獲得したエリートである。国家から付与された特権によって、彼らは地域で利権を争奪できたが、地域の側から見れば、彼らは成り上がり者である。たしかに彼らは書院・社学を運営するといった儒教化の活動で大きな功績を挙げたが、つまるところ、それらは官僚の再生産を目的とした事業であった。地域の民衆を指導しうる人格的能力を問われているのではないのである。

しかも、都市広州の視点から見れば、郷紳の生活形態も問題である。岸本美緒氏は、都市の発展が農村からの収奪と都市における消費を軸とするものであり、このことが、地主、農民などの、都市と農村の双方に足場を置いて往復するような流動的な生活形態をもたらしたことを論じている(67)。珠江デルタでも、流動的な生活形態が指摘される。土地所有、商業経営など多角的な経営を行った郷紳について言えば、省城に拠点を置きつつも、郷村地域（市鎮を含む）との関係を維持する形態が頻見される(68)。黎氏も例外ではない。黎氏は明代後半に官界と関係をもち、遂球の父親の代に省城東部の豪賢街に移住したが、郷里の板橋の一族との関係が切れたわけではない。遂球は五羊（省城）に生まれたが、毎年の祭りの時はかならず祖先を祭り、また諸父兄の後に従い、南海神を祭ったと回顧している。また崇禎十二年（一六三九）には、遂球の弟の遂璧が、老朽化した祠宇を修復している(69)。こうして板橋の宗族との間に定期的な交流を保ったのは、板橋に権益をもち、宗族との共同関係を維持すべき事情があったものと想定される。郷紳は都市広州にどれほどのアイデンティティーを持ち得たのであろうか、また搶米暴動に見られる都市の格差などの諸問題に対して、どれほど切実な問題として受け止め、解決しようしたのか、今後さらに検討すべき課題である。

再び搶米暴動の問題に立ち戻ってみよう。搶米暴動という場面において、福建商人の不法な米の買い付けを糾弾し、衙門にまで押し寄せた群衆の行動に郷紳が関与した形跡はないし、逆に都市下層民が郷紳を攻撃したという痕跡もない。しかし、明代後半期に進捗した郷紳への財富の集中と他方における下層民の困窮の状況を念頭に置くならば、両者の間に矛盾が潜在化していた可能性は高い。ここで参考になるのは、省城に近接し、珠江デルタ最大の商工業都市であった仏山鎮の暴動の事例である。顔俊彦『盟水斎存牘』二刻、讞略二巻（署府）、「激変李拡東　二枚」によれば、この事件は仏山の群衆が「李府」と書かれた旗を押し立てて騒ぎを起こしたものである。[70]「李府」とは何か。仏山の李待問は、万暦三十二年（一六〇四）の進士で、礼部主事、応天巡撫、戸部右侍郎などを歴任し、遂には戸部尚書にまで昇進し、明代に仏山から出た官僚のなかで最高位を極めた郷紳である。李待問は致仕して後、橋の修築、社学や書院の建設、同鎮で最大の宗教施設である祖廟の重修など、仏山の公共事業に大きな寄与をなした。[71]「李府」とは、大郷紳李待問の家を官府になぞらえたものであろう。

暴動の責任は誰にあるのか。顔俊彦は、李待問本人の人格の高潔さや清廉さ、そして家の管理の正しさを強調して、彼には責任がないとする。李待問の族弟に李崇問なる者がおり、字は拡東という。顔俊彦はこの李拡東が取り仕切った米と鉄の包羅包鋳が暴動の原因であると認定している。米と鉄の買い占めの結果、それぞれの価格が高騰し、これに憤った民衆が李氏の邸宅に迫ったものであろう。また、顔俊彦が審理を進めるなかで、この事件に澳門への接済（ポルトガルとの貿易）が関わっていたことがわかってくる。広韶会館なる施設が接済する者を匿う巣窟となっており、ここを舞台として包羅包鋳が行われた。顔俊彦は、李拡東は宦族李氏の威勢に群がる人びとに押し上げられて盟主となったに過ぎないと同情を寄せて、杖罪という軽い刑罰を加えるにとどめたが、広韶会館が接済の場となっていることは明らかだとして、取り壊しの処分とした。他方、暴動の扇動者として王瑞恒と陳広信の名前を出すが、彼らについても、暴動そのものが突発的であり、他に暴動に加わった者は行方が摑めなくなっている状況では、二人のみに責任を押しつけるのは不公平だとして、こちらも杖刑を加えるに止めた。いわば喧嘩両成敗の判決である。

この仏山の事件に対する処断は、省城で起こされた暴動の主犯五人がただちに処刑されたのと比べて、格段に温情的な裁きである。省城の暴動が巡按御史や知府を辱めるものであったことを考慮しても、なお処分が軽きに過ぎる印象がもたれる。広韶会館が実際、澳門への接済を担っており、これに郷紳李氏が深く関わっていたことを事実として認識し、民衆の行動に同情したことが、軽い処分となった理由ではなかったかと推測されるところである。

仏山の事件を通じて、利権を争奪した郷紳の家——たとえ本人が関与していないとしても——と下層民との間の矛盾が先鋭化していたことがうかがわれる。省城においても、米穀の買い占めなどの過程に郷紳の家が関わった可能性は十分ある。こうした郷紳を都市下層民は頼ることはできないだろう。そうしてみると、搶米暴動という場面において、下層民がみずから衙門に乗り込んで賑済の要請を行い、それが受け入れられないとなると、米価騰貴の原因を作った福建商人を襲撃したことは、直面する問題をみずから解決しようとした行動として重要である。彼らは保・約という都市の秩序維持組織から除外されて、なんらの保障も受けることができない人々である。黎遂球のような善意の士大夫はいたが、多くの郷紳は利権争奪に明け暮れた。彼らは自らのなかから彼らの要求を訴えてくれる指導者を生み出すしかなかったと考えられる。

おわりに

最後に、本章の内容を要約しておきたい。

第一に、明代の都市行政の根幹は坊廂の創設と維持にあり、広東省城（広州城）の秩序も老人、坊長の指導のもとに維持された。この体制のもとで、朝貢貿易の中心であった省城では貿易による繁栄を享受し、都市下層民もまた貿易の利益を得て、その生計を維持することができた。嘉靖年間に民間貿易が公認された後、広州を舞台とした貿易はさらに発展を遂げ、内外の商人とりわけ客綱・客紀は莫大な利益を上げた。その一方で、確実に進んだのは、都市民の下降である。都市住民を困窮に陥れたのは、税役の過重負担、軍事活動の増大にともなう重い負担など、国家の収奪によるものだけではない。おそらくは商人層を出身母体として台頭した郷紳や地方官府による利権の争奪や私的収奪が富の偏在を構造化させ、膨大な下層民を生み出した。坊廂制は郷紳と下層民への階層分化が進むなかで解体していったと考えられる。

第二に、黎遂球が伝える明末の搶米暴動と平糶策を通じて理解されるのは、暴動の主力が都市の下層民（無頼等）であること、彼ら下層民の間に相互連携の絆が作り出されていたことである。搶米暴動に参加した下層民の多くは、坊廂制に代わって城内の秩序維持組織となった保・約には登録されていなかったと考えられる。天啓における平糶策のなかで、黎遂球は統領者なる者が保・約と協力して、下層民を戸籍に登録し、平糶を実施することを官府に提案したが、この官府主導の計画は十分に効果を上げなかったと考えられる。崇禎年間になってから黎遂球が提案した平糶策で期待されたのは郷紳である。郷紳や郷老が下層民の戸籍の把握や平糶において主導的な役割を果たすことを願ったのである。

第三に、しかし、当時の郷紳が利権争奪に奔走し、民衆の生活を脅かしている実態に鑑みるとき、黎遂球が郷紳に賑恤を期待したのは現実から乖離した提案とみなさざるをえない。郷紳一般は珠江デルタにおいて人々を指導しうる権威を確立しているとは言い難く、逆に民衆の怨嗟の的となっていた。下層民衆は都市の自治組織から除外され、黎遂球のような一部の善意の士大夫を例外として、頼るべき郷紳をもたなかった。彼らは搶米暴動という場面において彼らの要求に応えてくれる指導者をみずから生み出すしかなかったのである。

注

（1）劉志偉『在国家与社会之間—明清広東里甲賦役制度研究』（中山大学出版社、一九九七年）。片山剛「〝広東人〟誕生・成立史の謎をめぐって」（『大阪大学大学院文学研究科紀要』第四四冊、二〇〇四年）、同「中国史における明代珠江デルタ史の位置—〝漢族〟の登場とその歴史的刻印」（『大阪大学大学院文学研究科紀要』第四六冊、二〇〇六年）。David Faure, *Emperor and Ancestor: state and lineage in South China*, Stanford University Press, 二〇〇七年 、拙稿「羅旁ヤオ族の長期反乱と征服戦争」（『アジア遊学』九、二〇〇〇年）。

（2）岸本美緒『〈世界の歴史　12〉明清と李朝の時代』中央公論社、一九九八年、八七～八八頁。

（3）拙稿「明末広州の宗族—顔俊彦『盟水斎存牘』に見る実像—」（『東アジア近世都市における社会的結合—諸身分・諸階層の存在形態』清文堂出版、二〇〇五年）、拙稿「霍韜と珠璣巷伝説」（『山根幸夫教授追悼記念論叢・明代中国の歴史的位相』上巻、汲古書院、二〇〇七年）、拙稿「中国近世の都市と礼の威力」（『年報都市史研究一五〈分節構造と社会的結合〉』山川出版社、二〇〇七年）、拙稿「明末珠江デルタの郷紳と宗族」（『明清史研究』第四輯、二〇〇八年）。

（4）拙稿「魏校の淫祠破壊令—広東における民間信仰と儒教」（『東方宗教』第九九号、二〇〇二年）、前掲拙稿「中国近世の都市と礼の威力」。

（5）森正夫氏はかつて、地域社会における郷紳の指導力について問題を提起し、長江下流デルタでは、その多くは「陞官発財」（出世して金儲けをする）型に属し、「経世済民」（世を治め民を救う）型の郷紳は少数であったが、少数の「経世済民」型の郷紳がもつ地域社会の課題解決への意欲の強さに注目したことがある。森正夫「明代の郷紳」（『名古屋大学文学部研究論集七七（史学二六）』、一九八〇年）。

（6）譚元亨等著『千年国門—広州、三〇〇〇年不衰的古港』広州旅游出版社、二〇〇一年、九四～九八頁。また南海神に関する総合的研究として、王元林『国家祭祀与海上絲路遺跡—広州南海神廟研究』（中華書局、二〇〇六年）がある。

（7）道光二年刊『広東通志』巻二七九、「黎瞻」。

(8) 道光二年刊『広東通志』巻二七九、「黎密」。
(9) 民国二十年刊『番禺県続志』巻四〇、「古蹟」。
(10)『蓮鬚閣集』巻首、「明故兵部職方司員外郎贈資政大夫兵部尚書諡忠愍美周黎公墓誌銘」。
(11) 搶米暴動に関連する研究として、次のようなものがある。傅衣凌「明万暦二十二年福州府的搶米風潮」(『南開史学』一九八二―五)、中谷剛「万暦二十二年福州府の食糧暴動について―都市下層民の心性―」(『〈山根幸夫教授退休記念〉明代史論叢』上巻、汲古書院、一九九〇年)、岸本美緒「清朝中期経済政策の基調―一七四〇年代の食糧問題を中心に―」(『近きに在りて』一一号、一九八七年)、堀地明「明末城市の搶米と平糶改革」(『社会経済史学』第五七巻第五号、一九九二年)、巫仁恕「明末到清中葉的糧食暴動」(『史原』第二〇期、一九九七年)など。
(12) 堀地明前掲「明末城市の搶米と平糶改革」。
(13) 夫馬進「明代南京の都市行政」(中村賢二郎編『前近代における都市と社会層』京都大学人文科学研究所、一九八〇年)。
(14)『明実録』洪武十四年正月条。
(15)『明実録』洪武二十三年七月丙寅条。
(16)『明実録』洪武二十三年七月丙寅条。
戸部奏重造黄冊、以冊式一本幷合行事宜条例、頒行所司、不許聚集囲局科擾。止将定式頒与各戸、将丁産依式開写、付該管甲首、造成文冊。凡一十一戸以付坊廂里長、坊廂里長以十里所造冊、凡一百十戸、攢成一本、有余則付其後、曰畸零戸、送付本県。
(17)『黄通志』巻二一、民物志二、「田賦」。
本朝洪武二十四年奏准攢造黄冊格式。有司先将一戸定式謄刻印板、給与坊長・廂長・里長、幷各甲首令人戸自将本戸人丁事産依式開写、付該管甲首。其甲首将本戸幷十戸造到文冊。各該坊廂・里長各将甲首所造文冊攢造一処、送赴本県。
(18) 拙稿「明朝の対外政策と両広社会」(『大阪市立大学東洋史論叢　別冊特集号』大阪市立大学大学院文学研究科東洋史研究室、二〇〇九年)。
(19)『黄通志』巻二九、政事志二、「論」。

洪武初、令州県立申明亭、選耆徳服衆者為老人、令建事折獄、達下情焉。日直者居中、輔者夾坐左右、参講律例、勧息詞訟、且夕評舗市物価、俾皀卒貿易、罔有和買者。有司延入後堂、詢民疾苦、礼之如賓。坊長伝逓紅牌、見丁着業、有賢者、則書姓名于旌善亭〈紅牌至今流伝〉。月朔則台院亦延問以礼、而郷薦紳亦就之解紛。故諺云、欲要好問三老。弘治正徳間、少年無頼之徒皆得充役、而官司奴視之矣。

(20) 李龍潜「明代広東対外対外貿易及其対社会経済的影響」（『明清広東社会経済形態研究』広東人民出版社、一九八五年）。

(21) 張瀚『松窗夢語』巻四、「商賈紀」に、「夫賈人趨厚利者，不西入川，則南走粵。以珠璣金碧材木之利，或當五、或當十、或至倍蓰無算也。」とある。

(22) 明代省城の歴史的空間配置に関する研究として、下記のものがある。曾昭璇『広州歴史地理』（広東人民出版社、一九九一年）、倪俊明「広州城市空間的歴史拓展及其特点」（『広州史志』一九九六年三期）、曾新・曾昭璇「《永楽大典》巻一的三幅地図考釈」（『嶺南文史』二〇〇四年一期）、曾新「明清時期広州城図研究」（『熱帯地理』第二四期第三期、二〇〇四年）、曾新「明嘉靖戴璟《広東通志初稿》中広州城図部分考釈」（『嶺南文史』二〇〇五年第一期）、曾新「明代広州城市自然環境及城市布局的特徴―明代地方文献中的広州城地図研究」（『嶺南文史』二〇〇五年四期）。以下、城南、城西各地区の状況については、これらの研究を参照している。

(23) 呉桂芳「議築広東省会外城疏」（『皇明経世文編』巻三四二所収）、何真「総督呉公築省外城序」（『広東文徴』第四冊所収）。

(24) 『霍勉斎集』巻一一、書、「上潘大巡広州事宜」。

一　近日閩浙有倭寇之擾、海防峻密。凡番夷市易皆趨広州。番船到岸、非経抽分、不得発売、而抽分経撫巡・海道行移委官、動踰両月。番人若必候抽分、乃得易貨、則餓死久矣。故令厳則激変之禍生、令寛則接済之奸長。近来多失之寛、恐侮敵玩寇。閩浙之禍将中於広州也。広東隔海不五里、而近郷名游魚洲。其民専駕多櫓船隻、接済番貨、毎番船一到、則通同濠畔街外省富商、搬磁器・絲綿・私銭・火薬違禁等物、満載而去、満載而還、追星趂月、習以為常、官兵無敢誰何。比抽分官到、則番舶中之貨無幾矣。

(25) 『広東新語』巻一七、「濠畔朱楼」。

広州濠水、自東西水関而入、透迤城南、逕帰徳門外。背城旧有平康十里、南臨濠水、朱楼畫榭、連属不断、皆優伶小唱所居、女旦美者、鱗次而家。其地名西角楼。隔岸有百貨之肆、五都之市、天下商賈聚焉。屋後多有飛橋跨水、可達曲中。讌客者皆以此為奢麗地。有為濠畔行者、曰、花舫朝昏争一門……。是地名濠畔街。当盛平時、香珠・犀象如山、花鳥如海、番夷輻輳、日費数千万金、飲食之盛、歌舞之盛、過於秦淮数倍。今皆不可問矣。噫嘻。

(26)『黄通志』巻六八、「雑蛮」に、「汪柏乃立客綱、客紀、以広人及徽・泉等商為之」とある。客綱・客紀の制度内容は、李龍潜「明代広東三十六行考釈―兼論明代広州、澳門的対外貿易和牙行制度」（『中国史研究』、一九八二年）に詳しい。同論文は後に、李龍潜著『明清経済探微初編』（稲郷出版社、台北、二〇〇二年）、同『明清広東社会経済研究』（上海古籍出版社、二〇〇六年）に再録された。

(27) 本書は、著者の顔俊彦が広州府推官として在任した期間（崇禎元年～同三年）に扱った裁判記録をとりまとめた判牘。北京大学図書館所蔵。二〇〇二年、北京政法大学法律古籍整理研究所はこの崇禎刊本の標点本を刊行した（中国政法大学出版社刊）。

(28)『盟水斎存牘』二刻、公移、「各舗行答応照依旧規詳」。

審看得、舗行答応原有成規、物之産于外夷者、夷商供之、物之出于内地者、内商供之。以犀象・玳瑁・亀銅・鶴頂・奇楠・氷片・丁香・豆蔲・木香・乳香・没薬・蘇合油、責之夷船綱紀、以沈檀・降速等香責之四季香戸与潼行、牛黄・人参・麝香・琥珀、責之薬材舗戸。府県会議詳允、原自井井、夷商綱紀姚弼等、自認答応西洋犀角・西洋布紫・檀木・氷片・丁香・西洋手巾数件、隠下原議答応象牙・玳瑁・亀銅・鶴頂・豆蔲・乳香・没薬・蘇合油、不入呈内。且原議犀角・紫檀等器、皆発価与夷商綱紀平買。然後付各匠雕造、給以工食、而又以雕成犀盃・帯簪・紫檀・鐘快等物、分派各舗戸、答応備呈給示。夫夷商綱紀盤踞粤也、取利不貲、与各舗行肥瘠不同。且難得之貨、非彼勿致。豈容衮管脱卸、変乱旧規、重為貧戸累也。

(29)『黄通志』巻二〇、民物志一、「風俗」、同書巻六六、外志三、夷情上、「番夷」。前掲拙稿「明朝の対外政策と両広社会」で分析したので、詳細は同論文を参照していただきたい。

(30)『黄通志』巻二〇、民物志一、「風俗」。

今則不然。生歯日繁、官輸日重、法網日密、礼教日衰、市井貨物被白奪者、無日無之。雖尽朘削其膏脂、曾不足以供其燕游戯劇、而且師旅因仍、漁猟踵至。塩筴貨舶悉入豪門。雖欲逐末以供俯仰、而無由也。於是舎鋤犂、而受召募、心胆粗、而摽掠起矣。是則衣冠之盗慝礼淫楽而已。参政項喬建白二事。具見墟市志中。

(31) 万暦三十年序刊『広東通志』巻一四、郡県志、広州府、「風俗」
広民負富厚之名、而亡其実、家無積金、而用度自裕者、則以魚稲賤耳。故負担之夫、一銭適市、可以無飢、不至餬口于四方。頃来民生日窘、利源日竭。商賈蕭条、寇盗充斥。熙和之化与疇昔異。

(32) 『黄通志』巻二〇、民物志一、「風俗」
富者易汰、貧者易羞。天下皆然、而広為甚。広民本多貧、然魚米本賤、而又有番舶貿易之利。故家雖無十金之資、而用度自足。負担者苟持一銭出市、可以得飽。蓋操利易而物価平故也。近年以来、地方日窘、利源日遏、皆由公差楽於奉承、鋪戸罹其毒螫、市賈蕭条、貧者十九。

(33) 『黄通志』巻二五、民物志、「墟市」。
嘉靖二十八年、広東布政使司分守嶺南道左参政項喬行二事。其一曰、禁和買以便行戸。〈照得、各行舗戸在在有之。然皆懋遷化居、将本求利者也。各処官府之吏、其上雖賢者・能者、不能無公礼之取、不能無飲食衣服之用。使和買之禁不行、則施奪之風漸起。其多蔵者必厚亡、商賈折閲而不至矣。況省城之中、又衆賈之所萃。臨于上者、有三司・二提挙・一府・四衛・二県大小官員及吏承等役。其於各行不能不交易、則固不能保其物価、各得其平也。訪得、旧有估定官価、而今諸司府軽重不同、即照旧価与之、已比民間減十之二三、又或併官価不与者有之。其官価或以暦折、或以銅銀。巡按・察院曾立印信文簿、令各行戸朔望備写各衙門和買数目、以憑査治首領以下官隷、竟以刑杖嚇沮不行。此何理也。況各官雖各有平価之心、而所差人役、不能無假託夾帯及剋減換銀之弊。或執票因一而取十、有此日発票、将票遍索各行打発、移後数日、偏取行戸物貨、以答応者亦有之。甚或羅段・蒲鞵出呉下者指為土産、令低其価亦有之。行戸明知而不敢言。惟有心恨背憎而已。然行戸殷実而本銭多者尤堪苦、至於肩販手挈魚蝦蜃蛤葱菜之行、不過数銭資本者、而各官所需於日用者、於此尤急。若不照民間価直与之、則此輩朝不謀夕、宜将相率而為盗矣。

(34) 『黄通志』巻二五、民物志、「墟市」。詳細は、拙稿「石頭霍氏―広東の郷紳の家―」(『名古屋大学東洋史研究報告』第二五号、二〇〇一年)参照。

(35) 前掲拙稿「明末珠江デルタの郷紳と宗族」。

(36) 夫馬進前掲「明代南京の都市行政」は、南京における坊廂制の崩壊過程を詳細に考察しているので、参照していただきたい。

(37) 堀地明前掲「明末城市の搶米と平糶改革」。

(38) 康熙三十年刊『南海県志』巻三、編年、万暦二十一年六月条。

閩商白艚至広、輙多買米、以私島夷、牙戸利其重貲、相与為奸。一時米価騦騰。六月十一日、省民聚衆数千、往撃城西米欄、嚷逼院門。御史王有功聞変、即出撫定乱民、拏治商戸、駆逐白艚、衆乃少息。後輙駆而輙来。都御史陳大科・御史顧龍禎・知府方遂相継禁治之。

(39) 『明実録』永楽三年九月庚午条、『黄通志』巻六六、夷情上、「番夷」。

(40) 崇禎十五年刊『南海県志』（中国国家図書館蔵）巻五、風俗志、「習尚」に、「城西一帯異省商人雑処、闘訟繁興、為居民害」とあり、また康熙三十年刊『南海県志』巻六、風俗志、「習尚」に、「城西一帯、異省商人雑処、閩産尤多。闘訟繁興、為居民害」という。

(41) 康熙刊『番禺県志』巻一四、「事紀」。

（天啓四年甲子）春大旱穀貴。〈是年夏四月、城中飢民以米價騦貴、帰怨于福建舶艚私糴、群詣巡按御史陳葆泰、請賑。値太守閩人、不合輿論、遂蜂起擾攘、太守走巡按署、群逐之幷辱及御史、頼知県張国維、素得民心、馳諭止之、貧民就大家攘奪、撃斃閩人、不可計。後総督移鎮、誅数乱民乃息。事聞、御史監司以下皆奪職〉。

(42) 『明実録』天啓四年七月壬戌条に、「両広提督胡応台言、広州民変以米貴、由于私販、殴知府程光陽、辱及按臣、立斬首乱五人乃定」とある。

(43) 『蓮鬚閣集』巻一三、書、「畣汪父母論平糶賑済書」。

又此中為乱、皆肩販無頼之徒、可慮耳。今節値端陽、往時珠江競渡、富貴之家傾城而出豪華、蕩子日可費銭数万、花酒・輿轎・龍船・畫舫工役計可数千百人。皆此輩無頼之徒為之奔走就食。其他果菜貿易得利尤倍。

(44) 上田信「明末清初・江南の都市の「無頼」をめぐる社会関係—打行と脚夫」（『史学雑誌』第九〇編第一一号、一九八一年）、川勝守「明末清初における打行と訪行—旧中国社会における無頼の諸史料」（『史淵』一一九、一九八二年）、山本進「清代巴県の脚夫」（『東洋学報』第八二巻第一号、二〇〇〇年）。

(45) 広東省城の無頼については、拙稿「明末珠江デルタの郷紳と宗族」（『明清史研究』第四輯、二〇〇八年）でも触れたので、参照していただきたい。

(46)『盟水斎存牘』一刻、公移、禁約、「禁棍僕跳局小民」。示粤中慣多跳詐、省城尤甚。土宄悪少三五成群、尋風生事、又且依草附水、影射名色、為狡兎之窟。本廳初度嶺来、見之髪竪、立意重創、非不知抉歯囓之戒。然一点血性、遏捺不住、願以身従、棄一官特一羽也。待罪三年、上頼各上台之讋震、下藉諸同事之維持、与夫地方衿紳之相体、庶幾囂戢紛解、無詐無虞、理茲土者亦漸漸相安、可忌鋤撃。乃邇来復数数見告、小民之被魚肉者、号呼于道、殆無虚日。其間刁誣不無、而淩逼儘有。如温斗玄一事、昏夜闖府、撃鼓鳴寃。拠県審称、棍徒十余擄至宦家、拷勒寫二百金、果爾、浮于強盗矣。……。今後如有市棍・勢僕結党横行、跳局小民、許地方保約人等竟拏縛解府、以憑究治、転解院道発落。小民与市棍闘、則善悪不敵、小民与宦僕闘、則強弱不敵、然市棍・宦僕与小民闘、則衆寡亦不敵。吾民之可恃者衆志成城耳。一街之中一人被害、則一街寒心、唇歯輔車、豈可不念乃忍袖手旁観。遇有前項縦横之人、当群起力攻、縛而致之該県令長。令長於民為父母、豈有父母而忍其子之落于湯火、不急引手者。決不左袒市棍・勢僕、難為受寃受苦之百姓也。

(47)『盟水斎存牘』一刻、讞略巻二、署府、「木戸陳平等〈杖〉」。審得、霍聡等為造船木匠、陳平等為木戸。木戸不応索幇貼于木匠。此不待其詞之畢也。但匠役時自駕船販木、則匠已侵木戸之事矣。今断木匠不許販木、而木戸不許索幇貼于匠、給示遵守以杜紛紜。霍聡・陳平等俱無頼市棍、法応重究。如杖二犯以儆其余。招詳。

(48)『蓮鬚閣集』巻一四、「上署藩晏公平糶賑済条議」第一条。

一　各街貧戸、毎戸男女幾丁、若不覈実、則必有不均之嘆。今各街宜先推頭領者一人、不論尊卑貴賤、只以平日為隣里所信服者、如短街則一人可以兼理両街、長街多推二三人分理。先須将街内所有貧戸、覈実丁口若干、註明一冊、務使幼稚不遺、而単身悍狼之徒、不得虚冒多報。然後合計応給米者、毎日凡若干人、炤数措処。

(49)堀地明前掲「明末城市の搶米と平糶改革」七八頁。

(50)『蓮鬚閣集』巻一四、「上署藩晏公平糶賑済条議」第二条。

一　賑済之法無如平糶、可以永久。今貧戸既已覈実丁口、便須毎戸分給一小票直書。云、一戸某、男女共幾丁、毎日応糴米若干升、収銀若干、或銭応若干文。統領者以図書、将票印記与之、聴其持炤納銭銀糴米。此票即与米同発還、以便逐日持炤、毎日糶過者、各街以官簿即時登記。

(51) 同上第三条に、

一　見存倉穀、合計可支幾何。須五日一次、発与各街保約、同所推統領者当官収領磨米分糶。此五日内所得銭銀即尽納官、随発去各処、糶穀入倉。輪転不窮。

とあり、また、同上第四条に、

一　凡開倉領穀、不許聚衆。只各街保約赴領。

とある。

(52) 同上第五条。

一　倉米不足、勢必募之富戸、亦須統領者勧発銀穀、発過若干、註明官簿。

(53) 万暦三十年序刊『広東通志』巻九、「兵防総下」に、「保甲之法、輪門応当、善悪混焉。何以章癉而弭盗也。議者謂、有□□臨郷親審、保約長務挙殷実忠誠者充之。」とある。

(54) 『蓮鬚閣集』巻一三、書、「畣汪父母論平糶賑済書」。

遂球以為、居桑梓間、上有老親、而下有兄弟妻孥。倘坐視其乱、乃比於不慈不孝。頃見上台平賈発倉、良為善政。但各街坊貧戸姓名待開於保甲、則有稽遅侵匿、編籍於胥吏、則有頭斂劄費。聚千百之人、持筐待支、勢不能即給、則洶湧紛擾、且能生変。夫人日食一升、俟之十日、乃不能糴半斗。況家有老弱身廃負作無惑乎。其招之、猶不肯至也。

(55) 『盟水斎存牘』一刻、公移、「禁扮春色」。

(56) 崇禎十五年刊『南海県志』巻二、政事志、「事紀」。

(崇禎十五年) 闔会省郷紳議、禁游民鼠居城上〈従来城恒止軍舗守余、不得屋其上。近游民逋叀甲利作奸、環城上屋居幾徧、将来隠憂莫大於此〉。

(57) 拙稿「黄佐『泰泉郷礼』の世界―郷約保甲制に関連して―」(『東洋学報』六七―三・四、一九八六年)、前掲拙稿「中国近世の都市と礼の威力」。

(58) 民国二十年刊『番禺県続志』巻四〇、古蹟、道光十六年序『粤小記』(黄芝撰)巻四、『蓮鬚閣集』巻一六、「晴眉閣」。

(59) 『蓮鬚閣集』巻一三、書、「畣汪父母論平糶賑済書」。

遂球是以量力之所為、就子舍所居豪賢里、籍其貧戸、毎戸給一私記小票、記其戸内男女人数、毎人給一升、毎升収銭七文、炤票出入、先為往倉損賈糶出、合計毎斗耗費、不満一貫、糶賈視倉、原賈為薄不嫌厚施之譏、亦従権取便也。是以市井小民頗称為此法可行。

(60)『蓮鬚閣集』巻一三、書、「龕汪父母論平糶賑済書」に、「昨聞、藩伯王公行喚各貧戸往倉、独居鮲里者不至。訊知其故、遂欲論令各処士紳皆如遂球之法」とある。また、雍正刊『広東通志』巻四〇、名宦志、省総、布政使、「王世徳」には、「歳大飢、斗米百二十銭。世徳取諸坊戸籍、将行賑恤。孝廉黎遂球進平糴法。因以頒行属邑。未幾米価遂減」と伝える。

(61)『蓮鬚閣集』巻一三、書、「龕汪父母論平糶賑済書」。

遂球又以為、此乃通国之大事。老父母宜集諸縉紳議而後行。今甲榜諸公或尊重尚体、其他在城郷老尚多、更事可詢、謹以遂球所知開列居址不難。即日約集公所、面即稽謀。遂球庶幾不為少賤専僭。其各家所題銀穀、但按簿令就近給散。不惟遂球輩無与、即胥吏亦不経手、方可無弊。

(62)崇禎十五年刊『南海県志』巻二、政事志、「事紀」。

(63)崇禎十五年刊『南海県志』巻二、政事志、「事紀」に、「各奉旨増築北城〈会城後北枕崇山城外諸峯連□、盗易窺逞。邑尚書李待問疏請増築〉」とある。

(64)前注(56)参照。

(65)崇禎十五年刊『南海県志』巻五、風俗志、「習尚」。

頃来取尽錙銖、商賈不行、閭井益困。賭風盛張、盗賊充斥。近例奉旨、城守責在郷紳、於城内分畫各区、清理戸口。即寺菴亦令報名編入保甲。其游僧咸逐出境、婦女薙髪者倶着還俗、亦維風弭盗之良法也。

(66)前掲拙稿「石頭霍氏—広東の郷紳の家—」、前掲拙稿「明末珠江デルタの郷紳と宗族」。

(67)岸本美緒「明末地方の地方社会と「世論」—松江府を中心とする素描—」(『歴史学研究』五七三号、一九八七年)。同論文は後に、『明清交替と江南社会』(東京大学出版会、一九九九年)に再録。

(68)前掲拙稿「石頭霍氏—広東の郷紳の家—」、前掲拙稿「明末珠江デルタの郷紳と宗族」。

(69)『蓮鬚閣集』巻一五、「南海神祠碑記」。

(70)『盟水斎存牘』二刻、讞略二巻(署府)、「激変李抜衷〈二杖〉」。

審得、仏山堡之竪旗而譁、非該県聞報運籌、即令陳主簿諭散、幾成乱形。旗称李府、而李宦名節自持、門庭粛然、通国所知也。族有李拡衷者、未免憑勢生事、射利斂怨。拠県申、包羅包鑄則激変之因、実為戎首、罪可勝討乎。但拠県述称、海道明文給示張挂、着令居民有能緝獲贓跡得実者重賞。今拠称飛帖流言、亦未有謂贓跡得実、竪旗之衆已雲飛萍散、不可復問。現在里保簡世爽等復不肯出一字相証、則猶可稍寛一面也。其梁国倫・何仲仰・梁良玉三人、拠里保称、係被害三人、不過爐戸・米戸耳。未有接済可拠、而借題抄掠、毀其廬舎、此胡可授乱民以柄乎。不可不問。至於広韶会館為窩頓接済之藪、急応折卸、掃其窟穴、更責成該処営哨、厳拿接済、不時解究、則既清其源、又遏其流、米鉄之価自平。米鉄之価平、即有不逞何所藉口。事関地方、未敢擅招、伏乞再批。該県査擴忠主盟接済、有無実跡、広韶会館刱自何年、果否係奸商地棍加勒米価鉄価之所。竪旗之衆果係地方良民、抑或游手無頼。衆證明白、庶成鉄案。繇詳。

　察院批、嶺南兵巡道行府覆審。

覆審得、李拡衷射利斂怨、儒其貌、而市其心、急創之以清士林之穢、誠不為過。但縄之以接済涌夷、則始終無拠。其広韶会館拠里保称、刱建有年、為奸商聚集之所。擴衷以宦族不無為群小蟻附、遂称主盟、寔亦未嘗攘臂其間、量行降罰、薄杖示懲。会館急応折卸、不容復留禍藪也。

(71) 道光十一年刊『仏山忠義郷志』巻九、人物志、「李待問」。

第十二章　明末広州の宗族
——顔俊彦『盟水斎存牘』に見る実像——

はじめに

北京大学図書館に、顔俊彦『盟水斎存牘』という判牘が所蔵されている。判牘とは何か。法制史家の滋賀秀三氏によれば、訴訟案件を扱った地方官がその在任中に書き与えた判決文のことを判牘もしくは判語と総称するが、それらの文章を集めて刊刻された書籍も判牘と言われ、その中に官府間の往復文書が含まれることもあった(1)。明清時代において、判牘で現存するものは圧倒的に清代のものが多く、明代の判牘は極めて少ないが、『盟水斎存牘』はその一つである。本書が明清史研究のうえでたいへん重要な意義をもつ史料であることに最初に注目されたのは濱島敦俊氏である。氏は、一九八二年、厦門大学図書館書庫を参観した折りに同書の抄本を発見し、その後、北京大学図書館に所蔵される本書の崇禎刊本を閲覧された。濱島敦俊「明代の判牘」（『中国法制史—基本資料の研究』東京大学出版会、一九九三年）は、表題に示されるように、明代の判牘に関する総合的な解説であり、そのなかで『盟水斎存牘』についても適切な紹介をなされている(2)。筆者は一九八三・八四年の時期に南京大学歴史系に留学していたが、この頃、濱島敦俊氏から同書の存在を紹介されたので、早速、北京大学図書館で同書を閲覧し、一部分を自身で筆写したが、時間が限られていたため、同図書館にも筆写を依頼した。しかし、両方の筆写部分を合わせても全体のうちのごく一部に過ぎず、その後、同書を利用した研究を行うには至らなかった。二〇〇二年になって、北京政法大学法律古籍整理研究所はこの崇禎刊本の標点本を刊行した[3]。この刊行事業により、私たちは同書の全容を知ることができることとなった。

さて、本書の著者である顔俊彦は、字は開眉、また開美ともいう。号は雪臞、浙江桐郷県の人である。崇禎元年（一六二八）の進士で、その年に広州府推官を授けられた。崇禎三年（一六三〇）、本省同考に充てられたが、弾劾されて、辞職した。後に松江府推官に補され、工部営繕司主事に遷り、鼎革後、故郷に隠居した[4]。推官は裁判を職務とした官職であり、広州府の定員は一人であった[5]。顔俊彦の自序の末尾に、「辛未除夕の前二日、顔俊彦雪臞氏、広李署の盟水斎中に書す」とある。辛未は崇禎四年（一六三一）である。したがって、本書は崇禎四年までに完成し、彼が広州府推官として在任した期間（崇禎元～同三年）に扱った裁判記録をとりまとめたものであることが察せられる。彼が序文を書いた「広李署の盟水斎」とはどこか。李とは裁判を扱う獄官のことであり、これに冠せられた広は広州を指す。したがって、広州府の獄官の役所が広李署である。万暦三十年（一六〇二）序刊『広東通志』によれば、広州府衙門は広州城内の布政司の西側に位置している。広州府衙門の中心は正堂であり、正堂の後ろに知府廨、東側には清軍同知廨、経歴司があり、また西側には海防同知廨、督糧通判廨、捕盗通判廨、理刑推官廨、照磨所、検校所などの部局が配置されていた[6]。このうち獄吏に関連するのは理刑推官廨であるから、広李署とは、おそらくこれを指すであろう。盟水斎はこの理刑推官廨のなかの建物あるいは部屋を指していると考えられる[7]。

前掲標点本の「整理標点説明」によれば、原本には書版の錯乱や残欠が目立つので、誤った場所に入れられている版を正しい位置に戻したり、残欠の部分を明示するといった編集作業が行われた。これによって、私たちは同書の内容を整合的に理解できることとなったが、評点と校正が加えられる中で、誤字が生じるという問題も出てきているので、使用に際しては、原刊本と照合することが望ましい。筆者は、二〇〇二年八月及び十二月、北京図書館善本閲覧室において、本稿をまとめるうえで利用した史料を中心として対照の作業を行った。また、その後、徐世虹氏（北京政法大学法律古籍整理研究所）より、原本の複写を提供していただいた。記して謝意を表しておきたい。

本書は二刻から成る。崇禎刊本に基づいて、収録される判語を示しておきたい。

一刻　勘合（一六件）、讞略巻一（一〇一件）、讞略巻二（五五件）、讞略巻三（一〇九件）、讞略巻四（七三件）、讞略五巻（七四件）、翻案（六一件）、署府翻案（一五件）、矜審（七六件）、公移（六七件）、署府讞略（一二八件）、署番禺県讞略（三〇件）、署香山県讞略（五〇件）

二刻　勘合（一七件）、讞略巻一（六九件）、讞略巻二（一一八件）、讞略巻三（一〇二件）、翻案（一五件）、矜審（一九件）、矜疑（一七件）、公移（五五件）、署府讞略巻一（六〇件）、署府讞略巻二（一〇九件）

「勘合」の内容は、文官・武官の不法行為を糾弾したものであり、察院や按察司に報告し、批を受けている。讞略《ゲンリャク》は、強盗、人命、詐欺、相続など、民事・刑事の様々な事件を審理した判決文と上級官庁の批を収める。翻案は事案をくつがえすこと、つまり再審の報告書である。矜疑《キョウギ》とは、憐れむべき事情があり、また事実関係に疑わしさの残る罪人の刑罰を減じることを上級に申詳するものであるが、『盟水斎存牘』では、「伏して裁奪を候つ」というように、上級の官僚の裁断を待つ状態のものが多い。これに対して、矜審《キョウシン》も、情を酌んで罪の減刑を上級官庁に申詳するものであるが、上級の兵巡道や察院の批を得ている。また、公移は官署間でやり取りされる文書であり、顔俊彦が管轄下で発生した各種の問題を報告して禁止を求め、兵巡道などが批を下している。また、上掲の判語のなかには、「署府」、「署番禺県」、「署香山県」の判語が含まれている。それぞれ、広州知府、番禺・香山両県の知県の代理をつとめていた時の判語である。[8]

「李は多凶多懼の官たり、它官の比ぶるべきに非ず、而うして広の李は又、它の李の比ぶるべきに非ず」（顔俊彦「自序」）、「李官は難なり。……広の李官は難の難なり」（陸鏊「序」）といわれるように、広州府の獄官（李官）はとりわけ多くの困難な事案を処理しなければならない激職として知られていた。顔俊彦が広州に在任した時期は明朝も最末期であり、十数年後には明朝は倒壊することになる。彼が裁いた事案には、沙田をめぐる紛争、郷紳の横暴、マカオを舞台にした海外貿易をめぐる商人の暗躍、盗賊、民変など、明朝最末期の珠江デルタで発生した多くの問題が含まれているが、本稿ではそのなかで、宗族という父系出自の親族集団に関わる事案を紹介してみたい。

宗族とは何か。宗族という用語の最も広い意味は同じ祖先から分かれた父系出自の親族である。中国では古来、人が亡くなった時、どの程度の喪に服すのかを定めた服制（喪服制、五服制ともいう）に依拠して、親族の範囲や親疎を定めてきた。この服制に示される親族とは、万民個々つまり個人を起点として、その個人と祖先を同じくする人々のことを指している。したがって、人々は誰でも親族をもっているが、親族の範囲や親疎は個人によって異なる。この親族が広義の宗族である。これに対して、宋代以降、新たに編成された親族の集団はそうした個人を起点とする親族とは位相を異にする。宋代に確立した科挙官僚制を通じて生み出された知識人（士大夫）は周代に行われたとされる宗法を復活して、父系親族を組織化しようとした（宗法主義、宗法復活論という）。宗法の原理を端的に言えば、共同祖先嫡系の子孫である宗子が祠堂における祖先祭祀を通じて同祖の親族を統合することにある。宗子には大宗と小宗の別がある。大宗は始祖嫡系の子孫が就任し、始祖の祭祀を通じて、傍系の四小宗に属する族人を統制する。四小宗とは継高祖、継曾祖、継祖、継禰の四つの宗子（小宗）のことであり、それぞれ高祖、曾祖、祖（祖父）、禰（父）の祭祀を受け継ぐ各祖先の嫡系子孫が就任するものである。このような一大宗四小宗の構造をもつ親族集団が宗法の理想型である。狭義の宗族とは、かかる宗法を理想として編成される親族集団を指す。宋代の士大夫が目指したのは、宗子によって統合される永続的な宗族の集団を編成することによって名門の家系を築くこと、その最終目標は、代々、科挙を通じて官界に族人を送り出せるような世襲の官僚の家系に他ならない。宗法主義は後世の士大夫に受け継がれ、実践されたが、宗族の形成を実践する動きが本格化するのは明代半ば以降のことであり、当時の経済的文化的先進地域である江南を中心として、宗族が普及していった。(9) 珠江デルタもまたそうした宗族普及の潮流に巻き込まれていくことになる。筆者はすでに従前の作業において、十六世紀以降のこの地域で宗族が普及する状況を検証した。(10) しかし、明代の宗族については、清代以降に較べて圧倒的に同時代の関連史料が少なく、宗族がどのような活動を行っていたのかを十分に明らかにできないでいる。『盟水斎存牘』には、宗族に関わる判語が多数収められており、それらの分析により、明末の宗族の実像に迫りうるのではないかと考える。なお、本稿では、崇禎刊本を底本とし、必要に応じて、標点本と対照することとしたい。

一　宗　祠

珠江デルタは十六世紀以降、宗族普及の潮流に巻き込まれていくことになるが、それに関わる重要な事件として挙げておかねばならないのは、正徳十六年（一五二一）、広州に赴任した広東提学副使の魏校という官僚が実施した政策である。当時の広東は漢族と非漢族が混住する多民族社会であり、また淫祠（朝廷の祀典に載せられない祠廟）や仏教・道教の寺観がちまたに満ちあふれていた。魏校の眼には、広東は儒教の教化が及ばない辺境の地として映った。そこで、彼は淫祠が林立していた広州城内外を初めとする広東各地を対象として淫祠を破壊し、これに代えて書院、社学といった教育・教化施設を設立した。魏校の一連の政策は、辺境である広東に儒教世界を築き上げようとするものであったが、なかでも興味深いのは、祖先祭祀への注目である。魏校は、淫祠を破壊したとしても、人々の心に深く入り込んだ民間の信仰を根絶やしにすることは容易ではないことを熟知しており、邪神の霊力に効能がないことを論理的に説いたうえで、人々に祖先祭祀の挙行を求めた。淫祀邪教を廃絶するために、祖先祭祀を推奨したのである。魏校の政策が十分な成果を上げたとは思われないが、少なくとも士大夫の間では、これに呼応する動きが始まっていた。

この頃から、広州城と仏山鎮の両都市を中心とする商業化・都市化の発展とともに、南海県を始めとしてデルタ地帯で多くの士大夫が誕生し、科挙を通じて中央官界へと乗りだしていった。彼らは地元では郷官、郷紳と呼ばれ、地域の経済・政治・文化に大きな影響を及ぼした。上昇を遂げた士大夫の家のなかから、宗法を理想として宗族を形成しようとする動きが登場してきたのである。(11) 宗法主義に立脚する宗族形成運動において要となる施設は祠堂である。祠堂こそは、宗子が祖先祭祀を通じて親族を統合する場だからである。魏校の離任後に刊行された嘉靖六年（一五二七）刊『広州志』巻三五、「礼楽」は、祠堂が広州でも設立されるようになったことを記録している。

士大夫の家が多く大宗と小宗の祠堂を設立するようになったのは最近のことだ。祠堂内部において、四廟を右側を上となして排列する方法は、専ら『家礼』に準拠している。ただ、冬至に始祖を祭り、立春に先祖を祭り、季秋に禰を祭る儀礼はなお挙行できないでいる。（士大夫家多建大宗小宗祠堂、最為近古。四廟以右為上、一遵家礼。惟冬至祭始祖、立春祭先祖、季秋祭禰、尚未能行也。）

最近になって、広州の士大夫は、大宗、小宗の祠堂を建設するようになったというのである。上文は、こうして設立された祠堂が、朱熹『家礼』に準拠して、四廟の構造をもつものであることを伝えている。四廟とは、高祖、曾祖、祖、禰の位牌を安置する廟のことである。『家礼』の祠堂制度によれば、祠堂内部は、その奥（祠堂の北側）の架に四つの龕（板で仕切られた空間）を設け、西側から順に高祖以下の祖先の神主（位牌）を安置する場所となす。神主は、櫝（ひつ）の中に入れて、龕に置かれた卓のうえに並べる。これが配置の基本である。継高祖の小宗及び大宗は、高祖以下四世の祖先を全て祭り、継曾祖、継祖、継禰の小宗はそれぞれ祭るべき祖先を龕に祭り、その他の龕は空位にしておく。これは、将来、世代が降って祭るべき祖先が生じた時に備えるためである。例えば、継曾祖の小宗の場合、現世代では、祭るべき祖先は曾祖、祖、禰であるが、一代降れば、曾祖が高祖となり、四つの龕全てが埋まることになる。(12)

『家礼』は、祠堂における四世祭祀の他に、程頤によって提唱された三祭を採用し、始祖を継ぐ大宗は冬至における始祖祭祀を、大宗及び継高祖小宗は立春における先祖祭祀を、また、継禰小宗は季秋における禰の祭祀を、それぞれ主宰するものとしている。しかし、広州では、これらの三祭はなお挙行するに至っていないという(13)。この記事は、辺境とみなされた珠江デルタにおいて、当時上昇を遂げた士大夫の家が中心となって、先進的な儒教文化の一つとしての宗法主義を受容し始めたことを示すものとして重要である。

上掲の記事が書かれてから一五〇年前後の時代を経て、広州府番禺県の文人屈大均（明崇禎三―一六三〇年～清康熙三十五―一六九六年）は『広東新語』を著した。同書は、康熙十七年（一六七八）に成立したとされる(14)。屈大均は、同書巻一七、「祖祠」において次のように述べている。

嶺南の著姓右族は広州［城］で盛んであったが、後には世の中に広まり、郷村でも盛んになった。その土地は肥沃で、人口も多い。一郷に一姓、あるいは一郷に二、三姓のものが唐宋の時代から住み続け、郷土に落ち着き、風俗を楽しみ、他の地方に移り住む者もほとんどいない。大宗や小宗、祖先や禰には、それぞれ彼らを祭る祠堂が設けられており、代々、祠堂の事業を受け継ぎ、壮麗さを競い合っている。千人を抱える族であれば、祠堂数十所をもち、族人が百人に満たないような小姓単家でも、数所の祠堂を所有している。（嶺南之著姓右族於広州為盛。広之世、於郷為盛。其土沃而人繁、或一郷一姓、或一郷二三姓、自唐宋以来蟬連而居、安其土、楽其謡俗、鮮有遷徙他邦者。其大小宗祖禰皆有祠、代為堂構、以壮麗相高。毎千人之族祠数十所、小姓単家族人不満百者亦有祠数所。）

屈大均が伝える祠堂の状況は、上掲十六世紀前半段階のそれとは明らかに異なる。十六世紀前半には、士大夫の家が大宗、小宗の祠堂を建設し始めるような初歩的な段階にあったが、十七世紀後半においては、当初は広州城、後には郷村でも盛んになったといわれる著姓右族が壮麗な祠堂を建設することが流行し、一、〇〇〇人の族人をもつ大族では数十所に上る祠堂を所有し、弱小の小姓単家でも、数所の祠堂を所有していた。官僚を送り出した士大夫の家から始まった祠堂設立の事業が、一五〇年前後の時間を経て、都市、農村を問わず、広くデルタ地帯に普及したことがわかる。(15) 仏山鎮に隣接する深村堡石頭を本拠地とした霍氏（石頭霍氏という）のケースを紹介してみよう。

一族の霍韜は十六世紀前半の中央政界で活躍するとともに、広東社会にも大きな影響力を発揮し、石頭霍氏の名を世間に知らしめた郷紳であるが、彼は嘉靖四年（一五二五）正月一日、始祖を祀る大宗祠の運用を開始した。これが霍氏で始めて設立された祠堂である。(16) その後、霍氏は次々と各地に祠堂を建設していった。光緒二十八年（一九〇二）刊『石頭霍氏族譜』巻一、「祠記」、「坊表」には、霍氏が所有する祠堂が掲載されている。別表「霍氏祠堂表」はこれに基づいて作成した。祠堂は合計四九所。そのうち、№1から№11までは、康熙二十九年（一六九〇）の重修譜に収録されるものである。以下、№12から№24までは、乾隆三十三年（一七六八）の三修譜で、№25から№37までは咸豊七年（一八五七）の四修譜で、№38から№49までは、五修譜つまり上掲の光緒譜で、それぞれ追加されたものである。したがって、おおむねの設立年代は推測できる。この祠堂表で重要なのは祠堂の場所である。確定できないものも少なくないが、大体の傾向はつかめる。霍氏の祠堂が最も多く設立されたのは深村堡石頭であり、二二所を数える。ついで深村堡の西北側に隣接する張槎堡弼唐村が七所あり、石頭についで多い。その他、省城、西樵山などである。省城では、三所ある。広州城内の粤秀山に、慎徳書院がある（№2）。霍韜が書院として創設したが、後に韜を奉祀する祠堂として転用され、子孫が周辺に聚居した（「後改為祠、子孫環居」(17)）。明末の頃であろう。城内流水井（興隆街東(18)）には、西庄公祠がある（№7）。西庄公とは霍韜の父の華（西庄は号）のことである。城内小新街には、十三世楽亭公を奉祀する祠堂が設けられた（№35）。楽亭公は、十三世第三房に属す勇官（楽亭は号）のことであり、生没年は雍正九年（一七三一）～乾隆五十一年（一七八六）。また、西樵山の岡辺村に七世鶴侶公を奉祀する祠堂があった（№14）。西樵山は広州城から西南百余里のところにあり、広州城と西樵山を結ぶラインの中間に深村堡が位置する。西樵山は文人の講学の地として知られるが、霍韜もこの地に邸宅を築き、また霍氏の大宗祠の祭田を設けた。(19) 鶴侶公は第七世長房の与道（鶴侶は号）のことであり、石頭霍氏の嫡長である。始祖剛可は一子の義のみ、義の長子は元珍、元珍の長子は厚深、厚深の長子は徳貴、徳貴の長子は方、方の長子が与道である。すなわち大宗の系譜である。[20]こうした祠堂の分布は石頭霍氏の子孫が各地に移住した結果を反映しているとみてよい。つまり、霍韜が嘉靖年間に大宗祠を設立してより、深村堡石頭から西方は張槎、西樵山へ、また東は省城へと霍氏は進出していったと考えられる。こうした石頭霍氏の宗祠建設の歩みは、珠江デルタにおける宗祠建設の潮流とほぼ重なるものであるといってよいであろう。

珠江デルタの宗族は各地に多くの祠堂を設立したが、なかでも祠堂が集中したのは都市である。広州城と仏山鎮は珠江デルタにおける商業化・都市化を牽引する両輪であり、この両都市において最も祠堂が発展を遂げたことが確認される。以下に紹介してみよう。

両都市のうち、仏山ではともに『仏山忠義郷志』という書名をもつ三種の地方志が編まれている。乾隆十九年（一七五四）刊本（陳宗炎総輯）、道光十一年（一八三一）刊本（呉栄光纂）、民国十五年（一九二六）刊本（冼宝翰総纂）である（以下、『乾隆志』、『道光志』、『民国志』と略称）。『乾隆志』、『道光志』、『民国志』はともに、各時代の仏山に存在した祠堂（家廟）を列挙している。乾隆期（十八世紀二十年代）、道光期（十九世紀三十年代）、民国期（二十世紀二十年代）各時代の祠堂数は、一四四所、一七三所、三七六所である。[21]三種の刊本のうち、『民国志』は唯一、祠堂の設立年代に関する調査を行っている。これを時代別に整理すると、宋、元時代に五所、明初に三所であり、後世に比較して著しく少なく、また連続性もない。これに対して、明代の宣徳年間～正徳年間（十五世紀後半・十六世紀前半）に五所設立されたのを始めとして、以後、嘉靖から崇禎までの時代（十六世紀中葉～十七世紀中葉）には、合計一八所、清代においても、順治から乾隆にかけての時期（十七世紀中葉～十八世紀末）に二四所、嘉慶から道光にかけての時期（十八世紀末～十九世紀中葉）に二〇所、設立されている。この統計を通じて、明代の十五世紀中葉以降に祠堂建設が継続的なものとなり始め、とくに十六世紀以降においては、前代とは比較にならないほど多数の祠堂が設立され、この祠堂建設の風潮は清代にまで継続することが知られる[22]。

広州城の祠堂については、仏山のように、設立年代、設立者を詳細に記した史料はないが、康熙三十年（一六九一）刊『南海県志』巻二、建置志、「家廟」が手がかりを提供してくれる。南海県と番禺県は広州城の付郭県であり、それぞれ城内の西側と東側を管轄する。「家廟」によれば、南海県所属の祠堂は合計八五所が記載される。正確な場所を確定できないものもあるが、確認できただけでも、計二三所の祠堂は広州城内外に存在した。これに番禺県所属の祠堂も加えれば、相当な数に上ると推測される。乾隆三十七年（一七七二）に興味深い事件が起こっている。「乾隆三十七年、巡撫の張彭祖は、城内の合族祠の類が多く訴訟を起こし、族衆の多さを頼んで官に抵抗したことから、一律にこれらの祠堂を破壊せんことを朝廷に上奏した。そこで、各姓の宗祠はみなその名前を書院と改めた[23]」という。この記録から、城内に相当数の宗祠（合族祠）が存在したことが窺われる。明末の時点において広州城内の祠堂を所有していたことが、各宗族の側の史料から確認できる事例としては、上掲の石頭霍氏の他、冼氏の宗祠がある。冼氏の宗祠は広州城内賢蔵街にあり、東晋の安帝の元興三年（四〇四）、盧循が広州を攻略した時に捕われたが、屈せずして殺された冼勁なる者（広州中兵参軍）を、広州・肇慶両府に分派する冼氏一八房共通の始祖として祭った合族祠である。この大宗祠が建設されたのは天啓二年（一六二二）のことであり、冼氏大宗祠と命名されたが、乾隆三十七年の宗祠破壊の事件に際して、曲江侯書院と改称された[24]。

『盟水斎存牘』にも、祠堂をめぐる案件がいくつか収録されている[25]。そのうち、祠堂の場所が確定できるのは、一刻、讞略四巻、「争祖祠業倫道溥〈一杖〉」である。

調べたるに、馮鐘奇の兄弟と倫道溥らはともに名公の子孫です。倫氏の祖祠は粤秀山にあり、祠の前には壇宇、勅書閣、及び塘池があり、ともに一つの丘の上に連なっています。また祠堂の土地は壇閣の辺りから平らになり、田園となっています。倫氏の子孫は黍離の戚思（祖祠の老朽化を嘆く思い）を抱いて修復しようとしましたが、思いもかけず、逆子の倫紹英は、己が分授された産業を、一族に相談せず、馮鍾奇兄弟に転売してしまいました。鍾奇兄弟もまた、これを購入し、祠堂を建設するために利用しました。（審得、馮鍾奇兄弟与倫道溥等、皆名公之後裔也。倫祠在粤秀山、祠前有壇宇、有勅書閣、有塘池、一坵相連。祠地自壇閣夷為田園、子孫方抱黍離之戚思、所以修復之、不謂逆子倫紹英竟以己所分授不謀之通族、転售之馮鍾奇兄弟。鍾奇兄弟亦買為建祠用也。）

とある。倫氏は、広州城内の粤秀山に、祖祠、壇宇などの建物と土地を所有していた。『羊城古鈔』巻三、「祠壇」に、「迂岡祠は粤秀山麓に在り、明の状元倫文叙を祀る」とある。ここに言う、倫文叙を祭った迂岡祠のことであろう。倫文叙は南海県黎涌の出身で、弘治十二年（一四九九）、会試、殿試ともにトップの成績で及第して翰林院侍講を授けられ、以諒、以訓、以詵の三子も進士及第を果たし、「海内科名の盛んなること、其の右に出づるもの無し」といわれた。(26) この案件における焦点は、一族の倫紹英が分与された土地を宗族の許しを得ないで馮氏に転売したことにある。顔俊彦は、契約の抹消と当該の土地の原主倫氏への帰属を命じるとともに、倫氏と馮氏がともに名公の子孫であり、また両氏の子がともに生員であることにより、擬罪を免じて、中人のみを杖罪に処した。

この倫氏の事例は、明末の時点において、祠堂を中心とする施設を広州城内に所有した宗族が族内の不肖の子孫による土地の転売を訴えて取り戻そうとしたことが確認できる事例として貴重である。そこには、明らかに宗族の意志が働いているのである。では、こうした宗族の体制とはどのようなものであったのか。次に検討してみたい。

二　宗　子

理念的な宗法主義に照らせば、宗族の理想型は、共同祖先嫡系の子孫である宗子が祠堂における祖先祭祀を通じて、族人を統合するものであるが、実際には、宗法を実現することは容易ではない。長江流域や福建などでは、宗子を尊重しつつも、別に族長を選出して、宗族の統合を図るか、あるいはそもそも宗子を設けず、族長に宗族の統合をゆだねる場合も多い(27)。前掲の屈大均も、「今、天下、宗子の制を復すべからず」として、宗法（宗子の制度）を復活できないでいるのが天下の大勢であると観察する。では、広東も同様な状況のもとにあるのかというと、そうではない。広東こそ、当時の天下において際だって宗法を復活させつつあるのだと誇るところに屈大均の真意がある。彼は、始祖を祀る大宗祠の体制を次のように観察する。「大宗祠というは、始祖の廟である。庶人にして始祖の廟をもつのは追遠のため、収族のためである。追遠は孝であり、収族は仁である。偽り、諂うものではない。毎年冬至に宗を挙げて礼を執り行うに際しては、主祭者には必ず宗子を推し、あるいは支子が祖先に告げる。その祝文には必ず次のように言う、裔孫の某、謹みて宗子某なるにより、あえて某祖某考に明かに告げ、ほしいままにすることはしません、と。族長は毎月朔望に祠堂で祖訓を読み上げ、また養老、尊賢、賞善罰悪などの規則はすべて祠堂より通達される。祭田からの収入に余剰が出れば、族人の間で均等に分配する。族人の子弟が身分や富を得たならば、祖禰のために祭田を増置し、これに蒸嘗と名付けて、代々守っている(28)」。ここには、宗子による祖先祭祀の主宰が明記されており、族長とともに、大宗祠を中心とする宗族の体制を維持する役割を果たしたことが窺われる。また、雍正八年（一七三〇）序『粤中見聞』巻五、地部、「祖祠」でも、宗祠建設の隆盛とともに、宗子による始祖祭祀が観察されている(29)。宗子と族長による宗族体制の維持が地域の習俗として明記されることは他の地域に比べて顕著な特色であるように思われる(30)。

宗子と族長による宗族体制の維持は、『盟水斎存牘』に収録される案件からも窺うことが可能である。『盟水斎存牘』には、族内の承継をめぐる紛争が多く収録されているが、これらの案件のなかに、宗子と族長が登場する場合が多い。承継とは何か。滋賀秀三氏は次のように述べている。相続の本質は人を――人のあとを――継ぐこと（承継）にあり、承継人は故人の人格の連続延長上に位置する。そうした人格の連続性を象徴するのが祭祀であり、故人を祭るということとは、自己がその者の人格の延長として現存するという事実を確認する意味をもつ。そして、人格連続の関係の実際的な効果は、故人に属していた財産権が包括的に承継人に引き継がれるという点にある。したがって、承継とは、祭祀を行う義務の裏付けとして財産権を包括的に引き継ぐことなのである。承継が以上のような概念をもっているのであれば、まずもって承継の資格をもつのは故人の息子であり、祖先を祭り、家産を継承することになる。(31)問題は息子がいない場合である。単独で家をなしていた夫妻が、承継人を残さずに死亡した場合、その財産は権利者を失って宙に迷うことになる。この状態を法律用語で「戸絶」と称する。(32)『盟水斎存牘』はこの戸絶の状態を「故絶」と称している。故絶の場合、承継をどうするかは『明令』、「戸令」に、基本線が述べられている。息子がいない場合、「応に継ぐべきの人」を立てるべきである。「応に継ぐべきの人」とは、同宗昭穆相当の姪、つまり生まれたはずの子と同世代に属する世代の者である。その優先順位は、同父周親（嗣父と同じ父をもつ兄弟の子。つまり、甥）、ついで大功・小功・緦麻の者、それらもいない場合には、遠房及び同姓の者を立てる。つまり、親族間の親疎を規定した服制（喪服制）(33)に基づき、血統の近い者から順に承継人を選出するということである。(34)この基本線は明律、清律に引き継がれている。(35)なお、以下、本論で使用する「姪」という用語はともに、こうした同宗昭穆相当の者を指す。

このように法律における承継の原則は明快であるが、実際の故絶の場面においては、様々な紛争が発生した。『盟水斎存牘』に収録される判語の事例で言えば、故絶に際しては、宗族が紛争の解決に乗り出すことが多い。例えば、謝氏の事例である。謝彦旋が故絶した時、謝氏ではまず、彦旋の甥である克充と克遷の兄弟にその後を継がせることにしたが、克遷は幼かったので、兄の克充が彦旋の喪を執り行い入継するようにさせた。ところが、克充は叔父の彦旋が妾腹であるのを嫌って継ぐのを願わなかった。一族の人々は祖祠に彦旋を合わせ祭ることを決めたが、克充が承継を固辞したため、祭祀を挙行できず、やむなく族姪の克載を後継ぎとした。族姪とは族兄弟（三従兄弟）の子である。親族の親疎を示す服制のうえで、族兄弟は緦麻であり、その子は、法律上親族の範囲とみなされる五服の外、つまり無服親である。この謝氏宗族の決定に対して、顔俊彦は、克載が彦旋とは遠い親族（「疏枝」）であり、入継すれば、親族の間に亀裂が入る恐れがあることを理由として退け、克充の弟の克遷に承継させる決定を下した。(36) 謝氏宗族の決定は顔俊彦によって退けられたが、承継すべき息子がいない場合に、宗族が協議して、総意として承継人を選出したことがわかる。次の二つの事例も同様である。陳肖一は嗣子に恵まれなかった。そこで一族の陳演俊らは、長房の陳演素を推挙（「公挙」）して、入祀させた。入祀とは、肖一の祭祀を受け継がせ、継子となすことであろう。ところが、肖一の妾の何氏は演瑚なる者を承継させようと図り、何氏の娘婿の生員の盧象復もこれを支持した。顔俊彦は、継祀（祭祀を受け継ぐこと＝承継）のことは、一族の者が取り決めるべきもので、婦女が口を差し挟むものではないとして何氏の要求を退け、陳氏の一族の主張を認めて、演素に承継させた。(37) 陳氏においても、一族がみんなで継子を推挙したこと（「公挙」）が確認される。また、黄起桐が故絶した時、最も近い親族は起桐の胞兄（同一父母から生まれた兄）の従殷であり、彼には息子がいたものの、一人だけであったため、弟の後を嗣がせることはできなかったので、親族の人々に承継のことを委ねた。親族はその委託を承けて、遠房の姪（起桐から見て遠い血縁で、甥の世代にある者）で、黄亜歓という者を「公挙」して継子とした。ところが、黄従殷は、承継による利益がほとんど得られなかったため、亜歓の父の黄子繁と対立し、他方、従殷の母の族人である羅錦は漁夫の利を得ようとして黄子繁に味方し、こうして互いに相手を訴えるに至った。(38) この事例においても、族人黄起桐の故絶に際して、宗族が「公挙」によって黄亜歓の承継を決めている点が注目される。

以上のように、故絶の問題が生じた時には、「公挙」という言葉に象徴されるように、宗族が協議して、総意として承継人を決定することが行われた。では、宗族の側で、そうした協議を中心的にとりまとめたのはどのような人々であろうか。上記の事例では、個人名も出てくるが、宗族の全体意思として語られる場合、その主導的役割を演じた者が誰であったのかは明示されない。協議によって承継人を推挙する場合、族人が必要に応じて集まり、話し合うというにとどまるのであろうか。それとも、宗族の側に組織があり、その組織が中心となって会議が開かれるのであろうか。前節で述べたように、明末清初までに、すでに祠堂を中心として結集するというあり方は相当に浸透していたと考えられる。その状況を踏まえるならば、こうした承継の協議が行われる背景には、やはり宗族の体制があったものと想定すべきであろう。すなわち、宗子と族長によって指導される宗族の体制である。

まずは宗子に関わる事例を紹介してみよう。『盟水斎存牘』では、二つの事例が宗子に関連する。一刻、署府讞略、「挾私訟屋謝文華〈杖〉」にいう、

調べましたところ、謝文華の叔父の建宸は故絶し、応に継ぐべき者もいません。このため、遺産として残された房屋一座、税業七分は、大宗祠を管理する四房に付与して、かわるがわる祭祀を挙行するようにしました。これは、建宸に後継がいなくても、［四房が］後継となるということです。ところが、文華はこの遺産を我が物にしようと図り、小宗の立場から、「小宗がこれまでに祠堂をもっていないのをどうしたらよいのでしょうか」と主張しています。しかし、衆論は文華を支持せず、文華もまた冥土で亡き叔父にあわせる顔がないでしょう。問題となっている田と房屋は従来通り大宗［の四房］に付して輪番で祭祀を挙行させるようにし、文華は杖罪に処してその私心を破るようにするのが妥当です。（審得、謝文華伯建宸故絶、無応嗣者、遺房屋一座税業七分、付大宗祠四房輪管流祭、是建宸無嗣而有嗣也。文華欲私之、而以小宗為言、其如小宗之未嘗有祠何。衆論倶不宜華、華亦無以対故伯於地下矣。其田屋聴照旧付大宗輪管流祭、杖文華以破其私可也。）

と。この訴訟案件は、謝氏が大宗祠を所有し、それを管理していたのが大宗つまり始祖嫡系の四房であることが確認できる貴重な事例である。また一刻、讞略三巻、「誣詐黜生張鎮〈二杖〉」には、

調べましたところ、張鎮はかつて学校に名を連ねたものです。叔父の張凝蒲が豊かな財産をもっているのを羨望し、とうとう金だけをみて、張凝蒲が叔父であることを考えなくなってしまいました。張凝蒲は年老いてから子

供を生み、炳鎰と名付けました。張氏はもともと著姓であり、祠堂に入って祖先を祭り、一族の者は皆そのひもろぎを分かち受けています。こうした祖先祭祀はすでに五年にわたって挙行しており、それに異議を唱えるものは誰もいません。ところが、張鎮は事実無根のデマを捏造し、ありもしないことを激しく言い立てて譏り、凝蒲はその誹謗を聞いて憤死しました。鎮の他に誰がこんなことをしましょうか。凝蒲が危篤になった時、張鎮が弟の炳鉉を擁して、凝蒲の家の門戸を押し開き、炳鉉を入継させたのは、まさしく誹謗中傷の確かな証拠です。凝蒲の妻の方氏は嘆き悲しんで助けを求め、また、本房の嫡長である張文孚と張凝馨も、張鎮による入継のことが一族のつながりを毀すことになるのではないかと心配しています。ああ、青衿のなかにこのような悪者がいるとは何ということでしょうか。期親の尊長を威逼するの律により、等を減じて徒刑の罪に処しても、過ちではないでしょう。（審得、張鎮曾列名黌序人也。垂涎其叔張凝蒲擁有厚貲、遂見金不見叔矣。凝蒲衰齢挙子、命名炳鎰。張故著姓、入祠祀祖、通族受胙、歴五稔、無異喙。而鎮忽捏不根之語、噴血横誣、凝蒲之聞謗恚死、非鎮其誰致之。彌留之際、擁弟炳鉉排闥入継、則造謗之鉄拠也。蒲妻方氏、方哀哀為秦庭之哭、而本房嫡長張文孚・張凝馨尚鰓鰓有圮族之憂。噫、青衿中有此匪類、依威逼期親尊長律減等擬徒、不為過也。）

とある。興味深いのは、宗祠を中心とする祖先祭祀の挙行が確認されることである。祖先祭祀の主宰者は明記されていないが、この案件の審理の過程において、本房の嫡長である張文孚、張凝馨が、張鎮による入継のことが一族のつながりを毀すものではないかと危惧していることから、嫡長子孫が宗族の秩序を保つ上で責務を負っていたことを示唆する。おそらくは嫡長の血統から、祖先祭祀を主宰する宗子が選ばれたのではないかと推測される。(39)

以上の二例は、宗祠を中心とする宗族の体制が機能しており、また祭祀の主宰や族内秩序の維持のうえで嫡長の血統が重んじられたことを示すものである。次に、族長の事例を紹介してみよう。

三　族　長

一般的に言えば、共同祖先嫡系の子孫が充当され、祖先祭祀の主宰を職務とした宗子に対して、族長の場合には、年齢や優れた人格性、指導力などを勘案して族人が選出した。その職務は、族産の管理、道徳の宣揚、家法の制定と執行、族内の紛争解決などであり、要するに族長は宗族運営の実務を担当した[40]。清代の広東でもそうした性格をもつ族長の存在が発掘されている[41]。しかし、族長が具体的にどのように紛争を処理したのかはこれまで十分に紹介されていないようである。『盟水斎存牘』には、承継をめぐる案件のなかに詳細な事情が述べられており、貴重である。次に紹介してみよう。一刻、讞略四巻、「絶産張興祥〈杖〉」に、

再び取り調べましたところ、盧惟超の継婦鄧氏は、惟超の故絶により、再嫁を急いだ結果、惟超が残した屋地一畝八分を張興祥に売り払う相談をもちかけ、興祥もその財産を利として、鄧氏を巧みに誘いました。この時、鄧氏はしゅうとや夫の位牌を路傍に捨ててまったく顧みませんでした。そこで、義男の盧応龍はひどく悲しみ、存祀の挙に出ましたが、これは彼が悲嘆に暮れた結果です。決して自己の利益のために、そうしたのではありません。ましてや、鄧氏は銀四両五銭をえたにとどまり、屋価はまだ支払われていないのに、どうして興祥はその家屋を得ることができましょうか。該県は、この二つの案件をともに審議し、次のように裁きました。家屋はすでに毀されているので、改めて処置するのは難しい。それ故、興祥に買い取らせ、価格を三十両と定めて、応龍に渡し、応龍は、族長の盧崇亮らとともに、別に祭田五畝を購入し、惟超とその父を祖先に付祀する香火の費用を拠出する財源とする、というものです。これは情と法をともによく尽くした裁きだと考えます。張興祥は後継が絶えたのに乗じ、これを利得のチャンスだと考えて、自説を並べ立て、憲司に訴えました。この上もなく不正な

訴訟ではないでしょうか。杖罪に処してもなお十分に罪を尽くしたとは言えませんが、今は県の処断に従うべきです。（覆看得、盧惟超之継婦鄧氏以惟超故絶急於改嫁、遂将惟超所遺屋地壹畝八分議売与張興祥、亦興祥利其業、而有以餌之也。若翁若夫之神主付之路傍所不問矣。義男盧応龍哀哀為存祀之挙、殆恫乎有余悲焉。非有所利而為此也。况鄧氏止得銀肆両伍銭、屋価原未交足、興祥安得而有之。該県両審之、念屋已拆圮、整理為難、故仍責興祥承買、而断価二十両交応龍、眼同族長盧崇亮等另買祭田五畝、以為惟超父子祔食香火之需、亦可為情法両尽矣。興祥乗人之絶而因以為利、復罵詞控憲、真刁訟之尤哉。杖不尽辜、応仍県擬。）

とある。ここには、二つの訴訟案件が含まれている。一つは、盧惟超が故絶した後、再婚を急いだ継婦鄧氏は、張興祥との間で遺産の家屋と土地を売却する約束を結んだが、銀四両五銭を得ただけで、家屋の分の売価を受け取っていなかった。つまり、張興祥は家屋の代金を踏み倒したのである。鄧氏が張興祥を官に訴えたものであろう。もう一つは、鄧氏が盧惟超と舅の神主を全く顧みなかったのを悲しんだ義男の盧応龍が「存祀の挙」つまり、盧惟超とその父の祭祀を保とうとした行為が問われたものである。文中に、張興祥が故絶の機会に乗じて訴訟を起こしたことが述べられているから、この一件は、張興祥が、盧応龍による「存祀の挙」を問題として訴えたと考えられる。なぜ「存祀の挙」が問題とされたのであろうか。義男とは一般に義子ともいい、承継のためにする法律上の養子（嗣子）と異なり、恩養的な事実上の養子であり、その養子を引き取る行為を乞養という。乞養は、「宗への所属関係を変動せしめることなしに、ただ日常生活の面において、他人の子を自己の子に準ずるものとして家に引取る行為」である[42]。従って、義男が承継人となることはありえない。前述のように、承継人になるということが財産権を引き継ぐだけでなく、祭祀を行う権利も受け継ぐことを意味する、というよりは後者にこそ本質があってみれば、義男である盧応龍による「存祀の挙」は法律に違える行為に他ならない。張興祥がそれを訴えたのも、まさにその点を突いたものであろう。

しかしながら、盧応龍が「存祀の挙」にでたのは、鄧氏が盧惟超と舅の神主を全く顧みなかったためであり、やむをえざることであった。ひどいのは鄧氏なのだ。ここに、審理を行った県は、未払いの家屋の売却代金を興祥に支払わせて、その代金を盧応龍に与え、族長の盧崇亮らとともに祭田を購入し、惟超とその父を祖先とあわせて祭る費用を祭田収入から拠出させるようにした。この場合、祖先の祭祀に惟超とその父を付祀したことがポイントである。盧応龍が単独で惟超とその父を祭ったならば、法の原則に違える。しかし、他の祖先とともに、惟超とその父の祭祀を行えるようにすれば、それは盧氏の宗族の祭祀の一環ということになる。顔俊彦はこの県官の裁きを、法と情の両方によく配慮した名裁判であると高く評価した。この案件において、県官は祭田の購入、祖先への付祀に族長を関与させているが、これは、族長を盧氏の宗族を代表する者とみなしていたからであろう。

官の側が族長を宗族を代表する存在として捉えていたことは次の判語にも示されている。一刻、讞略五巻、「争継譚挺勲〈杖〉」に、

調べましたところ、後継を残さずに死去した陸惟楚には、わずかに塘一畝、屋一間の遺産がありました。未亡人の孫氏が姪の陸挺光を擁して惟楚の継子としようとしたところ、螟児の譚挺勲が起ちて承継を争うに至りました。ああ、たかが塘一畝、屋一間の遺産では、孤独な老女が余命を全うするのにさえ十分ではありません。どうして争いに耐えられるでしょうか。これを族長の陸朝望に質したところ、「挺光もまた、惟楚の後を継ぐにふさわしくありません。他に親房の惟亮の次子の二策という者がおり、彼がまさに継ぐにふさわしいのですが、挺勲を恐れてあえて入らなかったのです」と証言しました。そこで、挺勲を杖罪に処して家から追い出し、二策を継嗣とすれば、名目と事実とが合致し、争いもおのずとやむことでしょう。（審得、已故陸惟楚無嗣、止遺塘一畝・屋一間。未亡人孫氏擁姪陸廷光為継子、乃螟兒譚廷勲起而争之。嗟乎、此一畝塘・一間屋不足終煢煢老嫗之残年、何堪争也。質之族長陸朝望云、挺光亦非応継、尚有親房惟亮次子二策応継、畏挺勲而不敢入耳。杖挺勲而逐之、定二策為嗣、名正言順、争端自息也。）

とある。陸惟楚はわずかな遺産を残して亡くなり、それをめぐって姪の陸挺光を継子としようとした孫氏と螟児の譚挺勲との間に争いが生じた。螟児は、通常、螟蛉子ともいう。先の義男と同じく、螟蛉子は恩養的な事実上の養子であり、承継には関係がない。その螟児である譚挺勲が承継を争ったのは、法律上からみれば、異常なことといってよい。譚挺勲にも言い分はあったであろうが、顔俊彦は法律に照らして、承継を認めず、陸氏の家から追放することとした。では、陸廷光が承継人となったかというと、そうではない。族長陸朝望は、陸廷光よりもむしろ親房の惟亮の次子の二策の方が継嗣としてふさわしいが、譚挺勲を畏れて入継させられなかったのだと証言し、顔俊彦もこれを支持した。顔俊彦は、族長こそが宗族の意志を代表し、公正な見地から意見を述べる存在であるとみなし、その意見を重んじたと考えられる。

以上の事例を通じて、族長が宗族を代表する存在として、官の側から期待されていたことがわかるが、族内の承継問題が官に持ち込まれたということは、言い換えれば、族長が紛争解決の役割を果たせなかったということでもある。次の事例は、顔俊彦がそうした族長の紛争解決能力を問題とし、叱責を加えた事例である。

方氏は官僚を祖先にもつ名族として認知されていたが、この方氏に属す最円なるものが故絶した時に問題が生じた。最円の父は声駿という。最円が故絶した時、方氏では、象壁なる者に声駿の後を継がせて、最円の継子としなかった（「最円を継がずして、而うして声駿を継ぐ」）。なぜ、このような承継の方法をとったのであろうか。声駿には、すでに他姓に嫁入りした二人の娘（最円の姉）と未婚の娘（最円の妹）がいたが、最円の他には息子はいなかった。このため、最円が故絶した時、方氏では、父親の声駿に継子を迎えることによって、その血統を維持しようとしたのであろう。ところが、そうなると、最円は、子孫の祭祀を受けられない鬼神（「不祀の鬼」）となってしまうことになる。しかも、残された最円の妻の陳氏は子供もなく、ひとりぼっちで生活しなくてはならない。そこで、最円とは舅と壻の関係にある陳孝廉がこの方氏の取り決めに不平を鳴らし、最円の姪の遠昌を継子として推したが、他方、方氏の側では、陳孝廉が最円の財産を狙っているのだと主張した。この案件に対して、顔俊彦は、遠昌は、承継の序列に照らして継子とするにふさわしいこと、また現に未亡人の陳氏と互いに助け合って生活していること、この二つの理由により、陳孝廉の考えを支持して、まずは遠昌を最円の継子となすことを認めた。そのうえで、最円の遺産を二つに均分し、声駿の継子とされた象璧に子供ができてから、それぞれを、遠昌と象璧の子に継承させ、それまでは陳氏が遺産を管理することとした。これによって、象璧を声駿の継子と決定した方氏の宗族にも配慮したのである。また、顔俊彦の裁きでは、最円の実妹である方氏が、最円亡き後、唯一、嫡血を受け継ぐ者であるという理由で、遺産の分配額を上乗せしている。その他、最円の二人の姉は陳と蕭の両姓に嫁いでいるが、すでに二人とも物故し、子女もいないこと、また南海県藉である方賓なるものは方氏の族類ではないことにより、ともに遺産分配の対象外とし、また、林鯀と林懿は最円の母方の叔父であるが、生員という身分をもちながら、入継を企んだことにより処罰すべきだとしている。

こうしたことから、最円の故絶に際しては、姻戚、更には同姓というだけで血縁関係のない者まで、遺産をめぐって争ったことが窺われる。承継問題がこのように複雑になったのは誰の責任であるのか。「方氏の承継のことは方姓のものが解決するべきであり、異姓のものがとやかく言うようなことではありません。ところが、族長の方鐘棠がきちんとした考えを示せなかったため、さまざまな親族たちが騒ぎ立てることとなりました」、「方鐘棠は族長の地位にありながら、正論を持っていません」。こうした言葉に示されるように、顔俊彦は、承継に関する正しい考え方を示して問題を処理できなかった族長方鐘棠にこそ、一連の騒動の責任があるのだとして、彼を杖罪に処した(43)。この案件では、族長が承継問題を族内で解決できず、紛糾させた責任を問われた。族長の責任が問われたのは、族長が宗族を指導すべき立場にあることが重んじられたからであろう。また二刻、讞略二巻、「訟兄胡応鳳〈杖〉」は、胡応麟と応鳳の兄弟の間で生じた家産分割（析爨）をめぐる争いである。

調べましたところ、胡応鳳は、兄の胡応麟の兄弟と分居してから長年を経ています。弟の胡応鳳は衙門に出入りし、雑役を務めて生計を立てているもので、とても善類とはいえない輩です。胡応麟は安定した相当の財産をもっていますが、これらは町中でささやかな商売によって苦労して築き上げたものです。応鳳は兄の財産を虎視眈々と狙い、その財産を分割しようと図っています。そもそも考えますに、彼らの父母が亡くなってから年数を経ており、すでに兄弟の間で財産分割を済ませ、別々に生計を営んでいます。どうして火のない灰のなかで豆をはじけさせ、今になって初めて訴訟を起こすようなことをするのでしょうか。族長の胡維高は、応鳳が告訴した折に証人とした者ですが、応鳳の過ちを正すこともできないのに、更に何を言おうとするのでしょうか。まさに重く罪を擬するべきですが、しばらくは事件が兄弟の間のことであることに鑑みて、応鳳を十分に痛めつけて枷をはめる他、杖罪に処して懲らしめるべきです。供述書を添えて、報告致します。(審得、胡応鳳与兄胡応麟分居有年、応鳳挿身衙門幫差度日、自非善類。応麟銅斗家計、倶街坊小小生理苦掙而成。応鳳耽耽虎視、便欲割其所有。抑思父母亡□多年、従来析爨、何故冷灰豆爆、至今日而始為此訟也。族長胡維高、応鳳所告以為証者、已不直応鳳之甚、更有何説。応従重擬、姑念弟兄之間、除痛飽桁楊、杖以懲之。招詳。)

この兄弟はすでに家産を分割し、独自の生計を営んでいたが、析爨後、両者の生活には大きな隔たりができていた。兄の応麟は苦労して商売に成功をおさめ、財産を作ったのに、弟の応鳳は衙門の雑役をして口過ぎするような生活を送っていた。この案件の焦点は、析爨してから長い年月を経ており、兄弟の父母も亡くなっているのに、弟の応鳳が、族長の胡維高を証人として、家産分割の訴えを起こしたことにある。応鳳はなぜ訴訟を起こしたのであろうか。顔俊彦が述べるように、兄の成功を羨み、なんとかその財産の一部を自分のものにしたいと考えたのだろうが、すでに独自に生計を営んでいる以上、兄が弟に財産を分けるべき理由はない。そこで、応鳳は、析爨の問題をぶり返したと考えられる。法律上、兄弟の間では、均等に財産は分割されるべきことが明記されている(44)。胡氏の析爨がどのように行われたかは述べられていないが、応鳳が訴えた時に理由としたのはおそらく、財産分割が均等に行われなかったとするものであろう。(45) これに対して、顔俊彦は析爨して多年を経ているのに訴訟したのは兄の財産を狙ったものとしか考えられないとして退けている。(46) そのうえで、厳罰に処すべきところであるが、兄弟の間のことであることを考慮し、胡応鳳を杖罪に処することですませた。興味深いのは、この訴訟において、顔俊彦が、応鳳側の証人となった族長の胡維高に対しても、応鳳の過ちを正せなかったことを叱責している点である。応鳳が胡維高に証人を依頼したのは、彼が宗族内部の実務を総括する権威ある存在であり、この場合にも頼りになると考えてのことであろうが、顔俊彦の側からすれば、族長たる者が応鳳のような善類にあらざる輩に味方し、判断を誤ったのは怪しからぬとする想いがあったであろう。族長たる者は、公平に族内の紛争を解決すべき責務を負っているのである。

以上、数例を紹介してみたが、それらを通じて、族長が族内の紛争を解決することを期待されており、また宗族の代表とみなされたことも理解される。前述したように、明末清初の頃までには、祠堂を中心として、宗子と族長が族人を指導する体制が浸透しつつあった。宗族の集団的意志や族長による紛争の解決は、そうした宗族の体制を背景とするものであったと考えられる。

おわりに

本稿では、顔俊彦という広州府推官が記録した判牘『盟水斎存牘』を主な史料として、明朝最末期の珠江デルタにおける宗族の実像を探求した。最後に要約しておきたい。

第一に、珠江デルタにおける祠堂の分布状況である。明代半ばの広東は、中央から派遣された官僚によって辺境とみなされる状況にあったが、そのなかで、広州城と仏山鎮の両都市を中心とする珠江デルタの商業化・都市化を背景として登場した士大夫は宗法を理想として宗族を形成する運動を開始した。宗法主義の見地に立つとき、要となる施設は祠堂である。祠堂こそは、宗子が祖先祭祀を通じて親族を統合する場だからである。したがって、宗族の普及状況を検証するには、祠堂の分布を調査する必要がある。嘉靖六年（一五二七）刊『広州志』と康熙十七年（一六七八）に成立した屈大均『広東新語』、この両史料を対照することにより、この間に広州で都市、農村を問わず、広く大宗、小宗の祠堂が普及したことがわかる。たとえば、南海県石頭を祖宗の地とする霍氏の場合、西方は西樵山、東は広州城へと進出し、各地で祠堂を建設していった。なかでも、祠堂が集中したのは都市である。広州城と仏山鎮は珠江デルタにおける商業化・都市化を牽引する両輪であるが、この両都市においても最も祠堂が発展を遂げたことが確認される。『盟水斎存牘』にも、祠堂をめぐる案件が収録されているが、そのうち倫氏の事例は、祠堂を中心とする施設を広州城内に所有した宗族が不肖の子孫による土地の転売を訴えて取り戻そうとした案件であり、そこには、宗族の意志が認められる。

第二に、宗族の体制である。理念的な宗法主義に照らせば、宗族の理想型は、共同祖先嫡系の子孫である宗子が祠堂における祖先祭祀を通じて、族人を統合するものであるが、実際には、宗法を実現することは容易ではない。宗法主義を受容した珠江デルタでは、祠堂を中心として、どのような宗族の体制が成立したのであろうか。屈大均は、大宗祠を中心とする宗子と族長の指導体制を地域の習俗として明記したが、このことは他の地域に比べて顕著な特色であると考えられる。宗子と族長による宗族体制の維持は、『盟水斎存牘』に収録される案件からも窺うことが可能である。同書には、族内の承継をめぐる紛争が多く収録されているが、これらの案件のなかに、宗子と族長が登場する場合が多い。故絶の問題が生じた時には、「公挙」という言葉に象徴されるように、宗族が協議して、総意として承継人を決定することが行われたが、その背後に宗子と族長の指導体制が想定される。まず宗子について言えば、宗祠における祖先祭祀の主宰や族内秩序の維持のうえで嫡長の血統が重んじられたことから、嫡長の血脈から宗子が選出されたと考えられる。また、より多くの事例において、官の側が族長に対して、宗族の代表として族内の紛争を解決することを期待していたことが理解された。実際に族長がどの程度、指導力を発揮できたのかは個別の宗族の事情や状況によっても異なってくるであろうが、宗族の集団的意志や紛争の解決は、宗子と族長が族人を指導する宗族の体制を前提とするものであったとみて差し支えないと考える。

宗族の発展を探ろうとする時、地方志や文集、筆記などの史料は、その発展の大きな流れと宗族の体制の概要を捉えるには便利である。こうした史料を利用することにより、珠江デルタにおいては、明代半ば以降の儒教化の潮流のなかで、士大夫へと上昇を遂げた家を中心として、宗法を理想とする宗族の体制を受容する動きが開始され、珠江デルタの社会に広く定着していったことが理解される。しかし、実際に宗族のシステムがどのように機能しており、またどのような問題が生じていたのかを探るに際しては、『盟水斎存牘』は貴重な事例を提供してくれる。人々の日々の生活に密着した生々しい記事を掘り起こせるのが魅力だといえようか。本稿では、宗族という問題のみをとりあげたが、『盟水斎存牘』に収録された判語にはじつに多くの情報が盛り込まれている。今後、同書を活用することにより、珠江デルタ社会の実態解明が大きく進展するものと期待される。

注

（1）滋賀秀三『清代中国の法と裁判』（創文社、一九八四年）九五頁、一四五頁、一五〇頁。

（2）葉顕恩「晩明珠江三角洲区域社会情態的忠実記録——〈『盟水斎存牘』簡介〉」（『珠江三角洲社会経済史研究』稲郷出版社、台北、二〇〇一年）も、同書の価値に注目し、概要を紹介している。

（3）中国政法大学法律古籍整理研究所標点『盟水斎存牘』（中国政法大学出版社、二〇〇二年）。

（4）光緒刊『桐郷県志』巻一五、宦績伝、「顔公俊彦」による。また、康熙刊『新修広州府志』巻一八、「官師表」、光緒五年刊『広州府志』巻一八、「職官表二」はともに、「顔俊彦、浙江桐郷人、進士、崇禎元年任」と記す。

（5）『明令』、「刑令」に、「凡各府推官、職専理獄、通署刑名文字、不預余事。凡有解到罪囚、必先推詳実情、然後円審、各

衙門不許差占」とある。この令は、正徳刊『大明会典』巻一三二、刑部七、「伸冤」にも収録された。また、光緒五年刊『広州府志』巻一八、職官表二、明、「府」には、「推官理刑名賛計典〈各府推官洪武三年始設〉」という。

（6）万暦三十年刊『広東通志』巻一五、郡県志二、広州府、「公署」。

（7）『盟水斎存牘』、王応華「盟水斎存牘序」に、

　雪臞顔公持平吾郡、題其斎曰盟水、不数月而一郡称平焉。

とあり、盟水斎とは、顔俊彦自身が命名したものである。陳子壮「盟水斎存牘序」は、

　盟水名斎、其顔公之心乎。是故莫翳其明也、莫疑其聴也、莫餒其力、莫傷其斧也、莫掣其筆也。故澹如泊如、一涇一渭、百折必東而不同者、君子所以盟心而小人所以泳徳。

と命名の意図を推測している。

（8）文書の種別については、濱島敦俊前掲「明代の判牘」を併せて参照した。

（9）宗族普及の概況については、拙著『中国の宗族と国家の礼制』（研文出版、二〇〇〇年）を参照していただきたい。

（10）拙稿「宗族の形成とその構造―明清時代の珠江デルタを対象として―」（『史林』第七二巻第五号、一九八九年）（本論文は、前掲拙著『中国の宗族と国家の礼制』に第九章として再録した）、拙稿「魏校の淫祠破壊令―広東における民間信仰と儒教―」（『東方宗教』第九九号、二〇〇二年）、拙稿「霍韜による宗法システムの構築―商業化・都市化・儒教化の潮流と宗族―」（『都市文化研究』〈大阪市立大学〉第三号、二〇〇四年）。

（11）前注参照。

（12）前掲拙著『中国の宗族と国家の礼制』一五六・一五七頁。

（13）この記事については、前掲拙著『中国の宗族と国家の礼制』三七七～三七八頁ですでに紹介したので、併せて参照していただきたい。

（14）汪宗衍『屈翁山先生年譜』（于今書屋、澳門、一九七〇年）による。

（15）片山剛氏は、清代の珠江デルタの図甲制に分析を加え、図甲制が単なる税糧の徴収・納入機構であるだけでなく、同族組織による族人支配を補完する意義をもつ装置であることを指摘している（「清末広東省珠江デルタの図甲表とそれをめぐる諸問題」、『史学雑誌』第九一編第三号、一九八二年、「清代広東省珠江デルタの図甲制について」、『東洋学報』第六

三巻第三・四号、一九八二年)。また、最近の氏の関連研究としては、「珠江デルタの集落と『村』―清末の南海県と順徳県―」(『待兼山論叢』第二八号、史学篇、一九九四年)、「華南地方社会と宗族―清代珠江デルタの地縁社会・血縁社会・図甲制―」(『明清時代史の基本問題』汲古書院、一九九七年)がある。こうした宗族による族人支配の要に、屈大均にいう祠堂が位置したと考えられる。西川喜久子氏は、デルタ地帯の宗族の活動を丹念に考察したなかで、祠堂(宗祠)が宗族結合の中心に位置した事例を多数紹介している。「『順徳北門羅氏族譜』考(上)(下)」(『北陸史学』第三二・三三号、一九八三・一九八四年)、「順徳団練総局の成立」(『東洋文化研究所紀要』第一〇五冊、一九八八年)、「珠江三角洲の地域社会と宗族・郷紳」(『北陸大学紀要』第一四号、一九九〇年)、「清代珠江デルタの地域社会―香山県のばあい(上)(中)(下)」(『北陸大学紀要』第二二・二三・二四号、一九九八・一九九九・二〇〇〇年)等。上掲論文はともに『珠江デルタの地域社会』(能登印刷株式会社、二〇一〇年)に収録された。

(16) 前掲拙稿「霍韜による宗法システムの構築―商業化・都市化・儒教化の潮流と宗族―」。

(17) 光緒刊『石頭霍氏族譜』巻一、「祠記」、乾隆二十四年序『広州府志』巻一六、書院、「南海県」。また、『羊城古鈔』巻三、「学校」に、「慎徳書院在粤秀山麓。霍文敏建。後改為祠」とあり、同書巻三、「祠壇」に、「文敏祠在越秀山麓。祀明宮保尚書霍韜。今圮」とある。

(18) 黄佛頤編纂『広州城坊志』(広東人民出版社、一九九四年)巻二、「流水井」。

(19) 前掲拙稿「霍韜による宗法システムの構築―商業化・都市化・儒教化の潮流と宗族―」。

(20) 『石頭霍氏族譜』巻一。

(21) 『乾隆志』巻三、郷事志、「家廟」、『道光志』巻五、郷俗志、「家廟」、『民国志』巻九、氏族志、「祠堂」。

(22) 前掲拙著『中国の宗族と国家の礼制』第九章。

(23) 宣統二年刊『嶺南冼氏宗譜』巻二之首、宗廟譜、「曲江侯書院図記」。

乾隆三十七年、巡撫張彭祖以城内合族祠類多把持訟事、挾衆抗官、奏請一律禁毀。於是各姓宗祠皆改題書院。

(24) 宣統二年刊『嶺南冼氏宗譜』巻二之首、宗廟譜、「曲江侯書院図記」。

(25) 一刻、署府讞略、「挾私訟屋謝文華〈杖〉」、一刻、讞略三巻、「誣詐黜生張鎮〈二杖〉」、一刻、讞略五巻、「争継謝克充謝克載〈杖〉」、一刻、讞略五巻、「敗子李昌麟〈杖〉」など。

(26) 乾隆二十四年序『広州府志』巻一一五、列伝四、「倫文叙」、『広東新語』巻九、「五里四会」。
(27) 仁井田陞「中国社会の同族と族長権威―とくに明代以後の族長罷免制度」(『補訂中国法制史研究　奴隷農奴法・家族村落法』(東京大学出版会、一九八〇年)、葉顕恩『明清徽州農村社会与佃僕制』(安徽人民出版社、一九八三年)一九一～一九六頁、陳支平『五〇〇年来福建的家族与社会』(三聯書店上海分店、一九九一年)第五章、常建華『宗族志』(上海人民出版社、一九九八年)、前掲拙著『中国の宗族と国家の礼制』第六・七章。
(28) 屈大均『広東新語』巻一七、「祖祠」。
其曰大宗祠者、始祖之廟也。庶人而有始祖之廟、追遠也、収族也。追遠、孝也。収族、仁也。匪譖也、匪諂也。歳冬至挙宗行礼、主鬯者必推宗子、或支子祭告、則其祝文必云、裔孫某謹因宗子某、敢昭告于某祖某考、不敢専也。其族長以朔望読祖訓於祠、養老尊賢・賞善罰悪之典一出於祠、祭田之入有羨、則以均分。其子姓貴富、則又為祖禰増置祭田、名曰蒸嘗、世世相守。惟士無田不祭、未尽然也。今天下宗子之制不可復。大率有族而無宗、宗廃故宜重族、族乱故宜重祠、有祠而子姓以帰。一家以為根本、仁孝之道由之而生。吾粤其庶幾近古者也。
(29) 雍正八年序『粤中見聞』巻五、地部、「祖祠」。
粤中世家望族大小宗祖禰皆有祠、代為堂構、以壮麗相高。其曰大宗祠者、始祖之廟也。祀祠主鬯、必推宗子、同祖禰之養老尊賢、其費皆出于祠。貴者・富者則又増益祠業、世世守之。此吾粤之古道也。
(30) 葉顕恩・譚棣華「論珠江三角洲的族田」(『明清広東社会経済形態研究』、広東人民出版社、一九八五年)は清代における珠江デルタの族田制を検討している。それによれば、族田を管理する機構は祠堂の組織としばしば重複するが、その管理者は値理、値事と呼ばれる。彼らは族長、宗子、族紳によって指名され、あるいは族衆によって推挙され、族長と宗子の指導のもとで族田を管理したという。清代のデルタ地帯で宗子と族長による指導体制が固まったことを示すものであろう。なお、上掲論文は、後に、葉顕恩前掲『珠江三角洲社会経済史研究』に再録された。
(31) 『中国家族法の原理』(創文社、一九六七年)一一五～一二三頁。
(32) 滋賀秀三前掲『中国家族法の原理』三三五頁。
(33) 明朝の服制については、前掲拙著『中国の宗族と国家の礼制』「付篇」参照。また、滋賀秀三前掲『中国家族法の原理』第一章は中国の服制に関して適切な解釈を行っている。

(34)『大明令』、「戸令」に、
・凡嫡庶子男、除有官廕襲、先儘嫡長子孫、其分析家財田産、不問妻妾婢生、止依子数均分、姦生之子、依子数量与半分。如別無子、立応継之人為嗣、与姦生子均分、無応継之人、方許承紹全分。
・凡無子者、許令同宗昭穆相当之姪承継、先儘同父周親、次及大功・小功・緦麻、如俱無、方許択立遠房及同姓為嗣。若立嗣之後、却生親子、其家産与原立均分、並不許乞養異姓為嗣以乱宗族、立同姓者、亦不得尊卑失序、以乱昭穆。
とある。

(35) 黄彰健『明代律例彙編』(中央研究院歴史語言研究所、一九七九年)巻四、戸律、戸役、「立嫡子違法」参照。また、滋賀秀三前掲『中国家族法の原理』一二三頁に適切な解説がなされている。

(36) 一刻、讞略五巻、「争継謝克充謝克載〈杖〉」。
審得、謝彦旋故絶、先継謝克充・克遷兄弟、以親房之姪倫序相応。時遷年小、即以長克充執喪入継。続称克充嫌伯庶出、不願為継、而合族遂倡以祔食祖祠為公挙、撥産助塔存廃相半、在克充固退継矣。未幾而又以祔祭難行、即挙族姪克載以為継。然則向之公挙、其意在沛公也。曾不思克載疏枝也、疏間其戚、能令克充之嘿然無言乎。但充既退在前、且長不為人後、不可継也。充弟克遷親枝次子、又無不願継之説、又何疑乎。充宜承祀、克載不得而争、所遺之産聴克遷管業。克充・克載仍各杖、以為妄争者之戒。招詳。

(37) 一刻、讞略五巻、「争継陳演瑚〈一杖〉」。
審得、陳肖一乏嗣、通族陳演俊等公挙長房陳演素入祀。考之、宗枝似亦相応。但一妾何氏欲另継演瑚。継祀之事、通族主之、非婦人所得問也。何氏有一女適生員盧象復、象復欲擁演瑚為義帝耳。果爾肖一亦終無祀矣。請従族議。而演素之族人亦不得以立素、為徳因以為利、肖一亦終無祀矣。拠称、有田一頃八十畝、応断三分之一与象復為奩業、再断二十畝与演瑚以謝絶之。尚存一頃、演素世守之、以永肖一祭祀、不得蕩費。若再有葛藤、衆共攻之可也。演瑚営継開釁、杖之。招詳。

(38) 一刻、讞略五巻、「争継黄従殷等〈一杖〉」。
審得、黄従殷之弟黄起桐故絶、親族公挙遠房之姪黄亞歓立継、従殷以胞兄有子単伝、固不能為弟之後、而属衆為政、絶無絲粒之及、因与歓父黄子繁相搆、而羅錦為殷母族、利鷸蚌之持、左袒子繁、互訟不一。業経県断、照俗挿花十畝与殷杜釁、可無詞矣。乃羅錦与張世昌復借建言為名、仮公挟讎、臚列単款、狂率瀆憲。殷亦随開患単相抵、究竟不離争継之一案耳。細審事件、倶属含血互噴、不足辱爰書。然両人者、皆無良也、擬杖猶不蔽辜、仍請加責枷示、以狗国之無端建言、目無三尺者。張世昌併杖。招詳。

(39)『明律』、刑律、人命、「威逼人致死」に、「若威逼期親尊長致死者絞。大功以下逓減一等」とあり、本律を指すと思われる。

(40)前注(30)参照。また、中島楽章『明代郷村の紛争と秩序―徽州文書を史料として―』(汲古書院、二〇〇二年)は、徽州地域の民事的訴訟を分析したなかで、族長による紛争解決の事例を紹介している。

(41)葉顕恩・譚棣華前掲「論珠江三角洲的族田」参照。また、西川喜久子前掲「『順徳北門羅氏族譜』考(上)(下)」は、二十年間族正をつとめた人物、宗祠の嘗産(祠堂付随の財産)の管理に当たった人物などを掘り起こしている。また、松田吉郎『明清時代華南地域史研究』(汲古書院、二〇〇二年)は、康熙年間、東莞知県が、郷村の族長・郷耆に紛争を解決させた事例を紹介する(五七頁)。

(42)滋賀秀三前掲『中国家族法の原理』五七六頁。

(43)一刻、讞略巻五、「争継方鐘棠等〈杖〉」。

審得、方氏之継方姓者主之、非異姓所得問也。族長方鐘棠漫無主張、而六親譁焉、各因以為利、遺産無幾、不尽不休、疇顧死者之斬其祀、生者之靡所依也。拠議以象璧継声駿是矣。而声駿之子最円業已成人、孀婦陳氏儼為在室、忍令為不祀之鬼乎。不継最円而継声駿、陳孝廉受甲、憐寡女無倚、所以有不平之鳴也、而方族称陳孝廉恃勢呑産。夫陳孝廉雖与最円為翁婿之親、以方族視之、猶然外人也。苟継嗣早定、陳孝廉亦安能挿身其間乎。遠昌以姪継叔、倫序無違、且陳氏煢煢未亡人、業已相依為命矣、則自有立愛之説在。応将最円所有財産載之印冊者、分為二股、俟象璧有子与遠昌並継。目下聴陳氏掌管、其有寡廉鮮恥、明呑暗吸、通族共撃之。陳氏倘私其所親、不力守先世之業、以貽後人、則亦無以見最円於地下、苦節之謂何、而乃出于此也。若方氏為最円親妹、最円絶矣、声駿止此嫡血、于情于理宜従其厚、除原撥田七十畝之外、合再加三十畝以足百数、亦不為過。其已嫁長姊、一適陳、一適蕭、無論当年奩資已豊、而已経物故、子女倶無、不得援之為例也。至方賓者、籍属南海、非伊族類、而林龢・林懿以母舅之親、擁之入継、借賓為囮、快其呑啖、青衿中何得有此無頼也。方鐘棠以族長而不持正論、林懿・林龢以母舅而党其別種、貪大殉利、蒙面喪心、倶応杖治、念緜・懿挂名学宮、曲為矜全、姑免擬。張鴻臨・張進業・張孟挙倶各照原擬。趙叔箴等以佃耕乗機争割田穀、聴査明追結招詳。按察司・守道倶批。仰候巡道転詳。

(44) 前注(34)参照。

(45) 『明律』、戸律、戸役、「卑幼私擅用財」に、

凡同居卑幼、不由尊長、私擅用本家財物者、二十貫笞二十。毎二十貫、加一等。罪止杖一百。若同居尊長、応分家財不均者、罪亦如之。

とあり、財産を均等に分割しなかった場合、処罰の対象とされた。

(46) この判断には法律上の根拠がある。『弘治・問刑条例』に、

告争家財田産、但係五年之上、並雖未及五年、験有親族写立分書已定、出売文契是実者、断令照旧管業、不許重分再贖。告詞立案不行。

とある。この条例は『嘉靖・問刑条例』、『万暦・問刑条例』にも収録されている(万暦刊『大明会典』巻一六三、戸律、戸役、「典売田宅」)。五年以上あるいは五年経ていなくても親族が分家の証文を書いており、また出売の契約書が本当であれば、訴訟されても、その持ち主の所有権は動かず、再び分割し、また売却したものを買い戻す必要はないのである。

「霍氏祠堂表」

出典『石頭霍氏族譜』(光緒二十八年刊、霍紹遠等五修)
＊「主神」：( ) 内は、所属房と名前。長房は三世祖・元珍の子孫、二房は三世祖・元安の子孫、三房は三世祖・元智の子孫。
＊「収録族譜」は下記の譜を指す。
重修譜：康熙29年 (1690) 霍際斯修纂
三修譜：乾隆33年 (1768) 霍瑞編修
四修譜：咸豊 7 年 (1857) 霍佩纕修
五修譜：光緒28年 (1902) 霍紹遠等修

	名称	設立年代	場所	主神	備考	収録族譜
1	霍氏家廟(大宗祠)	嘉靖 4 年	前街 (石頭)	始祖石龍公 (剛可)、及び二世、三世、四世の祖先		重修譜
2	慎徳書院	未詳	省城内粵秀山麓	六世渭厓公 (三房、韜)	書院の設立者は霍韜。後に祠堂に転用	重修譜
3	小宗祠	嘉靖年間	前街 (石頭)	四世南谷公 (三房、厚一)	設立者は霍韜	重修譜
4	西宗祠	万暦初	前街 (石頭)	五世西庄公 (三房、華)	設立者は七世・勉斎公 (与瑕)	重修譜
5	未詳	未詳	後街 (石頭)	五世慎楽公 (長房、徳富)		重修譜
6	未詳	未詳	隔坑	五世月梅公 (二房、民端)		重修譜
7	西庄公祠	未詳	省城流水井	五世西庄公 (三房、華)		重修譜
8	未詳	未詳	後街 (石頭)	六世正庵公 (長房、方)		重修譜
9	軍営祠	未詳	石頭	六世渭厓公 (三房、韜)	崇禎 6 年、軍営磨刀石に移す	重修譜
10	未詳	未詳	後街 (石頭)	七世寅賓公 (長房、与迪)		重修譜
11	未詳	未詳	後街 (石頭)	七世侶竹公 (長房、与遵)		重修譜
12	未詳	未詳	前街 (石頭)	五世庭秀公 (三房、光)		三修譜
13	未詳	未詳	前街 (石頭)	六世味厓公 (三房、佑)		三修譜
14	未詳	未詳	西樵山岡辺村	七世鶴侶公 (長房、与道)		三修譜
15	未詳	雍正10年	前街 (石頭)	七世勉斎公 (三房、与瑕)		三修譜
16	未詳	乾隆14年	石頭橋里	七世誠斎公 (三房、与玞)		三修譜
17	未詳	未詳	前街 (石頭)	八世三槐公 (三房、公孟)		三修譜
18	未詳	乾隆20年	弼唐村 (張槎堡)	八世如南公 (三房、若祺)		三修譜
19	未詳	未詳	鳳翅岡 (石頭)	八世愛源公 (三房、若郁)		三修譜
20	未詳	未詳	前街 (石頭)	八世接源公 (三房、若鄒)		三修譜
21	未詳	未詳	江美里	十世名山公 (長房、必達)		三修譜

22	未詳	乾隆23年	弼唐村（張槎堡）	十世拡仁公（三房、学済）		三修譜
23	未詳	乾隆21年	後街（石頭）	十一世逸静公（長房、履躍）		三修譜
24	未詳	乾隆30年	弼唐村（張槎堡）	十一世の事敏公（三房、士瑋）		三修譜
25	未詳	未詳	江美里	六世桂菴公（長房、朝熙）		四修譜
26	未詳	未詳	前街（石頭）	六世老洞公（三房、隆）		四修譜
27	未詳	道光20年	前街尚書里（石頭）	八世端州公（三房、若禔）		四修譜
28	未詳	未詳	江美里	九世徳伯公（三房、蒙薫）		四修譜
29	未詳	未詳	前街（石頭）	十世参元公（長房、元賛）		四修譜
30	未詳	嘉慶７年	石脳岡	十世三一公（長房、士標）		四修譜
31	未詳	乾隆49年	弼唐村（張槎堡）	十世見葛公（三房、師穀）		四修譜
32	未詳	道光２年	前街（石頭）	十一世持平公（長房、履通）		四修譜
33	未詳	未詳	弼唐村（張槎堡）	十一世穂園公（三房、文粋）	光緒年間重建	四修譜
34	未詳	咸豊２年	後街（石頭）	十二世宗岐公（長房、邑）		四修譜
35	未詳	未詳	省城小新街	十三世楽亭公（三房、勇官）		四修譜
36	未詳	咸豊６年	江美里	十四世豊雲公（三房、勝雲）		四修譜
37	未詳	道光19年	弼唐村（張槎堡）	十四世浩然公（三房、如江）	同治６年重建	四修譜
38	南宗義塾	咸豊年間		歴代の嗣なき者（南宗房）		五修譜
39	未詳	咸豊年間	石頭北水巷口（石頭）	六世宙山公（三房、任）		五修譜
40	樵卿家塾	咸豊10年	厚街	九世樵卿公（未確認）		五修譜
41	未詳	同治12年	隔坑	四世耕栄公（長房、厚徳）		五修譜
42	未詳	光緒７年	十字街	八世慕樵公（長房、若海）		五修譜
43	未詳	光緒７年	田辺	十世斗山公（未確認）		五修譜
44	未詳	光緒８年	霍氏家廟の右側（石頭）	二世椿林公（義）		五修譜
45	未詳	光緒10年	厚街	六世賢所公（長房、良）		五修譜
46	未詳	光緒年間	石頭書院の左側（石頭）	八世冰壺公（三房、若祐）		五修譜
47	書室	光緒23年	敦厚里	十四世雲高公（三房、愈衍）		五修譜
48	如祖義塾	咸豊年間	弼唐村（張槎堡）	如南房（三房の一支）の嗣なき者		五修譜
49	未詳	光緒20年	石脳岡	七世益斎公（長房、益斎）		五修譜

第十三章　明末珠江デルタの郷紳と宗族

はじめに

本論は、崇禎刊『盟水斎存牘』を利用して明末の珠江デルタ社会を考察する研究の一環である。著者の顔俊彦は浙江桐郷県の人で、崇禎元年（一六二八）に進士となり、その年に広州府推官を授けられた[1]。本書は、彼が広州府推官として在任した期間（崇禎元年～同三年）に扱った裁判記録をとりまとめた判牘である[2]。

筆者は、本書を主な史料として、明末の珠江デルタにおける宗族の実像の一端を解明する作業を行ったことがある[3]。その作業のなかで明らかにしたのは次の諸点である。第一に、明代半ばの広東は、中央から派遣された官僚によって辺境とみなされる状況にあったが、そのなかで、広州城と仏山鎮の両都市を中心とする珠江デルタの商業化・都市化を背景として登場した郷紳は宗法を理想として宗族を形成する運動を開始した。宗法主義の見地に立つとき、要となる施設は祠堂である。祠堂こそは、共同祖先嫡系の子孫である宗子が祖先祭祀を通じて親族を統合する場だからである。明末清初までに、広州では、都市、農村を問わず、広く大宗、小宗の祠堂が普及したが、なかでも、祠堂が集中したのは都市である。広州城と仏山鎮は珠江デルタにおける商業化・都市化を牽引する両輪であるが、この両都市においても最も祠堂が発展を遂げたことが確認される。第二に、宗族の体制である。理念的な宗法主義に照らせば、宗子による族人統合を宗族の理想型とする。実際には、宗法を実現することは容易ではないが、宗法主義を受容した珠江デルタでは、大宗祠を中心とする宗子と族長の指導体制が地域の習俗として記録された。『盟水斎存牘』に収録される案件を通じて知られる宗族の集団的意志や紛争の解決は、宗子と族長が族人を指導する宗族の体制を前提とするものであった。以上の検討結果から、デルタ地帯では、明末清初までに宗祠を中心とする宗族の体制が地域に根付いたと考える。

この旧稿の作業によって明末清初期におけるデルタ地帯の宗族の集団的体制を明らかにすることができたが、『盟水斎存牘』から得られる情報はそれのみにとどまらない。宗族の体制を樹立するうえで大きな役割を果たしたのは郷紳であったが、彼らが当時、デルタ地帯でどのような活動を展開していたのかという問題に関しても多くの情報が得られる。郷紳の家は市場占有、貿易、塩の密売、沙田経営など多角的な経営を行ったが、なかでも大きな社会問題となっていたのは、沙田をめぐる紛争である。デルタ地帯で最も開発が遅れた香山県等では、明代半ば以降、番禺・南海等の先進諸県の郷紳の家が沙田の利権を求めて激しい争奪合戦を繰り広げた。本論ではまずこの問題を検討する。第二に、郷紳の家による利権争奪を実行したのは、郷紳の子弟や宗族、更に奴僕、無頼など様々な人々であった。郷紳及び郷紳の宗族の拠点が集中した広州城に焦点を当てて、彼らの行動の実際を紹介する。第三に、郷紳の台頭はその宗族を「宦族」へと上昇させたが、このことが他の宗族に対していかなる影響を及ぼしたのかを検討してみたい。

なお、『盟水斎存牘』は二刻から成る。引用に際しては、書名を略し、一刻と二刻の別を示すこととする。

一　沙田の利権

珠江デルタにおける郷紳の活動がよくわかる事例は南海県深村堡石頭の霍氏である。霍氏は、当主の霍韜の任官前後から、沙田獲得、市場管理と私税徴収、塩の密売、鉱山経営など多角的経営を行い、デルタ地帯で利権を争った。(4) そうした郷紳の活動は明末にも継続した。陳子壮の証言を見てみよう。陳子壮、字は集生、秋濤と号す。曾祖の紹儒は工部尚書、父の熙昌は吏科都給事中であり、代々広州城の仙湖里に居住してきた。陳子壮は万暦四十七年（一六一九）の進士で、崇禎朝の時、詹事府僉事、礼部右侍郎などを歴任したが、宗室をめぐる言事をもって詔獄に下され、廷臣の助命運動によって死を減じて放還された。以後、彼は門を閉じて交際を絶ち、雲淙書院を築いて読書の生活を送った。崇禎十七年（一六四四）、北京が陥落するや、南京に成立した福王政権に加わって詹事府詹事兼礼部尚書に任じられたが、この政権も倒されると、郷里に戻り、母を奉じて南海県九江郷に隠遁した。一六四六年、清朝の軍隊が広東に入るや、翌年、一、〇〇〇余艘の船団を率いて広州城を攻めたが、敗走し、高明県で捕らわれ、殺された。同じく南明政権に加わって清朝と戦った陳邦彦や張家玉とともに粤後三忠と称された。(5) 陳子壮は北京で任官していた時期、広東の巡按御史劉翰鳩に書簡を送っている。当時、陳子壮が任官して家を離れている間、弟の陳子升が郷里の家業を管理していたと思われる。この書簡は、陳子升に委ねた郷里の家が他の郷紳（縉紳）の家と同じような悪行をなすことを恐れ、劉翰鳩に厳格な取り締まりを依頼したものである。郷紳の悪行とは何か。鉱山開発、マカオのポルトガル人等の夷狄との貿易、墟市や沙田の経営、牛の屠殺、鴨の養殖、高利貸、日常生活物資に対する私税の徴収などである。(6) こうした多角的経営はすでに嘉靖年間、霍韜の家で行われていたものであり、郷紳がデルタ地帯の利権をめぐってあらゆるジャンルに進出するあり方が明末においても通常であったことを示す。

珠江デルタにおける郷紳の活動を追跡するうえで注目すべき問題の一つは沙田をめぐる紛争である。現在の珠江デルタは西江、北江、東江の三つの上流河川によって運ばれる沈泥によって作り出された沖積平野であるが、開発が始まった秦漢時代にはこの地域は狭い湾であり、島々が点在していた。その後、三江の沈泥が次第にデルタの上流部を作り上げていったが、長い間、沈泥の堆積のスピードは極めて緩慢であった。南宋の頃からデルタは急速に成長し始め、元朝の時代に加速され、香山県の島々が大陸に接続された。明清時代の間にデルタ地帯の陸地化は更に進行し、現在のデルタ地帯の原型が出来上がった。沈泥が堆積して出来た砂州から沙坦（沙田）が造成された。すなわち、砂州が自然に作られると、その周りにより多くの沈殿物が集まり、堆積が更に進む。農民は周囲に堤防を作り、葦や豆類を植えて、堤防が崩れ、土壌が流出するのを防いだ。こうして三年か五年ほどすると、沙坦は水稲栽培に適した土地になる。沙坦が造成されると、より多くの沈泥が下流に溜まり、新たな沙坦が造成されていった。(7) こうした沙坦造成のプロセスは、人の手が加わったことが、沙坦の造成、デルタ地帯の拡大を加速したことを示している。明代にはこうした沙田の獲得をめぐって紛争が頻発した。(8) 霍韜によれば、デルタの先進地域として繁栄していた南海県に対して、その南の順徳、香山両県は大陸と切り離された湾内の島に過ぎず、開発途上の地域として捉えられていた。この順徳、香山両県及び東莞県では、新たに造成された沙田をめぐって紛争が絶えなかった。その原因は沙田が海中に生み出された浮生の田であり、所有権が明確でなく、課税の対象とされていなかったことにある。このため、沙田を所有することは大きな利益を生むことになるのである。(9)

広州諸県のなかで最も開発が遅れた香山県は沙田争奪の舞台となった。次にその間の事情を紹介しておこう。明代半ば以降、番禺、南海、新会、順徳に原籍をもつ「宦族」（「大家」「大姓」ともいう）は香山県の沙田を獲得し、所有田土に応じて香山各郷に戸籍を登録していた。いわゆる寄荘戸である。彼らは税糧・傜役に応ぜず、その負担が地元の各郷の里甲に転嫁されたため、里甲の人民のなかには破産するものが相継いだ。そこで、嘉靖元年（一五二二）、知県袁鏞は各郷の里甲組織から寄庄戸の戸籍を削除し、それぞれ原籍の県の名前を付した都を設けさせた。番南（番禺・南海）都図、新会都図、順徳都図の三つである。しかし、この改革案も実効を上げることはできなかった。なぜならば、誰一人として、寄庄戸は県城に赴いて傜役に応じなかったからである。(10) 先進諸県の寄荘戸は地方官や中央政府に大きな影響力をもっており、その影響力を背景として賦役を拒否していた。(11) 香山知県黄正色はこの問題を解決すべく乗りだした。黄正色、字は士尚、江陰県の人である。[12] 黄正色は嘉靖十四年（一五三五）、香山県に赴任すると、撫按・司府に、彼ら寄荘戸がそれぞれ付近の倉庫に税糧を納入させるようにするべきことを上申した。[13] この香山県の上申を受けて、布政司で審議させたところでは、香山県の全体の税糧は二〇、〇〇〇石、うち寄庄戸に課せられるべき税糧は八、〇〇〇石にのぼり、税役の負担を転嫁された里甲人民は被害を蒙っている。巡按御史戴璟は、寄庄戸の土地を小作する佃戸の姓名を香山県の戸籍に登録すること、寄庄戸の税糧は彼らの原籍地である番禺、南海、新会、順徳で納入させること、民壮等の雑役は銀に換算して納入させ、これを広州府に送り、広州府から香山県に転発すること、以後寄庄を禁止することなどを通達した。[14] 寄荘戸は「大家」、「大姓」、「富豪人戸」「豪勢」など様々に表現されるが、その実態は郷紳に他ならない。例えば、「豪勢」（寄荘戸）は沙田を取得すると、岸辺の水埠や海上の河泊所（罾門）まで併呑してしまう。[15] この時、「豪勢」は武装した船舶を連ね、鐘や銅鑼を打ち鳴らして、押し寄せるが、これを取り締まろうと、官軍が近づくと、弓でもって脅し、「我々は郷里の縉紳の命令を受けた者だ」と言い放ち、人を殺し、貨物を奪い、誰も止められないという。[16] また、香山、順徳、番禺、南海、新会、東莞の諸県の沿海地域では、蟛蜞という泥蟹が棲息し、穀物の芽を食べるため、農業に被害を与えるが、この地域の小民（細民、畜鴨の民ともいう）によって養殖されるアヒルがこの蟛蜞を好んで食べるため、食害は重大ではなかった。洪武、永楽、宣徳の時代にはアヒルを養殖するための組織（鴨埠）が設けられており、埠主が管理していた。ところが、成化年間に都御史が、埠主が小民を抑圧し、搾取しているものと疑い、埠主の制度を廃止し、小民が自由にアヒルを飼えるようにしたため、小民が仲間を集めて、アヒルを放し飼いにした結果、今度はそのアヒルが水稲を食い荒らすようになった。そこで、地方官は畜鴨を禁じて、小民を捕縛しようとした。これに対して、小民は集団で官兵に反抗し、また「仕宦之家」に賄賂を送り、これを後ろ盾とした。[17] 正徳三年（一五〇八）に赴任した広州知府曹琚（字は仲玉）はこの弊害を知り、洪武の鴨埠の制度を復活し、綿密な測量にもとづく制度を設けた。[18] しかし、その後、曹琚の鴨埠の制度は廃止されてしまった。

霍韜は鴨埠の制度を高く評価し、その復活を主張している。[19] これにより、畜鴨の民の後ろ盾となった「仕宦の家」の実態が更に明確になる。「宦家子弟」「宦族」である。郷紳の子弟、親族は畜鴨の民から賄賂を受け取り、郷紳の権威に借りて、畜鴨の民によるアヒルの養殖を官府に黙認させるようにしたのであろう。これに対して、アヒルの被害を受けた農民は郷紳の権力を恐れて告訴することはしないが、「某宦族が畜鴨を陰で操っているのだ」と言い合う、このことが郷紳の権威を傷つけることを霍韜は危惧するのである。

沙田が先進地域の郷紳の利権争奪の場となっていた状況は明末になっても変わらなかった。このことは、『盟水斎存牘』に記録されている。例えば、「調べたところ、香山、順徳の両県では、亡命を呼び集め、官僚の名前を偽って収穫物を略奪することが毎日のように行われています」[20] とあり、香山、順徳両県では、「亡命」を呼び集めて、郷紳の名に借りて収穫物を奪い取る輩が絶えないという。また陳子壮とともに清朝と戦った生員陳邦彦（字は会份、号は巌野）は沙田における郷紳の家の活動について具体的な証言を行っている。陳氏の祖先の陳璽なる者は安徽の池州府銅陵県から入粤した。彼は宋朝に仕えて機宜文字となり、南宋末、端宗に従って南遷し、広州城で卒したと伝えられる。陳璽の次子の大謨は元朝の枢密副使、大謨の子の時代に、広州から南海県龍山に移住して以降、陳氏は代々資産家として知られ、小圃陳氏と称した。景泰初めに南海県から順徳県が析置され、龍山も順徳県の所属となっている。順徳県には計四〇の堡が設けられており、龍山はその一つであり、順徳県城の西北、南海県との境界に位置している。また龍山堡は二一ヶ村から構成され、そのなかに陳氏が居住してきた小圃も含まれる。[21] 邦彦の祖父は嘉言、父は韶音。韶音は任官しなかったが、性命の学に詳しく、自ら邦彦を教えた。邦彦は県学に入学し、常にトップの成績を上げ、後に、父の韶音とともに、県城北郊の錦厳山の麓に移り住んで、詩経・易経を教えたが、常に数百人の学生が受講し、その門に出ずる者は数千人にのぼったという。[22] 明朝滅亡後、南京の福王、福州の唐王に、「上中興政要疏」三十二事を上奏したが、このなかに「禁侵漁」と題する一文が収められている。これによれば、「勢豪の家」が勢力に借りて利益を求める悪行の一つは占沙であり、納税を名目として他人の整備済みの税田を影占する。第二に搶割であり、秋の収穫時期になると、郷紳の家が打手を募集して、大型船舶に乗り込ませ、武器をもち旗を掲げて、収穫物を奪う。占沙や搶割の被害を受けた人々はその責任を郷紳に帰しているという(23)。

こうした占沙や搶割は順徳県だけでなく、香山県でも広く見られた。その実例は後述するが、香山県が依然として先進諸県の郷紳の被害を最も強く受けたことは次の史料に示されている。一刻、公移、「議詳春花園田入義倉」によれば、

調べてみますに、香山の春花園の田畝十五頃四十一畝は長らく豪民により密かに占有されておりましたが、馮知県が清査して十頃を倉に、五頃は学校に帰属させました。これは不易の判決です。ところが後に再びその田畝が侵奪されたため、周知県は徹底的に検地して境界を定め、これにより当該の田畝は久しく公家に属することとなりました。ところが、周知県が任を去った後、この問題を引き継いだ当局者が適切な人物ではなく、責任をもって処理せず、胥吏の管理に委ねたため、当該の田畝は以前のように豪民の手に落ちてしまい、その後、毎畝銀一両三銭を納めることで決着するに至りました。以前のことはさておき、周知県による検地ののち、すでに十年を経ており、その間に得られたはずの収益は数え切れないほど多額に上りますが、すべて豪民の輩に横領されてしまっており、たとえ二千金を支払っても収益の半分を償うに足りません。どうしてわずか毎畝一両三銭の納銀をもって田畝の価格とすることができましょうか。……考えますに、新会県の義田も久しく豪家に占奪されており、補餉（納税）を名目としないわけではありませんでした。前の察院（巡按御史）が取り戻そうとして、義田から追い出しましたが、あえて歯向かうものはいませんでした。どうして法律が新会県では行われて、香山県では行えないということがありましょうか。ましてや現任の香山知県は進士出身の知県であり、愚かな前任の知県とは異なります。「検地を行って田畝を国に帰属させた」馮、周の両知県はどういう人物であったかというと、特に優

れた人物が知県の職に任じられたわけでもありませんでした。（看得、香山春花園田壱拾伍頃肆拾壱畝、向被豪民隠占有年、自馮知県清出以拾頃帰倉、伍頃帰学、此不易之案也。後復肆侵占、周知県究詳豎界、而此田已久帰之公家矣。夫何周知県去後、当事者非其人、漫無主持、聴吏胥為政、而前田仍落豪手、後竟有毎畝納銀壱両参銭之議。前且勿論、即査周知県豎界之後、已有十年、其間花利不可勝算、皆為豪輩奸延呑匿、弐千金尚不足償花息之半。豈有壱両参銭作田価之理。……按、新会義田久没豪家、亦未嘗不以補餉為名、前院欲追、則尽追出矣、無有敢抗者。豈三尺之法能行之新会、不能行之香山乎。况見任香山為甲科県令、非復前任憒憒、馮・周両県令彼何人哉、当亦非異人任矣。）

という。香山県の春花園の田一五頃四一畝は長い間豪民によって占有されていた。そこで、馮知県が調査して、これを国家に没収して、一〇頃を官倉に、五頃を県学に、それぞれ帰属させた。馮知県とは馮生虞のことである。彼は四川大足の人で、進士から万暦九年（一五八一）、香山知県に任じられた。赴任するや、馮知県は自ら乗り出して県内の土地を測量し、上中下の三等に分けて魚鱗図冊に登録した(24)。春花園田はこの測量調査の時に摘発されたものであろう。後にこの土地が再び侵占されたため、周知県が測量して、再び国家に帰属したという。周知県とは周維持のことであろう。彼は南直隷金壇の人で、万暦四七年（一六一九）の進士に及第し、翌年（泰昌元年）赴任した。周知県は香山県の教育に尽力した人であり、仁山書院を設立して、仁山会課稿という科挙受験の対策集を作成して、諸生に教え、天啓元年（一六二一）、五人の挙人を送り出した(25)。

ところが、周知県が去った後、県政を担当した者は適切な人材でなく、周知県の判決を守れず、吏胥が政をなすに任せたため、再び春花園の土地は豪民の手に落ちてしまった。後には、この豪民が毎畝銀一両三銭を香山県に納めることによって解決を図るという案も出されたが、この方法では占拠されていた期間の間に得られた収穫の利益をとても取り戻せないとして、顔俊彦は退けている。顔俊彦はここで疑問を投げかけている。新会県の義田も長い間勢豪の家に占有されたことがあったが、当時の察院はこの土地を官に取り戻し、手向かうものもいなかった。どうして新会県で法律が施行できて、香山県ではできないのか、と。

更に卑職には心配していることがございます。香山県の郷紳は大変少なく、しかも彼らはみな門を閉じて家以外のことに関わろうとしません。それ香山の民に災いをもたらすのは隣県のものです。当該の田畝は香山の県官に責任をもたせ、その県官が本県の殷実の戸を招いて、佃戸が請け負って小作料を納めさせるようにし、他県の紳衿が介在するを許さないようにすべきです。願わくは、不正な抜け道を作って土地が失われることがないようにし、憲台（巡按御史）の恩沢が永遠に尽きることがないことを。（職更有慮者。香山郷紳甚少、而皆閉戸不与外事。其為祟香民者、皆隣邑也。此田須責成県官、当官召本邑殷実之戸承佃納租、不許外邑衿紳与身其間。庶不啓旁蹊曲徑、復致淪没、憲台徳沢永永垂之無窮耳。）

春花の園田を占有した豪民の背後には、他県の郷紳が控えていたと考えられる。香山県が当該の園田を取り戻すには、他県の郷紳に対抗しうるような地元の郷紳の支援が必要であるが、香山の郷紳は極めて少なく、また門戸を閉ざしてこうした問題に関与しようとしない。そこで、顔俊彦は、他県の郷紳に介入させず、香山県が独自に地元の富家を招いてその園田の耕作を請け負わせるべきことを提案するのである。

ここには、沙田をめぐって他県の郷紳が暗躍していたことが如実に示されている。顔俊彦が指摘するように、そもそも香山の郷紳は極めて少ない。光緒五年（一八七九）刊『広州府志』巻三四、選挙志三、「明」によって、任官資格を付与される進士及第者を比較してみよう。明代（洪武〜崇禎）の五県の進士及第者は、番禺県九一人、南海県一五一人、新会県四五人、東莞県七九人、順徳県九九人。総数は四六五人。これに対して、香山県は明代を通じてわずか一二人に過ぎない。官界に人材を送り出す能力において、新興開発地の香山県が圧倒的に劣っていたことは歴然としている。顔俊彦の発言から、香山県の郷紳も先進諸県の郷紳に対抗することができない自分たちの非力をよくわきまえていたことがわかる。

以上のように、郷紳による利権の争奪は明末にも持続していた。とくに香山県では、嘉靖年間以来、番禺、南海、順徳、新会等の先進地域の郷紳が土地を取得しても税役に応じないために負担を転嫁されたこと、また各種の不法な手段による土地占奪、収穫物の奪取といった被害を被った。こうした沙田の紛争は郷紳の家の活動の一端でしかない。陳子壮が伝えたように、郷紳の活動は極めて多面的であり、デルタ地帯のあらゆる利権を争ったといっても過言ではない。では、こうした郷紳の活動を支えたのはいかなる人々であったのか。次節では、これらの人々について検討したい。

二　族人、奴僕、棍徒

前節で述べたように、沙田を初めとする各種の利権を争った郷紳の家は批判にさらされたが、では、その責任は誰にあるのか。霍韜の証言によれば、先進諸県（番禺、南海、新会、順徳、東莞五県）の「大姓」が沙田の利権をめぐって互いに競い合い、紛争が絶えない状況に対して、香山知県はその武断の横を統制できないでいる。また、「大姓」を取り締まろうとすれば、知県の上官に訴え、更に朝廷まで訴えて騒がせている。これが故に、知県は紛争の曲直を正せないでいるのである。訴えを受けた大官は自分では曲直を判断できず、あるいは是非を曲げて判断し、知県に責任を押しつける。大官に逆らえば、不測の災いに巻き込まれる恐れがあるという。(26)「大姓」つまり郷紳の家は地方官や中央政府に大きな影響力を行使しつつ、沙田の権益を争奪したのであり、郷紳自身にその大きな責任があることは明白である。しかし、郷紳自身が現地に乗り込んで利権争奪の指揮をとったわけではない。陳邦彦は前掲「禁侵漁」において、占沙、搶割に直面した人々がその責任を郷紳に帰していると述べたのに続いて、「郷紳は書を読み、義理をわきまえ、国から深き恩を蒙っており、彼自身が不肖たるものはほとんどいません。しかるに、郷紳の子弟や僕従のごまかしによってそのことを知らされず、戚属や奸徒の詐りにより、彼らの悪行を正せません。しかも、小民が占沙、搶割のことを郷紳の家に訴えようとしても、主人は皇帝、門番は鬼のようであり、［占沙、搶割に与る］その経緯を知ることができません。」という。[27] 郷紳が本当に関与していないかどうかはひとまず措くとして、郷紳の子弟や親族、更に奴僕、奸徒の類が利権争奪の実行者であったことはこのことから知られる。また、陳子壮も、広東の巡按御史劉翰鳩に送った前掲の書簡のなかで、郷紳の多面的な利権争奪の事業に郷里の家の親族や奴僕が手を出している場合には厳罰に処すべきことを劉翰鳩に依頼していた。[28] 郷紳の周りにあつまるこうした人々が郷紳にとっては頼りであり、人々にとっては郷紳の権力が頼りであろう。こうして結ばれた人間関係の具体像はどのようなものであろうか。本節では、この問題を考えてみたい。

寄荘戸として香山県の沙田取得に乗り出した先進諸県は番禺、南海、順徳、新会、東莞の諸県の郷紳であったが、すでに従前の作業で明らかにしたように、彼らは明代中期以降、親族を組織化して、宗祠を中心とした体制を作り上げることに力を入れていた。番禺・南海両県を付郭県とした広州城や南海県仏山鎮といった政治や経済の中心都市には郷紳が集まり、宗祠の装置も集中した。[29] したがって、郷紳の家が沙田等の利権を争奪し、子弟・親族、奴僕、無頼が暗躍するという時、彼らの本拠地としてまず想起されるのは都市である。広州城の事例をいくつか紹介してみよう。

例えば、仏山鎮に隣接する深村堡石頭の霍氏の場合には、韜が郷里の石頭に大宗祠を建設してから、親族や子孫の移住にともなって各地に祠堂を建設し、宗族のネットワークを広げていった。[30] その一つの拠点は広州城に設けられた。広州城内北端の粤秀山には、霍韜が建設した慎徳書院があるが、これは後に韜を奉祀する祠堂に転用され、子孫が周辺に聚居した。[31] また、広州城内の流水井には西庄公祠が設けられた。[32] 西庄公とは霍韜の父の華（西庄は号）のことである。城内小新街には、十三世楽亭公を奉祀する祠堂が設けられた。楽亭公は十三世第三房に属す勇官（楽亭は号）のことであり、生没年は雍正九年（一七三一）～乾隆五一年（一七八六）。[33] その祠堂が設けられたのは清代後期のことであろうが、霍氏の一族が清代にも広州城に宗族の拠点の一つをもっていたことが確認できる。

霍氏のように、広州城に宗族の拠点を構えた事例は少なくない。たとえば、黄佐の家系は早い時期に広州城に移住した一族である。(34)黄氏の始遷祖（諱は憲祖）は元朝の西台御史であり、南人の武器所有を禁じた朝廷の命令に異論を唱えて嶺南に流されたが、旅の途中で亡くなったと伝えられる。その子の従簡は広東に入ると、南海県の西濠（広州城内の西側の城西地区）に居を構えたが、従簡の子の教（第三世）は畳滘郷（明代の南海県畳滘堡）に移住した。教の子の温徳（字は朝貴）は元朝の郷試に失敗して、東莞に僑寓したが、後に香山県を訪れ、北山に土地を得た。北山は仁厚郷良字都に属す村の名前である。仁厚郷は県城内外の居民も管轄する行政単位であり、良字都は城外を東南方向に出た場所に位置する。(35)また、温徳の次子の泗（洪武十四―一三八一年～景泰元―一四五〇年）は七十歳にして香山県に移ったという。温徳と泗の時代に、東莞から香山への移住が完了したと考えられる。泗には三子あり、次子の瑜（宣徳元―一四二六年～弘治一〇―一四九七年）が佐の祖父である。第六世瑜（字は廷美、双槐と号す）は太学生から恵州府長楽知県に任じられ、退官後、広州城内の番山の麓の承宣里に移り住んだ。その住居を雙槐亭といい、後に黄佐を祀る祠堂（黄文裕公祠）に転用された。(36)瑜には畿と広の二子あり。広は病弱のため二十代で亡くなった。畿（成化元―一四六五年～正徳八―一五一三年）は字は宗大、号は粤洲、府学生員に選ばれたが、任官を断念し、広州城内の粤秀山、後には羅浮山に籠もり、著述に専念した。畿の一子が佐である。黄佐（弘治三―一四九〇年～嘉靖四十五―一五六六年）は字は才伯、号は希齋または太霞子、晩年には泰泉居士と名乗った。正徳十五年（一五二〇年）、会試に及第し、翰林院庶吉士、江西按察司僉事、翰林院侍読学士など多くの官職を歴任した。また、世に泰泉先生と称され、多くの書物を著した。畿と佐の時代には、城内粤秀山麓の越井岡に粤洲草堂が設立された。畿が講学の場所としたのが最初であり、佐の時に再建された。(37)また、佐は承宣里に祖廟を建設し、家乗を編纂した。(38)このように黄氏は官界入りすると、拠点を広州城内に移したが、原籍地の香山県の宗族とも関係を失わなかった。瑜と畿は郷里の香山県に義田七〇畝を設けて、宗族共有財となした[39]。黄佐はこの義田を広げ、族人を救恤した[40]。道光年間に黄氏は香山県挿口の沙田と広州城の店舗を共有財として所有していた[41]。前者の挿口の沙田は一頃の規模を有していたが[42]、これはおそらく黄佐の時に前掲の義田を拡張したか、あるいは黄氏の子孫が佐の増置の後に更に増やした結果として一頃に達したものであろう。香山県城には始祖侍御公祠（始遷祖憲祖の祠堂）が設立されているので、当該の族田もこの祠堂に属するものであったと考えられる。

黄氏は官界入りするとともに、広州城内に移住し、独自に祠堂を建設したが、同時に郷里の香山県の宗族との関係も保持した。城居化しても、原籍地の宗族との関係を維持することは方氏の事例からも確認できる。方氏の祖先は福建の甫田に出身した。始祖宗元は宋朝に仕えて、広東行中書省に赴任し、番禺の青蘿嶂に葬られた。次子の道隆は広州路総管に任じられ、始めて南海県孔辺郷丹竈村に定居した。始遷祖である。道隆の諸子はそれぞれ長房、二房、三房、四房、五房の祖となった。そのうち雷益は五房の祖である。雷益の子は日華、日華の子は勢宏。勢宏は明初の動乱期に「郷族」を率いて郷里を防衛したと伝えられる。勢宏の子は、諱は権、字は用中、亭秋と号す。用中は任官の道は諦め、子孫の教育に情熱を注いだ。子孫は用中の期待によく応えた。まず用中の子の允成（諱は遂）は広西全州学正に任じられ、正統十三年（一四四八）、死去。允成には三子あり、嫡長子の貴科は南京旗手衛知事、次子の茂夫は郷試に及第。第三子は献夫である[43]。方献夫は、弘治十八年（一五〇五）進士に及第し、庶吉士から、吏部文選員外郎となり、正徳中、休職していた時に湛若水や霍韜等と西樵山で講学活動を行った。その後、嘉靖年間になって、吏部侍郎、礼部尚書へと昇進した[44]。この方献夫の時代から、方氏は祠堂を建設し初めている。まず嘉靖初め、提学副使・魏校が淫祠破壊の政策を実行した時、方献夫は、広州城西門外に位置する蘆荻巷で淫祠として廃絶された寺の敷地を購入し、五箴亭を建設したが、後に子孫は献夫を祀る祠堂に改変した。また、方献夫は広州城内の西側区域（西城）に邸宅（相府）を建設し、その中に賜書楼を設けている。相府の付近には、尚宝公祠、丹山公祠、学正公祠、亭秋公祠など五房の祠堂が次々と設立された。このことから、献夫の任官以後、五房の族人の活動拠点は、郷里の孔辺郷から広州城内へと移ったことがわかる。他方、郷里の孔辺郷では、嘉靖十三年（一五三四）、寝堂一座（五間）を創建し、始遷祖の道隆及び道隆の諸子（房祖）を祀り、「不祧之祖」となした。冬至には始祖宗元を中堂に祀り、始遷祖を配享した。この方氏大夫祠が方氏の大宗祠である。また、万暦三十年（一六〇二）には、粤秀山麓の雨帽街に所在した一族の丹山公の園塘を買い取って宗族の共有財とし、始祖宗元を祀り、南海・新会・東莞の各始遷祖を附祀した。各地の方氏を連合した合族祠である(45)。

以上に紹介した霍氏、黄氏、方氏、冼氏はともに、明代中期以降、官僚（郷紳）を送り出した宗族、つまり、宦族である。宦族へと上昇した宗族では、黄氏や方氏の場合には、広州城に新たに祠堂を設けるとともに、郷里にも始祖・始遷祖の祠堂を建設して、同祖の親族グループとしての結合を維持した。また霍氏は郷里の石頭の大宗祠を中心とする親族のネットワークを作り上げ、広州城の族人もそのなかに包摂された。宗族のネットワークは様々な形で張りめぐらされたであろうが、その形成に際して、郷紳が大きな役割を果たしたことはまちがいない。前述のように、沙田地帯で郷紳の権力を背景として土地を争奪するうえで、こうした郷紳の権力と宗族のネットワークは甚大な効力を発揮したと考えられる。利権を争って批判された宦族の中心は言うまでもなく郷紳の家族であるが、その周辺には宗祠を中心とした宗族の体制を槓杆として、族人が様々に関与したと考えるべきであろう。

郷紳の周りに集まったのは、族人だけではない。郷紳の権威・権力に引きつけられて、様々な人々が群がった。二刻、譎略、公移、禁約、「禁棍僕跳局小民」は次のように述べる。

示すらく、広東には詐欺の行為が常態化しており、省城はとりわけひどい。悪者や質の悪い少年どもがグループをなしてもめ事を起こし、また他のものを頼んで名目を設けて幻惑するなど、悪賢い兇の巣窟となっている。拙官が初めて五嶺を越えて省城に来た折り、これらの所行を見て髪が逆立つほど驚き、ただちに厳罰を与えようと誓った。もちろん血が滲むほどに噛みしめて堪え忍ぶという戒めを知らないわけではない。しかし、いささかの血の気の多さを押しとどめることができず、我が身をもって職に勤めんとし、職を捨てても一本の羽毛のように軽いものと決意した次第である。在任三年の間に、上は上官の威信を頼み、下はともに仕事をする人の支えに借り、かの地方の紳衿と協力し、もめ事を解決し、偽りや恐れがないように願い、その結果、地方を治める者が次第に安んじて、暴力的に弾圧するのを忌むようになった。ところが、最近しばしば告訴あり、被害に遭った小民が道で大声で叫ぶこと、ほとんど連日である。その間、人をだまし欺き、虐げる悪行みな揃っている。温斗玄の事件では、夜中に官府に闖入し、鼓を叩いて無実を訴えている。県の調査に拠ると、棍徒十数名が宦家（紳衿の家）に押し寄せて二百金をむりやり借用する事件が起こったが、これはかくのごとく強盗の所業をさえ凌ぐものである。……今後もし市棍や勢僕が党を作り横行して小民を欺くような事件が起これば、地方の約・保の人々が彼らを捕縛して官府に連行するのを許し、証拠をもって事実を究明し、転じて院・道に送って決着する。小民が市棍と闘えば、善悪の黒白をつけられず、小民が宦僕と闘えば、強弱歴然として敵わない。しかし、市棍と宦僕が小民と闘って、衆寡敵せずということであれば、我が民の頼むべきは皆の心を一つにして城のごとく団結することである。一つの町の人が被害に遭えば、その町全体が恐れおののき、互いに手をつないで対処し、傍観するようなことは思いもかけないことである。もし前項の思いのままに悪事をなす者がいれば、皆が立ち上がってこれを攻め立て、捕縛して知県に引き渡せ。知県は民の父母であり、どうして父母にして子供が湯火のなかに落ちるのを見過ごし、引き上げようとしない者がいるであろうか。決して市棍や勢僕に加担せず、無実の罪を被り苦しみを受ける民のために尽くすであろう。（示、粤中慣多跳詐、省城尤甚。土宄悪少三五成群、尋風生事、又且依草附水、影射名色、為狡兎之窟。本廳初度嶺来、見之髪竪、立意重創、非不知抉歯囓之戒。然一点血性、遏捺不住、願以身従、棄一官特一羽也。待罪三年、上頼各上台之讋震、下藉諸同事之維持、与夫地方衿紳之相体、庶幾嚚戢紛解、無詐無虞、理玆土者亦漸

漸相安、可忌鋤撃。乃邇来復数数見告、小民之被魚肉者、号呼于道、殆無虚日。其間刁誣不無、而凌逼儘有。如温斗玄一事、昏夜闖府、撃鼓鳴冤。抝県審称、棍徒十余擄至宦家、拷勒寫二百金、果爾、浮于強盜矣。……。今後如有市棍・勢僕結党横行、跳局小民、許地方保約人等竟拏縛解府、以憑究治、転解院道発落。小民与市棍闘、則善悪不敵、小民与宦僕闘、則強弱不敵、然市棍・宦僕与小民闘、則衆寡亦不敵、吾民之可恃者衆志成城耳。一街之中一人被害、則一街寒心、唇歯輔車、豈可不念乃忍袖手旁観。遇有前項縦横之人、当群起力攻、縛而致之該県令長。令長於民為父母、豈有父母而忍其子之落于湯火、不急引手者。決不左袒市棍・勢僕、難為受冤受苦之百姓也。）

広東では人を欺く跳詐の行為が蔓延しているが、広州城（省城）はとりわけひどいという。「土宄」や「悪少」が群れをなして、もめ事を起こし、また、権力ある者を頼って、他人の名義を借りて人を眩惑するなど、省城はわるがしこい悪党の巣窟となっているのである。彼らの実態は宦僕や市棍であった。顔俊彦は、今後も、宦僕、市棍が党を結び横行するようであれば、地方の保・約の人々が力を合わせて彼らを攻撃し、官府に突き出すべきことを期待している。宦僕は郷紳の奴僕であり、市棍は市井の無頼であるが、彼らは郷紳の家に属すかどうかは関係なく、共に活動する仲間であった。顔俊彦が伝える事件では、「棍徒」が郷紳の家（宦家）に押し入って二〇〇金を強引に借りるという過激な行動をとっている。官府だけでなく、郷紳でさえも手を焼く輩であったに違いない。こうした無頼の輩はいろいろなところで稼いでいた。堀地明氏の研究によれば、広州城では明代後期、搶米が頻発したが、暴動の主役となったのは小販者や無頼であった。無頼は端午の節句のボートレースの人夫となり、それを生活の糧としていたという。(46)

また、一刻、公移、「禁扮春色」には、

禁約の事がためにす。省城は様々な地方の人々が集まり住んでいる。ならず者や棍徒は常々事を見るに敏で、機に乗じて災いをなしている。調べてみるに、先年の迎春の日には、それぞれの街坊の、ぶらぶらして変事を好み生業に務めない輩がしばしば集まり、彼らの多くは内閣の高官に扮装し、街を練り歩き、国を挙げて狂うがごとくである。その間、争いが頻発し、盗賊も出没し、その災いは決して小さくない。ましてや人々の生活が窮乏し、物価が高騰している折、有用の財をもって無用の費えに供するとはなんと惜しむべきことではないか。よろしく禁止すべきである。（為禁約事。省下五方雑処、亡頼棍徒、毎毎見事風生、乗機為祟。査往年迎春之日、各街坊游閒好事不務生理之人、往往聚集、多装扮台閣、塡街塞巷、挙国如狂。其間争闘滋興、盗賊竊発、為禍不小。況当民窮財尽米珠薪桂之日、以有用之財供無用之費、豈不可惜。合行禁止。）

とあり、広州城の各街坊に住むまっとうな生業をもたない無頼（「亡頼、棍徒」）は、迎春の日の祭りに、仮装して街を練り歩いたが、人々もこうした祭に財を惜しまなかったというから、彼らは祭日の行事を取り仕切ることによって、利益を得ていたと考えられる。(47)

こうした郷紳の奴僕や無頼が、沙田の利権をめぐる紛争においても実働部隊となったと考えられる。前掲のように、陳子壮や陳邦彦は、各種の利権を争う場面で郷紳の親族と共に、奴僕や無頼が暗躍したことを伝えていた。個別の事例を掲げてみよう。一刻、讞略二巻、「搶禾梁仲采蕭誠志〈徒〉」に、

調査したるに、地元の悪者の梁仲采と蕭誠志及びすでに死亡した陳万祥は官僚の家の奴僕（宦僕）に付き従い、民産である黎光顕の登録済みの田坦を蚕食し、官府の許可状を領して沙田を守るを名目として、ほしいままに略奪しています。また周及、李孫彦、李応柱、秦邦城の諸家もこれを快として応援しています。ああ、かくのごとき状況を認めるならば、天のあまねく覆う王土のもと、強い者が弱い者の土地を併呑して我が物とするを不可とすることができましょうか。良字都金鼓角は黄旗都黄圃沙に属していないことは明白であり、混同すべきではありません。梁仲采と蕭誠志の証言によれば、厳宦（官僚の厳氏）の息子の厳懋綸がまさに上記の土地の併呑を行った張本人です。しかし、厳宦は万里も離れた土地に赴任している官僚で、家の内のことを顧みることは難しい。懋綸もやや家の実務を治めるに疎く、往々若輩がするようなことをしているに過ぎず、かつて官府に足を運んだ

こともありません。今、厳福なる者は杳として行方がわかりませんが、旗を列ね稲を守り、仲間を集めて搶割した梁仲釆と蕭誠志は現にここにおります。どうして［厳罰を］辞することがありましょうか。小民の稲を損なうはまさに死に値し、郷紳の節を汚すも死に値します。重く懲罰せざれば、そうした風潮を増長させることになります。しばらくは軽い律を用いて配流の処分とすれば幸いであります。香山県の搶割は災いであり、かつて小職は重く処罰し、上官に詳細を報告しております。今後再びこれらの事件があれば、頼みとする知県が内情を喝破し、重い刑罰をもってこれらの輩を鎮圧するのを辞さないでしょう。（審得、土宄梁仲釆・蕭誠志与已故陳万祥、影附宦僕、蚕食民産黎光顕経税之田坦、可以領批守沙為名、恣其搶掠、又将周及・李孫彦・李応柱・秦邦城諸家而快志焉。嗟嗟、使可若此、則普天王土何不可鯨呑為己有也。良字都金鼓角之非黄旗都黄圃沙、已鑿鑿乎、其不可混矣。拠仲釆・誠志称、係厳宦之子懋綸実為之。厳宦万里遠宦、靡能内顧。懋綸少不経事、或不無為若輩所弄、乃懋綸従未到官。今厳福已杳不可即、而列幟守禾聚徒搶割之仲釆・誠志儼然在焉、其又何辞戕小民之禾応死、玷郷紳之節応死、非重懲之、風胡可長。姑引軽律擬配、猶其倖也。香山搶割為祟、曾経職重創、申詳有案。今復有此等事、所恃県令抉破情面、刑乱用重以鎮之耳。）

とある。この事件は、土宄の梁仲釆と蕭誠志が万祥なる者とともに、郷紳の奴僕（「宦僕」）に付き従い、黎光顕の納税登録を済ませた民田を浸食し、許可状を受け取り、沙田を保護する名目をもってその民田の収穫物を奪ったというものである。いわゆる搶割である。この民田は良字都金鼓角に所在したとされる。良字都は香山県城の東南にあり、仁厚郷に属す(48)。

梁仲釆と蕭誠志は、この事件は、実のところ郷紳の厳某（厳宦）の子である懋綸が実行したものだと証言している。しかし、厳宦は遠方の任地にいて、家の経営を顧みる暇はない。子の懋綸はまだ若く経験不足であるから、おそらくは若輩の言うがままになっているところがなきにしもあらずであるという。郷紳は任官によって家を離れていることが多く、家の経営の実務を差配できない。主人に代わって、家族や宦僕が経営を運営せざるをえず、ここに彼らが無

頼（土宄）とともに、搶割を行うという事件が生じたのである。また、一刻、讞略二巻、「冒宦搶禾何基伯等〈一徒五杖〉」に、

調べたるに、香山・順徳両県では亡命の輩を招集し、宦（郷宦）の名義に借りて穀物を搶割することが日常的に行われています。しかも青衿（秀才）がその首領となっているというではありませんか。馮仰曾の殺占の訴えによれば、悪者の曾純学、王懋式等が郷宦の名義を騙り船舶に乗り込み佃戸を追い出して佃租の穀物を巻き上げる被害を被っています。そこで拙職は穀物を搶割した者どもを呼び出して各自を審問したところ、朱国基や関昭宇は郷宦梁氏（梁宦）については知らないと言っています。継いで区彦権・李栄顕を問い質すと、秀才の王懋式が首謀して悪者を引き入れたのであり、曾純学と何基伯は搶割を実施した隊長であると証言しています。曾純学は別件の盗案により獄に繋がれています。何基伯は白昼搶奪の罪で城旦の刑に服しています。朱国基ら五名は傭工であると主張しており、一杖を加えるに止めます。何世栄はまだ出頭していません。生員の干懋式はその身分を剝奪するのが妥当ですが、処罰を寛大にするかどうかは貴官の裁きに委ねます。以上、罪状を報告いたします。

（審得、香・順両邑招集亡命、冒宦搶禾、無日無之、而不謂青衿之領袖之也。拠馮仰曾殺占之控、称被宄曾純学・王懋式等、冒宦駕船、逐佃捲租。職進搶禾之人、而一一審之、朱国基・関昭宇猶口称梁宦不置陳、継同区彦権・李栄顕面質、秀才王懋式主使而勾引之来者、則曾純学・何基伯実為戎首。純学已以別案盗情繋獄。其何基伯応以白晝搶奪、城旦不枉。朱国基等五人堅称傭工、姑予一杖。何世栄未到、另提其生員王懋式、法応褫革、寛其一面、是在上裁。招詳。）

という。香山・順徳の両県では、「亡命」を呼び集め、郷紳の名前に借りて搶割することが常態的に行われていた。馮仰曾の訴えによるに、曾純学、生員王懋式らは梁宦の名前をかたり、船に乗って、佃戸から小作料を巻き上げた。この案件では、郷紳の名前に借りて搶禾したことにより罪を問われたのであるが、その首謀者は生員であった。生員が領袖となって、「亡命」を呼び集め、搶割を行ったのである。はたして梁宦が無関係かどうかはわからないが、生

員を首謀者とする人々が郷紳の権力に借りて、搶割を実施したことがわかる事例である。一刻、署香山県、讞略一巻、「搶割田禾黄楚行等〈徒〉」には、

調べたるに、香山は海に面して位置する県であり、諸県のうち最も僻地と言われています。田畝は海水が噴き出すところにあり、このため多くの労力をかけねばならず、収穫は乏しく、農民一家は嘆き悲しみ、常に生活に困り、しかも加えて土宄の投献や勢豪の侵奪があり、辺鄙な小県では訴えるところもなく、ただ手をつかねて倒れるのを待つばかりです。とりわけ恨むべきは、水稲の収穫期に一群の亡頼強賊が某宦、某宦が水稲を防衛するのだと偽り、白昼に船に乗り込み、ほしいままに収穫物を搶割することです。小民は蒸し暑い雨のなかで農耕し、手足はひび割れ、妻子に満腹の楽しみを味わせたいと願っても、ついに片時の瞬間さえも与えられません。（看得、香山襟海而邑、在諸邑中最称僻壤、田為海水所噴射、故用力恒多、収成極薄、八口嗷嗷、朝夕不給、而重之土宄之投献、勢豪之侵佔、窮郷下邑、何処控訴、有束手待斃耳。更可恨者、田禾収割之時、一夥亡頼強賊詐称某宦某宦看守田禾、白日駕船、恣行搶割。小民暑耕雨溽、手胼足胝、満望婦子有一飽之楽、而竟供其須臾之一捲。）

とある。「土宄」による投献、「勢豪」の占奪に加えて、収穫期に一群の「亡頼強賊」が郷紳（某宦）の名のもとに、水稲の保護を名目として白昼に船で乗り込み、収穫物を奪う搶割が常態化していた。この案件で郷紳の名のもとに搶割を行ったのは黄楚行等一七人であった。これに対して、襲撃された村の里排鄺復昌は郷民三百余人とともに戦い、捕縛して、官府に突き出した。判決によれば、襲撃者の一七人は「傭工愚民」に過ぎず、搶割を命じたのは順徳県の「光棍」呉子華であった。

以上のように、明末のデルタ地帯では、郷紳の権力に借りて、その宗族や奴僕、無頼が各種の利権を争った。では、こうした郷紳の家の活動はどのような影響をデルタ社会に及ぼしたのであろうか。次に、宗族の問題を中心として紹介してみたい。

三　宗族間格差

郷紳の周りには、族人のみでなく、奴僕、無頼など様々な人々が集まり、彼らは郷紳と関係を結び、利権を争奪した。したがって、郷紳の宗族にとって、郷紳を族内に抱えることが、宗族全体の力を強化することに繋がったと考えられるが、これを、他の宗族から見れば、郷紳の権力はそれぞれの生活を脅かすものではなかったか。郷紳が官界への影響力をバックとしてもつ強大な権力もさることながら、郷紳を支える諸関係も畏怖の対象となったであろう。本節では、この問題について考えてみたい。

前節でみたように、広州城には郷紳を抱える宗族の拠点が設けられる傾向があった。こうした傾向は仏山でより明瞭に確認できる。郷紳を持続的に送り出す有力宗族（宦族）と弱小の宗族との関係が構造的に社会に定着していったのである[49]。こうした宗族間格差の構造は、都市のみでなく、デルタ地帯全体にも拡延したと考えられる。広州府番禺県の文人屈大均は、当初は広州城、後には郷村でも盛んになったといわれる「著姓右族」が壮麗な祠堂を建設することが流行し、一、〇〇〇人の族人をもつ大族では数十に上る祠堂を所有し、弱小の小姓単家でも、数所の祠堂を所有したことを伝えている[50]。明末清初期には、都市と農村を問わず、宗祠を中心として人々が関係を維持する形態が一般的となっていたが、その宗族の間に大族と小姓単家といった格差が生まれていた。格差の構造は、広東巡撫王検が乾隆三十一年（一七六六）、朝廷に上呈した文書に端的に述べられている[51]。王検によれば、広東の民は多く一族を集めて聚居し、大戸も小戸も宗族の祠堂（族祠）ごとに大量の祭田を設け、多くの小作料収入（嘗租）を得ている。宗族の強者はその豊富な経済力を背景として弱い宗族を凌ぎ、族人の多さを頼んで横暴を振っている。勢力が拮抗し、決着がつかない場合には、嘗租のなかから手当を拠出することを餌として、族衆を械闘にかり出し、械闘によって亡くなった者の家族には嘗租を支給して、生活を保障した。かつて広東按察使潘思榘が范仲淹の義田の制度に倣って、族正・族副を設けて管理し、地方官が監察するように通達を出したが、械闘の風潮は収まっていない[52]。そこで、王検は嘗租を調査し、百畝以上の祭田は数十畝を祭祀用として残し、他は族人に分配し、族正に管理させることを提案している。

この王検の上奏から、第一に、宗族の間には、大戸と小戸といった格差が存在し、経済基盤や族人の数で劣る小戸は大戸に従属せざるをえないこと、第二に、宗族間には厳しい競争があり、しばしば械闘へと発展したことがわかる。こうした状況はすでに明末の段階でも生まれていた。『盟水斎存牘』からいくつかの事例を紹介してみよう。一刻、讞略巻三、「訐訟労紹元等〈杖〉」に、

調べたるに、労紹元、馮子真らの村落には、七つの姓のものが住んでいます。以前は長きにわたって七姓が一つの保を構成しておりました。最近、昔とは比較にならないほど人口が増えていますが、とりわけ馮と労の両姓の人丁の力が強く数も多く、互いに譲らず、統制が難しいものです。労姓ではしばしば新たな保の開設を訴える者がおりますが、彼らは、馮姓の一族がしきりに法律に違える行為を犯しており、「同じ保に属すことにより労姓に」累が及ぶのを危惧していることをその理由としています。馮氏のなかでかならずしも保の分割を望まない者は、労姓が保の管理、取り締まりを受けないことはないとして、それによって自分の便利なようにしようとしています。しかし、いずれにしろ確たる根拠があるわけではありません。ただ両姓の家々は互いに入り組んでおり、土地を分割して仕切ることもできません。要するに、村の土地はすべて一つの圍（堤防で囲まれた土地）のなかにあって、互いの声も丸聞こえで、考察も難しくないので、保を増設して管理を補助させてもいけないことはありませんん。ましてや該県はすでに許可状を発給し、馮姓と労姓にそれぞれ一保を設けさせ、その他の五姓はこの両姓に聞き従うようにして、近くの保の台帳（冊）に登録して互いに調べ、事あれば連座し、それぞれが責任を負い、一、二戸がそのなかに入り交じっていれば台帳への登録によって所属を定め、他の保に迷惑をかけないよう

にしています。樹木が成長し、枝分かれしてくるは自然の勢いというものです。馮子真らが旧籍の定制に借りて言いつのるのは明らかに強弁であり、労紹元らは好き勝手に譏言を列ね並べ、隣人としての親睦を損なうものですが、これらの事は人数の多さに関わる問題です。しばらく二人を首名に並べ、それぞれ杖罪に処して懲らしめます。他の関係者は連座を免じます。罪状を報告し、ご裁決をお待ちします。（審得、労紹元与馮子真等一村、共有七姓。向為一保、其来久矣。邇因人口繁滋、已非昔比、独馮・労二姓丁力強衆、両不相下、管轄尤難。労姓之屡告開保者、亦因馮族歴有犯事、以慮累為言也。馮氏之必不欲分保者、以労姓無良不受鈐束、以図自便也。然皆未有拠也。唯是両居犬牙錯襍、特不能割地為界、而総之塊土皆在一圍之中、声息相聞、不難稽察、添保羈攝、未為不可。况該県已曾給帖、馮・労両姓各主一保、其余五姓聴従、付近入冊、互相核査、有事連坐、各任専責、間有一二挿居、以冊為定、無累別保。樹大枝分、勢使然也。馮子真等借口旧籍定制、明属強詞、労紹元等羅列肆譏、大傷隣睦、事干人衆、姑将二比首名各擬杖懲。余免株求。招詳侯奪。）

とある。問題となっている村落は七姓が居住する雑姓村落であり、もともと一つの保に編成されていたが、そのなかで労と馮の両姓が台頭し、互いに譲らないため、一保として管轄することが困難になった。ここに労氏は新たな保を設けることを主張したのに対して、馮氏は新保の開設を必ずしも望まなかった。この村落を管轄する県では両姓の言い分を調整し、両姓それぞれに保を編成し、その他の五姓はこの両姓に従い、二つの保に分属することとし、顔俊彦も該県の裁定に賛同している。これは一例に過ぎないが、雑姓村落のなかから、有力な宗族が台頭し、他の宗族を従属させるというプロセスが明末清初にかけて進行したことを窺わせる。

また、「広東では墳墓をめぐる訴訟が毎日のように繰り返されています」（粤中争墳之訟、無日無之）（二刻、讞略二巻、「争山何憲峰等〈杖〉」）と言われるように、広東では、祖宗を埋葬する墳墓をめぐる訴訟が頻発していた。一々掲げることはしないが、『盟水斎存牘』にはこの種の案件が多数収録されている。一刻、讞略巻二、「妄訟羅承宗等〈免擬〉」はその一つである。

調べたるに、羅承宗と黄惟経は山上のわずかな土地をめぐって争い、つまらない争いが絶えることがありません。両家の山の隣の者もそれぞれに加勢し、羅氏に与する者は結託してその土地が羅氏の始祖［の墳墓］であり、黄氏を支持する者たちは黄家の絶墓であるとそれぞれに主張しています。要するに、今の明代に生まれて宋代の昔のことを主張しているわけで、この間、時代は遠くなり人も亡くなり、羅氏、黄氏いずれの土地かを検証しようがありません。風水を争いて祖先の霊を安んずるや、誰のものともわからぬ荒れた塚を始祖の墳墓とみなし、地下の先祖に強いてその先祖（始祖）を祖先とするのは、大いに祖先を脅すことではないでしょうか。いま、該県の原審及びその山の絵図に拠るに、両山の左右は溝が境界をなし、互いに侵犯することはありません。しかし、争っている一片の土地は名もない古墓であり、両姓はここに葬ってはなりません。該県に文書を送って、「古絶墓」という三文字を刻んだ石柱をその土地に立て、永らく争いをやめさせるべきです。羅承宗の訴えについては杖罪の処分としますが、彼の父母からその考えが出されていることに鑑み、憲台（巡按御史）の寛大な裁きを願うものです。布政使の批を奉じますに、すでに県の裁決を経ているので、しばらく究繳を免じる、とあります。

（審得、羅承宗・黄惟経争山上一片余地、蠻触不休、両家山隣亦各左右其袒、左羅者結為羅氏始祖、左黄者結為黄家絶墓。総之、生明道宋、世遠人亡、為羅為黄、俱無可考。夫争風水以妥先霊也、乃取不可知之荒塚、而認之為始祖、将強地下之祖父而亦祖其祖、不大有余恫乎。今拠該県原審及所絵山図、両山左右有水坑為界、無可相侵。而所争一片余地、委係無名古墓、両姓不得挿葬。仍行該県立一石、書古絶墓三字、竪其地上、永杜譁争。羅承宗妄訟応杖、但念其従父母起見、可徼憲台之寛宥也。詳奉布政司批、既経県断、姑免究繳。）(53)

羅承宗と黄惟経は山の上のわずかな土地の所有権をめぐって争い、その争いは止むことがない。両家の山に隣接するものもそれぞれに味方するところがあり、羅氏を支持するものは手を結んで、その土地が羅氏始祖の墓だといい、黄氏を支持するものは黄家の絶墓だという。この古墓をめぐる紛争では、羅氏と黄氏は宋代に設けられた祖先の墓だと主張するも、まったく証拠がなく、顔俊彦は、両家の主張を認めず、無所有の「古絶墓」として認定し、「両姓不得挿葬」という判決を出した。言い換えれば、両家は明末になって、それぞれに祖先の墓だと言い立てたものの、それまでは当該の墓を管理するようなことを行っていなかったことを示す。この事件の発端は羅承宗が訴訟を起こしたことにある。この時期になって、彼が訴訟を起こしたのは、古墓が風水のうえからも絶好の場所にあり、羅氏の始祖以来の墓だと主張することにより、その所有権を確定し、ここに一族を葬ろうとしたのだと考えられる。宗族が結集を強めつつあった明末において、墓の確保は、祠堂の設立とともに重要な事柄であるから、この紛争の背景には両姓の宗族が控えていたのではないかと推測されるところである。

また、一刻、讞略巻一、「人命馮崇聚等〈杖〉」は次のような事件を伝える。

調べたるに、鄧氏の夫の呂処賢は、市場（墟）の境界［の所有権］を争って馮崇聚らと殴り合って足に怪我して、まもなく死にました。死んだのは病気によるものですが、病気になった原因は喧嘩による怪我と関係がないとはいえず、彼の息子の呂肖則は殺人の罪をもって県に訴えました。［県では］二つの族の馮執賢と呂瑝挙及び鄧氏の族の鄧耀庭らを処分するに当たり、当官は告訴を取り下げさせました。関係者のうち馮姓の側は連座を恐れて葬儀への支援を願い出ましたが、これは人情のある判断です。しかし、死んだ呂処賢の一族の呂元輔らは裁判によらず和解により決着を図るものではないかと疑っています。府の申明を経て、裁決を補助せんがために、悉く原案に照らして帰結させました。馮崇聚は悔いてすでに助葬に同意しておりましたが、仲介人の調停が良くなく、このため、鄧氏が再び訴え、また呂族の于章らも傍らから挑発し唆したものです。今、呂肖則はすでに各犯人が犯した所行の証拠を出しています。馮崇聚、馮執賢、呂瑝挙、鄧耀庭、呂于章はそれぞれ杖罪の処分として懲らしめます。（審得、鄧氏之夫呂処賢、因争墟界為馮崇聚等兢殴傷足、不久身故。死雖因病、而病所従来、不為無因、屍男呂肖則以人命訟県。当有両族人馮執憲・呂瑝挙及氏族鄧耀庭等処明、当官攔息。其中馮姓慮累、願許助葬、情亦有之、而屍族呂元

輔等疑執私和。経府審明、将輔治罪、悉照原案帰結。馮崇聚因悔前処助葬、居間之人不善調停、此鄧氏復有二命之控、亦呂族于章等従旁挑激之耳。今肖則已出、各犯醸釁有繇。崇聚・執憲・瑝挙・耀庭・于章各杖示懲。）

鄧氏の夫の呂処賢は市場の境界（墟界）をめぐる争いの際に、馮崇聚らによって殴打されて怪我をし、まもなく死亡した。死因は病死であるが、殴打されたことがもともとの原因であることから、呂処賢の息子呂肖則が殺人事件だとして県に訴えた。呂姓と馮姓の両姓の族人である馮執憲、呂瑝挙、及び鄧氏の一族の鄧耀庭等は事実関係を明らかにすることを求めたが、県官はその告発を取り下げさせた。この間、馮姓の側では累を恐れ、助葬を願い出た。ところが、死亡した呂処賢の一族の側の呂元輔らは、これは、馮姓が裁判の判決によらずうやむやの内に和解するものだと疑い、府の審議を経て裁決すべきことを主張したのである。呂処賢が市場の境界をめぐる争いに際して傷つき、それが原因となって病死した事件であるが、その後の訴訟の過程で、対立は呂姓と馮姓の全般的な対立に発展したものであろう。そもそも墟界をめぐる紛争そのものが、両姓の宗族同士の争いであったと考えられる。

宗族が互いに競い合い、台頭した宗族が弱小の宗族を従属させる傾向が定着していくなかで、それぞれの宗族にとってはいかに自己の宗族を強化するかが重大な問題となってくると考えられる。前述したように、郷紳へと上昇すれば、親族、そして奴僕、無頼などがその周りに集まり、大きな勢力を築くことができる。したがって、宗族の側から見れば、郷紳を送り出して宦族へと上昇することが勢力を拡大するうえで何よりも必要とされることであろう。他方、宗族を強大化に導く郷紳の存在は、そうした郷紳を抱える宗族（宦族）に虐げられる側から見れば脅威である。宦族が展開する利権争奪は他の宗族の命運を大きく左右することになると考えられる。関連の史料を紹介してみよう。

一刻、署府讞略一巻、「跳騙聶于広〈徒〉」に、

調べたるに、聶于広は白昼に跳梁するすだまです。人に逢えば騙すのを常とし、その災いは孝廉にまで及んでいます。この獄訟を聞きて、孝廉の正直さと郷民のずるがしこさに深く感じ入った次第です。聶明道は祖先が残し

た蒸田（祭田）を所有していましたが、聶于広によって官僚彭氏の家（彭宦）に投献されてしまいました。明道はその祭田を買い戻すのに苦しみ、県に訴状を差し出して告発し、その調書が該県に保管されています。また、聶于広は後に、族人の土地を王宦に投献する事件も起こしています。その調書は広州府に保管されています。いま王宦の奴僕の王世進なる者が審問に出頭していませんが、必ずしも深くそのことは追求はしません。（審得、聶于広真白晝之魑魅也。逢人跳騙、乃及於孝廉。聴斯獄、而深有感于此中孝廉之樸・郷民之狡也。聶明道向有祖遺蒸田、被于広無端跳献彭宦、明道苦贖、批照告県有案矣。後又将其族人田跳献与王宦、見案在府。今王宦之僕王世進臨審不到、不必深求矣。）

という。聶于広は白昼に跳梁し、人に逢えば騙すのを常とするような無頼の輩であり、挙人の聶明道が祖宗から受け継いだ祭田を、勝手に彭姓の郷紳に投献してしまった。明道はこの土地を買い戻すのに苦心して、ついに県に訴えたものである。明道と于広は同姓であるが、同宗の族人かどうかは顔俊彦はとくに言及していない。ここで注目したいことの一つは、聶于広が投献した土地が祖先祭祀を維持するうえで財政的なより所となる祭田であったことである。その重要な共有財が他姓の郷紳に投献されたことは、聶氏にとって大きな痛手となったはずである。もう一つは、聶于広がその後、族人の田を王姓の郷紳に投献する事件も起こしていることである。この事件には王姓の郷紳の奴僕が関与していたようである。郷紳の奴僕と無頼が結託して悪事を働くという図式であるが、宗族という組織が存立するなかで、たとえ無頼とは言え、族人の土地を郷紳に投献するという事件が発生したことは、宗族の管理体制の弱さを示唆しているのではないだろうか。こうした事件は他にも伝えられている。例えば、一刻、讞略四巻、「涎産黄明峰〈杖〉」である。

調べたるに、黄明峰は黄三省の族人で、正業を持たない無頼です。三省の弟の宗紳が夭折した時、房屋の管理を三省に委嘱し、子孫に遺すようにさせました。この財産を守ることができなければ、三省としては冥土で宗紳に会わせる顔がなく、黙っていることなどできません。明峰は当初、［宗紳の遺産を］黄閏の名で登録し、房屋を厳官に投献しましたが、本案はまだ結審していません。しかるに今度は黄遠の名で登録し、陳官に対する借銀として四百両を契約書に記載し、黄任宇と黄益宇の名で署名しています。いま問い質すに、任宇なる者は三省であり、益宇は三省の実の弟に他ならないが、署名のことを認めていません。明峰がこの契約書を作成したのは間違いありません。ましてや四百金の取引はありうることではなく、有名無実の、官府の証明のない地券に過ぎず、また前業主の文契もなく、それは借銀の契約ではあっても、房屋売買の契約でないこと歴然としています。また借銀もそれほど多くはないことも明らかです。（審得、黄明峰為黄三省之族人、一亡頼游棍也。三省有弟宗紳夭折、将房屋囑託三省、以後嗣付之、則業之不守、無以見宗紳地下、三省自不能嘿嘿而已也。明峰始以黄閏為注、献屋厳宦、案尚未結。而復以黄遠出名、掲陳宦之債、契載銀四百両、黄任宇・黄益宇僉證。今廷質之、任宇即三省、益宇即三省之親弟、堅不認僉、其為明峰所写無疑。况四百金交易、亦非小可、而祇一空頭白券、並無上手文契、則其為借銀之契、而非売屋之契、可知。即銀亦未必有多多許、又可知也。）

黄三省は、弟の宗紳が夭折した時、その房屋を預かり、嗣子に相続させるように委嘱された。ところが、三省の族人の黄明峰なる無頼（「亡頼游棍」）が黄閏の名をもって登記し、厳という姓の郷紳に投献してしまった。この案件がまだ片付いていないのに、黄明峰は黄遠という名前で陳姓の郷紳から四〇〇両の銀を借り出し、この契約書には黄任宇と黄益宇の二人の署名があった。取り調べてみると、黄任宇は三省、黄益宇は三省の実の弟のことであるが、両名は署名を認めていない。黄明峰が勝手に作成したものである。この案件においても詐欺によって投献し、借金した相手は郷紳である。黄明峰が求めたのは詐欺によって利益を得ることであるから、相手は誰でもよかったはずであるが、郷紳を投献の相手に選んだのは、郷紳の庇護を期待してのことであろう。また、一刻、署府讞略一巻、「投献陶国聘等〈杖〉」にいう、

調べたるに、陶国聘と陶国章の父の体清は荒坦十畝を所有しており、陶欣承の田坦三十余畝に隣接しています。

体清は長年にわたり税を納めてきましたが、課税を免れんことを願い、一五〇両で陶欣承に絶売（永久に売却）しました。陶欣承は石を購入し泥を運んで堤防を築いて、内部の土地を整備しました。その土地は最初は十一の区画（小漏）に分けて整備し、後にこれを三つの大きな区画（大漏）に仕上げ、更に、自身の祖業三十余畝を併せて、一大圍を形成しました。ここまで仕上げるには、多くの工費がかかっており、また三次にわたる工事は長い時間をかけたものであり、子孫が代々受け継ぎ守るべきものです。ところが、陶国章は陶欣承の事業をうらやみ、後にその土地をめぐって告訴しようとは思いもかけないことです。欣承は三十年もの間、苦労して計画し、そのために血と汗が尽きるほどでした。ひとたびこの田地を分割するならば、皮膚をはぎ取るような苦しみだけで終わるでしょうか。ましてや、長い年月を経て、［絶売した土地を］買い戻した例はありません。裁きを行う者として、兄弟（体清と欣承）の間のことであることを考慮して、上乗せして買い戻させるのは、法の範囲のなかでの情というべきです。欣承は国章みずからがその土地を管業するという言葉を信じて、我慢して買い戻しに応じました。ところが、国章はその土地を手に入れるや、盧上銘の父の盧宦に投献し、盧宦は人々を集めて経営を開始しました。これらの土地はすべて一つの圍基のなかに所在するものであり、欣承はずいぶん悔しがっています。また欣承の土地の経営も安心できなくなりました。国章が回贖を強要し、これを盧瑛に転売してしまい、農民は製塩（竈業）に従事するようになりました。このことが、欣承が恨み骨髄に徹し、朝廷に赴いて訴えた理由なのです。（「審得、陶国聘・陶国章之父体清、有荒坦十畝、与陶欣承坦三十余畝相並。清因歴年賠税、急脱之為快、得價一百五十両絶売与欣承管業。買石運泥、築壆改基、初成十一小漏、後又加築、改為三大漏、併通自己祖業三十余畝、共成一大圍。其工費不為不多、業管三届、不為不久、已謂子孫世守。詎章垂涎豊美、後起告争、欽承三十年苦心籌画、血力幾尽、一旦割之、奚啻剥膚。况經年久、例無回贖。讞者以兄弟之間断以加貼回贖、亦法中之情也。然欽承以国章自受、故隠忍之耳。乃一入手、即転投盧上銘之父盧宦、興衆起業、総在一圍之中、唇歯蹂践、幷欽承前産、倶不得安其故業矣。国章強贖、背売盧瑛田、

民得奄業、欽承所以啣恨次骨、而為赴闕之控也。」）

と。陶国聘と陶国章の父である陶体清が所有する未整備の沙坦一〇畝は、彼の兄弟の陶欣承の沙坦三〇余畝に隣接していた。体清は賦税の負担を逃れるために、一五〇両で陶欣承に絶売した。陶欣承は苦労して、これらの土地の周りに堤防を築いて内部の土地を区画整備し、祖先から受け継いだ三〇畝を併せて、一大圍を作り上げた。ところが、整備された沙田を見た陶体清の子の国章はこれを手に入れようとして訴えを起こした。この訴えを裁いた官は紛争が兄弟の家の間のことであるのに配慮して、国章が売却価格に上乗せして支払い、土地を買い戻させることで結審した。ところが、国章は一旦土地を手に入れるや、盧上銘の父の盧瑛田に売却してしまったのである。盧瑛田は東莞県の人で、万暦三十八年（一六一〇）、進士に及第し、戸部主事から、湖広按察司副使、四川参政などを歴任した。その子の上銘は父の恩蔭により任官し、工部主事まで昇進した(54)。郷紳の家族である。このケースでは、兄弟の家の間で財産をめぐる紛争が発生したのであるが、やはり売却先は郷紳である。盧瑛田はその土地で製塩業を開始しており、陶国章が売却した背景には、盧氏の側の誘いがあったのではないかと疑われる。いずれにしろ、陶国章は親族を裏切ってまで、自己の利益を優先し、郷紳の権力に吸引されたということができよう。

これらの事例から、郷紳を抱えることが宗族にとっていかに重要かが理解されるであろう。族中の無頼が族人の土地をしばしば有力郷紳に投献したり、売り飛ばしてしまうのは、自己の利益のためであるが、それは言い換えれば、自己の宗族の求心力が弱いということでもある。そこには、有力な郷紳をもたなければ、その宗族は血縁を絆とした関係の維持すら危ぶまれることが示唆されている。他方において、郷紳の宗族は、郷紳の権力をバックとして様々な利権を手に入れ、そのネットワークを拡大し、宗族としての力を強化できる。ここに、宦族と弱小宗族といった宗族間格差が生まれることになるであろう。

おわりに

最後に本論で論じてきた内容をまとめておきたい。

第一に、沙田の問題である。明末の郷紳の家は、鉱山開発、海外貿易、墟市や沙田の経営、牛の屠殺、鴨の養殖、高利貸、日常生活物資に対する私税の徴収など、多角的経営を推進したが、なかでも注目されるのは沙田をめぐる紛争である。明代の珠江デルタ地帯では、上流の西江、北江、東江の三江によって運ばれる沈泥によって絶えず沙坦が生み出されるが、この沙坦を耕作可能な田地として仕上げた沙田は所有権が明確でなく、課税の対象とされなかったため、大きな利益をもたらした。広州諸県のなかで香山県は最も開発が遅れ、沙田の造成の範囲が大きかったので、明代半ば以降、番禺、南海、新会、順徳に原籍をもつ寄荘戸は沙田を獲得し、更に周囲の水埠や河泊所まで占拠したが、税糧・徭役に応ぜず、その負担が地元の各郷の里甲組織に転嫁されたため、大きな被害を里甲人民に与えた。寄荘戸は、「宦族」、「大家」、「大姓」、「富豪人戸」など様々に表現されるが、その実態は郷紳の家に他ならない。沙田が先進地域の郷紳の利権争奪の場となっていた状況は明末になっても変わらず、郷紳の家が中心となって、占沙、搶割を繰り広げた。明末になっても、香山県の沙田が先進諸県の郷紳の餌食になった理由の一つは、香山県の郷紳の力が弱く、対抗できなかったことにある。

第二に、利権を争奪した郷紳を取り巻く人間関係である。郷紳は各種の利権を争ったことにより批判にさらされたが、利権争奪の実行者は郷紳の子弟や親族、更に奴僕、無頼の類であった。郷紳やその周りに群がる人々の重要な拠点の一つは広州城である。明代中期以降、官僚（郷紳）を送り出した宗族（宦族）では、広州城や郷里を含む広い範囲に、宗祠を中心とした宗族のネットワークを張りめぐらしたが、沙田地帯で郷紳の権力を背景として土地を争奪するうえで、こうした郷紳の権力と宗族のネットワークは甚大な効力を発揮したと考えられる。宗祠を中心とした宗族の体制を槓杆として族人が様々に利権に関与したと推察されるのである。郷紳の周りに集まったのは、族人だけではない。郷紳の権威・権力に引きつけられて、様々な人々が群がった。無頼の輩の悪行による被害は広東の至る所で見受けられたが、なかでも郷紳や宗族の拠点が集まった広州城での活動が目立つ。市棍と呼ばれる無頼が郷紳の奴僕（宦僕）を仲間として暗躍した。こうした郷紳の奴僕や無頼が、沙田の利権をめぐる紛争においても実働部隊となったのである。

第三に、郷紳を送り出した宗族（宦族）が他の宗族に与える影響である。明末のデルタ地帯では、宗族間の競合がはげしくなるなかで、郷紳を送り出す有力宗族と弱小の宗族との関係が構造的に社会に定着していったが、こうした格差の構造は都市だけでなく農村にも広がっていた。『盟水斎存牘』の判語のなかには、雑姓村落のなかから、有力な宗族が台頭し、他の宗族を従属させるというプロセスがよくわかる案件が含まれている。そうした状況のなかで、それぞれの宗族にとってはいかに自己の宗族を強化するかが重大な問題となる。郷紳へと上昇すれば、族人、そして奴僕、無頼などがその周りに集まり、大きな勢力を築くことができるのであれば、これを宗族の側から見れば、郷紳を送り出して宦族へと上昇することが勢力を拡大するうえで何よりも必要とされる。しかし、他方、宗族を強大化に導く郷紳の存在は、宦族に虐げられる側から見れば脅威である。『盟水斎存牘』の判語のなかには、族中の無頼が族人の土地をしばしば有力郷紳に投献したり、売り飛ばしてしまう事例が含まれる。こうした行為そのものは無頼自身の利益のためであるが、彼らの行為を押さえられない宗族の側にも問題があると言わねばならない。言い換えれば、宗族の求心力が弱いということでもある。郷紳を抱えていれば、その宗族は宗祠を中心として求心力を強め、族人だけでなく、奴僕、無頼など様々な人々を引き寄せ、多角的に利権を争奪することができた。郷紳を送り出せないということは、宗族の体制を強固に維持できず、利権争奪の競争に敗北することになるであろう。宦族と弱小宗族といった宗族間格差が生まれる理由がそこにある。

以上のように、宗族にとって郷紳を送り出すかどうかはその命運を左右する重大な問題であった。もちろん、郷紳の身分は一代限りであり、したがって、その宗族の勢力も郷紳がいなくなれば喪失することになる。有力な宗族が郷紳を送り出そうとするならば、恒常的な装置が必要である。明末清初までに普及した宗族の組織はその点で極めて有効に機能したであろう。教育への投資による科挙及第者の輩出はデルタの宗族にとって至高の目標である。それのみではない。明末のデルタ地帯では、全域にわたって各種の民衆反乱が拡大した(55)。宗族間の紛争が激化し、また外部からの攻撃に対する防衛が必要な状況では、郷紳を通じて国家との連携を強めることが更に重要な課題となったと考えられる。

注

(1) 康熙刊『新修広州府志』巻一八、「官師表」、光緒五年刊『広州府志』巻一八、「職官表二」。

(2) 本論では、北京大学図書館所蔵本を底本とする。また、中国政法大学法律古籍整理研究所が整理を行って、標点を付した『盟水斎存牘』(中国政法大学出版社、二〇〇二年)を参考にする。なお、同上研究所の徐世虹教授のご厚意により、北京大学図書館所蔵本の複写を提供していただいた。この場を借りて、感謝申し上げたい。

また、本書については、次の論文で紹介がなされている。濱島敦俊「明代の判牘」(『中国法制史—基本資料の研究』(東京大学出版会、一九九三年)、葉顕恩「晩明珠江三角洲区域社会情態的忠実記録—『盟水斎存牘』簡介」(『珠江三角洲社会経済史研究』稲郷出版社、台北、二〇〇一年)。また、大島立子「『承継』判例から見た法の適用—宋・元・明代の比較から—」(『宋—清代の法と地域社会』財団法人東洋文庫、二〇〇六年)は明代の「承継」に関わる分析の中で本書を活用している。

(3) 拙稿「明末広州の宗族—顔俊彦『盟水斎存牘』に見る実像—」(『東アジア近世都市における社会的結合—諸身分・諸階層の存在形態』(清文堂出版、二〇〇五年)。同論文の中文版「明末広州的宗族—従顔俊彦『盟水斎存牘』看実像—」は、二〇〇六年、『中国社会歴史評論』第六巻に収録された。

（4）拙稿「石頭霍氏—広東の郷紳の家—」（『名古屋大学東洋史研究報告』第二五号、二〇〇一年）。また、石頭霍氏については、次の研究も考察を加えている。羅一星『明清仏山経済発展与社会変遷』（広東人民出版社、一九九四年）、九六頁〜一二〇頁、David Faure, *Emperor and Ancestor: state and lineage in South China*, Stanford University Press, 2007, pp125-128.

（5）康熙三十年刊『南海県志』巻一一、人物列伝、「陳子壮」。

（6）陳子壮『陳文忠公遺集』巻一〇、尺牘、「与劉翰鳩巡按」。

蓋敝省僻在海徼、寇盗奸宄出入之藪也。外通洋夷諸島、内逼香山・澳門。沿海又皆塩場、蛋戸利之所競、害亦滋起。走利之徒、毎私販違禁之物、以勾引生事。此郷落之甚蠹、而縉紳之公患也。然而此輩偪借縉紳之名号、以通行於郷落、而莫可誰何、長此不治、名実無根、黒白相乱、甚者不知不見之処、乃有庇盗殃民之事。壮甚痛之、曩亦瞿瞿家居、頗為厲禁。今遠在八千里外、将如之何哉。為桑梓之謀・身名之計、惟有力控公祖飭法而已。……壮同胞弟子升弱冠、長大童稚、奉家慈、晨昏読書、不省外事、蒼頭不満十人。先世遺業無多、開収俱已明白、無煩官司辨理。今家書所誡、猶鋳刑書也。大之開山販海、庇盗殃民之事、小之搭墟承担、宰牛養鴨、放債収当、柴米豬魚諸税、以私壟断、而剝郷里、誓所不歯、所仰懇老公祖、凡詐冒縉紳者、均法無貸、而於舎下尤加等焉。凡名号有渉舎下子姓・奴僕者、均法無貸、而於真子姓・奴僕尤加等焉。庶前項其可禁止乎。

（7）Marks, Robert B, *Tigers, rice, and silt: environment and economy in late imperial south China*, Cambridge university press, 1998, pp66-69, 80-82. また、松田吉郎「明末清初広東珠江デルタの沙田開発と郷紳支配の形成過程」（『社会経済史学』第四六巻第六号、一九八一年。同論文は後に、『明清時代華南地域史研究』汲古書院、二〇〇二年、に収録された）はつとにデルタ地帯の沙田開発に着眼している。傅同欽「明清時期的広東沙田」（広東歴史学会編『明清広東社会経済形態研究』、広東人民出版社、一九八五年）は明清時代の沙田問題を分析している。また、デビット・フォール（科大衛）氏は宋代から明代までのデルタ地帯の開発史における堤防の建設と沙田の造成に論及していて、便利である（前掲 David Faure, *Emperor and Ancestor: state and lineage in South China*, pp51-57.）

（8）傅同欽前掲「明清時期的広東沙田」は明代における沙田の紛争の大略を紹介している（六五〜六八頁）。

（9）『霍文敏公全集』巻一〇下、公行、「両広事宜」。

東莞・順徳・香山之訟、惟争沙田。蓋沙田皆海中浮漲之土也。頑民利沙田、交争焉。訟所由棼也。善断者凡訟沙田皆没入之官、則訟端永息矣。何也、沙田者海中之洲島也。先年五嶺以南皆大海耳、故吾邑曰南海、漸為洲島、漸成郷井、民亦蕃焉。南海闔邑皆富饒沃土矣。今也香山・順徳又南海之南洲島、日凝与気俱積亦勢也。頑民利洲島、交利互争、訟所由棼。有司所不能断者也。如遇沙田之訟、即按其籍曰、爾田何年報税、如果増報税額、有益国賦也。按籍給之永業、無籍者没之官。若曰吾所承之業従某戸某田塌陥、代之承補者也、則姦民之尤也、宜勿聴、仍断其田没之官、則姦固難售、而訟亦可省矣。是固聴沙田之訟之策也。又曰、凡訟沙田皆没之官、則沙田之訟自息耳。蓋沙田皆海中浮土、原無税業、是民所由争也。語曰、一兎在野、衆共逐焉、無主故也。積兎在市、過而不問、有主也。海中沙田、野兎之類也。其争也逐兎也。没之官、召民承買、而取其価、以供公需、絶訟之術也。

とある。

(10) 嘉靖二十七年刊『香山県志』巻一、風土志、「坊都」に、

僑立都図、以籍寄庄戸者有三、曰番南都図一、新会都図三、順徳都図五。初番・南・新・順各県大家、随田寄籍、散隷各郷、多倚豪勢不輸糧役。官司責在里甲代賠、累至傾家者。嘉靖元年、知県袁鏞申請撫按督造徇門、削其図籍、令自勾管、設為図籍、各以其県名都。蓋天下郡邑所無也。後其里甲相党、無一名赴県着役。凡有徴辦、反為邑民之累也。

とある。

(11) 霍韜『渭厓文集』巻五、「贈黄尹宰香山叙」に、

香山在郡之南百五十里、而近週遭皆海。香山擎然于海之中如瓊厓、而差小山之秀、特如垣如屏、擁邑治之背。邑南襟帯海洋、登高観焉、嶺外之奇境也。其邑之域暨民生歯之数登于図籍者為里、惟三十有五。然番禺・南海・新会・順徳・東莞五邑之民、皆托籍寓産焉。一邑叢五邑之産、則多大姓。五邑大姓叢産一邑、徴賦督逋、嘵無寧時。故為令惟難。邑多漲鹵、積而為島、可稲可麦、可菑可漁。有力者利焉、大姓交利争、是以棼武断之横。為令操権之難。令不能曲直、彼弱則穽、強則狼、悻奔叫上官、叫囂于天闕。逮械質保、及于閭五什伯為聚。為令追呼之難。大吏不能自直曲、取基于令、或則大吏詭直曲、責成于令。逆大吏則怒且虞禍罟、順則獲戻直民。為令任職之難。

とある。なお、嘉靖二十七年刊『香山県志』巻八、雑志、「雑事」にも、上記の内容を伝える。「雑事」により一部の字句を校正した。

(12) 黄正色の伝記は多くの文献に収録される。嘉靖二十七年刊『香山県志』巻五、官師志、官制、知県、「黄正色」、同官師

志、名宦、「黄正色」、嘉靖四十年序刊『広東通志』巻五〇、列伝、名宦下、「黄正色」、『粤大記』巻一二、宦績類、循良芳躅、「黄正色」、『国朝献徴録』巻七二、「南京太僕寺卿黄公正色墓志」、『明史』巻二〇七、「張選」伝附「黄正色」など。

（13）嘉靖四十年序刊『広東通志』巻五〇、列伝、名宦下、「黄正色」に、

初潭旧多為順徳・新会暨番・南士夫豪民所奪、謂之寄荘戸。糧至万余石。遞年逋脱糧役、貽累里甲代償。民積苦之。正色首袪其弊、備申撫按・司府、令寄荘戸各就近倉輸納解運。邑民翕然称便。

とある。

（14）嘉靖二十七年刊『香山県志』巻二、民物志、「田賦」に、

嘉靖十四年、巡按御史戴璟設法禁之云、訪得、按属州県有等富豪人戸、置買別県田産、立作寄庄、坐享租利、不行納粮、貽累里排、代其陪貱、及至輪編差役、則亦恃其隔渉、不服拘喚。又有倚補権豪親戚影射。近拠香山県申前事、行布政司計議。看得、香山粮止二万、而寄庄已及八千粮差、節年被累。情実可憫。今後、寄庄香山田土、要報佃戸姓名於該県付記。税糧納在順徳・新会・番・南、徑自起運。香山隔海、俱作存留、以視寛恤。民壮及均平銀両、計田算銀、追解広州府、転発香山県支用。均徭亦於各県編派司府等項差徭。自後各県人民並不許置買香山等県田土寄庄。違者入官、仍問罪。

という。

（15）嘉靖二十七年刊『香山県志』巻二、民物志、「魚塩」。

本県沿海一帯腴田、各係別県寄庄、田帰豪勢、則田畔之水埠・海面之罾門、亦将併而有之矣。

（16）嘉靖二十七年刊『香山県志』巻二、民物志、「魚塩」。

吾邑海濱可以設罾門者、豪右侵軼之日久矣。艦舸連雲、金鼓鏜鎝、官軍近之、輒毒以強弩、曰、吾受郷縉紳之命也。殺人奪貨、莫敢誰何。所官褫魄自竄、民間惴惴、不自保。况敢徴魚課乎。塩課雖有利、亦多不在官。吾見其終匱也。藩臬柄其事者、非芟除之、則国課難復。

（17）『霍文敏公全集』巻一〇下、公行、「両広事宜」。

（18）曹琚の伝記は嘉靖四十年序刊『広東通志』巻五〇、名宦七に収録されている。

（19）『霍文敏公全集』巻一〇下、公行、「両広事宜」。

曹守鴨埠之制、若遂行焉。畜鴨之民、惟遵埠主約束也矣。不求仕族為之武羈。蓋仕族武羈為畜鴨之民之淵藪、小利啖之也。宦家子弟見小利忘厚禍、陰為畜鴨頑民窩主。頑民恃宦家子弟為氷山、恣悪無忌。因畜鴨而残民之稼、民不敢告。曰、某宦族主之也。禍固不小矣。復因畜鴨而為劫盗、蹤跡張白、則宦族受玷不小矣。故鴨埠制行、則民有定業、埠有定主、不附麗宦族為之庇覆、宦族子弟亦得寡過、保全衣冠之策也。

(20) 一刻、讞略二巻、「冒宦搶禾何基伯等〈一徒五杖〉」に、「香順両邑、招集亡命、冒宦搶禾、無日無之」という。

(21) 万暦刊『順徳県志』巻一、地理志、「都里」、康熙刊『順徳県志』首巻、「図経」。

(22) 『陳巌野先生文集』巻四、薛始亨「贈兵部尚書陳巌野先生伝」及び何絳「兵科給事中贈資政大夫兵部尚書先府君巌野陳公行状」。また、『明史』巻二七八にも、陳邦彦の伝記が収録されている。

(23) 『陳巌野先生全集』巻一、上中興政要疏、「禁侵漁」。

臣観今日之侵漁小民使之離心者、不独在有司、而兼在豪右。有司之侵漁在法之内、猶可言也。豪右之侵漁在法之外、不可言也。遠者臣不及知。臣以臣之郷観之、諸藉勢牟利之事非一、而最大者一曰占沙、一曰搶割、度未有聞之朝廷者、臣敢訟言之。臣郷田多近海、或数十年輒有浮生。勢豪之家以承餉為名、而影占他人已成之税田、認為己物。業戸畏之而不敢争、官司聞之而不能直。此所謂占沙也。及至秋稼将登、豪家募召打手、駕使大船、列刃張旗、以争新占之業。其後転相摹倣、雖夙昔無因者、皆席捲而有之。耕者之少不敵搶者之多。甚或殺越折傷、而不能問。此所謂搶割也。斯二者小民積怨深怒、皆帰咎於郷紳。

(24) 康熙十二年序刊『香山県志』巻一、「賦役」、同書巻四、職官、列伝、「馮生虞」。

(25) 康熙十二年序刊『香山県志』巻四、職官、列伝、「周維持」。

(26) 前注（11）参照。

(27) 『陳巌野先生全集』巻一、上中興政要疏、「禁侵漁」。

郷紳読書、知義理、受国深恩。其身為不肖者、固無幾耳。乃其間或子弟・僕従之蒙蔽、而不及知、或戚属・奸徒之詐冒、而不可詰。小民赴訴其門、則主人如帝、門者如鬼、未嘗為之深察其顛末。

(28) 前注（6）参照。

(29) 拙稿「明末広州の宗族―顔俊彦『盟水斎存牘』に見る実像―」（『東アジア近世都市における社会的結合―諸身分・諸階

層の存在形態』（清文堂出版、二〇〇五年）。
(30) 拙稿「石頭霍氏―広東の郷紳の家―」（『名古屋大学東洋史研究報告』第二五号、二〇〇一年）、同「霍韜による宗法システムの構築―商業化・都市化・儒教化の潮流と宗族―」（『都市文化研究』〈大阪市立大学都市文化研究センター〉第三号、二〇〇四年）。後者の論文の中文版は『中国的現代性与城市知識分子』（上海古籍出版社、二〇〇四年）に収録。
(31) 康熙三十年刊『南海県志』巻八、学校、「書院」。
慎徳書院在粤秀山麓。霍文敏公韜建。後改為祠。其子孫環居之。
(32) 光緒二十八年刊『石頭霍氏族譜』巻一、「祠記」に、
一　西庄公祠坐省城流水井。
とある。『広州城坊志』巻二、「流水井」には、興隆街東の流水井と馬站巷の流水井の二つを掲げる。西庄公祠が設けられたのがどちらかは不明である。
(33) 前掲『石頭霍氏族譜』巻五、「十三世三房」。
(34) 以下、黄氏の系譜に関しては、道光二十七年刊『黄氏家乗』（黄培芳等修）巻三、「小伝」による。
(35) 嘉靖二十七年刊『香山県志』巻一、風土志、「坊都」。
(36) 民国二十年刊『番禺県続志』巻四七、「古蹟志一」。
(37) 民国二十年刊『番禺県続志』巻四七、「古蹟志一」。
(38) 道光二十七年刊『黄氏家乗』（黄培芳等修）巻首、「重修族譜旧序」。
(39) 道光二十七年刊『黄氏家乗』（黄培芳等修）巻一、族規、「黄氏義田之記」（嘉靖十年、王洙記）に、「我大父長楽君曁我先君子粤洲居士、迺罔敢私、乃成業、高以下必有圭田、圭田七十畝、厥田上中錯、厥土沃壤、厥入稲秫菽麥。惟黍禝備、祭有統、族有宗、貨有司」という黄佐の言葉が収められている。
(40) 『泰泉集』巻首、黎民表「泰泉先生黄公行状」に「嘗増置粤洲公義田、以贍族人」という。
(41) 道光二十七年刊『黄氏家乗』巻一、「族規」に、「衆議挙公慎値事、管理香山挿口沙田及省垣舗屋各嘗業、除毎年公用外、存銀交値事。……」とある。
(42) 道光二十七年刊『黄氏家乗』巻一、「族規」に、「一　香山挿口沙。文裕祖嘗田壹頃」とある。

（43）光緒十六年刊『方氏家譜』（不分巻）、譜記、「贈大学士亭秋公行状」、「贈大学士允成公行状」。同譜は中山図書館に所蔵されている。

（44）康熙三十年刊『南海県志』巻一 、人物列伝、「方献夫」。

（45）光緒十六年刊『方氏家譜』（不分巻）、「祠」。

（46）堀地明「明末城市の搶米と平糶改革―広州を中心として―」（『社会経済史学』第五七巻第五号、一九九二年）。

（47）無頼の存在は明代後半の長江流域でも常態化していた。上田信「明末清初・江南の都市の「無頼」をめぐる社会関係―打行と脚夫―」（『史学雑誌』第九〇編第一一号、一九八一年）、川勝守「明末清初における打行と訪行――旧中国社会における無頼の諸史料」（『史淵』一一九、一九八二年）、山本進「清代巴県の脚夫」（『東洋学報』第八二巻第一号、二〇〇〇年）。

（48）康熙十二年序刊『香山県志』巻一、「坊都」。

（49）拙稿「宗族の形成とその構造―明清時代の珠江デルタを対象として―」（『史林』第七二巻第五号、一九八九年）、本稿は後に修正を加えたうえで、『中国の宗族と国家の礼制―宗法主義の視点からの分析―』（研文出版、二〇〇〇年）に収録した。また、羅一星前掲『明清佛山経済発展与変遷』は、宗族の動向も含めて、仏山に関して総合的な分析を行っているので、参照していただきたい。

（50）『広東新語』巻一七、「祖祠」。
嶺南之著姓右族於広州為盛。広之世、於郷為盛。其土沃而人繁、或一郷一姓、或一郷二三姓、自唐宋以来蟬連而居、安其土、楽其謡俗、鮮有遷徙他邦者。其大小宗祖禰皆有祠、代為堂構、以壮麗相高。毎千人之族、祠数十所、小姓単家族人不満百者、亦有祠数所。

（51）『清実録』巻七五九、乾隆三十一年四月壬戌条に、
広東巡撫王検奏、粤民多聚族而居、毎族祠置祭田、名為嘗租。大戸多至数千畝、小戸亦有数百畝。租穀按支輪収。除祭祀完糧外、積至盈千累万、貲財豊厚、往往倚強淩弱、恃衆暴寡。其勢均力敵者、不能取勝、則祠内斜衆出闘。議定、族中闘傷人、厚給嘗租、以供羞餌、因傷身故者、令木主入祠、給嘗租、以養妻孥。如傷斃他姓、有肯頂兇認抵者、亦照傷故例。正犯漏網、奸徒愈無顧忌。前経按察使潘思榘請、将嘗租仿宋臣范仲淹義田例、設族正・族副経管、仍令地

方官稽覈。奉行日久、而械闘之風未悛。竊思、聚此貲財、適以済其兇悪、不如散彼田産、可以息其闘争。請飭査嘗租、田自百畝以上者、計毎年祭祀所需、酌留数十畝、択安分族人、承充族正経理、嗣後厳禁添積。其余田新置者、仍帰本人収管。年遠及遞年租利所置、按支派均散、俾貧民有田以資生、兇徒無財以滋事。得旨。

という。

(52) 潘思榘の上奏文は、『清実録』巻一三七、乾隆六年二月乙丑条に収録されている。

(53) 底本では、「妄訟羅承宗等〈免擬〉」を譾略巻三、「又五十一」葉b、「五十二」葉aに収録するが、乱丁が見られる。「審得」から「両山左右」までは又五十一葉bであるが、続く五十二葉bの部分は、「妄訟羅承宗等〈免擬〉」の後ろ二つ目に配置される「刁訟蔡思卿等〈二杖〉」の後半部分である。「有水坑為界」以下は、「妄訟羅承宗等〈免擬〉」の前の「撥訟譚広馨〈杖〉」の後半部分（五十一葉a）に収録されている。

(54) 光緒五年刊『広州府志』巻一二四、列伝一三、「盧瑛田」。

(55) 拙稿「明末清初、広東珠江右岸デルタにおける社賊・土賊の蜂起」（『史林』第六五巻第五号、一九八二年）。

終章

明代中期以降の珠江デルタでは、海外貿易の刺激を受けて、商業化・都市化が進捗したが、その反面において、猺族・獞族を初めとする多くの非漢族が居住し、多様な民間信仰が根強い影響力を保っていた。北方の先進地域の儒教文明から見れば明らかに辺境であった。かかる多民族・多宗教が混在したデルタ地帯において、宗族という儒教的な親族組織が形成され、定着する状況がどのように創出されたのかを複合的視点をもって検討することを本書の課題とした。最後に、本書における検討の結果を要約しておこう。

第一部は辺境としての珠江デルタが商業化・都市化の潮流のなかで漢族の一元的な儒教文化に組み込まれていく過程（儒教化）を描くことに力点を置いた。

第一章では、対外政策の問題を通じて、広東が直面していた諸問題を検討した。正徳三年（一五〇八）、明朝は両広総督陳金の上奏を受けて、朝貢船の附搭貨物に対して三割の抽分を行うことを決定し、抽分の比率は正徳十二年（一五一七）、十分の二に改められ、のちに常例としてその後に踏襲された。この抽分制の開始は明初以来の朝貢一元体制が禁止してきた民間の商業取引を承認し、外国船の附搭貨物から関税収入を獲得するという極めて重大な変更を意味するものとして知られている。陳金が抽分制の開始を中央政府に要請したのは、抽分による利益を両広とくに広西の民族反乱を鎮圧するための軍費に当てようとしたためであり、中央政府も両広の軍事情勢の重要性に鑑みて、祖法に反する抽分を認めざるをえないという判断に傾いたと考えられる。この抽分制を通じて知られる両広の軍費の確保のために関税が必要であるという事情はじつのところ両広の間の財政関係、更に言えば広東の財政に深く関係する問題であった。そのことは、ポルトガルの騒擾事件を機として中断された貿易の再開を訴えた林富の上奏文を通じて知られる。林富は、両広の財政の特徴は広東の財政が広西のそれを支える一体的な構造にあり、両広の民族反乱を鎮圧する軍費を捻出するには、広州を窓口として行われた海外貿易をぜひとも再開して、関税収入を確保する必要があるという論理を展開した。しかも、貿易の再開に際しては、科挙を通じて任官するという漢族の至高の到達目標が次第にデルタ社会にも浸透し、台頭してきた士大夫（郷紳）の世論に突き動かされて実現したものであったと考えられる。

第二章では、非漢族の民族反乱に分析を加えた。明代半ば以降、先進地域として経済発展の中心にあった珠江デルタは、北部・西部・東部の山間地帯の反乱軍や沿海部の海寇に取り囲まれるような形勢にあった。諸反乱のなかでも西部山間地域の羅旁の反乱軍は、正統十一年（一四四六）に発生した瀧水県の趙音旺による蜂起を嚆矢として、長期にわたり強力な抵抗を続けた。この間、徳慶州南部の都城、晋康の両郷には、漢族農民が入植し、猺族を小作人として田地を耕作させていたが、長期にわたる反乱の間に、南部地域はほぼ完全に猺族の支配領域となった。この羅旁の反乱は、万暦四年（一五七六）に実施された明朝の大規模な征服戦争により制圧された。また、広州北部でも、猺族の反乱は清遠、四会といった広州北部山間地帯から、その南の南海県、番禺県にまで及び、南海県十三村、横潭などの地域では峒獠が反乱を継続した。峒獠の反乱の鎮圧後も猺族の反乱は継続したが、羅旁に較べて、広州中心部の反乱は比較的早期に終熄している。

第三章では、羅旁地方の民族反乱鎮圧後、明朝が新設した羅定直隷州という行政区画の末端においてどのように領域を管理しようとしたのかを探究した。羅定の領域は直隷州直轄地、東安・西寧両県の県域からなり、この三つの区画に都図制を施行し、非漢族等の旧反乱勢力の支配地域を国家の支配領域のなかにほぼ組み込んだ。直隷知州は州城にあって直轄地を専轄するとともに、東安・西寧の両知県を指揮して、州全体の行政を統轄した。軍事面では、瀧水及び新設の四つの千戸所に加えて、東山参将、西山参将、中路守備を設けて、軍事組織を大幅に強化した。軍事組織が管轄する土地（屯田）は州県の管理地に錯雑する形で設けられたと考えられる。こうした行政、軍事両系統の組織を統轄する官職として設けられたのが按察司下の羅定兵備道である。一州両県、千戸所を専管した羅定兵備道の職務の範囲は広く、行政・軍事の両系統にわたって監察・指揮権をもった。このように明初以来の布政司、按察司、都司という三司の系統による州県管理は、兵備道が三権を掌握し、一元的に州県を管理できるように改変されたが、兵備道は省級の領域を管理する両広総督の指揮系統に組み込まれて省級の領域管理体制の一翼を担い、これを末端から支える役割を果たした。

第四章では、民族反乱の鎮圧過程で進んだ儒教化を課題とした。儒教化とは、十六世紀以降、科挙官僚制を軸とする漢族の単一的な儒教文化に包摂される一連のプロセスを指している。広東西部山間地帯における一連の出来事もこうした儒教化の一環として理解できる。明朝は鎮圧した猺族等の居住地に軍隊や移民、流民を定住させ、土地開発と防衛を受け持たせた。これらの地域のなかには、明朝に服属した人々（新民、狼兵）などに猺族の土地（猺田）を与えた場合もあるが、それらも最終的には王朝の戸籍に民戸として登録し、その土地も漢族のそれと同じく民田となった。このように戸籍や田地が漢族のそれへと統一されるなかで、残存した猺族は漢族の慣習を受け入れ、そのなかから科挙を通じて上昇していく人々や家が生まれた。上川島の甘氏の事例は、漢化＝儒教文化への一元化が進捗するなかで、猺族たることが否定的価値しか持ち得なくなる状況が確実に猺族のなかに進行したことを示唆していた。

第二部は、明朝や広東の郷紳がどのように儒教文化の普及を推進したのかを検討した。

第五章は、非漢族を含む化外の民を儒教文化に包摂する施策として広東提学副使・魏校が行った淫祠破壊の教化策に注目した。魏校の眼から見ると、当時の広東は漢族と少数民族とが混住し、「淫邪」なるものがなお多く存在する辺境であり、「淫邪」なるものつまり淫祠の排除を自己の使命とした。魏校は、行政官庁が集中した広州城を対象として、祀典に載せざる仏道の寺観などを淫祠と見なして破壊し、社学と書院を設立し、さらに、こうした政策を広州城周辺の農村や広東西部、広東北部の諸府などでも実施しようとした。しかし、淫祠を破壊したとしても、人々の心に深く入り込んだ民間の信仰を根絶やしにすることは容易ではないことから、魏校は祖先祭祀や里社の神をもって、淫祠の信仰に対抗させつつ、郷約・社学を通じて儒教的な人格を養成しようと目論んだ。魏校の政策は彼の在任中は効果を上げたようであるが、その後少なからざる社学において、これを維持できず、廃止のやむなきに至った場合も多かった。その原因は、社学の経済基礎である学地が郷紳によって侵奪されたことにある。このことが、官界のなかで非難を浴びる結果を招いたが、彼らにしても、儒学によって立身したものである以上、郷里が淫祠に満ちあふれたままでよいと考えたわけではない。魏校は儒教普及の方策として祖先祭祀を掲げたが、広東の郷紳もまた宗祠を建設して祖先を祭った。しかし、宗祠における祖先祭祀は、当時郷紳へと上昇したような知識人の家でこそ挙行され始めたものの、庶民においては宗祠を設立するような財力も知識もない。彼らを教化するには、魏校が掲げたように、里社や社学を活用することが必要となる。

第六章は、黄佐の郷礼を考察した。広東の郷紳は宗祠における祖先祭祀を挙行し始めたが、儒教化の潮流を広めるには、魏校の政策を積極的に受け止め、広く庶民を包摂するような儒教秩序の構築が必要とされる。黄佐の郷礼がそれである。黄佐が構想した郷礼は、個人と家を儒教的規範（礼）によって整序し、それらの家を郷約保甲組織（郷約・郷校・社倉・郷社・保甲）に組み込もうとする計画であった。その中心は県級の城郭都市（県城）に設けられた四隅社学であり、この社学の教読（郷紳等の士大夫）が郷校の教読を通じて、郷約保甲組織を統制する仕組みであった。実際のところで言えば、黄佐の構想はその計画通りに定着したとは言えない。しかし、広州城や仏山鎮の事例に見られるように、明代後半期以降、都市の書院や社学は士大夫の教育の拠点として国家の官吏任用制度（科挙官僚制）と連携する道を辿る。儒教化は、広東が科挙官僚制に組み込まれ、人々が科挙による任官という最高目標を目指すなかで実現していったと考えられる。

第七章では、珠江デルタにおいて台頭してきた郷紳の実像を捉えるために、広州府南海県深村堡の石頭を拠点とした霍氏（石頭霍氏）の経済活動の実態を解析し、当主霍韜の考え方に迫ろうとした。霍氏は、韜が官界入りした後、韜の兄弟など家族が中心となって、小作地、製鉄業、陶磁器業、林業などの産業を所有し、また沙田獲得競争、市場経営、鉱山開発、塩の密売など様々な分野に手を伸ばし、あらゆる利権の獲得に奔走していったと考えられる。霍韜は家族の私益追求の活動に対して、繰り返し戒諭し、また地方官にも取り締まりを要請したが、彼が恐れたのは、不法行為をともなう家産増殖にともなって紛争が発生し、そのことが、当時の中央政界における政争のなかで、相手方の党派に利用され、自己の失脚につながることであった。それはひいては自己の家の破滅へと帰結しかねない危険性を孕んでいるのである。では、霍韜はどのようにして家族の私益追求を正そうとしたのであろうか。霍韜は、書院、社学の設立、宗祠の設立、大家族制度（合爨）の挙行など一連の事業を通じて、家族や親族に教化・教育を施して、士大夫の家系にふさわしい人格を養成し、更に官界へと人材を送り出すことを目指した。彼の期待にもかかわらず、家族や親族による私益追求はやむことはなかったが、教化・教育によって人格を養成することが、私益追求の防止、郷里との和合的な関係の安定にとって最大の鍵となると考えていたといえよう。自己の家を対象とした教化・教育は、郷紳が儒教的規範によって自己の家を教化し、それを更に郷里に推及していく点において、黄佐の郷礼構想に共通するものである。

第八章では、近世譜の研究の一環として、霍氏に伝わる珠璣巷伝説を取り上げた。珠璣巷伝説は明清時代に広まった移住伝説の一つであるが、近世譜にしばしば見られる祖先の系譜の偽造と密接な関わりがあった。霍韜は宗祠を中心として親族を組織化するに際して、自己の祖先の系譜を探求した。確定できたのは元末の始祖までであったが、秦移住説と珠璣巷伝説を記録し、北方からの移民の家系であることを主張しようとした。当時の広東では漢族と非漢族の民族対立の激化のプロセスで非漢族の漢族への同化（漢化）が進捗しており、そうした状況のなかで、祖先の出自を確定できない霍氏には、非漢族（蛮夷）出身と受け取られる可能性はできる限り避けたい意識が働いたと考えられる。科挙官僚制を軸とする儒教文化に珠江デルタが組み込まれるなかで、官界入りして士大夫のステータスを獲得した霍韜のような知識人にとって、その家系の正統性を内外に知らしめるには中原出自が必須の要件となったのである。しかし、二つの移住説のうち、秦移住説は非漢族の可能性を払拭しきれない。土着＝非漢族とみなす観念があったからである。霍韜の子孫は、非漢族とみなされる恐れのある秦移住説を捨て去り、珠璣巷伝説を採用した。珠璣巷伝説にしろ、秦移住説にしろ、移住をめぐる祖先の伝承を検証することはできない。移住伝説は近世譜にしばしば見られる系譜の偽造と同じく、遠祖の記録を偽造したことになると判断せざるを得ない。しかし、珠璣巷伝説は広州の名門の宗族の条件として広く支持されるに至っており、単なる系譜の偽造の問題として片付けるわけにはいかない。明代中期以降の複雑な民族状況のなかで、珠江デルタが科挙官僚制を軸とする儒教文化の潮流に巻き込まれたことが、広東の人々の間に中原出自への強い願望を生み出した背景となったと考える。

第九章では、霍氏の宗法の導入を議論した。珠璣巷伝説を採用し、また始祖（五世前の剛可）を確定した霍韜は、嘉靖四年（一五二五）、大宗祠の運用を開始した。この大宗祠には、始祖のみでなく、高祖・曾祖・祖・禰の四代の祖先も附祀し、各房の子孫がそれぞれの房の祖先も祀ることができるようにし、大宗祠への帰属心を強めようとしたと考えられる。ついで、霍韜は、彼の祖父の厚一を共同祖先（房祖）とする小宗（霍氏三房）の家衆をもって同居共財の生活（合爨）を実施し、家産は全て同祖の兄弟やその子孫の共有財とした。合爨を中心とする宗法システムにおいて、体制維持の核となったのは宗子（小宗）と家長である。宗子は祖先祭祀の継承、後者は合爨の生活の運営を、それぞれの主な役割とし、彼らの指導のもとで、厚一の子孫が同居共財の生活を送った。霍韜がこうした体制を作り上げたのは家の維持のためであったが、それは同時に霍韜の代に獲得した士大夫（郷紳）の家としての家格を次の世代にも受け渡していくことを意味している。その鍵を握るのは子姪である。築き上げた霍氏という士大夫の家を破綻させず、名門の家として維持していくためには、合爨を中心とする宗法システムのなかで子姪を教育し、科挙を媒介として国家との連携を保たねばならない。その点において、霍韜による事業は名門の家系樹立の手段として宗族の形成を重視した近世の宗法主義の趣旨に合致するものである。

第三部は、第一部、第二部で論じてきた儒教化の流れが最終的にどのような局面をもって決着したのかを捉えようとした。

第十章では、明朝末期に開始された宦官による商税等の徴収（権税）が両広の軍事情勢、広東における商業活動といかなる関係にあったのかを検討しようとした。広東における権税は宦官李鳳が派遣された万暦二十七年（一五九九）に開始され、毎年およそ二〇万両という税額が定められた。このうち五万両前後は狭義の商税、鈔関税などでまかなわれたが、残りの一五万両前後は軍餉から回された税餉であり、税源を奪われた軍隊に対しては、代替措置として、十万両を州県から徴収した。その結果、本来は商人から徴収するという名目で始まり、それゆえしばしば一括して「商税」と呼ばれた課税が、交通の要衝、市場、塩などにとどまらず、農民の賦役の税餉などからも徴収することになり、また従来は課税対象でなかった日常物資にまで課税されることとなった。この間、仏山や広州といった大都市、抽分廠では、税監の権税を利益獲得の機会とみて、牙人・牙行、棍徒、豪右、権豪、胥吏などが様々に暗躍し、税餉の徴収を請け負って中間マージンを得た。棍徒の実態は徴税請負を業務とする点で牙人・牙行に等しい。また、豪右、権豪は明代後期の広東で台頭した郷紳であり、新たに勃興した新興の市場の施設を整備し、牙行や奴僕、近親者を通じて市場で支配権を確立していた。こうした徴税請負の仕組みのなかで、広東人と福建人との間の傩執が注目される。

広東の郷紳などによる徴税請負の仕組みの一方で、外省の棍徒が商税等を徴収し、税監に税銀を納める関係が指摘されるが、そのなかで特筆すべきは福建商人であり、徴税請負による利益を見込んで、税監を広東に引き入れようとした事件を起こしている。明末の広州では、福建商人の活動と彼らに対する広東人の攻撃がしばしば記録に残されている。徴税請負においても両者の間の確執が頻発したかに思われる。

第十一章では、儒教化を主導した郷紳が地域を文化的に統合する役割を果たせたのかどうかを検証した。取り上げたのは、黎遂球という広州を拠点として活動した明末の一郷紳が伝える搶米暴動である。嘉靖年間に民間貿易が公認された後、広州を舞台とした貿易は大きな発展を遂げ、内外の商人とりわけ客綱・客紀は莫大な利益を上げた。その一方で、確実に進んだのは、都市民の下降である。都市住民を困窮に陥れたのは、税役の過重負担、軍事活動の増大にともなう重い負担など、国家の収奪によるものだけではない。郷紳や地方官府による利権の争奪や私的収奪が富の偏在を構造化させ、膨大な下層民を生み出した。階層分化が進む中で勃発したのが万暦二十一年（一五九三）と天啓四年（一六二四）の二度にわたる搶米暴動である。搶米暴動及びその救済策としての平糶策を通じて理解されるのは、暴動の主力が都市の下層民（無頼）であること、彼ら下層民の間に相互連携の絆が作り出されていたことである。搶米暴動に参加した下層民の多くは、城内の秩序維持組織である保・約には登録されていなかったと考えられる。天啓の平糶策のなかで、黎遂球は統領者なる者が保・約と協力して、下層民を戸籍に登録し、平糶を実施することを官府に提案したが、この官府主導の計画は十分に効果を上げなかったと考えられる。崇禎年間になってから遂球が提案した平糶策で期待されたのは郷紳である。しかし、当時の郷紳が利権争奪に奔走し、民衆の生活を脅かしている実態に鑑みるとき、黎遂球が郷紳に賑恤を期待したのは現実から乖離した提案とみなさざるをえない。郷紳一般は珠江デルタにおいて人々を指導しうる権威を確立しているとは言い難く、逆に民衆の怨嗟の的となっていた。下層民衆は都市の自治組織から除外され、一部の善意の士大夫を例外として、頼るべき郷紳をもたなかった。彼らは搶米暴動という場面において彼らの要求に応えてくれる指導者をみずから生み出すしかなかったのである。

第十二章は、顔俊彦という広州府推官が記録した判牘『盟水斎存牘』を主な史料として、珠江デルタにおける宗族の実像を探求した。宗子が祖先祭祀を通じて親族を統合する場（祠堂）の分布状況を調査してみると、清初までの間に広州府で、都市、農村を問わず、広く大宗、小宗の祠堂が普及したことがわかる。なかでも祠堂が集中したのは都市である。広州城と仏山鎮は珠江デルタにおける商業化・都市化を牽引する両輪であるが、この両都市において最も祠堂が発展を遂げたことが確認される。理念的な宗法主義に照らせば、宗族の理想型は、共同祖先嫡系の子孫である宗子が祠堂における祖先祭祀を通じて、族人を統合するものである。実際には、宗法を実現することは容易ではないが、珠江デルタでは大宗祠を中心とする宗子と族長の指導体制が地域の習俗として明記され、このことは他の地域に比べて顕著な特色である。宗子と族長による宗族体制の維持は、『盟水斎存牘』に収録される案件からも窺うことが可能である。同書には、族内の承継をめぐる紛争が多く収録されているが、これらの案件のなかに、宗子と族長が登場する場合が多い。故絶の問題が生じた時には、「公挙」という言葉に象徴されるように、宗族が協議して、総意として承継人を決定することが行われたが、その背後に宗子と族長の指導体制が想定される。宗子について言えば、宗祠における祖先祭祀の主宰や族内秩序の維持のうえで嫡長の血統が重んじられたことから、嫡長の血脈から宗子が選出されたと考えられる。また、より多くの事例において、官の側が族長に対して、宗族の代表として族内の紛争を解決することを期待している。実際に族長がどの程度、指導力を発揮できたのかは個別の宗族の事情や状況によっても異なってくるが、宗族の集団的意志や紛争の解決は、宗子と族長が族人を指導する宗族の体制を前提とするものであったとみて差し支えないと考える。

第十三章は、前章と同じく『盟水斎存牘』を用いて、郷紳の家が沙田の利権をめぐる郷紳の家の争奪合戦、郷紳の権力を支えた子弟や宗族、奴僕、無頼などの活動の実態を検証した。明末の郷紳の家は、鉱山開発、海外貿易、墟市や沙田の経営、牛の屠殺、鴨の養殖、高利貸、日常生活物資に対する私税の徴収など、多角的経営を推進したが、なかでも注目されるのは沙田をめぐる紛争である。沙田が先進地域の郷紳の利権争奪の場となっていた状況は明末になっても変わらず、郷紳の家が中心となって、占沙、搶割を繰り広げたが、とりわけ、デルタ地帯の後進地域であり、郷紳の力も脆弱であった香山県の沙田は先進諸県の郷紳の餌食になった。第二に、利権を争奪した郷紳を取り巻く人間関係である。郷紳とその宗族（宦族）は広州城や郷里を含む広い範囲に、宗祠を中心とした宗族のネットワークを張りめぐらしたが、沙田地帯で郷紳の権力を背景として土地を争奪するうえで、こうした郷紳の権力と宗族のネットワークは甚大な効力を発揮したと考えられる。郷紳の周りに集まったのは族人だけではない。郷紳の権威・権力に引きつけられて、様々な人々が群がったが、なかでも郷紳や宗族の拠点が集まった広州城での活動が目立つ。市棍と呼ばれる無頼や郷紳の奴僕（宦僕）が暗躍し、沙田の利権をめぐる紛争においても実働部隊となった。第三に、珠江デルタでは、宗族間の競合がはげしくなるなかで、郷紳を送り出す有力宗族と弱小の宗族との関係が構造的に社会に定着していったが、こうした格差の構造は都市だけでなく農村にも広がり、雑姓村落のなかから有力な宗族が台頭し、他の宗族を従属させるというプロセスがよくわかる事例も確認される。そうした状況のなかで、それぞれの宗族にとってはいかに自己の宗族を強化するかが重大な問題となる。郷紳へと上昇すれば、族人、そして奴僕、無頼などがその周りに集まり、大きな勢力を築くことができる。これを宗族の側から見れば、郷紳を送り出して宦族へと上昇することが勢力を拡大するうえで何よりも必要とされる。郷紳を抱えていれば、その宗族は宗祠を中心として求心力を強め、族人だけでなく、奴僕、無頼など様々な人々を引き寄せ、多角的に利権を争奪することができた。郷紳を送り出せないということは、宗族の体制を強固に維持できず、利権争奪の競争に敗北することになるであろう。宦族と弱小宗族といった宗族間格差が生まれる理由がそこにある。

以上の検討から、明朝の政策転換（抽分制）による民間貿易の開始、明朝の政策転換の背景にあった両広における猺族・獞族等の複合的な民族反乱の全面的展開と鎮圧の状況、鎮圧の過程で進められた儒教化の施策と漢族への非漢族の同化（漢化）、こうした一連の事象のなかから、最先進地域の江南と同じく郷紳がデルタ社会に絶大な権力を振るう構造が生まれたことがわかる。つまり科挙官僚制のもとでの等質的な中国的な地域社会の成立である。そして、デルタ地帯の際だった特色は、多様な産業をめぐって激化した争奪戦のなかで、郷紳を送り出して親族の結合を強め（宗族の形成）、国家との連携を強めことが競争に生き延びる最大の方策となった点であり、この競争に勝利した宗族は科挙官僚制と強い連携を保ち、郷紳を抱える有力宗族（官族）へと上昇を遂げた。デルタ社会の多くの家族がそうした競争、生き残り策の潮流のなかに巻き込まれていったことにより、珠江デルタは中国の諸地域のなかでもとりわけ宗族の普及度が高く、組織が整備された地域として知られることになったと考えられる。

付篇

一　中国の近世譜

はじめに

中国では、父系血縁の人間関係を中心とした記録を譜という。その呼称は、譜の他、家譜、家牒、家乗、族譜、宗譜などさまざまである。(1)これらの譜は通常、唐代までの古譜と宋代以降の近世譜とに大別される。このような弁別がなされるのは、唐宋変革期を分水嶺として、譜の性格が変質したとされるからである。牧野巽、清水盛光、多賀秋五郎等の諸氏の見解によって紹介してみよう。古譜の特徴を述べる上でしばしば取り上げられるのは、魏晋南北朝の時代である。門閥貴族が全盛を極めたこの時代、朝廷は諸家の譜系を蒐めて、これを審査し、また家系の上下を官定した。当時、官吏選挙のために中正の職が置かれたが、その職は、事実上勢家豪族の独占に帰し、選挙の範囲もそれにつれて権門にかぎられ、譜系のみが仕官のための最大条件となって、譜学が栄えた。つまり、貴族によって国家の政治運営が実質的に独占されていた時代においては、自己の家系の系譜が名門たることを証明づけることが求められ、かつ国家もまた、譜によって貴族の家系を序列化した。そうした譜の特徴は隋唐時代にも受け継がれている。これに対して、宋代以降においては、国家が譜を蒐集し、家系を序列化することは行われなくなり、譜は民間において編纂されるものとなった。(2)清水盛光氏及び常建華氏は、古譜との著しい機能変化は、「収族」つまり同祖の族人を集合することに特化した点にあることを指摘する。それを象徴するのは、周代の宗法の復活が理想とされたことである。宗法の特徴をなすのは、嫡子承継の原則である。古宗法では、大宗と小宗がある。大宗は、始祖（別子）の嫡系の子孫がその地位に就任して、百世を経ても遷らない、つまり永遠にその地位を承ける。この大宗は四つの傍系の小宗を統率する。禰（父）を継ぐ小宗、祖（祖父）を継ぐ小宗、曾祖を継ぐ小宗、高祖を継ぐ小宗であり、それぞれ、親兄弟、従兄弟、再従兄弟、三従兄弟がそれぞれの小宗を宗とする。こうして、共通の祖先（始祖）の嫡系子孫たる大宗が四つの傍系の小宗を統合する構造を保つ点に宗法の特徴がある。(3)

近世譜において収族の機能が浮上してきたのは、時代の変化と密接な関係がある。宋代に確立した科挙による任用の制度は、それまでの貴族制の時代と異なり、科挙に及第しうる能力さえあれば、国家から様々な特権を付与される官僚へと上昇できる道を開いたが、同時に、官僚の身分が一回的なものであることは、子孫の身分を保証しないということであり、そのことが家産均分がもたらす宿命つまり家産の際限ない細分化と相俟って、上昇を遂げた家系の没落を常態的なものとした。ここに、同祖の親族を集合し、宗法を理想とする父系親族集団（宗族）を作り上げ、族人に教育を施して代々官僚を送り出そうとする構想が生み出されることになったのである。こうした構想は国家の関知するところではなく、自己の家系の名門化を願う知識人の自主的な発案であり、これを宗法主義（ないし宗法復活論）という。(4)代々官僚を送り出すような名門宗族を形成するために必要とされた道具が、共有財、祠堂とともに、譜であった。したがって、近世譜は理念的には、始祖嫡系の子孫が大宗として、傍系の四小宗を統合するという古宗法の原理に基づき、始祖以来の嫡系と傍系（小宗）の系譜を明確にするものということになる。

しかしながら、宗法に対応する譜はあくまでも理想であり、実際の編纂においても理想に忠実な譜が作成されたわけではない。宋代から清代までの長期にわたる譜の編纂の歴史のなかで、様々な様式の譜が編まれ、また譜の性格も変容したことが予想される。本稿で注目したいのは、十六世紀以降の明清譜である。宗法を理想として親族を組織化しようとする宗法主義は宋元の時代を通して知識人の間に受け継がれていったが、そうした理想が本格的に実践され、そして宗族の組織が社会に定着したのは十六世紀以降のことである。(5) したがって宗族形成の事業の一環である譜の編纂もこの時代に普及したと推定される。その推定を裏付けるのは、譜に関して総合的な調査と分析を加えた多賀秋五郎氏の研究成果である。多賀秋五郎氏が行った譜の調査によれば、日本現存の譜は計一二二八部あり、これを時代順に整理すると、元代一部、明代一三部、清代八九二部、民国時代三一二部、編纂時期不明のもの一〇部である。(6) したがって、ほとんどは明代以降に編纂されたものということになるが、明代の譜はすべて嘉靖から崇禎までの間（一五二二～一六四四年）に編纂されたものであるから、現存する譜のほとんどは明代後期つまり十六世紀以降の譜である。また、地域分布の点から言うと、譜は江南デルタ、あるいは各地の都市に極めて多い。つまりは商業が盛んな文化的地点に多いという現象が見られ、宗族の財力と文化とが譜の刊行と密接な関係をもつ。(7) こうした多賀氏の調査報告は、現存の譜を対象としたものであり、したがって、実際にどの程度の譜がどの時代に、そしてどの地域で編纂されたのかを示すものではないが、譜編纂の傾向の大体の傾向を示しているように思われる。

しかしながら、日本現存の明清譜に限ってみても、その数量は膨大であり、そのすべてに眼を通して、近世譜の特質を明示することは容易ではないし、網羅的な閲覧による分析が、近世譜の特質を見極めるうえで最も効果的な方法であるともいえない。そこで、本稿では、分析の方法として、明清譜が多くモデルとした宋代の蘇譜と欧陽譜を対象として近世譜の特徴と問題点を探り、そのうえで、明清譜が集中した江南の事例を取り上げて、考察を加えることにしたい。

一　蘇譜と欧陽譜

近世譜のモデルは欧陽脩「欧陽氏譜図」[8]（欧陽譜）と蘇洵「蘇氏譜図」[9]（蘇譜）であるとされる[10]。欧陽脩と蘇洵はともに宋代を代表する文章家として知られる。欧陽脩（一〇〇七～一〇七二年）は江西の吉州廬陵の人であり、仁宗の時、参知政事として皇帝を補佐した。また、蘇洵（一〇〇九～一〇六六年）は四川の眉山の人で、秘書省校書郎、文安県主簿に任じられた[11]。欧陽脩は、皇祐五年（一〇五三）、郷里に戻った時、一族の人々の系図を参照して譜図の編纂を開始し、至和二年（一〇五五）になって完成した。蘇洵の譜図のほうは、「族譜後録」[12]に至和二年九月の日付があるが、蘇洵は、欧陽譜を参照したことを記しているので[13]、欧陽譜のほうが蘇譜よりも早い同年中に成立したと考えられる[14]。両譜にはともに、祖先の系譜を記した譜図が掲載されている。まずは蘇譜に収録された譜図がどのようなものかを紹介しよう。

蘇氏は高陽氏つまり伝説の帝王である黄帝の孫・顓頊《せんぎょく》まで遡る。その子孫は唐代までの間に、眉州、趙郡、扶風（陝西）、河南・河内の各支派に分かれた。蘇洵はこのうち眉州蘇氏に属す。眉州蘇氏の祖先は味道なる者である。武后のとき、鳳閣侍郎に任じられた後、眉州刺史に落とされ、更に益州長史に移されたが、赴任する前に亡くなり、味道の一子は眉州に家を構えた。眉州の蘇氏はここに始まる[15]。しかし、味道から蘇洵の高祖までの間の祖先は情報がなく、記録できなかった。そこで、彼は、上は彼の高祖まで遡り、下は彼の兄弟まで記録し、兄弟が死ねば兄弟の子を記すようにした[16]。

譜図は六段に分けられている。第一段には、洵の高祖の釿を記す。第二段には、釿の五子つまり祈、福、禮、祐、祜を記す。第三段から第五段まで、それぞれ釿の孫、曾孫、玄孫が記される。ただし、釿の嫡子の祈には子がなく、断絶した。蘇洵は第四世に属す。つまり、祜の第四子が杲《こう》（祖父）、杲の子は序（父）、序に三子あり、その嫡子は澹《たん》、次子は渙、末子が洵である。図の第六段には、洵の子の世代つまり、欽から見れば、玄孫の子の世代が記される(17)。

蘇洵が高祖の上の世代を記さなかったのは、祖先に関する情報が欠如していたからであるが、それだけの理由ではない。蘇洵は小宗の法を重んじる人であり、このことが関係している。蘇洵は、古宗法を説明した後、次のように述べる。皇帝の子孫と始めて官僚となった者の子孫のみが大宗の法を適用すべきであり、その他では、大宗の法を用いない。小宗の法のみを天下に普及させるべきであり、族譜の編纂も小宗の法に依拠する。ところが、蘇氏には問題があった。小宗の法に従えば、高祖を継ぐのは高祖の嫡子でなければならないが、高祖の嫡子の祈には子がなく、高祖を継ぐ宗は滅びたことになる。そこで、蘇洵は、継曾祖、継祖、継禰の三小宗の系譜を明示するにとどめた(18)。蘇氏自身は、高祖の嫡系が断絶していたため、継曾祖、継祖、継禰の三小宗の系譜を示すにとどめざるをえなかったが、蘇洵が、本来継高祖小宗以下の四小宗の系譜が完備した小宗譜を理想としていたことは明らかである。したがって、最初の譜が編まれた後も、継高祖小宗が小宗譜に責任を負うべきものとした。すなわち、高祖の子孫にこの族譜を授けて保存させる。高祖の嫡子の子孫が譜を作成する場合に、常にその高祖までを記録し、高祖の父は遷すようにして、代々祖先が作った譜を途絶えないようにする。また、蘇氏の子孫で譜の編纂を行う者は、高祖まで遡れない場合には、彼の父より記録を開始し、父の嫡系を受け継ぐ宗を明らかにする譜系を作成する。これは古の小宗の法であるという(19)。こうした小宗主義からすれば、蘇洵が高祖までを記録したのは、小宗の復活を念頭に置いていたからだと考えられる。

次に、欧陽譜の特徴を紹介してみよう。欧陽氏は夏の王朝を開いた禹の苗裔であるといい、句践《こうせん》に至りて越王となったが、それから五世を経て無彊《むきょう》の代に越は楚王に滅ぼされ、無彊の子の蹄《てい》が烏程の欧余山の南に封じられて、欧陽亭侯となった。以後子孫は欧陽を氏となした。漢の初めに涿郡太守に任じられた者があり、子孫は北方に住むようになった。北方の欧陽氏は青州、千乗に居住したものと冀州の渤海に居住したものとに分かれる。千乗の系譜のうち有名なのは生であり、字は和伯、漢の博士に任じられた。いわゆる欧陽尚書である。渤海の顕なる者は建、字は堅石であり、趙王倫の反乱の時に殺害された。堅石の兄の子は質といい、長沙に逃れた。その第七世の子孫は景達といい、斉に仕えた。[20] 欧陽氏の譜図はこの景達から開始され、脩の世代まで記録される。譜図は五世一図という形式で、一図のなかを五段に分かち、五世ごとにまとめて祖先の名を記すものである。最初のグループは、景達を第一世とし、第五世の詢《じゅん》の世代まで記す。第二のグループは、詢を第一世とし、第五世の琞《えい》と琮《そう》の兄弟（欧陽氏第九世）までである。唐朝の時、欧陽琮が吉州刺史に任じられたのを機として、子孫が同州に居住し、分派した。しかし、譜の散逸により系譜が途絶えたため、琮から数えて八世目の子孫の万から再び系譜を開始する。これが第三のグループである。万は吉州安福令に任じられ、子孫は安福、廬陵、吉水に住んだというから、万が吉州欧陽氏の共通の祖先である。このグループでは、万を第一世とし、第五世の謨《ぼ》の世代まで記す。第四のグループは、謨の弟の託を第一世とし、欧陽脩の世代（第五世）までである。[21] 欧陽脩はまた、譜図の後ろに付された「譜例」において、将来、各支派（諸房）の子孫が譜図を作成する場合の基本方針を記している。姓氏の由来は遠き彼方にあり、大昔の記録は失われて見ることができない。このため、祖先の系譜を記す譜図は必ずや編纂する者が自分の目で確認できる世代から始めるべきである。すなわち、上は四代前の高祖、下は玄孫までを区切りとなし、玄孫になれば、別に世系を立てるものとする。[22] このように、欧陽脩の譜図に続けて、各支派が五世を単位とする譜を作成していけば、支派それぞれが第一世の万にまで遡及する譜図を完成することができることになる。

この欧陽譜は、祖先の系譜の記録に厳密さを要求した蘇譜と較べるとき、曖昧さが残るかに見える。蘇洵は祖先の系譜を高陽氏まで遡り、以下の子孫の系譜についてもたどる作業を行っていたが、譜図では、高祖以上の祖先は情報が得られないことから、記載しなかった。これに対して、欧陽脩は、第一世から第二五世までの系譜を連ねる。欧陽脩は、彼の家に伝えられていた「旧譜」を族人に見せて祖先の系譜を尋ね、族人が所蔵する諸本を入手できたので、それらの異同を校勘し、祖先の世代を連ね、譜図一篇とし、この時初めて欧陽氏は景達以降の系譜を明らかにできたという[23]。したがって、彼の譜図は、「旧譜」など論拠のあるものではあったが、次のような問題点が指摘される。欧陽脩は第一世の景達から第九世の琮の世代までを記した後、琮以下の譜が失われ、琮の第八世の子孫である万が再び譜に登場したとする。したがって、万は欧陽氏第一六世ということになり、以下、脩の世代である第二四世までを記す。しかし、これも疑ってかかれば、「旧譜」にも欠落しているのに、どうして万が琮の第八世の子孫であることがわかったのか、そもそも「旧譜」は本当に存在したのかといった疑問が生じないこともない。「旧譜」の信憑性を保証するものは、欧陽氏以外には誰もいないのである。欧陽譜には、祖先の記録に関するこうした問題点があることに注意しておくべきである。

では、欧陽譜と宗法の関係はどうであろうか。後世において、欧陽譜は宗法（小宗の法）に依拠したと解釈されている[24]。たしかに、歐陽脩も五世を単位としており、その限りにおいては、五世統合を掲げた小宗の法に則ってはいるが、蘇洵と異なり、みずから宗法の適用を明示したわけではない。しかし、ここで注目したいのは、「洵、是に於て又大宗譜法を為り、以て譜の変を尽くし、而うして幷せて欧陽氏の譜を載せて以て譜例を為り、……[25]」とあるように、蘇洵は小宗譜こそ天下に普及すべきだと考えていたが、歐陽脩の譜をみて、大宗譜の必要性を感じ取り、「大宗譜法[26]」を著したとされる点である。このことは、欧陽譜には宗法は明記されなかったものの、大宗譜の可能性を孕んでいたことを示唆するのではないか。再度、蘇譜と欧陽譜の譜図を比較してみよう。蘇譜の譜図は、高祖から玄孫までを記録するものであり、世代が下って、高祖の父が遷されれば、譜図も異なる。したがって、後世の子孫が祖先の系譜を高祖以上に遡って知ろうとすれば、それぞれの世代で編まれた譜図をすべて集めて閲覧しなくてはならない。これは蘇洵が小宗譜にこだわったからであるが、系譜の閲覧という点では不便である。これに対して、欧陽譜は、一つの譜図のなかに、五世を区切りとして、第一世以来の祖先をすべて列挙していた。この方法であれば、後世の子孫は一譜図を見るだけで、祖先の系譜をすべて知ることができるから、きわめて便利である。そのため、明清譜では、多く欧陽譜の形式が採用された(27)。しかも、欧陽譜のメリットはそうした便利さだけではない。第一世以来の系譜を全て記載したことにより、第一世を始祖とみなし、始祖の嫡系が同祖の親族を統合する道が可能となるのである。実際に始祖の嫡系が存続し続けることができるかどうかは別にして、大宗復活につながる要素を欧陽譜はもっていると判断される。

両譜を通じて近世譜の問題点が明らかになる。第一に、祖先の遡及が困難な点である。欧陽脩も蘇洵も、祖先の系譜を正しく記録しようとすれば、せいぜい四代前の高祖が限界ではないかと認識していた（前述）。にもかかわらず、欧陽脩の場合には、二五世に及ぶ譜図を作成した。その論拠は「旧譜」にあり、「旧譜」が確かに存在し、なおかつその記録が正確であれば、長期にわたる祖先の系譜は真実であるかもしれないが、それを確かめるに足る客観的な史料はない。後世、欧陽譜をモデルとして譜が作成される場合にこの点が問題として浮上することになる。つまり、祖先の系譜を創造する虚偽の問題である。譜の虚偽はすでに宋元譜に指摘される。譜の歴史に詳しく自らも譜序を多数残した宋濂、方孝孺が指摘する手口は、勝手に字や名を作りだし、千年以上も前の、わかるはずもない人に、字、名を加える、また、祖先が賤しいことを恥じて、系譜を異にする同姓の貴顕なる者を引用して、自己の祖先とする、祖先の悪事を恥じて、その祖先を棄て、名声のある一族の系譜に自己の系譜をつなげる、などである(28)。方孝孺は、天下には貴人はあっても、貴族はなく、賢人はいても賢族はなく、貴人、賢人も卑しい家系から身を起こしたものであり、彼らの子孫も落ちぶれるのが常態であるという、流動的な社会における貴賤の相対性を指摘し、祖先を偽ることの無意味さを説いている(29)。

第二に、嫡系の存続の困難さである。蘇譜は小宗復活を掲げ、嫡系を重んじたが、四代前の高祖の嫡系子孫すら断絶していた。小宗ですら、嫡系子孫の存続が難しいとすれば、大宗ならなおさらである。宗子の存続を保証する制度的保証も物的基盤もないのである。実際、明清譜に至るまで、大宗譜は理想とされつつも、大宗が親族を統合する制度を実現した事例は希少である。たとえば、宗族の模範とされる蘇州の范氏は、皇帝、地方官僚の支援を受けて、ようやく大宗のシステムを維持したが、その范氏にしても、始祖范仲淹の嫡系は途中で途絶えたため、族内から養子を迎えねばならず、また大宗の位は公挙に改めざるをえなかった[30]。近世譜全体から見ても、おそらく宗法のシステムの現実的機能を備えた譜は少数であったと考えられる。後世において、小宗譜、大宗譜といっても、それぞれ高祖から玄孫までの系譜、始祖以来の系譜を記録するものという解釈が主流となり、嫡子承継を必ずしも要件とはしないかに思われる。

さて、譜の編纂は北宋以降継続した。このことは、宋元時代に刊行された個人の文集などに収録される譜序によって知られるが、譜の現物はほとんど現存しない[31]。なぜであろうか。王朝交代にともなう混乱、戦乱などはともに、譜を喪失させる大きな原因であるが、より根本的な理由があるかに見える。この問題を考えるうえで、明代半ばの儒者丘濬の指摘は興味深い。唐代以前は、国家が専門の官僚を設けて人家の世系を管理していたが、宋代以降は、人々は勝手に譜を編纂している。現在の知識人の家のなかには、宋代の欧陽譜と蘇譜に倣って譜を編纂するものがあるが、譜を管理する朝廷の制度がなく、しかも、家の興亡は常態的であり、また家の集合と離散も激しいため、譜編纂の事業を継承する者がいない。そこで、丘濬は、朝廷が譜の制度を定め、官僚や知識人が同宗のなかで宗子を設けて譜牒を管理させるようにすべきであると提言する[32]。この丘濬の指摘は、なぜ譜が現存しないのかという問題に貴重な示唆を与えている。譜の編纂は知識人個人の努力に依拠するものである。ところが、宋代以降において、知識人への上昇は他方における子孫の下降と抱き合わせのものであり、子孫が庶民へと没落すれば、せっかく編まれた譜も失われてしまう。宋代以降多数の譜が編纂されたにもかかわらず、文集に収録された蘇譜と欧陽譜などをのぞいてほとんどが後世に伝えられなかった主たる原因はつまるところ、継承者の欠如という点に求められるであろう。ところが、十六世紀前後の時代から、その局面は大きく変わる。明代半ば以降、全国的に展開した商業化・都市化の潮流のなかで台頭した商業資本・不在地主などの有産階層を母胎とする大量の知識人の生成により、宗族形成運動も復活し、それのみかつてない規模で宗族の普及が進捗した(33)。編纂の継続はあくまで個人ないしその家系の意志に委ねられていることは注意しておくべきであるが、こうした情勢を背景として、譜の編纂を行う知識人が継続して出現することが可能となり、譜編纂の事業の継続性は客観的根拠をもったと考えるべきである。それはまた近世譜の歴史において、譜の編纂が普及の時代に入ったことを意味するといってもよい。

二　祖先の偽造と収族

十六世紀以降、近世譜は普及の時代に入り、経済的政治的成功を収めて台頭した人々が続々と譜の編纂に取り組んだが、彼らが関心を抱いたのも、自己の祖先がそもそもどこからやってきたのかという問題である。蘇譜にしろ、欧陽譜にしろ、黄河流域の中原の地に建国した太古の帝王の系譜に遠祖を求めていたが、そうした中原意識は、明清譜においても強烈である。明清譜の多くは、できる限り遠くまで祖先を遡及して、始祖を定め、始祖以来の系譜を延々と書き連ねる大宗譜を志向する傾向がある。欧陽譜の形式である。ただし、始祖とはいっても、漠然としているため、最初にその土地に移住した祖先（始遷祖）ないし最初に任官した祖先を始祖として設定することが一般化した(34)。このうち、官僚＝始祖説は、祖先のなかに官僚がいなければ採用することはできないから、多くの庶民の家系にとって最も身近であったのは、始遷祖＝始祖説である。宋朝の南渡とともに中原の地から南方に遷ってきた者、宋末元初もしくは元末明初といった王朝交代期に南下した者を始遷祖（始祖）とする譜は極めて多い(35)。こうした移住伝説についても反論が出されている。宗族の名門范氏である。明末の頃、当時続修された『范氏家乗』に序を寄せた范安柱は、今、大姓を自称する人々はともすれば北方から移住してきたというが、では、その以前には江南には人が住んでいなかったのかと批判している[36]。具体的に江蘇洞庭商人を取り上げて、彼らがどのように祖先を設定し、譜を編纂したのかを紹介してみよう。

十六世紀以降における商業化・都市化の潮流のなかで、地域間交易の主役として著名なのは、南方では徽州商人、北方では山西商人であるが、江蘇洞庭商人もまた、江南における交易から出発して、長江上・中流域、更に北方は山東、山西、南方は福建、広東へと交易の範囲を広げた大規模商人グループである。洞庭商人の郷里は蘇州城の西南にある太湖に浮かぶ島々である。この太湖地区は、十六世紀初頭、親族聚居の村落形態によって知られていた。親族聚居の村落形態そのものは古くよりしばしば見られるが、太湖地区のような小地域における村落の主要形態として記録に残されるのはこの頃からではないかと推測される。清代の江南では広く親族聚居の習俗が普及するに至っている。親族聚居とは一姓ないし二、三の姓の父系親族が一村落に集住する形態を指すが、少なくともこの時期の太湖地区では、当該の親族の間で父系血統の観念が排他的に浸透していたわけではない。母妻系の祖先や姻戚が、父系の祖先や親族と同様に重んじられていたし、信仰の対象も、双系（父系と母妻系）の祖先のみでなく、民間の神々が選択されるような状況がみられる。この前後の時代から、太湖地区の居民は商業化・都市化の潮流を巧みに捉えて、副業として養蚕、果実栽培を営み、蘇州城を初めとする消費地へと商品を販出することからはじめて、さらに遠隔地交易によって莫大な富を蓄え、かつ官界へと人材を送り出し、富と身分を一挙に獲得した。こうして経済的政治的上昇を遂げた居民は当時の宗族形成運動の広がりのなかで、族譜編纂、祠堂建設、義荘設立の事業を挙行し、清代までに義荘を基盤とした名門宗族が成立するに至っている[37]。

さて、洞庭の居民が遠隔地交易や官界へと乗り出しはじめた明代半ば頃まで、居民の大半は儒学の教養とは無縁であり、祖先の系譜を記録する術はない。それゆえ、伝承として始遷祖説話が残されていても、遠祖に関する正確な知識は欠如しており、居民が把握できる祖先の範囲はせいぜい曾祖あたりまでであった。したがって、経済的に上昇を遂げた居民が、ほとんどが庶民であったところの祖先の系譜を辿り、譜を編纂するには、相当の困難が待ち受けていた。(38) 例えば、明代の著名な官僚王鏊《おうごう》を送り出した洞庭東山の王氏である。王氏の言い伝えによれば、王氏の祖先に百八なる者あり、宋朝の南渡に従い、東山の震沢郷に移住してきたのが東山王氏の始まりであり、子孫が集住した土地を王巷と呼んだ。その子孫に廷宝なる者がおり、彼は王鏊の高祖である。曾祖の彦祥は、隣の巷に住む陸氏の贅婿となったものの、後に五人の子供（昇、礼、敏、逵、謹）とともに、陸氏を去って王巷の西に移り住んだ。第四子の逵の子の琬は王氏で始めて任官し（湖広光化県知県）、彼の子である鏊が戸部尚書を極めるに至って、東山王氏の名声は世に知られるようになった。琬と鏊の親子は、東山王氏の最初の譜（弘治九年―一四九六年序）を作成した。その後、東山王氏は、蘇州城やその他の土地に移り住む者が増えたため、府城などに居住する他地域のグループと東山居住のグループとに大別される。とくに王鏊の子孫はほとんどが城居化し、東山に残った者はわずかしかいなかった。また、城居派、東山派を問わず、ともに任官か商売の道を選択している。(39) この間、王氏は宗族のネットワークを保つために、祠堂、義荘の設立の事業とともに、康熙、乾隆、嘉慶、道光の各時代に譜の編纂を継続した。現存する宣統三年（一九一一）序『洞庭王氏家譜』は、これらの旧譜を重修したものである。同書巻首の凡例によれば、当時の譜の編纂者の多くは蘇譜よりも欧陽譜の形式を採用しており、王氏でも、王琬・王鏊の譜以来、宣統譜に至るまで五世ごとに祖先を記したという。宣統譜によれば、第一世は百八、第二世は千七将軍、第三世は万六将軍、万七、万八、第四世は勝一・勝二（万六将軍の子）、勝三と勝四（万七の子）、勝五（万八の子）。第五世は、勝一の子の福三以下、第四世の諸子が列挙される。ついで、第二グループとして、第五世の祖先を改めて記し、第九世までの祖先が記載される。以下、同様に、五世ごとに区切って譜図が作成されている。(40) 王氏で最初に譜を編んだ王琬と王鏊は勝五支の第九世と第十世に位置する。居民が把握できる祖先はせいぜい曾祖までであるという点に基づくならば、王氏の場合、琬の曾祖つまり王氏第六世の廷宝まで遡及できることになるが、では、それ以前の祖先はどのようにして再現できたのであろうか。疑問とせざるをえない。

東山王氏の名声は、王鏊という大官僚を送り出したことによって世間に知られるようになったが、翁氏の場合には、遠隔地交易への参入が台頭の契機となった。翁氏は代々農業を営んできたが、翁参（一四九三～一五七二年）のとき、山東を拠点とする全国的交易によって成功を収めた。その商業活動は、子の籩《へん》、孫の啓明へと受け継がれ、東山において、翁氏の繁栄はもう一つの成功した家である許氏と並び称された。明末清初の頃、翁氏は衰退したものの、後に勢力を盛り返し、宗祠建設、義荘設立などの事業を次々に挙行して、東山の名門宗族とみなされるに至った(41)。では、翁氏の譜の特徴はどこにあるのであろうか。翁氏で最初に編まれたのは、翁同春なる者が康熙十一年（一六七二）に編纂した『翁氏世譜』である。乾隆三十年（一七六五）に刊行された『洞庭東山翁氏宗譜』は、康熙譜を受け継いで編纂された。この乾隆譜は宗図（同書巻一）と宗譜（同書巻一～巻一〇）を掲載する。宗図は大宗図と小宗図から成る。このうち大宗図は、承事公を第一世となす。すなわち、翁氏は周の昭王の庶子の家系につながるとされるが、その後の祖先の系譜はまったく不明である。北宋末、翁氏は都の汴京の右族として知られていたが、宋の皇室が浙江の臨安に南遷したとき、翁氏の一族も南下し、この時洞庭東山に定居したのが承事公であるという。承事公には三十三公、三十四公、三十五公、三十六公の四子があり、そのうち、三十四公の子孫のみが東山に残った。三十四公の三子のうち東山に残ったのは元三公である（第三世）。元三公には、四子あったが、うち二子の系譜は断絶し、成八公と成十一公（第四世）の子孫が存続した。成八公の子孫は官一公、仲昇公と続き、成十一公には三子（保一公、保二公、保三公）あり、孫は五人である（第六世）。小宗図では、第六世に掲げられた五人の祖先を房祖とする支派を小宗とみなして、第一九世までの系譜を記録した。宗譜は、以上の宗図に記された祖先と族人それぞれの個人情報を盛り込んだ詳細な系譜関係を記載する。記載の形式は、第一世以下、五世ごとにグループ化する欧陽譜の体例を採用している。この翁氏譜の場合にも問題となるのは信憑性である。翁氏は始遷祖の承事公を第一世として、子孫の系譜を書き連ねたが、翁氏に関する記録が文集や地方志などに頻繁に登場するのは、第九世翁参の商業的成功以降であり、始遷祖承事公から明代半ばまでの祖先については、全く傍証がない。翁氏についても祖先の系譜に関する疑問を生じることになるのである。

王氏、翁氏の譜には遠祖に関する疑問が生じたが、ともに始遷祖は北宋末のことであり、比較的歴史は浅い。これに対して、席氏の歴史は唐末にまで遡る。万暦十六年（一五八八）、席懋《ぼう》なる者は、東山席氏で最初に祖先の系譜を記録したと言われるが、後世の子孫が最初の族譜として認定するのは万暦三十年（一六〇二）に編纂された壬申譜（編者は席潍《さん》）である。その後、崇禎十四年（一六四一）、席端樊《たんはん》による新譜の編纂を経て、清初の順治五年（一六四八）、席本禎は、席懋の記録、壬申譜、席端樊の新譜を合わせ、かつ各支派の譜を参考にして、宗譜を完成し（戊子譜）、康熙三十一年（一六九二）には、戊子譜を底本とする壬申譜が刊行された。清末の光緒七年（一八八一）、祖先の系譜を記録した『席氏世譜』を、人物伝などを収録した『席氏世譜載記』と一緒に刊行した（以下、両書をまとめて席氏宗譜という）。この席氏宗譜は壬申譜を重修したものである。

席氏宗譜によれば、席氏の始遷祖は席温である。席温は、唐の礼部尚書・席豫の子孫であり、僖宗朝のとき武衛上将軍に任じられたが、唐末の混乱を避け、三子（尚、常、当）を引き連れて南下し、東山に移住したという。宗譜の譜図（『席氏世譜』）は、始遷祖として席温を掲げた後、席温の三子（尚、常、当）を房祖とする、上席支、中席支、下席支に類別し、以下、各支ごとに五世を一グループとして、四〇世に至るまで綿々とそれぞれの系譜を記している。したがって、形式のうえから言えば、席氏の譜図も、欧陽譜の形式に倣った大宗譜である。では、これらの祖先と親族に関する膨大な系譜は信用に足るであろうか。洞庭地区の最初の地方志である弘治十八年（一五〇五）序『震沢編』は、席温が東山に移住し、その家を翠峰寺に改め、彼の三子がその周りに家を構えてより、当時に至るまでの間に子孫は百余家に増え、上席・中席・下席の三派に分かれたことを伝える（同書巻二、〈第宅〉）。おそらくこの記述も、席氏の間に伝わっていた伝承をもとにしたと考えられるが、確かなのは、十六世紀初頭の時点において、三派の子孫が翠峰寺周辺に聚居していたことである。そして、席氏が台頭するのもこの前後の時期である。とりわけ中席支の端樊・端攀兄弟が布商として成功し、全国的な交易ネットワークを形成すると、翁氏（前掲）に代わる評価を得、以後、席氏は清代に至るまでの間に、商人、知識人を輩出した。[42] 席氏宗譜についても問題となるのは、祖先の系譜である。宗譜の譜図によって、始遷祖から、最初に系譜を記した席懋の世代までを見ると、膨大な祖先に関して記されるのは、ほとんどは名のみで、生没年も記録されず、また官僚などの肩書きも見えない。つまり、全くの庶民の家系である。このことは、率直に祖先の系譜を再現したものという印象を読み手に与えるであろう。しかし、その反面、では、庶民の家系である席氏がなぜ整然とした系譜を記述できたのかという難問に直面せざるをえない。席氏の祖先に関する情報のうち、確実なのは何であろうか。興味深いのは、席本禎が戊子譜を編纂したとき、席温が席豫の五世或いは七世の子孫であるかどうかという点が問題となったことである。結果として、席氏では、著名な席豫に借りて、「世に誇り俗を眩《くら》ま」さんとした一、二の「故老」の説に始まり、それが口承されたのであろうとみなし、席豫を始祖とする説を退け、席温を始祖とする説を採用した。[43] では、席温は本当に彼らの祖先であったのか。紹熙三年（一一九二）修『呉郡志』（范成大纂）巻三四、「郭外寺」を見ると、翠峯禅院（翠峰寺）は、席温がその家を改めたものであると記されているから、席温が東山に移住したことは確認できる。そして、明代の半ばに三つの支派（三席）が聚居していたことも確かである。しかし、席温と三席を結ぶ論拠は全くない。その点からすれば、席氏は譜の編纂のプロセスにおいて、席温と三席に至るまでの間の系譜を偽造した可能性が高いと判断せざるを得ないかもしれない。

　つまるところ、王氏、翁氏、席氏いずれのケースにおいても、譜が最初に編纂された時点から三世か四世程度の祖先に関する情報はひとまず信用できるとしても、それより前の祖先については根拠がなく、正否を判定しようがない。

しかし、他面、編纂者から見れば、編纂の時点において、同じ村に同姓の者が聚居していれば、同宗たることを証明するために遠い祖先に至る系譜を再現する必要が生じてくるであろう。編纂者が、系譜を再現し、父系血縁の網を作り上げるためには、つまるところ、祖先と系譜を偽造せざるをえなかったと考えられる。実際、当時の蘇州では、譜の偽造が大いに流行していた。いくつかの証言を紹介してみよう。

賤しい身分から上昇した富家が名族の家系につながるものと偽る風潮は蘇州でとりわけ甚だしい(44)。例えば、太倉州に、孔子の第五五世の子孫である孔士学なる者がいた。彼の家は貧しく、それにつけ込んで、常州某県のある富家が、同姓であることにより譜を合わせること（「通譜」）を求めてきたが、士学はこれを拒絶した。彼の死後、子供がなく、家族は生活に困った。そこで、かの富家は、船一隻分の米と引き替えに、孔氏の家の譜を持ち去ったという(45)。このように、当時の経済の活況を背景として大量に生み出された新興の家が自己の家系の名門化を図り、祖先の系譜を由緒あるものとして偽る風潮が盛んになると、譜の偽造を専門にする業者が生まれるのもごく自然の成り行きであった。閶門（蘇州城西北隅の城門）の内側にある天庫の前では、客を集めて贋譜を作成する者がいる。姓ごとに一譜を編纂し、各分支の系譜を記す。もし客が某支に属すことを望めば、捏造して、彼を某支に加える。譜に収録されたなかに、貴顕なる者がいれば、その画像や著名人が画像に付した題賛を挿入するなど、至れり尽くせりである。しかも、古絹を用いて譜を作り、わざと粉墨がはがれかかっているようにしたり、書画がぼんやりとしているように粉飾し、由緒ある古蹟に見えるようにする(46)。

このような贋譜の隆盛を見るとき、我々は歴史資料として譜を使用することにためらわざるをえない。しかし、注目しておきたいのは、系譜の偽造は、近世譜の特質からすれば、副次的な問題に過ぎないかもしれないことである。先に紹介したように、近世譜の目的は収族にあった。族人間の協力によって、知識人を官界に送り出し、特権を獲得すれば、それによって得られる利益を宗族に還元する。こうした仕組みによって族人の没落を防止し、さらなる人材を養成する。その究極の目標は、官界と永続的な関係を保つような名門宗族の形成にあるが、明清時代、商業資本が宗族形成に大きな役割を果たすようになると、宗族のネットワークを利用して、商業活動にとって必要な情報を集め、そして商業網拡張のための拠点を確保するといった経済的理由も重要になる(47)。明代半ば以降、経済的政治的成功を収めた洞庭商人は、洞庭東山を拠点とした宗族の網を形成し、相互協力の体制によって、身分と富を持続しようとしたと考えられる。要するに、必要であるのは、身分と富を永続させるために、血縁を利用した政治的経済的な網を張りめぐらすことつまり収族である。したがって、極端に言えば、同じ姓でさえあれば、本当に祖先が同じであるかどうかを厳密に見定める必要はなく、また同姓であることによって著名人を譜に加えてもいっこうに構わない。明清時代に通譜や譜の偽造が盛んに行われたのは、荒っぽいけれども、現実の要請に迫られた、そうした柔軟な考え方によっているものと考えられる。

おわりに

以上述べてきたように、近世譜の最大のポイントは、収族という点にある。理念的には、古宗法を復活して宗族を編成し、宗族を拠点として、代々官僚を官界に送り出し、名門宗族を確立することが知識人の願いであった。したがって、譜もまた、宗法に依拠し、大宗が小宗を統合する形態を理想としたが、実際にはその実現は当初より困難であった。近世譜のモデルは欧陽譜と蘇譜にあるとされるが、このうち宗法を強く意識したのは蘇譜である。蘇洵は、祖先の探索を五世までとし、継高祖小宗以下の四小宗の復活を構想した。他方、欧陽脩は、第一世を決めて、五世一図の形式により、その子孫を延々と記録した。欧陽脩は宗法の運用を掲げなかったが、その譜の形式は、始祖の嫡系子孫が大宗として親族を統合するという大宗の法の復活に可能性を開くものであった。

両譜の後、とりわけ明清譜では、多く欧陽譜が採用されたが、このことは祖先の偽造という問題を引き起こした。新たに上昇を遂げた人々が把握可能な祖先は三、四世代であるため、遠い祖先の名を作ったり、また著名人を祖先に加えるなどの作為が施されたのである。それは批判される行為ではあるが、本質的な問題ではない。官僚任用のために譜が重視された貴族制の時代と異なり、宋代以降の近世にあっては、譜の編纂は全く私的な事業であり、作為が施されたとしても、それは犯罪とはいえない。しかもより重要であるのは、近世譜の目的は収族に求められることである。科挙官僚制度という国家の政治システムのもとでの流動的な社会において、最も頼りになる社会関係の一つは父系血縁関係であり、血縁の網を媒介として、政治的経済的成功が実現されることこそが必要であった。したがって、そうした収族という目的が達成されるのであれば、祖先の偽造は暗黙のうちに了承されるべきものであるかもしれない。

これを血縁の網に包摂される個人の立場からみれば、次のように捉えることができる。父系血縁の網は伸縮自在な幅広さをもっているが、いずれの範囲を選択するにしろ、父系血縁の網が個人にとって有用であるのは、個人の安定と成功に対していかなる利益をもたらすかという点にこそある。それが約束されていれば、個人は、譜の編纂、祠堂設立、共有地の設置などの事業によって、宗族のネットワークを張りめぐらすことに対して積極的な支援を惜しまないであろう。その点から言えば、個人の安定と成功を脅かす先進地域における様々な競争の激しさ、辺境における秩序不安、王朝秩序の動揺はすべて父系血縁の網を強める要因になりうる。(48) そして、西欧資本主義が王朝秩序を動揺させ、解体に導いていった十九世紀中葉以降の近代は、個人がそうした父系血縁の網を強く求めた時代であるがゆえに、譜の編纂もまた活況を呈することになった。(49)

注

（1）多賀秋五郎『宗譜の研究（資料篇）』（東洋文庫、一九六〇年）、一、九頁。
（2）牧野巽「明清族譜研究序説」（『〈牧野巽著作集第三巻〉近世中国宗族研究』御茶の水書房、一九八〇年）、清水盛光『支那家族の構造』（岩波書店、一九四二年）二一五～二一七頁、森田憲司「宋元時代における修譜」（『東洋史研究』第三七巻第四号、一九七八年）、多賀秋五郎『中国宗譜の研究』上巻（日本学術振興会、一九八二年）第一章・第二章。また、最近、谷川道雄「六朝時代の宗族—近世宗族との比較において—」（『名古屋大学東洋史研究報告』一五、二〇〇一年）は六朝時代の家譜と近世族譜との比較を行っている。
（3）清水盛光前掲『支那家族の構造』二一七～二二九頁。常建華『〈中華文化通志・制度文化典・第4典〉宗族志』（上海人民出版社、一九九八年）二六〇頁。
（4）拙著『中国の宗族と国家の礼制』（研文出版、二〇〇〇年）第一章。
（5）前掲拙著第四章・第五章。
（6）多賀秋五郎前掲『宗譜の研究（資料篇）』五八頁。
（7）多賀秋五郎前掲『宗譜の研究（資料篇）』六三頁。
（8）「欧陽氏譜図」には、石本と集本があり、ともに四部叢刊本『欧陽文忠公集』巻七一に収録されている。本稿では、石本を使用する。石本「欧陽氏譜図」に関する史料としては、「欧陽氏譜図序」、「譜図」、「譜例」がある。
（9）四部叢刊本『嘉祐集』巻一三に収録され、「譜例」、「蘇氏族譜」、「族譜後録」（上篇・下篇）、「大宗譜法」、「蘇氏族譜亭記」から成る。
（10）多賀秋五郎前掲『中国宗譜の研究』上巻、一一七～一二七頁、清水盛光前掲『支那家族の構造』二一五～二一七頁、森田憲司前掲「宋元時代における修譜」。
（11）『嘉祐集』巻一三、「蘇氏族譜」、『宋史』巻四四三、「蘇洵」伝。
（12）『嘉祐集』巻一三。
（13）『嘉祐集』巻一三、「譜例」。
（14）両譜図の編纂時期については、以下の研究を参照した。森田憲司前掲「宋元時代における修譜」、多賀秋五郎前掲『中国宗譜の研究』上巻、一二五頁、小林義廣「欧陽脩における族譜編纂の意義」（『名古屋大学東洋史研究報告』六、一九八〇年）、同上「宋代吉州の欧陽氏一族について」（『東海大学紀要文学部』第六四輯、一九九六年）、同上「欧陽脩の後半生と宗族」（『東海大学紀要文学部』第七〇輯、一九九九年）、ともに『欧陽脩　その生涯と宗族』（創文社、二〇〇〇年）に再録。

（15）『嘉祐集』巻一三、「族譜後録上篇」。

（16）『嘉祐集』巻一三、「族譜後録上篇」。

自益州長史味道至吾之高祖、其間世次皆不可紀、而洵始為族譜、以紀其族属、譜之所記、上至於吾之高祖、下至於吾之昆弟、昆弟死而及昆弟之子。曰、嗚呼、高祖之上不可詳矣。自吾之前而吾莫之知焉、已矣、自吾之後而莫之知焉。則従吾譜而益広之、可以至於無窮。

（17）『嘉祐集』巻一三、「蘇氏族譜」掲載の譜図。

（18）『嘉祐集』巻一三、「族譜後録上篇」。

凡今天下之人惟天子之子与始為大夫者而後、可以為大宗、其余則否。独小宗之法猶可施於天下。故為族譜、其法皆従小宗。凡吾之宗其継高祖者高祖之嫡子祈。祈死無子、天下之宗法不立、族人莫克以其子為之後。是以継高祖之宗亡、而虚存焉。其継曾祖者曾祖之嫡子宗善、宗善之嫡子昭図、昭図之嫡子惟益、惟益之嫡子允元。其継祖者祖之嫡子諱序、序之嫡子澹、澹之嫡子位。其継禰者禰之嫡子澹。

（19）『嘉祐集』巻一三、「族譜後録上篇」。

蓋高祖之子孫家授一譜而蔵之。其法曰、凡嫡子而後得為譜、為譜者皆存其高祖而遷其高祖之父、世世存其先人之譜無廃也。而其不及高祖者自其得為譜者之父始而存其所宗之譜、皆以吾譜冠焉。其説曰此古之小宗也。

（20）『欧陽文忠公集』巻七一、石本「欧陽氏譜図序」。

（21）『欧陽文忠公集』巻七一、「譜図」。なお、欧陽脩一族に関する研究としては、小林義廣前掲「宋代吉州の欧陽氏一族について」がある。

（22）『欧陽文忠公集』巻七一、「譜例」。

姓氏之出、其来也遠。故其上世多亡不見。譜図之法断自可見之世、即為高祖、下至五世玄孫、而別自為世。如此世久子孫多、則官爵功行載於譜者不勝其繁。宜以遠近親疎為別。凡遠者疎者略之、近者親者詳之。此人情之常也。玄孫既別自為世、則各詳其親、各繫其所出、是詳者不繁、而略者不遺也。凡諸房子孫各紀其当紀者、使譜諜互見、親疎有倫、宜視此例、而審求之〈諸房譜皆以此図為首〉。
(23) 前掲石本「欧陽氏譜図序」。
(24) 清水盛光前掲『支那家族の構造』二一八～二一九頁。
(25)『嘉祐集』巻十三、「譜例」。
(26)「大宗譜法」は『嘉祐集』巻一三に収録。
(27) 清水盛光前掲『支那家族の構造』二一九頁。
(28)『宋学士文集』巻七四、「題寿昌胡氏譜後」、『遜志斎集』巻一、宗儀、「重譜」。
(29)『遜志斎集』巻一、宗儀、「重譜」。
(30) 遠藤隆俊「范氏義荘の諸位・掌管人・文正位について—宋代における宗族結合の特質—」(『集刊東洋学』第六〇号、一九八八年)。前掲拙著、一九四～一九八頁。
(31) 森田憲司前掲「宋元時代における修譜」。また、牧野巽前掲「明清族譜研究序説」、多賀秋五郎前掲『中国宗譜の研究』上巻、第二章参照。
(32)『大学衍義補』巻五二、治国平天下之要、明礼楽、「家郷之礼下」。
臣按、古者設官以奠繫世。唐以前皆属于官。宋以後則人家自為之。当時有廬陵欧陽氏・眉山蘇氏二家譜、今世士夫家亦往往倣而為之。然朝廷無一定之制、人家興廃不常、合散不一、或有作者于前、而無継者于後。請為之制、除貧下之家外、凡有仕宦及世称為士大夫者、不分同居異籍、但係原是同宗、皆俾其推族属最尊者一人為宗子、明立譜諜、付之掌管、不許攀援名宗、遺落貧賤。違者倶治以罪。
(33) 前掲拙著第四章～第七章。
(34) 前掲拙著、三〇五頁。
(35) 牧野巽前掲『〈牧野巽著作集第三巻〉近世中国宗族研究』一五四～一五五頁。
(36) 乾隆十一年重修『范氏家乗』、序、范安柱「范氏家乗続修序」(崇禎十六年)に、「今之称大姓者動云南渡。南渡之前、江南豈無人。卒湮没不聞」という。
(37) 前掲拙著第八章。
(38) 前掲拙著、三四九頁。
(39) 『洞庭王氏家譜』、序、「太原家譜叙」、同書巻首、序、「続修文恪公支譜序」、同書巻二下、祠宇類下編、「洞庭王氏家祠記」、および王仁宝「改建文恪公専祠記」。
(40) 『洞庭王氏家譜』巻六、「宗譜」～同書巻一八下「世系表」。
(41) 前掲拙著第八章。
(42) 前掲拙著第八章。
(43) 『席氏世譜載記』巻一、序、「順治戊子譜叙」、「順治戊子譜後序」。
(44) 『萩園雑記』巻七に、
今世富家有起自微賤者、往往依附名族、誣人以及其子孫、而不知逆理忘親、其犯不韙甚矣。呉中此風尤甚。

とある。
(45) 『萩園雑記』巻七。
(46) 李延是《えんぜ》『南呉旧話録』巻上。この資料は、宮崎市定「明代蘇松地方の士大夫と民衆」(『史林』第三七巻第三号、一九五四年)で紹介されている。
(47) 臼井佐知子「徽州商人とそのネットワーク」(『中国―社会と文化―』第六号、一九九一年)。
(48) この点に関しては、岸本美緒『明清交替と江南社会―一七世紀中国の秩序問題―』(東京大学出版会、一九九九年)第二章「明清時代の郷紳」も併せて参照していただきたい。
(49) 前掲拙著、四三九頁。

二　宋─明の宗族：総論 ──元明の部──

はじめに

本論で用いる宗族という言葉は広い意味では男系血縁の親族関係を指す。この宗族という問題を考えるうえで、とても大事なのは、唐宋変革期である。日本における宗族研究の道を切り開いた先学の一人である牧野巽氏はかつて、宋代以降の宗族を「近世宗族」と呼んだ。「本書に近世の名を冠した理由は、中国史全体の時代区分についての一定の成見によってではない。ただ宗族形態の変遷の上からいうと、宋代以後次第に近世的なものが顕現し来たり、元明以後これが完成して、もって清末に及んでいる。私はこの宗族形態を近世宗族と名附けたいと思う」［牧野　一九四九b：「序」］。この言葉に示されるように、宋代は「近世」的な宗族が新たに登場した時代であり、その新たな宗族が元～清の間に完成形態にまで整えられたと認識された。その特徴は、宗法という親族統制原理の復活を理想として掲げ、祠堂や族譜、族産などの各種の装置を備えるといったところにある。「近世」という言葉を用いるかどうかは別にして、この認識は、唐宋変革期を境として新たな時代に突入したのだという時代区分論にも合致するものとして長らく支持されてきたと思う。現在においても、この認識は研究者の間で有効なものとして受け止められているが、では、宋代に登場した宗族はどのような変遷を辿ったのであろうか。明清時代史の側からこの疑問に答えようとする時、十六世紀という時代が持つ意味の重みに目を向けざるを得ない。

従前の研究において、十六世紀は、国家の政治システム、商品経済、農業経営など、ほとんどあらゆる分野において根底的な変質がもたらされた時代の劃期として位置づけられる。このことは、時代区分に関わる岸本美緒氏の見解によく示されている。氏は、宋代以降の時代が「近世」か「中世」かという、かつて学界に起こった時代区分の論争に言及しつつ、東アジアにおける「近世」という語を、日本史やヨーロッパ史でいう「近世」とほぼ重なる十六世紀から十八世紀までのあいだを指すものとして用いる。それは、国家体制や社会経済のあり方が日本やヨーロッパと同じだからということではなくて、さまざまな個性をもつ諸地域が相互に影響を与えあいながら、この時代の激動のリズムを共有してきたという認識による。この時代の東アジアの歴史を巨視的な観点からながめてみるとき、われわれの目に映るのは、十六世紀の急激な商品経済の活発化、社会の流動化のなかで従来の秩序がくずれてゆく混乱状況のなかから、新しい国家が生まれ、十七世紀から十八世紀にかけて新しい秩序が作り上げられてゆく、一サイクルの大きな動きであるという［岸本美緒　一九九八］。中国を中心とする東アジア世界において、十六世紀を分水嶺として新たな秩序に向かう巨大な潮流が生じていたことが巨視的視点から示されたものである。

宗族研究において、新たな宗族の形が登場し、継承されていったという点で、宋～清の時代をひとまとめにして扱うのが便利ではあるが、他方、岸本氏の認識によく示されるように、宋代から清代までの一千年にも及ぶ超長期の時代を一括して同質の時代とみなすことには相当の無理があるかに思える。明清史の研究状況からすれば、十六世紀を分岐点として、宗族という男系の血縁関係についても、その前後において大きな変化があったものと考えるのが妥当ではないか。宋代以降の宗族の歴史的展開のなかで、十六世紀という時代にいかなる変化が中国の宗族に生じたのかを見極めることが一つの大きな課題だと考える。

本論では、この課題を踏まえ、現在に至るまでの日本の研究が何をどこまで明らかにしたのかを紹介したい。紹介に際して注意したのは次の諸点である。(1)本論集では、宋代から明代に至る長期の時代において、宗族(広義)がどのように展開したのかを見定める目的をもっている。したがって、本論でも、その点を踏まえ、宋代と明代を繋ぐ議論が重要となる。従来の研究のなかでは、宗法主義と呼ばれる考え方がそれに当てはまるので、この問題に関する研究を取り上げることから始めたい。(2)取り上げる研究は元代から明末清初までの時代の宗族を対象としたものであるが、清代、民国時代の宗族を分析した研究や人類学、社会学の研究成果が元明時代の宗族研究にも大きな影響を与えているので、適宜、それらの研究にも言及したい。ただし、関連する研究は相当数に上るので、元―明末清初の時代の研究であってもそのすべてを紹介できるわけではない。また、宗族研究が再開された一九八〇年代以降の研究に特に重点を置きたい。そのなかで紹介し切れないものも出てくるが、筆者の能力の限界もあり、ご寛恕頂ければ幸甚である。

一　大家族主義と宗法主義

宋~明という長期にわたる時代を対象として宗族の展開を追跡しようとする時、どのような変化がその間に生じていたのかを見極めるのが重要な課題となる。こうした問題関心を宗族研究の早期に抱いていたのは牧野巽氏である。牧野巽氏は、宋代は「大家族主義が頂点に達するとともに、これに対する反動が生じてきた時代であり、大家族主義に代って新たに次第に擡頭してきたのが宗法主義である」といい、宋代を境とする大家族主義から宗法主義への転換を提言した[牧野巽　一九四九c]。大家族主義とは何か。「家族」という言葉を狭く解釈すれば、「居所を同じくし、財産を同じくして、日常の生活を共同にしている人々の集団」をいう[牧野巽　一九四九b：序説]。同居共財の関係を構成する集団が氏のいう家族である。「大家族」もまた同居共財を要件とするが、狭義の家族に対して、家産分割を行わずに、兄弟などの近親者が数世代にわたって同居共財関係を構成し、その結果として多くの成員を抱えることになった集団を、氏は「大家族」と呼んでいる。言い換えれば、大家族もまた同居共財を要件とする形態である点で、広い意味での家族の範疇に含まれることになる。氏はまた、司馬光『司馬氏書儀』のなかで、同居共財の生活を営む累世同居の大家族において、家長が冠礼、婚礼、祭礼を主宰するものとされたところに、大家族主義の特徴が顕著に現れていると考えた［牧野巽　一九四九c］。では、宗法主義とはどのようなものか。宗法とは、嫡長子系統の宗＝宗子（大宗、小宗）が共同の祖先祭祀を通じて一族を結合する原理を指し、大宗（大本家）―が小宗（小本家）四を統率する形態を標準となす。この宗法は『儀礼』、『礼記』等の古典に記載されたものである［牧野巽　一九四九b：序説］。氏は「北宋中期以後明瞭な形をとって現れてくる宗族結合の重視」に注目して、宗族の結合の要に「宗法の復興」を目指す考え方を見いだし、これを宗法主義と呼んだが、その特徴は次のようなものである。北宋の程頤は始祖・先祖（始祖と高祖との中間の諸祖先を意味する）を祭るべしとしたが、朱熹『家礼』の祠堂制度（通礼・祠堂章）は、それが古礼に背き僭上であるとして、祠堂では高祖までの四代の祖先を祭るにとどめた。祭祀の主体は継高祖以下の小宗である。また、高祖以前の祖先の神主はみな墓に埋め、一年に一回、その子孫が集合して祭り、始祖の墓と墓田、その他の遠祖の墓と墓田はそれぞれ、大宗、遠祖の子孫が祭祀を司るものとされた（墓祭）。始祖・遠祖の祭祀は僭越であり、祠堂ではなく墓で祭るべきであるとし、祠堂では小宗が高祖以下の四世の祖先を祭るものとしたことから、牧野氏は『家礼』の祠堂制度から小宗の復活を読み取ったといえる［牧野巽　一九四九c］。このように氏は、大家族主義から宗法主義へという転換を見出すことにより、男系出自の親族（広義の宗族）のなかにも、大家族と狭義の宗族があり、それぞれ家長、宗子が指導的役割を果たすことを示すとともに、宋代が前者から後者への移行期であって、親族のあり方が大きく変質することを提言した。両者をともに宗族（同族）の範疇に入れて同一視することにより、宗族の変わることのない存続を説きがちな従来の研究に大きな影響を与えるものであったと評価できる。

この牧野氏の見解は、『司馬氏書儀』（以下、『書儀』という）と『家礼』という二つの礼書を比較して、それぞれに大家族主義と宗法主義が象徴されているものとして対比的に議論されたものであり、それぞれに関わる実例が掲げられているとはいえ、なお問題提起の域を大きくは脱していない。その後、佐竹靖彦氏は牧野氏の提言を受けて、宗法主義への転換が、小農経営自立にともなう社会構成の変質を背景とするものであることを論じた。また、宋代の累世同居の大家族が顕著であることは、佐竹靖彦氏、小林義廣氏らの実証研究においても確認されるところである［佐竹靖彦　一九七三、一九九〇］［小林義廣　一九九〇］。

最近、吾妻重二氏と佐々木愛氏は、牧野氏の提言に関わる批判的見解を提出しているので、紹介しておきたい。吾妻氏の関連研究は［吾妻重二　一九九九、二〇〇一、二〇〇三］及び本書所収論文であるが、後者には最新の見解が示されているので、主にこちらの内容に沿って紹介してみよう。まずは大家族主義についてである。牧野氏が大家族主義を象徴するものとして『書儀』を掲げた点に対して、同書に登場する家長の役割を再検討し、それが単に家族中の最年長者を意味する語であり、大規模な家族を統率する族長のごときものではなく、また家長の存在は家族の規模とは特に関係がないことを指摘する。吾妻氏がこのように牧野氏を批判する背景には、『書儀』を著した司馬光の一族の現実生活と『書儀』で描かれた家族生活の両者をどのように捉えるかという問題が関わっている。牧野氏は漢代以来存続してきた累世同居の大家族の歴史の中で、宋代は多数の大家族の事例が最も多く見いだされる時代であり、司馬光の家も大家族生活を送っていたことから、『書儀』にも大家族の生活の実際が反映されているとみた。吾妻氏も、その事実を認めるが、そこに見える累世同居のあり方がただちに『書儀』の本体部分をなす冠婚喪祭の礼に反映しているのではないと考える［吾妻重二　二〇〇三］。したがって、問題の焦点は、『書儀』本体が大家族を前提として書かれたものであるかどうか、またそこでの家長の役割をどう見るか、といった点に絞られる。また、吾妻氏は、『書儀』に関する牧野氏の見解には批判的であるが、『家礼』が宗法主義をとっていること、宗法主義が親族集合を目的としたことは認める。氏がとくに取り上げるのは祖先祭祀に関する牧野巽氏や清水盛光氏らの解釈である。「私はこれまで、始祖・先祖の祭祀に関して、牧野・清水両氏が『家礼』巻一の祠堂章における墓祭にのみ言及して、巻五の祭礼部分にまったく触れていないのを不思議に思っていた」と述べるように、先学と吾妻氏の見解の主たる相違点は『家礼』巻五・祭礼の取り扱いにある。『家礼』巻一の祠堂章は、祠堂では高祖以下四代を常祭の対象とすることとともに、遠祖の神主が埋められた墓に、年に一回、子孫たちが赴いて墓祭を行うと述べている。先学は、この記述と始祖・先祖祭祀は僭越であるとした朱熹の発言（楊復「付録」に収録。元来は、『朱子語類』に収められたもの）を踏まえて、家廟における始祖・先祖祭祀を主張した程頤との間に見解の相違を読み取った。吾妻氏の見解はこうである。朱熹の当該の発言は晩年になって提示されたものであり、『家礼』撰述時には祠堂における始祖・先祖祭祀を否定していなかった。『家礼』撰述時の朱熹の見解は巻五・祭礼にこそ示されている。つまり、始祖は冬至、先祖は立春に、祠堂にそれぞれの神位を設けて祭るというものである。この吾妻氏の見解についておそらく問題となってくるのは、巻一の祠堂章にいう、毎年一回遠祖を墓所で祀る墓祭との関係である。一方で墓祭をいいながら、他方では祠堂の祭祀をいうのは矛盾していないかどうか。ここが問題となる。牧野氏等の先学はこの矛盾点を解決できずに、結果として、巻五・祭礼を採用しなかったと推定される。筆者も、この問題に関して、『家礼』が朱熹個人の著書か、弟子たちの協力による編著かといった真偽論争が絡むため、判断が難しいとして結論を保留したことがある［井上徹　一九九五b、二〇〇〇a：第三章］。

他方、佐々木愛氏は、宗法主義に関する解釈に対して批判を寄せた。牧野氏の上掲の研究の他、清水盛光氏も宗法が親族の統合を目的とするものであるという見解をとっており［清水盛光　一九四二］、また井上もこの両者の見解を受け継いでいる。井上は、明清から民国期にかけて発見される、宗法の適用、族譜編纂、祠堂設立、族田の設置などの事業を推進する宗族の活動が開始される宋代に遡り、その歴史的性格を検証し、その後の展開を見極めようとした。その結果として、宋代の儒者が提唱した宗法主義は、科挙官僚制と家産均分のもとで家系の衰退を宿命づけられていた士大夫が宗法を理想とする宗族組織の形成によって究極には世臣の家系につながるような名門の家系の樹立を志向したことがそもそもの始まりであると考えた［井上徹　一九八七、二〇〇〇a］。これに対して、佐々木氏は従前の研究のみでなく、明清時代の宗法議論や族譜などの見解も対象として、宋儒が親族統合を目的として宗法の復活を唱えたという見解には問題があると指摘する。すなわち、張載、程頤、朱熹などの宋儒が唱える宗法論を思想史的文脈から考察する時、その目的は親族結合よりも、むしろ古礼にいう嫡長子（宗子）の継承による「秩序」そのものの確立にあること、また嫡長子継承主義は現実の親族概念から乖離したもので、実現が困難であったこと、である［佐々木愛　一九九八、二〇〇〇］。佐々木氏も親族結合を否定しているわけではないが、思想史的文脈から宋儒の意図を読み取ろうとした時に、はたして親族結合が宗法主義の第一義的な目的であったかどうかを問い直そうとするものである。この佐々木氏の問題提起には、それぞれの宋儒の言説をどのように解釈するかという問題の他に、佐々木氏も示すように、宋代においては宗法の復活がなお現実的に実施可能なものだとは考えられていないこと、言い換えれば理念的なプランに止まっていることが言説の解釈に影響を与えるかに思われる。

以上のように、牧野氏が示した大家族主義から宗法主義へという転換の図式については、大家族主義、宗法主義の概念そのものに対する疑問が投げかけられている。しかし、大家族主義が家産分割を禁止し、近親者が数世代にわたって同居共財関係を構成する集団の形成を目指し、その結果として家族員と家産の維持が発展的に維持されることは―家長の位置づけにはなお検討すべき余地があるものの―、共通の理解として確認しておいてよいであろう。また宗法主義がそもそも古礼への復活そのものを第一義的な目的としたのか、それとも親族集合こそが優先課題とされたのか、また祭祀の方法に関して程頤と朱熹との間に見解の相違があったのかどうかといった意見の分岐があるが、古礼の宗法を復活して宗子が祖先祭祀を通じて親族を統合することがそこに含意されている点は依然として有効であろう。

では、宋代を境として大家族主義から宗法主義へ転換するという時代的変化の視点はどうか。水口拓寿氏は大家族主義と宗法主義の「表裏一体性」をいう。前者を代表する『司馬氏書儀』の「居家雑儀」、後者を代表する『家礼』の内容を比較して、言い換えが可能な共通部分をもつことを指摘するとともに、『家礼』に則って、大家族形式による近世宗族を率いていくことも、実践面において可能だったとする［水口拓寿　二〇〇〇］。たとえば浙東の義門鄭氏である。鄭氏では、宗子と家長が統率する役割を担う。宗子の役割は、祖先の祭祀を継承し、それを通じて家衆を統率することにあり、いわば家衆統合の象徴的存在である。家長の方は、家内のあらゆる雑務を掌握し、子弟に職務を分担させるものであり、大家族運営の実質的な総括者である。大家族生活の内部で宗法秩序を実現するような構造をもっているのである［井上徹　一九九二、二〇〇〇a：一一六〜一一七頁］。併存の可能性も考慮しておく必要があるであろう。この問題を解き明かすには、大家族と宗法を理想とした親族統合が現実の社会でどのような展開を遂げたのかを検証する作業が必要とされる。明清史の側から見るとき、宋代をターニングポイントとしてこうした変化が截然と生じたとみるには問題が残る。牧野氏は、漢代以来の大家族の歴史のなかで宋代は「実際の大家族の例が最も多数な時代」であるという認識を示し［一九四九c］、以後の研究においても宋代に多くの大家族の事例が発掘されることは検証されているが、後世の時代においても大家族生活は「家」の理想として掲げられ、実現を試みる事例も少なくない。牧野氏は宋代に焦点を当てたとき、伝統的な大家族が最も隆盛を迎えた一方、新たな宗法主義が台頭してきたというところに、新旧の親族形態の交替を読み取ったが、前者が後世になると衰退すると結論を下すのは至当ではないかに思われる。そして、宗法主義は確かに宋代に新たに登場し、支持を集めたが、宋代の間に宗法主義を実現しうる人々――士大夫など――が実際にも宗法による親族結合を広く実践し、結果として狭義の宗族が普及したことは確認されていない。宗法の実現に際して生み出された各種の装置（祠堂、族譜、族産）の状況からしても、後世に較べて宗族の普及はなお低位のレベルにあったといわざるをえない（遠藤隆俊氏の「総論――宗元の部」参照）。次章以下で紹介するように、宗族の集団構造（分節化）や各種の装置の発展は明代後半においてこそ、大きな発展を遂げることになるのである。

二　明前半期

牧野巽氏は、宋代を分岐点とする大家族主義から宗法主義への転換を提起したが、元、明の時代においても、大家族主義がなお健在であったことは従来の研究のなかで確認されている。大家族の事例として著名なのは浙東山間部（浦江）の義門鄭氏である。檀上寛氏は、南宋に大家族の生活を開始した浦江の鄭氏が、元明両王朝から義門の旌表を受け、郷村維持型富民（地主）に基盤を置く王朝国家の建設を目指した明朝の政策のもとで厚遇され、明中期まで家門を保っていたが、明末には同居生活が破綻し、その存在すら薄れてしまったことを明らかにした［檀上寛　一九八二a、一九八二b、一九八三、一九九五：第二部］。鄭氏の事例は決して例外的なものではない。江南では元末に鄭氏を模倣して大家族の生活を開始する士大夫の家が相継ぎ、明前半の里甲制下においても、糧長に充てられた地主の家で没落を回避する手段として採用されたことが確認できる。家産と家族員の分散を防ぐ大家族生活を実現する方法としては、家産均分の禁止によるものの他に、長子相続という例外的な手段も用いられた［井上徹　一九九二、一九九三、一九九四a、二〇〇〇a：第二章、第五章］。大家族の形態は宋代以降、少なくとも明中期まで、有力な階層の間で家を保つ手だてとして大きな支持を集めたと考えられる。

では、宗法主義の行方はどうか。宋代の宗族との連続を念頭に置いた研究は、大家族主義とともに、宗法主義が強まることを指摘している。森田憲司氏は宋元時代の族譜編纂の傾向を検討し、とくに元代における譜序の増加は、宋代以降に成立した新しいタイプの「官僚の家」の多くが異民族の侵入、王朝の交替という大波のなかで没し去っていった、そうした内外の危機への反応であり、また個々の家の祖先達が宋代についていた官界での地位についての叙述を多く見いだせることから、自らの名門としての歴史を再確認することによって、族の統一（「収族」）を維持しようとしたことの現れであるとする［森田憲司　一九七八］。遠藤隆俊氏は、宗法の適用によって結合を保ち、宗族の模範とみなされた范氏義荘が、北宋以来の名族として江南の地主・士大夫にもった影響力を元朝治下にも保ち、朝廷から厚い恩典を勝ち得たことを指摘している［遠藤隆俊　一九九〇］。祖先祭祀を媒介とする宗族の形態が大家族とともに、元朝の厚遇を得たことは明らかである。さらに、上掲の吾妻氏は、宋代に大家族の生活を営んでいた事例が珍しくないことは認めた上で、南宋中頃から宗法主義にもとづく家廟が増大し、しかも祭祀が大規模化することを指摘している［吾妻重二　二〇〇一、二〇〇三］。また、井上は、王朝交代期の元末明初には、江南において、宗法主義による宗族形成の動きも大家族主義とともに顕著になることを指摘した［井上徹　一九九二、一九九三、二〇〇〇ａ：第二章］。

しかし、元末までの宗族形成の事業は、後世のそれが祠堂、族譜、族産を整備したのに対比させると、必ずしも十分なものとはいえない。例えば、熊遠報氏によれば、徽州に移入した人々は、地域内部の移住と山地開発を行なう過程で、村落・集落内部での協力関係、血縁や年齢などの要素に基づく親和的関係と上下の秩序を作るために、祖先に対する感謝、尊敬といった自然な感情を紐帯として、また祭祀儀礼、祭祀施設という物的象徴を通じて、同族の結合を図ったが、その宗族組織は、歳時に応じて祖先祭祀を行うことを中心とする族人の祭祀組織であるものの、内部の管理と結合は緊密ではなく、地域社会における影響力が大きかったとは言えないとする（［熊遠報　二〇〇一ａ、二〇〇三：七一〜七三頁］）。また、中島楽章氏は宗法主義において重視されてきた装置（祠堂、族譜）の設置によらない同族関係に着目する。宋元期を通じて、漢民族の祖先祭祀、特に始祖以下の遠祖祭祀は、主として墓所で行われ、儒教的・仏教的・道教的要素が混然としていたこと、墓所における祖先祭祀は小宗の範囲をこえた宗族結合に礼制上の根拠をあたえる『家礼』のプランを受容したものであること、などである（本書所収論文）。墓祭を利用した祭祀活動も宗法主義の延長上に位置するが、祭祀の内容に民間信仰の要素が入り交じっているところは、宗法主義の理想とは相当にかけ離れているというべきかもしれない。

元末に至るまでの間に、祠堂、族譜などの各種の装置を用いて男系親族を統合しようとする動きは確かに持続してきたが、明朝が里甲制を通じて、人民を支配した明前半期においては、宗法主義は低調となる。それを象徴するのは、長江下流デルタ地域にあって、宗法主義を標榜した范氏義荘である。近藤秀樹氏は、北宋以来蘇州城を拠点として宗族を維持してきた范氏の宗族が元末まで義荘組織を維持したが、明初に明朝の弾圧を蒙ったことを明らかにした。明朝の成立後、范氏義荘は、長洲・呉両県に所有した義田のうち長洲県側の義田のほとんどを国家によって籍没されるという事件に遭遇したのである［近藤秀樹　一九六三］。少なくとも長江下流デルタにおいては、宗法を理想として男系親族を統合する事業はほとんど影を潜めることになった。その反面で、指摘されるのは、姻戚関係の影響力である。坂本晶氏は蘇州城に城居した呉寛（一四三六〜一五〇四年）の家系を分析している。呉寛の家系は父系親族の影が希薄である一方で、姻戚の影響が大きかった。それ故、姻戚というネットワークが呉氏にとって大きな役割を果したという［坂本晶　一九九六］。こうした姻戚を重視する傾向は呉氏のみにとどまらない。太湖周辺では、地域の習俗として、居民の間では、最も大事な信仰の対象は道教、仏教系の民間信仰であり、父系祖先の祭祀は信仰の一つの対象でしかない。親族関係においても、同祖の父系親族との関係が絶対的であるわけではなく、姻戚との関係もそれに劣らず大事にされた。父系祖先祭祀にしろ、父系親族関係にしろ、庶民の間では絶対的排他的なものではなかった［井上徹　一九九四a、一九九八、二〇〇〇a：第五章、第八章］。こうした宗族活動の低調さは、徽州を中心とした地域研究の側からも指摘されている。鈴木博之氏は徽州府下で宗祠の叢生が見られるのは嘉靖年間を境とするとして、宗祠の分布状況を検証するが、同時にそれ以前の時代にも遡って祠堂のあり方を模索する。徽州では、仏教や道教の民間信仰の影響が強く、そうした習俗のもとで設立された創成期の祠堂は「家」を単位とした祖先祭祀用であって宗族統合の意識は薄かったとする（［鈴木博之　一九九四、一九九七］）。また、熊遠報氏も、明代中期以前、人々の信仰活動は、祖先と宗族の祭祀より仏教・道教に熱中していたことを紹介している（［熊遠報　二〇〇三：三二頁］）。

以上、大家族主義と宗法主義という視点から、元―明前半期の宗族に関する研究を整理してみた。牧野巽氏は宋代を頂点として大家族主義が後退すると認識していたが、元明両王朝の庇護を受けて、大家族のモデルとしての義門鄭氏は明代中期まで繁栄したし、大家族を採用する有力家族も次々に出現した。とくに里甲制体制のもとでは、糧長等の地主は大家族を希求し、それによって家の保全を図ったと考えられる。これに対して、宋代に登場した宗法主義もまた確かに受け継がれている。祠堂、族譜、族産といった宗法を実現するために編み出された各種の装置を設けて男系親族を集合しようとする事業が行われた他、とりわけ際だっているのは墓祭である。墓所における遠祖の祭祀を通じて族人を集合する事業は祠堂のそれよりも盛んに挙行されたとされる。しかし、明前半期においては、大家族とは対照的に、そうした一連の事業が挙行される動きは極めて低調である。長江流域において、祖先祭祀よりも、民間の神々が、また男系親族よりも姻戚が重んじられるといった状況は、宗法主義の理想とは懸絶したものである。儒者が宗法の復活を唱えるとき、祠堂や族譜を設けないと、親族はバラバラになるという認識をもっていたが、そうした考え方からすれば、一連の事業が低調であった明代前半期は、男系親族の排他的な集合すら危ぶまれた時代であるかもしれない。そのなかで、大家族は同居共財によって男系血統を中心とする結合を保ち得る有効な手段であったであろう。

ただし、里甲制と宗族との関係に着目した研究の指摘に目を向けておく必要がある。かつて片山剛氏は清代における広東珠江デルタの図甲（里甲）制を分析し、図甲制を構成する「戸」は個別的な家族ではなく、宗族全体が一つの「総戸」を立てており、その下に多くの「子戸」を抱えるものであり、総じて図甲制が同族組織による族人支配を基盤として施行されたことを指摘した［片山剛　一九八二a、一九八二b］。後述するように、氏の研究を受けた徽州の宗族研究はこの地域でも明代後半以降に宗族を単位とする里甲制が展開したことを明らかにしているが、田仲一成氏の本書所収論文は、茗州村の呉氏を取り上げて、明代前期において、「宗族」が社祭組織を社戸の独占を通して間接に支配し、さらに里甲制の甲組織を掌握し、後期の里甲制崩壊後は、社祭財政を宗族財政の一部として直接支配するに至ったという結論を導き、また甲が同族から成るという点から、総戸—子戸の関係を特徴とした清代の広東図甲制へと向かう萌芽が徽州にも潜在していたと考える。後で紹介するように、総戸—子戸の関係が里甲制の基礎をなす体制が広く確認されるのは明代後期であるが、前期においてもこうした事例が見いだされるとするならば、茗州村の呉氏は先駆的事例といえよう。これが呉氏の特殊な事情なのか、それとも徽州において他の「宗族」でも見られた状況なのか、今後検討されるべき興味深い課題である。また、中島楽章氏は、明代前期・中期には、地方官は里甲組織を通じて、郷村社会における紛争処理に関与する場合が多く、老人、里甲は「同族」や親戚知友、在地の有力者や名望家、同族や村落における「衆議」などの民間調停とあい補い、また地方官の和解調停を通じて紛争処理の枠組みの結節点としての役割を果たしたとする［中島楽章　一九九五a、一九九五b、二〇〇二：第二章、第三章］。全般としては、祠堂の設立や族譜編纂などによる宗族形成の動きが低調ななかで、宋元以来の「同族」が里甲制下において紛争処理の一端を担った事例が見出されることは、男系血統の組織が浸透した地域があることを示唆するものかもしれない。また、移住・開発の研究からの指摘も貴重である。濱島敦俊氏は、元末に至って、浙東地主が宗祠等の祭礼を盛んに挙行した基盤に、同族村落という特有の村落形態が存在したことを示唆した［濱島敦俊　一九八二］。上田信氏はこの問題に関連して、社会人類学者モーリス・フリードマン氏の研究成果を受けて、漢族の移住・開発の視点から同族村落の問題を考察した。氏は考察の対象として浙東山間部を選択し、唐末五代から明代にかけて進捗した地域開発を担った移住民が同じ祖先を戴く同族の単位（村族）で小河川の用益権および耕作に適した土地を多く占有し、その結果、単姓もしくは二、三姓の同族が居住する村落が成立したとし、こうした村族を「地縁的関係と血縁的関係とが交差する場」であると表現する［上田信　一九八三、一九八四］。つまり、地域開発にともなう同姓村落の成立を提起したのである。こうした地域開発が男系血統の関係の強化につながったとすれば、それは宗族形成を促す条件として注目すべきであろう。

明前半期の里甲制の時代になぜ宗族形成事業が低調であったのか。これには国家の政策も深く関わっているように思われる。岸本美緒氏は、明初の里甲制の体制を「固い」体制と表現する。明朝はその建国当初、社会を特定の職業に従事する世襲の身分集団によって編成するとともに、彼らを同戸数（一一〇戸が基本）で編成された組織（里甲制）に組み込み、これを基盤に社会秩序を維持していこうとした。また、対外的にはモンゴルなど北方諸民族との交易や東南沿岸の海上交易を認めず、民間の交易に対し厳しい禁止策をとった。これらの政策に共通するものは、民間の自由な社会経済活動とそれに伴う財と人との流動性の拡大に対し、制度的な枠をはめることによって秩序を維持していこうとする姿勢であるという［岸本美緒　一九九五］。明朝の政策に顕著であるのは帝国の支配下の人々の活動を強力な国家的統制の下に従属させようとするものであるが、それは宗族に対しても例外ではないかに思われる。上述のように、宗法主義は、男系の血縁関係にある人々を祖先祭祀を通じて組織化しようとするものであった。井上は、明朝が宗法主義に対していかなる政策で臨んだのかを探るために、明朝の祠堂制度を分析し、宗法原理を容認しなかったという結論に達した［井上徹　一九九四b、一九九五b、二〇〇〇a：第三章、第四章］。このことは、里甲制による人民掌握を基本とした王朝権力が宗族という民間で編成される集団を承認しなかったことを示すが、中島楽章氏の本書所収論文はこの問題を元朝の政策も含めて総合的に論じた。漢民族の祖先祭祀に対する元朝の態度は総じて放任的であったが、明初政権の祭祀政策は元朝の政策とは対照的に、官僚以外の士人層や庶民の祖先祭祀を曾祖にまで制限したこと、墓祠などでの遠祖祭祀は官民を問わず捨象されたこと、また法律上も墳菴・墳院の設置を厳しく制限したことなど祖先祭祀に抑制的であり、こうした政策は宋元時代に進展した墓域での遠祖祭祀を通じた宗族の統合を抑制することになった。明初政権は宋元時代に自由に発達し、仏教的・道教的・儒教的要素が混在した、雑多で混沌とした祭祀コミュニティーを、国家礼制に整合的な、里甲レヴェルと家庭レヴェルの祭祀に純化しようとした。このことは同時に、里甲組織とそれを構成する各戸から基層社会を編成し、多層的・流動的な人的結合の発達を抑制しようとする明初の郷村統治政策と表裏していたとする。総じて、宗族に対する明朝の政策は抑制的であったといえよう。ちなみに、明朝が士人層や庶民の祭祀を曾祖までに限ったとする点については、他方において、彼らの祖先祭祀を祖父母・父母にとどめた明朝の規定が存在するので、両者の関係をどのように解釈するかが問題となろう。

三　長江下流デルタ

戦前以来の日本の研究において、宗族の勢力やその持続性などに関して地域偏差が存在することが指摘されている。例えば、牧野巽氏は次のように述べる。「宗族は父方の同姓の親族でありま す」。「母方よりは父方の親族を重んずる傾向」は中国では「日本より一層甚だしく」、「殊に現代でいえば、南支那の広東・福建等にこの傾向が最も強く、それから北へ行くに随って宗族の結合は弱く小さくなり、揚子江の流域にはまだ相当にその勢力は強いのでありますが、北支方面になりますと、かなり微弱になります。……このように中南支の方が北支よりも宗族結合が強大であることは、明末から清初にかけて生きていた顧炎武の日知録などにも明らかに書いてあることでありますが、さらに遡ってみると、元から南宋へかけても既にこの傾向ははっきりと認められます」［牧野巽　一九四一・四二］。一々は挙げないが、当時つまり近代の時代には、華北から華中（長江流域）、華南（福建・広東）へと南下するに伴って宗族の結合が強力であること、そうした地域偏差の傾向は前近代の社会でも同様であるという認識はほぼ共有されていたと思う。

現在の宗族研究においても、宗族結合が華中南の南方に顕著な現象であるという理解はほぼ共通のものであるが、すでに紹介してきたように、族譜、祠堂、族産などの装置を利用して、男系血統の人々を集合しようとする動きについて言えば、明前半期までは、宗法という理想は掲げられつつも、実際に各種の装置を用いて結合を長期にわたって維持しえた宗族はそれほど多くはない。明清時代史において、八〇年前後から再開された研究の特色の一つは、地域に焦点を絞って、宗族の構造や地域、国家との関係を解明するというところにあり、十六世紀以降、祠堂などの装置を備える宗族が大きく発展したこと、また、空間的には、十六世紀以降の宗族の結合は長江流域から福建、広東などの華南へと広がっていることが確認されている、そうした点では、牧野氏が指摘した宗族結合の傾向は明代半ば以降にこそ最も適合的であろう。

最初に長江流域の研究を取り上げてみよう。牧野氏の理解では、長江流域は、華北と華南との間にあって、宗族の結合も両者との比較において中間的であるが、またこの地域は、宋代以来の宗族の展開を連続的に追跡できる地域であるとともに、范氏義荘という天下の宗族のモデルとされた宗族を抱えており、宗族の地域的展開の比較を試みる場合には基準の状況を提供してくれる。

まず紹介しておきたいのは、岸本美緒氏の見解である。氏は十六世紀中葉以降、東アジア国際商業の刺激を大きな背景とする商業化・都市化の発展が流動化つまり城—郷間を往復する流動的でバラバラな群衆を生み出した現象に着目する。明末に簇生する多様な社会集団はこうしたバラバラで流動的な群衆が不安定な社会状況のなかでの自衛、あるいは社会的地位の上昇のためにとり結ぶ人間関係であった。諸社会集団の結合は垂直的なものと水平的なものとに大別できるが、垂直的結合の代表は郷紳を核とする諸結合である。奴僕や親族（「宗族」）はともに、一人物の科挙合格ないし出仕を契機に急速に結集して地方社会内の顕在的集団となり、その人物（郷紳）の死あるいは威勢の衰退に伴って離散零落する、といった盛衰の激しい性格をもっていたとする。氏が諸集団の叢生の前提として指摘した流動化の現象は、群衆が城郷間を往復するといった空間的流動性に重点を置いたものであるが、また、郷紳への上昇とその死にともなう親族の衰退といった階層的な流動性の側面にも目を向けている［岸本美緒　一九八七、一九九九：第一章］。郷紳を核とする親族の結合は郷紳在世中の短期的なものとして捉えられるが、氏は明末という時代に親族の結合が郷紳のみでなく、人々が取り結ぶ諸関係のうえでこれまでになく重要な役割を担っていることにも着眼している。古礼の宗法に対比させて、後世の宗族結合の形成の関心は、「実力者を中心とする可能な限り広汎な結集と相互扶助にあ」り、そこに働いているのは「血縁感覚を媒介に広汎な人々を結集していこうとする動機である」。「同姓であれば血縁関係が立証できるか否かにかかわりなく系譜をつないでしまう通譜の風潮」が明末に大いに流行し、さらに、血縁組織の発達にとどまらず、本来血縁関係にない人々の間で形成される擬似的血縁関係も増加し、多様化した。血縁を媒介にした、あるいは擬制血縁的な社会関係は明末のみに特有のものではないが、明末という時代が集団の簇生という点で特筆すべき時代であることも事実である。安定した郷村社会の秩序のなかから析出されてきたバラバラの個人が競争社会のなかで生きていくためには、まずは血縁的一体感によって結びついた人間関係を作らねばならなかったという［岸本美緒　一九九三、一九九九：第三章］。氏は、明末の江南における流動的な社会状況に対する優れた洞察から、明末の諸集団の形成の動因を包括的に考察したが、そのなかの重要な局面として、実力者—とりわけ郷紳であろう—が血縁感覚を媒介に広汎な人々を結集しようとし、他方、人々は不安定で競争的な社会のなかで生き延びるために実力者のもとに結集していく明末の状況を描いた。郷紳の死後ただちに離散する親族のあり方はそうした状況のなかの一齣と見て差し支えないであろう。また遠藤隆俊氏は、岸本氏が注目した「通譜」の流行と蘇州の范氏義荘の関係を探求する。瀋陽の范氏は明代中期以降になって、蘇州范氏と同祖であり、その祖先が江西を経て瀋陽に移ってきたと主張し、蘇州の范氏もその主張を認めて、蘇州と江西、瀋陽三者の范氏の系譜が接合された。通譜である。范氏において通譜が行われた背景には、明末社会の流動性、危機的状況があり、蘇州、瀋陽それぞれが抱える危機への対応の必要性が通譜を実現させたとする［遠藤隆俊　一九九六］。氏はまた、蘇州范氏の宗祠の整備や濬陽范氏出身の官僚（范文程）にも考察を加えている［遠藤隆俊　一九九三、一九九五］。

岸本氏の考察は、明末の社会に生きる人々が生存をかけて血縁関係に拠り所を求めていく風潮を見事に表現したが、井上は、そうした風潮のなかで宗族形成の動きが強まったことを提示した。かつてない規模で出現した商業化・都市化を背景として成長した不在地主、商業資本とそれを母体とする郷紳を中心とする士大夫が、階層的流動性への対抗と名門の家系の樹立を図り、宗法の理想を掲げ、義荘、族譜、祠堂といった装置を用いて、男系親族を組織化する動きが、明半ばに復興した范氏義荘の拠点が置かれた蘇州府城や府下の県城、更に郷村へと広がっていったことである［井上徹　一九九四a、二〇〇〇a：第五章］。長江下流デルタ地帯において、明代後半期に宗族形成が進捗したことは他の研究からも裏付けられる。中谷剛氏は崇明島の宗族施氏を扱い、その宗族の発展と分節化とともに、宗族の統合の象徴としての墓に注目した［中谷剛　一九九四］。また、最近の増田知之氏の研究も重要である。増田氏は「文化資本」の観点から、いわゆる三点セット（祠堂、族譜、共有地）を十分にもたない文氏の家系に注目し、蘇州を中心とする江南において「名族」としての地位を築き、科挙においても進士、挙人、貢生を数世代にわたって輩出したが、それが可能であったのは、文氏が「文化資本」つまり親から子へ、代々受け継がれてゆく「文氏の伝統」を蓄積し、再生産することを通じて、文人一族としての地位を築き、それを維持していったからではないかという［増田知之　二〇〇三］。三点セットのような物的装置を設置することなく、文化の再生産によって家系の持続を実現した事例として貴重である。また、［井上徹　二〇〇〇b］は、男系血統を頼りとして可能な限り多くの人々を結集しようとする当時の風潮のなかで、祖先の系譜を偽造して族譜を編纂することが蘇州で流行したことを指摘した。

長江下流デルタは、天下の宗族のモデルといわれる范氏義荘を抱え、義荘や祠堂、族譜、族産などの装置を備える宗族が展開していったが、祖先祭祀を通じて男系親族を集合するという観念がどの程度社会に定着したのかが問題となる。中純夫氏の本書所収論文はこの問題に関連する。儒教観念にあって死者（親）を埋葬することは孝＝祖先祭祀の中に位置を占める営為であり、正統の埋葬法は土葬である。孝観念に照らせば、火葬は親の身体を毀傷する行為であり、不幸の最たるものとして断罪されるべきものであった。従来、宋元明清の歴代王朝はともに火葬禁止を明文化し、なかでも雍正・乾隆の間を画期として火葬は厳格に禁圧されたとされる。中氏は歴代王朝の政策を検討した後、江蘇・浙江を中心として火葬の流布状況を検討した結果として、乾隆以降の時代においても、火葬習俗は決して払拭されることはなく、従って乾隆帝の禁断策は必ずしも徹底完遂されたわけではない。このような火葬流布の実態は、儒教的理念が人々の現実の社会生活に対してどの程度の拘束力を実際に持ち得るものであったのか、という問題を考える上でも、興味深いという。宗法主義の本質は祖先祭祀を媒介として親族を集合するという点にあり、祭られる祖先は言うまでもなく、土葬されていることを前提とする。ところが、最も宗法主義が普及した明清時代においてさえも、なお火葬が人々の間で選択されていたとすれば、それはとりもなおさず、儒教理念としての祖先祭祀そのものが人々にとってどのような意味をもつものであったのかを再考する必要があることになるであろう。

四　地域偏差

長江下流デルタの周辺地域の研究に目を向けてみよう。上田信氏は唐宋以来の浙東における村族がどのように生成されたのかを、移住・開発の視点から考察したが、その一連の研究のなかで、十六世紀という時代の重要性に着目している。分枝と移住によって居住地を異にする複数の村族が分枝後も同族としての社会関係を維持する集団（同族連合）や分枝・移住によって一度断絶した同族としての社会関係が、ある時期に再生された集団（同族合同）などが、明代後期の十六世紀後半以降の浙東山間部で顕著に形成されるようになること、地域エリート（郷紳）を送り出して社会的に上昇した支派が中心となって宗祠を建設し、地主制の維持、共通の祖先の祭祀、科挙制度による栄達への援助、族人への融資、紛争の解決などの機能をもつ同族合同の集団を形成したことである。同族合同は一つの県を単位とすることが多いが、その背景にあるのは、不在地主制の進展により低下した在地の生産単位の問題解決能力を県が果たすようになったことにあるという［上田信　一九八三、一九八四］。また、［上田信　一九八九］は、宗族をリニージと称したモーリス・フリードマン氏の見解に刺激を受けて、一つの自然村、隣接する複数の自然村に集住する親族を地域リニージと呼び（前記の村族）、十六世紀半ば以降、浙東山間部の環境の悪化が資源（主に灌漑用水）をめぐる地域住民間の競争を激化させ、競争の激化がリニージの求心力を強化したという新たな視点を提示するとともに、複数の地域リニージが親族観念に基づいて社会関係を結ぶことによって形成されるリニージの統合体を高位リニージと呼んで、分析を加えた。前記の同族合同に相当するものである。上田氏が発掘した同族合同（高位リニージ）は宗祠、族譜や族産などをもつ点で、宋代以来の宗法主義のコンテキストのなかに位置付けられるであろう。氏の研究は十六世紀以降における宗族の発展を最初に指摘し、また移住、環境、資源など地域に関わる多様な要素を考慮して宗族の形成と発展を考察した点で重要である。［上田信　一九九五］は従前の研究を集大成している。

長江下流デルタの西側に位置する徽州山間部の研究は檔案など豊富な史料を用いて、宗族の実態を多角的に解明しつつある。徽州の宗族研究では、鈴木博之氏は、祠堂（宗祠）に着眼し、嘉靖年間以降に徽州では宗祠が叢生したことを指摘した（［鈴木博之　一九九四、一九九七］）。先に紹介したように、田仲一成氏は、元初以来の社戸制度のもとでの小堂集団の分立割拠を指摘していたが、この状況が大きく変わるのは嘉靖年間である。始遷祖を祭る中宗祠、更に始祖を祭る大宗祠が弘治年間から明末崇禎年間にかけて成立し、大宗祠を中心にして一族の結束を図る統合体制が整備された。その背景にあるのは、宗族（小堂）による在地の掌握力の弱体に対応し、科挙を媒介に国家官僚との結びつきを強める必要が生じたという戦略であった［田仲一成　二〇〇〇］。中島楽章氏は同族組織を中心とする郷村の社会関係が里甲制・老人制施行の基盤となったとしていたが（前掲）、氏も、十六世紀以降、宗祠や族譜の整備、祭祀活動の体系化や族規の制定を通じて、地域リニージが整序されていったとする点で他の論者と共通の認識に立つ。中島氏は、宗族発展の背景として、地域開発の限界にともなう資源をめぐる競争と国家権力の統制の不十分さを掲げ、その状況がもたらした宗族間の紛争が、族譜、宗祠、族産を備える体系的な宗族（高位リニージ）が形成される契機となったと考えた〔中島楽章　一九九六、一九九八、二〇〇二：第五章、第六章〕。これは、徽州の開発のプロセスと環境を重視する視点から宗族の形成と発展を捉えようとした研究である。これに対して、臼井佐知子氏は族譜から読み取れる徽州商人のネットワークに重点を置く。分析の特色は、徽州が全国的な商業資本の郷里であるという地域的特性と明末における流動性の潮流という二つの要素に着目したことにある。流動的な状況が人々を宗族に結集させるといういわば時代の状況が徽州も巻き込んでいたことを示すとともに、全国的な商業活動を展開した徽州商人がその商業活動を展開するうえで必要とされる情報を、宗族のネットワークを利用して収集したことを指摘する〔臼井佐知子　一九九一〕。〔臼井佐知子　一九九三〕は自己の見解を汪氏を例として検証したものである。同氏の本書所収論文は従前の研究をベースとして、拡大系統化型族譜（「通譜」「会通譜」「総譜」「統宗譜」）を取り上げて、宗族の広域的なネットワークが商業活動を有利に展開するために活用されたことを明らかにした(1)。熊遠報氏も、商業活動との関連から族譜を論ずる点で臼井氏と問題関心を共有する。熊氏は明代後半期における社会的流動にともなう秩序の不安定化を大枠としつつ、商業化に対応するためのネットワークの形成を宗族発展の要因として重視する。具体的には、「聯宗統譜」を題材として、徽州の人々による遠隔地交易に対応し、彼らが活動した外地における相互協力の支援体制を支える確実なより所として宗族のネットワークを位置づけた〔熊遠報　二〇〇一a、二〇〇一b、二〇〇三：第二章〕。このように臼井氏、熊氏は宗族の活動が徽州という狭い地域にとどまらず、徽州人の遠隔地交易に対応して広域的な活動を見せる点に着眼している。また、熊氏は、徽州の多くの姓氏が黄墩を祖先の最初の移住地と主張する伝説（黄墩伝説）に分析を加え、それが、社会の流動化、商業化のなかで盛んになった宗族の拡大運動のなかで行われた、徽州への移入過程と祖先史の再構成を意味し、多くの宗族がルーツを共有することが社会内部の整合を促進する役割を果たしたとする［熊遠報　二〇〇四］。

上掲の研究の結果、徽州においても、論者によって分析の視点は異なるものの、明代半ば以降に宗族の組織とネットワークが形作られる状況は解明されつつあるといってよいが、意外に難しいのは、成立した宗族の関係がその後実際にどのような関係を持続的に保持し得たかどうかを検証することである。熊遠報氏の本書所収論文はこの問題にアプローチしている。宗族を考察するに際しては、様々な史料が用いられてきたが、宗族関係の史料の価値の客観性を判断するのは必ずしも容易くない。そこで、熊氏は徽州の光裕会という洪氏の宗族の分節組織に残された財務帳簿（『光裕会帳』）に着目した。この財務帳簿は嘉靖三十六年から康熙三年にかけての洪氏宗族の収支記録であり、宗族が実際にどのように活動していたのかを伝えるうえで貴重な事実を提供している。考察によって、光裕会の基金が、蓄積段階（嘉靖三十七年～隆慶六年）、財政安定期（万暦～明末）、収縮・萎縮期（明末崇禎時期～清初康熙三年）の三つの時期に分けられることが明らかにされ、それによって光裕会が嘉靖三十六年の成立以来、一〇八年間連続的に活動したことが確認された。たとえば、族譜の場合、数十年、百数十年の間隔を置いて、編纂されることが多いが、これを利用するに際して、しばしば陥りやすいのは族譜を定期的に編んでいることから、その間、日常的に宗族の活動が続けられたとみなしやすいことである。実際には、宗族の結合や勢力には強弱の波があり、一旦は解体してしまうことも珍しくない。熊氏の研究は一〇八年間という長期にわたって個別の宗族の活動が持続したことを検証した点でまず注目される。次に注目すべきは、百年を超えて継続的に活動を維持したものの、ついに康熙初めには光裕会の財政は行き詰まったことを明らかにしたことである。言い換えれば、一〇八年間しか活動を持続できなかったのである。宗族組織を維持することがいかに大変なことであるかは、宗族のモデルとされた蘇州の范氏義荘がしばしば族人の不正によって解体しかかった歴史からもよく知られる。宗族の不安定さにも目を向ける必要があることを示すものであろう。

宗族の結合の強化は国家の税役徴収制度のあり方にも影響を与えた。鈴木博之氏は片山剛氏の研究（前掲）を受けて、総戸が徽州でも見いだされることを指摘した。徽州では、明末以降、祖先祭祀の組織化に伴って、従来、被葬者の祭祀に関わる子孫によって均等分割されるのが原則であった墓田（祭田）が一つの総戸名下に統合されるようになり、総戸は「帯管戸」として扱われた。総戸は公権力によって一つの納税団体として認可されたが、族人の所有権・処分権及び収租権を族産団体に統一し、族人には分益権のみに限定する意図ももっていた。それは同時に在地の村落共同体的な祭祀から離脱して、同族による組織化された祭祀が形成される過程でもあったとする［鈴木博之　一九八九］。また洪性鳩氏は、総戸は分戸を前提とする里甲制の原則に反するものであるが、にもかかわらず、総戸が国家により容認されたのは、解体しつつある里甲制体制下で、総戸を通すことで賦役の徴収が保障される役割を期待できたためであり、宗族内部では、総戸の公議を通して公平な徭役負担が保障できたとする［洪性鳩　二〇〇三］。里甲制の体制の動揺と総戸の登場が密接な関係にあることを示した力作である。本書所収の鈴木氏の論文は、洪性鳩氏の研究も踏まえ、里甲制が前提とする分戸の現実的なあり方を再検討するとともに、嘉靖年間に子戸を意味する「戸丁」の語が登場し、これが族産のための戸名が設置されるのと軌を一にし、宗族による役務の共同化に対応した黄冊編成上の対応策であったことを指摘した。

長江下流デルタと浙東山間部、徽州山間部とでは、一概に比較することは容易ではないものの、祠堂、族譜、族産などの装置を活用して分節的で大規模な宗族を編成していった後者の方が宗族の勢力としてはより発展したものと考えられる。中島楽章氏は、「宗族結合が比較的緩やかで、多様性に富む人間関係が展開していた江南」に対比して、「明代後期以降の社会変動とその再編のプロセスは、各地域の社会構造に応じて一様ではなく、徽州の事例は宗族組織が発達し地縁的結合が比較的強固であった、華中南の盆地地域における一つの代表例と見なすことができよう」という〔中島楽章　二〇〇二：二五七～二五八頁〕）。徽州の側から見ても、江南に対して宗族が発達を遂げた地域として徽州が位置づけられることが感得されていることを確認しておきたい。

五　華　南

長江流域から南下して、華南に入ると、宗族の発展は更に顕著であるとするのが先学の研究のおおむねの認識である。前掲牧野巽氏の認識の他、仁井田陞氏も次のように述べている。「近世支那、殊に広東の祭田（「太公田」）の面積は、莫大な数に上っているといふ。即ち広東省は特例ではあるが、同省の全耕地の三割はこの太公田であり、珠江のデルタ地帯の県では五割、中には六割までが太公田であると報告されている。広東に次いでは福建・浙江・江蘇にも義荘・祭田は少くなく、その割に少いのは北支であるといふ」〔仁井田陞　一九四二：第二章第四節〕。同氏は、福建・広東における同族村落間の械闘の激しさを考察し〔仁井田陞　一九五二：第八章〕、牧野巽氏は農村の強力な宗族結合を根拠として発展した都市の合族祠を論じた〔牧野巽　一九四八、一九四九d、一九八五〕。八〇年代に再開された宗族研究に大きな刺激を与えたフリードマン氏の研究も、福建・広東を対象としたものである。氏は、大規模なリニージ（宗族）が発展した原因として、稲作の高生産性という生態的・経済的要因とともに、東南中国の辺境性＝フロンティアとしての位置を掲げ、山賊、海賊などの活動が防衛の必要性を生み出し、地域リニージの発達を促したと考える〔フリードマン　一九九一、一九九五〕。これに対して、瀬川昌久氏は、〔瀬川　一九八二〕以来、同姓村落に至る村の生成のあり方、中小リニージへの注目などから、フリードマンの研究を見直す研究を進め、優れた研究成果を上げた。その成果は〔瀬川昌久　一九九一、二〇〇四〕に集約された。概念や宗族の形成・発展に関する論理などに関する両氏の見解が、宋代以降の宗族史研究に与えた影響は確認しておくべきである。

華南のうち、福建は宋代から宗族の編成が進んだ地域であり、宋代史の側から研究が進められつつあるが（遠藤隆俊氏の「総論―宋元の部」参照）、明代の宗族についてはあまり研究が行われてこなかった。しかし、最近、小島毅氏が思想史の側から注目している。氏は朱熹『家礼』の空間構造を再現する優れた成果を上げ、福建を対象として『家礼』が流布する状況を検証するとともに、明代嘉靖年間の福建では、父系の血縁関係にある者同士が、自分たちをある集団として自覚し、組織化を進めていたこと、血縁組織を宗法で律して秩序維持機能をもたせて「宗族」を編成し、在地社会の秩序の根幹としようとする構想が登場したことを指摘している［小島毅　一九九四、一九九六：二章、七章］。また、阮星雲氏は福州の宗族（義序黄氏）に分析を加えている。氏によれば、早期（明半ば頃まで）の黄氏は父系的な血縁原理や旧家の末裔意識によってゆるやかに統合されていたが、「非組織化」的な統合方式は十五世紀末期から変化を見せ始めた。最初の官僚による族譜編修が機能的な分節の組織化の重要な契機となり、その後十七世紀末までの間に、族譜の継続的編修と下位分節の祠堂、宗祠の建設などの事業により、分節構造をもつ組織的な統合を進め、地域社会に対しても、リーダー的な存在感を示し始めた。氏は地域に根ざして宗族を統合していった黄氏のあり方から、近世宗族の特徴を「血縁原理と地縁原理によって成り立つもの」と表現している［阮雲星　二〇〇三、二〇〇五：第一章］。阮氏がとくに注意を払った、男系親族の組織化が従前の親族のあり方とどのような関係にあるのかという問題は、長江流域でも問題となったが、次に紹介する広東でも同様である。

八〇年代以来、清代を中心とする広東の宗族に関する研究は急速に進展した。片山剛氏は、広東珠江デルタの図甲（里甲）制を取り上げて、図甲制が同族組織による族人支配を基盤として施行されたことを主張した（前掲）。松田吉郎氏は、沙田開発と族産の形成、村落内裁判に対する族長・郷耆の関与、同族集団の防衛機能に注目し、また、科挙合格者や官僚を輩出した名族について、族譜編纂、祭祀、水利をめぐる族内の協力関係、総戸の登録を指摘する［松田吉郎　一九八一、一九九一、二〇〇二］。西川喜久子氏は郷紳と宗族との関係に注目し、郷官族と呼ばれるような大規模な名族を解析した他、科挙官僚制とは関わりをもたない宗族の存在、また郷官宦族と対峙する都市住民の動向などを多角的に分析しており、それらの一連の作業を通じて、清代における宗族の重要性を解明しつつある［西川喜久子　一九八三・八四、一九九〇、一九九四・九六、一九九八・一九九九・二〇〇〇］。こうした西川氏の作業は、宗族が上は科挙官僚制に接触をもつ宗族から下は無関係の宗族に至るまで広く浸透したことを示す点で貴重である。蔡志祥氏は、デルタ地帯のなかでも最も後発地であった香山県を取り上げ、同県への移住の経路、移民が形作った地域宗族がもつ血縁・地縁の関係、宗族間の競争などを分析している［蔡志祥　一九九四］。一連の研究によって、宗族が珠江デルタを中心とする広東社会において人々の生活と密接な関わりをもったことが明らかにされつつあるといえよう。これらの研究はともに清代の宗族が議論の中心であり、明代の宗族への言及は少ない。明代の広東宗族に関する研究がこれまで十分でなかったのは、史料の現存情況にも重要な原因がある。宗族研究で用いられるデルタに関する史料とくに族譜の大半は清代、民国期のものである。したがって、同時代史料による社会分析という歴史学の基本からすれば、こうした史料の制約により、清代以降が分析の対象とならざるをえない側面もある。

明代の同時代史料は清代に比べればはるかに少ないが、清代、民国時代に編纂された族譜や地方志のなかには、明代の碑文や各種の記録が収録され、また文集や地方史も少なからず残されている。井上はこうした史料を用いて、一連の研究を進めた。明代後半の広東は、多民族雑居と儒教の未普及により、中央から辺境とみなされた地域である。中央政府から派遣された魏校は民間信仰の拠点としての淫祠を破壊し、儒教的な文化装置（社学、書院）を設立した。それに対応して、商業化・都市化を背景として成長した広東の士大夫も儒教化の方向へと動き出した。官界との永続的関係を保つような名門の家系の樹立を究極の目的として男系親族を組織化するという宋代以来の宗法主義を掲げて、祠堂、族譜、族産を設置して宗族を形成する動きが十六世紀以降の珠江デルタで顕著になったが、これも、儒教化の受容の一環である［井上徹　一九八九、二〇〇〇ａ：第九章、二〇〇二ａ］。その際に問題となるのは、系譜である。

漢族か非漢族かを証明できない珠江デルタの人々は、自分たちの祖先は中原から、梅嶺を越えて、広東北部の珠璣巷に移住し、その後、南下してデルタ地帯に再移住を果たしたとする珠璣巷伝説を作り上げることによって、漢族の名門の出身であることを内外に標榜した［井上　二〇〇四b］。また、広州出身の官僚霍韜の文集や顔俊彦『盟水斎存牘』を用いて、当時の宗族の活動を追跡し、宗子と族長が宗祠を中心として男系親族を統合するという古礼に近いシステムを築き上げていったことを論じた［井上　二〇〇四a、二〇〇五］。こうした検討により得られたのは、単純化して言えば、明代半ば以降、デルタ地帯では、宗族の普及が進捗したという、長江流域に共通する結果である。しかし、異なるのは意味あいである。辺境である広東にとって、宗法は漢族の文明の象徴である。当時、漢化が進行していた広東では、宗法による宗族形成は、漢族の文明の受容つまり漢化の一環をなすであろう。言い換えれば、漢族の文明を受容した証の一つが宗法を理想とする宗族形成であり、しかも注目されるのは、宋代に宗法主義が開始されてより、最も古礼に近い宗族の形態が辺境である広東に実現された点である。

片山剛氏の本書所収論文は、清代の図甲制の基礎に宗族の存在を見出した従前の研究をもとに明代の宗族を論じたものであるが、本論の目的の一つは、「宋代以降、特に十六世紀以降の中国における宗族結合の目的を、珠江デルタのそれを含めて、科挙官僚を代々送り出していくことの一点に求める仮説」を提示した井上の見解を批判することにも置かれている。片山氏が取り上げるのは珠江デルタの一画を占める香山県の徐氏である。明代竈籍に登録された徐氏は明清時代を通じて挙人以上の科挙合格者を出しておらず、科挙よりも商業に力を注いでいることから、科挙合格者を出さず、また科挙合格者を出すことを志向していなかった。しかし、徐氏の三系統の系譜のうち、二系統では宗祠・族譜を備え、かつ三系統の間で宗族結合が生まれ、継続した。したがって、科挙合格者を出すための共通利害を軸に、あるいは科挙合格者の出現によって生まれる特権を軸に宗族が結合されていくという井上の仮説では、徐氏の宗族結合を説明できない。むしろ竈籍をめぐる付与―依存関係から説明する方が妥当だと主張する。氏が竈籍にとくに注目するのは、竈籍に限らず民籍も含めて、明初における里甲制参入が一個の価値ある財であり、戸籍取得が宗族形成の要因となったとする観点からである。それはまた明初以来、里甲制は宗族を基盤として編成されたのだという氏の所説につながるものといえよう。

筆者に対する氏の批判については誤解も含まれているように思われる。拙著（[二〇〇〇a]）への小島毅氏、寺田浩明氏、山田賢氏の書評（[小島毅　二〇〇二]、[寺田浩明　二〇〇一]、[山田賢　二〇〇二]）のなかで出された様々な問題点の指摘にお答えした中ですでに述べたように、確かに筆者は宋代以降における親族組織化（宗族形成）を理解するに際して、その目的を科挙官僚の輩出に求めたが、それは、宋代から清代に至るまで継承されてきた宗法主義において、一貫して宗族形成の目的は「世臣」の家系の樹立にあると述べられているからである。しかし、宗法主義の視点から、十六世紀以降の宗族形成の動因をすべて説明できるかというと、そうではない。理念の実現が希求された段階から普及の段階へと転換しつつあったこの時代にあっては、科挙官僚の輩出のみでなく、防衛、相互扶助の諸機能を備えるような集団への宗族の変質が想定されなくてはならないと考えている［井上徹　二〇〇二b、二〇〇二c、二〇〇四c］。珠江デルタについていえば、十六世紀以降、宋代以来の宗法主義の受容がこの地域でも確認されるところであり、かつ仏山という都市を中心とした考察で、特定の「官族」が継続的に官僚を輩出し、その他の「雑姓」とは区別されるような構造が成立したという結論を得た。しかし、従前の筆者の研究は宗法主義に依拠した時、宗族の性格や展開はどのような特徴を備えているのかというところに問題関心があり、普及の段階における様々な形成の要因や宗族の活動を実態的に捉えることは今後の課題とせざるをえない。したがって、筆者は上掲のように広東人の漢化にともなう上昇の戦略という観点から宗族を考察してきたが、片山氏が提示される戸籍の取得の必要性という観点も宗族普及の要件として十分考慮すべきだと認識している。

広東でも、族譜、祠堂、族産を基準として、宗族形成の状況を考察するならば、明代中期以降に親族の組織化が進展したと考えられる。その場合に、問題となるのは他の地域と同じく、当該の事業以前における親族のかたちがどのようなものであったのかである。この問題には、戸籍の登録と親族との関係、また漢族の移住・開発や辺境性と親族との関係の問題などが関わってくるであろう。さらに言えば、近代以降の強力な宗族というイメージが時代を超えて適用しうるものか、それとも広東の宗族にも時代の変質を認めるのかどうか、という大きな立場の違いが分析の視点に大きな影響を与えるであろう。

結び

以上、現在に至る研究の紹介を通じて、宋代に新たに登場した宗族がどのように元明の時代に展開したのを見極めようとした。諸々の研究成果を通じて、祠堂（宗祠）の設立、族譜編纂、族産の設置など、宗法主義において親族組織化の重要な装置とされてきた事業の実施状況を見るならば、十六世紀以降、宗族は組織面においても地域的な展開においても大きく発展したことは確認しておいてよいであろう。では、なぜ宗族はこの時代に大きく発展したのか。この問題に関連する視角として、漢族の移住・開発にともなう防衛の必要、資源をめぐる競争、商業的政治的成功を収めるための戦略、戸籍の獲得など、現在までに様々な要因が絡んでいることが指摘されている。これらの視点はそれぞれの地域研究から導き出されたものであり、対象とする地域によって形成・発展の状況はおのずと異なってくるであろう。岸本美緒氏は明末に叢生する諸集団について、次のような興味深い意見を述べている。宗族・村落・ギルドなどの社会団体は、往々にして、社会的流動性の高さ、競争の激しさと生活の不安定さによって特色づけられる地域においてこそ強力な結束と活発な活動を示す。例えば、他郷から大都市に集まってきた商工業者、海外華僑、辺境の新開地に住む開拓民、といった人々の間では、同郷団体や血縁団体が積極的に形成されるが、それは、そうした地域でこそ、様々な縁をたどっての強い相互扶助関係の形成が特に痛切に必要とされるからである。しかし、こうした地域での流動性の高さは、同時にこれらの団体の不安定さの要因ともなりうる。宗族などの社会団体のあり方が地域によって多様な特徴を示すのは、宗族の形成といった現象が、複合的要因に基づく微妙な選択の所産であるからだともいえよう。ともあれ、郷紳勢力や宗族などの社会団体の力がいかに強力にみえようとも、その背後に見出されるのは、殻のように閉鎖的な自治団体の集合によって構成される社会ではなく、むしろバラバラの個人が活発に交渉し競争する流動的な社会なのだ、と〔岸本　一九九〇、一九九九：第二章〕。十六世紀以降に新たに登場した流動性に富む社会のなかで人々が生存と勝利をかけて競争する状況が宗族の普遍化にとって大きな背景をなすことはほぼ同意されるところであろう。そのうえで、地域ごとにどのような宗族の展開がみられたのか、また地域や国家との関係はどのようなものであったのか、これまでに提示されてきた上掲の諸要因を複合的に理解しながら、解明していくことが今後、宗族研究を進展させるうえで必要であろう。

〔文献目録〕

吾妻重二　一九九九　「『家礼』の刊刻と版本――『性理大全』まで」『関西大学文学部論集』第四八巻第三号（改稿のうえ、〔吾妻重二　二〇〇三〕に収録）

――――　二〇〇一　「宋代の家廟と祖先祭祀」『中国の礼制と礼学』朋友書店（改稿のうえ、〔吾妻重二　二〇〇三〕に収録）

――――　二〇〇三　『朱熹『家礼』の版本と思想に関する実証的研究』（平成十二年度～十四年度科学研究費補助金・基盤研究(c)(2)・研究成果報告書』研究代表者・吾妻重二）

井上　徹　一九八七　「宋代以降における宗族の特質の再検討――仁井田陞の同族『共同体』論をめぐって――」『名古

屋大学東洋史研究報告』一二（［井上徹　二〇〇〇ａ］に再録）
一九八九「宗族の形成とその構造—明清時代の珠江デルタを対象として—」（［井上徹　二〇〇〇ａ］に再録）
一九九二「元末明初における宗族形成の風潮」『文経論叢』〈弘前大・人文〉二七—二（［井上徹　二〇〇〇ａ］に再録）
一九九三「宗族形成の動因について—元末明初の浙東・浙西を対象として—」『和田博徳教授古稀記念・明清時代の法と社会』汲古書院（［井上徹　二〇〇〇ａ］に再録）
一九九四ａ「宗族形成の再開—明代中期以降の蘇州地方を対象として—」『名古屋大学東洋史研究報告』一八（［井上徹　二〇〇〇ａ］に再録）
一九九四ｂ「夏言の提案—明代嘉靖年間における家廟制度改革—」『〈平成四・五年度科研費補助金総合研究（Ａ）研究成果報告書〉中国における歴史認識と歴史意識の展開についての総合的研究』東北大学文学部（一九九七年、改稿のうえ、『文経論叢』第三二巻第三号に掲載）（［井上徹　二〇〇〇ａ］に再録）
一九九五「祖先祭祀と家廟—明朝の対応—」『文経論叢』第三〇巻第三号（［井上徹　二〇〇〇ａ］に再録）
一九九八「宗族普及の一側面—江蘇洞庭東山を対象として—」『中国—社会と文化』第一三号（［井上徹　二〇〇〇ａ］に再録）
二〇〇〇ａ『中国の宗族と国家の礼制—宗法主義の視点からの分析—』研文出版
二〇〇〇ｂ「中国の近世譜」『歴史学研究』七四三（二〇〇〇年、『〈シリーズ歴史学の現在〉系図が語る世界史』青木書店、に再録）
二〇〇二ａ「魏校の淫祠破壊令—広東における民間信仰と儒教」『東方宗教』第九九号

――　二〇〇二b「小島毅氏の批判に答える―拙著『中国の宗族と国家の礼制』の書評を読んで―」『歴史学研究』七五八

――　二〇〇二c「寺田浩明氏の疑問と提案に答える―拙著『中国の宗族と国家の礼制』の書評を読んで―」『集刊東洋学』第八七号

――　二〇〇四a「霍韜による宗法システムの構築―商業化・都市化・儒教化の潮流と宗族―」『都市文化研究』（大阪市立大学文学研究科）第三号

――　二〇〇四b「珠璣巷伝説の成立と霍氏」『アジア遊学』第六七号

――　二〇〇四c「山田賢氏の疑問に答える―拙著『中国の宗族と国家の礼制』の書評を読んで―」『名古屋大学東洋史研究報告』第二八号

――　二〇〇五「明末広州の宗族―顔俊彦『盟水斎存牘』に見る実像―」『東アジア近世都市における社会的結合―諸身分・諸階層の存在形態』清文堂出版

臼井佐知子　一九九一「徽州商人とそのネットワーク」『中国―社会と文化』第六号

――　一九九三「徽州汪氏の移動と商業活動」『中国―社会と文化』第八号

――　二〇〇五『徽州商人の研究』汲古書院

上田　信　一九八三「地域の履歴―浙江省奉化県忠義郷―」『社会経済史学』第四九巻第二号

――　一九八四「地域と宗族―浙江省山間部―」『東洋文化研究所紀要』第九四冊

――　一九八九「中国の地域社会と宗族―14-19世紀の中国東南部の事例―」『〈シリーズ世界史への問い四〉社会的結合』岩波書店

――　一九九五『伝統中国―〈盆地〉〈宗族〉にみる明清時代』講談社

遠藤隆俊
――一九九〇「宋末元初の范氏について―江南士人層の一類型―」『歴史』第七四輯
――一九九三「清代蘇州の歳寒堂―宗祠の一事例―」『集刊東洋学』六九
――一九九五「范文程とその時代―清初遼東漢人官僚の一生―」『東洋史論集』（東北大学）第六輯
――一九九六「作為された系譜」『集刊東洋学』第七五号
片山　剛
――一九八二a「清末広東省珠江デルタの図甲表とそれをめぐる諸問題」『史学雑誌』第九一編第三号
――一九八二b「清代広東省珠江デルタの図甲制について」『東洋学報』第六三巻第三・四号
岸本美緒
――一九八七「明末清初の地方社会と『世論』―松江府を中心とする素描―」『歴史学研究』五七三（［岸本美緒　一九九九］に再録）
――一九九〇「明清時代の郷紳」『〈シリーズ世界史への問い七〉権威と権力』岩波書店（［岸本美緒　一九九九］に再録）
――一九九三「中国中世における民衆と学問」『〈中世史講座八〉中世の宗教と学問』学生社（［岸本美緒　一九九九］に再録）
――一九九五「清朝とユーラシア」歴史学研究会編『講座世界史二　近代世界への道―変容と摩擦』東京大学出版会
――一九九八『〈世界史リブレット13〉東アジアの「近世」』山川出版社
――一九九九『明清交替と江南社会』東京大学出版会
阮雲星
――二〇〇三「福州義序宗族の形成に関する歴史人類学的一考察」『中国福建省福州及び泉州と沖縄の文化・社会の比較研究』平成12～14年度文部科学省科学研究費補助金・基盤研究（B）（海外）研究成果報告書、研究代表者・小熊誠（沖縄国際総合文化学部）

——　二〇〇五『中国の宗族と政治社会』創文社
小島　毅　一九九四「張岳の陽明学批判」『東洋史研究』第五三巻第一号（［小島毅　一九九六］に再録）
——　一九九六『中国近世における礼の言説』東京大学出版会
——　二〇〇一「井上徹著『中国の宗族と国家の礼制』書評」『歴史学研究』七四九号
小林義廣　一九九〇「宋代における宗族と郷村社会の秩序―累世同居を手がかりに―」『東海大学紀要文学部』第五二輯
洪性鳩　二〇〇三「明末清初の徽州における宗族と徭役分担公議」『東洋史研究』第六一巻第四号
近藤秀樹　一九六三「范氏義荘の変遷」『東洋史研究』第二一巻第四号
蔡　志祥　一九九四「華南地域社会論―定住権を中心として―」『アジアから考える［三］周縁からの歴史』東京大学出版会
坂本　晶　一九九六「明代中期蘇州商人のネットワークの一考察―呉寛の家系の復元を中心に―」『待兼山論叢〈史学篇〉』第三〇号
佐竹靖彦　一九七三「唐宋変革期における江南東西路の土地所有と土地政策―義門の成長を手がかりに―」『東洋史研究』第三一編第四号（［佐竹靖彦　一九九〇］に再録）
——　一九九〇『唐宋変革の地域的研究』同朋舎
清水盛光　一九四二『支那家族の構造』岩波書店
鈴木博之　一九八九「明代徽州府の族産と戸名」『東洋学報』第七一巻一・二号
——　一九九四「明代における宗祠の形成」『集刊東洋学』七一
——　一九九七「徽州の村落と祠堂―明清時代の婺源県を中心として―」『集刊東洋学』七七

佐々木愛　一九九八「毛奇齢の『朱子家礼』批判―特に宗法を中心として」『上智史学』第四三号

――――　二〇〇〇「張載・程頤の宗法論について」『史林』第八三巻第五号

瀬川昌久　一九八二「村のかたち：華南村落の特色」『民族学研究』四七―一

――――　一九九一『中国人の村落と宗族―香港新界農村の社会人類学的研究』弘文堂

――――　二〇〇四『中国社会の人類学―親族・家族からの展望』世界思想社

田仲一成　二〇〇〇『明清の戯曲―江南宗族社会の表象』創文社

檀上　寛　一九八二ａ「義門鄭氏と元末の社会」『東洋学報』第六三巻第三・四号（〔檀上寛　一九九五〕に再録）

――――　一九八二ｂ「元・明交替の理念と現実―義門鄭氏を手掛りとして―」『史林』第六五巻第二号（〔檀上寛　一九九五〕に再録）

――――　一九八三「『鄭氏規範』の世界―明朝権力と富民層―」『明清時代の政治と社会』京都大学人文科学研究所（〔檀上寛　一九九五〕に再録）

――――　一九九五『明朝専制支配の史的構造』汲古書院

寺田浩明　二〇〇一「井上徹著『中国の宗族と国家の礼制』書評」『集刊東洋学』第八五号

中谷　剛　一九九四「崇明県施氏の履歴―その発展と統合―」『東アジア世界史の展開―青山学院大学東洋史論集―』汲古書院

中島楽章　一九九五ａ「徽州の地域名望家と明代の老人制」『東方学』九〇輯（〔中島楽章　二〇〇二〕に再録）

――――　一九九五ｂ「明代前半期、里甲制下の紛争処理――徽州文書を史料として」『東洋学報』第七六巻三・四号（〔中島楽章　二〇〇二〕に再録）

――――　一九九六「明代徽州の一宗族をめぐる紛争と同族統合」『社会経済史学』第六二巻第四号（〔中島楽章

二〇〇二」に再録）
――――　一九九八「明代後期、徽州郷村社会の紛争処理」『史学雑誌』第一〇七篇九号（〔中島楽章　二〇〇二〕に再録）
――――　二〇〇二『明代郷村の紛争と秩序―徽州文書を史料として―』汲古書院
仁井田陞　一九四二『支那身分法史』東方文化学院（〔仁井田陞　一九八三〕として再刊）
――――　一九五二『中国の農村家族』東京大学出版会
――――　一九八三『中国身分法史』東京大学出版会
西川喜久子　一九八三・八四「『順徳北門羅氏族譜』考（上・下）」『北陸史学』第三二・三三号
――――　一九九〇「珠江三角州の地域社会と宗族・郷紳―南海県九江郷のばあい―」『北陸大学紀要』第一四号
――――　一九九四・九六「珠江デルタの地域社会―新会県のばあい―（正・続）」『東洋文化研究所紀要』第一二四・一三〇冊
――――　一九九八・一九九九・二〇〇〇「清代珠江デルタの地域社会　香山県のばあい（上）（中）（下）」『北陸大学紀要』第二二・二三・二四号
濱島敦俊　一九八二『明代江南農村社会の研究』東京大学出版会
フリードマン、M　一九九一『東南中国の宗族組織』（末成道男・西澤治彦・小熊誠共訳）弘文堂
――――　一九九五『中国の宗族と社会』（田村克己・瀬川昌久共訳）弘文堂
牧野　巽　一九四一・四二「近世中国の宗族」『東洋文化』二〇〇号～二〇八号（〔牧野巽　一九四九a〕に再録）
――――　一九四八「広東の合族祠と合族譜（二）」仁井田陞編『近代中国研究』好学社（〔牧野巽　一九八五〕に再録）

――　一九四九ａ　『支那家族研究』生活社（［牧野巽　一九七九］［牧野巽　一九八〇ａ］として再刊）
――　一九四九ｂ　『近世中国宗族研究』日光書院（［牧野巽　一九八〇ｂ］として再刊）
――　一九四九ｃ　「司馬氏書儀の大家族主義と文公家礼の宗法主義」［牧野巽　一九四九ｂ］に収録（［牧野巽　一九八〇ｂ］に再録）
――　一九四九ｄ　「広東の合族祠と合族譜（一）」『オリエンタリカ』第二号（［牧野巽　一九八五］に再録）
――　一九七九　『牧野巽著作集第一巻・中国家族研究（上）』御茶の水書房
――　一九八〇ａ　『牧野巽著作集第二巻・中国家族研究（下）』御茶の水書房
――　一九八〇ｂ　『牧野巽著作集第三巻・近世中国宗族研究』御茶の水書房
――　一九八五　『牧野巽著作集第六巻・中国社会史の諸問題』御茶の水書房
増田知之　二〇〇三　「明代における法帖の刊行と蘇州文氏一族」『東洋史研究』第六二巻第一号
水口拓寿　二〇〇〇　「『大家族主義』対『宗法主義』？―牧野巽氏の中国親族組織論を承けて―」『中国哲学研究』第一四号
松田吉郎　一九八一　「明末清初広東珠江デルタの沙田開発と郷紳支配の形成過程」『社会経済史学』第四六巻第六号（［松田吉郎　二〇〇二］に再録）
――　一九九一　「広東省南海県沙頭堡の盧氏」『兵庫教育大学研究紀要』第一一巻第二分冊（［松田吉郎　二〇〇二］に再録）
――　二〇〇二　『明清時代華南地域史研究』汲古書院
森田憲司　一九七八　「宋元時代における修譜」『東洋史研究』第三七巻第四号
山田　賢　二〇〇二　「井上徹著『中国の宗族と国家の礼制』書評」『名古屋大学東洋史研究報告』二六

熊　遠報　二〇〇二a　「徽州の宗族について―婺源県慶源村詹氏を中心にして―」『明代史研究』第三〇号（［熊遠報　二〇〇三］に再録）
――――　二〇〇二b　「聯宗統譜と祖先史の再構成―明清時代、徽州地域の宗族の展開と拡大を中心として―」『中国―社会と文化』第一七号（［熊遠報　二〇〇三］に再録）
――――　二〇〇三　『清代徽州地域社会史研究―境界・集団・ネットワークと社会秩序―』汲古書院
――――　二〇〇四　「黄墩伝説と徽州地域における祖先史の再構成」『アジア遊学』第六七号

注

（1）臼井氏は最近、著書（［臼井佐知子　二〇〇五］を刊行された。同書には、本論で紹介した二篇の論文［臼井佐知子　一九九一、一九九三］及び本論集所収論文を、加筆訂正のうえ収録されているが、十分検討する余裕がなかったため、紹介できなかった。ご寛恕いただければ幸いである。

三　書評：臼井佐知子著『徽州商人の研究』

本書は、明清時代の徽州商人をテーマとして日本で公刊された初めての専著である。明清時代の中国では、十六世紀以降に急速に展開した商品生産と流通の発展のなかで、多くの地域商人が誕生したが、なかでも安徽省の山間部を郷里とした徽州商人は華北を拠点とした山西商人とともに全国的に活動した商業資本として知られている。しかし、日本の研究界では、藤井宏「新安商人の研究（一）～（四）」（『東洋学報』第三六巻一期―四期、一九五三・五四年）の成果に依拠する状況が続き、その後本格的な研究はなされてこなかった。これには、長江下流デルタ地帯（狭義の江南）を対象とした研究が主流的な位置を占めたことも大きく関わっている。徽州商人の活動は江南の経済システムを解明するうえで注視されたものの、その範囲においては藤井氏の研究を援用すれば十分であるという認識があり、しかも、彼らの出身地である徽州の社会に足場を置いてその商業活動を検討する必要性はあまり認められなかったように思う。こうした研究状況が大きく変化したのは、一九八〇年代に入って、徽州文書と総称される大量の資料が公開されたことにある。中国では八〇年代前半から組織的な徽州文書研究が開始され、その後、徽州文書の整理が進むなかで、各種の史料集が続々と公刊されるようになり、しかも、海外の研究者が、徽州文書の所蔵機関に赴いて原典を調べることも容易になった。こうした研究環境の整備にともない、日本でも徽州文書を活用した研究が盛んに行われるようになったが、著者の臼井佐知子氏もその一人である。しかし、著者は最初から、徽州研究を志していたわけではない。

氏によれば、「太平天国期における蘇州紳士と地方政治」（『中国―社会と文化』四、一九八九年）において、清末の賦税改革や李鴻章の活動を調べていく中で、蘇州の紳士潘曾瑋が徽州商人の人脈を通して、市鎮や郷村の土豪、地主、商人、運送労働者に影響力をもったことに気づき、「かくも人脈を有する徽州商人とは一体何なのか」という疑問を抱いたことから、徽州を研究の対象とするようになったとされる（「あとがき」）。著者はその後、一九九一年、徽州商人に関する最初の論文として、本書第二章の基礎となる「徽州商人とそのネットワーク」（『中国―社会と文化』六）を発表されたが、この論文を皮切りに次々に公表された研究が本書に結実したものである。日本における徽州研究の一つの特徴は宗族という父系出自の親族がとりわけ注目されてきたことにあり、本書でも宗族の問題は中心的位置を占める。しかし、著者の研究の視角は、徽州研究を志したその動機からも窺われるように、一貫して徽州の人々の商業活動に焦点を当ててきたところに最大の特色があり、このことが、宗族を分析するに際しても独自の観点を提示することに繋がっているように思われる。

本書は、序章についで、三部を配置する体裁をとっている。第一部「徽州商人とその商業活動」（第一章～第三章、補論）、第二部「徽州における典当と典当業経営」（第四章、第五章）、第三部「徽州における宗族関係」（第六章～第八章）であり、各部に「緒論」が付されている。各部の「緒論」、序章第一節、第二部第四章、第五章は新たにまとめられたものであり、その他の文章は、既発表論文を加筆訂正して収録している。以下、本書の内容を簡単に紹介しておきたい。

序章「徽州と徽州研究」では、まず徽州の歴史が検討される。江湖山地の東端が閩浙山地と合流する地点に位置し、新安江流域に開けた盆地には、秦代に歙、黝の二県が置かれて会稽郡属とされて以来、歴代王朝の統治のもとで名称の変更や領域の併合、分離が行われたが、八世紀に、祁門、婺源、休寧、黟、歙、績溪六県が歙州の属とされてからは、県レベルの領域や名称には変更がなく、上部の行政区も名称の変更にとどまり、「徽州」と称される地域の各行政区が定まった（歙州の名が徽州に改められたのは宋代）。徽州に土着していたのは越（粤）または百越（百粤）と称される「南蠻夷」であるが、明清時代に徽州を構成した人々との関係を辿るのは容易ではない。著者は、土着の人々が後世に漢族風の姓に変えた可能性を指摘するとともに、『新安名族志』の記述に基づいて、各姓の徽州への移住時期を整理し、西晋四世紀初頭の永嘉の乱、唐末八世紀半ばの黄巣の乱、宋代の靖康の乱といった戦乱に際して北方からの移住の波が顕著に見られたとする。ついで、著者は、中国、日本、欧米で進められてきた徽州研究の特徴と各地域の研究方法の相違点を述べるとともに、徽州文書（官府文書と売契、合同などの民間文書）収集の経緯と分類、及び族譜、日用類書などの史料を紹介する。

第一部第一章「商業と商人の歴史的位置」は、商業や商人の歴史的位置づけ及び国家の政策の変化について論じる。秦代以来中国歴代の政府の基本政策は「重農抑商」にあり、「農本商末」の思想がこの政策を裏付ける基本的価値意識となっていたが、明清時代の商工業の発展にともなって商人の力量が高まるとともに、徽州、山西や江南デルタでは「農」「士」に対して「商」が同等もしくはより高く評価されるようになった。商人の間には、客商としての活動先での地位と信用を高め、また自己の利益を国家の政策に反映させるために、子弟の科挙合格を望む志向が強かったが、明清両王朝の政府も、こうした商人の要望に応えて、徽州、山西、陝西の商人の子弟が「商籍」によって居留地に付籍して科挙を受験することを認めた。ただし、徽州に本籍を置く商人の場合には、活動先の居留地（両淮、揚州、蘇州、南京）が彼らの本籍地と同じ行政区画（明代には南直隷、清初には江南省）に属していたため、徽州に帰るか、杭州（浙江省）で商籍を得るか、もしくは本籍地を移すほかに科挙受験の方法がなかった。このうち、居留地に本籍を移すためには、土地や墓を所有し二十年以上居住することが条件であったため、徽州商人は江南デルタの市鎮や都市に居住して、商業に従事しつつ土地を購入するようになり、このことが市鎮や商業の発展を促す結果をもたらした。

明清時代における商人のステータスの上昇は、国家による商籍の新設に象徴的に示されているが、では、徽州商人の商業活動の実際はどのようなものであったのか。この問題を検討したのが第二章「商業活動とそのネットワーク」である。著者は、天順・成化年間に銀の納入によって塩の運搬・販売権を入手できるようになったことにより徽州商人が台頭し、さらに綱冊という名簿に登録された者のみに塩の運搬・販売の権利を付与する万暦四十五年の綱法の制度のスタートが以後における徽州商人の優位を決定づけたとする。徽州商人は独占的な塩の運搬・販売で得た富を他の事業に投資し、またその活動範囲は全国に及んだが、主要な活動領域は長江中下流域であり、その活動が江南の市鎮の叢生に大きく寄与した。また蘇州など重要な商業地域に会館、会所・公所を設立して、同郷者の間の相互扶助の拠点とした。著者はまた、徽州商人の資本や経営の形態、商店の雇用者の内容を分析したうえで、彼らの経営方式として注目すべきは、宗族関係を重視し、これを利用したことだという。地理的、社会的流動が顕著な時代において、自己同一性や共同性の確認、商業網の拡張、官僚を輩出するための情報拠点の確保などが必要とされたことにより、族譜や宗祠を通して宗族関係を拡大強化しようとした。事業経営とネットワークの基本として宗族関係を設定するのである。次に、著者が注目するのは、乾隆末年以降、政府公認の塩業の衰退にともなって徽州商人の活動が「衰微」したという従来の研究の理解である。著者によれば、この変化は単なる「衰微」ではなく、むしろ徽州商人のあり方それ自体の変化であり、その最大の契機は、江蘇、浙江など客商地への移住と定住化である。定住化は、同郷会館に代わる同業会館の新設、移住先での土地投資の推進とともに、婚姻や資金提供を通して徽州出身者以外の人々との関係を広げていくといった各種の変化をもたらした。また、定住化は宗族のネットワークにも影響を及ぼした。徽州商人は移住後も、徽州にある祖先の墓地を維持し、その管理を徽州に残った同族に委託し、定期的に墓参を行っていたが、帰郷に際して同族の利益を図るための投資を求められたことが、次第に彼等を故郷から遠ざける原因となったという。

第三章「徽州汪氏の移動と商業活動」は、汪氏を題材として、徽州商人の来歴と移住の形態を探ったケーススタディである。汪氏の複数の族譜の記録によれば、汪氏は魯の成公の次男を始祖とし、江北から江南へと移ったと伝えられるが、著者は越人の子孫ではないかと推定し、そのうえで、汪氏では、唐朝より越国公の称号を賜った新安の豪族の汪華という人物を一族の実質的な起点として祖先の系譜を創ったとする。また、汪氏の移動と移住は、唐末、南宋成立期、明末清初、太平天国の乱に顕著であり、移動の原因として掲げられるのは戦乱、商業上の利便、差遣である。移住先は、当初は安徽省内や安徽省に隣接する浙江省、江西省などであるが、明代以降は、商業の全国的規模での発展を背景とし、長江下流域を中心とした遠隔地が少なくなく、とくに塩業に従事している場合は、淮安、揚州、杭州などが多い。次に移動から定住への経緯を検討し、移動の最終段階は新たな定住先での宗祠の建立と族譜の編纂であり、これをもって新たな地への移住は完了する。族譜編纂の目的は、「現在」における自分たちのアイデンティティーの確認とネットワークづくりにあったとする。

第二部第四章「徽州における典当」の狙いは、「典」「当」「借」という行為を分析することにある。一般に不動産や動産などを担保として金銭の貸借が行われる場合は「典」または「当」という字句が用いられ、担保なしで金銭の貸借が行われる場合は「借」という字句が用いられる。では、徽州文書の場合にはどうか。明清以降の文書では典と当の両者は併用されたり混用される例が少なくなく、ともに担保をとって金銭の貸借を行う行為を指し、同義であった。典と当との間に明確な線を引くことはできないが、典という行為は債務者と債権者との間に事情の相違はあるものの、売買行為が不適当である場合に代わって行われる行為でもあったのに対して、当という行為は、専ら債務者となる者が金銭を必要とすることによって行われた。著者は、典と当との間に明確な相違を見出すことは難しい（または同義である）ことを認めつつも、具体的な事例分析をもとに、債務者と債権者の事情の違いによる両者の差異を見出そうとするのである。また、貸し付ける金銭が乾隆末年を境として銀両から銭文へと変化する時期が、銀の流入が遅滞し不足しはじめる時期と重なること、及び道光年間以降、典と当の担保物件として田皮（耕作権）が増えた背景には佃戸の独立化傾向があること、さらに明代と清代とでは利息の支払方法に違いがあることを指摘する。これらの分析には、典当という行為を経済関係としてのみ扱うのでなく、徽州の社会関係に注視しつつ、時代の推移にともなう典当のあり方の変化を特に意識して考察しようとする著者の姿勢が窺われる。第五章「典当業経営と利益配分―『清康熙三十六年徽州程氏応盤存収支総帳（康熙三十五年至四十五年）』」は典業を営む徽州程氏の帳簿の分析を通じて、家産の分割と経営の維持が実際にどのように行われたのかを示す。

第三部「徽州における宗族関係」はそのタイトルに示されるように、第二章でも論及された宗族の問題を扱う。著者が宗族を取り上げた主な理由は、全国的な商業活動における資金調達、人材の確保、情報収集などを目的として、徽州商人は様々なネットワークを拡大強化したが、このネットワークの最も基本にあったのが宗族関係であるという認識による。まず第六章「宗族の拡大組織化の様相―「拡大系統化型」族譜の編纂―」第一節では、徽州における族譜の編纂の経緯と意義が論じられる。検討に際して、氏は徽州に特徴的な二種類の史料に注目している。一つは「地域に居住する各姓について総合的に記録した」「大族志」「名族志」（以下、名族志という）であり、こうした名族志は他の地域にはあまり見られず、徽州でのみ編纂された可能性がある。もう一つは、拡大系統化型族譜である。拡大系統化型族譜は、要するに、同宗のなかの複数の親族グループ、場合によっては異姓の複数親族が協力して編纂するような大規模な族譜の形式である。氏は徽州の宗族のうちから一七姓を選び出して分析を加え、また名族志の一つである『新安名族志』の記録を用いて、徽州各姓の移住の特徴を整理している。族譜や名族志では、徽州への移住の理由として、戦乱や官僚として派遣されたことなどが掲げられるが、いくつか注目すべき点がある。各姓の族譜では、その祖先が土着の人々であったという記述は皆無であるが、そこには徽州にもともと居住していた民族による作為が施された可能性があること、また編纂の過程で、祖先は中原を出自とするという歴史が創作されると同時に実際には同宗ではない人々も加えて宗族の組織が創りあげられたと考えられることである。また、徽州では人々の流動性がきわめて高く、徽州の集落には同姓村落はほとんど皆無である。徽州の人々は戦乱などにより移住を重ね、さらに商業の発展とともに省を越えて移住したが、他地域に住むからこそ、新たな地域での活動のために同族関係を確認する必要が生じ、このことが族譜とりわけ拡大系統型族譜の編纂を促したという。すなわち、著者は徽州に特徴的な拡大系統型族譜が成立した背景に、徽州商人の全国的な商業活動の展開にともなう広域的な居住の状況が存在したと見るのである。

第二節は宗族の拡大組織化が、宗教的存在とりわけ仏教や僧侶に対する人々の行為や意識にどのような変化をもたらし、仏教寺院と祖先祭祀との関係をどのように変化させたかを論じる。著者は四種類の文書から次のような結論を得ている。第一に、宗教組織に寄進する場合、族員や会員が資金を出して土地の購入を行っており、族員や会員が直接土地自体を寄付する例は見られないこと、第二に、明清時代における仏教や道教への信仰がそれ以前に比べて薄れており、寺院の修理も信仰によるものというよりは、祖先を尊び、その善行を受け継ぐ行為として行われているという傾向が見られることである。このように文書の内容から明清時代における仏教・道教信仰の衰えを指摘した著者はついで、寺院や道観の創設状況を検討する。明清時代の事業は祖先の創建ないし修復に係る寺院を子孫が修復することが多いが、それは、仏教を信仰するゆえではなく、祖先の善行を子孫である者が受け継ぐべきであるという認識にもとづく。また新設の場合は、世俗から逃れることを目的として寺院や庵が営まれた例が多かった。政治権力は仏教や道教の教団によらない儒・仏・道が混交した民衆信仰の施設の建設によって民衆の信仰を統治の一環としたが、それ以外の仏教や道教、とりわけ仏教の多くは、宗族の祖先祭祀に寄生した形で存続したと結論づける。

第七章「徽州における承継と身分関係」は、徽州文書のなかの承継に関わる文書を分析する。「宗」とは一人の始祖から始まり未だ存在していない子孫へと続く父系の血統または気脈を意味し、「宗族」とはこの「宗」を受け継ぐ人間存在の総体を指す。従って、中国における相続とは、始祖から未来永劫の子孫へと血統ないし気脈を繋げていく中継者として、祖先の祭祀を行う義務を受け継ぎ、家産を受け継ぐことをその内容とすると定義したうえで、「承継」、すなわち、「宗」の継承がいかに行われたかという観点から検討する。著者によれば、一般に承継の語彙は、実子がいない場合に、兄弟の男子または兄弟以外の同宗昭穆相当者を後継者にする場合に用いられる。したがって、本章でも、主な検討課題とされるのは、男の実子がいない場合、いかなる方法、目的、過程によって継承者が選ばれたかという問題である。承継に関わる文書のなかには、承継関係文書の他に、入贅関係文書、売身文書、その他の応主・応役文書が入れられているが、これは、「承継」「入贅」「売身」「応主・応役」というそれぞれの行為の間に明確な境界線を引くことが難しいためである。まず承継関係文書については、「承継」は「宗」を継ぎ、祖先の祭祀や家産を受け継ぐことを目的として行われるが、現実には労役負担を受け継ぎ、継親の老後の生活を保証することがその主要な目的である。入贅関係文書のほとんどは、僕（僕人、地僕、世僕など）の場合も含めて主人をもち、労役を負担する者の家に婿に入るものである。このため、入贅にともなって「応主・応役」の責務が生じており、入贅の主な目的は「宗」を継ぐ者を確保するというよりも、労役を受け継ぐ労働力を確保することにあった。また他姓の者が「承継」者となる場合、代価が支払われ、売身文書とほぼ同様の内容となっており、これは「承継」の名に借りた、労働力確保を目的とした事実上の僕を得るための便法であった。この他、入贅以外の契機による「応主・応役」の文書も検討されており、服役する者はすべて主人の所有する家屋に住んでいたことや居住の代償として労役従事の義務を負ったことなどがわかるという。

第八章「徽州における家産分割」は徽州文書中の家産分割関係文書を資料として、家産分割の具体的過程を分析検討する。家産分割に際して作成される分家書を作成した家族は商業を生業とするものが多く、「業農」と記される場合にも、自ら農耕に従事している例は極めて少なく、土地からの収益である租米の販売を主要な家計手段としている例が少なくない。著者は文書の内容をいくつかの観点から分析している。第一に、文書の作成者は、父親の生存中は、父親が作成者となり、父親の死亡後は、ほとんどの場合母親が作成者であるが、息子が作成者になることもあり、このほか、伯叔と姪（おい）の間で家産分割が行われる場合もある。第二に、家産分割のきっかけは、父母の死、家務の管理の困難、息子の結婚と自立、家族内の人口増、トラブル発生など様々である。また、家産分割の目的は、将来家族のなかに齟齬が生じ、家産に関してトラブルが生じる前に、各房が受け継ぐべき内容を明確にしておくことにあり、必ずしも実際的かつ完全に家計を別にすることを意味していない。第三に、分割の対象となる家産は田、房屋、利子、税糧など幅広いが、ほぼ必ず分割されるものは田である。第四に、「分家書」には、分割の対象とされない部分が記載される。「存衆」と表記される半永久的共同保有部分（墳墓・家祠など）と親の生活費用などに充当する一時的留保部分である。また、家産が分割される場合には、一般に家産は兄弟、または伯叔と父に代位するおいとの間で均等に分割されるが、各人の努力によって得られた資産は均等部分に上乗せされる。第五は、祖先の祭祀は、法律の規定とは異なり、嫡長子により行われることは徽州では見られず、すべての子孫の責任下にあり、その費用は全員によって分担されるものであって、従って財源は共有ないし分割され、嫡長子孫に保有されることはなかったという。

以上、章立てに沿う形で本書の内容を紹介してきた。本書で分析された問題は、徽州の歴史、徽州商人の誕生と全国的展開、彼らが形作ったネットワーク、典当関係文書の分析、承継、家産分割など多様であるが、著者は各部各章の間の関係を説明して総括することはされていないので、改めて論点を整理して、本書の特徴を提示しておきたい。

著者が特に注意を払ったのは何であろうか。冒頭で紹介したように、著者は蘇州の研究から出発して徽州商人の活動に目を向けたが、この研究の動機が本書独特の視点を生み出すことに繋がっているように思う。彼らの郷里である徽州のみでなく、同時に蘇州など長江下流デルタ地帯（江南）及びその他の活動領域を視野に収めて、その商業活動やネットワークを広域的に検証し、更に、徽州商人の活動が江南などの外地の社会構造にどのような影響を与えたのかを考察されている。つまり、商人を送り出した地域の状況とその外地における商業活動を連関させて捉える研究手法である。この研究手法が最も効力を発揮したのは、宗族に関する分析である。広域的に活動する徽州商人が、顕著な流動性と商業競争、文化的衝突の状況のなかで、自己同一性を確認し、商業網を拡張するための拠点として宗族を必要とし（第二章）、定住先での宗祠の建立と族譜の編纂をもって移住が完了する（第三章）。拡大系統型宗譜のような大規模な族譜が編纂されたのも、徽州商人の全国的な商業活動をその背景としていた（第六章第一節）。そうした宗族の拡大組織化の結果として、徽州等の地域では仏教や道教に対する人々の信仰が衰え、とりわけ仏教の多くは宗族の祖先祭祀に寄生した形で存続するという大きな宗教的変動がもたらされたと理解される（第六章第二節）。著者は郷里と外地の双方に目を向けることによって、長江流域の広大な空間に広がる流動的な社会で商業活動を推進するのに適合的な関係のあり方として宗族を提示したといえるであろう。また、郷里と外地の関係を考えるうえで、宗族とともに注目されたのは、同郷関係であった。徽州商人が江南の市鎮や都市に居住して商業活動に従事しつつ土地を購入したことは当地の市鎮や商業の発展を促進する結果をもたらした。外地における商業活動に際して、徽州商人は、外地の重要な商業拠点に会館、会所・公所を設けて同郷者の間の相互扶助の拠点としたが、客商地への移住と定住とともに、同郷会館よりも同業会館が新たに設立されるようになり、これにともなって現地の人々との関係が強くなっていった（第一章、第二章）。同郷関係及びその同業関係への移行という、徽州商人の定住化にともなうネットワークの変化の分析は、本書を特徴づける重要な柱の一つである。

本書における重要な視点の一つとして、国家との関係が注視されていることを指摘しておきたい。そもそも徽州商人の台頭を促し、その長期の活躍を支えたのは、明朝により定められた綱法の制度で窩本を得て塩販売の独占を確立したことにあるとされる（第二章）。このため、彼らにとって国家の政策をその商業活動にいかに有利に導くかが大きな関心事となる。その最大の手段が科挙を通じて官僚を送り出すことである。任官は、徭役の免除や奴僕の保持などの特権を獲得でき、また移住先の地域（江南デルタの市鎮や都市）での信用と権威とを高めることに繋がった。そして、商業と国家による統制が利害対立するなかで、官僚になることで、税務政策や商工業政策など諸政策において、自己の理念あるいは自己を含めた地域や社会に有利な政策を実現しようとした（第一章）。また、徽州商人は一般的にいえば、一族の者が官僚になることを積極的に支援したが、その理由として、官界に情報収集のための拠点を作って、官僚特権による税役負担の軽減、政策に商人の利益を反映させること、あるいは権威を高めて「信用」を増すといったことが考えられるという（第二章）。要するに、塩の販売権の独占権を得て台頭した徽州商人は政治権力の政策に敏感であり、とりわけ商工業政策など直接に自己の商業活動に影響を及ぼすような政治決定にその意見を反映させるために、官界に人材を送り出すことが重視されたといえよう。また、徽州商人は、乾隆末以降、同郷会館にかわって同業会館を多く設立して、同業者間のネットワークの確保と強化を目指したが、これには、国家ないし官権力と彼等との関係、および労働者などとの関係における緊張が高まる状況が関わっていたと考える（第二章）。このように、著者は徽州商人の成功が彼らの商業活動を進めるうえで作られたネットワークや優れた経営手腕や情報の利用など、いわば彼らの営為と有利な環境のみによって実現されたのではなく、国家権力を背景とすることがいかに重要であるかという点に注意を払っているのである。

こうして整理してみると、徽州に出身して長江流域を中心として全国的に活動した商人が、同郷や血縁の関係を活用してその商業活動を維持し、そして活動先の外地に同化していくプロセスが実態的に明らかにされたことがよく了解されるし、国家との関係にたえず注視している点も高く評価される。次に、いくつか気付いた点もあるので、若干の指摘を行っておきたい。

第一に、徽州の人々の来歴に関する問題である。筆者は、『新安名族志』の記述に基づいて、各姓の祖先が徽州に移住した時期として、永嘉の乱、黄巣の乱、靖康の乱などの戦乱の時期を掲げ、北方からの移住の波を指摘したが（序章）、やや気になるのは同書の記述の信憑性である。『新安名族志』は、元代の陳櫟の編纂に係る『新安大族志』

を改正補足して編まれた後世の史料である（三一九頁）。名族志の類が編纂されるに際しては、「各宗族の主張」が盛り込まれたと考えられ、また編者の所属する「宗族の利益が潜在」し、あるいは改竄の可能性も指摘される（多賀秋五郎『中国宗譜の研究（上）』日本学術振興会、一九八二年、二五〇頁～二六〇頁）。各姓の祖先の移住時期を検証するに際して『新安大族志』にのみ依拠することに不安を覚えるのであるが、いかがであろうか。著者も、『新安名族志』、『新安大族志』に掲載される「汪氏が後漢時代に移住したことに始まるということもそれ自体極めて疑わしい。むしろ、徽州土着の越人のある一族がこの時期汪姓を称する中原からの人物になんらかの関係をもつことがあり、後世に漢民族の文化に倣って姓を称する必要が生じた際、汪姓をなのることとした、と考えるのが妥当である」（八頁）と述べている。著者はまた、徽州の一七姓を分析したなかで、祖先の系譜に作為を施したり、「中原を出自とするという歴史を創作する」傾向を指摘している（三三四頁～三三五頁）。そうした著者の認識からしても、各姓の祖先の徽州への移入の時期については、同時代の史料による検証が望まれるところである。

第二に、著者は外地で活動する徽州人が頼った絆として、宗族（同族）関係とともに、同郷関係を掲げ、また郷里を同じくする者のための拠点として同郷会館が設立されたとしていた（第二章）。本書において宗族は郷里の徽州と外地での活動を結ぶ重要なネットワークとして位置づけられるが、では、同じく競争の激しい外地において頼りとされた同郷の繋がりとはどのような関係にあるのであろうか。また、外地における同郷の繋がりは言葉や習俗、文化も異なる外地だからこそ、強く求められたのであろうか。それとも、宗族がそうであったように、同郷の絆の原点も徽州に求められるべきであろうか。著者は徽州の社会関係について、宗族と宗教を重視しているが、同郷の絆の基盤となる地縁関係にはあまり注目されていない。同姓村落の欠如はとりもなおさず雑姓村落の存在を示すから、雑姓村落で培われた地縁関係が外地における同郷関係の起点となったのであろうか。そうではなく、徽州では宗族関係が主要なものであって、競争の厳しい外地において異なる宗族に属す人々が同郷意識に目覚めたのであろうか。同族関係と同郷関係に関して、その郷里と外地それぞれにおける連関が知りたいところである。また、著者は明清時代における宗族関係の強化と他方における仏教・道教の弱体化を指摘していた（第六章第二節）。しかし、量的な観点からいえば、明清時代に寺院、道観などの各種宗教施設の創建ないし重建が明清時代に集中しているのも事実である（三九四頁〜四〇三頁）。この事実のもつ意味を考えてみる余地はないであろうか。つまり、祖先祭祀とともに、仏教・道教の信仰も発展した結果として、祖先祭祀と民間信仰が人々の間で共生し、ともどもに栄えるという状況がそこに想定できないかどうかである。

第三に、著者は、乾隆末以降、徽州商人の定住化にともなって、同郷関係とともに徽州商人のネットワークを支えた宗族の関係にも、徽州の同族と疎遠になるという変化が生じたことを指摘していた（第二章）。他方において、著者は、徽州商人が徽州以外の土地への投資を増大させた理由の一つとして、「徽州での土地購入と同様に族的結合を強化安定させるために、物的基盤を強めること」を掲げている。具体的には、「この頃義荘が増えたという指摘もあり、この時期以降の彼等の土地取得も、やはり族産のかたちをとることが多かった」という（一〇五頁）。この分析からすると、乾隆末以降、定住化の傾向にあった徽州商人は徽州の宗族とはその関係を薄めつつ、定住先を中心にして新たな宗族関係を築こうとしていたことになるのであろうか。また、彼等による宗族の維持・強化は定住先の地域にどのような影響を及ぼしたのであろうか。徽州商人の宗族ネットワークが活動先の地域における社会関係にも変化を生じさせたとすれば、それはとても興味深いことのように思われる。

いくつか気付いた点を述べたが、本書の多面的な研究手法が明清時代の商人の実態を考察するうえで一つの重要なモデルケースとなることは言うまでもない。今後、徽州商人に関する考察をもとに、この時代に多く生み出された地方商人の全体像が解明されることを期待したい。

（汲古書院　二〇〇五・二刊　Ａ５　五二二頁　一〇〇〇〇円）

四　旧羅旁地方調査記録——ヤオ族の痕跡を求めて——

はじめに

洪武元年（一三六八）、明朝は、元朝治下にあって徳慶路広東道に属した徳慶州を府に昇格したあと、洪武九年（一三七六）には、再び州に降格し、瀧水、封川、開建三県を管轄させた。(1) このうち、封川、開建の二県は西江の北側に位置し、西江の南側に瀧水県を設けた。この瀧水県を中心にした西江南岸の広大な山間部を羅旁と称した。羅旁の地勢は、西南部に比較的高い山々が連なり、東北部にかけて低くなる地勢が特徴であり、その間の中部地域には、羅定江（瀧水、瀧江、南江ともいう）に沿って羅定盆地が広がっている。(2) 羅定江を挟んで、西側の山間部は西山、東側の山間部は東山、南郷と呼ばれる。(3) 羅旁は東は広州府新興県、南は肇慶府陽春県、西は広西鬱林州、梧州府岑渓県、北は西江に接している。(4) 明代半ば、この羅旁でヤオ族が中心となってチワン族や漢族も加わった反乱が生起した。(5) 広東西部一帯のヤオ族反乱の中心に位置し、同じ時期に発生した広西大藤峡などの反乱とともに、非漢族の歴史上まれにみる大反乱として知られる。最初に、羅旁反乱の経緯を簡単に紹介しておきたい。(6)

明代中期における羅旁ヤオ族等の反乱は、瀧水県の趙音旺による蜂起を嚆矢とする。正統十一年（一四四六）、瀧水県の趙音旺は、天賢将軍と名乗って、晋康郷のヤオ族鳳広山とともに、各地の猺山のヤオ族を糾合して蜂起した。趙音旺らは瀧水県城を襲撃し、その後広西大藤峡のヤオ族等の非漢族反乱軍を引き込んで、再び猺山に立てこもり、更に、肇慶、高州両府の各地のヤオ族も、趙音旺らの反乱に参加した。反乱軍が鎮圧されたのは、景泰五年（一四五四）である。この趙音旺の反乱は鎮圧されたが、以後、百数十年に及ぶヤオ族等の反乱活動が展開されることになる。嘉靖十二年（一五三三）、明朝は大がかりな討伐に踏み切った。ヤオ族等の反乱拠点が集中していたのは、徳慶州、陽春県、新興県の三州県交界地帯の山間部である。陽春県の趙林花は徳慶の鳳二全らとともに、すでに数十年にわたり、山間部の険しい地形に拠って、仲間を集め、郷村を襲っていた。そこで、提督都御史陶諧は七万人の軍隊を動員して、三州県交界地帯の山間部に対する大規模な掃討作戦を展開したのである。しかし、その後もヤオ族の活動はなお活発であった。嘉靖四十四年（一五六五）、提督両広軍務侍郎呉桂芳は次のように上奏している。羅旁　帯は、「竹や木が生い茂り、傜族のすみかとなっている。羅旁西山の傜人は、先年、韓雍が平定し、防衛の体制を整えたので、おとなしくなった。ただ、東山の傜人は、奥深い竹林を恃んで居住し、随時、拠点を出ては掠奪している」と。嘉靖末までに、とりわけ羅旁東山におけるヤオ族等の反乱活動が恒常化していたことが知られる。

明朝は、長期化する反乱を終結させるべく再び大規模な討伐軍を派遣した。時に両広総督殷正茂は、ヤオ族の討伐を上奏したが、まもなく戸部尚書に転任したため、彼に代わって凌雲翼が総督の任についた。彼は、万暦四年（一五七六）、広東と広西の軍隊一〇万を発動し、羅旁反乱軍の根拠地五六四カ所を襲撃した。この時の討伐は、斬首した者一万六一〇〇人余り、降伏した者四九三人、捕縛したヤオ族の家族（妻子）二万三〇〇〇余人、という大きな成果を上げるものであった。この討伐により、趙音旺が蜂起してより、百三十年余りの長期にわたって展開された羅旁の反乱はようやく終結するに至り、これ以降、広東西部山間地帯では、ヤオ族等の大規模な反乱が再び発生することはなかった。

明朝は、反乱平定の後、万暦五年（一五七七）、羅旁に新たな州県を設置している。徳慶の晋康郷、高要県の楊柳、都騎、思労、思辨の四都、新興県の芙蓉の第十二図、及び瀧水県の一部をあわせて、東安県を、徳慶州の都城郷、瀧水県の一部などを割譲して、西寧県を新設し、また、瀧水県を羅定州と改めて、東安県と西寧県を統括させた(7)。明朝は、新たに州県を設定することによって、ヤオ族等に対する行政、軍事体制の管理を強化したのである。清朝も明朝の行政区画を踏襲し、東安、西寧両県を管轄する羅定州を広東省に直轄させた(8)。清朝の倒壊後、民国政府は、州府制度を廃止し、羅定州を、羅定、雲浮（旧東安）、鬱南（旧西寧）の三県に分割した。中華人民共和国の樹立後においては、一九五五年に鬱南県は羅定県に併合されたが、一九六一年、羅定と鬱南の両県の行政が回復された。一九九三年、雲浮地級市を新設した時、羅定県を羅定市（県級）に昇格し、鬱南県とともに、雲浮地級市の管轄とされた(9)。

羅旁の反乱鎮圧から現在まで四百数十年の時を経過しているが、その間に、万暦の征服戦争の結果、羅旁及び周辺山間地帯の猺山の多くが消滅し、漢族がヤオ族に代わってこの地域の主役になった。十六世紀以降、羅旁の東側の珠江デルタ一帯は、急速に都市化・商業化が進捗し、人口も急増している。羅旁の北側を流れる西江は、珠江デルタと広西方面を結ぶ重要な商業ルートであり、西江を利用して、漢族が続々と羅旁に入植し、漢族の文明を普及させていったと考えられる。他方、ヤオ族は討伐の後も、肇慶府、高州府、羅定州などの各地に居住し、清末まで、猺山が記録されているが、居住地域も人口も、討伐前とは比較にならないほど減少し、次第に漢族の習俗を受容し、漢族との間の民族的差異が薄れていった。現在、ヤオ族がこの地域からほとんど姿を消しているのは、こうして漢族に同化されたか、それとも、他の地方へと移住したためだと考えられる(10)。

筆者は、チワン族や漢族とともに反乱を起こしたヤオ族の拠点であった羅旁が現在どのような状況にあるのか、かねてより関心を抱いていた。そこで、その一端でも垣間見られればと考えて、羅定・鬱南を訪問した。第一回目の調査は二〇〇九年八月二十七日・二十八日、第二回目の調査は、二〇一〇年十二月二十三日～二十八日に実施した。当初、ヤオ族等の痕跡はほとんど消し去られているものと推測していたが、調査を通じて、いろいろな場面でヤオ族たちの足跡が残されていることに気づいた。本論では、この二回の調査を記録に留め、今後の研究に役立てたいと考えている。

Ⅰ　第一回調査

第一回の調査旅行では、中山大学歴史系の陳春声教授等に、羅定市博物館との連絡などを手配していただいた。羅定までの往復には、ワゴン車を借り上げ（運転手は呉さん）、中山大学歴史系修士二年の黄壮釗君に同行してもらった。黄君は広東北部汕頭の出身で、明清時代の山西の歴史を専門としている。

（1）広州から連攤へ

八月二十七日七時、中山大学北門を出発し、広肇高速道路、国道三二四号線を利用して、西江沿いに、肇慶市内に入り、明清時代の肇慶府城の古城墻を見学した。その後、悦城の龍母廟を見て近くのレストランで昼食を摂り、徳慶県まで進んで、ここから西江大橋を渡って、南江口に到着した。午後二時頃である。

この南江口より南側は雲浮地級市鬱南県の県域となる。南江とは羅定江の古名であり、現在でも、羅定江とともに、その名称が使われている。羅定市方面から北流してきた羅定江は南江口で西江に注ぎ込んでいる。この羅定江の東西の両側には、丘陵と低い山地が広がっているが、この羅定江に沿うところの、鬱南県の東部とその南側に隣接する羅定市（ともに雲浮地級市に所属）が明代における羅旁の中心地域に相当する。(11)

南江口から羅定市までは、国道三二四号線を走り、一路、羅定江に沿って南下した。その間、羅定江の両側の狭い土地に作られた水田やイモ畑が続いている。途上、民堂村などの小さな集落が点在しているが、午後三時前、鬱南県東南部に位置する連攤鎮という比較的大きな町に着いた。連攤鎮の歴史は古く、南北朝から隋末までの時代、安遂県の県治であった。また万暦五年（一五七七）に羅定州が新設された時、晋康郷巡検司が連攤に置かれた。その後、清代までの間、行政上は西寧県建康都蕩村堡に属した。建国後の連攤は、連攤行政村、連攤郷と名称を変え、一九五七年、連渓郷と合併し、人民公社の管理の時代を経て、一九八七年、郷鎮建制により連攤鎮と定められ、現在に至っている。西江南岸の交通の要衝である連攤は明清時代以降、商業、文化の中心として栄えた。二〇〇〇年末の統計であるが、鎮の総人口は五五、二〇〇人、そのうち非農業人口は一〇、〇五八人で、総人口の一八・二二%を占める。鬱南県のなかで、県城を除いて最大の鎮である。また、連攤の山歌と武術は著名であり、一九九九年、「広東省民間芸術之郷」、二〇〇〇年、国家文化部の「中国民間芸術之郷」に指定された(12)。

この連灘鎮には、「連攤古建文化景区」が設けられており、見学のために立ち寄ってみたところ、思いもかけず、ヤオ族鎮圧に関わる施設である張公廟を発見した。張公廟は、明代に創建され、連灘中学の右側に位置する(13)。祭られているのは張元勲なる人物である。彼の伝記は『明史』に収録されている。張元勲、字は世臣、浙江太平の人で、父の後を継いで、海門衛新河所百戸となり、戚継光の指揮のもとで、倭寇防衛に功績を挙げて、千戸に昇格した。その後、肇慶府や恵州・潮州の反乱鎮圧に従事して、署都督同知・総兵官に進み、万暦五年、両広総督殷正茂に従って羅旁のヤオ族等の反乱を制圧して、都督に任じられた。当時、張元勲の威名は嶺南に響き渡り、広西の李錫とともに良将と称された。この羅旁制圧を最後に軍職を退いて、郷里に戻り、逝去したという(14)。

「連攤古建文化景区」には、「光二大屋」と呼ばれる邱氏の家屋（「光儀大屋」、「清朝古堡」ともいう）が残されている。光二大屋は連攤鎮の北方つまり西江方面に四キロほど戻った西垻石橋頭村のなかにある。この家屋を創建したのは邱氏第八世の潤芳（諱）という人物（字は澤微、号は員清）であり、幼名を光儀と言う。乾隆年間に生まれ、嘉慶、道光、咸豊、同治の四皇帝の治世を生きた。彼は揚げ物や豆腐を売って生計を立てた商人であるが、余暇に煉瓦を焼き、木材を切り出し、十年余りの年月を費やして、この家屋を完成させた。嘉慶年間のことである。光儀大屋の建築様式は潮州や梅州の大囲屋に類似しているが、防火、防盗に加えて、洪水を防ぐ機能まで備えているものは全国的にも希少であることから文化財としての高い価値を認められた(15)。

光二大屋のなかに入ると、邱氏に関わる様々な出来事を記した紙が何枚も張り出されている。そのうち目を惹いたのは、「邱氏族譜」と大書された張り紙である。その冒頭に、「明朝万历七年（一五七九年）邱元宗从广东省嘉应州（今梅州）迁徙郁南县连滩镇石脚村」とあり、邱元宗なる者が万暦七年に広東北部の嘉応州から連攤鎮石脚村に移住してきたと伝える。「邱氏族譜」ではこの邱元宗を「邱氏第一世祖」とし、以下、第七世の「邱仰庭」まで、各世代一人づつ祖先の名を連ねる。邱氏第八世祖に関しては、「邱氏第八祖、讳员清、字泽微、号润芳、化名光二、因他排行第二、头有点秃发、人人称他『光二』。是大屋的创建人」と記す。前掲『中国民間芸術之郷—連攤』、「光儀大屋」では、第八世の祖先を、諱潤芳、字澤微、号員清、幼名光儀、と述べていたが、「邱氏族譜」は、諱員清、字潤芳という。また、彼が排行の二番目で、禿頭であったことから、光二とあだ名されたという。さらに、「邱氏族譜」は、「邱員清第一世祖（一七七四年生—一八七一年）九七岁。在四八岁迁徙郁南县连滩镇西坝石桥头村。娶叶氏生下七男一女、有『七星伴月』的美誉」という。邱員清の時に、現在の西垻石橋頭村に移り住んだため、彼が石橋頭の邱氏第一世とされたのである。員清は葉氏と結婚し、七男一女をもうけた。「邱氏族譜」において、第七世の祖先までは、各世代一人づつの祖先の名前が記されるだけで、記載はきわめて簡略である。員清と彼の子供の世代（石頭橋邱氏第二世）から、現在の世代までは、比較的詳しく系譜が記されている。推測するに、第七世まで、つまり連攤鎮石脚村の時代の情報はほとんど得られなかったのではないかと思われる。ちなみに、羅定市博物館研究員の陳大遠氏（後掲）によれば、羅定の族譜の多くは、入粤もしくは入羅の始祖の五代前までの祖先を重視しているが、羅定の歴史からみれば、元、明、清に羅定に移住した家系は、大多数が「募民占籍」政策により各地から移ってきたものであり、官僚を除いて、ほとんどが平民であり、入羅後に、族譜の記録をもつことはありえない。のちに、人口が増えて、族中に身分のある人士が現れ、族譜を編纂して、家名を振興しようとした。しかし、年月を経ているため、始祖の羅定移住は多く口承によるという(16)。連攤は鬱南県に属すが、事情は大差ないであろう。邱氏も、商売で成功を収めた員清の時に、その祖先の系譜を記録に残すことを開始したと推定される。

邱氏の系譜に関して注意したいのは、邱元宗が万暦七年（一五七九）に嘉応州から移住してきたと伝えられることである。嘉応州は言うまでもなく客家の故郷として著名であり、邱氏は嘉応州出身であることを通じて、北方の漢族の系譜であることを内外に示したといえる。この伝承が真実であるかどうかはわからないが、移住の時期が万暦七年とされた点が重要である。上述のように、羅旁のヤオ族等の反乱が鎮圧されたのは万暦四年（一五七六）、羅定州の設置は明くる万暦五年である。陳大遠氏によれば、明初に設立された里甲制のもとで税役が過重になると、各地の農民が大量に逃亡し、これらの人々は両広交界の山区に逃げ込み、流民となった。羅定州が設立されると、これらの流民を大量に吸収した。ヤオ族のなかに混入した流民は同時に「転化」して漢民となり、「立寨耕守」にもとづく農村が不断に拡大し、軍隊の屯田も農村に拡充した。州官は「募民占籍」「墾辟草萊」「縁圃疏導」など一連の措置を講じ、当地の人士をして「売刀買犢」「種植日広」させたという(17)。連攤邱氏の伝承が正しいとすれば、明朝の「募民占籍」政策に引き寄せられて、邱元宗も嘉応州から移住してきたことになる。

（2）羅 定 市

連攤を離れた後、河口を経て、大湾において大湾古建文化景区を参観した。同区には宗族の祠堂が文化財として保護されていた。羅定市に入ったのは、午後五時半である。羅定市の地勢は西南方向から東北方向にかけて低く傾斜している。西部と南部は雲開大山の支脈に属し、西南部の龍鬚頂（海抜一、三一七メートル）が市内の最高峰である。東部では雲霧山脈が市域に跨っている。中部と北部は羅定盆地であり、幾層もの台地によって構成されている。盆地には、西方から榃濱河、南方と西南方向から瀧江、囲底河が流れ込み、羅定江を経て、西江に流入する。[18]

羅定市訪問での大きな成果は、地元の研究者などから羅定に関する情報を聴取できたことである。羅定市公安局経偵大隊隊長の譚明開氏の紹介により、羅定江に面したホテル好莱湾酒店に投宿した後、羅定市博物館館長（兼市委員会副主席）の沈灿明氏と同博物館研究員の陳大遠氏（前館長）がわざわざ来訪された。陳大遠氏は地元の歴史に精通しておられ、後掲『龍郷夜話』などの著書や論文を多く発表されている。氏によれば、羅定市南部に隣接する信宜市との境にある分界、龍湾、加益の諸鎮には、現在でもヤオ族の子孫が住んでいる。数十年前にはヤオ族の衣服を着用していた。また、姓は盤などヤオ族独自のものである。しかし、彼等は現在ヤオ族であることを否定し、また外見も漢人と変わらないという。また、譚明開氏の話も興味深かった。羅定市内に御史祠という施設があるが、これは、彼が属する宗族譚氏の祠堂であり、毎年祖先祭祀を挙行している。今年は九月二日に一族が集まり、祭りを行う予定であるとのことで、私たちも誘われたが、残念ながら、九月一日には広東を離れる予定であったので、次の機会を期することにした。新中国建設前、譚氏の一族は羅定市に居住し、榃濱、加益に土地を所有していた。譚氏は両地に族人を派遣し、農業経営を行わせたため、榃濱と加益にも譚氏の族人が住んでいるという。陳大遠氏の証言によれば、加益はヤオ族の居住地とされるから、あるいは譚氏と加益のヤオ族との間に、地主佃戸関係が成立していた可能性もある。

陳大遠氏と譚明開氏の話をもとに、明くる八月二十八日、羅定市内の御史祠、ついで分界鎮を訪れることにした。午前中、まず羅定市博物館に立ち寄り、館内を見学した。沈灿明氏と陳大遠氏はともに所用が入っていたため、羅定市博物館副館長の女性研究者徐子明氏と譚明開氏が私たちに同行してくれることになった。

御史祠は市内の中心を走る大新中路の東側にあり、正門脇の壁の案内板を読むと、一九九六年、羅定市文物保護単位に指定されたことがわかる。正堂内に入ると、正面に主神の譚寿海の塑像が安置されている。嘉靖四十年（一五六一）序刊『広東通志』巻十二、選挙表下を調べてみるに、永楽十三年（一四一五）の進士及第者のなかに、「譚寿海瀧水人　教授」とある。また、民国二十四年（一九三五）刊『羅定県志』巻七、人物志には、譚寿海の伝が収載されている。これによれば、譚寿海（洪武十八年―一三八五年～天順二年―一四五八年）は字は信潮、号は深源、瀧水県石圍堡の人。その祖先に惟寅という郷賢に祀られた人物がいる。原籍は高要県、南宋朝の紹興三年（一一三三）、進士に挙げられ、江西提刑に任じられた。その第六世の子孫の福興なる者が瀧水に移住した。つまり瀧水（羅定）譚氏の始遷祖であり、寿海はその子孫である。寿海は、河南道監察御史に任じられた後、みずから教職への転任を希望し、南寧府教授となって教育に力を注ぎ、退任後、帰郷した。没後、郷賢に挙げられた。また堂内には「本祠裔歴代科挙名録」、「譚御史祠始建與維修史略」が貼られている。後者によれば、御史祠は正徳年間に創建され、その後、崇禎、乾隆、光緒、民国の四回にわたって重修され、第五次の修築は一九八八年から七年の歳月を費やして行われ、一九九五年に完成した。ちなみに、祠堂を参観していた時、管理人の譚氏の老人から、『譚御史寿海公裔世系譜』（譚御史祠族譜編委会、二〇〇二年、価格五〇元）を購入した。

譚明開氏とは御史祠で別れを告げ、分界鎮には、徐子明氏に案内していただいた。十時半に羅定市内を出発して、素龍街道を西南方向に下り、羅平鎮、羅鏡鎮を通って、分界鎮に向かった。分界鎮までは、ワゴン車でおよそ四十五分の道のりである。到着後、政府機関が入っている建物で、分界鎮文化站の張展泰氏（五十六歳）に紹介された。彼の案内により、省道三六九号線を西に三キロ弱進み、分界鎮金河村に到着した。この金河村が、ヤオ族の旧居住地とされる村落である。村の入り口の大樹の木陰で村人が数人休んでいるのが見えた。村の戸数はせいぜい十軒程度で、家屋の外見はその他の漢族の村落のそれと変わらない。

金河村の北側には山陵が広がっている。村の裏手を少し上ったところに、いくつかの大きな石作りの樽状の穴があり、そこに上部の石造りの水路を通じて水を引いていたことがわかる。徐子明氏の話では、この場所は、かつてのヤオ族の染料製造工場の跡地だという。高い製造技術をもっていたことが窺われる。

ここから更に、山陵の中腹まで登る。かなりの急斜面で、山道の両側にトウモロコシ、イモが栽培されている。中腹に一〇〇メートル平米ほどの平地が広がっており、同じくトウモロコシ、イモの畑になっている。陳大遠氏と徐子明氏によると、以前、調査した際、この平地に木牌があり、ヤオ族に関する記述が書き込まれていたが、その後再訪した時には撤去されてしまっており、博物館でも探しているが、まだ発見できていないという。

分界鎮に戻り、黄壮釗君、徐子明氏、張展泰氏、運転手の呉さんの四人と昼食を共にした後、張展泰氏と別れ、羅定市内に戻った。午後は、徐子明氏に案内していただき、市内に残る明代の羅定県城の城墻の遺跡を参観した。城墻は羅定中学の外壁の一部になっている。幅二〇メートルほどであろうか。徐子明氏が中学に通っていた時には、県城の東門が存在したが、今は取り壊され、車道が通っているだけである。ついで、羅定学宮（孔子廟）を参観した。綺麗に修復されているが、内部にほとんど文物は展示されていない。

午後三時半頃、羅定市博物館で徐子明氏をおろして、出発。雲浮市で高速道路に入り、三水を経て、午後七時頃、広州市内に戻り、中山大学北門で下車し、今回の短い調査を終えた。

今回、鬱南・羅定（旧羅旁地方）を訪問してみて、いくつかの知見を得られたように思う。第一に、羅定江（南江）沿いに開拓された農地（水田、畑地）、点在する農家、文化保護の対象となっている宗族の家屋、市鎮（連灘など）や羅定市内の景観などを見るとき、それらから非漢族（ヤオ族、チワン族）のにおいをかぎ取ることはできない。中国南部の他の地方の漢族居住地のそれと大きな差異はない。そのなかで、分界鎮などにヤオ族の旧村落と目される地域があることがわかったのは大きな成果であった。陳大遠氏が旧ヤオ族居住地として掲げる分界、龍湾、加益の諸鎮について今後調査を行うことは、非漢族が漢族社会のなかでどのような生活を営み、また漢化してきたのかを考える重要な手がかりとなる。第二に、万暦における反乱制圧ののち、羅旁地方は急速に漢族居住地へと転身していくことになるが、現在、文化財に指定されている宗族の家屋、祠廟、学宮などは、この地域が漢族の文明に包摂されたことの証となっている。この地域に漢族文明が普及した歴史的状況はどのようなものであったのか、これらの文化財を手がかりとして探求することが可能であると実感された。

Ⅱ　第二回調査

第二回調査は、二〇一〇年十二月二十三日～二十八日に実施した。今回の調査の目的は、羅旁関係の資料の収集、ヤオ族旧居住地の補充調査にある。同行者は、中山大学歴史系より留学してきた大阪市立大学文学研究科東洋史学専修院生の申斌君である。

十二月二十三日、関西国際空港より、広州白雲機場に到着し、中山大学栄光堂に投宿した。その日のうちに、羅定市博物館の沈灿明館長、徐子明副館長、陳大遠研究員に連絡をとり、調査の打ち合わせを行った。

翌日は、陳春声氏と夫人が栄光堂に来訪されたので、申斌君も交えて、一階のレストランで朝食を共にした。午前中、申斌君とともに、中山大学図書館で羅旁関係の史料を閲覧し、必要な史料は写真撮影した。午後は、陳春声氏、申斌君とともに、広東社会科学院（天河北路）で開催された「第2回『海洋広東』論壇及び『海洋史研究』（創刊号）首発式」に出席した（主催：広東省社会科学院広東海洋史研究中心、場所：広東省社会科学院三楼学術報告廳）。この会議では、銭江氏（香港大学アジア研究中心研究員）、陳春声氏（中国史学会、中山大学副校長）、梁桂全氏（広東省社会科学院院長）、以上三名が発表を行った。筆者も日本における海域史研究の状況を紹介した。また、この会議には、中山大学の劉志偉氏なども出席しておられ、久しぶりに旧交を温めた。

十二月二十五日、羅定市に向けて出発した。第一回目の調査では、広州から西江沿いに広西方面に遡り、肇慶から西江を渡って南下したが、今回は、広州西南の山間部の開平、恩平を経由して、羅定に北上するルートをとった。

七時に中大北門を出発。運転手は陳磊さん、河南の出身である。広清高速に上がり、仏山を経て、開平に入り、聖堂村から高速を降りて、省道に入った。九時二十分、良西を通過、かなり大きな町で、道の両側に商店街が連なっている。道路の舗装は十分ではなく、かなり荒れている。甘蔗やバナナの畑が続いており、この景観はおおむね羅定に入るまで同じであった。十時五分、恩平市の東南村で休憩をとった。同村は、真ん中に小さな川が流れ、東側に旧村落、西側に新しい町が作られていた。東南村から十分ほど行ったところに、大きな製材所があり、原木を丸太に加工している。羅旁周辺は明末清初頃から、広州に木材を移出する林業が発達したが、現在でも、加工業が地域の産業の一つであることが窺われる。十時二十分、岑峒渓谷を通過。その付近で古い村落を見かけた。数十戸の規模であるが、家々はともに、古びており、村民は住んでいないようだ。外地へ村ごと移住したかと思われる。この地域でも過疎化が進んでいるのであろうか。

禾楼村、山中間村、春湾、松柏鎮を経て、十一時四十五分、羅定市域に入り、船歩鎮のレストランで昼食を摂り、十三時四十分、第一回調査と同じく好莱湾飯店に投宿した。チェックインを終えて、十六時にホテルを出て、羅定市博物館（文博路）を訪問した。副館長徐子明氏に出迎えていただいた。館長室で陳大遠氏が待っておられたので、羅定の族譜をみたい旨伝えたところ、別室よりたくさんの族譜を運んでこられた。申斌君と一緒にカメラで撮影。その後、羅定市公安局の譚明開氏も来訪された。

（1）龍　湾

十二月二十六日の午前中は、羅定市博物館で申斌君と族譜等を写真撮影し、午後に龍湾に向かった。十三時三十分、博物館を出発し、同行者は陳大遠氏、徐子明氏、譚明開氏である。途中、泗綸鎮を過ぎたところで、大芒山付近の写真をとる。高埇を経て、十四時三十分、合江着。羅定側の二つの川（小渓）がここで合流し、広西壮族自治区方面へ流れ出ているとのことである。

十四時四十分、龍湾の町に到着。ここで、龍湾文化站の李友新氏が車に乗り込んでこられ、一緒に龍湾生態区に入った。同区は自然保護公園のようである。区内に水電站（水力発電所）があり、その上流にダムが設けられている。このダムは元来、一九六〇年代に地元の三つの生産隊が協力して建設したものである。九〇年代に入って、現在の水電站が建設された。渓流沿いの山道をしばらく歩くと、比較的平地が広がる場所に着いた（十五時二十分頃）。ここは、ヤオ族が藍染の原料として知られる藍靛を加工した工場の遺跡とのこと。第一回目の調査で訪れた金河村でも同様の加工場があったが、こちらの方が作業場の構造がよくわかる。凹地に人工の長方形の箱があり、両側と奥が石状のようなもので作られている。高さは五〇センチ程度。その上部の小渓から水を引き入れて、池に引き込み、それをさらに、長方形の箱形の池に導く仕組みである。また、箱形の貯水池の左側の壁面に丸い穴が四つほど穿たれている。陳大遠氏の説明によれば、石灰沙黄泥を用いて夯土 hantu（広東語で zhongtui）を作る。夯土が固まらないうちに、木の棒を側壁に入れ、固まったあと、棒を抜き取ると、この丸い穴が排水溝になる。この加工場（厂坪）では百名程度働いていたと考えられる。また、染料は仏山に運んだという。ちなみに、申斌君は付近でヤオ族の墓を見つけたというが、残念ながら、私は気づかなかった。また、申君は近くの比較的広い平地を見に行った。風水師が墓を作るために切り開き、お香を供えたものという（徐子明氏談）。

帰り道は徐子明氏と話をしながら山を下ったが、この龍湾のみでなく、加益にもすでにヤオ族はいない。清末まで十一家族程度が大芒山（加益の上の山）と雲蓋頂に住んでいたが、今は姿を消している。現在、羅定にはヤオ族は皆無であり、漢化したのだという。

十六時二十五分、水電站に戻った。その脇を流れる小渓で、菘藍（藍靛の原料となる草）があるのを見つけた。その葉っぱを用いて板藍根をつくり、それを加工して藍靛とするものである。十七時過ぎには、羅定市内に入り、市内のレストランで海南島の名物である東山羊の鍋を食した。山羊の肉を食べるのは初めてであるが、油分が少なく淡泊、固いので、かみ切るのに時間がかかるのに困った。

（2）加　益

十二月二十七日、羅定市博物館を出発し、ヤオ族に関する民族調査資料を入手するため、まず市内の人民政府のなかにある羅定市檔案館を訪問したが、係員の話では同館には関連資料はないとのこと。やむなく、人民政府の敷地内の民族文化局へ向かった。民族文化局の係員によれば、本局の成立は一九七三年であり、それ以前の関連資料は少ない、加益は以前は鬱南に所属していたから、鬱南に資料があるかもしれないとのことであった。また、加益のヤオ族は清末民初まで大芒山に居住していたという。この話を聞いて、一旦は鬱南に行くことを検討するも、陳大遠氏の提案にしたがい、加益に向かうことにした。

十時頃、一旦羅定博物館に戻って、沈館長と陳大遠氏を乗せて、加益に向かった。途中、泗綸鎮を通過したが、同鎮は沈館長の郷里である。高瑯、鰲頭を経て、十時三十五分、加益に到着した。

加益は、榕樹（ガジュマル）が多く、緑あふれる村である。村のなかをいくつかの水路が走っている。水の透明度は高く、清流といってよい。また、荷塘（池塘）があるが、今は水が少なく、沼地のような状態である。沈館長によれば、以前はこのあたり一帯に、森林が広がっていたが、一九五〇年代に伐採事業が行われて、開墾が進んだ。また八〇年代には、改革開放政策により更に伐採、開墾が進み、森林資源が減少したという。

村の外れに榕樹の巨木が聳えている（写真「加益の千年古木」）。樹齢は千年を越え、嶺南第一の古木とのことである。嶺南第一かどうかは別として、圧倒的な威容を感じさせる。この古木のところから村の中心に戻る途中で、仏寺が見

加益の千年古木

えたので、訪ねてみたところ、ちょうど、僧侶が読経していた。寺の外に出たところで、申斌君に出会い、再び一緒に仏寺に戻って、この僧侶や尼僧と話を交わした。僧侶は普通語が巧みで、話をしているところに、徐子明氏等もやってきた。僧侶は広西省から移ってきたばかりで、名前は釈頓金という。釈頓金氏によれば、寺の名称は「益寿禅寺」、今年に開かれたばかりであるとのこと、そういわれて見ると、寺の装飾もまだ未完成で、「益寿禅寺」を記した看板も包装したまま、地面に置かれていた。また興味深いことに、羅定市内で寺院はこの益寿禅寺一つだけだという。この寺を建設したのは、劉雲成という村人であり、後刻、そのお宅を訪問したが、劉雲成さんは出張のため不在であった。

この寺でヤオ族に関連する大変興味深い発見があった。寺内の奥に五つの仏像が安置されている。陳大遠氏によれば、五体の仏像は左端から順に、盤古大帝、阿弥陀仏（過去）、阿弥陀仏（現在）、阿弥陀仏（未来）、観音仏である。また、阿弥陀仏（現在）の

永安社

前に小さな仏像が置かれているが、これは、かつて祭りに際して、轎に載せて、村内を巡行したものである。注目されるのは左端の盤古大帝である。陳大遠氏は、盤古神には中国人共通の神としての盤古とヤオ族の祖先神としての盤古があり、益寿禅寺に安置された盤古は後者であるという。この解釈に拠れば、ヤオ族の祖先神が仏教と融合した結果として、阿弥陀仏と並んで、人々の信仰の対象となったことになる。ヤオ族の痕跡を追い求めてきた筆者にとっては大変刺激的な話である。

加益とヤオ族を結びつける今一つの事象がある。益寿禅寺から、さきほど通った千年の古木を見に行ったが、この榕樹の根元にぽっかりと穴が空いている。「永安社」の額が掲げられており（写真「永安社」）、穴の中央に高さ五、六〇センチの石が安置され、そのうえには赤い布がかけられている（写真「盤古石」）。陳大遠氏、沈灿明氏ともに、この石が盤古石つまり盤古神そのものであると証言している。また、古木の周りには傜菜（猺人菜）が多い。沈氏の話では、

盤古石

これをつぶして練って団子状にするのだという。

社は土地神であり、夏殷周の古代王朝にまで遡る古い信仰であるが、樹木を社神とみなして祭る習俗も周代には確認されている。台湾の調査報告によれば、閩南や広東の土地廟の影響が強い台北の土地廟のなかには、樹木や石を祭るものが存在している。南投県では崇拝の対象となる樹木は茄冬、榕樹、樟樹の順である。開墾当初、人々はお香を木の根元に挟んで祈り、ついで樹木の傍らに石や神像を置き、最後に小さな廟を設立し、土地廟の完成となる[19]。加益の榕樹の古木の根元に永安社が設けられ、石を祭っているのも、そうした信仰の方法の流れの中にあるかにみえる。ただ、加益の場合には、石が盤古神であることが特異である。

陳大遠氏が執筆された「僚、瑤民族考」（『広東史志視窓』二〇〇七年第六期）には、ヤオ族の信仰に関する記述がある。これによれば、ヤオ族は「槃瓠」を信奉している。『水経注』、『後漢書』〈西南夷列伝〉、『捜神記』等の史料に記載される「槃瓠」は狗（犬）であり、盤王、盤皇、盤護王、護王などとも称し、瑤人の始祖だと伝えられる。伝説中の「盤古開天闢地」にいう「盤古」は本来別系統の神話である。しかし、千百年来、槃瓠と盤古とはたがいに変化し、同じように用いられるようになった。古代の僚人、俚人は後に獞族、侗族、水族、黎族、布依族等に転化したが、僚人は自然や鬼神を崇拝し、大樹や石、雷、いなずま、風、雨はみな崇拝の対象であった。盤古廟、田畑の傍らの盤古石もまた崇拝対象である。この点からすると、西江一帯の盤古廟がつまるところ、僚人あるいは瑤人が設立した廟宇であるかどうか、更なる研究が必要であるとしている。加益の榕樹の古木で盤古石が祭られているのも、元来、ヤオ族の設立に係る可能性は高いが、現在ではもはや検証はできない。しかし、先の仏寺で盤古神が祭られていることと併せて考える時、一つの推測は成り立ちうる。つまり、ヤオ族が元来、榕樹を信仰の対象として、その根本に盤古石を安置して社を設けていた。仏教が普及するなかで、盤古神は社のみでなく、仏寺でも信仰されるようになった、と。このように考えるならば、現在の加益の居民もまた、ヤオ族と全く関係がないとはいえないのではないかという疑問が生まれても不思議ではない。

榕樹の大木から村の中心へと戻ったところで、現在の居民と旧ヤオ族との関連を窺わせる出来事に出会った。加益の村のなかに、比較的大きな池があり、ちょうど中年の女性が池のなかに入って菱角（ひし）を収穫しているところであった。この池に面して北側に「天祿書院」の額を表門に掲げた建物がある。表門を入ると、内側の建物の額には「劉氏宗祠」とある。建物内部の最奥には劉氏の祖先の位牌が多数並べられている。こうしたことから、この建物は「書院」という名称がつけられているが、実際には祠堂であることがわかる。書院の名称をもつ建物の実態が宗祠であるのは広東では頻見されるところである。

この劉氏宗祠の近くに、劉耀文さんのお宅がある。劉氏は今年八十二歳、大変お元気な様子である。共産党初期の活動にも参加したことがあるという。耀文さんに、ヤオ族についてお聞きしたところ、生まれてこの方、ヤオ族を見たことはないというが、ヤオ族に関連した事柄として、王氏の祖先の伝承を紹介された。この村の王氏の祖先は王西湖という明朝の将軍であり、万暦年間にヤオ族征伐のため、やってきて加益に定住したという。ここで想起されるのは、第一回目の調査に際して、連攤の邱氏が羅旁のヤオ族鎮圧後に移住してきたという伝承、またヤオ族征伐に大きな功績を挙げた張元勲は郷里の浙江に戻ったものの、現地では張公廟を設けて祀られたことである。王氏の場合には、そのいずれとも異なり、ヤオ族征伐に従軍し、将軍という高位の軍人でありながら、辺鄙な山間部に残留し、子孫が定住したことになる。あくまで伝承であり、真偽はわからないが、羅旁における外地人の移住のパターンの一つとして注意される。

劉耀文さんのご厚意により、劉氏族譜を閲覧し、撮影することができた。この族譜は耀文さんの編集に係る族譜である（劉耀文輯録『劉氏族譜』、一九九六年刊）。陳大遠氏はこの族譜を見て、祖先の名前に「～郎」という尊称が付されていることに注目された。劉氏の始遷祖（「太始祖」）は開七公、以下、二世祖は広伝公、三世祖巨河公、四世祖漢広公、漢広公の子どもの世代（五世）のうち、長房の祖は巨源公、巨源公には七子あり、万一郎、福二郎、俊三郎、寧遠公、明遠公、□九郎、十三郎である。このうち第四、第五子の尊称は「公」であるが、他の五子はともに「郎」である。陳大遠氏によれば、「～郎」は祖先を賞する場合のヤオ族の称謂であり、のちに「～公」に改めることが多いという。こうしたことから、陳大遠氏は劉氏の祖先のなかに「郎」の尊称をもつ祖先が混在している点に注目し、劉氏の祖先がヤオ族に由来するのではないかと推測するのである。

劉耀文さんのお宅を出てから、益寿禅寺を建設した劉雲成さんの家を訪問した。ちょうど雲成さんの夫人が裏口のところで、さきほど収穫した菱角を洗っておられた。家のなかに招き入れられたので、お茶を飲みながら話を聞いた。残念ながら、雲成さん本人は不在であったが、夫人の話では、加益鎮の姓は三つ。そのうち劉氏と王氏は元からの住民で、相当前に黄氏が移住してきた。黄氏は、現在でも一軒のみで、二、三世代を経ているとのこと。また、益寿禅寺を建設された劉雲成さんのお仕事は風水師とのことである。陳大遠氏によれば、羅定では道教の道観も仏教の寺院もほとんどないという。加益で風水師の劉雲成さんが寺院を建設されたのはいかなる経緯なのか、大変興味あるところである。加益で社において盤古を祀っていることと、益寿禅寺で阿弥陀仏とともに盤古を祭神としたこととの間になんらかの関係があるものと推測される。次の機会に劉雲成さん本人からお話を伺うことを期したい。

以上、第二回調査について簡単に紹介した。第一回調査では、旧ヤオ族居住地とされる金河村を訪問し、染料加工場の遺跡を見学するなかで、ヤオ族の居住環境を実感したが、第二回調査を通して、更にヤオ族の痕跡を強く感じ取ることができた。染料加工場、榕樹の根元の社に祭られる盤古石、益寿禅寺に祭られる盤古大帝、族譜の記録のなかの称謂（「郎」）など、ともにヤオ族に関わる痕跡であり、それらは現在の加益鎮の居民がヤオ族の子孫であることを決定づけることにはならないが、ヤオ族の漢族への同化（漢化）のプロセスを推測させる材料ではある。漢化を論証することにいかなる意義があるのかという根本的な問いは投げかけられるかもしれないが、筆者の問題関心からすると、現在の中国人の九割以上を占める漢族が歴史的に多元的で複雑な要素を包み込んでおり、そのことがまた中国の文明を魅力的なものとしていることを、今回の調査を通じて改めて認識できたことが大きな成果であった。この体験を今後の中国史研究に活かしていきたいと思う。

（二〇一一年七月一〇日）

注

（1）嘉靖四十年序刊『広東通志』巻二、「肇慶府図経」。
（2）『広東省県図集』（広東省地図出版社、一九九〇年）。
（3）嘉靖十四年序刊『広東通誌初藁』巻三五、「猺獞」。
（4）万暦三十年序刊『広東通志』巻七〇、外志四、「猺獞」。
（5）現代中国のヤオ族研究では、公式名称として「瑶族」が用いられているが、本論における族名の表記は、原則としてカタカナによる「ヤオ族」を用いる。また、漢字で表記する場合は、原典の用字による（例えば、「猺人」、「猺族」、「傜族」）。チワン族は現代の中国の研究では「壮族」の言葉が用いられ、明清時代の史料には多く「獞」族と表記された。ヤオ族と同じく、本論では族名のカタカナ表記を原則とし、漢字で示す必要がある場合には「獞」字を用いる。『〈民族の世界史5〉漢民族と中国社会』（山川出版社、一九八三年）、塚田誠之著『壮族文化史研究—明代以降を中心として—』（第一書房、二〇〇〇年）など参照。
（6）以下、拙稿「羅旁ヤオ族の長期反乱と征服戦争」（『アジア遊学』九、二〇〇〇年）によって紹介する。また、最近では、陳大遠「両広総督府、羅定直隷州和瀧水〝瑶乱〟」（『広東史志・視窓』二〇〇八年第六期）が羅旁の反乱全般を紹介している。また、劉勇「李材与万暦四年（一五七六）大征羅旁之役」（国立台湾大学歴史学系主編『台大歴史学報』第四〇期、二〇〇七年）は、羅旁征服に関する計画策定に関わった嶺西兵巡道僉事李材に焦点を当てて、万暦四年の大征を綿密に分析している。

（7）康熙刊『徳慶州志』巻一、「事紀」、万暦四年条。

（8）『大清一統志』巻三五一、「羅定州」。

（9）『広東省県図集』（広東省地図出版社、一九九〇年）「鬱南県」「羅定県」、『広東省地図冊』（広東省地図出版社、二〇〇三年）「羅定市」「鬱南県」による。

（10）万暦の大征の後におけるヤオ族の足跡については、陳大遠前掲「両広総督府、羅定直隷州和瀧水〝瑶乱〟」、同「瀧水古瑤山覓踪」（『羅定史志』二〇〇四年四月号）が参考になる。また、拙稿「「華」はどのように「夷」を包摂したか？」（『歴史評論』七三三号、二〇一一年）はヤオ族の漢化＝儒教化を考察した。

（11）前掲『広東省県図集』「鬱南県」、鬱南県連攤鎮人民政府・鬱南県政協学習文史委員会編『中国民間芸術之郷―連攤』（深圳銀河電脳彩印公司、二〇〇一年）を参照。

（12）前掲『中国民間芸術之郷―連攤』「前言」「連攤鎮概況」。

（13）張公廟については、前掲『中国民間芸術之郷―連攤』「張公廟」に解説がある。

（14）『明史』巻二一一、「張元勲」伝。

（15）前掲『中国民間芸術之郷―連攤』「光儀大屋」。

（16）陳大遠「族譜与族譜的辨偽」（陳大遠『龍郷夜話』、中国文聯出版社、北京、二〇〇一年）。

（17）陳大遠前掲「両広総督府、羅定直隷州和瀧水〝瑶乱〟」。

（18）前掲『広東省県図集』「羅定県」。

（19）李玄伯「社祭演変考略―台湾土地廟的調査研究」（『大陸雑誌』第二六巻第一〇期、一九六三年）。

あとがき

筆者は、弘前大学在職中、故山根幸夫先生のご紹介と研文出版の山本實社長のご厚意により、二〇〇〇年、研文出版より前著『中国の宗族と国家の礼制―宗法主義の視点からの分析―』を刊行した後、山本社長から続編を出さないかというお誘いを受けた。翌る二〇〇一年、大阪市立大学に採用され、教育研究の場を弘前から大阪に移したが、この十年ほどは大学の学内行政に多くの時間をとられて、研究がなかなかはかどらない状態が続いていた。その間、なんとか続編を刊行しなければという思いは持ち続けていたので、これまでに少しずつ書きためてきた論文を見直す作業にとりかかり、ようやく続編をまとめることができた。この間、山本社長にずいぶん長くお待ちいただいたことに感謝申し上げたい。

振り返ってみるに、続編を構想してから現在までの間に、大学の環境は大きく変化してきた。グローバル化の進展と日本の経済社会構造の根底的な変質、若年層の減少、世界的な大学間競争などの影響にさらされて、日本の国公私立大学はほぼ例外なく改革を余儀なくされている。こうした大学を取り巻く環境の変化が大学の研究、教育にも大きな影響を与えていることは言うを待たない。激変する大学の環境のもとでもなんとか研究を継続できたのは多くの方の支えによる。

名古屋大学在学時の恩師である森正夫先生とは、研究の場だけでなく、教育行政に関する会議などでもしばしばお会いする機会があり、さまざまな助言を頂戴した。大阪市立大学の東洋史学教室では、中村圭爾先生、早瀬晋三先生、平田茂樹先生に、良好な教育研究環境を与えていただいた。中村先生が退職され、ついで早瀬先生が他大学に転出された後、私が研究科の公務に忙殺され、また学内行政のために研究科を離れていた間には、平田茂樹先生、野村親義先生、上野雅由樹先生に東洋史学教室を支えていただいた。また、学術的研鑽のために大阪市立大学で開催した中国近世近代史研究会では、多くの方にご協力いただいた。とくに文学研究科の東洋史学研究室で学部・大学院に在籍した辻高広君（現在桃山学院大学准教授）には、授業、研究会の他、ＣＯＥプログラム、学内外の各種共同プロジェクトなど、さまざまな場面で補助してもらった。辻君の手助けがなかったら、各種の活動に大きな支障が生じたことであろう。中山大学から本学の大学院に留学してきた申斌君には、授業、研究会で啓発される場面が多く、中国、欧米の関連研究の情報の入手、広東での調査活動でも惜しみない協力を得ることができた。本書に収録した論考の翻訳の作業では王標氏（大阪市立大学非常勤講師）にずいぶんお世話になった。翻訳に際しての文章の巧みさに感銘を受けることしきりである。

筆者は弘前大学在職中に文化人類学、社会学等の他分野の教員と共同プロジェクトを進めるなかで、フィールドワークの成果を文献調査に活かすスタイルを学んだが、そのスタイルは大阪市立大学に移っても継続する機会を与えられた。大阪市立大学では、日本史、西洋史、社会学、地理学等の他分野の研究者と共同して都市の歴史を分析する各種の事業を継続的に行っていたが、これらの事業でもフィールドワークと文献調査の併用、融合が定着していった。筆者もその機会を活かして、自分の明清史の研究課題に取り組むに当たっては、現地を訪問して、実地の状況を調べ、また現地の研究機関で史資料を収集するとともに、関連する学界の動向について各種のシンポジウム等の場を活かして、研究者と学術交流を行った。その際、海外の研究者の助力が大変重要であった。広東の調査・研究では中山大学の陳春声氏、劉志偉氏、大阪市立大学と上海師範大学の共同事業では唐力行氏、銭杭氏、徐茂明氏。宗族研究では、南開大学の常建華氏、銭杭氏、鄭振満氏。銭杭氏には前著の中国語版の翻訳でもお世話になった。また、都市史研究では、南京大学の范金民氏、ミネソタ大学のワン・リーピン、シェン・ウェイロンのご夫妻に助けていただいた。また、毎年全国の明清史研究者が集まって議論を交わす明清史夏合宿の会は、最新の研究情報に接することのできる貴重な場として大きな刺激を与えられた。

本書はこれらの恩恵を受けてできあがったものであり、ここに改めて関係各位に対して深く感謝の意を表しておきたい。

二〇一八年八月吉日

井上　徹

中国の宗族と国家の礼制　井上　徹著　12000円
明代王府の研究　佐藤文俊著　13000円
明清時代の商人と国家　山本　進著　7000円
清代中国の物価と経済変動　岸本美緒著　9500円
風俗と時代観　明清史論集1　岸本美緒著　2800円
地域社会論再考　明清史論集2　岸本美緒著　2800円
中国近世の規範と秩序　山本英史著　5000円

研文出版

＊表示はすべて本体価格です

井上　徹（いのうえ　とおる）
一九五四年岐阜県生まれ
大阪市立大学教授
博士（歴史学、名古屋大学）
著書　『中国の宗族と国家の礼制』（研文出版）、『海域交流と政治権力の対応』（編著、汲古書院）
論文　「宋元以降における宗族の意義」（『歴史評論』五八〇号）、「清朝と宗法主義」（『史学雑誌』第一〇六編第八号）、「明末の商税徴収と広東社会」（『年報都市史研究』一九）、「明朝の州県管理」（『東洋学報』第九六巻第三号）など

華と夷の間＝明代儒教化と宗族

二〇一九年二月一五日　第一版第一刷印刷
二〇一九年二月二八日　第一版第一刷発行

定価［本体八〇〇〇円＋税］

著者　井上　徹
発行者　山本　實
発行所　研文出版（山本書店出版部）
〒101-0051
東京都千代田区神田神保町二―七
TEL　03（3261）9337
FAX　03（3261）6276
振替　00100-3-59950
印刷　富士リプロ㈱
製本　塙製本

ISBN978-4-87636-444-2

中文提要

在明代中期以降的珠江三角洲地区，受到海外贸易的刺激，商业化、都市化在逐步推进，而这个过程还存在另外一面，即以猺族、獞族为首的大量的非汉人居住于此处，多样的民间信仰保持着强大的影响力。从北方先进地区的儒教文明看来，此处显然是边境地区。而本书的课题便是通过综合的视角，探讨在这样一个多民族、多宗教共存的三角洲地区，宗族这种儒教式的亲族组织是如何得以形成和确立的。最后，谨将本书探讨的结果要约如下。

第一部着重描绘作为边境地区的珠江三角洲在商业化、都市化的潮流中被统合进汉族的一元式儒教文化的过程（儒教化）。

第一章从对外政策入手，探讨了广东直面的诸多问题。正德三（1508）年，明朝接受了两广总督陈金的上奏，决定对朝贡船只的搭载货物以十分之三抽分，抽分的比率在正德十二（1517）年改为十分之二，此后作为惯例延续了下来。众所周知，这一抽分制实施的开始，意味着一个重大的变革，即明朝政府承认了被明初以来的朝贡一元体制所禁止的民间商业行为，并从外国船只的搭载货物中取得关税收入。陈金向中央政府请求实行抽分制，为了是将抽分所得利益用作镇压两广，尤其是广西地区民族叛乱的军费。而中央政府也考虑到了两广军事形势的重要性，不得不向违反祖制的抽分制这一判断倾斜。实际上，经由抽分制得知的关税对确保军费的必要性，与两广之间的财政，特别是广东的财政有着密切的关系。关于此事，可以通过林富的上奏文书获知一二。其时，对外贸易因葡萄牙的挑衅事件而中断，林富奏请重开贸易。林富论证的逻辑是，两广财政的特征是广东财政支持广西财政这一一体性的结构，要筹措军费镇压两广的民族叛乱，就必须重开以广州为窗口的对外贸易，以确保关税的收入。而且，重开贸易之际，通过科举进入宦途这一汉族的最高目标，也会随之逐渐向三角洲社会渗透，从而被抬头的士大夫（乡绅）的舆论所激发并得以实现。

第二章分析了非汉族的民族叛乱。明代后期以降，作为经济发展中心的先进

地区，珠江三角洲处于被北部、西部、东部山区的叛乱军队以及沿海地区的海盗包围的形势之中。在种种叛乱之中，又以嚆矢于正统十一（1446）年泷水县赵音旺起义的西部山区罗旁叛乱军，进行了甚为长期而有力的抵抗。虽然在此期间，汉族的农民迁入德庆州南部的都城，晋康的两乡垦荒，并雇猺族作为佃农耕作田地，但在长期的叛乱之中，南部地区基本上完全成为了猺族的支配领地。而这一场罗旁叛乱，最终在万历四（1576）年明朝的大规模征服战争中被镇压。此外，在广州的北部，猺族的叛乱从清远、四会这些广州的北部山区蔓延到南边的南海县、番禺县，在南海县的十三村、横潭等地区，峒獠的叛乱一直持续。虽然在峒獠叛乱被镇压后，猺族的叛乱依旧持续，但相较罗旁，广州中心地区的叛乱在较为早期的阶段便告终止。

第三章探讨了明朝在镇压罗旁的民族叛乱后如何对新设的罗定直隶州这一行政区划的基层领域进行管理的尝试。罗定所辖领域由直隶州的直辖地、东安、西宁两县的县域构成，明朝在这三处区划中实行了都图制，将由非汉族等曾经的反叛势力支配的地域纳入到国家的支配领域之中。直隶州知州除了在州城拥有专辖的直隶地外，还指挥东安、西宁两县知县，统辖全州的行政。在军事方面，除了泷水以及新设的四个千户所，还设置了东山参将、西山参将和中路守备，使军事组织大为强化。军事组织所辖土地（屯田）在设置上与州县辖地犬牙交错。而统辖这般行政、军事两系统组织的官职，是设置在按察司之下的罗定兵备道。专管一州两县、千户所的罗定兵备道职务范围很广，握有行政、军事两系统的监察和指挥权。如此，明初以来由布政司、按察司、都司三司系统实现的州县管理，转变为由兵备道掌握三权的一元性州县管理体制，兵备道被纳入到了管理省级领域的两广总督的指挥系统之下，担任了领域管理体制的一部分任务，发挥着从基层支撑整个管理体制的作用。

第四章以民族叛乱过程中推进的儒教化为课题。儒教化指的是16世纪以降，被以科举官僚制为轴的汉族单一儒家文化所涵化的一系列过程。而广东西部山区的一系列事件，也可以理解为儒教化过程中的一环。明朝将军队、移民和流民定居到镇压后的猺族等民族的居住地中，让他们进行土地开发与地方防卫。在这些地区里，虽然也存在将猺族的土地（猺田）赐予服从明朝的人们（新民、狼兵）等

的情况，但这些人最终也成为了王朝户籍登记中的民户，其土地也和汉族的一样，成为了民田。在这个被整合到汉族户籍和田地的过程中，残存下来的猺族接受了汉族的习惯，在他们当中出现了通过科举向社会上层流动的家族。上川岛甘氏的例子揭示出，汉化（儒教化），即在儒教文化的一元化进展过程中，猺族的身份只能为自己带来负面的价值，这一状况确实在猺族当中逐步加剧。

第二部探讨了明朝政府和广东的乡绅如何推动儒教文化的普及。

第五章关注的是，将作为化外之民的非汉族涵化，使其进入儒教文化之中的政策，即魏校推行的毁淫祠的教化政策。在魏校的眼里看来，当时的广东是汉族与少数民族混居，“淫邪”之物大量存在的边境，他将排除“淫邪”之物，即淫祠，作为自己的使命。魏校以行政官署集中的广州城为对象，将祀典中没有记载的佛道寺观视看作淫祠捣毁，建设社学和书院，甚至试图将此政策在广州城周边的乡村，以及广东西部、北部各府等地区推行。但是，即使捣毁了淫祠，要根绝深植在人们心中的民间信仰也并非易事，因此，魏校计划以祖先祭祀及里社之神来对抗淫祠的信仰，并通过乡约、社学来培育儒教性的人格。魏校的政策在他任内似乎收到一定成效，但之后，大量社学无法得以维持，最终不得不废止。究其原因，社学的经济基础学地为乡绅所侵夺。此事虽然最终遭到了官方的非难，然而对乡绅们来说，既然以儒学为安身立命之本，自然就难以接受乡里淫祠满目的状况。魏校将推行祖先祭祀作为普及儒教的政策，广东的乡绅也同样建起了宗祠来祭祀祖先。不过，宗祠里的祖先祭祀只能在当时上升成为乡绅的知识人家庭中进行，对庶民来说，他们并没有建设宗祠的财力与知识。要对他们施行教化，魏校提出的活用里社和社学的方式就十分必要了。

第六章考察了黄佐的乡礼。虽然广东的乡绅开始了在宗祠中进行祖先祭祀，但若要使儒教化得以普遍推行，就必须积极接受魏校的政策，将更广阔的庶民也包含进儒教秩序的构筑之中。黄佐的乡礼正是此举。黄佐构想的乡礼，是通过儒教的规范（礼）调整个人和家的秩序，再将家纳入到乡约保甲组织（乡约、乡校、社仓、乡社、保甲）之中的计划。从实际情况来看，很难说黄佐的构想得以按照计划落实。不过，正如从广州城和佛山镇的事例可以看到的，明代后期以降，城市

中的书院和社学成为了士大夫教育的据点，并走向了与国家的官吏任用制度（科举官僚制）相合作的道路。可以认为，在广东，儒教化被纳入到科举官僚制度之中，在人们以科举入仕为最高目标的过程中得以逐步实现。

第七章分析了以广州府南海县深村堡为据点的霍氏（石头霍氏）的经济活动的实际形态，并尝试接近家主霍韬的想法，以此捕捉在珠江三角洲逐渐抬头之乡绅的实像。在霍韬进入官场之后，霍韬的兄弟成为了霍氏家族的中心，他们拥有制铁业、陶瓷业、林业等产业，并把触角延伸到沙田争夺、市场经营、矿山开发、盐的走私贩卖等种种领域，在所有争夺利权的活动中积极奔走。霍韬对家族的这些追逐利益的活动反复劝谕，也向地方官请求取缔，但他畏惧的是，与这些不法行为相伴随，家族财产的增加会带来纷争，而这些纷争又会在当时的政治斗争中被对手的派系利用，导致自己倒台，进而使自己的家族陷入破灭的危险之中。那么，霍韬是如何纠正家族的利益追求的呢？霍韬通过书院、社学的设置，宗祠的建立，大家族制度（合爨）的举行等一系列的事业，在家族与亲族中推行教化与教育，培养合乎士大夫门第的人格，甚至以向官界输送人才作为目标。尽管霍韬有着这些期待，家族和亲族的利益追逐仍旧难以停止，通过教化、教育实现的人格培养也就成为了防止利益追逐，稳定乡里和合关系的最大关键。乡绅通过儒教规范教化自身家庭，然后将此推衍之乡里，在这一点上，把自己家族作为对象的霍韬的教化与教育，与黄佐的乡礼构想是共通的。

作为近世谱牒研究的一环，第八章选取了流传在霍氏之中的珠玑巷传说。珠玑巷传说是在明清时代广为流传的移民传说之一，与近世谱牒中不时可见的祖先谱系的伪造有着密切关系。霍韬在以宗祠为中心将亲族组织化之际，也进行了对自己祖先谱系的探求。虽然能够确定的只是到元末的始祖为止的谱系，但霍韬仍旧记录下了秦代移民的说法以及珠玑巷传说，主张霍氏是北方移民的血统。在当时的广东，汉族与非汉族的民族对立在逐步激化，非汉族正在被汉族同化，这种状况之中，对于无法确定祖先的来历的霍氏来说，要尽可能避免出现被认为是非汉族（蛮夷）出身的可能性，霍韬应该是在这种意识之下撰写了这些内容。在珠江三角洲被纳入到以科举官僚制为轴的儒教文化的过程之中，对霍韬这种进入宦途，获得士大夫地位的知识人来说，若要在内、外彰显其血统的正统性，中原的

出身就变得非常必要了。不过，在这两种移民说法之中，秦代移民说无法完全排除非汉族的可能性，因为存在着土著=非汉族的观念。霍韬的子孙舍弃了有可能被看作是非汉族的秦代移民说，采用了珠玑巷传说。珠玑巷传说也好，秦代移民说也罢，与移民相关的这些祖先传承是无法验证的。移民传说与近世谱牒中不时可见的伪造一样，对其只能作出修谱人伪造远祖记录的判断。不过，珠玑巷传说作为跻身广州名门大族的条件，得到了广泛的支持，不能仅将其作为谱系伪造的问题进行处理。在明代中期以降的复杂的民族状况之中，广东的人们对中原的出身产生了强烈的愿望，其背景便是珠江三角洲被逐步卷入到以科举官僚制为轴的儒教文化的潮流之中这一过程。

第九章讨论了霍氏对宗法的引入。采用了珠玑巷传说，确定了始祖（五世前的刚可）的霍韬，在嘉靖四（1525）年开始了对大宗祠的运用。在大宗祠里，不仅始祖，高祖、曾祖、祖、祢四代的祖先也附祀其中，各房的子孙也得以祭祀本房的祖先，以此强化对大宗祠的归属心。然后，霍韬在以他的祖父厚一为共同祖先（房祖）的小宗（霍氏三房）的家众中，实行了同居共财的生活（合爨），将全部家产作为同祖兄弟以及他们子孙的共同财产。在以合爨为中心的宗法系统中，维持体制的核心是宗子（小宗）与家长。宗子主要负责祖先祭祀的继承，家长主要负责维持合爨生活的运作，在他们的指导之下，厚一的子孙过上了同居共财的生活。霍韬创造这样的体制主要是为了维持家族，但同时也意味着，将霍韬一代获得的士大夫（乡绅）之家的资格传递给下一代。其中关键的是子侄。为了不使霍氏这一创造出来的士大夫之家破裂，维持其名门的状态，就必须在以合爨为中心的宗法体系之中教育子侄，并以科举为媒介，保持与国家的合作。在这一点上，霍韬的事业与以树立名门家世作为手段，重视宗族的形成这一近世的宗法主义的旨趣，并无二致。

第三部分尝试把握第一部、第二部讨论的儒教化的进程最终造成了何种局面。

第十章试图探讨明朝末期开始的宦官征收商税的行为（榷税）与两广的军事形势、以及广东的商业活动有何关系。广东的榷税开始于宦官李凤被派遣前来的万历二十七（1599）年，每年税额约为二十万两。其中，五万两左右靠狭义的商

税、钞关税等来凑，剩下的十五万两左右则来自从军饷回拨的税饷。对于被剥夺了税源的军队，其代替措施是将十万两放到州县中征收。结果，原本以从商人处征收为名头开始的，不时用“商税”这一名称通称的课税形式，便不仅停留在交通要冲、市场、盐等领域，而开始从农民赋税的税饷中征收，连一直以来都没有作为课税对象的日常物资也开始被征税。在这期间，佛山和广州等大城市的抽分厂中，税监的榷税被视作获得利益的机会，牙人、牙行、棍徒、豪右、权豪、胥吏等暗中活动，请求承包税饷的征收，进而获得中间的手续费。在以承包征税作为业务这一点来看，棍徒的实际形态与牙人牙行等并无差异。而且，豪右、权豪就是明代后期在广东抬头的乡绅，他们整饬新发展起来的新兴市场的设施，通过牙行或奴仆、近亲者确立了市场的支配权。在这样一种承包征税的结构中，广东人与福建人之间的争执值得注意。虽然存在广东乡绅承包征税的结构，但另一方面，外省的棍徒也有征收商税，并向税监交纳税银。当中特别值得一提的是福建商人。他们预见到承包征税带来的利益，引发了将税监拉入广东的事件。在明末的广州，福建商人的活动以及广东人对他们的攻击被多处记录了下来。在承包征税方面，两者间的争执应该也是很频繁的。

第十一章验证了主导儒教化的乡绅能否发挥将在文化上地域统合起来的作用。本章选取的是黎遂球这位以广州省城作为据点活动的明末乡绅所讲述的抢米暴动。嘉靖年间，民间贸易被正式承认之后，以广州为舞台的贸易得到很大的发展，内外商人，特别是客纲、客纪获得了极大的利益。而另一方面，都市居民的状况每况愈下，这种情况确实在逐步加剧。使都市居民陷入困窘的，不仅是税役的过重负担、以及军事活动增多相伴随的沉重负担等等来自国家的强取豪夺。乡绅与地方官府对利权的争夺以及私人的掠夺，使得财富不均变成一种结构，从而滋生出大量的下层居民。在这样的阶层分化中爆发的，就是万历二十一（1593）年与天启四（1624）年的两场抢米暴动。通过抢米暴动以及救济政策的平粜策，我们可以了解到，暴动的主力就是都市的下层居民（无赖），并且，在他们这些下层居民之间，建立了相互合作的羁绊。大多数参加抢米暴动的下层居民并没有被登记在维持城内秩序的组织保、约之中。在天启年间的平粜策中，黎遂球向官府提出了

让统领者与保、约合作，登记下层居民的户籍，进而实施平粜的方案，但这一官府主导的计划没有收到很好的成效。而崇祯年间黎遂球提出的平粜策中，期待的则是乡绅的作用。然而，当时的乡绅为了利权而四处奔走，鉴于威胁民众生活的实态，只能把黎遂球期待乡绅进行赈济的想法认为是一个与现实乖离的提案。很难说乡绅在珠江三角洲确立了足以指导人们的权威，相反，他们招来了民众的怨声载道。下层民众被排除出城市的自治组织，除了一部分善良的士大夫，并没有可以依靠的乡绅。他们在抢米暴动之中，只好自己创造出能够回应他们要求的指导者。

第十二章以颜俊彦这一广州府推官记录下来的判牍《盟水斋存牍》作为主要史料，尝试探讨珠江三角洲宗族的实际形态。调查宗子通过祖先祭祀统合亲族的场（祠堂）的分布状况后发现，到清初为止，广州府中无论城市乡村，大宗小宗的祠堂已广为普及。在其中，祠堂尤为集中的是城市。广州城和佛山镇是牵引珠江三角洲商业化、都市化发展的两个车轮，而这两个城市的祠堂也是最为发达的。对照理念性的宗法主义，宗族的理想型是，共同祖先的嫡系子孙宗子通过在祠堂中进行祖先祭祀实现对族人的统合。虽然实际上要实现宗法并非易事，但在珠江三角洲，以大宗为中心的宗子与族长的指导体系，作为该地区的习俗被明确记载了下来，这可谓区别于其他地区的显著特色。宗子与族长对宗族体制的维持，也能够通过《盟水斋存牍》收录的案件窥视一斑。在该书中，围绕族内继承的纷争被大量收录，在这些案件之中，宗子与族长多有登场。而当绝后的情况发生之时，正如“公举”一词所象征的，宗族通过协议，共同决定继承人，可以想见，而在此背后存在着宗子与族长的指导体制。谈到宗子，因为在宗祠的祖先祭祀的主持以及族内秩序的维持中，重视的是嫡长子的血统，可以认为从嫡长子的血脉中选出宗子。此外，在很多的事例之中，官方期待着族长作为宗族代表去解决族内纷争。实际上族长能在何种程度上发挥指导力量，会因为个别宗族的缘由与情况而有所不同，但宗族的集团性意志与纷争的解决得以畅顺进行，其前提是有着宗子与族长指导族人这一宗族的体制。

第十三章和上一章一样使用了《盟水斋存牍》，以此验证了乡绅家族围绕沙田的利权争夺战，以及支持乡绅权力的子弟和宗族、奴仆、无赖等的活动实态。明

末的乡绅家族推进了矿山开发、海外贸易、墟市和沙田的经营、牛的屠杀、鸭的养殖、高利贷、日常物资的私税征收等多方面的经营，其中最为瞩目的便是围绕沙田的纷争了。沙田成为先进地域乡绅利权争夺的场所，这一状况持续到了明末。当时，出现了以乡绅家族为中心的占沙、抢割行为，特别是在乡绅的势力较为脆弱的三角洲后进地区香山县，沙田成为了先进诸县乡绅的饵食。第二，围绕着争夺利权的乡绅周围的人际关系。乡绅及其宗族（宦族）在包括广州城和乡里在内的广阔区域中，以宗祠为中心铺开了宗族的人际网络，在以沙田地带的乡绅权力为背景的土地争夺中，这种乡绅的权力与宗族的人际网络发挥了巨大的效力。集中在乡绅周围的不仅是族人，被乡绅的权威、权力所吸引的有着各种人群，又以他们在乡绅和宗族据点集中的广州城的活动最为瞩目。被称为市棍的无赖和乡绅的奴仆（宦仆）暗中活动，也是围绕沙田利权争夺中的实际活动的部队。第三，在珠江三角洲，随着宗族间的竞争日渐激烈，制造出乡绅的宗族与弱小宗族间的关系慢慢稳固了下来，这种差别的结构不仅在城市，还在农村逐步扩散，还有事例证明了杂姓村落中有力宗族逐渐抬头，并让其他宗族从属于自己的过程。在这种状况之中，对各个宗族来说，如何强化自身宗族，成为了重要的问题。如果能够向上流动成为乡绅，那么，族人，以及奴仆、无赖也会集中在四周，如此便能够构筑起强大的势力。从宗族一方看来，制造出乡绅并上升成为宦族，对扩大势力来说最为必要。如果拥有乡绅，宗族就能够以宗祠为中心强化向心力，不仅是族人，还能吸引奴仆、无赖等各色人群，进行多方面的利权争夺。如果无法制造出乡绅，则意味着难以稳固地维持宗族体制，并且在利权争夺的竞争中走向失败。这也是宦族和弱小宗族这一宗族间的差别结构之所以出现的理由。

通过上述探讨，我们可以看到，随明朝政策变化（抽分制）而开始的民间贸易、明朝政策变化之背景的两广猺族、獞族的复合性民族叛乱的全面展开及对其镇压的状况、镇压过程中推行的儒教化政策以及非汉族向汉族的同化（汉化），在这样一系列的事件之中，和最先进地区的江南一样，这里生成了由乡绅掌握三角洲社会的巨大权力这一结构。也就是说，这是以科举官僚制为基础的同质性的中国式地域社会的成立。而三角洲地区的特色在于，在围绕多种产业而激化的争夺

战中，制造出乡绅、强化亲族的结合（宗族的形成）、加强与国家的合作，是在竞争中存续下来的最大对策。在这场竞争中胜利的宗族，能够保持与科举官僚制的紧密联系，并得以上升成为拥有乡绅的有力宗族（宦族）。随着三角洲社会中大量的家族被卷入到这样的竞争与生存策略的潮流之中，即使在中国社会内部，珠江三角洲也因在中国各地区中有着特别高的宗族普及度与组织完备度而广为人们所知。

索　引

凡　例

①「事項索引」は、電話帳方式で50音順に配列し、必要に応じて枝項をつけた。項目には、語句そのものではなく内容によりとったものもある。

②「人名索引」は、姓の日本語読みで50音順（同音の場合筆画順）に配列した。名が判明しない場合、字、諱、号、職名など、当該資料における通称を採用し、姓に続けた。

③両索引とも、本文中で多少とも論旨にかかわる形で言及した人名・語彙を拾ったものであり、注や表の部分は必ずしも網羅していない。

事項索引

ア　行

カ　行

サ　行

タ　行

ナ　行

ハ　行

マ　行

ヤ　行

ラ　行

ワ　行

人名索引

ア　行

カ　行

サ　行

タ　行

ナ　行

ハ　行

マ　行

ヤ　行

ラ　行

ワ　行